U0587701

药品监督管理常用法律法规文件汇编
药 品 卷

国家药品监督管理局政策法规司◎组织编写

中国健康传媒集团
中国医药科技出版社

图书在版编目（CIP）数据

药品监督管理常用法律法规文件汇编 . 药品卷 / 国家药品监督管理局政策法规司组织
编写 . — 北京：中国医药科技出版社，2023.3
　　ISBN 978-7-5214-3737-9

Ⅰ . ①药…　Ⅱ . ①国…　Ⅲ . ①药品管理法—汇编—中国　Ⅳ . ① D922.169

中国国家版本馆 CIP 数据核字（2023）第 008304 号

美术编辑　陈君杞

版式设计　也　在

出版　**中国健康传媒集团** ｜ 中国医药科技出版社

地址　北京市海淀区文慧园北路甲 22 号

邮编　100082

电话　发行：010-62227427　邮购：010-62236938

网址　www.cmstp.com

规格　710×1000mm ¹/₁₆

印张　44 ¹/₂

字数　972 千字

版次　2023 年 3 月第 1 版

印次　2024 年 4 月第 2 次印刷

印刷　北京盛通印刷股份有限公司

经销　全国各地新华书店

书号　ISBN 978-7-5214-3737-9

定价　**192.00 元**

获取新书信息、投稿、
为图书纠错，请扫码
联系我们。

版权所有　盗版必究

举报电话：010-62228771

本社图书如存在印装质量问题请与本社联系调换

编委会

主　任　李　利　焦　红

副主任　徐景和　赵军宁　黄　果　李　波

委　员　孙继龙　刘　沛　杨　胜　袁　林

　　　　吕　玲　王者雄　李金菊　秦晓岑

　　　　王维东　李海锋　石耀宇　兰　奋

　　　　崔恩学　王小刚　沈传勇　孙　磊

　　　　吴少祯

前　言

　　法律是治国之重器，良法是善治之前提。国家药品监督管理局组建以来，高度重视法治工作，在习近平法治思想指引下，推动健全完善药品监管法规体系，为全面提升药品监管能力、推动药品监管事业发展提供了坚实的法治保障。

　　2019 年以来，《药品管理法》《疫苗管理法》《医疗器械监督管理条例》《化妆品监督管理条例》（简称"两法两条例"）颁布实施，搭建起新时代药品监管法规体系"四梁八柱"。在"两法两条例"引领下，药品监管部门全面制修订相关部门规章、规范性文件，不断完善技术指导原则，为进一步提升药品监管工作科学化、法治化、国际化、现代化水平夯实了法治基础，为推动医药产业转型升级和高质量发展提供了重要支撑。

　　党的二十大报告强调坚持全面依法治国，推进法治中国建设，不断完善中国特色社会主义法律体系，扎实推进依法行政。为全面贯彻落实党的二十大精神，适应药品监管形势的不断发展，满足药品监管行政执法工作需要，国家药品监督管理局政策法规司组织编写了四卷《药品监督管理常用法律法规文件汇编》（综合卷、药品卷、医疗器械卷、化妆品卷），收录药品、医疗器械、化妆品监管执法工作主要依据的现行最常用的法律、法规、部门规章、工作文件和指导原则，突出全面、权威和实用的特点，为广大药品监管执法人员和从业人员提供一套具有指导意义的综合性工具书，便于读者系统理解、把握和执行药品领域法律法规。

国家药品监督管理局政策法规司

2023 年 3 月

目　　录

第一篇　党中央　国务院文件

第二篇　法　律

第三篇　行政法规

第四篇　司法解释

第五篇　部门规章

第六篇　工作文件

一、综合类

二、审评审批

三、上市后监管

赋码目录

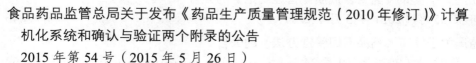

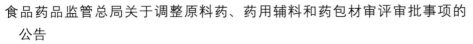

第一篇　党中央 国务院文件

中共中央 国务院关于促进中医药传承创新发展的意见

（2019 年 10 月 20 日发布）

中医药学是中华民族的伟大创造，是中国古代科学的瑰宝，也是打开中华文明宝库的钥匙，为中华民族繁衍生息作出了巨大贡献，对世界文明进步产生了积极影响。党和政府高度重视中医药工作，特别是党的十八大以来，以习近平同志为核心的党中央把中医药工作摆在更加突出的位置，中医药改革发展取得显著成绩。同时也要看到，中西医并重方针仍需全面落实，遵循中医药规律的治理体系亟待健全，中医药发展基础和人才建设还比较薄弱，中药材质量良莠不齐，中医药传承不足、创新不够、作用发挥不充分，迫切需要深入实施中医药法，采取有效措施解决以上问题，切实把中医药这一祖先留给我们的宝贵财富继承好、发展好、利用好。

传承创新发展中医药是新时代中国特色社会主义事业的重要内容，是中华民族伟大复兴的大事，对于坚持中西医并重、打造中医药和西医药相互补充协调发展的中国特色卫生健康发展模式，发挥中医药原创优势、推动我国生命科学实现创新突破，弘扬中华优秀传统文化、增强民族自信和文化自信，促进文明互鉴和民心相通、推动构建人类命运共同体具有重要意义。为深入贯彻习近平新时代中国特色社会主义思想和党的十九大精神，认真落实习近平总书记关于中医药工作的重要论述，促进中医药传承创新发展，现提出如下意见。

一、健全中医药服务体系

（一）加强中医药服务机构建设。发挥中医药整体医学和健康医学优势，建成以国家中医医学中心、区域中医医疗中心为龙头，各级各类中医医疗机构和其他医疗机构中医科室为骨干，基层医疗卫生机构为基础，融预防保健、疾病治疗和康复于一体的中医药服务体系，提供覆盖全民和全生命周期的中医药服务。遵循中医药发展规律，规范中医医院科室设置，修订中医医院设置和建设标准，健全评价和绩效考核制度，强化以中医药服务为主的办院模式和服务功能，建立健全体现中医药特点的现代医院管理制度。大力发展中医诊所、门诊部和特色专科医院，鼓励连锁经营。提供中医养生保健服务的企业登记经营范围使用"中医养生保健服务（非医疗）"规范表述。到 2022 年，基本实现县办中医医疗机构全覆盖，力争实现全部社区卫生服务中心和乡镇卫生院设置中医馆、配备中医医师。

（二）筑牢基层中医药服务阵地。扩大农村订单定向免费培养中医专业医学生规模，在全科医生特设岗位计划中积极招收中医医师，鼓励实行中医药人员"县管乡用"，鼓励退休中医医师到基层提供服务，放宽长期服务基层的中医医师职称晋升条件。健全全科医生和乡村医生中医药知识与技能培训机制。支持中医医院牵头组建医疗联合体。各级中医医院要加强对基层中医药服务的指导。

（三）以信息化支撑服务体系建设。实施"互联网＋中医药健康服务"行动，建立以中医电子病历、电子处方等为重点的基础数据库，鼓励依托医疗机构发展互联网中医医院，开发中医智能辅助诊疗系统，推动开展线上线下一体化服务和远程医疗服务。依托现有资源建设国家和省级中医药数据中心。加快建立国家中医药综合统计制度。健全中医药综合监管信息系统，综合运用抽查抽检、定点监测、违法失信惩戒等手段，实现精准高效监管。

二、发挥中医药在维护和促进人民健康中的独特作用

（四）彰显中医药在疾病治疗中的优势。加强中医优势专科建设，做优做强骨伤、肛肠、儿科、皮科、妇科、针灸、推拿以及心脑血管病、肾病、周围血管病等专科专病，及时总结形成诊疗方案，巩固扩大优势，带动特色发展。加快中医药循证医学中心建设，用 3 年左右时间，筛选 50 个中医治疗优势病种和 100 项适宜技术、100 个疗效独特的中药品种，及时向社会发布。聚焦癌症、心脑血管病、糖尿病、感染性疾病、老年痴呆和抗生素耐药问题等，开展中西医协同攻关，到 2022 年形成并推广 50 个左右中西医结合诊疗方案。建立综合医院、专科医院中西医会诊制度，将中医纳入多学科会诊体系。建立有效机制，更好发挥中医药在流感等新发突发传染病防治和公共卫生事件应急处置中的作用。

（五）强化中医药在疾病预防中的作用。结合实施健康中国行动，促进中医治未病健康工程升级。在国家基本公共卫生服务项目中丰富中医治未病内容，鼓励家庭医生提供中医治未病签约服务，到 2022 年在重点人群和慢性病患者中推广 20 个中医治未病干预方案。大力普及中医养生保健知识和太极拳、健身气功（如八段锦）等养生保健方法，推广体现中医治未病理念的健康工作和生活方式。

（六）提升中医药特色康复能力。促进中医药、中华传统体育与现代康复技术融合，发展中国特色康复医学。实施中医药康复服务能力提升工程。依托现有资源布局一批中医康复中心，加强中医医院康复科建设，在其他医院推广中医康复技术。针对心脑血管病、糖尿病等慢性病和伤残等，制定推广一批中医康复方案，推动研发一批中医康复器具。大力开展培训，推动中医康复技术进社区、进家庭、进机构。

三、大力推动中药质量提升和产业高质量发展

（七）加强中药材质量控制。强化中药材道地产区环境保护，修订中药材生产质量管理规范，推行中药材生态种植、野生抚育和仿生栽培。加强珍稀濒危野生药用动植物保护，支持珍稀濒危中药材替代品的研究和开发利用。严格农药、化肥、植物生长调节剂等使用管理，分区域、分品种完善中药材农药残留、重金属限量标准。制定中药材种子种苗管理办法。规划道地药材基地建设，引导资源要素向道地产区汇集，推进规模化、规范化种植。探索制定实施中药材生产质量管理规范的激励政策。倡导中医药企业自建或以订单形式联建稳定的中药材生产基地，评定一批国家、省级道地药材良种繁育和生态种植基地。健全中药材第三方质量检测体系。加强中药材交易市场监管。深入实施中药材产业扶贫行动。到2022年，基本建立道地药材生产技术标准体系、等级评价制度。

（八）促进中药饮片和中成药质量提升。加快修订《中华人民共和国药典》中药标准（一部），由国务院药品监督管理部门会同中医药主管部门组织专家承担有关工作，建立最严谨标准。健全中药饮片标准体系，制定实施全国中药饮片炮制规范。改善市场竞争环境，促进中药饮片优质优价。加强中成药质量控制，促进现代信息技术在中药生产中的应用，提高智能制造水平。探索建立以临床价值为导向的评估路径，综合运用循证医学等方法，加大中成药上市后评价工作力度，建立与公立医院药品采购、基本药物遴选、医保目录调整等联动机制，促进产业升级和结构调整。

（九）改革完善中药注册管理。建立健全符合中医药特点的中药安全、疗效评价方法和技术标准。及时完善中药注册分类，制定中药审评审批管理规定，实施基于临床价值的优先审评审批制度。加快构建中医药理论、人用经验和临床试验相结合的中药注册审评证据体系，优化基于古代经典名方、名老中医方、医疗机构制剂等具有人用经验的中药新药审评技术要求，加快中药新药审批。鼓励运用新技术新工艺以及体现临床应用优势的新剂型改进已上市中药品种，优化已上市中药变更技术要求。优化和规范医疗机构中药制剂备案管理。国务院中医药主管部门、药品监督管理部门要牵头组织制定古代经典名方目录中收载方剂的关键信息考证意见。

（十）加强中药质量安全监管。以中药饮片监管为抓手，向上下游延伸，落实中药生产企业主体责任，建立多部门协同监管机制，探索建立中药材、中药饮片、中成药生产流通使用全过程追溯体系，用5年左右时间，逐步实现中药重点品种来源可查、去向可追、责任可究。强化中成药质量监管及合理使用，加强上市产品市场抽检，严厉打击中成药非法添加化学品违法行为。加强中药注射剂不良反应监测。推进中药企业诚信体系建设，将其纳入全国信用信息共享平台和国家企业信用信息公示系统，加大失信联合惩戒力度。完善中药质量安全监管法律制度，加大对制假制劣行为的责任追究力度。

四、加强中医药人才队伍建设

（十一）改革人才培养模式。强化中医思维培养，改革中医药院校教育，调整优化学科专业结构，强化中医药专业主体地位，提高中医类专业经典课程比重，开展中医药经典能力等级考试，建立早跟师、早临床学习制度。加大省部局共建中医药院校投入力度。将中医课程列入临床医学类专业必修课，提高临床类别医师中医药知识和技能水平。完善中医医师规范化培训模式。改革完善中西医结合教育，培养高层次中西医结合人才。鼓励西医学习中医，允许临床类别医师通过考核后提供中医服务，参加中西医结合职称评聘。允许中西医结合专业人员参加临床类别全科医生规范化培训。

（十二）优化人才成长途径。通过学科专科建设、重大科研平台建设和重大项目实施等，培养造就一批高水平中医临床人才和多学科交叉的中医药创新型领军人才，支持组建一批高层次创新团队。支持中医药院校与其他高等学校联合培养高层次复合型中医药人才。建立高年资中医医师带徒制度，与职称评审、评优评先等挂钩。制定中医师承教育管理办法。经国务院中医药主管部门认可的师承教育继承人，符合条件者可按同等学力申请中医专业学位。大力培养中药材种植、中药炮制、中医药健康服务等技术技能人才。完善确有专长人员考核办法，加大中医（专长）医师培训力度，支持中医医院设置中医（专长）医师岗位，促进民间特色技术疗法的传承发展。

（十三）健全人才评价激励机制。落实允许医疗卫生机构突破现行事业单位工资调控水平、允许医疗服务收入扣除成本并按规定提取各项基金后主要用于人员奖励的要求，完善公立中医医疗机构薪酬制度。改革完善中医药职称评聘制度，注重业务能力和工作实绩，克服唯学历、唯资历、唯论文等倾向。国家重大人才工程、院士评选等加大对中医药人才的支持力度，研究在中国工程院医药卫生学部单设中医药组。研究建立中医药人才表彰奖励制度，加强国家中医药传承创新表彰，建立中医药行业表彰长效机制，注重发现和推介中青年骨干人才和传承人。各种表彰奖励评选向基层一线和艰苦地区倾斜。

五、促进中医药传承与开放创新发展

（十四）挖掘和传承中医药宝库中的精华精髓。加强典籍研究利用，编撰中华医藏，制定中医药典籍、技术和方药名录，建立国家中医药古籍和传统知识数字图书馆，研究制定中医药传统知识保护条例。加快推进活态传承，完善学术传承制度，加强名老中医学术经验、老药工传统技艺传承，实现数字化、影像化记录。收集筛选民间中医药验方、秘方和技法，建立合作开发和利益分享机制。推进中医药博物馆事业发展，实施中医药文化传播行动，把中医药文化贯穿国民教育始终，中小学进一步丰富中医药文化教育，使中医药成为群众促进健康的文化自觉。

（十五）加快推进中医药科研和创新。围绕国家战略需求及中医药重大科学问题，建立多学科融合的科研平台。在中医药重点领域建设国家重点实验室，建立一批国家临床医学研究中心、国家工程研究中心和技术创新中心。在中央财政科技计划（专项、基金等）框架下，研究设立国家中医药科技研发专项、关键技术装备重大专项和国际大科学计划，深化基础理论、诊疗规律、作用机理研究和诠释，开展防治重大、难治、罕见疾病和新发突发传染病等临床研究，加快中药新药创制研究，研发一批先进的中医器械和中药制药设备。支持鼓励儿童用中成药创新研发。研究实施科技创新工程。支持企业、医疗机构、高等学校、科研机构等协同创新，以产业链、服务链布局创新链，完善中医药产学研一体化创新模式。加强中医药产业知识产权保护和运用。健全赋予中医药科研机构和人员更大自主权的管理制度，建立知识产权和科技成果转化权益保障机制。改革完善中医药科研组织、验收和评价体系，避免简单套用相关科研评价方法。突出中医药特点和发展需求，建立科技主管部门与中医药主管部门协同联动的中医药科研规划和管理机制。

（十六）推动中医药开放发展。将中医药纳入构建人类命运共同体和"一带一路"国际合作重要内容，实施中医药国际合作专项。推动中医中药国际标准制定，积极参与国际传统医学相关规则制定。推动中医药文化海外传播。大力发展中医药服务贸易。鼓励社会力量建设一批高质量中医药海外中心、国际合作基地和服务出口基地。研究推动现有中药交易平台稳步开展国际交易。打造粤港澳大湾区中医药高地。加强与台湾地区中医药交流合作，促进两岸中医药融合发展。

六、改革完善中医药管理体制机制

（十七）完善中医药价格和医保政策。以临床价值为导向，以中医优势服务、特色服务为重点，加大政策支持力度，完善医疗服务价格形成机制。医疗服务价格调整时重点考虑中医等体现医务人员技术劳务价值的医疗服务价格。健全符合中医药特点的医保支付方式。完善与国际疾病分类相衔接的中医病证分类等编码体系。分批遴选中医优势明显、治疗路径清晰、费用明确的病种实施按病种付费，合理确定付费标准。通过对部分慢性病病种等实行按人头付费、完善相关技术规范等方式，鼓励引导基层医疗卫生机构提供适宜的中医药服务。及时将符合条件的中医医疗机构纳入医保定点医疗机构。积极将适宜的中医医疗服务项目和中药按规定纳入医保范围。鼓励商业保险机构开发中医治未病等保险产品。研究取消中药饮片加成相关工作。

（十八）完善投入保障机制。建立持续稳定的中医药发展多元投入机制，在卫生健康投入中统筹安排中医药事业发展经费并加大支持力度。加大对中医药事业发展投资力度，改善中医医院办院条件，扩大优质服务供给。切实保障公立中医医院投入责任落实。鼓励地方设立政府引导、社会资本参与、市场化运作的中医药发展基金。引导商业保险机构投资中医药服务产业。

（十九）健全中医药管理体制。完善中医药工作跨部门协调机制，强化国务院中医药工作部际联席会议办公室统筹职能，协调做好中药发展规划、标准制定、质量管理等工作，促进中医中药协调发展。各级卫生健康、药品监督管理等各相关部门要坚持中西医并重，制定实施中医药相关政策措施要充分听取并吸纳中医药主管部门意见。完善中医药服务监管机制。依据中医药法有关规定建立健全中医药管理体系，省市县都要明确承担中医药管理职能的机构，合理配置人员力量。

（二十）加强组织实施。地方各级党委和政府要结合实际制定落实举措，将本意见实施情况纳入党委和政府绩效考核。围绕以较低费用取得较大健康收益目标，规划建设一批国家中医药综合改革示范区，鼓励在服务模式、产业发展、质量监管等方面先行先试。推动中央主要新闻单位、重点新闻网站等各类媒体加大对中医药文化宣传力度，加强和规范中医药防病治病知识传播普及，营造珍视、热爱、发展中医药的社会氛围。

进一步加强军队中医药工作，大力开展新时代军事卫勤新型中医诊疗装备研发和新药物、新疗法挖掘创新工作，持续深化基层部队中医药服务能力提升工程，提高军队中医药整体保障水平。

少数民族医药是中医药的重要组成部分，有关地方可根据本意见，制定和完善促进本地区少数民族医药发展的相关政策举措。

中共中央办公厅　国务院办公厅
关于深化审评审批制度改革鼓励药品医疗器械创新的意见

（2017 年 10 月 1 日发布）

　　当前，我国药品医疗器械产业快速发展，创新创业方兴未艾，审评审批制度改革持续推进。但总体上看，我国药品医疗器械科技创新支撑不够，上市产品质量与国际先进水平存在差距。为促进药品医疗器械产业结构调整和技术创新，提高产业竞争力，满足公众临床需要，现就深化审评审批制度改革鼓励药品医疗器械创新提出以下意见。

　　一、改革临床试验管理

　　（一）临床试验机构资格认定实行备案管理。具备临床试验条件的机构在食品药品监管部门指定网站登记备案后，可接受药品医疗器械注册申请人委托开展临床试验。临床试验主要研究者应具有高级职称，参加过 3 个以上临床试验。注册申请人可聘请第三方对临床试验机构是否具备条件进行评估认证。鼓励社会力量投资设立临床试验机构。临床试验机构管理规定由食品药品监管总局会同国家卫生计生委制定。

　　（二）支持临床试验机构和人员开展临床试验。支持医疗机构、医学研究机构、医药高等学校开展临床试验，将临床试验条件和能力评价纳入医疗机构等级评审。对开展临床试验的医疗机构建立单独评价考核体系，仅用于临床试验的病床不计入医疗机构总病床，不规定病床效益、周转率、使用率等考评指标。鼓励医疗机构设立专职临床试验部门，配备职业化的临床试验研究者。完善单位绩效工资分配激励机制，保障临床试验研究者收入水平。鼓励临床医生参与药品医疗器械技术创新活动，对临床试验研究者在职务提升、职称晋升等方面与临床医生一视同仁。允许境外企业和科研机构在我国依法同步开展新药临床试验。

　　（三）完善伦理委员会机制。临床试验应符合伦理道德标准，保证受试者在自愿参与前被告知足够的试验信息，理解并签署知情同意书，保护受试者的安全、健康和权益。临床试验机构应成立伦理委员会，负责审查本机构临床试验方案，审核和监督临床试验研究者的资质，监督临床试验开展情况并接受监管部门检查。各地可根据需要设立区域伦理委员会，指导临床试验机构伦理审查工作，可接受不具备伦理审查条件的机构或注册申请人委托对临床试验方案进行伦理审查，并监督临床试验开展情况。卫生计生、中医药管理、食品药品监管等部门要加强对伦理委员会工作的管理指导和业务监督。

　　（四）提高伦理审查效率。注册申请人提出临床试验申请前，应先将临床试验方案提交临床试验机构伦理委员会审查批准。在我国境内开展多中心临床试验的，经临床试验组长单位伦理审查后，其他成员单位应认可组长单位的审查结论，不再重复审查。国家临床医学研究中心及承担国家科技重大专项和国家重点研发计划支持项目的临床试验机构，应整合资源建立统一的伦理审查平台，逐步推进伦理审查互认。

（五）优化临床试验审批程序。建立完善注册申请人与审评机构的沟通交流机制。受理药物临床试验和需审批的医疗器械临床试验申请前，审评机构应与注册申请人进行会议沟通，提出意见建议。受理临床试验申请后一定期限内，食品药品监管部门未给出否定或质疑意见即视为同意，注册申请人可按照提交的方案开展临床试验。临床试验期间，发生临床试验方案变更、重大药学变更或非临床研究安全性问题的，注册申请人应及时将变更情况报送审评机构；发现存在安全性及其他风险的，应及时修改临床试验方案、暂停或终止临床试验。药品注册申请人可自行或委托检验机构对临床试验样品出具检验报告，连同样品一并报送药品审评机构，并确保临床试验实际使用的样品与提交的样品一致。优化临床试验中涉及国际合作的人类遗传资源活动审批程序，加快临床试验进程。

（六）接受境外临床试验数据。在境外多中心取得的临床试验数据，符合中国药品医疗器械注册相关要求的，可用于在中国申报注册申请。对在中国首次申请上市的药品医疗器械，注册申请人应提供是否存在人种差异的临床试验数据。

（七）支持拓展性临床试验。对正在开展临床试验的用于治疗严重危及生命且尚无有效治疗手段疾病的药品医疗器械，经初步观察可能获益，符合伦理要求的，经知情同意后可在开展临床试验的机构内用于其他患者，其安全性数据可用于注册申请。

（八）严肃查处数据造假行为。临床试验委托协议签署人和临床试验研究者是临床试验数据的第一责任人，须对临床试验数据可靠性承担法律责任。建立基于风险和审评需要的检查模式，加强对非临床研究、临床试验的现场检查和有因检查，检查结果向社会公开。未通过检查的，相关数据不被接受；存在真实性问题的，应及时立案调查，依法追究相关非临床研究机构和临床试验机构责任人、虚假报告提供责任人、注册申请人及合同研究组织责任人的责任；拒绝、逃避、阻碍检查的，依法从重处罚。注册申请人主动发现问题并及时报告的，可酌情减免处罚。

二、加快上市审评审批

（九）加快临床急需药品医疗器械审评审批。对治疗严重危及生命且尚无有效治疗手段疾病以及公共卫生方面等急需的药品医疗器械，临床试验早期、中期指标显示疗效并可预测其临床价值的，可附带条件批准上市，企业应制定风险管控计划，按要求开展研究。鼓励新药和创新医疗器械研发，对国家科技重大专项和国家重点研发计划支持以及由国家临床医学研究中心开展临床试验并经中心管理部门认可的新药和创新医疗器械，给予优先审评审批。

（十）支持罕见病治疗药品医疗器械研发。国家卫生计生委或由其委托有关行业协（学）会公布罕见病目录，建立罕见病患者登记制度。罕见病治疗药品医疗器械注册申请人可提出减免临床试验的申请。对境外已批准上市的罕见病治疗药品医疗器械，可附带条件批准上市，企业应制定风险管控计划，按要求开展研究。

（十一）严格药品注射剂审评审批。严格控制口服制剂改注射制剂，口服制剂能够满足临床需求的，不批准注射制剂上市。严格控制肌肉注射制剂改静脉注射制剂，肌肉注射制剂能够满足临床需求的，不批准静脉注射制剂上市。大容量注射剂、小容量注射剂、注射用无菌粉针之间互改剂型的申请，无明显临床优势的不予批准。

（十二）实行药品与药用原辅料和包装材料关联审批。原料药、药用辅料和包装材料在审批药品注册申请时一并审评审批，不再发放原料药批准文号，经关联审评审批的原料药、药用辅料和包装材料及其质量标准在指定平台公示，供相关企业选择。药品上市许可持有人对生产制剂所选用的原料药、药用辅料和包装材料的质量负责。

（十三）支持中药传承和创新。建立完善符合中药特点的注册管理制度和技术评价体系，处理好保持中药传统优势与现代药品研发要求的关系。中药创新药，应突出疗效新的特点；中药改良型新药，应体现临床应用优势；经典名方类中药，按照简化标准审评审批；天然药物，按照现代医学标准审评审批。提高中药临床研究能力，中药注册申请需提交上市价值和资源评估材料，突出以临床价值为导向，促进资源可持续利用。鼓励运用现代科学技术研究开发传统中成药，鼓励发挥中药传统剂型优势研制中药新药，加强中药质量控制。

（十四）建立专利强制许可药品优先审评审批制度。在公共健康受到重大威胁情况下，对取得实施强制许可的药品注册申请，予以优先审评审批。公共健康受到重大威胁的情形和启动强制许可的程序，由国家卫生计生委会同有关部门规定。

三、促进药品创新和仿制药发展

（十五）建立上市药品目录集。新批准上市或通过仿制药质量和疗效一致性评价的药品，载入中国上市药品目录集，注明创新药、改良型新药及与原研药品质量和疗效一致的仿制药等属性，以及有效成份、剂型、规格、上市许可持有人、取得的专利权、试验数据保护期等信息。

（十六）探索建立药品专利链接制度。为保护专利权人合法权益，降低仿制药专利侵权风险，鼓励仿制药发展，探索建立药品审评审批与药品专利链接制度。药品注册申请人提交注册申请时，应说明涉及的相关专利及其权属状态，并在规定期限内告知相关药品专利权人。专利权存在纠纷的，当事人可以向法院起诉，期间不停止药品技术审评。对通过技术审评的药品，食品药品监管部门根据法院生效判决、裁定或调解书作出是否批准上市的决定；超过一定期限未取得生效判决、裁定或调解书的，食品药品监管部门可批准上市。

（十七）开展药品专利期限补偿制度试点。选择部分新药开展试点，对因临床试验和审评审批延误上市的时间，给予适当专利期限补偿。

（十八）完善和落实药品试验数据保护制度。药品注册申请人在提交注册申请时，可同时提交试验数据保护申请。对创新药、罕见病治疗药品、儿童专用药、创新治疗用生物制品以及挑战专利成功药品注册申请人提交的自行取得且未披露的试验数据和其他数据，给予一定的数据保护期。数据保护期自药品批准上市之日起计算。数据保护期内，不批准其他申请人同品种上市申请，申请人自行取得的数据或获得上市许可的申请人同意的除外。

（十九）促进药品仿制生产。坚持鼓励创新与促进药品仿制生产、降低用药负担并重，定期发布专利权到期、终止、无效且尚无仿制申请的药品清单，引导仿制药研发生产，提高公众用药可及性。完善相关研究和评价技术指导原则，支持生物类似药、具有临床价值的药械组合产品的仿制。加快推进仿制药质量和疗效一致性评价。

（二十）发挥企业的创新主体作用。鼓励药品医疗器械企业增加研发投入，加强新产品研发和已上市产品的继续研究，持续完善生产工艺。允许科研机构和科研人员在承担相关法律责任的前提下申报临床试验。使用国家财政拨款开展新药和创新医疗器械研发及相关技术研究并作为职务科技成果转化的，单位可以规定或与科研人员约定奖励和报酬的方式、数额和时限，调动科研人员参与的积极性，促进科技成果转移转化。

（二十一）支持新药临床应用。完善医疗保险药品目录动态调整机制，探索建立医疗保险药品支付标准谈判机制，及时按规定将新药纳入基本医疗保险支付范围，支持新药研发。各地可根据疾病防治需要，及时将新药纳入公立医院药品集中采购范围。鼓励医疗机构优先采购和使用疗效明确、价格合理的新药。

四、加强药品医疗器械全生命周期管理

（二十二）推动上市许可持有人制度全面实施。及时总结药品上市许可持有人制度试点经验，推动修订药品管理法，力争早日在全国推开。允许医疗器械研发机构和科研人员申请医疗器械上市许可。

（二十三）落实上市许可持有人法律责任。药品上市许可持有人须对药品临床前研究、临床试验、生产制造、销售配送、不良反应报告等承担全部法律责任，确保提交的研究资料和临床试验数据真实、完整、可追溯，确保生产工艺与批准工艺一致且生产过程持续合规，确保销售的各批次药品与申报样品质量一致，确保对上市药品进行持续研究，及时报告发生的不良反应，评估风险情况，并提出改进措施。

医疗器械上市许可持有人须对医疗器械设计开发、临床试验、生产制造、销售配送、不良事件报告等承担全部法律责任，确保提交的研究资料和临床试验数据真实、完整、可追溯，确保对上市医疗器械进行持续研究，及时报告发生的不良事件，评估风险情况，并提出改进措施。

受药品医疗器械上市许可持有人委托进行研发、临床试验、生产制造、销售配送的企业、机构和个人，须承担法律法规规定的责任和协议约定的责任。

（二十四）建立上市许可持有人直接报告不良反应和不良事件制度。上市许可持有人承担不良反应和不良事件报告的主体责任，隐瞒不报或逾期报告的，依法从严惩处。食品药品监管部门应对报告的不良反应和不良事件进行调查分析，视情责令上市许可持有人采取暂停销售、召回、完善质量控制等措施。

（二十五）开展药品注射剂再评价。根据药品科学进步情况，对已上市药品注射剂进行再评价，力争用 5 至 10 年左右时间基本完成。上市许可持有人须将批准上市时的研究情况、上市后持续研究情况等进行综合分析，开展产品成份、作用机理和临床疗效研究，评估其安全性、有效性和质量可控性。通过再评价的，享受仿制药质量和疗效一致性评价的相关鼓励政策。

（二十六）完善医疗器械再评价制度。上市许可持有人须根据科学进步情况和不良事件评估结果，主动对已上市医疗器械开展再评价。再评价发现产品不能保证安全、有效的，上市许可持有人应及时申请注销上市许可；隐匿再评价结果、应提出注销申请而未提出的，撤销上市许可并依法查处。

（二十七）规范药品学术推广行为。药品上市许可持有人须将医药代表名单在食品药品监管部门指定的网站备案，向社会公开。医药代表负责药品学术推广，向医务人员介绍药品知识，听取临床使用的意见建议。医药代表的学术推广活动应公开进行，在医疗机构指定部门备案。禁止医药代表承担药品销售任务，禁止向医药代表或相关企业人员提供医生个人开具的药品处方数量。医药代表误导医生使用药品或隐匿药品不良反应的，应严肃查处；以医药代表名义进行药品经营活动的，按非法经营药品查处。

五、提升技术支撑能力

（二十八）完善技术审评制度。建立审评为主导、检查检验为支撑的技术审评体系，完善审评项目管理人制度、审评机构与注册申请人会议沟通制度、专家咨询委员会制度，加强内部管理，规范审评流程。组建以临床医学专业人员为主，药学、药理毒理学、统计学等专业人员组成的药品审评团队，负责新药审评。组建由临床医学、临床诊断、机械、电子、材料、生物医学工程等专业人员组成的医疗器械审评团队，负责创新医疗器械审评。除生产工艺等技术秘密外，审评结论及依据全部公开，接受社会监督。统一第二类医疗器械审评标准，逐步实现国家统一审评。

（二十九）落实相关工作人员保密责任。参与药品医疗器械受理审查、审评审批、检查检验等监管工作的人员，对注册申请人提交的技术秘密和试验数据负有保密义务。违反保密义务的，依法依纪追究责任，处理结果向社会公开；涉嫌犯罪的，移交司法机关追究刑事责任。完善对注册申请材料的管理，确保查阅、复制情况可追溯。

（三十）加强审评检查能力建设。将药品医疗器械审评纳入政府购买服务范围，提供规范高效审评服务。加快药品医疗器械审评审批信息化建设，制定注册申请电子提交技术要求，完善电子通用技术文档系统，逐步实现各类注册申请的电子提交和审评审批。建立上市药品医疗器械品种档案。

（三十一）落实全过程检查责任。药品医疗器械研发过程和药物非临床研究质量管理规范、药物临床试验质量管理规范、医疗器械临床试验质量管理规范执行情况，由国家食品药品监管部门组织检查。药品医疗器械生产过程和生产质量管理规范执行情况，由省级以上食品药品监管部门负责检查。药品医疗器械经营过程和经营质量管理规范执行情况，由市县两级食品药品监管部门负责检查。检查发现问题的，应依法依规查处并及时采取风险控制措施；涉嫌犯罪的，移交司法机关追究刑事责任。推动违法行为处罚到人，检查和处罚结果向社会公开。

（三十二）建设职业化检查员队伍。依托现有资源加快检查员队伍建设，形成以专职检查员为主体、兼职检查员为补充的职业化检查员队伍。实施检查员分级管理制度，强化检查员培训，加强检查装备配备，提升检查能力和水平。

（三十三）加强国际合作。深化多双边药品医疗器械监管政策与技术交流，积极参与国际规则和标准的制定修订，推动逐步实现审评、检查、检验标准和结果国际共享。

六、加强组织实施

（三十四）加强组织领导。各地区各有关部门要充分认识深化审评审批制度改革鼓励药品医疗器械创新的重要意义，高度重视药品医疗器械审评审批改革和创新工作，将其作为建设创新型国家、促进高科技产业发展的重要内容予以支持，加强统筹协调，细化实施方案，健全工作机制，切实抓好任务落实。坚持运用法治思维和法治方式推进改革，不断完善相关法律法规和制度体系，改革措施涉及法律修改或需要取得相应授权的，按程序提请修改法律或由立法机关授权后实施。

（三十五）强化协作配合。充分发挥药品医疗器械审评审批制度改革部际联席会议制度的作用，及时研究解决改革中遇到的矛盾和问题。国家食品药品监管部门要发挥好牵头作用，抓好改革具体实施，协调推进任务落实。各相关部门要依法履职，分工协作，形成改革合力。发展改革部门要支持医药高科技产品的发展，将临床试验机构建设纳入医疗机构建设发展的重要内容。科技部门要加强医药科技发展规划和指导，抓好新药和创新医疗器械研发相关科技计划（专项、基金）的实施。工业和信息化部门要加强医药产业发展规划和指导，强化临床用药生产保障。财政部门要做好药品医疗器械审评审批、检查检验所需经费保障。人力资源社会保障部门要做好医疗保险政策支持新药发展相关工作。卫生计生部门要加强对临床试验机构建设的指导，加强伦理委员会管理和临床试验研究者培训。知识产权部门要做好与专利有关的药品医疗器械知识产权保护工作。中医药管理部门要做好中医药创新工作。

（三十六）做好宣传解释。正面宣传鼓励药品医疗器械创新的重要意义，加强审评审批制度改革重要政策、重大措施解读，及时解答社会各界关注的热点问题，主动回应社会关切，合理引导各方预期，营造改革实施的良好舆论氛围。

国务院关于改革药品医疗器械审评审批制度的意见

国发〔2015〕44号

各省、自治区、直辖市人民政府，国务院各部委、各直属机构：

近年来，我国医药产业快速发展，药品医疗器械质量和标准不断提高，较好地满足了公众用药需要。与此同时，药品医疗器械审评审批中存在的问题也日益突出，注册申请资料质量不高，审评过程中需要多次补充完善，严重影响审评审批效率；仿制药重复建设、重复申请，市场恶性竞争，部分仿制药质量与国际先进水平存在较大差距；临床急需新药的上市审批时间过长，药品研发机构和科研人员不能申请药品注册，影响药品创新的积极性。为此，现就改革药品医疗器械审评审批制度提出以下意见：

一、主要目标

（一）提高审评审批质量。建立更加科学、高效的药品医疗器械审评审批体系，使批准上市药品医疗器械的有效性、安全性、质量可控性达到或接近国际先进水平。

（二）解决注册申请积压。严格控制市场供大于求药品的审批。争取2016年底前消化完积压存量，尽快实现注册申请和审评数量年度进出平衡，2018年实现按规定时限审批。

（三）提高仿制药质量。加快仿制药质量一致性评价，力争2018年底前完成国家基本药物口服制剂与参比制剂质量一致性评价。

（四）鼓励研究和创制新药。鼓励以临床价值为导向的药物创新，优化创新药的审评审批程序，对临床急需的创新药加快审评。开展药品上市许可持有人制度试点。

（五）提高审评审批透明度。全面公开药品医疗器械注册的受理、技术审评、产品检验和现场检查条件与相关技术要求，公开受理和审批的相关信息，引导申请人有序研发和申请。

二、主要任务

（六）提高药品审批标准。将药品分为新药和仿制药。将新药由现行的"未曾在中国境内上市销售的药品"调整为"未在中国境内外上市销售的药品"。根据物质基础的原创性和新颖性，将新药分为创新药和改良型新药。将仿制药由现行的"仿已有国家标准的药品"调整为"仿与原研药品质量和疗效一致的药品"。根据上述原则，调整药品注册分类。仿制药审评审批要以原研药品作为参比制剂，确保新批准的仿制药质量和疗效与原研药品一致。对改革前受理的药品注册申请，继续按照原规定进行审评审批，在质量一致性评价工作中逐步解决与原研药品质量和疗效一致性问题；如企业自愿申请按与原研药品质量和疗效一致的新标准审批，可以设立绿色通道，按新的药品注册申请收费标准收费，加快审评审批。上述改革在依照法定程序取得授权后，在化学药品中进行试点。

（七）推进仿制药质量一致性评价。对已经批准上市的仿制药，按与原研药品质量和疗效一致的原则，分期分批进行质量一致性评价。药品生产企业应将其产品按照规定的方法与参比制剂进行质量一致性评价，并向食品药品监管总局报送评价结果。参比制剂由食品药品监管总局征询专家意见后确定，可以选择原研药品，也可以选择国际公认的同种药品。无参比制剂的，由药品生产企业进行临床有效性试验。在规定期限内未通过质量一致性评价的仿制药，不予再注册；通过质量一致性评价的，允许其在说明书和标签上予以标注，并在临床应用、招标采购、医保报销等方面给予支持。在质量一致性评价工作中，需改变已批准工艺的，应按《药品注册管理办法》的相关规定提出补充申请，食品药品监管总局设立绿色通道，加快审评审批。质量一致性评价工作首先在 2007 年修订的《药品注册管理办法》施行前批准上市的仿制药中进行。在国家药典中标注药品标准起草企业的名称，激励企业通过技术进步提高上市药品的标准和质量。提高中成药质量水平，积极推进中药注射剂安全性再评价工作。

（八）加快创新药审评审批。对创新药实行特殊审评审批制度。加快审评审批防治艾滋病、恶性肿瘤、重大传染病、罕见病等疾病的创新药，列入国家科技重大专项和国家重点研发计划的药品，转移到境内生产的创新药和儿童用药，以及使用先进制剂技术、创新治疗手段、具有明显治疗优势的创新药。加快临床急需新药的审评审批，申请注册新药的企业需承诺其产品在我国上市销售的价格不高于原产国或我国周边可比市场价格。

（九）开展药品上市许可持有人制度试点。允许药品研发机构和科研人员申请注册新药，在转让给企业生产时，只进行生产企业现场工艺核查和产品检验，不再重复进行药品技术审评。试点工作在依照法定程序取得授权后开展。

（十）落实申请人主体责任。按照国际通用规则制定注册申请规范，申请人要严格按照规定条件和相关技术要求申请。将现由省级食品药品监管部门受理、食品药品监管总局审评审批的药品注册申请，调整为食品药品监管总局网上集中受理。对于不符合规定条件与相关技术要求的注册申请，由食品药品监管总局一次性告知申请人需要补充的内容。进入技术审评程序后，除新药及首仿药品注册申请外，原则上不再要求申请人补充资料，只作出批准或不予批准的决定。

（十一）及时发布药品供求和注册申请信息。根据国家产业结构调整方向，结合市场供求情况，及时调整国家药品产业政策，严格控制市场供大于求、低水平重复、生产工艺落后的仿制药的生产和审批，鼓励市场短缺药品的研发和生产，提高药品的可及性。食品药品监管总局会同发展改革委、科技部、工业和信息化部、卫生计生委制定并定期公布限制类和鼓励类药品审批目录。食品药品监管总局及时向社会公开药品注册申请信息，引导申请人有序研发和控制低水平申请。

（十二）改进药品临床试验审批。允许境外未上市新药经批准后在境内同步开展临床试验。鼓励国内临床试验机构参与国际多中心临床试验，符合要求的试验数据可在注册申请中使用。对创新药临床试验申请，重点审查临床价值和受试者保护等内容。强化申请人、临床试验机构及伦理委员会保护受试者的责任。

（十三）严肃查处注册申请弄虚作假行为。加强临床试验全过程监管，确保临床试验数据真实可靠。申请人、研究机构在注册申请中，如存在报送虚假研制方法、质量标准、药理及毒理试验数据、临床试验结果等情况，对其药品医疗器械注册申请不予批准，已批准的予以撤销；对直接责任人依法从严处罚，对出具虚假试验结果的研究机构取消相关试验资格，处罚结果向社会公布。

（十四）简化药品审批程序，完善药品再注册制度。实行药品与药用包装材料、药用辅料关联审批，将药用包装材料、药用辅料单独审批改为在审批药品注册申请时一并审评审批。简化来源于古代经典名方的复方制剂的审批。简化药品生产企业之间的药品技术转让程序。将仿制药生物等效性试验由审批改为备案。对批准文号（进口药品注册证／医药产品注册证）有效期内未上市，不能履行持续考察药品质量、疗效和不良反应责任的，不予再注册，批准文号到期后予以注销。

（十五）改革医疗器械审批方式。鼓励医疗器械研发创新，将拥有产品核心技术发明专利、具有重大临床价值的创新医疗器械注册申请，列入特殊审评审批范围，予以优先办理。及时修订医疗器械标准，提高医疗器械国际标准的采标率，提升国产医疗器械产品质量。通过调整产品分类，将部分成熟的、安全可控的医疗器械注册审批职责由食品药品监管总局下放至省级食品药品监管部门。

（十六）健全审评质量控制体系。参照国际通用规则制定良好审评质量管理规范。组建专业化技术审评项目团队，明确主审人和审评员权责，完善集体审评机制，强化责任和时限管理。建立复审专家委员会，对有争议的审评结论进行复审，确保审评结果科学公正。加强技术审评过程中共性疑难问题研究，及时将研究成果转化为指导审评工作的技术标准，提高审评标准化水平，减少审评自由裁量权。

（十七）全面公开药品医疗器械审评审批信息。向社会公布药品医疗器械审批清单及法律依据、审批要求和办理时限。向申请人公开药品医疗器械审批进度和结果。在批准产品上市许可时，同步公布审评、检查、检验等技术性审评报告，接受社会监督。

三、保障措施

（十八）加快法律法规修订。及时总结药品上市许可持有人制度试点、药品注册分类改革试点进展情况，推动加快修订《中华人民共和国药品管理法》。结合行政审批制度改革，抓紧按程序修订《中华人民共和国药品管理法实施条例》和《药品注册管理办法》等。

（十九）调整收费政策。整合归并药品医疗器械注册、审批、登记收费项目。按照收支大体平衡原则，提高药品医疗器械注册收费标准，每五年调整一次。对小微企业申请创新药品医疗器械注册收费给予适当优惠。收费收入纳入财政预算，实行收支两条线管理。审评审批工作所需经费通过财政预算安排。

（二十）加强审评队伍建设。改革事业单位用人制度，面向社会招聘技术审评人才，实行合同管理，其工资和社会保障按照国家有关规定执行。根据审评需要，外聘相关专家参与有关的技术审评，明确其职责和保密责任及利益冲突回避等制度。建立首席专业岗位制度，科学设置体现技术审评、检查等特点的岗位体系，明确职责任务、工作标准和任职条件等，依照人员综合能力和水平实行按岗聘用。推进职业化的药品医疗器械检查员队伍建设。健全绩效考核制度，根据岗位职责和工作业绩，适当拉开收入差距，确保技术审评、检查人员引得进、留得住。将食品药品监管总局列为政府购买服务的试点单位，通过政府购买服务委托符合条件的审评机构、高校和科研机构参与医疗器械和仿制药技术审评、临床试验审评、药物安全性评价等技术性审评工作。

（二十一）加强组织领导。食品药品监管总局要会同中央编办、发展改革委、科技部、工业和信息化部、财政部、人力资源社会保障部、卫生计生委、中医药局、总后勤部卫生部等部门，建立药品医疗器械审评审批制度改革部际联席会议制度，加强对改革工作的协调指导，及时研究解决改革中遇到的矛盾和问题，各地区也要加强对改革的组织领导，重大情况及时报告国务院。

国务院

2015 年 8 月 9 日

国务院办公厅印发关于加快中医药特色发展
若干政策措施的通知

国办发〔2021〕3 号

各省、自治区、直辖市人民政府，国务院各部委、各直属机构：

《关于加快中医药特色发展的若干政策措施》已经国务院同意，现印发给你们，请认真贯彻执行。

国务院办公厅

2021 年 1 月 22 日

关于加快中医药特色发展的若干政策措施

党的十八大以来，以习近平同志为核心的党中央把中医药工作摆在突出位置，中医药改革发展取得显著成绩。新冠肺炎疫情发生后，中医药全面参与疫情防控救治，作出了重要贡献。但也要看到，中医药仍然一定程度存在高质量供给不够、人才总量不足、创新体系不完善、发展特色不突出等问题。要坚持以习近平新时代中国特色社会主义思想为指导，全面贯彻落实党的十九大和十九届二中、三中、四中、五中全会精神，进一步落实《中共中央 国务院关于促进中医药传承创新发展的意见》和全国中医药大会部署，遵循中医药发展规律，认真总结中医药防治新冠肺炎经验做法，破解存在的问题，更好发挥中医药特色和比较优势，推动中医药和西医药相互补充、协调发展。为此，现提出如下政策措施。

一、夯实中医药人才基础

（一）提高中医药教育整体水平。建立以中医药课程为主线、先中后西的中医药类专业课程体系，增设中医疫病课程。支持中医药院校加强中医药传统文化功底深厚、热爱中医的优秀学生选拔培养。强化中医思维培养和中医临床技能培训，并作为学生学业评价主要内容。加强"双一流"建设对中医药院校和学科的支持。布局建设 100 个左右中医药类一流本科专业建设点。推进高职中医药类高水平专业群建设。强化高校附属医院中医临床教学职能。（教育部、国家发展改革委、国家中医药局负责，排第一位的为牵头单位，下同）

（二）坚持发展中医药师承教育。增加多层次的师承教育项目，扩大师带徒范围和数量，将师承教育贯穿临床实践教学全过程。长期坚持推进名老中医药专家学术经验继承、优秀中医临床人才研修、传承工作室建设等项目。绩效工资分配对承担带徒任务的中医医师适当倾斜。在全国老中医药专家学术经验继承工作中，按程序支持符合条件的继承人以医古文代替外语作为同等学力申请中医专业学位考试科目。（国家中医药局、人力资源社会保障部、教育部、国家卫生健康委、各省级人民政府负责）

（三）加强中医药人才评价和激励。鼓励各地结合实际，建立中医药优秀人才评价和激励机制。将中医药学才能、医德医风作为中医药人才主要评价标准，将会看病、看好病作为中医医师的主要评价内容。在院士评选、国家重大人才工程等高层次人才评选中，探索中医药人才单列计划、单独评价。（人力资源社会保障部、国家卫生健康委、国家中医药局、工程院、中科院、各省级人民政府分别负责）

二、提高中药产业发展活力

（四）优化中药审评审批管理。加快推进中药审评审批机制改革，加强技术支撑能力建设，提升中药注册申请技术指导水平和注册服务能力，强化部门横向联动，建立科技、医疗、中医药等部门推荐符合条件的中药新药进入快速审评审批通道的有效机制。以中医临床需求为导向，加快推进国家重大科技项目成果转化。统筹内外部技术评估力量，探索授予第三方中医药研究平台专业资质、承担国家级中医药技术评估工作。增加第三方中药新药注册检验机构数量。（国家药监局、国家卫生健康委、科技部、国家中医药局负责）

（五）完善中药分类注册管理。尊重中药研发规律，完善中药注册分类和申报要求。优化具有人用经验的中药新药审评审批，对符合条件的中药创新药、中药改良型新药、古代经典名方、同名同方药等，研究依法依规实施豁免非临床安全性研究及部分临床试验的管理机制。充分利用数据科学等现代技术手段，建立中医药理论、人用经验、临床试验"三结合"的中药注册审评证据体系，积极探索建立中药真实世界研究证据体系。优化古代经典名方中药复方制剂注册审批。完善中药新药全过程质量控制的技术研究指导原则体系。（国家药监局、国家卫生健康委、国家中医药局负责）

三、增强中医药发展动力

（六）保障落实政府投入。各级政府作为公立中医医院的办医主体，落实对公立中医医院基本建设、设备购置、重点学科发展、人才培养等政府投入政策。支持通过地方政府专项债券等渠道，推进符合条件的公立中医医院建设项目。（国家发展改革委、财政部、国家卫生健康委、国家中医药局、各省级人民政府负责）

（七）多方增加社会投入。鼓励有条件、有实力、有意愿的地方先行一步，灵活运用地方规划、用地、价格、保险、融资支持政策，鼓励、引导社会投入，提高中医临床竞争力，打造中医药健康服务高地和学科、产业集聚区。将符合条件的中医诊所纳入医联体建设。鼓励有条件的中医诊所组建团队开展家庭医生签约服务，按规定收取签约服务费。鼓励街道社区为提供家庭医生服务的中医诊所无偿提供诊疗场所。（国家中医药局、国家卫生健康委、各省级人民政府负责）

（八）加强融资渠道支持。积极支持符合条件的中医药企业上市融资和发行公司信用类债券。鼓励社会资本发起设立中医药产业投资基金，加大对中医药产业的长期投资力度。鼓励各级政府依法合规支持融资担保机构加大对中医药领域中小企业银行贷款的担保力度。支持信用服务机构提升中医药行业信用信息归集和加工能力，鼓励金融机构创新金融产品，支持中医药特色发展。（国家发展改革委、人民银行、银保监会、证监会、各省级人民政府负责）

四、完善中西医结合制度

（九）创新中西医结合医疗模式。在综合医院、传染病医院、专科医院等逐步推广"有机制、有团队、有措施、有成效"的中西医结合医疗模式。强化临床科室中医医师配备，打造中西医结合团队，开展中西医联合诊疗，"宜中则中、宜西则西"，逐步建立中西医多学科诊疗体系。鼓励科室间、院间和医联体内部开展中西医协作。将中西医结合工作成效纳入医院等级评审和绩效考核。对医院临床医师开展中医药专业知识轮训，使其具备本科室专业领域的常规中医诊疗能力。（国家卫生健康委、国家中医药局负责）

（十）健全中西医协同疫病防治机制。中医药系统人员第一时间全面参与公共卫生应急处置，中医药防治举措全面融入应急预案和技术方案。建立国家中医药应对重大公共卫生事件和疫病防治骨干人才库，建设国家中医疫病防治和紧急医学救援队伍，强化重大传染病防控理论技术方法和相关现代医学技术培训。探索疾病预防控制机构建立中医药部门和专家队伍。（国家卫生健康委、国家中医药局负责）

（十一）完善西医学习中医制度。2021级起，将中医药课程列为本科临床医学类专业必修课和毕业实习内容，增加课程学时。在高职临床医学专业中开设中医基础与适宜技术必修课程。允许攻读中医专业学位的临床医学类专业学生参加中西医结合医师资格考试和中医医师规范化培训。试点开展九年制中西医结合教育。加强临床医学类专业住院医师规范化培训基地中医药科室建设，逐步增加中医药知识技能培训内容。临床、口腔、公共卫生类别医师接受必要的中医药继续教育。研究实施西医学习中医重大专项，用10—15年时间，培养相当数量的高层次中西医结合人才和能够提供中西医结合服务的全科医生。（教育部、国家卫生健康委、国家中医药局分别负责）

（十二）提高中西医结合临床研究水平。开展中西医结合学科（专科）建设。开展重大疑难疾病、传染病、慢性病等中西医联合攻关。逐步建立中西医结合临床疗效评价标准，遴选形成优势病种目录。开展试点示范，力争用5年时间形成100个左右中西医结合诊疗方案。（科技部、国家卫生健康委、国家中医药局负责）

五、实施中医药发展重大工程

（十三）实施中医药特色人才培养工程。依托现有资源和资金渠道，用5—10年时间，评选表彰300名左右国医大师和全国名中医，培育500名左右岐黄学者、3000名左右中医药优秀人才、10万名左右中医药骨干人才，强化地方、机构培养责任，建立人才培养经费的中央、地方、机构分担机制。开展中医药卓越师资培养，重点加强中医基础、经典、临床师资培训。加强高校附属医院、中医规范化培训基地等人才培养平台建设。支持建设一批中医基础类、经典类、疫病防治类和中药炮制类、鉴定类高水平学科。开展基层中医药知识技能培训。（国家中医药局、教育部、国家卫生健康委、各省级人民政府

负责）

（十四）加强中医医疗服务体系建设。省、委（局）共建一批中医（含中西医结合）方向的国家医学中心和区域医疗中心。加快打造中医临床能力强、中医药文化氛围浓郁、功能布局优化的中医药传承创新中心。推动省域、市域优质中医资源扩容和均衡布局，建设优势病种特色鲜明的中医医院和科室。依托高水平中医医院建设国家中医疫病防治基地，打造一批紧急医学救援基地，加强中医医院感染科、肺病科、发热门诊、可转换传染病区、可转换重症监护室等建设。打造中西医协同"旗舰"医院、"旗舰"科室、"旗舰"基层医疗卫生机构。（国家发展改革委、教育部、国家卫生健康委、国家中医药局、各省级人民政府负责）

（十五）加强中医药科研平台建设。有序推动中医重点领域生物安全三级实验室建设。围绕中医理论、中药资源、中药创新、中医药疗效评价等重点领域建设国家重点实验室。加强服务于中医药技术装备发展和成果转化应用示范的国家科技创新基地建设。聚焦中医优势病种和特色疗法等建设10—20个中医类国家临床医学研究中心。建设一批服务于应对突发公共卫生事件的中医药科研支撑平台。（国家中医药局、国家发展改革委、教育部、科技部、国家卫生健康委、中科院负责）

（十六）实施名医堂工程。以优势中医医疗机构和团队为依托，建立一批名医堂执业平台。国医大师、名老中医、岐黄学者等名医团队入驻名医堂的，实行创业扶持、品牌保护、自主执业、自主运营、自主培养、自负盈亏综合政策，打造一批名医团队运营的精品中医机构。鼓励和支持有经验的社会力量兴办连锁经营的名医堂，突出特色和品牌，打造一流就医环境，提供一流中医药服务。（国家中医药局、国家发展改革委负责）

（十七）实施中医药产学研医政联合攻关工程。依托高水平研究机构、高等院校、中医医院以及中药创新企业，建设一批代表国家水平的中医药研究和科技成果孵化转化基地，解决制约中医药发展的重大科技问题，制定一批中医特色诊疗方案，转化形成一批中医药先进装备、中药新药。支持中医医院与企业、科研机构、学校加强协作、共享资源，促进优秀研究成果投入市场应用。探索运用区块链等技术加强中医药临床效果搜集和客观评价。（科技部、国家发展改革委、教育部、工业和信息化部、国家卫生健康委、国家中医药局负责）

（十八）实施道地中药材提升工程。加强道地药材良种繁育基地和生产基地建设。制定中药材采收、产地初加工、生态种植、野生抚育、仿野生栽培技术规范，推进中药材规范化种植，鼓励发展中药材种植专业合作社和联合社。推动建设一批标准化、集约化、规模化和产品信息可追溯的现代中药材物流基地，培育一批符合中药材现代化物流体系标准的初加工与仓储物流中心。引导医疗机构、制药企业、中药饮片厂采购有质量保证、可溯源的中药材。深入实施中药标准化项目。加强中药材质量安全风险评估与风险监测，促进快速检测装备研发和技术创新，建设第三方检测平台。（农业农村部、国家林草局、工业和信息化部、商务部、市场监管总局、国家中医药局负责）

（十九）建设国家中医药综合改革示范区。改革体制机制，充分调动地方积极性、主动性、创造性，补短板、强弱项、扬优势，加快建立健全中医药法规、发展政策举措、管理体系、评价体系和标准体系，提升中医药治理体系和治理能力现代化水平，打造3—5个中医药事业产业高质量发展的排头兵。（国家中医药局、国家发展改革委、国家卫生健康委、工业和信息化部、国家药监局负责）

（二十）实施中医药开放发展工程。制定"十四五"中医药"一带一路"发展规划。鼓励和支持社会力量采取市场化方式，与有合作潜力和意愿的国家共同建设一批友好中医医院、中医药产业园。发展"互联网＋中医药贸易"，为来华接受中医药服务人员提供签证便利。协调制定国际传统医药标准和监管规则，支持国际传统医药科技合作。（国家发展改革委、商务部、外交部、海关总署、国家药监局、国家中医药局分别负责）

六、提高中医药发展效益

（二十一）完善中医药服务价格政策。建立以临床价值和技术劳务价值为主要依据的中医医疗服务卫生技术评估体系，优化中医医疗服务价格政策。落实医疗服务价格动态调整机制，每年开展调价评估，符合启动条件的及时调整价格，充分考虑中医医疗服务特点，完善分级定价政策，重点将功能疗效明显、患者广泛接受、特色优势突出、体现劳务价值、应用历史悠久的中医医疗服务项目纳入调价范围。医疗机构炮制使用的中药饮片、中药制剂实行自主定价，符合条件的按规定纳入医保支付范围。（国家医保局、国家卫生健康委、国家中医药局负责）

（二十二）健全中医药医保管理措施。大力支持将疗效和成本有优势的中医医疗服务项目纳入基本医疗保险支付范围，综合考虑有效性、经济性等因素，按规定合理确定目录甲乙分类。探索符合中医药特点的医保支付方式，发布中医优势病种，鼓励实行中西医同病同效同价。一般中医药诊疗项目继续按项目付费。鼓励商业保险公司推出中医药特色健康保险产品，建立保险公司与中医药机构的信息对接机制。支持保险公司、中医药机构合作开展健康管理服务。加强纳入基本医疗保险支付范围的中医药服务和费用监管。（国家医保局、国家卫生健康委、银保监会、国家中医药局负责）

（二十三）合理开展中医非基本服务。在公立中医医疗机构基本医疗服务总量满足人民群众需要、基本医疗费用保持平稳的基础上，支持其提供商业医疗保险覆盖的非基本医疗服务。探索有条件的地方对完成公益性服务绩效好的公立中医医疗机构放宽特需医疗服务比例限制，允许公立中医医疗机构在政策范围内自主设立国际医疗部，自主决定国际医疗的服务量、项目、价格，收支结余主要用于改善职工待遇、加强专科建设和医院建设发展。（国家卫生健康委、国家中医药局、银保监会、各省级人民政府分别负责）

七、营造中医药发展良好环境

（二十四）加强中医药知识产权保护。制定中药领域发明专利审查指导意见，进一步提高中医药领域专利审查质量，推进中药技术国际专利申请。完善中药商业秘密保护制度，强化适宜性保密，提升保密内容商业价值，加强国际保护。在地理标志保护机制下，做好道地药材标志保护和运用。探索将具有独特炮制方法的中药饮片纳入中药品种保护范围。（市场监管总局、国家知识产权局、国家中医药局、国家药监局分别负责）

（二十五）优化中医药科技管理。加强国家中医药科技研发工作，加强中医药科研方法学、疗效评价、伦理审查等研究。鼓励各省（自治区、直辖市）设立中医药科技专项，由中医药管理部门统筹实施。加强中医药科技活动规律研究，推进中医药科技评价体系建设。（科技部、国家中医药局负责）

（二十六）加强中医药文化传播。切实加强中医药文化宣传，使中医药成为群众促进健康的文化自觉。在中华优秀传统文化传承发展工程中增设中医药专项。加强传统医药类非物质文化遗产保护传承。建设国家中医药博物馆。支持改善一批中医药院校、科研机构的中医药古籍保护条件，提高利用能力。实施中医药文化传播行动，持续开展中小学中医药文化教育，打造中医药文化传播平台及优质产品。（中央宣传部、教育部、国家发展改革委、文化和旅游部、国家卫生健康委、广电总局、国家中医药局、国家文物局负责）

（二十七）提高中医药法治化水平。推动制修订相关法律法规和规章，加强地方性法规建设。加强中药监管队伍建设，提升中药审评和监管现代化水平。建立不良执业记录制度，将提供中医药健康服务的机构及其人员诚信经营和执业情况纳入统一信用信息平台，并将相关企业行政许可、行政处罚等信息通过"信用中国"网站、国家企业信用信息公示系统依法公示。（司法部、国家卫生健康委、市场监管总局、国家中医药局、国家药监局分别负责）

（二十八）加强对中医药工作的组织领导。充分发挥国务院中医药工作部际联席会议作用，及时研究解决重大问题。卫生健康行政部门要在工作全局中一体谋划、一体推进、一体落实、一体考核中医药工作，加强中医药传承创新、中西医结合，全面落实中医药参与健康中国行动、基本医疗卫生制度建设、优质高效医疗卫生服务体系建设等，在资源配置、政策机制、制度安排等方面向中医药倾斜。中医药管理部门要加大中医药标准制定、科学研究、人才培养、应急救治、文化宣传等工作力度。有关部门要各司其职，扎实推动各项工作落实。各地要进一步加强中医药管理机构建设。有关地方可结合实际进一步完善支持本地区少数民族医药发展的政策举措。（各有关部门、各省级人民政府分别负责）

国务院办公厅关于开展仿制药质量和
疗效一致性评价的意见

国办发〔2016〕8 号

各省、自治区、直辖市人民政府，国务院各部委、各直属机构：

开展仿制药质量和疗效一致性评价（以下简称一致性评价）工作，对提升我国制药行业整体水平，保障药品安全性和有效性，促进医药产业升级和结构调整，增强国际竞争能力，都具有十分重要的意义。根据《国务院关于改革药品医疗器械审评审批制度的意见》（国发〔2015〕44 号），经国务院同意，现就开展一致性评价工作提出如下意见：

一、明确评价对象和时限。化学药品新注册分类实施前批准上市的仿制药，凡未按照与原研药品质量和疗效一致原则审批的，均须开展一致性评价。国家基本药物目录（2012 年版）中 2007 年 10 月 1 日前批准上市的化学药品仿制药口服固体制剂，应在 2018 年底前完成一致性评价，其中需开展临床有效性试验和存在特殊情形的品种，应在 2021 年底前完成一致性评价；逾期未完成的，不予再注册。

化学药品新注册分类实施前批准上市的其他仿制药，自首家品种通过一致性评价后，其他药品生产企业的相同品种原则上应在 3 年内完成一致性评价；逾期未完成的，不予再注册。

二、确定参比制剂遴选原则。参比制剂原则上首选原研药品，也可以选用国际公认的同种药品。药品生产企业可自行选择参比制剂，报食品药品监管总局备案；食品药品监管总局在规定期限内未提出异议的，药品生产企业即可开展相关研究工作。行业协会可组织同品种药品生产企业提出参比制剂选择意见，报食品药品监管总局审核确定。对参比制剂存有争议的，由食品药品监管总局组织专家公开论证后确定。食品药品监管总局负责及时公布参比制剂信息，药品生产企业原则上应选择公布的参比制剂开展一致性评价工作。

三、合理选用评价方法。药品生产企业原则上应采用体内生物等效性试验的方法进行一致性评价。符合豁免生物等效性试验原则的品种，允许药品生产企业采取体外溶出度试验的方法进行一致性评价，具体品种名单由食品药品监管总局另行公布。开展体内生物等效性试验时，药品生产企业应根据仿制药生物等效性试验的有关规定组织实施。无参比制剂的，由药品生产企业进行临床有效性试验。

四、落实企业主体责任。药品生产企业是一致性评价工作的主体，应主动选购参比制剂开展相关研究，确保药品质量和疗效与参比制剂一致。完成一致性评价后，可将评价结果及调整处方、工艺的资料，按照药品注册补充申请程序，一并提交食品药品监管部门。国内药品生产企业已在欧盟、美国和日本获准上市的仿制药，可以国外注册申报的相关资料为基础，按照化学药品新注册分类申报药品上市，批准上市后视同通过一致性评价；在中国境内用同一生产线生产上市并在欧盟、美国和日本获准上市的药品，视同通过一致性评价。

五、加强对一致性评价工作的管理。食品药品监管总局负责发布一致性评价的相关指导原则，加强对药品生产企业一致性评价工作的技术指导；组织专家审核企业报送的参比制剂资料，分期分批公布经审核确定的参比制剂目录，建立我国仿制药参比制剂目录集；及时将按新标准批准上市的药品收入参比制剂目录集并公布；设立统一的审评通道，一并审评企业提交的一致性评价资料和药品注册补充申请。对药品生产企业自行购买尚未在中国境内上市的参比制剂，由食品药品监管总局以一次性进口方式批准，供一致性评价研究使用。

六、鼓励企业开展一致性评价工作。通过一致性评价的药品品种，由食品药品监管总局向社会公布。药品生产企业可在药品说明书、标签中予以标注；开展药品上市许可持有人制度试点区域的企业，可以申报作为该品种药品的上市许可持有人，委托其他药品生产企业生产，并承担上市后的相关法律责任。通过一致性评价的药品品种，在医保支付方面予以适当支持，医疗机构应优先采购并在临床中优先选用。同品种药品通过一致性评价的生产企业达到 3 家以上的，在药品集中采购等方面不再选用未通过一致性评价的品种。通过一致性评价药品生产企业的技术改造，在符合有关条件的情况下，可以申请中央基建投资、产业基金等资金支持。

各地区、各有关部门要高度重视，组织引导药品生产企业积极参与，科学规范开展一致性评价相关工作。食品药品监管总局要会同有关部门加强指导，落实相关配套政策，共同推动一致性评价工作。

国务院办公厅

2016 年 2 月 6 日

国务院办公厅关于改革完善仿制药供应保障及使用政策的意见

国办发〔2018〕20号

各省、自治区、直辖市人民政府，国务院各部委、各直属机构：

为贯彻落实党的十九大精神和党中央、国务院关于推进健康中国建设、深化医改的工作部署，促进仿制药研发，提升仿制药质量疗效，提高药品供应保障能力，更好地满足临床用药及公共卫生安全需求，加快我国由制药大国向制药强国跨越，经国务院同意，现提出如下意见。

一、促进仿制药研发

（一）制定鼓励仿制的药品目录。建立跨部门的药品生产和使用信息共享机制，强化药品供应保障及使用信息监测，及时掌握和发布药品供求情况，引导企业研发、注册和生产。以需求为导向，鼓励仿制临床必需、疗效确切、供应短缺的药品，鼓励仿制重大传染病防治和罕见病治疗所需药品、处置突发公共卫生事件所需药品、儿童使用药品以及专利到期前一年尚没有提出注册申请的药品。鼓励仿制的药品目录由国家卫生健康委员会、国家药品监督管理局会同相关部门制定，定期在国家药品供应保障综合管理信息平台等相关平台发布，并实行动态调整。新批准上市或通过仿制药质量和疗效一致性评价的药品，载入中国上市药品目录集，上市药品目录集内容动态更新并实时公开。

（二）加强仿制药技术攻关。将鼓励仿制的药品目录内的重点化学药品、生物药品关键共性技术研究列入国家相关科技计划。健全产学研医用协同创新机制，建立仿制药技术攻关联盟，发挥企业的主导作用和医院、科研机构、高等院校的基础支撑作用，加强药用原辅料、包装材料和制剂研发联动，促进药品研发链和产业链有机衔接。积极引进国际先进技术，进行消化吸收再提高。

（三）完善药品知识产权保护。按照鼓励新药创制和鼓励仿制药研发并重的原则，研究完善与我国经济社会发展水平和产业发展阶段相适应的药品知识产权保护制度，充分平衡药品专利权人与社会公众的利益。实施专利质量提升工程，培育更多的药品核心知识产权、原始知识产权、高价值知识产权。加强知识产权领域反垄断执法，在充分保护药品创新的同时，防止知识产权滥用，促进仿制药上市。建立完善药品领域专利预警机制，降低仿制药企业专利侵权风险。

二、提升仿制药质量疗效

（四）加快推进仿制药质量和疗效一致性评价工作。国家药品监督管理局、国家卫生健康委员会、科学技术部、工业和信息化部、国家医疗保障局等部门要细化落实鼓励企业开展仿制药质量和疗效一致性评价的政策措施，加快推进一致性评价工作。进一步释放仿制药一致性评价资源，支持具备条件的医疗机构、高等院校、科研机构和社会办检验检测机构参与一致性评价工作。采取有效措施，提高医疗机构和医务人员开展临床试验的积极性。对临床使用量大、金额占比高的品种，有关部门要加快工作进度；对临床必需、价格低廉的品种，有关部门要采取针对性措施，通过完善采购使用政策等方式给予支持。

（五）提高药用原辅料和包装材料质量。组织开展药用原辅料和包装材料质量标准制修订工作。推动企业等加强药用原辅料和包装材料研发，运用新材料、新工艺、新技术，提高质量水平。通过提高自我创新能力、积极引进国外先进技术等措施，推动技术升级，突破提纯、质量控制等关键技术，淘汰落后技术和产能，改变部分药用原辅料和包装材料依赖进口的局面，满足制剂质量需求。加强对药用原辅料和包装材料的质量监管，定期公布对生产厂家的检查和抽验信息。

（六）提高工艺制造水平。大力提升制药装备和智能制造水平，提高关键设备的研究制造能力和设备性能，推广应用新技术，优化和改进工艺生产管理，强化全面质量控制，提升关键工艺过程控制水平，推动解决制约产品质量的瓶颈问题。推进药品生产质量控制信息化建设，实现生产过程实时在线监控。完善企业生产工艺变更管理制度。

（七）严格药品审评审批。深化药品审评审批制度改革，严格审评审批标准，仿制药按与原研药质量和疗效一致的原则受理和审评审批，提高药品质量安全水平。优化审评审批流程，提高仿制药上市审评审批效率。对国家实施专利强制许可的仿制药、列入鼓励仿制药品目录的药品、国家科技重大专项支持的仿制药等注册申请优先审评审批。国家药品监督管理局要完善仿制药注册申请的技术标准和指南体系。

（八）加强药品质量监管。加快建立覆盖仿制药全生命周期的质量管理和质量追溯制度。加强对药物研发、生产、流通及使用过程的监督检查，加强不良反应监测和质量抽查，严肃查处数据造假、偷工减料、掺杂使假等违法违规行为，强化责任追究，检查和处罚结果向社会公开。

三、完善支持政策

（九）及时纳入采购目录。药品集中采购机构要按药品通用名编制采购目录，促进与原研药质量和疗效一致的仿制药和原研药平等竞争。对于新批准上市的仿制药，相关部门应及时编制公立医疗卫生机构药品采购编码，对应的通用名药品已在药品采购目录中的，药品集中采购机构应及时启动采购程序；对应的通用名药品未在药品采购目录中的，自批准上市之日起，药品集中采购机构要及时论证，积极将其纳入药品采购目录。国家实施专利强制许可的药品，无条件纳入各地药品采购目录。

（十）促进仿制药替代使用。将与原研药质量和疗效一致的仿制药纳入与原研药可相互替代药品目录，在说明书、标签中予以标注，并及时向社会公布相关信息，便于医务人员和患者选择使用。卫生健康等部门要加强药事管理，制定鼓励使用仿制药的政策和激励措施，加大对临床用药的监管力度。严格落实按药品通用名开具处方的要求，除特殊情形外，处方上不得出现商品名，具体由卫生健康部门规定。落实处方点评制度，加强医疗机构药品合理使用情况考核，对不合理用药的处方医生进行公示，并建立约谈制度。强化药师在处方审核和药品调配中的作用。在按规定向艾滋病、结核病患者提供药物时，优先采购使用仿制药。

（十一）发挥基本医疗保险的激励作用。加快制定医保药品支付标准，与原研药质量和疗效一致的仿制药、原研药按相同标准支付。建立完善基本医疗保险药品目录动态调整机制，及时将符合条件的药品纳入目录。对基本医疗保险药品目录中的药品，不得按商品名或生产厂家进行限定，要及时更新医保信息系统，确保批准上市的仿制药同等纳入医保支付范围。通过医保支付激励约束机制，鼓励医疗机构使用仿制药。

（十二）明确药品专利实施强制许可路径。依法分类实施药品专利强制许可，提高药品可及性。鼓励专利权人实施自愿许可。具备实施强制许可条件的单位或者个人可以依法向国家知识产权局提出强制许可请求。在国家出现重特大传染病疫情及其他突发公共卫生事件或防治重特大疾病药品出现短缺，对公共卫生安全或公共健康造成严重威胁等非常情况时，为了维护公共健康，由国家卫生健康委员会会同工业和信息化部、国家药品监督管理局等部门进行评估论证，向国家知识产权局提出实施强制许可的建议，国家知识产权局依法作出给予实施强制许可或驳回的决定。

（十三）落实税收优惠政策和价格政策。落实现行税收优惠政策，仿制药企业为开发新技术、新产品、新工艺产生的研发费用，符合条件的按照有关规定在企业所得税税前加计扣除。仿制药企业经认定为高新技术企业的，减按15%的税率征收企业所得税。国家发展和改革委员会、工业和信息化部等部门要加大扶持力度，支持仿制药企业工艺改造。鼓励地方结合实际出台支持仿制药产业转型升级的政策，进一步加大支持力度。持续推进药品价格改革，完善主要由市场形成药品价格的机制，做好与药品采购、医保支付等改革政策的衔接。坚持药品分类采购，突出药品临床价值，充分考虑药品成本，形成有升有降、科学合理的采购价格，调动企业提高药品质量的积极性。加强药品价格监测预警，依法严厉打击原料药价格垄断等违法违规行为。

（十四）推动仿制药产业国际化。结合推进"一带一路"建设重大倡议，加强与相关国际组织和国家的交流，加快药品研发、注册、上市销售的国际化步伐。支持企业开展国际产能合作，建立跨境研发合作平台。积极引进先进管理经验和关键工艺技术，鼓励境外企业在我国建立研发中心和生产基地。

（十五）做好宣传引导。卫生健康、药品监管、医疗保障等部门要做好政策宣传解读，普及药品知识和相关信息，提升人民群众对国产仿制药的信心。加强对医务人员的宣传教育，改变不合理用药习惯，提高合理用药水平，推动仿制药替代使用。及时回应社会关切，合理引导社会舆论和群众预期，形成良好改革氛围。

改革完善仿制药供应保障及使用政策，事关人民群众用药安全，事关医药行业健康发展。各地区、各部门要加强组织领导，结合实际细化出台工作方案和配套细则，完善抓落实的工作机制和办法，把责任压实、要求提实、考核抓实，积极稳妥推进，确保改革措施落地见效。

国务院办公厅

2018 年 3 月 21 日

第二篇 法 律

中华人民共和国药品管理法

（1984 年 9 月 20 日第六届全国人民代表大会常务委员会第七次会议通过，2001 年 2 月 28 日第九届全国人民代表大会常务委员会第二十次会议第一次修订，根据 2013 年 12 月 28 日第十二届全国人民代表大会常务委员会第六次会议《关于修改〈中华人民共和国海洋环境保护法〉等七部法律的决定》第一次修正，根据 2015 年 4 月 24 日第十二届全国人民代表大会常务委员会第十四次会议《关于修改〈中华人民共和国药品管理法〉的决定》第二次修正，2019 年 8 月 26 日第十三届全国人民代表大会常务委员会第十二次会议第二次修订，2019 年 8 月 26 日中华人民共和国主席令第 31 号公布，自 2019 年 12 月 1 日起施行）

目 录

第一章 总 则

第一条 为了加强药品管理，保证药品质量，保障公众用药安全和合法权益，保护和促进公众健康，制定本法。

第二条 在中华人民共和国境内从事药品研制、生产、经营、使用和监督管理活动，适用本法。

本法所称药品，是指用于预防、治疗、诊断人的疾病，有目的地调节人的生理机能并规定有适应症或者功能主治、用法和用量的物质，包括中药、化学药和生物制品等。

第三条 药品管理应当以人民健康为中心，坚持风险管理、全程管控、社会共治的原则，建立科学、严格的监督管理制度，全面提升药品质量，保障药品的安全、有效、可及。

第四条 国家发展现代药和传统药，充分发挥其在预防、医疗和保健中的作用。

国家保护野生药材资源和中药品种，鼓励培育道地中药材。

第五条 国家鼓励研究和创制新药，保护公民、法人和其他组织研究、开发新药的合法权益。

第六条 国家对药品管理实行药品上市许可持有人制度。药品上市许可持有人依法对药品研制、生产、经营、使用全过程中药品的安全性、有效性和质量可控性负责。

第七条 从事药品研制、生产、经营、使用活动，应当遵守法律、法规、规章、标准和规范，保证全过程信息真实、准确、完整和可追溯。

第八条 国务院药品监督管理部门主管全国药品监督管理工作。国务院有关部门在各自职责范围内负责与药品有关的监督管理工作。国务院药品监督管理部门配合国务院有关部门，执行国家药品行业发展规划和产业政策。

省、自治区、直辖市人民政府药品监督管理部门负责本行政区域内的药品监督管理工作。设区的市级、县级人民政府承担药品监督管理职责的部门（以下称药品监督管理部门）负责本行政区域内的药品监督管理工作。县级以上地方人民政府有关部门在各自职责范围内负责与药品有关的监督管理工作。

第九条 县级以上地方人民政府对本行政区域内的药品监督管理工作负责，统一领导、组织、协调本行政区域内的药品监督管理工作以及药品安全突发事件应对工作，建立健全药品监督管理工作机制和信息共享机制。

第十条 县级以上人民政府应当将药品安全工作纳入本级国民经济和社会发展规划，将药品安全工作经费列入本级政府预算，加强药品监督管理能力建设，为药品安全工作提供保障。

第十一条 药品监督管理部门设置或者指定的药品专业技术机构，承担依法实施药品监督管理所需的审评、检验、核查、监测与评价等工作。

第十二条 国家建立健全药品追溯制度。国务院药品监督管理部门应当制定统一的药品追溯标准和规范，推进药品追溯信息互通互享，实现药品可追溯。

国家建立药物警戒制度，对药品不良反应及其他与用药有关的有害反应进行监测、识别、评估和控制。

第十三条 各级人民政府及其有关部门、药品行业协会等应当加强药品安全宣传教育，开展药品安全法律法规等知识的普及工作。

新闻媒体应当开展药品安全法律法规等知识的公益宣传，并对药品违法行为进行舆论监督。有关药品的宣传报道应当全面、科学、客观、公正。

第十四条　药品行业协会应当加强行业自律，建立健全行业规范，推动行业诚信体系建设，引导和督促会员依法开展药品生产经营等活动。

第十五条　县级以上人民政府及其有关部门对在药品研制、生产、经营、使用和监督管理工作中做出突出贡献的单位和个人，按照国家有关规定给予表彰、奖励。

第二章　药品研制和注册

第十六条　国家支持以临床价值为导向、对人的疾病具有明确或者特殊疗效的药物创新，鼓励具有新的治疗机理、治疗严重危及生命的疾病或者罕见病、对人体具有多靶向系统性调节干预功能等的新药研制，推动药品技术进步。

国家鼓励运用现代科学技术和传统中药研究方法开展中药科学技术研究和药物开发，建立和完善符合中药特点的技术评价体系，促进中药传承创新。

国家采取有效措施，鼓励儿童用药品的研制和创新，支持开发符合儿童生理特征的儿童用药品新品种、剂型和规格，对儿童用药品予以优先审评审批。

第十七条　从事药品研制活动，应当遵守药物非临床研究质量管理规范、药物临床试验质量管理规范，保证药品研制全过程持续符合法定要求。

药物非临床研究质量管理规范、药物临床试验质量管理规范由国务院药品监督管理部门会同国务院有关部门制定。

第十八条　开展药物非临床研究，应当符合国家有关规定，有与研究项目相适应的人员、场地、设备、仪器和管理制度，保证有关数据、资料和样品的真实性。

第十九条　开展药物临床试验，应当按照国务院药品监督管理部门的规定如实报送研制方法、质量指标、药理及毒理试验结果等有关数据、资料和样品，经国务院药品监督管理部门批准。国务院药品监督管理部门应当自受理临床试验申请之日起六十个工作日内决定是否同意并通知临床试验申办者，逾期未通知的，视为同意。其中，开展生物等效性试验的，报国务院药品监督管理部门备案。

开展药物临床试验，应当在具备相应条件的临床试验机构进行。药物临床试验机构实行备案管理，具体办法由国务院药品监督管理部门、国务院卫生健康主管部门共同制定。

第二十条　开展药物临床试验，应当符合伦理原则，制定临床试验方案，经伦理委员会审查同意。

伦理委员会应当建立伦理审查工作制度，保证伦理审查过程独立、客观、公正，监督规范开展药物临床试验，保障受试者合法权益，维护社会公共利益。

第二十一条　实施药物临床试验，应当向受试者或者其监护人如实说明和解释临床试验的目的和风险等详细情况，取得受试者或者其监护人自愿签署的知情同意书，并采取有效措施保护受试者合法权益。

第二十二条 药物临床试验期间，发现存在安全性问题或者其他风险的，临床试验申办者应当及时调整临床试验方案、暂停或者终止临床试验，并向国务院药品监督管理部门报告。必要时，国务院药品监督管理部门可以责令调整临床试验方案、暂停或者终止临床试验。

第二十三条 对正在开展临床试验的用于治疗严重危及生命且尚无有效治疗手段的疾病的药物，经医学观察可能获益，并且符合伦理原则的，经审查、知情同意后可以在开展临床试验的机构内用于其他病情相同的患者。

第二十四条 在中国境内上市的药品，应当经国务院药品监督管理部门批准，取得药品注册证书；但是，未实施审批管理的中药材和中药饮片除外。实施审批管理的中药材、中药饮片品种目录由国务院药品监督管理部门会同国务院中医药主管部门制定。

申请药品注册，应当提供真实、充分、可靠的数据、资料和样品，证明药品的安全性、有效性和质量可控性。

第二十五条 对申请注册的药品，国务院药品监督管理部门应当组织药学、医学和其他技术人员进行审评，对药品的安全性、有效性和质量可控性以及申请人的质量管理、风险防控和责任赔偿等能力进行审查；符合条件的，颁发药品注册证书。

国务院药品监督管理部门在审批药品时，对化学原料药一并审评审批，对相关辅料、直接接触药品的包装材料和容器一并审评，对药品的质量标准、生产工艺、标签和说明书一并核准。

本法所称辅料，是指生产药品和调配处方时所用的赋形剂和附加剂。

第二十六条 对治疗严重危及生命且尚无有效治疗手段的疾病以及公共卫生方面急需的药品，药物临床试验已有数据显示疗效并能预测其临床价值的，可以附条件批准，并在药品注册证书中载明相关事项。

第二十七条 国务院药品监督管理部门应当完善药品审评审批工作制度，加强能力建设，建立健全沟通交流、专家咨询等机制，优化审评审批流程，提高审评审批效率。

批准上市药品的审评结论和依据应当依法公开，接受社会监督。对审评审批中知悉的商业秘密应当保密。

第二十八条 药品应当符合国家药品标准。经国务院药品监督管理部门核准的药品质量标准高于国家药品标准的，按照经核准的药品质量标准执行；没有国家药品标准的，应当符合经核准的药品质量标准。

国务院药品监督管理部门颁布的《中华人民共和国药典》和药品标准为国家药品标准。

国务院药品监督管理部门会同国务院卫生健康主管部门组织药典委员会，负责国家药品标准的制定和修订。

国务院药品监督管理部门设置或者指定的药品检验机构负责标定国家药品标准品、对照品。

第二十九条　列入国家药品标准的药品名称为药品通用名称。已经作为药品通用名称的，该名称不得作为药品商标使用。

第三章　药品上市许可持有人

第三十条　药品上市许可持有人是指取得药品注册证书的企业或者药品研制机构等。

药品上市许可持有人应当依照本法规定，对药品的非临床研究、临床试验、生产经营、上市后研究、不良反应监测及报告与处理等承担责任。其他从事药品研制、生产、经营、储存、运输、使用等活动的单位和个人依法承担相应责任。

药品上市许可持有人的法定代表人、主要负责人对药品质量全面负责。

第三十一条　药品上市许可持有人应当建立药品质量保证体系，配备专门人员独立负责药品质量管理。

药品上市许可持有人应当对受托药品生产企业、药品经营企业的质量管理体系进行定期审核，监督其持续具备质量保证和控制能力。

第三十二条　药品上市许可持有人可以自行生产药品，也可以委托药品生产企业生产。

药品上市许可持有人自行生产药品的，应当依照本法规定取得药品生产许可证；委托生产的，应当委托符合条件的药品生产企业。药品上市许可持有人和受托生产企业应当签订委托协议和质量协议，并严格履行协议约定的义务。

国务院药品监督管理部门制定药品委托生产质量协议指南，指导、监督药品上市许可持有人和受托生产企业履行药品质量保证义务。

血液制品、麻醉药品、精神药品、医疗用毒性药品、药品类易制毒化学品不得委托生产；但是，国务院药品监督管理部门另有规定的除外。

第三十三条　药品上市许可持有人应当建立药品上市放行规程，对药品生产企业出厂放行的药品进行审核，经质量受权人签字后方可放行。不符合国家药品标准的，不得放行。

第三十四条　药品上市许可持有人可以自行销售其取得药品注册证书的药品，也可以委托药品经营企业销售。药品上市许可持有人从事药品零售活动的，应当取得药品经营许可证。

药品上市许可持有人自行销售药品的，应当具备本法第五十二条规定的条件；委托销售的，应当委托符合条件的药品经营企业。药品上市许可持有人和受托经营企业应当签订委托协议，并严格履行协议约定的义务。

第三十五条　药品上市许可持有人、药品生产企业、药品经营企业委托储存、运输药品的，应当对受托方的质量保证能力和风险管理能力进行评估，与其签订委托协议，约定药品质量责任、操作规程等内容，并对受托方进行监督。

第三十六条　药品上市许可持有人、药品生产企业、药品经营企业和医疗机构应当建立并实施药品追溯制度，按照规定提供追溯信息，保证药品可追溯。

　　第三十七条　药品上市许可持有人应当建立年度报告制度，每年将药品生产销售、上市后研究、风险管理等情况按照规定向省、自治区、直辖市人民政府药品监督管理部门报告。

　　第三十八条　药品上市许可持有人为境外企业的，应当由其指定的在中国境内的企业法人履行药品上市许可持有人义务，与药品上市许可持有人承担连带责任。

　　第三十九条　中药饮片生产企业履行药品上市许可持有人的相关义务，对中药饮片生产、销售实行全过程管理，建立中药饮片追溯体系，保证中药饮片安全、有效、可追溯。

　　第四十条　经国务院药品监督管理部门批准，药品上市许可持有人可以转让药品上市许可。受让方应当具备保障药品安全性、有效性和质量可控性的质量管理、风险防控和责任赔偿等能力，履行药品上市许可持有人义务。

第四章　药品生产

　　第四十一条　从事药品生产活动，应当经所在地省、自治区、直辖市人民政府药品监督管理部门批准，取得药品生产许可证。无药品生产许可证的，不得生产药品。

　　药品生产许可证应当标明有效期和生产范围，到期重新审查发证。

　　第四十二条　从事药品生产活动，应当具备以下条件：

　　（一）有依法经过资格认定的药学技术人员、工程技术人员及相应的技术工人；

　　（二）有与药品生产相适应的厂房、设施和卫生环境；

　　（三）有能对所生产药品进行质量管理和质量检验的机构、人员及必要的仪器设备；

　　（四）有保证药品质量的规章制度，并符合国务院药品监督管理部门依据本法制定的药品生产质量管理规范要求。

　　第四十三条　从事药品生产活动，应当遵守药品生产质量管理规范，建立健全药品生产质量管理体系，保证药品生产全过程持续符合法定要求。

　　药品生产企业的法定代表人、主要负责人对本企业的药品生产活动全面负责。

　　第四十四条　药品应当按照国家药品标准和经药品监督管理部门核准的生产工艺进行生产。生产、检验记录应当完整准确，不得编造。

　　中药饮片应当按照国家药品标准炮制；国家药品标准没有规定的，应当按照省、自治区、直辖市人民政府药品监督管理部门制定的炮制规范炮制。省、自治区、直辖市人民政府药品监督管理部门制定的炮制规范应当报国务院药品监督管理部门备案。不符合国家药品标准或者不按照省、自治区、直辖市人民政府药品监督管理部门制定的炮制规范炮制的，不得出厂、销售。

　　第四十五条　生产药品所需的原料、辅料，应当符合药用要求、药品生产质量管理规范的有关要求。

生产药品，应当按照规定对供应原料、辅料等的供应商进行审核，保证购进、使用的原料、辅料等符合前款规定要求。

第四十六条　直接接触药品的包装材料和容器，应当符合药用要求，符合保障人体健康、安全的标准。

对不合格的直接接触药品的包装材料和容器，由药品监督管理部门责令停止使用。

第四十七条　药品生产企业应当对药品进行质量检验。不符合国家药品标准的，不得出厂。

药品生产企业应当建立药品出厂放行规程，明确出厂放行的标准、条件。符合标准、条件的，经质量受权人签字后方可放行。

第四十八条　药品包装应当适合药品质量的要求，方便储存、运输和医疗使用。

发运中药材应当有包装。在每件包装上，应当注明品名、产地、日期、供货单位，并附有质量合格的标志。

第四十九条　药品包装应当按照规定印有或者贴有标签并附有说明书。

标签或者说明书应当注明药品的通用名称、成份、规格、上市许可持有人及其地址、生产企业及其地址、批准文号、产品批号、生产日期、有效期、适应症或者功能主治、用法、用量、禁忌、不良反应和注意事项。标签、说明书中的文字应当清晰，生产日期、有效期等事项应当显著标注，容易辨识。

麻醉药品、精神药品、医疗用毒性药品、放射性药品、外用药品和非处方药的标签、说明书，应当印有规定的标志。

第五十条　药品上市许可持有人、药品生产企业、药品经营企业和医疗机构中直接接触药品的工作人员，应当每年进行健康检查。患有传染病或者其他可能污染药品的疾病的，不得从事直接接触药品的工作。

第五章　药品经营

第五十一条　从事药品批发活动，应当经所在地省、自治区、直辖市人民政府药品监督管理部门批准，取得药品经营许可证。从事药品零售活动，应当经所在地县级以上地方人民政府药品监督管理部门批准，取得药品经营许可证。无药品经营许可证的，不得经营药品。

药品经营许可证应当标明有效期和经营范围，到期重新审查发证。

药品监督管理部门实施药品经营许可，除依据本法第五十二条规定的条件外，还应当遵循方便群众购药的原则。

第五十二条　从事药品经营活动应当具备以下条件：

（一）有依法经过资格认定的药师或者其他药学技术人员；

（二）有与所经营药品相适应的营业场所、设备、仓储设施和卫生环境；

（三）有与所经营药品相适应的质量管理机构或者人员；

（四）有保证药品质量的规章制度，并符合国务院药品监督管理部门依据本法制定的药品经营质量管理规范要求。

第五十三条 从事药品经营活动，应当遵守药品经营质量管理规范，建立健全药品经营质量管理体系，保证药品经营全过程持续符合法定要求。

国家鼓励、引导药品零售连锁经营。从事药品零售连锁经营活动的企业总部，应当建立统一的质量管理制度，对所属零售企业的经营活动履行管理责任。

药品经营企业的法定代表人、主要负责人对本企业的药品经营活动全面负责。

第五十四条 国家对药品实行处方药与非处方药分类管理制度。具体办法由国务院药品监督管理部门会同国务院卫生健康主管部门制定。

第五十五条 药品上市许可持有人、药品生产企业、药品经营企业和医疗机构应当从药品上市许可持有人或者具有药品生产、经营资格的企业购进药品；但是，购进未实施审批管理的中药材除外。

第五十六条 药品经营企业购进药品，应当建立并执行进货检查验收制度，验明药品合格证明和其他标识；不符合规定要求的，不得购进和销售。

第五十七条 药品经营企业购销药品，应当有真实、完整的购销记录。购销记录应当注明药品的通用名称、剂型、规格、产品批号、有效期、上市许可持有人、生产企业、购销单位、购销数量、购销价格、购销日期及国务院药品监督管理部门规定的其他内容。

第五十八条 药品经营企业零售药品应当准确无误，并正确说明用法、用量和注意事项；调配处方应当经过核对，对处方所列药品不得擅自更改或者代用。对有配伍禁忌或者超剂量的处方，应当拒绝调配；必要时，经处方医师更正或者重新签字，方可调配。

药品经营企业销售中药材，应当标明产地。

依法经过资格认定的药师或者其他药学技术人员负责本企业的药品管理、处方审核和调配、合理用药指导等工作。

第五十九条 药品经营企业应当制定和执行药品保管制度，采取必要的冷藏、防冻、防潮、防虫、防鼠等措施，保证药品质量。

药品入库和出库应当执行检查制度。

第六十条 城乡集市贸易市场可以出售中药材，国务院另有规定的除外。

第六十一条 药品上市许可持有人、药品经营企业通过网络销售药品，应当遵守本法药品经营的有关规定。具体管理办法由国务院药品监督管理部门会同国务院卫生健康主管部门等部门制定。

疫苗、血液制品、麻醉药品、精神药品、医疗用毒性药品、放射性药品、药品类易制毒化学品等国家实行特殊管理的药品不得在网络上销售。

第六十二条 药品网络交易第三方平台提供者应当按照国务院药品监督管理部门的规定，向所在地省、自治区、直辖市人民政府药品监督管理部门备案。

第三方平台提供者应当依法对申请进入平台经营的药品上市许可持有人、药品经营企业的资质等进行审核，保证其符合法定要求，并对发生在平台的药品经营行为进行管理。

第三方平台提供者发现进入平台经营的药品上市许可持有人、药品经营企业有违反本法规定行为的，应当及时制止并立即报告所在地县级人民政府药品监督管理部门；发现严重违法行为的，应当立即停止提供网络交易平台服务。

第六十三条　新发现和从境外引种的药材，经国务院药品监督管理部门批准后，方可销售。

第六十四条　药品应当从允许药品进口的口岸进口，并由进口药品的企业向口岸所在地药品监督管理部门备案。海关凭药品监督管理部门出具的进口药品通关单办理通关手续。无进口药品通关单的，海关不得放行。

口岸所在地药品监督管理部门应当通知药品检验机构按照国务院药品监督管理部门的规定对进口药品进行抽查检验。

允许药品进口的口岸由国务院药品监督管理部门会同海关总署提出，报国务院批准。

第六十五条　医疗机构因临床急需进口少量药品的，经国务院药品监督管理部门或者国务院授权的省、自治区、直辖市人民政府批准，可以进口。进口的药品应当在指定医疗机构内用于特定医疗目的。

个人自用携带入境少量药品，按照国家有关规定办理。

第六十六条　进口、出口麻醉药品和国家规定范围内的精神药品，应当持有国务院药品监督管理部门颁发的进口准许证、出口准许证。

第六十七条　禁止进口疗效不确切、不良反应大或者因其他原因危害人体健康的药品。

第六十八条　国务院药品监督管理部门对下列药品在销售前或者进口时，应当指定药品检验机构进行检验；未经检验或者检验不合格的，不得销售或者进口：

（一）首次在中国境内销售的药品；

（二）国务院药品监督管理部门规定的生物制品；

（三）国务院规定的其他药品。

第六章　医疗机构药事管理

第六十九条　医疗机构应当配备依法经过资格认定的药师或者其他药学技术人员，负责本单位的药品管理、处方审核和调配、合理用药指导等工作。非药学技术人员不得直接从事药剂技术工作。

第七十条　医疗机构购进药品，应当建立并执行进货检查验收制度，验明药品合格证明和其他标识；不符合规定要求的，不得购进和使用。

第七十一条　医疗机构应当有与所使用药品相适应的场所、设备、仓储设施和卫生环境，制定和执行药品保管制度，采取必要的冷藏、防冻、防潮、防虫、防鼠等措施，保证药品质量。

第七十二条　医疗机构应当坚持安全有效、经济合理的用药原则，遵循药品临床应用指导原则、临床诊疗指南和药品说明书等合理用药，对医师处方、用药医嘱的适宜性进行审核。

医疗机构以外的其他药品使用单位，应当遵守本法有关医疗机构使用药品的规定。

第七十三条　依法经过资格认定的药师或者其他药学技术人员调配处方，应当进行核对，对处方所列药品不得擅自更改或者代用。对有配伍禁忌或者超剂量的处方，应当拒绝调配；必要时，经处方医师更正或者重新签字，方可调配。

第七十四条　医疗机构配制制剂，应当经所在地省、自治区、直辖市人民政府药品监督管理部门批准，取得医疗机构制剂许可证。无医疗机构制剂许可证的，不得配制制剂。

医疗机构制剂许可证应当标明有效期，到期重新审查发证。

第七十五条　医疗机构配制制剂，应当有能够保证制剂质量的设施、管理制度、检验仪器和卫生环境。

医疗机构配制制剂，应当按照经核准的工艺进行，所需的原料、辅料和包装材料等应当符合药用要求。

第七十六条　医疗机构配制的制剂，应当是本单位临床需要而市场上没有供应的品种，并应当经所在地省、自治区、直辖市人民政府药品监督管理部门批准；但是，法律对配制中药制剂另有规定的除外。

医疗机构配制的制剂应当按照规定进行质量检验；合格的，凭医师处方在本单位使用。经国务院药品监督管理部门或者省、自治区、直辖市人民政府药品监督管理部门批准，医疗机构配制的制剂可以在指定的医疗机构之间调剂使用。

医疗机构配制的制剂不得在市场上销售。

第七章　药品上市后管理

第七十七条　药品上市许可持有人应当制定药品上市后风险管理计划，主动开展药品上市后研究，对药品的安全性、有效性和质量可控性进行进一步确证，加强对已上市药品的持续管理。

第七十八条　对附条件批准的药品，药品上市许可持有人应当采取相应风险管理措施，并在规定期限内按照要求完成相关研究；逾期未按照要求完成研究或者不能证明其获益大于风险的，国务院药品监督管理部门应当依法处理，直至注销药品注册证书。

第七十九条　对药品生产过程中的变更，按照其对药品安全性、有效性和质量可控性的风险和产生影响的程度，实行分类管理。属于重大变更的，应当经国务院药品监督管理部门批准，其他变更应当按照国务院药品监督管理部门的规定备案或者报告。

药品上市许可持有人应当按照国务院药品监督管理部门的规定，全面评估、验证变更事项对药品安全性、有效性和质量可控性的影响。

第八十条　药品上市许可持有人应当开展药品上市后不良反应监测，主动收集、跟踪分析疑似药品不良反应信息，对已识别风险的药品及时采取风险控制措施。

第八十一条　药品上市许可持有人、药品生产企业、药品经营企业和医疗机构应当经常考察本单位所生产、经营、使用的药品质量、疗效和不良反应。发现疑似不良反应的，应当及时向药品监督管理部门和卫生健康主管部门报告。具体办法由国务院药品监督管理部门会同国务院卫生健康主管部门制定。

对已确认发生严重不良反应的药品，由国务院药品监督管理部门或者省、自治区、直辖市人民政府药品监督管理部门根据实际情况采取停止生产、销售、使用等紧急控制措施，并应当在五日内组织鉴定，自鉴定结论作出之日起十五日内依法作出行政处理决定。

第八十二条　药品存在质量问题或者其他安全隐患的，药品上市许可持有人应当立即停止销售，告知相关药品经营企业和医疗机构停止销售和使用，召回已销售的药品，及时公开召回信息，必要时应当立即停止生产，并将药品召回和处理情况向省、自治区、直辖市人民政府药品监督管理部门和卫生健康主管部门报告。药品生产企业、药品经营企业和医疗机构应当配合。

药品上市许可持有人依法应当召回药品而未召回的，省、自治区、直辖市人民政府药品监督管理部门应当责令其召回。

第八十三条　药品上市许可持有人应当对已上市药品的安全性、有效性和质量可控性定期开展上市后评价。必要时，国务院药品监督管理部门可以责令药品上市许可持有人开展上市后评价或者直接组织开展上市后评价。

经评价，对疗效不确切、不良反应大或者因其他原因危害人体健康的药品，应当注销药品注册证书。

已被注销药品注册证书的药品，不得生产或者进口、销售和使用。

已被注销药品注册证书、超过有效期等的药品，应当由药品监督管理部门监督销毁或者依法采取其他无害化处理等措施。

第八章　药品价格和广告

第八十四条　国家完善药品采购管理制度，对药品价格进行监测，开展成本价格调查，加强药品价格监督检查，依法查处价格垄断、哄抬价格等药品价格违法行为，维护药品价格秩序。

第八十五条　依法实行市场调节价的药品，药品上市许可持有人、药品生产企业、药品经营企业和医疗机构应当按照公平、合理和诚实信用、质价相符的原则制定价格，为用药者提供价格合理的药品。

药品上市许可持有人、药品生产企业、药品经营企业和医疗机构应当遵守国务院药品价格主管部门关于药品价格管理的规定，制定和标明药品零售价格，禁止暴利、价格垄断和价格欺诈等行为。

第八十六条 药品上市许可持有人、药品生产企业、药品经营企业和医疗机构应当依法向药品价格主管部门提供其药品的实际购销价格和购销数量等资料。

第八十七条 医疗机构应当向患者提供所用药品的价格清单，按照规定如实公布其常用药品的价格，加强合理用药管理。具体办法由国务院卫生健康主管部门制定。

第八十八条 禁止药品上市许可持有人、药品生产企业、药品经营企业和医疗机构在药品购销中给予、收受回扣或者其他不正当利益。

禁止药品上市许可持有人、药品生产企业、药品经营企业或者代理人以任何名义给予使用其药品的医疗机构的负责人、药品采购人员、医师、药师等有关人员财物或者其他不正当利益。禁止医疗机构的负责人、药品采购人员、医师、药师等有关人员以任何名义收受药品上市许可持有人、药品生产企业、药品经营企业或者代理人给予的财物或者其他不正当利益。

第八十九条 药品广告应当经广告主所在地省、自治区、直辖市人民政府确定的广告审查机关批准；未经批准的，不得发布。

第九十条 药品广告的内容应当真实、合法，以国务院药品监督管理部门核准的药品说明书为准，不得含有虚假的内容。

药品广告不得含有表示功效、安全性的断言或者保证；不得利用国家机关、科研单位、学术机构、行业协会或者专家、学者、医师、药师、患者等的名义或者形象作推荐、证明。

非药品广告不得有涉及药品的宣传。

第九十一条 药品价格和广告，本法未作规定的，适用《中华人民共和国价格法》、《中华人民共和国反垄断法》、《中华人民共和国反不正当竞争法》、《中华人民共和国广告法》等的规定。

第九章　药品储备和供应

第九十二条 国家实行药品储备制度，建立中央和地方两级药品储备。

发生重大灾情、疫情或者其他突发事件时，依照《中华人民共和国突发事件应对法》的规定，可以紧急调用药品。

第九十三条 国家实行基本药物制度，遴选适当数量的基本药物品种，加强组织生产和储备，提高基本药物的供给能力，满足疾病防治基本用药需求。

第九十四条 国家建立药品供求监测体系，及时收集和汇总分析短缺药品供求信息，对短缺药品实行预警，采取应对措施。

第九十五条 国家实行短缺药品清单管理制度。具体办法由国务院卫生健康主管部门会同国务院药品监督管理部门等部门制定。

药品上市许可持有人停止生产短缺药品的，应当按照规定向国务院药品监督管理部门或者省、自治区、直辖市人民政府药品监督管理部门报告。

第九十六条　国家鼓励短缺药品的研制和生产，对临床急需的短缺药品、防治重大传染病和罕见病等疾病的新药予以优先审评审批。

第九十七条　对短缺药品，国务院可以限制或者禁止出口。必要时，国务院有关部门可以采取组织生产、价格干预和扩大进口等措施，保障药品供应。

药品上市许可持有人、药品生产企业、药品经营企业应当按照规定保障药品的生产和供应。

第十章　监督管理

第九十八条　禁止生产（包括配制，下同）、销售、使用假药、劣药。

有下列情形之一的，为假药：

（一）药品所含成份与国家药品标准规定的成份不符；

（二）以非药品冒充药品或者以他种药品冒充此种药品；

（三）变质的药品；

（四）药品所标明的适应症或者功能主治超出规定范围。

有下列情形之一的，为劣药：

（一）药品成份的含量不符合国家药品标准；

（二）被污染的药品；

（三）未标明或者更改有效期的药品；

（四）未注明或者更改产品批号的药品；

（五）超过有效期的药品；

（六）擅自添加防腐剂、辅料的药品；

（七）其他不符合药品标准的药品。

禁止未取得药品批准证明文件生产、进口药品；禁止使用未按照规定审评、审批的原料药、包装材料和容器生产药品。

第九十九条　药品监督管理部门应当依照法律、法规的规定对药品研制、生产、经营和药品使用单位使用药品等活动进行监督检查，必要时可以对为药品研制、生产、经营、使用提供产品或者服务的单位和个人进行延伸检查，有关单位和个人应当予以配合，不得拒绝和隐瞒。

药品监督管理部门应当对高风险的药品实施重点监督检查。

对有证据证明可能存在安全隐患的，药品监督管理部门根据监督检查情况，应当采取告诫、约谈、限期整改以及暂停生产、销售、使用、进口等措施，并及时公布检查处理结果。

药品监督管理部门进行监督检查时，应当出示证明文件，对监督检查中知悉的商业秘密应当保密。

第一百条 药品监督管理部门根据监督管理的需要，可以对药品质量进行抽查检验。抽查检验应当按照规定抽样，并不得收取任何费用；抽样应当购买样品。所需费用按照国务院规定列支。

对有证据证明可能危害人体健康的药品及其有关材料，药品监督管理部门可以查封、扣押，并在七日内作出行政处理决定；药品需要检验的，应当自检验报告书发出之日起十五日内作出行政处理决定。

第一百零一条 国务院和省、自治区、直辖市人民政府的药品监督管理部门应当定期公告药品质量抽查检验结果；公告不当的，应当在原公告范围内予以更正。

第一百零二条 当事人对药品检验结果有异议的，可以自收到药品检验结果之日起七日内向原药品检验机构或者上一级药品监督管理部门设置或者指定的药品检验机构申请复验，也可以直接向国务院药品监督管理部门设置或者指定的药品检验机构申请复验。受理复验的药品检验机构应当在国务院药品监督管理部门规定的时间内作出复验结论。

第一百零三条 药品监督管理部门应当对药品上市许可持有人、药品生产企业、药品经营企业和药物非临床安全性评价研究机构、药物临床试验机构等遵守药品生产质量管理规范、药品经营质量管理规范、药物非临床研究质量管理规范、药物临床试验质量管理规范等情况进行检查，监督其持续符合法定要求。

第一百零四条 国家建立职业化、专业化药品检查员队伍。检查员应当熟悉药品法律法规，具备药品专业知识。

第一百零五条 药品监督管理部门建立药品上市许可持有人、药品生产企业、药品经营企业、药物非临床安全性评价研究机构、药物临床试验机构和医疗机构药品安全信用档案，记录许可颁发、日常监督检查结果、违法行为查处等情况，依法向社会公布并及时更新；对有不良信用记录的，增加监督检查频次，并可以按照国家规定实施联合惩戒。

第一百零六条 药品监督管理部门应当公布本部门的电子邮件地址、电话，接受咨询、投诉、举报，并依法及时答复、核实、处理。对查证属实的举报，按照有关规定给予举报人奖励。

药品监督管理部门应当对举报人的信息予以保密，保护举报人的合法权益。举报人举报所在单位的，该单位不得以解除、变更劳动合同或者其他方式对举报人进行打击报复。

第一百零七条 国家实行药品安全信息统一公布制度。国家药品安全总体情况、药品安全风险警示信息、重大药品安全事件及其调查处理信息和国务院确定需要统一公布的其他信息由国务院药品监督管理部门统一公布。药品安全风险警示信息和重大药品安全事件及其调查处理信息的影响限于特定区域的，也可以由有关省、自治区、直辖市人民政府药品监督管理部门公布。未经授权不得发布上述信息。

公布药品安全信息，应当及时、准确、全面，并进行必要的说明，避免误导。

任何单位和个人不得编造、散布虚假药品安全信息。

第一百零八条　县级以上人民政府应当制定药品安全事件应急预案。药品上市许可持有人、药品生产企业、药品经营企业和医疗机构等应当制定本单位的药品安全事件处置方案，并组织开展培训和应急演练。

发生药品安全事件，县级以上人民政府应当按照应急预案立即组织开展应对工作；有关单位应当立即采取有效措施进行处置，防止危害扩大。

第一百零九条　药品监督管理部门未及时发现药品安全系统性风险，未及时消除监督管理区域内药品安全隐患的，本级人民政府或者上级人民政府药品监督管理部门应当对其主要负责人进行约谈。

地方人民政府未履行药品安全职责，未及时消除区域性重大药品安全隐患的，上级人民政府或者上级人民政府药品监督管理部门应当对其主要负责人进行约谈。

被约谈的部门和地方人民政府应当立即采取措施，对药品监督管理工作进行整改。

约谈情况和整改情况应当纳入有关部门和地方人民政府药品监督管理工作评议、考核记录。

第一百一十条　地方人民政府及其药品监督管理部门不得以要求实施药品检验、审批等手段限制或者排斥非本地区药品上市许可持有人、药品生产企业生产的药品进入本地区。

第一百一十一条　药品监督管理部门及其设置或者指定的药品专业技术机构不得参与药品生产经营活动，不得以其名义推荐或者监制、监销药品。

药品监督管理部门及其设置或者指定的药品专业技术机构的工作人员不得参与药品生产经营活动。

第一百一十二条　国务院对麻醉药品、精神药品、医疗用毒性药品、放射性药品、药品类易制毒化学品等有其他特殊管理规定的，依照其规定。

第一百一十三条　药品监督管理部门发现药品违法行为涉嫌犯罪的，应当及时将案件移送公安机关。

对依法不需要追究刑事责任或者免予刑事处罚，但应当追究行政责任的，公安机关、人民检察院、人民法院应当及时将案件移送药品监督管理部门。

公安机关、人民检察院、人民法院商请药品监督管理部门、生态环境主管部门等部门提供检验结论、认定意见以及对涉案药品进行无害化处理等协助的，有关部门应当及时提供，予以协助。

第十一章　法律责任

第一百一十四条　违反本法规定，构成犯罪的，依法追究刑事责任。

第一百一十五条　未取得药品生产许可证、药品经营许可证或者医疗机构制剂许可证生产、销售药品的，责令关闭，没收违法生产、销售的药品和违法所得，并处违法生产、销售的药品（包括已售出和未售出的药品，下同）货值金额十五倍以上三十倍以下的罚款；货值金额不足十万元的，按十万元计算。

第一百一十六条　生产、销售假药的，没收违法生产、销售的药品和违法所得，责令停产停业整顿，吊销药品批准证明文件，并处违法生产、销售的药品货值金额十五倍以上三十倍以下的罚款；货值金额不足十万元的，按十万元计算；情节严重的，吊销药品生产许可证、药品经营许可证或者医疗机构制剂许可证，十年内不受理其相应申请；药品上市许可持有人为境外企业的，十年内禁止其药品进口。

第一百一十七条　生产、销售劣药的，没收违法生产、销售的药品和违法所得，并处违法生产、销售的药品货值金额十倍以上二十倍以下的罚款；违法生产、批发的药品货值金额不足十万元的，按十万元计算，违法零售的药品货值金额不足一万元的，按一万元计算；情节严重的，责令停产停业整顿直至吊销药品批准证明文件、药品生产许可证、药品经营许可证或者医疗机构制剂许可证。

生产、销售的中药饮片不符合药品标准，尚不影响安全性、有效性的，责令限期改正，给予警告；可以处十万元以上五十万元以下的罚款。

第一百一十八条　生产、销售假药，或者生产、销售劣药且情节严重的，对法定代表人、主要负责人、直接负责的主管人员和其他责任人员，没收违法行为发生期间自本单位所获收入，并处所获收入百分之三十以上三倍以下的罚款，终身禁止从事药品生产经营活动，并可以由公安机关处五日以上十五日以下的拘留。

对生产者专门用于生产假药、劣药的原料、辅料、包装材料、生产设备予以没收。

第一百一十九条　药品使用单位使用假药、劣药的，按照销售假药、零售劣药的规定处罚；情节严重的，法定代表人、主要负责人、直接负责的主管人员和其他责任人员有医疗卫生人员执业证书的，还应当吊销执业证书。

第一百二十条　知道或者应当知道属于假药、劣药或者本法第一百二十四条第一款第一项至第五项规定的药品，而为其提供储存、运输等便利条件的，没收全部储存、运输收入，并处违法收入一倍以上五倍以下的罚款；情节严重的，并处违法收入五倍以上十五倍以下的罚款；违法收入不足五万元的，按五万元计算。

第一百二十一条　对假药、劣药的处罚决定，应当依法载明药品检验机构的质量检验结论。

第一百二十二条　伪造、变造、出租、出借、非法买卖许可证或者药品批准证明文件的，没收违法所得，并处违法所得一倍以上五倍以下的罚款；情节严重的，并处违法所得五倍以上十五倍以下的罚款，吊销药品生产许可证、药品经营许可证、医疗机构制剂许可证或者药品批准证明文件，对法定代表人、主要负责人、直接负责的主管人员和其他责任人员，处二万元以上二十万元以下的罚款，十年内禁止从事药品生产经营活动，并可以由公安机关处五日以上十五日以下的拘留；违法所得不足十万元的，按十万元计算。

第一百二十三条　提供虚假的证明、数据、资料、样品或者采取其他手段骗取临床试验许可、药品生产许可、药品经营许可、医疗机构制剂许可或者药品注册等许可的，撤销相关许可，十年内不受理其相应申请，并处五十万元以上五百万元以下的罚款；情节严重的，对法定代表人、主要负责人、直接负责的主管人员和其他责任人员，处二万元以上二十万元以下的罚款，十年内禁止从事药品生产经营活动，并可以由公安机关处五日以上十五日以下的拘留。

第一百二十四条　违反本法规定，有下列行为之一的，没收违法生产、进口、销售的药品和违法所得以及专门用于违法生产的原料、辅料、包装材料和生产设备，责令停产停业整顿，并处违法生产、进口、销售的药品货值金额十五倍以上三十倍以下的罚款；货值金额不足十万元的，按十万元计算；情节严重的，吊销药品批准证明文件直至吊销药品生产许可证、药品经营许可证或者医疗机构制剂许可证，对法定代表人、主要负责人、直接负责的主管人员和其他责任人员，没收违法行为发生期间自本单位所获收入，并处所获收入百分之三十以上三倍以下的罚款，十年直至终身禁止从事药品生产经营活动，并可以由公安机关处五日以上十五日以下的拘留：

（一）未取得药品批准证明文件生产、进口药品；

（二）使用采取欺骗手段取得的药品批准证明文件生产、进口药品；

（三）使用未经审评审批的原料药生产药品；

（四）应当检验而未经检验即销售药品；

（五）生产、销售国务院药品监督管理部门禁止使用的药品；

（六）编造生产、检验记录；

（七）未经批准在药品生产过程中进行重大变更。

销售前款第一项至第三项规定的药品，或者药品使用单位使用前款第一项至第五项规定的药品的，依照前款规定处罚；情节严重的，药品使用单位的法定代表人、主要负责人、直接负责的主管人员和其他责任人员有医疗卫生人员执业证书的，还应当吊销执业证书。

未经批准进口少量境外已合法上市的药品，情节较轻的，可以依法减轻或者免予处罚。

第一百二十五条　违反本法规定，有下列行为之一的，没收违法生产、销售的药品和违法所得以及包装材料、容器，责令停产停业整顿，并处五十万元以上五百万元以下的罚款；情节严重的，吊销药品批准证明文件、药品生产许可证、药品经营许可证，对法定代表人、主要负责人、直接负责的主管人员和其他责任人员处二万元以上二十万元以下的罚款，十年直至终身禁止从事药品生产经营活动：

（一）未经批准开展药物临床试验；

（二）使用未经审评的直接接触药品的包装材料或者容器生产药品，或者销售该类药品；

（三）使用未经核准的标签、说明书。

第一百二十六条　除本法另有规定的情形外，药品上市许可持有人、药品生产企业、药品经营企业、药物非临床安全性评价研究机构、药物临床试验机构等未遵守药品生产质量管理规范、药品经营质量管理规范、药物非临床研究质量管理规范、药物临床试验质量管理规范等的，责令限期改正，给予警告；逾期不改正的，处十万元以上五十万元以下的罚款；情节严重的，处五十万元以上二百万元以下的罚款，责令停产停业整顿直至吊销药品批准证明文件、药品生产许可证、药品经营许可证等，药物非临床安全性评价研究机构、药物临床试验机构等五年内不得开展药物非临床安全性评价研究、药物临床试验，对法定代表人、主要负责人、直接负责的主管人员和其他责任人员，没收违法行为发生期间自本单位所获收入，并处所获收入百分之十以上百分之五十以下的罚款，十年直至终身禁止从事药品生产经营等活动。

第一百二十七条 违反本法规定，有下列行为之一的，责令限期改正，给予警告；逾期不改正的，处十万元以上五十万元以下的罚款：

（一）开展生物等效性试验未备案；

（二）药物临床试验期间，发现存在安全性问题或者其他风险，临床试验申办者未及时调整临床试验方案、暂停或者终止临床试验，或者未向国务院药品监督管理部门报告；

（三）未按照规定建立并实施药品追溯制度；

（四）未按照规定提交年度报告；

（五）未按照规定对药品生产过程中的变更进行备案或者报告；

（六）未制定药品上市后风险管理计划；

（七）未按照规定开展药品上市后研究或者上市后评价。

第一百二十八条 除依法应当按照假药、劣药处罚的外，药品包装未按照规定印有、贴有标签或者附有说明书，标签、说明书未按照规定注明相关信息或者印有规定标志的，责令改正，给予警告；情节严重的，吊销药品注册证书。

第一百二十九条 违反本法规定，药品上市许可持有人、药品生产企业、药品经营企业或者医疗机构未从药品上市许可持有人或者具有药品生产、经营资格的企业购进药品的，责令改正，没收违法购进的药品和违法所得，并处违法购进药品货值金额二倍以上十倍以下的罚款；情节严重的，并处货值金额十倍以上三十倍以下的罚款，吊销药品批准证明文件、药品生产许可证、药品经营许可证或者医疗机构执业许可证；货值金额不足五万元的，按五万元计算。

第一百三十条 违反本法规定，药品经营企业购销药品未按照规定进行记录，零售药品未正确说明用法、用量等事项，或者未按照规定调配处方的，责令改正，给予警告；情节严重的，吊销药品经营许可证。

第一百三十一条 违反本法规定，药品网络交易第三方平台提供者未履行资质审核、报告、停止提供网络交易平台服务等义务的，责令改正，没收违法所得，并处二十万元以上二百万元以下的罚款；情节严重的，责令停业整顿，并处二百万元以上五百万元以下的罚款。

第一百三十二条 进口已获得药品注册证书的药品，未按照规定向允许药品进口的口岸所在地药品监督管理部门备案的，责令限期改正，给予警告；逾期不改正的，吊销药品注册证书。

第一百三十三条　违反本法规定，医疗机构将其配制的制剂在市场上销售的，责令改正，没收违法销售的制剂和违法所得，并处违法销售制剂货值金额二倍以上五倍以下的罚款；情节严重的，并处货值金额五倍以上十五倍以下的罚款；货值金额不足五万元的，按五万元计算。

第一百三十四条　药品上市许可持有人未按照规定开展药品不良反应监测或者报告疑似药品不良反应的，责令限期改正，给予警告；逾期不改正的，责令停产停业整顿，并处十万元以上一百万元以下的罚款。

药品经营企业未按照规定报告疑似药品不良反应的，责令限期改正，给予警告；逾期不改正的，责令停产停业整顿，并处五万元以上五十万元以下的罚款。

医疗机构未按照规定报告疑似药品不良反应的，责令限期改正，给予警告；逾期不改正的，处五万元以上五十万元以下的罚款。

第一百三十五条　药品上市许可持有人在省、自治区、直辖市人民政府药品监督管理部门责令其召回后，拒不召回的，处应召回药品货值金额五倍以上十倍以下的罚款；货值金额不足十万元的，按十万元计算；情节严重的，吊销药品批准证明文件、药品生产许可证、药品经营许可证，对法定代表人、主要负责人、直接负责的主管人员和其他责任人员，处二万元以上二十万元以下的罚款。药品生产企业、药品经营企业、医疗机构拒不配合召回的，处十万元以上五十万元以下的罚款。

第一百三十六条　药品上市许可持有人为境外企业的，其指定的在中国境内的企业法人未依照本法规定履行相关义务的，适用本法有关药品上市许可持有人法律责任的规定。

第一百三十七条　有下列行为之一的，在本法规定的处罚幅度内从重处罚：

（一）以麻醉药品、精神药品、医疗用毒性药品、放射性药品、药品类易制毒化学品冒充其他药品，或者以其他药品冒充上述药品；

（二）生产、销售以孕产妇、儿童为主要使用对象的假药、劣药；

（三）生产、销售的生物制品属于假药、劣药；

（四）生产、销售假药、劣药，造成人身伤害后果；

（五）生产、销售假药、劣药，经处理后再犯；

（六）拒绝、逃避监督检查，伪造、销毁、隐匿有关证据材料，或者擅自动用查封、扣押物品。

第一百三十八条　药品检验机构出具虚假检验报告的，责令改正，给予警告，对单位并处二十万元以上一百万元以下的罚款；对直接负责的主管人员和其他直接责任人员依法给予降级、撤职、开除处分，没收违法所得，并处五万元以下的罚款；情节严重的，撤销其检验资格。药品检验机构出具的检验结果不实，造成损失的，应当承担相应的赔偿责任。

第一百三十九条　本法第一百一十五条至第一百三十八条规定的行政处罚，由县级以上人民政府药品监督管理部门按照职责分工决定；撤销许可、吊销许可证件的，由原批准、发证的部门决定。

第一百四十条　药品上市许可持有人、药品生产企业、药品经营企业或者医疗机构违反本法规定聘用人员的，由药品监督管理部门或者卫生健康主管部门责令解聘，处五万元以上二十万元以下的罚款。

第一百四十一条　药品上市许可持有人、药品生产企业、药品经营企业或者医疗机构在药品购销中给予、收受回扣或者其他不正当利益的，药品上市许可持有人、药品生产企业、药品经营企业或者代理人给予使用其药品的医疗机构的负责人、药品采购人员、医师、药师等有关人员财物或者其他不正当利益的，由市场监督管理部门没收违法所得，并处三十万元以上三百万元以下的罚款；情节严重的，吊销药品上市许可持有人、药品生产企业、药品经营企业营业执照，并由药品监督管理部门吊销药品批准证明文件、药品生产许可证、药品经营许可证。

药品上市许可持有人、药品生产企业、药品经营企业在药品研制、生产、经营中向国家工作人员行贿的，对法定代表人、主要负责人、直接负责的主管人员和其他责任人员终身禁止从事药品生产经营活动。

第一百四十二条　药品上市许可持有人、药品生产企业、药品经营企业的负责人、采购人员等有关人员在药品购销中收受其他药品上市许可持有人、药品生产企业、药品经营企业或者代理人给予的财物或者其他不正当利益的，没收违法所得，依法给予处罚；情节严重的，五年内禁止从事药品生产经营活动。

医疗机构的负责人、药品采购人员、医师、药师等有关人员收受药品上市许可持有人、药品生产企业、药品经营企业或者代理人给予的财物或者其他不正当利益的，由卫生健康主管部门或者本单位给予处分，没收违法所得；情节严重的，还应当吊销其执业证书。

第一百四十三条　违反本法规定，编造、散布虚假药品安全信息，构成违反治安管理行为的，由公安机关依法给予治安管理处罚。

第一百四十四条　药品上市许可持有人、药品生产企业、药品经营企业或者医疗机构违反本法规定，给用药者造成损害的，依法承担赔偿责任。

因药品质量问题受到损害的，受害人可以向药品上市许可持有人、药品生产企业请求赔偿损失，也可以向药品经营企业、医疗机构请求赔偿损失。接到受害人赔偿请求的，应当实行首负责任制，先行赔付；先行赔付后，可以依法追偿。

生产假药、劣药或者明知是假药、劣药仍然销售、使用的，受害人或者其近亲属除请求赔偿损失外，还可以请求支付价款十倍或者损失三倍的赔偿金；增加赔偿的金额不足一千元的，为一千元。

第一百四十五条　药品监督管理部门或者其设置、指定的药品专业技术机构参与药品生产经营活动的，由其上级主管机关责令改正，没收违法收入；情节严重的，对直接负责的主管人员和其他直接责任人员依法给予处分。

　　药品监督管理部门或者其设置、指定的药品专业技术机构的工作人员参与药品生产经营活动的，依法给予处分。

　　第一百四十六条　药品监督管理部门或者其设置、指定的药品检验机构在药品监督检验中违法收取检验费用的，由政府有关部门责令退还，对直接负责的主管人员和其他直接责任人员依法给予处分；情节严重的，撤销其检验资格。

　　第一百四十七条　违反本法规定，药品监督管理部门有下列行为之一的，应当撤销相关许可，对直接负责的主管人员和其他直接责任人员依法给予处分：

　　（一）不符合条件而批准进行药物临床试验；

　　（二）对不符合条件的药品颁发药品注册证书；

　　（三）对不符合条件的单位颁发药品生产许可证、药品经营许可证或者医疗机构制剂许可证。

　　第一百四十八条　违反本法规定，县级以上地方人民政府有下列行为之一的，对直接负责的主管人员和其他直接责任人员给予记过或者记大过处分；情节严重的，给予降级、撤职或者开除处分：

　　（一）瞒报、谎报、缓报、漏报药品安全事件；

　　（二）未及时消除区域性重大药品安全隐患，造成本行政区域内发生特别重大药品安全事件，或者连续发生重大药品安全事件；

　　（三）履行职责不力，造成严重不良影响或者重大损失。

　　第一百四十九条　违反本法规定，药品监督管理等部门有下列行为之一的，对直接负责的主管人员和其他直接责任人员给予记过或者记大过处分；情节较重的，给予降级或者撤职处分；情节严重的，给予开除处分：

　　（一）瞒报、谎报、缓报、漏报药品安全事件；

　　（二）对发现的药品安全违法行为未及时查处；

　　（三）未及时发现药品安全系统性风险，或者未及时消除监督管理区域内药品安全隐患，造成严重影响；

　　（四）其他不履行药品监督管理职责，造成严重不良影响或者重大损失。

　　第一百五十条　药品监督管理人员滥用职权、徇私舞弊、玩忽职守的，依法给予处分。

　　查处假药、劣药违法行为有失职、渎职行为的，对药品监督管理部门直接负责的主管人员和其他直接责任人员依法从重给予处分。

　　第一百五十一条　本章规定的货值金额以违法生产、销售药品的标价计算；没有标价的，按照同类药品的市场价格计算。

第十二章 附 则

第一百五十二条 中药材种植、采集和饲养的管理，依照有关法律、法规的规定执行。

第一百五十三条 地区性民间习用药材的管理办法，由国务院药品监督管理部门会同国务院中医药主管部门制定。

第一百五十四条 中国人民解放军和中国人民武装警察部队执行本法的具体办法，由国务院、中央军事委员会依据本法制定。

第一百五十五条 本法自 2019 年 12 月 1 日起施行。

中华人民共和国疫苗管理法

（2019 年 6 月 29 日第十三届全国人民代表大会常务委员会第十一次会议通过，
2019 年 6 月 29 日中华人民共和国主席令第 30 号公布，自 2019 年 12 月 1 日起施行）

目　　录

第一章　总　则

第一条　为了加强疫苗管理，保证疫苗质量和供应，规范预防接种，促进疫苗行业发展，保障公众健康，维护公共卫生安全，制定本法。

第二条　在中华人民共和国境内从事疫苗研制、生产、流通和预防接种及其监督管理活动，适用本法。本法未作规定的，适用《中华人民共和国药品管理法》、《中华人民共和国传染病防治法》等法律、行政法规的规定。

本法所称疫苗，是指为预防、控制疾病的发生、流行，用于人体免疫接种的预防性生物制品，包括免疫规划疫苗和非免疫规划疫苗。

第三条　国家对疫苗实行最严格的管理制度，坚持安全第一、风险管理、全程管控、科学监管、社会共治。

第四条　国家坚持疫苗产品的战略性和公益性。

国家支持疫苗基础研究和应用研究，促进疫苗研制和创新，将预防、控制重大疾病的疫苗研制、生产和储备纳入国家战略。

国家制定疫苗行业发展规划和产业政策，支持疫苗产业发展和结构优化，鼓励疫苗生产规模化、集约化，不断提升疫苗生产工艺和质量水平。

第五条 疫苗上市许可持有人应当加强疫苗全生命周期质量管理，对疫苗的安全性、有效性和质量可控性负责。

从事疫苗研制、生产、流通和预防接种活动的单位和个人，应当遵守法律、法规、规章、标准和规范，保证全过程信息真实、准确、完整和可追溯，依法承担责任，接受社会监督。

第六条 国家实行免疫规划制度。

居住在中国境内的居民，依法享有接种免疫规划疫苗的权利，履行接种免疫规划疫苗的义务。政府免费向居民提供免疫规划疫苗。

县级以上人民政府及其有关部门应当保障适龄儿童接种免疫规划疫苗。监护人应当依法保证适龄儿童按时接种免疫规划疫苗。

第七条 县级以上人民政府应当将疫苗安全工作和预防接种工作纳入本级国民经济和社会发展规划，加强疫苗监督管理能力建设，建立健全疫苗监督管理工作机制。

县级以上地方人民政府对本行政区域疫苗监督管理工作负责，统一领导、组织、协调本行政区域疫苗监督管理工作。

第八条 国务院药品监督管理部门负责全国疫苗监督管理工作。国务院卫生健康主管部门负责全国预防接种监督管理工作。国务院其他有关部门在各自职责范围内负责与疫苗有关的监督管理工作。

省、自治区、直辖市人民政府药品监督管理部门负责本行政区域疫苗监督管理工作。设区的市级、县级人民政府承担药品监督管理职责的部门（以下称药品监督管理部门）负责本行政区域疫苗监督管理工作。县级以上地方人民政府卫生健康主管部门负责本行政区域预防接种监督管理工作。县级以上地方人民政府其他有关部门在各自职责范围内负责与疫苗有关的监督管理工作。

第九条 国务院和省、自治区、直辖市人民政府建立部门协调机制，统筹协调疫苗监督管理有关工作，定期分析疫苗安全形势，加强疫苗监督管理，保障疫苗供应。

第十条 国家实行疫苗全程电子追溯制度。

国务院药品监督管理部门会同国务院卫生健康主管部门制定统一的疫苗追溯标准和规范，建立全国疫苗电子追溯协同平台，整合疫苗生产、流通和预防接种全过程追溯信息，实现疫苗可追溯。

疫苗上市许可持有人应当建立疫苗电子追溯系统，与全国疫苗电子追溯协同平台相衔接，实现生产、流通和预防接种全过程最小包装单位疫苗可追溯、可核查。

疾病预防控制机构、接种单位应当依法如实记录疫苗流通、预防接种等情况，并按照规定向全国疫苗电子追溯协同平台提供追溯信息。

第十一条 疫苗研制、生产、检验等过程中应当建立健全生物安全管理制度，严格控制生物安全风险，加强菌毒株等病原微生物的生物安全管理，保护操作人员和公众的健康，保证菌毒株等病原微生物用途合法、正当。

疫苗研制、生产、检验等使用的菌毒株和细胞株，应当明确历史、生物学特征、代次，建立详细档案，保证来源合法、清晰、可追溯；来源不明的，不得使用。

第十二条　各级人民政府及其有关部门、疾病预防控制机构、接种单位、疫苗上市许可持有人和疫苗行业协会等应当通过全国儿童预防接种日等活动定期开展疫苗安全法律、法规以及预防接种知识等的宣传教育、普及工作。

新闻媒体应当开展疫苗安全法律、法规以及预防接种知识等的公益宣传，并对疫苗违法行为进行舆论监督。有关疫苗的宣传报道应当全面、科学、客观、公正。

第十三条　疫苗行业协会应当加强行业自律，建立健全行业规范，推动行业诚信体系建设，引导和督促会员依法开展生产经营等活动。

第二章　疫苗研制和注册

第十四条　国家根据疾病流行情况、人群免疫状况等因素，制定相关研制规划，安排必要资金，支持多联多价等新型疫苗的研制。

国家组织疫苗上市许可持有人、科研单位、医疗卫生机构联合攻关，研制疾病预防、控制急需的疫苗。

第十五条　国家鼓励疫苗上市许可持有人加大研制和创新资金投入，优化生产工艺，提升质量控制水平，推动疫苗技术进步。

第十六条　开展疫苗临床试验，应当经国务院药品监督管理部门依法批准。

疫苗临床试验应当由符合国务院药品监督管理部门和国务院卫生健康主管部门规定条件的三级医疗机构或者省级以上疾病预防控制机构实施或者组织实施。

国家鼓励符合条件的医疗机构、疾病预防控制机构等依法开展疫苗临床试验。

第十七条　疫苗临床试验申办者应当制定临床试验方案，建立临床试验安全监测与评价制度，审慎选择受试者，合理设置受试者群体和年龄组，并根据风险程度采取有效措施，保护受试者合法权益。

第十八条　开展疫苗临床试验，应当取得受试者的书面知情同意；受试者为无民事行为能力人的，应当取得其监护人的书面知情同意；受试者为限制民事行为能力人的，应当取得本人及其监护人的书面知情同意。

第十九条　在中国境内上市的疫苗应当经国务院药品监督管理部门批准，取得药品注册证书；申请疫苗注册，应当提供真实、充分、可靠的数据、资料和样品。

对疾病预防、控制急需的疫苗和创新疫苗，国务院药品监督管理部门应当予以优先审评审批。

第二十条　应对重大突发公共卫生事件急需的疫苗或者国务院卫生健康主管部门认定急需的其他疫苗，经评估获益大于风险的，国务院药品监督管理部门可以附条件批准疫苗注册申请。

出现特别重大突发公共卫生事件或者其他严重威胁公众健康的紧急事件，国务院卫生健康主管部门根据传染病预防、控制需要提出紧急使用疫苗的建议，经国务院药品监督管理部门组织论证同意后可以在一定范围和期限内紧急使用。

第二十一条 国务院药品监督管理部门在批准疫苗注册申请时，对疫苗的生产工艺、质量控制标准和说明书、标签予以核准。

国务院药品监督管理部门应当在其网站上及时公布疫苗说明书、标签内容。

第三章 疫苗生产和批签发

第二十二条 国家对疫苗生产实行严格准入制度。

从事疫苗生产活动，应当经省级以上人民政府药品监督管理部门批准，取得药品生产许可证。

从事疫苗生产活动，除符合《中华人民共和国药品管理法》规定的从事药品生产活动的条件外，还应当具备下列条件：

（一）具备适度规模和足够的产能储备；

（二）具有保证生物安全的制度和设施、设备；

（三）符合疾病预防、控制需要。

疫苗上市许可持有人应当具备疫苗生产能力；超出疫苗生产能力确需委托生产的，应当经国务院药品监督管理部门批准。接受委托生产的，应当遵守本法规定和国家有关规定，保证疫苗质量。

第二十三条 疫苗上市许可持有人的法定代表人、主要负责人应当具有良好的信用记录，生产管理负责人、质量管理负责人、质量受权人等关键岗位人员应当具有相关专业背景和从业经历。

疫苗上市许可持有人应当加强对前款规定人员的培训和考核，及时将其任职和变更情况向省、自治区、直辖市人民政府药品监督管理部门报告。

第二十四条 疫苗应当按照经核准的生产工艺和质量控制标准进行生产和检验，生产全过程应当符合药品生产质量管理规范的要求。

疫苗上市许可持有人应当按照规定对疫苗生产全过程和疫苗质量进行审核、检验。

第二十五条 疫苗上市许可持有人应当建立完整的生产质量管理体系，持续加强偏差管理，采用信息化手段如实记录生产、检验过程中形成的所有数据，确保生产全过程持续符合法定要求。

第二十六条 国家实行疫苗批签发制度。

每批疫苗销售前或者进口时，应当经国务院药品监督管理部门指定的批签发机构按照相关技术要求进行审核、检验。符合要求的，发给批签发证明；不符合要求的，发给不予批签发通知书。

不予批签发的疫苗不得销售，并应当由省、自治区、直辖市人民政府药品监督管理部门监督销毁；不予批签发的进口疫苗应当由口岸所在地药品监督管理部门监督销毁或者依法进行其他处理。

国务院药品监督管理部门、批签发机构应当及时公布上市疫苗批签发结果，供公众查询。

第二十七条　申请疫苗批签发应当按照规定向批签发机构提供批生产及检验记录摘要等资料和同批号产品等样品。进口疫苗还应当提供原产地证明、批签发证明；在原产地免予批签发的，应当提供免予批签发证明。

第二十八条　预防、控制传染病疫情或者应对突发事件急需的疫苗，经国务院药品监督管理部门批准，免予批签发。

第二十九条　疫苗批签发应当逐批进行资料审核和抽样检验。疫苗批签发检验项目和检验频次应当根据疫苗质量风险评估情况进行动态调整。

对疫苗批签发申请资料或者样品的真实性有疑问，或者存在其他需要进一步核实的情况的，批签发机构应当予以核实，必要时应当采用现场抽样检验等方式组织开展现场核实。

第三十条　批签发机构在批签发过程中发现疫苗存在重大质量风险的，应当及时向国务院药品监督管理部门和省、自治区、直辖市人民政府药品监督管理部门报告。

接到报告的部门应当立即对疫苗上市许可持有人进行现场检查，根据检查结果通知批签发机构对疫苗上市许可持有人的相关产品或者所有产品不予批签发或者暂停批签发，并责令疫苗上市许可持有人整改。疫苗上市许可持有人应当立即整改，并及时将整改情况向责令其整改的部门报告。

第三十一条　对生产工艺偏差、质量差异、生产过程中的故障和事故以及采取的措施，疫苗上市许可持有人应当如实记录，并在相应批产品申请批签发的文件中载明；可能影响疫苗质量的，疫苗上市许可持有人应当立即采取措施，并向省、自治区、直辖市人民政府药品监督管理部门报告。

第四章　疫苗流通

第三十二条　国家免疫规划疫苗由国务院卫生健康主管部门会同国务院财政部门等组织集中招标或者统一谈判，形成并公布中标价格或者成交价格，各省、自治区、直辖市实行统一采购。

国家免疫规划疫苗以外的其他免疫规划疫苗、非免疫规划疫苗由各省、自治区、直辖市通过省级公共资源交易平台组织采购。

第三十三条　疫苗的价格由疫苗上市许可持有人依法自主合理制定。疫苗的价格水平、差价率、利润率应当保持在合理幅度。

第三十四条　省级疾病预防控制机构应当根据国家免疫规划和本行政区域疾病预防、控制需要，制定本行政区域免疫规划疫苗使用计划，并按照国家有关规定向组织采购疫苗的部门报告，同时报省、自治区、直辖市人民政府卫生健康主管部门备案。

第三十五条 疫苗上市许可持有人应当按照采购合同约定，向疾病预防控制机构供应疫苗。

疾病预防控制机构应当按照规定向接种单位供应疫苗。

疾病预防控制机构以外的单位和个人不得向接种单位供应疫苗，接种单位不得接收该疫苗。

第三十六条 疫苗上市许可持有人应当按照采购合同约定，向疾病预防控制机构或者疾病预防控制机构指定的接种单位配送疫苗。

疫苗上市许可持有人、疾病预防控制机构自行配送疫苗应当具备疫苗冷链储存、运输条件，也可以委托符合条件的疫苗配送单位配送疫苗。

疾病预防控制机构配送非免疫规划疫苗可以收取储存、运输费用，具体办法由国务院财政部门会同国务院价格主管部门制定，收费标准由省、自治区、直辖市人民政府价格主管部门会同财政部门制定。

第三十七条 疾病预防控制机构、接种单位、疫苗上市许可持有人、疫苗配送单位应当遵守疫苗储存、运输管理规范，保证疫苗质量。

疫苗在储存、运输全过程中应当处于规定的温度环境，冷链储存、运输应当符合要求，并定时监测、记录温度。

疫苗储存、运输管理规范由国务院药品监督管理部门、国务院卫生健康主管部门共同制定。

第三十八条 疫苗上市许可持有人在销售疫苗时，应当提供加盖其印章的批签发证明复印件或者电子文件；销售进口疫苗的，还应当提供加盖其印章的进口药品通关单复印件或者电子文件。

疾病预防控制机构、接种单位在接收或者购进疫苗时，应当索取前款规定的证明文件，并保存至疫苗有效期满后不少于五年备查。

第三十九条 疫苗上市许可持有人应当按照规定，建立真实、准确、完整的销售记录，并保存至疫苗有效期满后不少于五年备查。

疾病预防控制机构、接种单位、疫苗配送单位应当按照规定，建立真实、准确、完整的接收、购进、储存、配送、供应记录，并保存至疫苗有效期满后不少于五年备查。

疾病预防控制机构、接种单位接收或者购进疫苗时，应当索取本次运输、储存全过程温度监测记录，并保存至疫苗有效期满后不少于五年备查；对不能提供本次运输、储存全过程温度监测记录或者温度控制不符合要求的，不得接收或者购进，并应当立即向县级以上地方人民政府药品监督管理部门、卫生健康主管部门报告。

第四十条 疾病预防控制机构、接种单位应当建立疫苗定期检查制度，对存在包装无法识别、储存温度不符合要求、超过有效期等问题的疫苗，采取隔离存放、设置警示标志等措施，并按照国务院药品监督管理部门、卫生健康主管部门、生态环境主管部门的规定处置。疾病预防控制机构、接种单位应当如实记录处置情况，处置记录应当保存至疫苗有效期满后不少于五年备查。

第五章　预防接种

第四十一条　国务院卫生健康主管部门制定国家免疫规划；国家免疫规划疫苗种类由国务院卫生健康主管部门会同国务院财政部门拟订，报国务院批准后公布。

国务院卫生健康主管部门建立国家免疫规划专家咨询委员会，并会同国务院财政部门建立国家免疫规划疫苗种类动态调整机制。

省、自治区、直辖市人民政府在执行国家免疫规划时，可以根据本行政区域疾病预防、控制需要，增加免疫规划疫苗种类，报国务院卫生健康主管部门备案并公布。

第四十二条　国务院卫生健康主管部门应当制定、公布预防接种工作规范，强化预防接种规范化管理。

国务院卫生健康主管部门应当制定、公布国家免疫规划疫苗的免疫程序和非免疫规划疫苗的使用指导原则。

省、自治区、直辖市人民政府卫生健康主管部门应当结合本行政区域实际情况制定接种方案，并报国务院卫生健康主管部门备案。

第四十三条　各级疾病预防控制机构应当按照各自职责，开展与预防接种相关的宣传、培训、技术指导、监测、评价、流行病学调查、应急处置等工作。

第四十四条　接种单位应当具备下列条件：

（一）取得医疗机构执业许可证；

（二）具有经过县级人民政府卫生健康主管部门组织的预防接种专业培训并考核合格的医师、护士或者乡村医生；

（三）具有符合疫苗储存、运输管理规范的冷藏设施、设备和冷藏保管制度。

县级以上地方人民政府卫生健康主管部门指定符合条件的医疗机构承担责任区域内免疫规划疫苗接种工作。符合条件的医疗机构可以承担非免疫规划疫苗接种工作，并应当报颁发其医疗机构执业许可证的卫生健康主管部门备案。

接种单位应当加强内部管理，开展预防接种工作应当遵守预防接种工作规范、免疫程序、疫苗使用指导原则和接种方案。

各级疾病预防控制机构应当加强对接种单位预防接种工作的技术指导和疫苗使用的管理。

第四十五条　医疗卫生人员实施接种，应当告知受种者或者其监护人所接种疫苗的品种、作用、禁忌、不良反应以及现场留观等注意事项，询问受种者的健康状况以及是否有接种禁忌等情况，并如实记录告知和询问情况。受种者或者其监护人应当如实提供受种者的健康状况和接种禁忌等情况。有接种禁忌不能接种的，医疗卫生人员应当向受种者或者其监护人提出医学建议，并如实记录提出医学建议情况。

医疗卫生人员在实施接种前，应当按照预防接种工作规范的要求，检查受种者健康状况、核查接种禁忌，查对预防接种证，检查疫苗、注射器的外观、批号、有效期，核对受种者的姓名、年龄和疫苗的品名、规格、剂量、接种部位、接种途径，做到受种者、预防接种证和疫苗信息相一致，确认无误后方可实施接种。

医疗卫生人员应当对符合接种条件的受种者实施接种。受种者在现场留观期间出现不良反应的，医疗卫生人员应当按照预防接种工作规范的要求，及时采取救治等措施。

第四十六条　医疗卫生人员应当按照国务院卫生健康主管部门的规定，真实、准确、完整记录疫苗的品种、上市许可持有人、最小包装单位的识别信息、有效期、接种时间、实施接种的医疗卫生人员、受种者等接种信息，确保接种信息可追溯、可查询。接种记录应当保存至疫苗有效期满后不少于五年备查。

第四十七条　国家对儿童实行预防接种证制度。在儿童出生后一个月内，其监护人应当到儿童居住地承担预防接种工作的接种单位或者出生医院为其办理预防接种证。接种单位或者出生医院不得拒绝办理。监护人应当妥善保管预防接种证。

预防接种实行居住地管理，儿童离开原居住地期间，由现居住地承担预防接种工作的接种单位负责对其实施接种。

预防接种证的格式由国务院卫生健康主管部门规定。

第四十八条　儿童入托、入学时，托幼机构、学校应当查验预防接种证，发现未按照规定接种免疫规划疫苗的，应当向儿童居住地或者托幼机构、学校所在地承担预防接种工作的接种单位报告，并配合接种单位督促其监护人按照规定补种。疾病预防控制机构应当为托幼机构、学校查验预防接种证等提供技术指导。

儿童入托、入学预防接种证查验办法由国务院卫生健康主管部门会同国务院教育行政部门制定。

第四十九条　接种单位接种免疫规划疫苗不得收取任何费用。

接种单位接种非免疫规划疫苗，除收取疫苗费用外，还可以收取接种服务费。接种服务费的收费标准由省、自治区、直辖市人民政府价格主管部门会同财政部门制定。

第五十条　县级以上地方人民政府卫生健康主管部门根据传染病监测和预警信息，为预防、控制传染病暴发、流行，报经本级人民政府决定，并报省级以上人民政府卫生健康主管部门备案，可以在本行政区域进行群体性预防接种。

需要在全国范围或者跨省、自治区、直辖市范围内进行群体性预防接种的，应当由国务院卫生健康主管部门决定。

作出群体性预防接种决定的县级以上地方人民政府或者国务院卫生健康主管部门应当组织有关部门做好人员培训、宣传教育、物资调用等工作。

任何单位和个人不得擅自进行群体性预防接种。

第五十一条　传染病暴发、流行时，县级以上地方人民政府或者其卫生健康主管部门需要采取应急接种措施的，依照法律、行政法规的规定执行。

第六章　异常反应监测和处理

第五十二条　预防接种异常反应，是指合格的疫苗在实施规范接种过程中或者实施规范接种后造成受种者机体组织器官、功能损害，相关各方均无过错的药品不良反应。

下列情形不属于预防接种异常反应：

（一）因疫苗本身特性引起的接种后一般反应；

（二）因疫苗质量问题给受种者造成的损害；

（三）因接种单位违反预防接种工作规范、免疫程序、疫苗使用指导原则、接种方案给受种者造成的损害；

（四）受种者在接种时正处于某种疾病的潜伏期或者前驱期，接种后偶合发病；

（五）受种者有疫苗说明书规定的接种禁忌，在接种前受种者或者其监护人未如实提供受种者的健康状况和接种禁忌等情况，接种后受种者原有疾病急性复发或者病情加重；

（六）因心理因素发生的个体或者群体的心因性反应。

第五十三条　国家加强预防接种异常反应监测。预防接种异常反应监测方案由国务院卫生健康主管部门会同国务院药品监督管理部门制定。

第五十四条　接种单位、医疗机构等发现疑似预防接种异常反应的，应当按照规定向疾病预防控制机构报告。

疫苗上市许可持有人应当设立专门机构，配备专职人员，主动收集、跟踪分析疑似预防接种异常反应，及时采取风险控制措施，将疑似预防接种异常反应向疾病预防控制机构报告，将质量分析报告提交省、自治区、直辖市人民政府药品监督管理部门。

第五十五条　对疑似预防接种异常反应，疾病预防控制机构应当按照规定及时报告，组织调查、诊断，并将调查、诊断结论告知受种者或者其监护人。对调查、诊断结论有争议的，可以根据国务院卫生健康主管部门制定的鉴定办法申请鉴定。

因预防接种导致受种者死亡、严重残疾，或者群体性疑似预防接种异常反应等对社会有重大影响的疑似预防接种异常反应，由设区的市级以上人民政府卫生健康主管部门、药品监督管理部门按照各自职责组织调查、处理。

第五十六条　国家实行预防接种异常反应补偿制度。实施接种过程中或者实施接种后出现受种者死亡、严重残疾、器官组织损伤等损害，属于预防接种异常反应或者不能排除的，应当给予补偿。补偿范围实行目录管理，并根据实际情况进行动态调整。

接种免疫规划疫苗所需的补偿费用，由省、自治区、直辖市人民政府财政部门在预防接种经费中安排；接种非免疫规划疫苗所需的补偿费用，由相关疫苗上市许可持有人承担。国家鼓励通过商业保险等多种形式对预防接种异常反应受种者予以补偿。

预防接种异常反应补偿应当及时、便民、合理。预防接种异常反应补偿范围、标准、程序由国务院规定，省、自治区、直辖市制定具体实施办法。

第七章 疫苗上市后管理

第五十七条 疫苗上市许可持有人应当建立健全疫苗全生命周期质量管理体系，制定并实施疫苗上市后风险管理计划，开展疫苗上市后研究，对疫苗的安全性、有效性和质量可控性进行进一步确证。

对批准疫苗注册申请时提出进一步研究要求的疫苗，疫苗上市许可持有人应当在规定期限内完成研究；逾期未完成研究或者不能证明其获益大于风险的，国务院药品监督管理部门应当依法处理，直至注销该疫苗的药品注册证书。

第五十八条 疫苗上市许可持有人应当对疫苗进行质量跟踪分析，持续提升质量控制标准，改进生产工艺，提高生产工艺稳定性。

生产工艺、生产场地、关键设备等发生变更的，应当进行评估、验证，按照国务院药品监督管理部门有关变更管理的规定备案或者报告；变更可能影响疫苗安全性、有效性和质量可控性的，应当经国务院药品监督管理部门批准。

第五十九条 疫苗上市许可持有人应当根据疫苗上市后研究、预防接种异常反应等情况持续更新说明书、标签，并按照规定申请核准或者备案。

国务院药品监督管理部门应当在其网站上及时公布更新后的疫苗说明书、标签内容。

第六十条 疫苗上市许可持有人应当建立疫苗质量回顾分析和风险报告制度，每年将疫苗生产流通、上市后研究、风险管理等情况按照规定如实向国务院药品监督管理部门报告。

第六十一条 国务院药品监督管理部门可以根据实际情况，责令疫苗上市许可持有人开展上市后评价或者直接组织开展上市后评价。

对预防接种异常反应严重或者其他原因危害人体健康的疫苗，国务院药品监督管理部门应当注销该疫苗的药品注册证书。

第六十二条 国务院药品监督管理部门可以根据疾病预防、控制需要和疫苗行业发展情况，组织对疫苗品种开展上市后评价，发现该疫苗品种的产品设计、生产工艺、安全性、有效性或者质量可控性明显劣于预防、控制同种疾病的其他疫苗品种的，应当注销该品种所有疫苗的药品注册证书并废止相应的国家药品标准。

第八章 保障措施

第六十三条 县级以上人民政府应当将疫苗安全工作、购买免疫规划疫苗和预防接种工作以及信息化建设等所需经费纳入本级政府预算，保证免疫规划制度的实施。

县级人民政府按照国家有关规定对从事预防接种工作的乡村医生和其他基层医疗卫生人员给予补助。

国家根据需要对经济欠发达地区的预防接种工作给予支持。省、自治区、直辖市人民政府和设区的市级人民政府应当对经济欠发达地区的县级人民政府开展与预防接种相关的工作给予必要的经费补助。

第六十四条　省、自治区、直辖市人民政府根据本行政区域传染病流行趋势，在国务院卫生健康主管部门确定的传染病预防、控制项目范围内，确定本行政区域与预防接种相关的项目，并保证项目的实施。

第六十五条　国务院卫生健康主管部门根据各省、自治区、直辖市国家免疫规划疫苗使用计划，向疫苗上市许可持有人提供国家免疫规划疫苗需求信息，疫苗上市许可持有人根据疫苗需求信息合理安排生产。

疫苗存在供应短缺风险时，国务院卫生健康主管部门、国务院药品监督管理部门提出建议，国务院工业和信息化主管部门、国务院财政部门应当采取有效措施，保障疫苗生产、供应。

疫苗上市许可持有人应当依法组织生产，保障疫苗供应；疫苗上市许可持有人停止疫苗生产的，应当及时向国务院药品监督管理部门或者省、自治区、直辖市人民政府药品监督管理部门报告。

第六十六条　国家将疫苗纳入战略物资储备，实行中央和省级两级储备。

国务院工业和信息化主管部门、财政部门会同国务院卫生健康主管部门、公安部门、市场监督管理部门和药品监督管理部门，根据疾病预防、控制和公共卫生应急准备的需要，加强储备疫苗的产能、产品管理，建立动态调整机制。

第六十七条　各级财政安排用于预防接种的经费应当专款专用，任何单位和个人不得挪用、挤占。

有关单位和个人使用预防接种的经费应当依法接受审计机关的审计监督。

第六十八条　国家实行疫苗责任强制保险制度。

疫苗上市许可持有人应当按照规定投保疫苗责任强制保险。因疫苗质量问题造成受种者损害的，保险公司在承保的责任限额内予以赔付。

疫苗责任强制保险制度的具体实施办法，由国务院药品监督管理部门会同国务院卫生健康主管部门、保险监督管理机构等制定。

第六十九条　传染病暴发、流行时，相关疫苗上市许可持有人应当及时生产和供应预防、控制传染病的疫苗。交通运输单位应当优先运输预防、控制传染病的疫苗。县级以上人民政府及其有关部门应当做好组织、协调、保障工作。

第九章　监督管理

第七十条　药品监督管理部门、卫生健康主管部门按照各自职责对疫苗研制、生产、流通和预防接种全过程进行监督管理，监督疫苗上市许可持有人、疾病预防控制机构、接种单位等依法履行义务。

药品监督管理部门依法对疫苗研制、生产、储存、运输以及预防接种中的疫苗质量进行监督检查。卫生健康主管部门依法对免疫规划制度的实施、预防接种活动进行监督检查。

药品监督管理部门应当加强对疫苗上市许可持有人的现场检查；必要时，可以对为疫苗研制、生产、流通等活动提供产品或者服务的单位和个人进行延伸检查；有关单位和个人应当予以配合，不得拒绝和隐瞒。

第七十一条　国家建设中央和省级两级职业化、专业化药品检查员队伍，加强对疫苗的监督检查。

省、自治区、直辖市人民政府药品监督管理部门选派检查员入驻疫苗上市许可持有人。检查员负责监督检查药品生产质量管理规范执行情况，收集疫苗质量风险和违法违规线索，向省、自治区、直辖市人民政府药品监督管理部门报告情况并提出建议，对派驻期间的行为负责。

第七十二条　疫苗质量管理存在安全隐患，疫苗上市许可持有人等未及时采取措施消除的，药品监督管理部门可以采取责任约谈、限期整改等措施。

严重违反药品相关质量管理规范的，药品监督管理部门应当责令暂停疫苗生产、销售、配送，立即整改；整改完成后，经药品监督管理部门检查符合要求的，方可恢复生产、销售、配送。

药品监督管理部门应当建立疫苗上市许可持有人及其相关人员信用记录制度，纳入全国信用信息共享平台，按照规定公示其严重失信信息，实施联合惩戒。

第七十三条　疫苗存在或者疑似存在质量问题的，疫苗上市许可持有人、疾病预防控制机构、接种单位应当立即停止销售、配送、使用，必要时立即停止生产，按照规定向县级以上人民政府药品监督管理部门、卫生健康主管部门报告。卫生健康主管部门应当立即组织疾病预防控制机构和接种单位采取必要的应急处置措施，同时向上级人民政府卫生健康主管部门报告。药品监督管理部门应当依法采取查封、扣押等措施。对已经销售的疫苗，疫苗上市许可持有人应当及时通知相关疾病预防控制机构、疫苗配送单位、接种单位，按照规定召回，如实记录召回和通知情况，疾病预防控制机构、疫苗配送单位、接种单位应当予以配合。

未依照前款规定停止生产、销售、配送、使用或者召回疫苗的，县级以上人民政府药品监督管理部门、卫生健康主管部门应当按照各自职责责令停止生产、销售、配送、使用或者召回疫苗。

疫苗上市许可持有人、疾病预防控制机构、接种单位发现存在或者疑似存在质量问题的疫苗，不得瞒报、谎报、缓报、漏报，不得隐匿、伪造、毁灭有关证据。

第七十四条　疫苗上市许可持有人应当建立信息公开制度，按照规定在其网站上及时公开疫苗产品信息、说明书和标签、药品相关质量管理规范执行情况、批签发情况、召回情况、接受检查和处罚情况以及投保疫苗责任强制保险情况等信息。

第七十五条　国务院药品监督管理部门会同国务院卫生健康主管部门等建立疫苗质量、预防接种等信息共享机制。

省级以上人民政府药品监督管理部门、卫生健康主管部门等应当按照科学、客观、及时、公开的原则，组织疫苗上市许可持有人、疾病预防控制机构、接种单位、新闻媒体、科研单位等，就疫苗质量和预防接种等信息进行交流沟通。

第七十六条　国家实行疫苗安全信息统一公布制度。

疫苗安全风险警示信息、重大疫苗安全事故及其调查处理信息和国务院确定需要统一公布的其他疫苗安全信息，由国务院药品监督管理部门会同有关部门公布。全国预防接种异常反应报告情况，由国务院卫生健康主管部门会同国务院药品监督管理部门统一公布。未经授权不得发布上述信息。公布重大疫苗安全信息，应当及时、准确、全面，并按照规定进行科学评估，作出必要的解释说明。

县级以上人民政府药品监督管理部门发现可能误导公众和社会舆论的疫苗安全信息，应当立即会同卫生健康主管部门及其他有关部门、专业机构、相关疫苗上市许可持有人等进行核实、分析，并及时公布结果。

任何单位和个人不得编造、散布虚假疫苗安全信息。

第七十七条　任何单位和个人有权依法了解疫苗信息，对疫苗监督管理工作提出意见、建议。

任何单位和个人有权向卫生健康主管部门、药品监督管理部门等部门举报疫苗违法行为，对卫生健康主管部门、药品监督管理部门等部门及其工作人员未依法履行监督管理职责的情况有权向本级或者上级人民政府及其有关部门、监察机关举报。有关部门、机关应当及时核实、处理；对查证属实的举报，按照规定给予举报人奖励；举报人举报所在单位严重违法行为，查证属实的，给予重奖。

第七十八条　县级以上人民政府应当制定疫苗安全事件应急预案，对疫苗安全事件分级、处置组织指挥体系与职责、预防预警机制、处置程序、应急保障措施等作出规定。

疫苗上市许可持有人应当制定疫苗安全事件处置方案，定期检查各项防范措施的落实情况，及时消除安全隐患。

发生疫苗安全事件，疫苗上市许可持有人应当立即向国务院药品监督管理部门或者省、自治区、直辖市人民政府药品监督管理部门报告；疾病预防控制机构、接种单位、医疗机构应当立即向县级以上人民政府卫生健康主管部门、药品监督管理部门报告。药品监督管理部门应当会同卫生健康主管部门按照应急预案的规定，成立疫苗安全事件处置指挥机构，开展医疗救治、风险控制、调查处理、信息发布、解释说明等工作，做好补种等善后处置工作。因质量问题造成的疫苗安全事件的补种费用由疫苗上市许可持有人承担。

有关单位和个人不得瞒报、谎报、缓报、漏报疫苗安全事件，不得隐匿、伪造、毁灭有关证据。

第十章　法律责任

第七十九条　违反本法规定，构成犯罪的，依法从重追究刑事责任。

　　第八十条　生产、销售的疫苗属于假药的，由省级以上人民政府药品监督管理部门没收违法所得和违法生产、销售的疫苗以及专门用于违法生产疫苗的原料、辅料、包装材料、设备等物品，责令停产停业整顿，吊销药品注册证书，直至吊销药品生产许可证等，并处违法生产、销售疫苗货值金额十五倍以上五十倍以下的罚款，货值金额不足五十万元的，按五十万元计算。

　　生产、销售的疫苗属于劣药的，由省级以上人民政府药品监督管理部门没收违法所得和违法生产、销售的疫苗以及专门用于违法生产疫苗的原料、辅料、包装材料、设备等物品，责令停产停业整顿，并处违法生产、销售疫苗货值金额十倍以上三十倍以下的罚款，货值金额不足五十万元的，按五十万元计算；情节严重的，吊销药品注册证书，直至吊销药品生产许可证等。

　　生产、销售的疫苗属于假药，或者生产、销售的疫苗属于劣药且情节严重的，由省级以上人民政府药品监督管理部门对法定代表人、主要负责人、直接负责的主管人员和关键岗位人员以及其他责任人员，没收违法行为发生期间自本单位所获收入，并处所获收入一倍以上十倍以下的罚款，终身禁止从事药品生产经营活动，由公安机关处五日以上十五日以下拘留。

　　第八十一条　有下列情形之一的，由省级以上人民政府药品监督管理部门没收违法所得和违法生产、销售的疫苗以及专门用于违法生产疫苗的原料、辅料、包装材料、设备等物品，责令停产停业整顿，并处违法生产、销售疫苗货值金额十五倍以上五十倍以下的罚款，货值金额不足五十万元的，按五十万元计算；情节严重的，吊销药品相关批准证明文件，直至吊销药品生产许可证等，对法定代表人、主要负责人、直接负责的主管人员和关键岗位人员以及其他责任人员，没收违法行为发生期间自本单位所获收入，并处所获收入百分之五十以上十倍以下的罚款，十年内直至终身禁止从事药品生产经营活动，由公安机关处五日以上十五日以下拘留：

　　（一）申请疫苗临床试验、注册、批签发提供虚假数据、资料、样品或者有其他欺骗行为；

　　（二）编造生产、检验记录或者更改产品批号；

　　（三）疾病预防控制机构以外的单位或者个人向接种单位供应疫苗；

　　（四）委托生产疫苗未经批准；

　　（五）生产工艺、生产场地、关键设备等发生变更按照规定应当经批准而未经批准；

　　（六）更新疫苗说明书、标签按照规定应当经核准而未经核准。

　　第八十二条　除本法另有规定的情形外，疫苗上市许可持有人或者其他单位违反药品相关质量管理规范的，由县级以上人民政府药品监督管理部门责令改正，给予警告；拒不改正的，处二十万元以上五十万元以下的罚款；情节严重的，处五十万元以上三百万元以下的罚款，责令停产停业整顿，直至吊销药品相关批准证明文件、药品生产许可证等，对法定代表人、主要负责人、直接负责的主管人员和关键岗位人员以及其他责任人员，没收违法行为发生期间自本单位所获收入，并处所获收入百分之五十以上五倍以下的罚款，十年内直至终身禁止从事药品生产经营活动。

第八十三条　违反本法规定，疫苗上市许可持有人有下列情形之一的，由省级以上人民政府药品监督管理部门责令改正，给予警告；拒不改正的，处二十万元以上五十万元以下的罚款；情节严重的，责令停产停业整顿，并处五十万元以上二百万元以下的罚款：

（一）未按照规定建立疫苗电子追溯系统；

（二）法定代表人、主要负责人和生产管理负责人、质量管理负责人、质量受权人等关键岗位人员不符合规定条件或者未按照规定对其进行培训、考核；

（三）未按照规定报告或者备案；

（四）未按照规定开展上市后研究，或者未按照规定设立机构、配备人员主动收集、跟踪分析疑似预防接种异常反应；

（五）未按照规定投保疫苗责任强制保险；

（六）未按照规定建立信息公开制度。

第八十四条　违反本法规定，批签发机构有下列情形之一的，由国务院药品监督管理部门责令改正，给予警告，对主要负责人、直接负责的主管人员和其他直接责任人员依法给予警告直至降级处分：

（一）未按照规定进行审核和检验；

（二）未及时公布上市疫苗批签发结果；

（三）未按照规定进行核实；

（四）发现疫苗存在重大质量风险未按照规定报告。

违反本法规定，批签发机构未按照规定发给批签发证明或者不予批签发通知书的，由国务院药品监督管理部门责令改正，给予警告，对主要负责人、直接负责的主管人员和其他直接责任人员依法给予降级或者撤职处分；情节严重的，对主要负责人、直接负责的主管人员和其他直接责任人员依法给予开除处分。

第八十五条　疾病预防控制机构、接种单位、疫苗上市许可持有人、疫苗配送单位违反疫苗储存、运输管理规范有关冷链储存、运输要求的，由县级以上人民政府药品监督管理部门责令改正，给予警告，对违法储存、运输的疫苗予以销毁，没收违法所得；拒不改正的，对接种单位、疫苗上市许可持有人、疫苗配送单位处二十万元以上一百万元以下的罚款；情节严重的，对接种单位、疫苗上市许可持有人、疫苗配送单位处违法储存、运输疫苗货值金额十倍以上三十倍以下的罚款，货值金额不足十万元的，按十万元计算，责令疫苗上市许可持有人、疫苗配送单位停产停业整顿，直至吊销药品相关批准证明文件、药品生产许可证等，对疫苗上市许可持有人、疫苗配送单位的法定代表人、主要负责人、直接负责的主管人员和关键岗位人员以及其他责任人员依照本法第八十二条规定给予处罚。

疾病预防控制机构、接种单位有前款规定违法行为的，由县级以上人民政府卫生健康主管部门对主要负责人、直接负责的主管人员和其他直接责任人员依法给予警告直至撤职处分，责令负有责任的医疗卫生人员暂停一年以上十八个月以下执业活动；造成严重后果的，对主要负责人、直接负责的主管人员和其他直接责任人员依法给予开除处分，并可以吊销接种单位的接种资格，由原发证部门吊销负有责任的医疗卫生人员的执业证书。

第八十六条　疾病预防控制机构、接种单位、疫苗上市许可持有人、疫苗配送单位有本法第八十五条规定以外的违反疫苗储存、运输管理规范行为的，由县级以上人民政府药品监督管理部门责令改正，给予警告，没收违法所得；拒不改正的，对接种单位、疫苗上市许可持有人、疫苗配送单位处十万元以上三十万元以下的罚款；情节严重的，对接种单位、疫苗上市许可持有人、疫苗配送单位处违法储存、运输疫苗货值金额三倍以上十倍以下的罚款，货值金额不足十万元的，按十万元计算。

疾病预防控制机构、接种单位有前款规定违法行为的，县级以上人民政府卫生健康主管部门可以对主要负责人、直接负责的主管人员和其他直接责任人员依法给予警告直至撤职处分，责令负有责任的医疗卫生人员暂停六个月以上一年以下执业活动；造成严重后果的，对主要负责人、直接负责的主管人员和其他直接责任人员依法给予开除处分，由原发证部门吊销负有责任的医疗卫生人员的执业证书。

第八十七条　违反本法规定，疾病预防控制机构、接种单位有下列情形之一的，由县级以上人民政府卫生健康主管部门责令改正，给予警告，没收违法所得；情节严重的，对主要负责人、直接负责的主管人员和其他直接责任人员依法给予警告直至撤职处分，责令负有责任的医疗卫生人员暂停一年以上十八个月以下执业活动；造成严重后果的，对主要负责人、直接负责的主管人员和其他直接责任人员依法给予开除处分，由原发证部门吊销负有责任的医疗卫生人员的执业证书：

（一）未按照规定供应、接收、采购疫苗；

（二）接种疫苗未遵守预防接种工作规范、免疫程序、疫苗使用指导原则、接种方案；

（三）擅自进行群体性预防接种。

第八十八条　违反本法规定，疾病预防控制机构、接种单位有下列情形之一的，由县级以上人民政府卫生健康主管部门责令改正，给予警告；情节严重的，对主要负责人、直接负责的主管人员和其他直接责任人员依法给予警告直至撤职处分，责令负有责任的医疗卫生人员暂停六个月以上一年以下执业活动；造成严重后果的，对主要负责人、直接负责的主管人员和其他直接责任人员依法给予开除处分，由原发证部门吊销负有责任的医疗卫生人员的执业证书：

（一）未按照规定提供追溯信息；

（二）接收或者购进疫苗时未按照规定索取并保存相关证明文件、温度监测记录；

（三）未按照规定建立并保存疫苗接收、购进、储存、配送、供应、接种、处置记录；

（四）未按照规定告知、询问受种者或者其监护人有关情况。

第八十九条　疾病预防控制机构、接种单位、医疗机构未按照规定报告疑似预防接种异常反应、疫苗安全事件等，或者未按照规定对疑似预防接种异常反应组织调查、诊断等的，由县级以上人民政府卫生健康主管部门责令改正，给予警告；情节严重的，对接种单位、医疗机构处五万元以上五十万元以下的罚款，对疾病预防控制机构、接种单位、医疗机构的主要负责人、直接负责的主管人员和其他直接责任人员依法给予警告直至撤职处分；造成严重后果的，对主要负责人、直接负责的主管人员和其他直接责任人员依法给予开除处分，由原发证部门吊销负有责任的医疗卫生人员的执业证书。

第九十条　疾病预防控制机构、接种单位违反本法规定收取费用的，由县级以上人民政府卫生健康主管部门监督其将违法收取的费用退还给原缴费的单位或者个人，并由县级以上人民政府市场监督管理部门依法给予处罚。

第九十一条　违反本法规定，未经县级以上地方人民政府卫生健康主管部门指定擅自从事免疫规划疫苗接种工作、从事非免疫规划疫苗接种工作不符合条件或者未备案的，由县级以上人民政府卫生健康主管部门责令改正，给予警告，没收违法所得和违法持有的疫苗，责令停业整顿，并处十万元以上一百万元以下的罚款，对主要负责人、直接负责的主管人员和其他直接责任人员依法给予处分。

违反本法规定，疾病预防控制机构、接种单位以外的单位或者个人擅自进行群体性预防接种的，由县级以上人民政府卫生健康主管部门责令改正，没收违法所得和违法持有的疫苗，并处违法持有的疫苗货值金额十倍以上三十倍以下的罚款，货值金额不足五万元的，按五万元计算。

第九十二条　监护人未依法保证适龄儿童按时接种免疫规划疫苗的，由县级人民政府卫生健康主管部门批评教育，责令改正。

托幼机构、学校在儿童入托、入学时未按照规定查验预防接种证，或者发现未按照规定接种的儿童后未向接种单位报告的，由县级以上地方人民政府教育行政部门责令改正，给予警告，对主要负责人、直接负责的主管人员和其他直接责任人员依法给予处分。

第九十三条　编造、散布虚假疫苗安全信息，或者在接种单位寻衅滋事，构成违反治安管理行为的，由公安机关依法给予治安管理处罚。

报纸、期刊、广播、电视、互联网站等传播媒介编造、散布虚假疫苗安全信息的，由有关部门依法给予处罚，对主要负责人、直接负责的主管人员和其他直接责任人员依法给予处分。

第九十四条　县级以上地方人民政府在疫苗监督管理工作中有下列情形之一的，对直接负责的主管人员和其他直接责任人员依法给予降级或者撤职处分；情节严重的，依法给予开除处分；造成严重后果的，其主要负责人应当引咎辞职：

（一）履行职责不力，造成严重不良影响或者重大损失；

（二）瞒报、谎报、缓报、漏报疫苗安全事件；

（三）干扰、阻碍对疫苗违法行为或者疫苗安全事件的调查；

（四）本行政区域发生特别重大疫苗安全事故，或者连续发生重大疫苗安全事故。

　　第九十五条　药品监督管理部门、卫生健康主管部门等部门在疫苗监督管理工作中有下列情形之一的，对直接负责的主管人员和其他直接责任人员依法给予降级或者撤职处分；情节严重的，依法给予开除处分；造成严重后果的，其主要负责人应当引咎辞职：

　　（一）未履行监督检查职责，或者发现违法行为不及时查处；

　　（二）擅自进行群体性预防接种；

　　（三）瞒报、谎报、缓报、漏报疫苗安全事件；

　　（四）干扰、阻碍对疫苗违法行为或者疫苗安全事件的调查；

　　（五）泄露举报人的信息；

　　（六）接到疑似预防接种异常反应相关报告，未按照规定组织调查、处理；

　　（七）其他未履行疫苗监督管理职责的行为，造成严重不良影响或者重大损失。

　　第九十六条　因疫苗质量问题造成受种者损害的，疫苗上市许可持有人应当依法承担赔偿责任。

　　疾病预防控制机构、接种单位因违反预防接种工作规范、免疫程序、疫苗使用指导原则、接种方案，造成受种者损害的，应当依法承担赔偿责任。

第十一章　附　则

　　第九十七条　本法下列用语的含义是：

　　免疫规划疫苗，是指居民应当按照政府的规定接种的疫苗，包括国家免疫规划确定的疫苗，省、自治区、直辖市人民政府在执行国家免疫规划时增加的疫苗，以及县级以上人民政府或者其卫生健康主管部门组织的应急接种或者群体性预防接种所使用的疫苗。

　　非免疫规划疫苗，是指由居民自愿接种的其他疫苗。

　　疫苗上市许可持有人，是指依法取得疫苗药品注册证书和药品生产许可证的企业。

　　第九十八条　国家鼓励疫苗生产企业按照国际采购要求生产、出口疫苗。

　　出口的疫苗应当符合进口国（地区）的标准或者合同要求。

　　第九十九条　出入境预防接种及所需疫苗的采购，由国境卫生检疫机关商国务院财政部门另行规定。

　　第一百条　本法自 2019 年 12 月 1 日起施行。

中华人民共和国中医药法

（2016 年 12 月 25 日第十二届全国人民代表大会常务委员会第二十五次会议通过，2016 年 12 月 25 日中华人民共和国主席令第 59 号公布，自 2017 年 7 月 1 日起施行）

目　　录

第一章　总　则

第一条　为了继承和弘扬中医药，保障和促进中医药事业发展，保护人民健康，制定本法。

第二条　本法所称中医药，是包括汉族和少数民族医药在内的我国各民族医药的统称，是反映中华民族对生命、健康和疾病的认识，具有悠久历史传统和独特理论及技术方法的医药学体系。

第三条　中医药事业是我国医药卫生事业的重要组成部分。国家大力发展中医药事业，实行中西医并重的方针，建立符合中医药特点的管理制度，充分发挥中医药在我国医药卫生事业中的作用。

发展中医药事业应当遵循中医药发展规律，坚持继承和创新相结合，保持和发挥中医药特色和优势，运用现代科学技术，促进中医药理论和实践的发展。

国家鼓励中医西医相互学习，相互补充，协调发展，发挥各自优势，促进中西医结合。

第四条　县级以上人民政府应当将中医药事业纳入国民经济和社会发展规划，建立健全中医药管理体系，统筹推进中医药事业发展。

第五条　国务院中医药主管部门负责全国的中医药管理工作。国务院其他有关部门在各自职责范围内负责与中医药管理有关的工作。

县级以上地方人民政府中医药主管部门负责本行政区域的中医药管理工作。县级以上地方人民政府其他有关部门在各自职责范围内负责与中医药管理有关的工作。

第六条　国家加强中医药服务体系建设，合理规划和配置中医药服务资源，为公民获得中医药服务提供保障。

国家支持社会力量投资中医药事业，支持组织和个人捐赠、资助中医药事业。

第七条　国家发展中医药教育，建立适应中医药事业发展需要、规模适宜、结构合理、形式多样的中医药教育体系，培养中医药人才。

第八条　国家支持中医药科学研究和技术开发，鼓励中医药科学技术创新，推广应用中医药科学技术成果，保护中医药知识产权，提高中医药科学技术水平。

第九条　国家支持中医药对外交流与合作，促进中医药的国际传播和应用。

第十条　对在中医药事业中做出突出贡献的组织和个人，按照国家有关规定给予表彰、奖励。

第二章　中医药服务

第十一条　县级以上人民政府应当将中医医疗机构建设纳入医疗机构设置规划，举办规模适宜的中医医疗机构，扶持有中医药特色和优势的医疗机构发展。

合并、撤销政府举办的中医医疗机构或者改变其中医医疗性质，应当征求上一级人民政府中医药主管部门的意见。

第十二条　政府举办的综合医院、妇幼保健机构和有条件的专科医院、社区卫生服务中心、乡镇卫生院，应当设置中医药科室。

县级以上人民政府应当采取措施，增强社区卫生服务站和村卫生室提供中医药服务的能力。

第十三条　国家支持社会力量举办中医医疗机构。

社会力量举办的中医医疗机构在准入、执业、基本医疗保险、科研教学、医务人员职称评定等方面享有与政府举办的中医医疗机构同等的权利。

第十四条　举办中医医疗机构应当按照国家有关医疗机构管理的规定办理审批手续，并遵守医疗机构管理的有关规定。

举办中医诊所的，将诊所的名称、地址、诊疗范围、人员配备情况等报所在地县级人民政府中医药主管部门备案后即可开展执业活动。中医诊所应当将本诊所的诊疗范围、中医医师的姓名及其执业范围在诊所的明显位置公示，不得超出备案范围开展医疗活动。具体办法由国务院中医药主管部门拟订，报国务院卫生行政部门审核、发布。

第十五条　从事中医医疗活动的人员应当依照《中华人民共和国执业医师法》的规定，通过中医医师资格考试取得中医医师资格，并进行执业注册。中医医师资格考试的内容应当体现中医药特点。

　　以师承方式学习中医或者经多年实践，医术确有专长的人员，由至少两名中医医师推荐，经省、自治区、直辖市人民政府中医药主管部门组织实践技能和效果考核合格后，即可取得中医医师资格；按照考核内容进行执业注册后，即可在注册的执业范围内，以个人开业的方式或者在医疗机构内从事中医医疗活动。国务院中医药主管部门应当根据中医药技术方法的安全风险拟订本款规定人员的分类考核办法，报国务院卫生行政部门审核、发布。

　　第十六条　中医医疗机构配备医务人员应当以中医药专业技术人员为主，主要提供中医药服务；经考试取得医师资格的中医医师按照国家有关规定，经培训、考核合格后，可以在执业活动中采用与其专业相关的现代科学技术方法。在医疗活动中采用现代科学技术方法的，应当有利于保持和发挥中医药特色和优势。

　　社区卫生服务中心、乡镇卫生院、社区卫生服务站以及有条件的村卫生室应当合理配备中医药专业技术人员，并运用和推广适宜的中医药技术方法。

　　第十七条　开展中医药服务，应当以中医药理论为指导，运用中医药技术方法，并符合国务院中医药主管部门制定的中医药服务基本要求。

　　第十八条　县级以上人民政府应当发展中医药预防、保健服务，并按照国家有关规定将其纳入基本公共卫生服务项目统筹实施。

　　县级以上人民政府应当发挥中医药在突发公共卫生事件应急工作中的作用，加强中医药应急物资、设备、设施、技术与人才资源储备。

　　医疗卫生机构应当在疾病预防与控制中积极运用中医药理论和技术方法。

　　第十九条　医疗机构发布中医医疗广告，应当经所在地省、自治区、直辖市人民政府中医药主管部门审查批准；未经审查批准，不得发布。发布的中医医疗广告内容应当与经审查批准的内容相符合，并符合《中华人民共和国广告法》的有关规定。

　　第二十条　县级以上人民政府中医药主管部门应当加强对中医药服务的监督检查，并将下列事项作为监督检查的重点：

　　（一）中医医疗机构、中医医师是否超出规定的范围开展医疗活动；

　　（二）开展中医药服务是否符合国务院中医药主管部门制定的中医药服务基本要求；

　　（三）中医医疗广告发布行为是否符合本法的规定。

　　中医药主管部门依法开展监督检查，有关单位和个人应当予以配合，不得拒绝或者阻挠。

第三章　中药保护与发展

　　第二十一条　国家制定中药材种植养殖、采集、贮存和初加工的技术规范、标准，加强对中药材生产流通全过程的质量监督管理，保障中药材质量安全。

　　第二十二条　国家鼓励发展中药材规范化种植养殖，严格管理农药、肥料等农业投入品的使用，禁止在中药材种植过程中使用剧毒、高毒农药，支持中药材良种繁育，提高中药材质量。

第二十三条 国家建立道地中药材评价体系，支持道地中药材品种选育，扶持道地中药材生产基地建设，加强道地中药材生产基地生态环境保护，鼓励采取地理标志产品保护等措施保护道地中药材。

前款所称道地中药材，是指经过中医临床长期应用优选出来的，产在特定地域，与其他地区所产同种中药材相比，品质和疗效更好，且质量稳定，具有较高知名度的中药材。

第二十四条 国务院药品监督管理部门应当组织并加强对中药材质量的监测，定期向社会公布监测结果。国务院有关部门应当协助做好中药材质量监测有关工作。

采集、贮存中药材以及对中药材进行初加工，应当符合国家有关技术规范、标准和管理规定。

国家鼓励发展中药材现代流通体系，提高中药材包装、仓储等技术水平，建立中药材流通追溯体系。药品生产企业购进中药材应当建立进货查验记录制度。中药材经营者应当建立进货查验和购销记录制度，并标明中药材产地。

第二十五条 国家保护药用野生动植物资源，对药用野生动植物资源实行动态监测和定期普查，建立药用野生动植物资源种质基因库，鼓励发展人工种植养殖，支持依法开展珍贵、濒危药用野生动植物的保护、繁育及其相关研究。

第二十六条 在村医疗机构执业的中医医师、具备中药材知识和识别能力的乡村医生，按照国家有关规定可以自种、自采地产中药材并在其执业活动中使用。

第二十七条 国家保护中药饮片传统炮制技术和工艺，支持应用传统工艺炮制中药饮片，鼓励运用现代科学技术开展中药饮片炮制技术研究。

第二十八条 对市场上没有供应的中药饮片，医疗机构可以根据本医疗机构医师处方的需要，在本医疗机构内炮制、使用。医疗机构应当遵守中药饮片炮制的有关规定，对其炮制的中药饮片的质量负责，保证药品安全。医疗机构炮制中药饮片，应当向所在地设区的市级人民政府药品监督管理部门备案。

根据临床用药需要，医疗机构可以凭本医疗机构医师的处方对中药饮片进行再加工。

第二十九条 国家鼓励和支持中药新药的研制和生产。

国家保护传统中药加工技术和工艺，支持传统剂型中成药的生产，鼓励运用现代科学技术研究开发传统中成药。

第三十条 生产符合国家规定条件的来源于古代经典名方的中药复方制剂，在申请药品批准文号时，可以仅提供非临床安全性研究资料。具体管理办法由国务院药品监督管理部门会同中医药主管部门制定。

前款所称古代经典名方，是指至今仍广泛应用、疗效确切、具有明显特色与优势的古代中医典籍所记载的方剂。具体目录由国务院中医药主管部门会同药品监督管理部门制定。

第三十一条 国家鼓励医疗机构根据本医疗机构临床用药需要配制和使用中药制剂，

支持应用传统工艺配制中药制剂，支持以中药制剂为基础研制中药新药。

医疗机构配制中药制剂，应当依照《中华人民共和国药品管理法》的规定取得医疗机构制剂许可证，或者委托取得药品生产许可证的药品生产企业、取得医疗机构制剂许可证的其他医疗机构配制中药制剂。委托配制中药制剂，应当向委托方所在地省、自治区、直辖市人民政府药品监督管理部门备案。

医疗机构对其配制的中药制剂的质量负责；委托配制中药制剂的，委托方和受托方对所配制的中药制剂的质量分别承担相应责任。

第三十二条　医疗机构配制的中药制剂品种，应当依法取得制剂批准文号。但是，仅应用传统工艺配制的中药制剂品种，向医疗机构所在地省、自治区、直辖市人民政府药品监督管理部门备案后即可配制，不需要取得制剂批准文号。

医疗机构应当加强对备案的中药制剂品种的不良反应监测，并按照国家有关规定进行报告。药品监督管理部门应当加强对备案的中药制剂品种配制、使用的监督检查。

第四章　中医药人才培养

第三十三条　中医药教育应当遵循中医药人才成长规律，以中医药内容为主，体现中医药文化特色，注重中医药经典理论和中医药临床实践、现代教育方式和传统教育方式相结合。

第三十四条　国家完善中医药学校教育体系，支持专门实施中医药教育的高等学校、中等职业学校和其他教育机构的发展。

中医药学校教育的培养目标、修业年限、教学形式、教学内容、教学评价及学术水平评价标准等，应当体现中医药学科特色，符合中医药学科发展规律。

第三十五条　国家发展中医药师承教育，支持有丰富临床经验和技术专长的中医医师、中药专业技术人员在执业、业务活动中带徒授业，传授中医药理论和技术方法，培养中医药专业技术人员。

第三十六条　国家加强对中医医师和城乡基层中医药专业技术人员的培养和培训。

国家发展中西医结合教育，培养高层次的中西医结合人才。

第三十七条　县级以上地方人民政府中医药主管部门应当组织开展中医药继续教育，加强对医务人员，特别是城乡基层医务人员中医药基本知识和技能的培训。

中医药专业技术人员应当按照规定参加继续教育，所在机构应当为其接受继续教育创造条件。

第五章　中医药科学研究

第三十八条　国家鼓励科研机构、高等学校、医疗机构和药品生产企业等，运用现代科学技术和传统中医药研究方法，开展中医药科学研究，加强中西医结合研究，促进中医药理论和技术方法的继承和创新。

第三十九条　国家采取措施支持对中医药古籍文献、著名中医药专家的学术思想和诊疗经验以及民间中医药技术方法的整理、研究和利用。

国家鼓励组织和个人捐献有科学研究和临床应用价值的中医药文献、秘方、验方、诊疗方法和技术。

第四十条　国家建立和完善符合中医药特点的科学技术创新体系、评价体系和管理体制，推动中医药科学技术进步与创新。

第四十一条　国家采取措施，加强对中医药基础理论和辨证论治方法，常见病、多发病、慢性病和重大疑难疾病、重大传染病的中医药防治，以及其他对中医药理论和实践发展有重大促进作用的项目的科学研究。

第六章　中医药传承与文化传播

第四十二条　对具有重要学术价值的中医药理论和技术方法，省级以上人民政府中医药主管部门应当组织遴选本行政区域内的中医药学术传承项目和传承人，并为传承活动提供必要的条件。传承人应当开展传承活动，培养后继人才，收集整理并妥善保存相关的学术资料。属于非物质文化遗产代表性项目的，依照《中华人民共和国非物质文化遗产法》的有关规定开展传承活动。

第四十三条　国家建立中医药传统知识保护数据库、保护名录和保护制度。

中医药传统知识持有人对其持有的中医药传统知识享有传承使用的权利，对他人获取、利用其持有的中医药传统知识享有知情同意和利益分享等权利。

国家对经依法认定属于国家秘密的传统中药处方组成和生产工艺实行特殊保护。

第四十四条　国家发展中医养生保健服务，支持社会力量举办规范的中医养生保健机构。中医养生保健服务规范、标准由国务院中医药主管部门制定。

第四十五条　县级以上人民政府应当加强中医药文化宣传，普及中医药知识，鼓励组织和个人创作中医药文化和科普作品。

第四十六条　开展中医药文化宣传和知识普及活动，应当遵守国家有关规定。任何组织或者个人不得对中医药作虚假、夸大宣传，不得冒用中医药名义牟取不正当利益。

广播、电视、报刊、互联网等媒体开展中医药知识宣传，应当聘请中医药专业技术人员进行。

第七章　保障措施

第四十七条　县级以上人民政府应当为中医药事业发展提供政策支持和条件保障，将中医药事业发展经费纳入本级财政预算。

县级以上人民政府及其有关部门制定基本医疗保险支付政策、药物政策等医药卫生政策，应当有中医药主管部门参加，注重发挥中医药的优势，支持提供和利用中医药服务。

第四十八条　县级以上人民政府及其有关部门应当按照法定价格管理权限，合理确定中医医疗服务的收费项目和标准，体现中医医疗服务成本和专业技术价值。

第四十九条　县级以上地方人民政府有关部门应当按照国家规定，将符合条件的中医医疗机构纳入基本医疗保险定点医疗机构范围，将符合条件的中医诊疗项目、中药饮片、中成药和医疗机构中药制剂纳入基本医疗保险基金支付范围。

第五十条　国家加强中医药标准体系建设，根据中医药特点对需要统一的技术要求制定标准并及时修订。

中医药国家标准、行业标准由国务院有关部门依据职责制定或者修订，并在其网站上公布，供公众免费查阅。

国家推动建立中医药国际标准体系。

第五十一条　开展法律、行政法规规定的与中医药有关的评审、评估、鉴定活动，应当成立中医药评审、评估、鉴定的专门组织，或者有中医药专家参加。

第五十二条　国家采取措施，加大对少数民族医药传承创新、应用发展和人才培养的扶持力度，加强少数民族医疗机构和医师队伍建设，促进和规范少数民族医药事业发展。

第八章　法律责任

第五十三条　县级以上人民政府中医药主管部门及其他有关部门未履行本法规定的职责的，由本级人民政府或者上级人民政府有关部门责令改正；情节严重的，对直接负责的主管人员和其他直接责任人员，依法给予处分。

第五十四条　违反本法规定，中医诊所超出备案范围开展医疗活动的，由所在地县级人民政府中医药主管部门责令改正，没收违法所得，并处一万元以上三万元以下罚款；情节严重的，责令停止执业活动。

中医诊所被责令停止执业活动的，其直接负责的主管人员自处罚决定作出之日起五年内不得在医疗机构内从事管理工作。医疗机构聘用上述不得从事管理工作的人员从事管理工作的，由原发证部门吊销执业许可证或者由原备案部门责令停止执业活动。

第五十五条　违反本法规定，经考核取得医师资格的中医医师超出注册的执业范围从事医疗活动的，由县级以上人民政府中医药主管部门责令暂停六个月以上一年以下执业活动，并处一万元以上三万元以下罚款；情节严重的，吊销执业证书。

第五十六条　违反本法规定，举办中医诊所、炮制中药饮片、委托配制中药制剂应当备案而未备案，或者备案时提供虚假材料的，由中医药主管部门和药品监督管理部门按照各自职责分工责令改正，没收违法所得，并处三万元以下罚款，向社会公告相关信息；拒不改正的，责令停止执业活动或者责令停止炮制中药饮片、委托配制中药制剂活动，其直接责任人员五年内不得从事中医药相关活动。

医疗机构应用传统工艺配制中药制剂未依本法规定备案，或者未按照备案材料载明的要求配制中药制剂的，按生产假药给予处罚。

第五十七条 违反本法规定，发布的中医医疗广告内容与经审查批准的内容不相符的，由原审查部门撤销该广告的审查批准文件，一年内不受理该医疗机构的广告审查申请。

违反本法规定，发布中医医疗广告有前款规定以外违法行为的，依照《中华人民共和国广告法》的规定给予处罚。

第五十八条 违反本法规定，在中药材种植过程中使用剧毒、高毒农药的，依照有关法律、法规规定给予处罚；情节严重的，可以由公安机关对其直接负责的主管人员和其他直接责任人员处五日以上十五日以下拘留。

第五十九条 违反本法规定，造成人身、财产损害的，依法承担民事责任；构成犯罪的，依法追究刑事责任。

第九章　附　则

第六十条 中医药的管理，本法未作规定的，适用《中华人民共和国执业医师法》、《中华人民共和国药品管理法》等相关法律、行政法规的规定。

军队的中医药管理，由军队卫生主管部门依照本法和军队有关规定组织实施。

第六十一条 民族自治地方可以根据《中华人民共和国民族区域自治法》和本法的有关规定，结合实际，制定促进和规范本地方少数民族医药事业发展的办法。

第六十二条 盲人按照国家有关规定取得盲人医疗按摩人员资格的，可以以个人开业的方式或者在医疗机构内提供医疗按摩服务。

第六十三条 本法自 2017 年 7 月 1 日起施行。

中华人民共和国刑法（节选）

　　（1979 年 7 月 1 日第五届全国人民代表大会第二次会议通过，1997 年 3 月 14 日第八届全国人民代表大会第五次会议修订，根据 1998 年 12 月 29 日第九届全国人民代表大会常务委员会第六次会议通过的《全国人民代表大会常务委员会关于惩治骗购外汇、逃汇和非法买卖外汇犯罪的决定》、1999 年 12 月 25 日第九届全国人民代表大会常务委员会第十三次会议通过的《中华人民共和国刑法修正案》、2001 年 8 月 31 日第九届全国人民代表大会常务委员会第二十三次会议通过的《中华人民共和国刑法修正案（二）》、2001 年 12 月 29 日第九届全国人民代表大会常务委员会第二十五次会议通过的《中华人民共和国刑法修正案（三）》、2002 年 12 月 28 日第九届全国人民代表大会常务委员会第三十一次会议通过的《中华人民共和国刑法修正案（四）》、2005 年 2 月 28 日第十届全国人民代表大会常务委员会第十四次会议通过的《中华人民共和国刑法修正案（五）》、2006 年 6 月 29 日第十届全国人民代表大会常务委员会第二十二次会议通过的《中华人民共和国刑法修正案（六）》、2009 年 2 月 28 日第十一届全国人民代表大会常务委员会第七次会议通过的《中华人民共和国刑法修正案（七）》、2009 年 8 月 27 日第十一届全国人民代表大会常务委员会第十次会议通过的《全国人民代表大会常务委员会关于修改部分法律的决定》、2011 年 2 月 25 日第十一届全国人民代表大会常务委员会第十九次会议通过的《中华人民共和国刑法修正案（八）》、2015 年 8 月 29 日第十二届全国人民代表大会常务委员会第十六次会议通过的《中华人民共和国刑法修正案（九）》、2017 年 11 月 4 日第十二届全国人民代表大会常务委员会第三十次会议通过的《中华人民共和国刑法修正案（十）》和 2020 年 12 月 26 日第十三届全国人民代表大会常务委员会第二十四次会议通过的《中华人民共和国刑法修正案（十一）》修正）[①]

　　第一百四十一条　生产、销售假药的，处三年以下有期徒刑或者拘役，并处罚金；对人体健康造成严重危害或者有其他严重情节的，处三年以上十年以下有期徒刑，并处罚金；致人死亡或者有其他特别严重情节的，处十年以上有期徒刑、无期徒刑或者死刑，并处罚金或者没收财产。药品使用单位的人员明知是假药而提供给他人使用的，依照前款的规定处罚。

　　第一百四十二条　生产、销售劣药，对人体健康造成严重危害的，处三年以上十年以下有期徒刑，并处罚金；后果特别严重的，处十年以上有期徒刑或者无期徒刑，并处罚金或者没收财产。药品使用单位的人员明知是劣药而提供给他人使用的，依照前款的

　　[①]　刑法、历次刑法修正案、涉及修改刑法的决定的施行日期，分别依据各法律所规定的施行日期确定。

规定处罚。

第一百四十二条之一　违反药品管理法规，有下列情形之一，足以严重危害人体健康的，处三年以下有期徒刑或者拘役，并处或者单处罚金；对人体健康造成严重危害或者有其他严重情节的，处三年以上七年以下有期徒刑，并处罚金：

（一）生产、销售国务院药品监督管理部门禁止使用的药品的；

（二）未取得药品相关批准证明文件生产、进口药品或者明知是上述药品而销售的；

（三）药品申请注册中提供虚假的证明、数据、资料、样品或者采取其他欺骗手段的；

（四）编造生产、检验记录的。

有前款行为，同时又构成本法第一百四十一条、第一百四十二条规定之罪或者其他犯罪的，依照处罚较重的规定定罪处罚。

第一百四十九条　生产、销售本节第一百四十一条至第一百四十八条所列产品，不构成各该条规定的犯罪，但是销售金额在五万元以上的，依照本节第一百四十条的规定定罪处罚。

生产、销售本节第一百四十一条至第一百四十八条所列产品，构成各该条规定的犯罪，同时又构成本节第一百四十条规定之罪的，依照处罚较重的规定定罪处罚。

第一百五十条　单位犯本节第一百四十条至第一百四十八条规定之罪的，对单位判处罚金，并对其直接负责的主管人员和其他直接责任人员，依照各该条的规定处罚。

第二百二十五条　违反国家规定，有下列非法经营行为之一，扰乱市场秩序，情节严重的，处五年以下有期徒刑或者拘役，并处或者单处违法所得一倍以上五倍以下罚金；情节特别严重的，处五年以上有期徒刑，并处违法所得一倍以上五倍以下罚金或者没收财产：

（一）未经许可经营法律、行政法规规定的专营、专卖物品或者其他限制买卖的物品的；

（二）买卖进出口许可证、进出口原产地证明以及其他法律、行政法规规定的经营许可证或者批准文件的；

（三）未经国家有关主管部门批准非法经营证券、期货、保险业务的，或者非法从事资金支付结算业务的；

（四）其他严重扰乱市场秩序的非法经营行为。

第二百二十九条　承担资产评估、验资、验证、会计、审计、法律服务、保荐、安全评价、环境影响评价、环境监测等职责的中介组织的人员故意提供虚假证明文件，情节严重的，处五年以下有期徒刑或者拘役，并处罚金；有下列情形之一的，处五年以上十年以下有期徒刑，并处罚金：

（一）提供与证券发行相关的虚假的资产评估、会计、审计、法律服务、保荐等证明文件，情节特别严重的；

（二）提供与重大资产交易相关的虚假的资产评估、会计、审计等证明文件，情节特别严重的；

（三）在涉及公共安全的重大工程、项目中提供虚假的安全评价、环境影响评价等证明文件，致使公共财产、国家和人民利益遭受特别重大损失的。

有前款行为，同时索取他人财物或者非法收受他人财物构成犯罪的，依照处罚较重的规定定罪处罚。

第一款规定的人员，严重不负责任，出具的证明文件有重大失实，造成严重后果的，处三年以下有期徒刑或者拘役，并处或者单处罚金。

第三百三十四条 非法采集、供应血液或者制作、供应血液制品，不符合国家规定的标准，足以危害人体健康的，处五年以下有期徒刑或者拘役，并处罚金；对人体健康造成严重危害的，处五年以上十年以下有期徒刑，并处罚金；造成特别严重后果的，处十年以上有期徒刑或者无期徒刑，并处罚金或者没收财产。

经国家主管部门批准采集、供应血液或者制作、供应血液制品的部门，不依照规定进行检测或者违背其他操作规定，造成危害他人身体健康后果的，对单位判处罚金，并对其直接负责的主管人员和其他直接责任人员，处五年以下有期徒刑或者拘役。

第四百零八条之一 负有食品药品安全监督管理职责的国家机关工作人员，滥用职权或者玩忽职守，有下列情形之一，造成严重后果或者有其他严重情节的，处五年以下有期徒刑或者拘役；造成特别严重后果或者有其他特别严重情节的，处五年以上十年以下有期徒刑：

（一）瞒报、谎报食品安全事故、药品安全事件的；

（二）对发现的严重食品药品安全违法行为未按规定查处的；

（三）在药品和特殊食品审批审评过程中，对不符合条件的申请准予许可的；

（四）依法应当移交司法机关追究刑事责任不移交的；

（五）有其他滥用职权或者玩忽职守行为的。徇私舞弊犯前款罪的，从重处罚。

第三篇　行政法规

中华人民共和国药品管理法实施条例

（2002 年 8 月 4 日国务院令第 360 号公布，自 2002 年 9 月 15 日起施行，根据 2016 年 2 月 6 日《国务院关于修改部分行政法规的决定》第一次修订，根据 2019 年 3 月 2 日《国务院关于修改部分行政法规的决定》第二次修订）

第一章　总　则

第一条　根据《中华人民共和国药品管理法》（以下简称《药品管理法》），制定本条例。

第二条　国务院药品监督管理部门设置国家药品检验机构。

省、自治区、直辖市人民政府药品监督管理部门可以在本行政区域内设置药品检验机构。地方药品检验机构的设置规划由省、自治区、直辖市人民政府药品监督管理部门提出，报省、自治区、直辖市人民政府批准。

国务院和省、自治区、直辖市人民政府的药品监督管理部门可以根据需要，确定符合药品检验条件的检验机构承担药品检验工作。

第二章　药品生产企业管理

第三条　开办药品生产企业，申办人应当向拟办企业所在地省、自治区、直辖市人民政府药品监督管理部门提出申请。省、自治区、直辖市人民政府药品监督管理部门应当自收到申请之日起 30 个工作日内，依据《药品管理法》第八条规定的开办条件组织验收；验收合格的，发给《药品生产许可证》。

第四条　药品生产企业变更《药品生产许可证》许可事项的，应当在许可事项发生变更 30 日前，向原发证机关申请《药品生产许可证》变更登记；未经批准，不得变更许可事项。原发证机关应当自收到申请之日起 15 个工作日内作出决定。

第五条　省级以上人民政府药品监督管理部门应当按照《药品生产质量管理规范》和国务院药品监督管理部门规定的实施办法和实施步骤，组织对药品生产企业的认证工作；符合《药品生产质量管理规范》的，发给认证证书。其中，生产注射剂、放射性药品和国务院药品监督管理部门规定的生物制品的药品生产企业的认证工作，由国务院药品监督管理部门负责。

《药品生产质量管理规范》认证证书的格式由国务院药品监督管理部门统一规定。

第六条　新开办药品生产企业、药品生产企业新建药品生产车间或者新增生产剂型的，应当自取得药品生产证明文件或者经批准正式生产之日起 30 日内，按照规定向药品监督管理部门申请《药品生产质量管理规范》认证。受理申请的药品监督管理部门应当自收到企业申请之日起 6 个月内，组织对申请企业是否符合《药品生产质量管理规范》进行认证；认证合格的，发给认证证书。

第七条　国务院药品监督管理部门应当设立《药品生产质量管理规范》认证检查员库。《药品生产质量管理规范》认证检查员必须符合国务院药品监督管理部门规定的条件。进行《药品生产质量管理规范》认证，必须按照国务院药品监督管理部门的规定，从《药品生产质量管理规范》认证检查员库中随机抽取认证检查员组成认证检查组进行认证检查。

第八条　《药品生产许可证》有效期为 5 年。有效期届满，需要继续生产药品的，持证企业应当在许可证有效期届满前 6 个月，按照国务院药品监督管理部门的规定申请换发《药品生产许可证》。

药品生产企业终止生产药品或者关闭的，《药品生产许可证》由原发证部门缴销。

第九条　药品生产企业生产药品所使用的原料药，必须具有国务院药品监督管理部门核发的药品批准文号或者进口药品注册证书、医药产品注册证书；但是，未实施批准文号管理的中药材、中药饮片除外。

第十条　依据《药品管理法》第十三条规定，接受委托生产药品的，受托方必须是持有与其受托生产的药品相适应的《药品生产质量管理规范》认证证书的药品生产企业。

疫苗、血液制品和国务院药品监督管理部门规定的其他药品，不得委托生产。

第三章　药品经营企业管理

第十一条　开办药品批发企业，申办人应当向拟办企业所在地省、自治区、直辖市人民政府药品监督管理部门提出申请。省、自治区、直辖市人民政府药品监督管理部门应当自收到申请之日起 30 个工作日内，依据国务院药品监督管理部门规定的设置标准作出是否同意筹建的决定。申办人完成拟办企业筹建后，应当向原审批部门申请验收。原审批部门应当自收到申请之日起 30 个工作日内，依据《药品管理法》第十五条规定的开办条件组织验收；符合条件的，发给《药品经营许可证》。

第十二条　开办药品零售企业，申办人应当向拟办企业所在地设区的市级药品监督管理机构或者省、自治区、直辖市人民政府药品监督管理部门直接设置的县级药品监督管理机构提出申请。受理申请的药品监督管理机构应当自收到申请之日起 30 个工作日内，依据国务院药品监督管理部门的规定，结合当地常住人口数量、地域、交通状况和实际需要进行审查，作出是否同意筹建的决定。申办人完成拟办企业筹建后，应当向原审批机构申请验收。原审批机构应当自收到申请之日起 15 个工作日内，依据《药品管理法》第十五条规定的开办条件组织验收；符合条件的，发给《药品经营许可证》。

第十三条 省、自治区、直辖市人民政府药品监督管理部门和设区的市级药品监督管理机构负责组织药品经营企业的认证工作。药品经营企业应当按照国务院药品监督管理部门规定的实施办法和实施步骤，通过省、自治区、直辖市人民政府药品监督管理部门或者设区的市级药品监督管理机构组织的《药品经营质量管理规范》的认证，取得认证证书。《药品经营质量管理规范》认证证书的格式由国务院药品监督管理部门统一规定。

新开办药品批发企业和药品零售企业，应当自取得《药品经营许可证》之日起 30 日内，向发给其《药品经营许可证》的药品监督管理部门或者药品监督管理机构申请《药品经营质量管理规范》认证。受理申请的药品监督管理部门或者药品监督管理机构应当自收到申请之日起 3 个月内，按照国务院药品监督管理部门的规定，组织对申请认证的药品批发企业或者药品零售企业是否符合《药品经营质量管理规范》进行认证；认证合格的，发给认证证书。

第十四条 省、自治区、直辖市人民政府药品监督管理部门应当设立《药品经营质量管理规范》认证检查员库。《药品经营质量管理规范》认证检查员必须符合国务院药品监督管理部门规定的条件。进行《药品经营质量管理规范》认证，必须按照国务院药品监督管理部门的规定，从《药品经营质量管理规范》认证检查员库中随机抽取认证检查员组成认证检查组进行认证检查。

第十五条 国家实行处方药和非处方药分类管理制度。国家根据非处方药品的安全性，将非处方药分为甲类非处方药和乙类非处方药。

经营处方药、甲类非处方药的药品零售企业，应当配备执业药师或者其他依法经资格认定的药学技术人员。经营乙类非处方药的药品零售企业，应当配备经设区的市级药品监督管理机构或者省、自治区、直辖市人民政府药品监督管理部门直接设置的县级药品监督管理机构组织考核合格的业务人员。

第十六条 药品经营企业变更《药品经营许可证》许可事项的，应当在许可事项发生变更 30 日前，向原发证机关申请《药品经营许可证》变更登记；未经批准，不得变更许可事项。原发证机关应当自收到企业申请之日起 15 个工作日内作出决定。

第十七条 《药品经营许可证》有效期为 5 年。有效期届满，需要继续经营药品的，持证企业应当在许可证有效期届满前 6 个月，按照国务院药品监督管理部门的规定申请换发《药品经营许可证》。

药品经营企业终止经营药品或者关闭的，《药品经营许可证》由原发证机关缴销。

第十八条 交通不便的边远地区城乡集市贸易市场没有药品零售企业的，当地药品零售企业经所在地县（市）药品监督管理机构批准并到工商行政管理部门办理登记注册后，可以在该城乡集市贸易市场内设点并在批准经营的药品范围内销售非处方药品。

第十九条 通过互联网进行药品交易的药品生产企业、药品经营企业、医疗机构及其交易的药品，必须符合《药品管理法》和本条例的规定。互联网药品交易服务的管理办法，由国务院药品监督管理部门会同国务院有关部门制定。

第四章　医疗机构的药剂管理

第二十条　医疗机构设立制剂室，应当向所在地省、自治区、直辖市人民政府卫生行政部门提出申请，经审核同意后，报同级人民政府药品监督管理部门审批；省、自治区、直辖市人民政府药品监督管理部门验收合格的，予以批准，发给《医疗机构制剂许可证》。

省、自治区、直辖市人民政府卫生行政部门和药品监督管理部门应当在各自收到申请之日起 30 个工作日内，作出是否同意或者批准的决定。

第二十一条　医疗机构变更《医疗机构制剂许可证》许可事项的，应当在许可事项发生变更 30 日前，依照本条例第二十条的规定向原审核、批准机关申请《医疗机构制剂许可证》变更登记；未经批准，不得变更许可事项。原审核、批准机关应当在各自收到申请之日起 15 个工作日内作出决定。

医疗机构新增配制剂型或者改变配制场所的，应当经所在地省、自治区、直辖市人民政府药品监督管理部门验收合格后，依照前款规定办理《医疗机构制剂许可证》变更登记。

第二十二条　《医疗机构制剂许可证》有效期为 5 年。有效期届满，需要继续配制制剂的，医疗机构应当在许可证有效期届满前 6 个月，按照国务院药品监督管理部门的规定申请换发《医疗机构制剂许可证》。

医疗机构终止配制制剂或者关闭的，《医疗机构制剂许可证》由原发证机关缴销。

第二十三条　医疗机构配制制剂，必须按照国务院药品监督管理部门的规定报送有关资料和样品，经所在地省、自治区、直辖市人民政府药品监督管理部门批准，并发给制剂批准文号后，方可配制。

第二十四条　医疗机构配制的制剂不得在市场上销售或者变相销售，不得发布医疗机构制剂广告。

发生灾情、疫情、突发事件或者临床急需而市场没有供应时，经国务院或者省、自治区、直辖市人民政府的药品监督管理部门批准，在规定期限内，医疗机构配制的制剂可以在指定的医疗机构之间调剂使用。

国务院药品监督管理部门规定的特殊制剂的调剂使用以及省、自治区、直辖市之间医疗机构制剂的调剂使用，必须经国务院药品监督管理部门批准。

第二十五条　医疗机构审核和调配处方的药剂人员必须是依法经资格认定的药学技术人员。

第二十六条　医疗机构购进药品，必须有真实、完整的药品购进记录。药品购进记录必须注明药品的通用名称、剂型、规格、批号、有效期、生产厂商、供货单位、购货数量、购进价格、购货日期以及国务院药品监督管理部门规定的其他内容。

第二十七条　医疗机构向患者提供的药品应当与诊疗范围相适应，并凭执业医师或者执业助理医师的处方调配。

计划生育技术服务机构采购和向患者提供药品，其范围应当与经批准的服务范围相一致，并凭执业医师或者执业助理医师的处方调配。

个人设置的门诊部、诊所等医疗机构不得配备常用药品和急救药品以外的其他药品。常用药品和急救药品的范围和品种，由所在地的省、自治区、直辖市人民政府卫生行政部门会同同级人民政府药品监督管理部门规定。

第五章　药品管理

第二十八条　药物非临床安全性评价研究机构必须执行《药物非临床研究质量管理规范》，药物临床试验机构必须执行《药物临床试验质量管理规范》。《药物非临床研究质量管理规范》、《药物临床试验质量管理规范》由国务院药品监督管理部门分别商国务院科学技术行政部门和国务院卫生行政部门制定。

第二十九条　药物临床试验、生产药品和进口药品，应当符合《药品管理法》及本条例的规定，经国务院药品监督管理部门审查批准；国务院药品监督管理部门可以委托省、自治区、直辖市人民政府药品监督管理部门对申报药物的研制情况及条件进行审查，对申报资料进行形式审查，并对试制的样品进行检验。具体办法由国务院药品监督管理部门制定。

第三十条　研制新药，需要进行临床试验的，应当依照《药品管理法》第二十九条的规定，经国务院药品监督管理部门批准。

药物临床试验申请经国务院药品监督管理部门批准后，申报人应当在经依法认定的具有药物临床试验资格的机构中选择承担药物临床试验的机构，并将该临床试验机构报国务院药品监督管理部门和国务院卫生行政部门备案。

药物临床试验机构进行药物临床试验，应当事先告知受试者或者其监护人真实情况，并取得其书面同意。

第三十一条　生产已有国家标准的药品，应当按照国务院药品监督管理部门的规定，向省、自治区、直辖市人民政府药品监督管理部门或者国务院药品监督管理部门提出申请，报送有关技术资料并提供相关证明文件。省、自治区、直辖市人民政府药品监督管理部门应当自受理申请之日起30个工作日内进行审查，提出意见后报送国务院药品监督管理部门审核，并同时将审查意见通知申报方。国务院药品监督管理部门经审核符合规定的，发给药品批准文号。

第三十二条　变更研制新药、生产药品和进口药品已获批准证明文件及其附件中载明事项的，应当向国务院药品监督管理部门提出补充申请；国务院药品监督管理部门经审核符合规定的，应当予以批准。其中，不改变药品内在质量的，应当向省、自治区、直辖市人民政府药品监督管理部门提出补充申请；省、自治区、直辖市人民政府药品监督管理部门经审核符合规定的，应当予以批准，并报国务院药品监督管理部门备案。不改变药品内在质量的补充申请事项由国务院药品监督管理部门制定。

第三十三条　国务院药品监督管理部门根据保护公众健康的要求，可以对药品生产企业生产的新药品种设立不超过 5 年的监测期；在监测期内，不得批准其他企业生产和进口。

第三十四条　国家对获得生产或者销售含有新型化学成份药品许可的生产者或者销售者提交的自行取得且未披露的试验数据和其他数据实施保护，任何人不得对该未披露的试验数据和其他数据进行不正当的商业利用。

自药品生产者或者销售者获得生产、销售新型化学成份药品的许可证明文件之日起 6 年内，对其他申请人未经已获得许可的申请人同意，使用前款数据申请生产、销售新型化学成份药品许可的，药品监督管理部门不予许可；但是，其他申请人提交自行取得数据的除外。

除下列情形外，药品监督管理部门不得披露本条第一款规定的数据：

（一）公共利益需要；

（二）已采取措施确保该类数据不会被不正当地进行商业利用。

第三十五条　申请进口的药品，应当是在生产国家或者地区获得上市许可的药品；未在生产国家或者地区获得上市许可的，经国务院药品监督管理部门确认该药品品种安全、有效而且临床需要的，可以依照《药品管理法》及本条例的规定批准进口。

进口药品，应当按照国务院药品监督管理部门的规定申请注册。国外企业生产的药品取得《进口药品注册证》，中国香港、澳门和台湾地区企业生产的药品取得《医药产品注册证》后，方可进口。

第三十六条　医疗机构因临床急需进口少量药品的，应当持《医疗机构执业许可证》向国务院药品监督管理部门提出申请；经批准后，方可进口。进口的药品应当在指定医疗机构内用于特定医疗目的。

第三十七条　进口药品到岸后，进口单位应当持《进口药品注册证》或者《医药产品注册证》以及产地证明原件、购货合同副本、装箱单、运单、货运发票、出厂检验报告书、说明书等材料，向口岸所在地药品监督管理部门备案。口岸所在地药品监督管理部门经审查，提交的材料符合要求的，发给《进口药品通关单》。进口单位凭《进口药品通关单》向海关办理报关验放手续。

口岸所在地药品监督管理部门应当通知药品检验机构对进口药品逐批进行抽查检验；但是，有《药品管理法》第四十一条规定情形的除外。

第三十八条　疫苗类制品、血液制品、用于血源筛查的体外诊断试剂以及国务院药品监督管理部门规定的其他生物制品在销售前或者进口时，应当按照国务院药品监督管理部门的规定进行检验或者审核批准；检验不合格或者未获批准的，不得销售或者进口。

第三十九条　国家鼓励培育中药材。对集中规模化栽培养殖、质量可以控制并符合国务院药品监督管理部门规定条件的中药材品种，实行批准文号管理。

第四十条　国务院药品监督管理部门对已批准生产、销售的药品进行再评价，根据药品再评价结果，可以采取责令修改药品说明书，暂停生产、销售和使用的措施；对不良反应大或者其他原因危害人体健康的药品，应当撤销该药品批准证明文件。

第四十一条　国务院药品监督管理部门核发的药品批准文号、《进口药品注册证》、《医药产品注册证》的有效期为 5 年。有效期届满，需要继续生产或者进口的，应当在有效期届满前 6 个月申请再注册。药品再注册时，应当按照国务院药品监督管理部门的规定报送相关资料。有效期届满，未申请再注册或者经审查不符合国务院药品监督管理部门关于再注册的规定的，注销其药品批准文号、《进口药品注册证》或者《医药产品注册证》。

药品批准文号的再注册由省、自治区、直辖市人民政府药品监督管理部门审批，并报国务院药品监督管理部门备案；《进口药品注册证》、《医药产品注册证》的再注册由国务院药品监督管理部门审批。

第四十二条　非药品不得在其包装、标签、说明书及有关宣传资料上进行含有预防、治疗、诊断人体疾病等有关内容的宣传；但是，法律、行政法规另有规定的除外。

第六章　药品包装的管理

第四十三条　药品生产企业使用的直接接触药品的包装材料和容器，必须符合药用要求和保障人体健康、安全的标准。

直接接触药品的包装材料和容器的管理办法、产品目录和药用要求与标准，由国务院药品监督管理部门组织制定并公布。

第四十四条　生产中药饮片，应当选用与药品性质相适应的包装材料和容器；包装不符合规定的中药饮片，不得销售。中药饮片包装必须印有或者贴有标签。

中药饮片的标签必须注明品名、规格、产地、生产企业、产品批号、生产日期，实施批准文号管理的中药饮片还必须注明药品批准文号。

第四十五条　药品包装、标签、说明书必须依照《药品管理法》第五十四条和国务院药品监督管理部门的规定印制。

药品商品名称应当符合国务院药品监督管理部门的规定。

第四十六条　医疗机构配制制剂所使用的直接接触药品的包装材料和容器、制剂的标签和说明书应当符合《药品管理法》第六章和本条例的有关规定，并经省、自治区、直辖市人民政府药品监督管理部门批准。

第七章　药品价格和广告的管理

第四十七条　政府价格主管部门依照《价格法》第二十八条的规定实行药品价格监测时，为掌握、分析药品价格变动和趋势，可以指定部分药品生产企业、药品经营企业和医疗机构作为价格监测定点单位；定点单位应当给予配合、支持，如实提供有关信息资料。

第四十八条　发布药品广告，应当向药品生产企业所在地省、自治区、直辖市人民政府药品监督管理部门报送有关材料。省、自治区、直辖市人民政府药品监督管理部门应当自收到有关材料之日起 10 个工作日内作出是否核发药品广告批准文号的决定；核发药品广告批准文号的，应当同时报国务院药品监督管理部门备案。具体办法由国务院药品监督管理部门制定。

发布进口药品广告，应当依照前款规定向进口药品代理机构所在地省、自治区、直辖市人民政府药品监督管理部门申请药品广告批准文号。

在药品生产企业所在地和进口药品代理机构所在地以外的省、自治区、直辖市发布药品广告的，发布广告的企业应当在发布前向发布地省、自治区、直辖市人民政府药品监督管理部门备案。接受备案的省、自治区、直辖市人民政府药品监督管理部门发现药品广告批准内容不符合药品广告管理规定的，应当交由原核发部门处理。

第四十九条　经国务院或者省、自治区、直辖市人民政府的药品监督管理部门决定，责令暂停生产、销售和使用的药品，在暂停期间不得发布该品种药品广告；已经发布广告的，必须立即停止。

第五十条　未经省、自治区、直辖市人民政府药品监督管理部门批准的药品广告，使用伪造、冒用、失效的药品广告批准文号的广告，或者因其他广告违法活动被撤销药品广告批准文号的广告，发布广告的企业、广告经营者、广告发布者必须立即停止该药品广告的发布。

对违法发布药品广告，情节严重的，省、自治区、直辖市人民政府药品监督管理部门可以予以公告。

第八章　药品监督

第五十一条　药品监督管理部门（含省级人民政府药品监督管理部门依法设立的药品监督管理机构，下同）依法对药品的研制、生产、经营、使用实施监督检查。

第五十二条　药品抽样必须由两名以上药品监督检查人员实施，并按照国务院药品监督管理部门的规定进行抽样；被抽检方应当提供抽检样品，不得拒绝。

药品被抽检单位没有正当理由，拒绝抽查检验的，国务院药品监督管理部门和被抽检单位所在地省、自治区、直辖市人民政府药品监督管理部门可以宣布停止该单位拒绝抽检的药品上市销售和使用。

第五十三条　对有掺杂、掺假嫌疑的药品，在国家药品标准规定的检验方法和检验项目不能检验时，药品检验机构可以补充检验方法和检验项目进行药品检验；经国务院药品监督管理部门批准后，使用补充检验方法和检验项目所得出的检验结果，可以作为药品监督管理部门认定药品质量的依据。

第五十四条　国务院和省、自治区、直辖市人民政府的药品监督管理部门应当根据药品质量抽查检验结果，定期发布药品质量公告。药品质量公告应当包括抽验药品的品名、检品来源、生产企业、生产批号、药品规格、检验机构、检验依据、检验结果、不合格项目等内容。药品质量公告不当的，发布部门应当自确认公告不当之日起 5 日内，在原公告范围内予以更正。

当事人对药品检验机构的检验结果有异议，申请复验的，应当向负责复验的药品检验机构提交书面申请、原药品检验报告书。复验的样品从原药品检验机构留样中抽取。

第五十五条 药品监督管理部门依法对有证据证明可能危害人体健康的药品及其有关证据材料采取查封、扣押的行政强制措施的，应当自采取行政强制措施之日起 7 日内作出是否立案的决定；需要检验的，应当自检验报告书发出之日起 15 日内作出是否立案的决定；不符合立案条件的，应当解除行政强制措施；需要暂停销售和使用的，应当由国务院或者省、自治区、直辖市人民政府的药品监督管理部门作出决定。

第五十六条 药品抽查检验，不得收取任何费用。

当事人对药品检验结果有异议，申请复验的，应当按照国务院有关部门或者省、自治区、直辖市人民政府有关部门的规定，向复验机构预先支付药品检验费用。复验结论与原检验结论不一致的，复验检验费用由原药品检验机构承担。

第五十七条 依据《药品管理法》和本条例的规定核发证书、进行药品注册、药品认证和实施药品审批检验及其强制性检验，可以收取费用。具体收费标准由国务院财政部门、国务院价格主管部门制定。

第九章 法律责任

第五十八条 药品生产企业、药品经营企业有下列情形之一的，由药品监督管理部门依照《药品管理法》第七十九条的规定给予处罚：

（一）开办药品生产企业、药品生产企业新建药品生产车间、新增生产剂型，在国务院药品监督管理部门规定的时间内未通过《药品生产质量管理规范》认证，仍进行药品生产的；

（二）开办药品经营企业，在国务院药品监督管理部门规定的时间内未通过《药品经营质量管理规范》认证，仍进行药品经营的。

第五十九条 违反《药品管理法》第十三条的规定，擅自委托或者接受委托生产药品的，对委托方和受托方均依照《药品管理法》第七十四条的规定给予处罚。

第六十条 未经批准，擅自在城乡集市贸易市场设点销售药品或者在城乡集市贸易市场设点销售的药品超出批准经营的药品范围的，依照《药品管理法》第七十三条的规定给予处罚。

第六十一条 未经批准，医疗机构擅自使用其他医疗机构配制的制剂的，依照《药品管理法》第八十条的规定给予处罚。

第六十二条 个人设置的门诊部、诊所等医疗机构向患者提供的药品超出规定的范围和品种的，依照《药品管理法》第七十三条的规定给予处罚。

第六十三条　医疗机构使用假药、劣药的，依照《药品管理法》第七十四条、第七十五条的规定给予处罚。

第六十四条　违反《药品管理法》第二十九条的规定，擅自进行临床试验的，对承担药物临床试验的机构，依照《药品管理法》第七十九条的规定给予处罚。

第六十五条　药品申报者在申报临床试验时，报送虚假研制方法、质量标准、药理及毒理试验结果等有关资料和样品的，国务院药品监督管理部门对该申报药品的临床试验不予批准，对药品申报者给予警告；情节严重的，3 年内不受理该药品申报者申报该品种的临床试验申请。

第六十六条　生产没有国家药品标准的中药饮片，不符合省、自治区、直辖市人民政府药品监督管理部门制定的炮制规范的；医疗机构不按照省、自治区、直辖市人民政府药品监督管理部门批准的标准配制制剂的，依照《药品管理法》第七十五条的规定给予处罚。

第六十七条　药品监督管理部门及其工作人员违反规定，泄露生产者、销售者为获得生产、销售含有新型化学成份药品许可而提交的未披露试验数据或者其他数据，造成申请人损失的，由药品监督管理部门依法承担赔偿责任；药品监督管理部门赔偿损失后，应当责令故意或者有重大过失的工作人员承担部分或者全部赔偿费用，并对直接责任人员依法给予行政处分。

第六十八条　药品生产企业、药品经营企业生产、经营的药品及医疗机构配制的制剂，其包装、标签、说明书违反《药品管理法》及本条例规定的，依照《药品管理法》第八十六条的规定给予处罚。

第六十九条　药品生产企业、药品经营企业和医疗机构变更药品生产经营许可事项，应当办理变更登记手续而未办理的，由原发证部门给予警告，责令限期补办变更登记手续；逾期不补办的，宣布其《药品生产许可证》、《药品经营许可证》和《医疗机构制剂许可证》无效；仍从事药品生产经营活动的，依照《药品管理法》第七十三条的规定给予处罚。

第七十条　篡改经批准的药品广告内容的，由药品监督管理部门责令广告主立即停止该药品广告的发布，并由原审批的药品监督管理部门依照《药品管理法》第九十二条的规定给予处罚。

药品监督管理部门撤销药品广告批准文号后，应当自作出行政处理决定之日起 5 个工作日内通知广告监督管理机关。广告监督管理机关应当自收到药品监督管理部门通知之日起 15 个工作日内，依照《中华人民共和国广告法》的有关规定作出行政处理决定。

第七十一条　发布药品广告的企业在药品生产企业所在地或者进口药品代理机构所在地以外的省、自治区、直辖市发布药品广告，未按照规定向发布地省、自治区、直辖市人民政府药品监督管理部门备案的，由发布地的药品监督管理部门责令限期改正；逾期不改正的，停止该药品品种在发布地的广告发布活动。

第七十二条 未经省、自治区、直辖市人民政府药品监督管理部门批准，擅自发布药品广告的，药品监督管理部门发现后，应当通知广告监督管理部门依法查处。

第七十三条 违反《药品管理法》和本条例的规定，有下列行为之一的，由药品监督管理部门在《药品管理法》和本条例规定的处罚幅度内从重处罚：

（一）以麻醉药品、精神药品、医疗用毒性药品、放射性药品冒充其他药品，或者以其他药品冒充上述药品的；

（二）生产、销售以孕产妇、婴幼儿及儿童为主要使用对象的假药、劣药的；

（三）生产、销售的生物制品、血液制品属于假药、劣药的；

（四）生产、销售、使用假药、劣药，造成人员伤害后果的；

（五）生产、销售、使用假药、劣药，经处理后重犯的；

（六）拒绝、逃避监督检查，或者伪造、销毁、隐匿有关证据材料的，或者擅自动用查封、扣押物品的。

第七十四条 药品监督管理部门设置的派出机构，有权作出《药品管理法》和本条例规定的警告、罚款、没收违法生产、销售的药品和违法所得的行政处罚。

第七十五条 药品经营企业、医疗机构未违反《药品管理法》和本条例的有关规定，并有充分证据证明其不知道所销售或者使用的药品是假药、劣药的，应当没收其销售或者使用的假药、劣药和违法所得；但是，可以免除其他行政处罚。

第七十六条 依照《药品管理法》和本条例的规定没收的物品，由药品监督管理部门按照规定监督处理。

第十章 附 则

第七十七条 本条例下列用语的含义：

药品合格证明和其他标识，是指药品生产批准证明文件、药品检验报告书、药品的包装、标签和说明书。

新药，是指未曾在中国境内上市销售的药品。

处方药，是指凭执业医师和执业助理医师处方方可购买、调配和使用的药品。

非处方药，是指由国务院药品监督管理部门公布的，不需要凭执业医师和执业助理医师处方，消费者可以自行判断、购买和使用的药品。

医疗机构制剂，是指医疗机构根据本单位临床需要经批准而配制、自用的固定处方制剂。

药品认证，是指药品监督管理部门对药品研制、生产、经营、使用单位实施相应质量管理规范进行检查、评价并决定是否发给相应认证证书的过程。

药品经营方式，是指药品批发和药品零售。

药品经营范围，是指经药品监督管理部门核准经营药品的品种类别。

药品批发企业，是指将购进的药品销售给药品生产企业、药品经营企业、医疗机构的药品经营企业。

药品零售企业，是指将购进的药品直接销售给消费者的药品经营企业。

第七十八条 《药品管理法》第四十一条中"首次在中国销售的药品"，是指国内或者国外药品生产企业第一次在中国销售的药品，包括不同药品生产企业生产的相同品种。

第七十九条 《药品管理法》第五十九条第二款"禁止药品的生产企业、经营企业或者其代理人以任何名义给予使用其药品的医疗机构的负责人、药品采购人员、医师等有关人员以财物或者其他利益"中的"财物或者其他利益"，是指药品的生产企业、经营企业或者其代理人向医疗机构的负责人、药品采购人员、医师等有关人员提供的目的在于影响其药品采购或者药品处方行为的不正当利益。

第八十条 本条例自 2002 年 9 月 15 日起施行。

易制毒化学品管理条例

（2005 年 8 月 26 日国务院令第 445 号公布，自 2005 年 11 月 1 日起施行，根据 2014 年 7 月 29 日《国务院关于修改部分行政法规的决定》第一次修订，根据 2016 年 2 月 6 日《国务院关于修改部分行政法规的决定》第二次修订，根据 2018 年 9 月 18 日《国务院关于修改部分行政法规的决定》第三次修订）

第一章 总 则

第一条 为了加强易制毒化学品管理，规范易制毒化学品的生产、经营、购买、运输和进口、出口行为，防止易制毒化学品被用于制造毒品，维护经济和社会秩序，制定本条例。

第二条 国家对易制毒化学品的生产、经营、购买、运输和进口、出口实行分类管理和许可制度。

易制毒化学品分为三类。第一类是可以用于制毒的主要原料，第二类、第三类是可以用于制毒的化学配剂。易制毒化学品的具体分类和品种，由本条例附表列示。

易制毒化学品的分类和品种需要调整的，由国务院公安部门会同国务院药品监督管理部门、安全生产监督管理部门、商务主管部门、卫生主管部门和海关总署提出方案，报国务院批准。

省、自治区、直辖市人民政府认为有必要在本行政区域内调整分类或者增加本条例规定以外的品种的，应当向国务院公安部门提出，由国务院公安部门会同国务院有关行政主管部门提出方案，报国务院批准。

第三条 国务院公安部门、药品监督管理部门、安全生产监督管理部门、商务主管部门、卫生主管部门、海关总署、价格主管部门、铁路主管部门、交通主管部门、市场监督管理部门、生态环境主管部门在各自的职责范围内，负责全国的易制毒化学品有关管理工作；县级以上地方各级人民政府有关行政主管部门在各自的职责范围内，负责本行政区域内的易制毒化学品有关管理工作。

县级以上地方各级人民政府应当加强对易制毒化学品管理工作的领导，及时协调解决易制毒化学品管理工作中的问题。

第四条 易制毒化学品的产品包装和使用说明书，应当标明产品的名称（含学名和通用名）、化学分子式和成分。

第五条 易制毒化学品的生产、经营、购买、运输和进口、出口，除应当遵守本条例的规定外，属于药品和危险化学品的，还应当遵守法律、其他行政法规对药品和危险化学品的有关规定。

　　禁止走私或者非法生产、经营、购买、转让、运输易制毒化学品。

　　禁止使用现金或者实物进行易制毒化学品交易。但是，个人合法购买第一类中的药品类易制毒化学品药品制剂和第三类易制毒化学品的除外。

　　生产、经营、购买、运输和进口、出口易制毒化学品的单位，应当建立单位内部易制毒化学品管理制度。

　　第六条　国家鼓励向公安机关等有关行政主管部门举报涉及易制毒化学品的违法行为。接到举报的部门应当为举报者保密。对举报属实的，县级以上人民政府及有关行政主管部门应当给予奖励。

第二章　生产、经营管理

　　第七条　申请生产第一类易制毒化学品，应当具备下列条件，并经本条例第八条规定的行政主管部门审批，取得生产许可证后，方可进行生产：

　　（一）属依法登记的化工产品生产企业或者药品生产企业；

　　（二）有符合国家标准的生产设备、仓储设施和污染物处理设施；

　　（三）有严格的安全生产管理制度和环境突发事件应急预案；

　　（四）企业法定代表人和技术、管理人员具有安全生产和易制毒化学品的有关知识，无毒品犯罪记录；

　　（五）法律、法规、规章规定的其他条件。

　　申请生产第一类中的药品类易制毒化学品，还应当在仓储场所等重点区域设置电视监控设施以及与公安机关联网的报警装置。

　　第八条　申请生产第一类中的药品类易制毒化学品的，由省、自治区、直辖市人民政府药品监督管理部门审批；申请生产第一类中的非药品类易制毒化学品的，由省、自治区、直辖市人民政府安全生产监督管理部门审批。

　　前款规定的行政主管部门应当自收到申请之日起 60 日内，对申请人提交的申请材料进行审查。对符合规定的，发给生产许可证，或者在企业已经取得的有关生产许可证件上标注；不予许可的，应当书面说明理由。

　　审查第一类易制毒化学品生产许可申请材料时，根据需要，可以进行实地核查和专家评审。

　　第九条　申请经营第一类易制毒化学品，应当具备下列条件，并经本条例第十条规定的行政主管部门审批，取得经营许可证后，方可进行经营：

　　（一）属依法登记的化工产品经营企业或者药品经营企业；

　　（二）有符合国家规定的经营场所，需要储存、保管易制毒化学品的，还应当有符合国家技术标准的仓储设施；

　　（三）有易制毒化学品的经营管理制度和健全的销售网络；

（四）企业法定代表人和销售、管理人员具有易制毒化学品的有关知识，无毒品犯罪记录；

（五）法律、法规、规章规定的其他条件。

第十条 申请经营第一类中的药品类易制毒化学品的，由省、自治区、直辖市人民政府药品监督管理部门审批；申请经营第一类中的非药品类易制毒化学品的，由省、自治区、直辖市人民政府安全生产监督管理部门审批。

前款规定的行政主管部门应当自收到申请之日起 30 日内，对申请人提交的申请材料进行审查。对符合规定的，发给经营许可证，或者在企业已经取得的有关经营许可证件上标注；不予许可的，应当书面说明理由。

审查第一类易制毒化学品经营许可申请材料时，根据需要，可以进行实地核查。

第十一条 取得第一类易制毒化学品生产许可或者依照本条例第十三条第一款规定已经履行第二类、第三类易制毒化学品备案手续的生产企业，可以经销自产的易制毒化学品。但是，在厂外设立销售网点经销第一类易制毒化学品的，应当依照本条例的规定取得经营许可。

第一类中的药品类易制毒化学品药品单方制剂，由麻醉药品定点经营企业经销，且不得零售。

第十二条 取得第一类易制毒化学品生产、经营许可的企业，应当凭生产、经营许可证到市场监督管理部门办理经营范围变更登记。未经变更登记，不得进行第一类易制毒化学品的生产、经营。

第一类易制毒化学品生产、经营许可证被依法吊销的，行政主管部门应当自作出吊销决定之日起 5 日内通知市场监督管理部门；被吊销许可证的企业，应当及时到市场监督管理部门办理经营范围变更或者企业注销登记。

第十三条 生产第二类、第三类易制毒化学品的，应当自生产之日起 30 日内，将生产的品种、数量等情况，向所在地的设区的市级人民政府安全生产监督管理部门备案。

经营第二类易制毒化学品的，应当自经营之日起 30 日内，将经营的品种、数量、主要流向等情况，向所在地的设区的市级人民政府安全生产监督管理部门备案；经营第三类易制毒化学品的，应当自经营之日起 30 日内，将经营的品种、数量、主要流向等情况，向所在地的县级人民政府安全生产监督管理部门备案。

前两款规定的行政主管部门应当于收到备案材料的当日发给备案证明。

第三章　购买管理

第十四条 申请购买第一类易制毒化学品，应当提交下列证件，经本条例第十五条规定的行政主管部门审批，取得购买许可证：

（一）经营企业提交企业营业执照和合法使用需要证明；

（二）其他组织提交登记证书（成立批准文件）和合法使用需要证明。

第十五条　申请购买第一类中的药品类易制毒化学品的，由所在地的省、自治区、直辖市人民政府药品监督管理部门审批；申请购买第一类中的非药品类易制毒化学品的，由所在地的省、自治区、直辖市人民政府公安机关审批。

前款规定的行政主管部门应当自收到申请之日起 10 日内，对申请人提交的申请材料和证件进行审查。对符合规定的，发给购买许可证；不予许可的，应当书面说明理由。

审查第一类易制毒化学品购买许可申请材料时，根据需要，可以进行实地核查。

第十六条　持有麻醉药品、第一类精神药品购买印鉴卡的医疗机构购买第一类中的药品类易制毒化学品的，无须申请第一类易制毒化学品购买许可证。

个人不得购买第一类、第二类易制毒化学品。

第十七条　购买第二类、第三类易制毒化学品的，应当在购买前将所需购买的品种、数量，向所在地的县级人民政府公安机关备案。个人自用购买少量高锰酸钾的，无须备案。

第十八条　经营单位销售第一类易制毒化学品时，应当查验购买许可证和经办人的身份证明。对委托代购的，还应当查验购买人持有的委托文书。

经营单位在查验无误、留存上述证明材料的复印件后，方可出售第一类易制毒化学品；发现可疑情况的，应当立即向当地公安机关报告。

第十九条　经营单位应当建立易制毒化学品销售台账，如实记录销售的品种、数量、日期、购买方等情况。销售台账和证明材料复印件应当保存 2 年备查。

第一类易制毒化学品的销售情况，应当自销售之日起 5 日内报当地公安机关备案；第一类易制毒化学品的使用单位，应当建立使用台账，并保存 2 年备查。

第二类、第三类易制毒化学品的销售情况，应当自销售之日起 30 日内报当地公安机关备案。

第四章　运输管理

第二十条　跨设区的市级行政区域（直辖市为跨市界）或者在国务院公安部门确定的禁毒形势严峻的重点地区跨县级行政区域运输第一类易制毒化学品的，由运出地的设区的市级人民政府公安机关审批；运输第二类易制毒化学品的，由运出地的县级人民政府公安机关审批。经审批取得易制毒化学品运输许可证后，方可运输。

运输第三类易制毒化学品的，应当在运输前向运出地的县级人民政府公安机关备案。公安机关应当于收到备案材料的当日发给备案证明。

第二十一条　申请易制毒化学品运输许可，应当提交易制毒化学品的购销合同，货主是企业的，应当提交营业执照；货主是其他组织的，应当提交登记证书（成立批准文件）；货主是个人的，应当提交其个人身份证明。经办人还应当提交本人的身份证明。

公安机关应当自收到第一类易制毒化学品运输许可申请之日起 10 日内，收到第二类易制毒化学品运输许可申请之日起 3 日内，对申请人提交的申请材料进行审查。对符合规定的，发给运输许可证；不予许可的，应当书面说明理由。

审查第一类易制毒化学品运输许可申请材料时，根据需要，可以进行实地核查。

第二十二条　对许可运输第一类易制毒化学品的，发给一次有效的运输许可证。

对许可运输第二类易制毒化学品的，发给3个月有效的运输许可证；6个月内运输安全状况良好的，发给12个月有效的运输许可证。

易制毒化学品运输许可证应当载明拟运输的易制毒化学品的品种、数量、运入地、货主及收货人、承运人情况以及运输许可证种类。

第二十三条　运输供教学、科研使用的100克以下的麻黄素样品和供医疗机构制剂配方使用的小包装麻黄素以及医疗机构或者麻醉药品经营企业购买麻黄素片剂6万片以下、注射剂1.5万支以下，货主或者承运人持有依法取得的购买许可证明或者麻醉药品调拨单的，无须申请易制毒化学品运输许可。

第二十四条　接受货主委托运输的，承运人应当查验货主提供的运输许可证或者备案证明，并查验所运货物与运输许可证或者备案证明载明的易制毒化学品品种等情况是否相符；不相符的，不得承运。

运输易制毒化学品，运输人员应当自启运起全程携带运输许可证或者备案证明。公安机关应当在易制毒化学品的运输过程中进行检查。

运输易制毒化学品，应当遵守国家有关货物运输的规定。

第二十五条　因治疗疾病需要，患者、患者近亲属或者患者委托的人凭医疗机构出具的医疗诊断书和本人的身份证明，可以随身携带第一类中的药品类易制毒化学品药品制剂，但是不得超过医用单张处方的最大剂量。

医用单张处方最大剂量，由国务院卫生主管部门规定、公布。

第五章　进口、出口管理

第二十六条　申请进口或者出口易制毒化学品，应当提交下列材料，经国务院商务主管部门或者其委托的省、自治区、直辖市人民政府商务主管部门审批，取得进口或者出口许可证后，方可从事进口、出口活动：

（一）对外贸易经营者备案登记证明复印件；

（二）营业执照副本；

（三）易制毒化学品生产、经营、购买许可证或者备案证明；

（四）进口或者出口合同（协议）副本；

（五）经办人的身份证明。

申请易制毒化学品出口许可的，还应当提交进口方政府主管部门出具的合法使用易制毒化学品的证明或者进口方合法使用的保证文件。

第二十七条　受理易制毒化学品进口、出口申请的商务主管部门应当自收到申请材料之日起20日内，对申请材料进行审查，必要时可以进行实地核查。对符合规定的，发给进口或者出口许可证；不予许可的，应当书面说明理由。

对进口第一类中的药品类易制毒化学品的，有关的商务主管部门在作出许可决定前，应当征得国务院药品监督管理部门的同意。

第二十八条　麻黄素等属于重点监控物品范围的易制毒化学品，由国务院商务主管部门会同国务院有关部门核定的企业进口、出口。

第二十九条　国家对易制毒化学品的进口、出口实行国际核查制度。易制毒化学品国际核查目录及核查的具体办法，由国务院商务主管部门会同国务院公安部门规定、公布。

国际核查所用时间不计算在许可期限之内。

对向毒品制造、贩运情形严重的国家或者地区出口易制毒化学品以及本条例规定品种以外的化学品的，可以在国际核查措施以外实施其他管制措施，具体办法由国务院商务主管部门会同国务院公安部门、海关总署等有关部门规定、公布。

第三十条　进口、出口或者过境、转运、通运易制毒化学品的，应当如实向海关申报，并提交进口或者出口许可证。海关凭许可证办理通关手续。

易制毒化学品在境外与保税区、出口加工区等海关特殊监管区域、保税场所之间进出的，适用前款规定。

易制毒化学品在境内与保税区、出口加工区等海关特殊监管区域、保税场所之间进出的，或者在上述海关特殊监管区域、保税场所之间进出的，无须申请易制毒化学品进口或者出口许可证。

进口第一类中的药品类易制毒化学品，还应当提交药品监督管理部门出具的进口药品通关单。

第三十一条　进出境人员随身携带第一类中的药品类易制毒化学品药品制剂和高锰酸钾，应当以自用且数量合理为限，并接受海关监管。

进出境人员不得随身携带前款规定以外的易制毒化学品。

第六章　监督检查

第三十二条　县级以上人民政府公安机关、负责药品监督管理的部门、安全生产监督管理部门、商务主管部门、卫生主管部门、价格主管部门、铁路主管部门、交通主管部门、市场监督管理部门、生态环境主管部门和海关，应当依照本条例和有关法律、行政法规的规定，在各自的职责范围内，加强对易制毒化学品生产、经营、购买、运输、价格以及进口、出口的监督检查；对非法生产、经营、购买、运输易制毒化学品，或者走私易制毒化学品的行为，依法予以查处。

前款规定的行政主管部门在进行易制毒化学品监督检查时，可以依法查看现场、查阅和复制有关资料、记录有关情况、扣押相关的证据材料和违法物品；必要时，可以临时查封有关场所。

被检查的单位或者个人应当如实提供有关情况和材料、物品，不得拒绝或者隐匿。

第三十三条 对依法收缴、查获的易制毒化学品，应当在省、自治区、直辖市或者设区的市级人民政府公安机关、海关或者生态环境主管部门的监督下，区别易制毒化学品的不同情况进行保管、回收，或者依照环境保护法律、行政法规的有关规定，由有资质的单位在生态环境主管部门的监督下销毁。其中，对收缴、查获的第一类中的药品类易制毒化学品，一律销毁。

易制毒化学品违法单位或者个人无力提供保管、回收或者销毁费用的，保管、回收或者销毁的费用在回收所得中开支，或者在有关行政主管部门的禁毒经费中列支。

第三十四条 易制毒化学品丢失、被盗、被抢的，发案单位应当立即向当地公安机关报告，并同时报告当地的县级人民政府负责药品监督管理的部门、安全生产监督管理部门、商务主管部门或者卫生主管部门。接到报案的公安机关应当及时立案查处，并向上级公安机关报告；有关行政主管部门应当逐级上报并配合公安机关的查处。

第三十五条 有关行政主管部门应当将易制毒化学品许可以及依法吊销许可的情况通报有关公安机关和市场监督管理部门；市场监督管理部门应当将生产、经营易制毒化学品企业依法变更或者注销登记的情况通报有关公安机关和行政主管部门。

第三十六条 生产、经营、购买、运输或者进口、出口易制毒化学品的单位，应当于每年 3 月 31 日前向许可或者备案的行政主管部门和公安机关报告本单位上年度易制毒化学品的生产、经营、购买、运输或者进口、出口情况；有条件的生产、经营、购买、运输或者进口、出口单位，可以与有关行政主管部门建立计算机联网，及时通报有关经营情况。

第三十七条 县级以上人民政府有关行政主管部门应当加强协调合作，建立易制毒化学品管理情况、监督检查情况以及案件处理情况的通报、交流机制。

第七章　法律责任

第三十八条 违反本条例规定，未经许可或者备案擅自生产、经营、购买、运输易制毒化学品，伪造申请材料骗取易制毒化学品生产、经营、购买或者运输许可证，使用他人的或者伪造、变造、失效的许可证生产、经营、购买、运输易制毒化学品的，由公安机关没收非法生产、经营、购买或者运输的易制毒化学品、用于非法生产易制毒化学品的原料以及非法生产、经营、购买或者运输易制毒化学品的设备、工具，处非法生产、经营、购买或者运输的易制毒化学品货值 10 倍以上 20 倍以下的罚款，货值的 20 倍不足 1 万元的，按 1 万元罚款；有违法所得的，没收违法所得；有营业执照的，由市场监督管理部门吊销营业执照；构成犯罪的，依法追究刑事责任。

对有前款规定违法行为的单位或者个人，有关行政主管部门可以自作出行政处罚决定之日起 3 年内，停止受理其易制毒化学品生产、经营、购买、运输或者进口、出口许可申请。

第三十九条　违反本条例规定，走私易制毒化学品的，由海关没收走私的易制毒化学品；有违法所得的，没收违法所得，并依照海关法律、行政法规给予行政处罚；构成犯罪的，依法追究刑事责任。

第四十条　违反本条例规定，有下列行为之一的，由负有监督管理职责的行政主管部门给予警告，责令限期改正，处 1 万元以上 5 万元以下的罚款；对违反规定生产、经营、购买的易制毒化学品可以予以没收；逾期不改正的，责令限期停产停业整顿；逾期整顿不合格的，吊销相应的许可证：

（一）易制毒化学品生产、经营、购买、运输或者进口、出口单位未按规定建立安全管理制度的；

（二）将许可证或者备案证明转借他人使用的；

（三）超出许可的品种、数量生产、经营、购买易制毒化学品的；

（四）生产、经营、购买单位不记录或者不如实记录交易情况、不按规定保存交易记录或者不如实、不及时向公安机关和有关行政主管部门备案销售情况的；

（五）易制毒化学品丢失、被盗、被抢后未及时报告，造成严重后果的；

（六）除个人合法购买第一类中的药品类易制毒化学品药品制剂以及第三类易制毒化学品外，使用现金或者实物进行易制毒化学品交易的；

（七）易制毒化学品的产品包装和使用说明书不符合本条例规定要求的；

（八）生产、经营易制毒化学品的单位不如实或者不按时向有关行政主管部门和公安机关报告年度生产、经销和库存等情况的。

企业的易制毒化学品生产经营许可被依法吊销后，未及时到市场监督管理部门办理经营范围变更或者企业注销登记的，依照前款规定，对易制毒化学品予以没收，并处罚款。

第四十一条　运输的易制毒化学品与易制毒化学品运输许可证或者备案证明载明的品种、数量、运入地、货主及收货人、承运人等情况不符，运输许可证种类不当，或者运输人员未全程携带运输许可证或者备案证明的，由公安机关责令停运整改，处 5000 元以上 5 万元以下的罚款；有危险物品运输资质的，运输主管部门可以依法吊销其运输资质。

个人携带易制毒化学品不符合品种、数量规定的，没收易制毒化学品，处 1000 元以上 5000 元以下的罚款。

第四十二条　生产、经营、购买、运输或者进口、出口易制毒化学品的单位或者个人拒不接受有关行政主管部门监督检查的，由负有监督管理职责的行政主管部门责令改正，对直接负责的主管人员以及其他直接责任人员给予警告；情节严重的，对单位处 1 万元以上 5 万元以下的罚款，对直接负责的主管人员以及其他直接责任人员处 1000 元以上 5000 元以下的罚款；有违反治安管理行为的，依法给予治安管理处罚；构成犯罪的，依法追究刑事责任。

第四十三条　易制毒化学品行政主管部门工作人员在管理工作中有应当许可而不许

可、不应当许可而滥许可，不依法受理备案，以及其他滥用职权、玩忽职守、徇私舞弊行为的，依法给予行政处分；构成犯罪的，依法追究刑事责任。

第八章 附 则

第四十四条 易制毒化学品生产、经营、购买、运输和进口、出口许可证，由国务院有关行政主管部门根据各自的职责规定式样并监制。

第四十五条 本条例自 2005 年 11 月 1 日起施行。

本条例施行前已经从事易制毒化学品生产、经营、购买、运输或者进口、出口业务的，应当自本条例施行之日起 6 个月内，依照本条例的规定重新申请许可。

附表

易制毒化学品的分类和品种目录

第一类

1. 1- 苯基 -2- 丙酮
2. 3,4- 亚甲基二氧苯基 -2- 丙酮
3. 胡椒醛
4. 黄樟素
5. 黄樟油
6. 异黄樟素
7. N- 乙酰邻氨基苯酸
8. 邻氨基苯甲酸
9. 麦角酸 *
10. 麦角胺 *
11. 麦角新碱 *
12. 麻黄素、伪麻黄素、消旋麻黄素、去甲麻黄素、甲基麻黄素、麻黄浸膏、麻黄浸膏粉等麻黄素类物质 *

第二类

1. 苯乙酸
2. 醋酸酐
3. 三氯甲烷
4. 乙醚

5. 哌啶

第三类

1. 甲苯
2. 丙酮
3. 甲基乙基酮
4. 高锰酸钾
5. 硫酸
6. 盐酸

说明：

一、第一类、第二类所列物质可能存在的盐类，也纳入管制。

二、带有＊标记的品种为第一类中的药品类易制毒化学品，第一类中的药品类易制毒化学品包括原料药及其单方制剂。

麻醉药品和精神药品管理条例

（2005 年 8 月 3 日国务院令第 442 号公布，自 2005 年 11 月 1 日施行，根据 2013 年 12 月 7 日《国务院关于修改部分行政法规的决定》第一次修订，根据 2016 年 2 月 6 日《国务院关于修改部分行政法规的决定》第二次修订）

第一章 总 则

第一条 为加强麻醉药品和精神药品的管理，保证麻醉药品和精神药品的合法、安全、合理使用，防止流入非法渠道，根据药品管理法和其他有关法律的规定，制定本条例。

第二条 麻醉药品药用原植物的种植，麻醉药品和精神药品的实验研究、生产、经营、使用、储存、运输等活动以及监督管理，适用本条例。

麻醉药品和精神药品的进出口依照有关法律的规定办理。

第三条 本条例所称麻醉药品和精神药品，是指列入麻醉药品目录、精神药品目录（以下称目录）的药品和其他物质。精神药品分为第一类精神药品和第二类精神药品。

目录由国务院药品监督管理部门会同国务院公安部门、国务院卫生主管部门制定、调整并公布。

上市销售但尚未列入目录的药品和其他物质或者第二类精神药品发生滥用，已经造成或者可能造成严重社会危害的，国务院药品监督管理部门会同国务院公安部门、国务院卫生主管部门应当及时将该药品和该物质列入目录或者将该第二类精神药品调整为第一类精神药品。

第四条 国家对麻醉药品药用原植物以及麻醉药品和精神药品实行管制。除本条例另有规定的外，任何单位、个人不得进行麻醉药品药用原植物的种植以及麻醉药品和精神药品的实验研究、生产、经营、使用、储存、运输等活动。

第五条 国务院药品监督管理部门负责全国麻醉药品和精神药品的监督管理工作，并会同国务院农业主管部门对麻醉药品药用原植物实施监督管理。国务院公安部门负责对造成麻醉药品药用原植物、麻醉药品和精神药品流入非法渠道的行为进行查处。国务院其他有关主管部门在各自的职责范围内负责与麻醉药品和精神药品有关的管理工作。

省、自治区、直辖市人民政府药品监督管理部门负责本行政区域内麻醉药品和精神药品的监督管理工作。县级以上地方公安机关负责对本行政区域内造成麻醉药品和精神药品流入非法渠道的行为进行查处。县级以上地方人民政府其他有关主管部门在各自的职责范围内负责与麻醉药品和精神药品有关的管理工作。

第六条　麻醉药品和精神药品生产、经营企业和使用单位可以依法参加行业协会。行业协会应当加强行业自律管理。

第二章　种植、实验研究和生产

第七条　国家根据麻醉药品和精神药品的医疗、国家储备和企业生产所需原料的需要确定需求总量，对麻醉药品药用原植物的种植、麻醉药品和精神药品的生产实行总量控制。

国务院药品监督管理部门根据麻醉药品和精神药品的需求总量制定年度生产计划。

国务院药品监督管理部门和国务院农业主管部门根据麻醉药品年度生产计划，制定麻醉药品药用原植物年度种植计划。

第八条　麻醉药品药用原植物种植企业应当根据年度种植计划，种植麻醉药品药用原植物。

麻醉药品药用原植物种植企业应当向国务院药品监督管理部门和国务院农业主管部门定期报告种植情况。

第九条　麻醉药品药用原植物种植企业由国务院药品监督管理部门和国务院农业主管部门共同确定，其他单位和个人不得种植麻醉药品药用原植物。

第十条　开展麻醉药品和精神药品实验研究活动应当具备下列条件，并经国务院药品监督管理部门批准：

（一）以医疗、科学研究或者教学为目的；

（二）有保证实验所需麻醉药品和精神药品安全的措施和管理制度；

（三）单位及其工作人员 2 年内没有违反有关禁毒的法律、行政法规规定的行为。

第十一条　麻醉药品和精神药品的实验研究单位申请相关药品批准证明文件，应当依照药品管理法的规定办理；需要转让研究成果的，应当经国务院药品监督管理部门批准。

第十二条　药品研究单位在普通药品的实验研究过程中，产生本条例规定的管制品种的，应当立即停止实验研究活动，并向国务院药品监督管理部门报告。国务院药品监督管理部门应当根据情况，及时作出是否同意其继续实验研究的决定。

第十三条　麻醉药品和第一类精神药品的临床试验，不得以健康人为受试对象。

第十四条　国家对麻醉药品和精神药品实行定点生产制度。

国务院药品监督管理部门应当根据麻醉药品和精神药品的需求总量，确定麻醉药品和精神药品定点生产企业的数量和布局，并根据年度需求总量对数量和布局进行调整、公布。

第十五条　麻醉药品和精神药品的定点生产企业应当具备下列条件：

（一）有药品生产许可证；

（二）有麻醉药品和精神药品实验研究批准文件；

（三）有符合规定的麻醉药品和精神药品生产设施、储存条件和相应的安全管理设施；

（四）有通过网络实施企业安全生产管理和向药品监督管理部门报告生产信息的能力；

（五）有保证麻醉药品和精神药品安全生产的管理制度；

（六）有与麻醉药品和精神药品安全生产要求相适应的管理水平和经营规模；

（七）麻醉药品和精神药品生产管理、质量管理部门的人员应当熟悉麻醉药品和精神药品管理以及有关禁毒的法律、行政法规；

（八）没有生产、销售假药、劣药或者违反有关禁毒的法律、行政法规规定的行为；

（九）符合国务院药品监督管理部门公布的麻醉药品和精神药品定点生产企业数量和布局的要求。

第十六条 从事麻醉药品、精神药品生产的企业，应当经所在地省、自治区、直辖市人民政府药品监督管理部门的批准。

第十七条 定点生产企业生产麻醉药品和精神药品，应当依照药品管理法的规定取得药品批准文号。

国务院药品监督管理部门应当组织医学、药学、社会学、伦理学和禁毒等方面的专家成立专家组，由专家组对申请首次上市的麻醉药品和精神药品的社会危害性和被滥用的可能性进行评价，并提出是否批准的建议。

未取得药品批准文号的，不得生产麻醉药品和精神药品。

第十八条 发生重大突发事件，定点生产企业无法正常生产或者不能保证供应麻醉药品和精神药品时，国务院药品监督管理部门可以决定其他药品生产企业生产麻醉药品和精神药品。

重大突发事件结束后，国务院药品监督管理部门应当及时决定前款规定的企业停止麻醉药品和精神药品的生产。

第十九条 定点生产企业应当严格按照麻醉药品和精神药品年度生产计划安排生产，并依照规定向所在地省、自治区、直辖市人民政府药品监督管理部门报告生产情况。

第二十条 定点生产企业应当依照本条例的规定，将麻醉药品和精神药品销售给具有麻醉药品和精神药品经营资格的企业或者依照本条例规定批准的其他单位。

第二十一条 麻醉药品和精神药品的标签应当印有国务院药品监督管理部门规定的标志。

第三章 经 营

第二十二条 国家对麻醉药品和精神药品实行定点经营制度。

国务院药品监督管理部门应当根据麻醉药品和第一类精神药品的需求总量，确定麻醉药品和第一类精神药品的定点批发企业布局，并应当根据年度需求总量对布局进行调整、公布。

药品经营企业不得经营麻醉药品原料药和第一类精神药品原料药。但是，供医疗、科学研究、教学使用的小包装的上述药品可以由国务院药品监督管理部门规定的药品批发企业经营。

第二十三条　麻醉药品和精神药品定点批发企业除应当具备药品管理法第十五条规定的药品经营企业的开办条件外，还应当具备下列条件：

（一）有符合本条例规定的麻醉药品和精神药品储存条件；

（二）有通过网络实施企业安全管理和向药品监督管理部门报告经营信息的能力；

（三）单位及其工作人员2年内没有违反有关禁毒的法律、行政法规规定的行为；

（四）符合国务院药品监督管理部门公布的定点批发企业布局。

麻醉药品和第一类精神药品的定点批发企业，还应当具有保证供应责任区域内医疗机构所需麻醉药品和第一类精神药品的能力，并具有保证麻醉药品和第一类精神药品安全经营的管理制度。

第二十四条　跨省、自治区、直辖市从事麻醉药品和第一类精神药品批发业务的企业（以下称全国性批发企业），应当经国务院药品监督管理部门批准；在本省、自治区、直辖市行政区域内从事麻醉药品和第一类精神药品批发业务的企业（以下称区域性批发企业），应当经所在地省、自治区、直辖市人民政府药品监督管理部门批准。

专门从事第二类精神药品批发业务的企业，应当经所在地省、自治区、直辖市人民政府药品监督管理部门批准。

全国性批发企业和区域性批发企业可以从事第二类精神药品批发业务。

第二十五条　全国性批发企业可以向区域性批发企业，或者经批准可以向取得麻醉药品和第一类精神药品使用资格的医疗机构以及依照本条例规定批准的其他单位销售麻醉药品和第一类精神药品。

全国性批发企业向取得麻醉药品和第一类精神药品使用资格的医疗机构销售麻醉药品和第一类精神药品，应当经医疗机构所在地省、自治区、直辖市人民政府药品监督管理部门批准。

国务院药品监督管理部门在批准全国性批发企业时，应当明确其所承担供药责任的区域。

第二十六条　区域性批发企业可以向本省、自治区、直辖市行政区域内取得麻醉药品和第一类精神药品使用资格的医疗机构销售麻醉药品和第一类精神药品；由于特殊地理位置的原因，需要就近向其他省、自治区、直辖市行政区域内取得麻醉药品和第一类精神药品使用资格的医疗机构销售的，应当经企业所在地省、自治区、直辖市人民政府药品监督管理部门批准。审批情况由负责审批的药品监督管理部门在批准后5日内通报医疗机构所在地省、自治区、直辖市人民政府药品监督管理部门。

省、自治区、直辖市人民政府药品监督管理部门在批准区域性批发企业时，应当明确其所承担供药责任的区域。

区域性批发企业之间因医疗急需、运输困难等特殊情况需要调剂麻醉药品和第一类精神药品的，应当在调剂后2日内将调剂情况分别报所在地省、自治区、直辖市人民政府药品监督管理部门备案。

第二十七条　全国性批发企业应当从定点生产企业购进麻醉药品和第一类精神药品。

区域性批发企业可以从全国性批发企业购进麻醉药品和第一类精神药品；经所在地省、自治区、直辖市人民政府药品监督管理部门批准，也可以从定点生产企业购进麻醉药品和第一类精神药品。

第二十八条　全国性批发企业和区域性批发企业向医疗机构销售麻醉药品和第一类精神药品，应当将药品送至医疗机构。医疗机构不得自行提货。

第二十九条　第二类精神药品定点批发企业可以向医疗机构、定点批发企业和符合本条例第三十一条规定的药品零售企业以及依照本条例规定批准的其他单位销售第二类精神药品。

第三十条　麻醉药品和第一类精神药品不得零售。

禁止使用现金进行麻醉药品和精神药品交易，但是个人合法购买麻醉药品和精神药品的除外。

第三十一条　经所在地设区的市级药品监督管理部门批准，实行统一进货、统一配送、统一管理的药品零售连锁企业可以从事第二类精神药品零售业务。

第三十二条　第二类精神药品零售企业应当凭执业医师出具的处方，按规定剂量销售第二类精神药品，并将处方保存2年备查；禁止超剂量或者无处方销售第二类精神药品；不得向未成年人销售第二类精神药品。

第三十三条　麻醉药品和精神药品实行政府定价，在制定出厂和批发价格的基础上，逐步实行全国统一零售价格。具体办法由国务院价格主管部门制定。

第四章　使　用

第三十四条　药品生产企业需要以麻醉药品和第一类精神药品为原料生产普通药品的，应当向所在地省、自治区、直辖市人民政府药品监督管理部门报送年度需求计划，由省、自治区、直辖市人民政府药品监督管理部门汇总报国务院药品监督管理部门批准后，向定点生产企业购买。

药品生产企业需要以第二类精神药品为原料生产普通药品的，应当将年度需求计划报所在地省、自治区、直辖市人民政府药品监督管理部门，并向定点批发企业或者定点生产企业购买。

第三十五条　食品、食品添加剂、化妆品、油漆等非药品生产企业需要使用咖啡因作为原料的，应当经所在地省、自治区、直辖市人民政府药品监督管理部门批准，向定点批发企业或者定点生产企业购买。

科学研究、教学单位需要使用麻醉药品和精神药品开展实验、教学活动的，应当经所在地省、自治区、直辖市人民政府药品监督管理部门批准，向定点批发企业或者定点生产企业购买。

需要使用麻醉药品和精神药品的标准品、对照品的，应当经所在地省、自治区、直辖市人民政府药品监督管理部门批准，向国务院药品监督管理部门批准的单位购买。

第三十六条　医疗机构需要使用麻醉药品和第一类精神药品的，应当经所在地设区的市级人民政府卫生主管部门批准，取得麻醉药品、第一类精神药品购用印鉴卡（以下称印鉴卡）。医疗机构应当凭印鉴卡向本省、自治区、直辖市行政区域内的定点批发企业购买麻醉药品和第一类精神药品。

设区的市级人民政府卫生主管部门发给医疗机构印鉴卡时，应当将取得印鉴卡的医疗机构情况抄送所在地设区的市级药品监督管理部门，并报省、自治区、直辖市人民政府卫生主管部门备案。省、自治区、直辖市人民政府卫生主管部门应当将取得印鉴卡的医疗机构名单向本行政区域内的定点批发企业通报。

第三十七条　医疗机构取得印鉴卡应当具备下列条件：

（一）有专职的麻醉药品和第一类精神药品管理人员；

（二）有获得麻醉药品和第一类精神药品处方资格的执业医师；

（三）有保证麻醉药品和第一类精神药品安全储存的设施和管理制度。

第三十八条　医疗机构应当按照国务院卫生主管部门的规定，对本单位执业医师进行有关麻醉药品和精神药品使用知识的培训、考核，经考核合格的，授予麻醉药品和第一类精神药品处方资格。执业医师取得麻醉药品和第一类精神药品的处方资格后，方可在本医疗机构开具麻醉药品和第一类精神药品处方，但不得为自己开具该种处方。

医疗机构应当将具有麻醉药品和第一类精神药品处方资格的执业医师名单及其变更情况，定期报送所在地设区的市级人民政府卫生主管部门，并抄送同级药品监督管理部门。

医务人员应当根据国务院卫生主管部门制定的临床应用指导原则，使用麻醉药品和精神药品。

第三十九条　具有麻醉药品和第一类精神药品处方资格的执业医师，根据临床应用指导原则，对确需使用麻醉药品或者第一类精神药品的患者，应当满足其合理用药需求。在医疗机构就诊的癌症疼痛患者和其他危重患者得不到麻醉药品或者第一类精神药品时，患者或者其亲属可以向执业医师提出申请。具有麻醉药品和第一类精神药品处方资格的执业医师认为要求合理的，应当及时为患者提供所需麻醉药品或者第一类精神药品。

第四十条　执业医师应当使用专用处方开具麻醉药品和精神药品，单张处方的最大用量应当符合国务院卫生主管部门的规定。

对麻醉药品和第一类精神药品处方，处方的调配人、核对人应当仔细核对，签署姓名，并予以登记；对不符合本条例规定的，处方的调配人、核对人应当拒绝发药。

麻醉药品和精神药品专用处方的格式由国务院卫生主管部门规定。

第四十一条　医疗机构应当对麻醉药品和精神药品处方进行专册登记，加强管理。

麻醉药品处方至少保存 3 年，精神药品处方至少保存 2 年。

第四十二条 医疗机构抢救病人急需麻醉药品和第一类精神药品而本医疗机构无法提供时，可以从其他医疗机构或者定点批发企业紧急借用；抢救工作结束后，应当及时将借用情况报所在地设区的市级药品监督管理部门和卫生主管部门备案。

第四十三条 对临床需要而市场无供应的麻醉药品和精神药品，持有医疗机构制剂许可证和印鉴卡的医疗机构需要配制制剂的，应当经所在地省、自治区、直辖市人民政府药品监督管理部门批准。医疗机构配制的麻醉药品和精神药品制剂只能在本医疗机构使用，不得对外销售。

第四十四条 因治疗疾病需要，个人凭医疗机构出具的医疗诊断书、本人身份证明，可以携带单张处方最大用量以内的麻醉药品和第一类精神药品；携带麻醉药品和第一类精神药品出入境的，由海关根据自用、合理的原则放行。

医务人员为了医疗需要携带少量麻醉药品和精神药品出入境的，应当持有省级以上人民政府药品监督管理部门发放的携带麻醉药品和精神药品证明。海关凭携带麻醉药品和精神药品证明放行。

第四十五条 医疗机构、戒毒机构以开展戒毒治疗为目的，可以使用美沙酮或者国家确定的其他用于戒毒治疗的麻醉药品和精神药品。具体管理办法由国务院药品监督管理部门、国务院公安部门和国务院卫生主管部门制定。

第五章 储 存

第四十六条 麻醉药品药用原植物种植企业、定点生产企业、全国性批发企业和区域性批发企业以及国家设立的麻醉药品储存单位，应当设置储存麻醉药品和第一类精神药品的专库。该专库应当符合下列要求：

（一）安装专用防盗门，实行双人双锁管理；

（二）具有相应的防火设施；

（三）具有监控设施和报警装置，报警装置应当与公安机关报警系统联网。

全国性批发企业经国务院药品监督管理部门批准设立的药品储存点应当符合前款的规定。

麻醉药品定点生产企业应当将麻醉药品原料药和制剂分别存放。

第四十七条 麻醉药品和第一类精神药品的使用单位应当设立专库或者专柜储存麻醉药品和第一类精神药品。专库应当设有防盗设施并安装报警装置；专柜应当使用保险柜。专库和专柜应当实行双人双锁管理。

第四十八条 麻醉药品药用原植物种植企业、定点生产企业、全国性批发企业和区域性批发企业、国家设立的麻醉药品储存单位以及麻醉药品和第一类精神药品的使用单位，应当配备专人负责管理工作，并建立储存麻醉药品和第一类精神药品的专用账册。药品入库双人验收，出库双人复核，做到账物相符。专用账册的保存期限应当自药品有效期期满之日起不少于 5 年。

第四十九条　第二类精神药品经营企业应当在药品库房中设立独立的专库或者专柜储存第二类精神药品，并建立专用账册，实行专人管理。专用账册的保存期限应当自药品有效期期满之日起不少于 5 年。

第六章　运　输

第五十条　托运、承运和自行运输麻醉药品和精神药品的，应当采取安全保障措施，防止麻醉药品和精神药品在运输过程中被盗、被抢、丢失。

第五十一条　通过铁路运输麻醉药品和第一类精神药品的，应当使用集装箱或者铁路行李车运输，具体办法由国务院药品监督管理部门会同国务院铁路主管部门制定。

没有铁路需要通过公路或者水路运输麻醉药品和第一类精神药品的，应当由专人负责押运。

第五十二条　托运或者自行运输麻醉药品和第一类精神药品的单位，应当向所在地设区的市级药品监督管理部门申请领取运输证明。运输证明有效期为 1 年。

运输证明应当由专人保管，不得涂改、转让、转借。

第五十三条　托运人办理麻醉药品和第一类精神药品运输手续，应当将运输证明副本交付承运人。承运人应当查验、收存运输证明副本，并检查货物包装。没有运输证明或者货物包装不符合规定的，承运人不得承运。

承运人在运输过程中应当携带运输证明副本，以备查验。

第五十四条　邮寄麻醉药品和精神药品，寄件人应当提交所在地设区的市级药品监督管理部门出具的准予邮寄证明。邮政营业机构应当查验、收存准予邮寄证明；没有准予邮寄证明的，邮政营业机构不得收寄。

省、自治区、直辖市邮政主管部门指定符合安全保障条件的邮政营业机构负责收寄麻醉药品和精神药品。邮政营业机构收寄麻醉药品和精神药品，应当依法对收寄的麻醉药品和精神药品予以查验。

邮寄麻醉药品和精神药品的具体管理办法，由国务院药品监督管理部门会同国务院邮政主管部门制定。

第五十五条　定点生产企业、全国性批发企业和区域性批发企业之间运输麻醉药品、第一类精神药品，发货人在发货前应当向所在地省、自治区、直辖市人民政府药品监督管理部门报送本次运输的相关信息。属于跨省、自治区、直辖市运输的，收到信息的药品监督管理部门应当向收货人所在地的同级药品监督管理部门通报；属于在本省、自治区、直辖市行政区域内运输的，收到信息的药品监督管理部门应当向收货人所在地设区的市级药品监督管理部门通报。

第七章 审批程序和监督管理

第五十六条 申请人提出本条例规定的审批事项申请，应当提交能够证明其符合本条例规定条件的相关资料。审批部门应当自收到申请之日起40日内作出是否批准的决定；作出批准决定的，发给许可证明文件或者在相关许可证明文件上加注许可事项；作出不予批准决定的，应当书面说明理由。

确定定点生产企业和定点批发企业，审批部门应当在经审查符合条件的企业中，根据布局的要求，通过公平竞争的方式初步确定定点生产企业和定点批发企业，并予公布。其他符合条件的企业可以自公布之日起10日内向审批部门提出异议。审批部门应当自收到异议之日起20日内对异议进行审查，并作出是否调整的决定。

第五十七条 药品监督管理部门应当根据规定的职责权限，对麻醉药品药用原植物的种植以及麻醉药品和精神药品的实验研究、生产、经营、使用、储存、运输活动进行监督检查。

第五十八条 省级以上人民政府药品监督管理部门根据实际情况建立监控信息网络，对定点生产企业、定点批发企业和使用单位的麻醉药品和精神药品生产、进货、销售、库存、使用的数量以及流向实行实时监控，并与同级公安机关做到信息共享。

第五十九条 尚未连接监控信息网络的麻醉药品和精神药品定点生产企业、定点批发企业和使用单位，应当每月通过电子信息、传真、书面等方式，将本单位麻醉药品和精神药品生产、进货、销售、库存、使用的数量以及流向，报所在地设区的市级药品监督管理部门和公安机关；医疗机构还应当报所在地设区的市级人民政府卫生主管部门。

设区的市级药品监督管理部门应当每3个月向上一级药品监督管理部门报告本地区麻醉药品和精神药品的相关情况。

第六十条 对已经发生滥用，造成严重社会危害的麻醉药品和精神药品品种，国务院药品监督管理部门应当采取在一定期限内中止生产、经营、使用或者限定其使用范围和用途等措施。对不再作为药品使用的麻醉药品和精神药品，国务院药品监督管理部门应当撤销其药品批准文号和药品标准，并予以公布。

药品监督管理部门、卫生主管部门发现生产、经营企业和使用单位的麻醉药品和精神药品管理存在安全隐患时，应当责令其立即排除或者限期排除；对有证据证明可能流入非法渠道的，应当及时采取查封、扣押的行政强制措施，在7日内作出行政处理决定，并通报同级公安机关。

药品监督管理部门发现取得印鉴卡的医疗机构未依照规定购买麻醉药品和第一类精神药品时，应当及时通报同级卫生主管部门。接到通报的卫生主管部门应当立即调查处理。必要时，药品监督管理部门可以责令定点批发企业中止向该医疗机构销售麻醉药品和第一类精神药品。

第六十一条 麻醉药品和精神药品的生产、经营企业和使用单位对过期、损坏的麻醉药品和精神药品应当登记造册，并向所在地县级药品监督管理部门申请销毁。药品监督管理部门应当自接到申请之日起 5 日内到场监督销毁。医疗机构对存放在本单位的过期、损坏麻醉药品和精神药品，应当按照本条规定的程序向卫生主管部门提出申请，由卫生主管部门负责监督销毁。

对依法收缴的麻醉药品和精神药品，除经国务院药品监督管理部门或者国务院公安部门批准用于科学研究外，应当依照国家有关规定予以销毁。

第六十二条　县级以上人民政府卫生主管部门应当对执业医师开具麻醉药品和精神药品处方的情况进行监督检查。

第六十三条　药品监督管理部门、卫生主管部门和公安机关应当互相通报麻醉药品和精神药品生产、经营企业和使用单位的名单以及其他管理信息。

各级药品监督管理部门应当将在麻醉药品药用原植物的种植以及麻醉药品和精神药品的实验研究、生产、经营、使用、储存、运输等各环节的管理中的审批、撤销等事项通报同级公安机关。

麻醉药品和精神药品的经营企业、使用单位报送各级药品监督管理部门的备案事项，应当同时报送同级公安机关。

第六十四条　发生麻醉药品和精神药品被盗、被抢、丢失或者其他流入非法渠道的情形的，案发单位应当立即采取必要的控制措施，同时报告所在地县级公安机关和药品监督管理部门。医疗机构发生上述情形的，还应当报告其主管部门。

公安机关接到报告、举报，或者有证据证明麻醉药品和精神药品可能流入非法渠道时，应当及时开展调查，并可以对相关单位采取必要的控制措施。

药品监督管理部门、卫生主管部门以及其他有关部门应当配合公安机关开展工作。

第八章　法律责任

第六十五条　药品监督管理部门、卫生主管部门违反本条例的规定，有下列情形之一的，由其上级行政机关或者监察机关责令改正；情节严重的，对直接负责的主管人员和其他直接责任人员依法给予行政处分；构成犯罪的，依法追究刑事责任：

（一）对不符合条件的申请人准予行政许可或者超越法定职权作出准予行政许可决定的；

（二）未到场监督销毁过期、损坏的麻醉药品和精神药品的；

（三）未依法履行监督检查职责，应当发现而未发现违法行为、发现违法行为不及时查处，或者未依照本条例规定的程序实施监督检查的；

（四）违反本条例规定的其他失职、渎职行为。

第六十六条　麻醉药品药用原植物种植企业违反本条例的规定，有下列情形之一的，由药品监督管理部门责令限期改正，给予警告；逾期不改正的，处 5 万元以上 10 万元以下的罚款；情节严重的，取消其种植资格：

（一）未依照麻醉药品药用原植物年度种植计划进行种植的；

（二）未依照规定报告种植情况的；

（三）未依照规定储存麻醉药品的。

第六十七条　定点生产企业违反本条例的规定，有下列情形之一的，由药品监督管理部门责令限期改正，给予警告，并没收违法所得和违法销售的药品；逾期不改正的，责令停产，并处 5 万元以上 10 万元以下的罚款；情节严重的，取消其定点生产资格：

（一）未按照麻醉药品和精神药品年度生产计划安排生产的；

（二）未依照规定向药品监督管理部门报告生产情况的；

（三）未依照规定储存麻醉药品和精神药品，或者未依照规定建立、保存专用账册的；

（四）未依照规定销售麻醉药品和精神药品的；

（五）未依照规定销毁麻醉药品和精神药品的。

第六十八条　定点批发企业违反本条例的规定销售麻醉药品和精神药品，或者违反本条例的规定经营麻醉药品原料药和第一类精神药品原料药的，由药品监督管理部门责令限期改正，给予警告，并没收违法所得和违法销售的药品；逾期不改正的，责令停业，并处违法销售药品货值金额 2 倍以上 5 倍以下的罚款；情节严重的，取消其定点批发资格。

第六十九条　定点批发企业违反本条例的规定，有下列情形之一的，由药品监督管理部门责令限期改正，给予警告；逾期不改正的，责令停业，并处 2 万元以上 5 万元以下的罚款；情节严重的，取消其定点批发资格：

（一）未依照规定购进麻醉药品和第一类精神药品的；

（二）未保证供药责任区域内的麻醉药品和第一类精神药品的供应的；

（三）未对医疗机构履行送货义务的；

（四）未依照规定报告麻醉药品和精神药品的进货、销售、库存数量以及流向的；

（五）未依照规定储存麻醉药品和精神药品，或者未依照规定建立、保存专用账册的；

（六）未依照规定销毁麻醉药品和精神药品的；

（七）区域性批发企业之间违反本条例的规定调剂麻醉药品和第一类精神药品，或者因特殊情况调剂麻醉药品和第一类精神药品后未依照规定备案的。

第七十条　第二类精神药品零售企业违反本条例的规定储存、销售或者销毁第二类精神药品的，由药品监督管理部门责令限期改正，给予警告，并没收违法所得和违法销售的药品；逾期不改正的，责令停业，并处 5000 元以上 2 万元以下的罚款；情节严重的，取消其第二类精神药品零售资格。

第七十一条　本条例第三十四条、第三十五条规定的单位违反本条例的规定，购买麻醉药品和精神药品的，由药品监督管理部门没收违法购买的麻醉药品和精神药品，责令限期改正，给予警告；逾期不改正的，责令停产或者停止相关活动，并处 2 万元以上 5 万元以下的罚款。

第七十二条　取得印鉴卡的医疗机构违反本条例的规定，有下列情形之一的，由设区的市级人民政府卫生主管部门责令限期改正，给予警告；逾期不改正的，处5000元以上1万元以下的罚款；情节严重的，吊销其印鉴卡；对直接负责的主管人员和其他直接责任人员，依法给予降级、撤职、开除的处分：

（一）未依照规定购买、储存麻醉药品和第一类精神药品的；

（二）未依照规定保存麻醉药品和精神药品专用处方，或者未依照规定进行处方专册登记的；

（三）未依照规定报告麻醉药品和精神药品的进货、库存、使用数量的；

（四）紧急借用麻醉药品和第一类精神药品后未备案的；

（五）未依照规定销毁麻醉药品和精神药品的。

第七十三条　具有麻醉药品和第一类精神药品处方资格的执业医师，违反本条例的规定开具麻醉药品和第一类精神药品处方，或者未按照临床应用指导原则的要求使用麻醉药品和第一类精神药品的，由其所在医疗机构取消其麻醉药品和第一类精神药品处方资格；造成严重后果的，由原发证部门吊销其执业证书。执业医师未按照临床应用指导原则的要求使用第二类精神药品或者未使用专用处方开具第二类精神药品，造成严重后果的，由原发证部门吊销其执业证书。

未取得麻醉药品和第一类精神药品处方资格的执业医师擅自开具麻醉药品和第一类精神药品处方，由县级以上人民政府卫生主管部门给予警告，暂停其执业活动；造成严重后果的，吊销其执业证书；构成犯罪的，依法追究刑事责任。

处方的调配人、核对人违反本条例的规定未对麻醉药品和第一类精神药品处方进行核对，造成严重后果的，由原发证部门吊销其执业证书。

第七十四条　违反本条例的规定运输麻醉药品和精神药品的，由药品监督管理部门和运输管理部门依照各自职责，责令改正，给予警告，处2万元以上5万元以下的罚款。

收寄麻醉药品、精神药品的邮政营业机构未依照本条例的规定办理邮寄手续的，由邮政主管部门责令改正，给予警告；造成麻醉药品、精神药品邮件丢失的，依照邮政法律、行政法规的规定处理。

第七十五条　提供虚假材料、隐瞒有关情况，或者采取其他欺骗手段取得麻醉药品和精神药品的实验研究、生产、经营、使用资格的，由原审批部门撤销其已取得的资格，5年内不得提出有关麻醉药品和精神药品的申请；情节严重的，处1万元以上3万元以下的罚款，有药品生产许可证、药品经营许可证、医疗机构执业许可证的，依法吊销其许可证明文件。

第七十六条　药品研究单位在普通药品的实验研究和研制过程中，产生本条例规定管制的麻醉药品和精神药品，未依照本条例的规定报告的，由药品监督管理部门责令改正，给予警告，没收违法药品；拒不改正的，责令停止实验研究和研制活动。

第七十七条　药物临床试验机构以健康人为麻醉药品和第一类精神药品临床试验的

受试对象的，由药品监督管理部门责令停止违法行为，给予警告；情节严重的，取消其药物临床试验机构的资格；构成犯罪的，依法追究刑事责任。对受试对象造成损害的，药物临床试验机构依法承担治疗和赔偿责任。

第七十八条　定点生产企业、定点批发企业和第二类精神药品零售企业生产、销售假劣麻醉药品和精神药品的，由药品监督管理部门取消其定点生产资格、定点批发资格或者第二类精神药品零售资格，并依照药品管理法的有关规定予以处罚。

第七十九条　定点生产企业、定点批发企业和其他单位使用现金进行麻醉药品和精神药品交易的，由药品监督管理部门责令改正，给予警告，没收违法交易的药品，并处 5 万元以上 10 万元以下的罚款。

第八十条　发生麻醉药品和精神药品被盗、被抢、丢失案件的单位，违反本条例的规定未采取必要的控制措施或者未依照本条例的规定报告的，由药品监督管理部门和卫生主管部门依照各自职责，责令改正，给予警告；情节严重的，处 5000 元以上 1 万元以下的罚款；有上级主管部门的，由其上级主管部门对直接负责的主管人员和其他直接责任人员，依法给予降级、撤职的处分。

第八十一条　依法取得麻醉药品药用原植物种植或者麻醉药品和精神药品实验研究、生产、经营、使用、运输等资格的单位，倒卖、转让、出租、出借、涂改其麻醉药品和精神药品许可证明文件的，由原审批部门吊销相应许可证明文件，没收违法所得；情节严重的，处违法所得 2 倍以上 5 倍以下的罚款；没有违法所得的，处 2 万元以上 5 万元以下的罚款；构成犯罪的，依法追究刑事责任。

第八十二条　违反本条例的规定，致使麻醉药品和精神药品流入非法渠道造成危害，构成犯罪的，依法追究刑事责任；尚不构成犯罪的，由县级以上公安机关处 5 万元以上 10 万元以下的罚款；有违法所得的，没收违法所得；情节严重的，处违法所得 2 倍以上 5 倍以下的罚款；由原发证部门吊销其药品生产、经营和使用许可证明文件。

药品监督管理部门、卫生主管部门在监督管理工作中发现前款规定情形的，应当立即通报所在地同级公安机关，并依照国家有关规定，将案件以及相关材料移送公安机关。

第八十三条　本章规定由药品监督管理部门作出的行政处罚，由县级以上药品监督管理部门按照国务院药品监督管理部门规定的职责分工决定。

第九章　附　则

第八十四条　本条例所称实验研究是指以医疗、科学研究或者教学为目的的临床前药物研究。

经批准可以开展与计划生育有关的临床医疗服务的计划生育技术服务机构需要使用麻醉药品和精神药品的，依照本条例有关医疗机构使用麻醉药品和精神药品的规定执行。

第八十五条　麻醉药品目录中的罂粟壳只能用于中药饮片和中成药的生产以及医疗配方使用。具体管理办法由国务院药品监督管理部门另行制定。

　　第八十六条　生产含麻醉药品的复方制剂，需要购进、储存、使用麻醉药品原料药的，应当遵守本条例有关麻醉药品管理的规定。

　　第八十七条　军队医疗机构麻醉药品和精神药品的供应、使用，由国务院药品监督管理部门会同中国人民解放军总后勤部依据本条例制定具体管理办法。

　　第八十八条　对动物用麻醉药品和精神药品的管理，由国务院兽医主管部门会同国务院药品监督管理部门依据本条例制定具体管理办法。

　　第八十九条　本条例自 2005 年 11 月 1 日起施行。1987 年 11 月 28 日国务院发布的《麻醉药品管理办法》和 1988 年 12 月 27 日国务院发布的《精神药品管理办法》同时废止。

反兴奋剂条例

（2004 年 1 月 13 日国务院令第 398 号公布，自 2004 年 3 月 1 日起施行，根据 2011 年 1 月 8 日《国务院关于废止和修改部分行政法规的决定》第一次修订，根据 2014 年 7 月 29 日《国务院关于修改部分行政法规的决定》第二次修订，根据 2018 年 9 月 18 日《国务院关于修改部分行政法规的决定》第三次修订）

第一章　总　则

第一条　为了防止在体育运动中使用兴奋剂，保护体育运动参加者的身心健康，维护体育竞赛的公平竞争，根据《中华人民共和国体育法》和其他有关法律，制定本条例。

第二条　本条例所称兴奋剂，是指兴奋剂目录所列的禁用物质等。兴奋剂目录由国务院体育主管部门会同国务院药品监督管理部门、国务院卫生主管部门、国务院商务主管部门和海关总署制定、调整并公布。

第三条　国家提倡健康、文明的体育运动，加强反兴奋剂的宣传、教育和监督管理，坚持严格禁止、严格检查、严肃处理的反兴奋剂工作方针，禁止使用兴奋剂。

任何单位和个人不得向体育运动参加者提供或者变相提供兴奋剂。

第四条　国务院体育主管部门负责并组织全国的反兴奋剂工作。

县级以上人民政府负责药品监督管理的部门和卫生、教育等有关部门，在各自职责范围内依照本条例和有关法律、行政法规的规定负责反兴奋剂工作。

第五条　县级以上人民政府体育主管部门，应当加强反兴奋剂宣传、教育工作，提高体育运动参加者和公众的反兴奋剂意识。

广播电台、电视台、报刊媒体以及互联网信息服务提供者应当开展反兴奋剂的宣传。

第六条　任何单位和个人发现违反本条例规定行为的，有权向体育主管部门和其他有关部门举报。

第二章　兴奋剂管理

第七条　国家对兴奋剂目录所列禁用物质实行严格管理，任何单位和个人不得非法生产、销售、进出口。

第八条　生产兴奋剂目录所列蛋白同化制剂、肽类激素（以下简称蛋白同化制剂、肽类激素），应当依照《中华人民共和国药品管理法》（以下简称药品管理法）的规定取得《药品生产许可证》、药品批准文号。

生产企业应当记录蛋白同化制剂、肽类激素的生产、销售和库存情况，并保存记录至超过蛋白同化制剂、肽类激素有效期2年。

第九条　依照药品管理法的规定取得《药品经营许可证》的药品批发企业，具备下列条件，并经省、自治区、直辖市人民政府药品监督管理部门批准，方可经营蛋白同化制剂、肽类激素：

（一）有专门的管理人员；

（二）有专储仓库或者专储药柜；

（三）有专门的验收、检查、保管、销售和出入库登记制度；

（四）法律、行政法规规定的其他条件。

蛋白同化制剂、肽类激素的验收、检查、保管、销售和出入库登记记录应当保存至超过蛋白同化制剂、肽类激素有效期2年。

第十条　除胰岛素外，药品零售企业不得经营蛋白同化制剂或者其他肽类激素。

第十一条　进口蛋白同化制剂、肽类激素，除依照药品管理法及其实施条例的规定取得国务院药品监督管理部门发给的进口药品注册证书外，还应当取得省、自治区、直辖市人民政府药品监督管理部门颁发的进口准许证。

申请进口蛋白同化制剂、肽类激素，应当说明其用途。省、自治区、直辖市人民政府药品监督管理部门应当自收到申请之日起15个工作日内作出决定；对用途合法的，应当予以批准，发给进口准许证。海关凭进口准许证放行。

第十二条　申请出口蛋白同化制剂、肽类激素，应当说明供应对象并提交进口国政府主管部门的相关证明文件等资料。省、自治区、直辖市人民政府药品监督管理部门应当自收到申请之日起15个工作日内作出决定；提交进口国政府主管部门的相关证明文件等资料的，应当予以批准，发给出口准许证。海关凭出口准许证放行。

第十三条　境内企业接受境外企业委托生产蛋白同化制剂、肽类激素，应当签订书面委托生产合同，并将委托生产合同报省、自治区、直辖市人民政府药品监督管理部门备案。委托生产合同应当载明委托企业的国籍、委托生产的蛋白同化制剂或者肽类激素的品种、数量、生产日期等内容。

境内企业接受境外企业委托生产的蛋白同化制剂、肽类激素不得在境内销售。

第十四条　蛋白同化制剂、肽类激素的生产企业只能向医疗机构、符合本条例第九条规定的药品批发企业和其他同类生产企业供应蛋白同化制剂、肽类激素。

蛋白同化制剂、肽类激素的批发企业只能向医疗机构、蛋白同化制剂、肽类激素的生产企业和其他同类批发企业供应蛋白同化制剂、肽类激素。

蛋白同化制剂、肽类激素的进口单位只能向蛋白同化制剂、肽类激素的生产企业、医疗机构和符合本条例第九条规定的药品批发企业供应蛋白同化制剂、肽类激素。

肽类激素中的胰岛素除依照本条第一款、第二款、第三款的规定供应外，还可以向药品零售企业供应。

第十五条　医疗机构只能凭依法享有处方权的执业医师开具的处方向患者提供蛋白同化制剂、肽类激素。处方应当保存2年。

第十六条 兴奋剂目录所列禁用物质属于麻醉药品、精神药品、医疗用毒性药品和易制毒化学品的，其生产、销售、进口、运输和使用，依照药品管理法和有关行政法规的规定实行特殊管理。

蛋白同化制剂、肽类激素和前款规定以外的兴奋剂目录所列其他禁用物质，实行处方药管理。

第十七条 药品、食品中含有兴奋剂目录所列禁用物质的，生产企业应当在包装标识或者产品说明书上用中文注明"运动员慎用"字样。

第三章 反兴奋剂义务

第十八条 实施运动员注册管理的体育社会团体（以下简称体育社会团体）应当加强对在本体育社会团体注册的运动员和教练、领队、队医等运动员辅助人员的监督管理和反兴奋剂的教育、培训。

运动员管理单位应当加强对其所属的运动员和运动员辅助人员的监督管理和反兴奋剂的教育、培训。

第十九条 体育社会团体、运动员管理单位和其他单位，不得向运动员提供兴奋剂，不得组织、强迫、欺骗运动员在体育运动中使用兴奋剂。

科研单位不得为使用兴奋剂或者逃避兴奋剂检查提供技术支持。

第二十条 运动员管理单位应当为其所属运动员约定医疗机构，指导运动员因医疗目的合理使用药物；应当记录并按照兴奋剂检查规则的规定向相关体育社会团体提供其所属运动员的医疗信息和药物使用情况。

第二十一条 体育社会团体、运动员管理单位，应当按照兴奋剂检查规则的规定提供运动员名单和每名运动员的教练、所从事的运动项目以及运动成绩等相关信息，并为兴奋剂检查提供便利。

第二十二条 全国性体育社会团体应当对在本体育社会团体注册的成员的下列行为规定处理措施和处理程序：

（一）运动员使用兴奋剂的；

（二）运动员辅助人员、运动员管理单位向运动员提供兴奋剂的；

（三）运动员、运动员辅助人员、运动员管理单位拒绝、阻挠兴奋剂检查的。

前款所指的处理程序还应当规定当事人的抗辩权和申诉权。全国性体育社会团体应当将处理措施和处理程序报国务院体育主管部门备案。

第二十三条 运动员辅助人员应当教育、提示运动员不得使用兴奋剂，并向运动员提供有关反兴奋剂规则的咨询。

运动员辅助人员不得向运动员提供兴奋剂，不得组织、强迫、欺骗、教唆、协助运动员在体育运动中使用兴奋剂，不得阻挠兴奋剂检查，不得实施影响采样结果的行为。

运动员发现运动员辅助人员违反前款规定的，有权检举、控告。

第二十四条　运动员不得在体育运动中使用兴奋剂。

第二十五条　在体育社会团体注册的运动员、运动员辅助人员凭依法享有处方权的执业医师开具的处方，方可持有含有兴奋剂目录所列禁用物质的药品。

在体育社会团体注册的运动员接受医疗诊断时，应当按照兴奋剂检查规则的规定向医师说明其运动员身份。医师对其使用药品时，应当首先选择不含兴奋剂目录所列禁用物质的药品；确需使用含有这类禁用物质的药品的，应当告知其药品性质和使用后果。

第二十六条　在全国性体育社会团体注册的运动员，因医疗目的确需使用含有兴奋剂目录所列禁用物质的药品的，应当按照兴奋剂检查规则的规定申请核准后方可使用。

第二十七条　运动员应当接受兴奋剂检查，不得实施影响采样结果的行为。

第二十八条　在全国性体育社会团体注册的运动员离开运动员驻地的，应当按照兴奋剂检查规则的规定报告。

第二十九条　实施中等及中等以上教育的学校和其他教育机构应当加强反兴奋剂教育，提高学生的反兴奋剂意识，并采取措施防止在学校体育活动中使用兴奋剂；发现学生使用兴奋剂，应当予以制止。

体育专业教育应当包括反兴奋剂的教学内容。

第三十条　体育健身活动经营单位及其专业指导人员，不得向体育健身活动参加者提供含有禁用物质的药品、食品。

第四章　兴奋剂检查与检测

第三十一条　国务院体育主管部门应当制定兴奋剂检查规则和兴奋剂检查计划并组织实施。

第三十二条　国务院体育主管部门应当根据兴奋剂检查计划，决定对全国性体育竞赛的参赛运动员实施赛内兴奋剂检查；并可以决定对省级体育竞赛的参赛运动员实施赛内兴奋剂检查。

其他体育竞赛需要进行赛内兴奋剂检查的，由竞赛组织者决定。

第三十三条　国务院体育主管部门应当根据兴奋剂检查计划，决定对在全国性体育社会团体注册的运动员实施赛外兴奋剂检查。

第三十四条　兴奋剂检查工作人员（以下简称检查人员）应当按照兴奋剂检查规则实施兴奋剂检查。

第三十五条　实施兴奋剂检查，应当有2名以上检查人员参加。检查人员履行兴奋剂检查职责时，应当出示兴奋剂检查证件；向运动员采集受检样本时，还应当出示按照兴奋剂检查规则签发的一次性兴奋剂检查授权书。

检查人员履行兴奋剂检查职责时，有权进入体育训练场所、体育竞赛场所和运动员驻地。有关单位和人员应当对检查人员履行兴奋剂检查职责予以配合，不得拒绝、阻挠。

第三十六条　受检样本由国务院体育主管部门确定的符合兴奋剂检测条件的检测机

构检测。

兴奋剂检测机构及其工作人员，应当按照兴奋剂检查规则规定的范围和标准对受检样本进行检测。

第五章　法律责任

第三十七条　体育主管部门和其他行政机关及其工作人员不履行职责，或者包庇、纵容非法使用、提供兴奋剂，或者有其他违反本条例行为的，对负有责任的主管人员和其他直接责任人员，依法给予行政处分；构成犯罪的，依法追究刑事责任。

第三十八条　违反本条例规定，有下列行为之一的，由县级以上人民政府负责药品监督管理的部门按照国务院药品监督管理部门规定的职责分工，没收非法生产、经营的蛋白同化制剂、肽类激素和违法所得，并处违法生产、经营药品货值金额2倍以上5倍以下的罚款；情节严重的，由发证机关吊销《药品生产许可证》、《药品经营许可证》；构成犯罪的，依法追究刑事责任：

（一）生产企业擅自生产蛋白同化制剂、肽类激素，或者未按照本条例规定渠道供应蛋白同化制剂、肽类激素的；

（二）药品批发企业擅自经营蛋白同化制剂、肽类激素，或者未按照本条例规定渠道供应蛋白同化制剂、肽类激素的；

（三）药品零售企业擅自经营蛋白同化制剂、肽类激素的。

第三十九条　体育社会团体、运动员管理单位向运动员提供兴奋剂或者组织、强迫、欺骗运动员在体育运动中使用兴奋剂的，由国务院体育主管部门或者省、自治区、直辖市人民政府体育主管部门收缴非法持有的兴奋剂；负有责任的主管人员和其他直接责任人员4年内不得从事体育管理工作和运动员辅助工作；情节严重的，终身不得从事体育管理工作和运动员辅助工作；造成运动员人身损害的，依法承担民事赔偿责任；构成犯罪的，依法追究刑事责任。

体育社会团体、运动员管理单位未履行本条例规定的其他义务的，由国务院体育主管部门或者省、自治区、直辖市人民政府体育主管部门责令改正；造成严重后果的，负有责任的主管人员和其他直接责任人员2年内不得从事体育管理工作和运动员辅助工作。

第四十条　运动员辅助人员组织、强迫、欺骗、教唆运动员在体育运动中使用兴奋剂的，由国务院体育主管部门或者省、自治区、直辖市人民政府体育主管部门收缴非法持有的兴奋剂；4年内不得从事运动员辅助工作和体育管理工作；情节严重的，终身不得从事运动员辅助工作和体育管理工作；造成运动员人身损害的，依法承担民事赔偿责任；构成犯罪的，依法追究刑事责任。

运动员辅助人员向运动员提供兴奋剂，或者协助运动员在体育运动中使用兴奋剂，或者实施影响采样结果行为的，由国务院体育主管部门或者省、自治区、直辖市人民政府体育主管部门收缴非法持有的兴奋剂；2年内不得从事运动员辅助工作和体育管理工作；情节严重的，终身不得从事运动员辅助工作和体育管理工作；造成运动员人身损害的，依法承担民事赔偿责任；构成犯罪的，依法追究刑事责任。

第四十一条　运动员辅助人员非法持有兴奋剂的，由国务院体育主管部门或者省、自治区、直辖市人民政府体育主管部门收缴非法持有的兴奋剂；情节严重的，2 年内不得从事运动员辅助工作。

第四十二条　体育社会团体、运动员管理单位违反本条例规定，负有责任的主管人员和其他直接责任人员属于国家工作人员的，还应当依法给予撤职、开除的行政处分。

运动员辅助人员违反本条例规定，属于国家工作人员的，还应当依法给予撤职、开除的行政处分。

第四十三条　按照本条例第三十九条、第四十条、第四十一条规定作出的处理决定应当公开，公众有权查阅。

第四十四条　医师未按照本条例的规定使用药品，或者未履行告知义务的，由县级以上人民政府卫生主管部门给予警告；造成严重后果的，责令暂停 6 个月以上 1 年以下执业活动。

第四十五条　体育健身活动经营单位向体育健身活动参加者提供含有禁用物质的药品、食品的，由负责药品监督管理的部门、食品安全监督管理部门依照药品管理法、《中华人民共和国食品安全法》和有关行政法规的规定予以处罚。

第四十六条　运动员违反本条例规定的，由有关体育社会团体、运动员管理单位、竞赛组织者作出取消参赛资格、取消比赛成绩或者禁赛的处理。

运动员因受到前款规定的处理不服的，可以向体育仲裁机构申请仲裁。

第六章　附　则

第四十七条　本条例自 2004 年 3 月 1 日起施行。

血液制品管理条例

（1996 年 12 月 30 日国务院令第 208 号发布，自发布之日起施行，根据 2016 年 2 月 6 日《国务院关于修改部分行政法规的决定》修订）

第一章　总　则

第一条　为了加强血液制品管理，预防和控制经血液途径传播的疾病，保证血液制品的质量，根据药品管理法和传染病防治法，制定本条例。

第二条　本条例适用于在中华人民共和国境内从事原料血浆的采集、供应以及血液制品的生产、经营活动。

第三条　国务院卫生行政部门对全国的原料血浆的采集、供应和血液制品的生产、经营活动实施监督管理。

县级以上地方各级人民政府卫生行政部门对本行政区域内的原料血浆的采集、供应和血液制品的生产、经营活动，依照本条例第三十条规定的职责实施监督管理。

第二章　原料血浆的管理

第四条　国家实行单采血浆站统一规划、设置的制度。

国务院卫生行政部门根据核准的全国生产用原料血浆的需求，对单采血浆站的布局、数量和规模制定总体规划。省、自治区、直辖市人民政府卫生行政部门根据总体规划制定本行政区域内单采血浆站设置规划和采集血浆的区域规划，并报国务院卫生行政部门备案。

第五条　单采血浆站由血液制品生产单位设置或者由县级人民政府卫生行政部门设置，专门从事单采血浆活动，具有独立法人资格。其他任何单位和个人不得从事单采血浆活动。

第六条　设置单采血浆站，必须具备下列条件：

（一）符合单采血浆站布局、数量、规模的规划；

（二）具有与所采集原料血浆相适应的卫生专业技术人员；

（三）具有与所采集原料血浆相适应的场所及卫生环境；

（四）具有识别供血浆者的身份识别系统；

（五）具有与所采集原料血浆相适应的单采血浆机械及其他设置；

（六）具有对所采集原料血浆进行质量检验的技术人员以及必要的仪器设备。

第七条　申请设置单采血浆站的，由县级人民政府卫生行政部门初审，经设区的市、自治州人民政府卫生行政部门或者省、自治区人民政府设立的派出机关的卫生行政机构审查同意，报省、自治区、直辖市人民政府卫生行政部门审批；经审查符合条件的，由省、自治区、直辖市人民政府卫生行政部门核发《单采血浆许可证》，并报国务院卫生行政部门备案。

单采血浆站只能对省、自治区、直辖市人民政府卫生行政部门划定区域内的供血浆者进行筛查和采集血浆。

第八条　《单采血浆许可证》应当规定有效期。

第九条　在一个采血浆区域内，只能设置一个单采血浆站。

严禁单采血浆站采集非划定区域内的供血浆者和其他人员的血浆。

第十条　单采血浆站必须对供血浆者进行健康检查；检查合格的，由县级人民政府卫生行政部门核发《供血浆证》。

供血浆者健康检查标准，由国务院卫生行政部门制定。

第十一条　《供血浆证》由省、自治区、直辖市人民政府卫生行政部门负责设计和印制。《供血浆证》不得涂改、伪造、转让。

第十二条　单采血浆站在采集血浆前，必须对供血浆者进行身份识别并核实其《供血浆证》，确认无误的，方可按照规定程序进行健康检查和血液化验；对检查、化验合格的，按照有关技术操作标准及程序采集血浆，并建立供血浆者健康检查及供血浆记录档案；对检查、化验不合格的，由单采血浆站收缴《供血浆证》，并由所在地县级人民政府卫生行政部门监督销毁。

严禁采集无《供血浆证》者的血浆。

血浆采集技术操作标准及程序，由国务院卫生行政部门制定。

第十三条　单采血浆站只能向一个与其签订质量责任书的血液制品生产单位供应原料血浆，严禁向其他任何单位供应原料血浆。

第十四条　单采血浆站必须使用单采血浆机械采集血浆，严禁手工操作采集血浆。采集的血浆必须按单人份冰冻保存，不得混浆。

严禁单采血浆站采集血液或者将所采集的原料血浆用于临床。

第十五条　单采血浆站必须使用有产品批准文号并经国家药品生物制品检定机构逐批检定合格的体外诊断试剂以及合格的一次性采血浆器材。

采血浆器材等一次性消耗品使用后，必须按照国家有关规定予以销毁，并作记录。

第十六条　单采血浆站采集的原料血浆的包装、储存、运输，必须符合国家规定的卫生标准和要求。

第十七条　单采血浆站必须依照传染病防治法及其实施办法等有关规定，严格执行消毒管理及疫情上报制度。

第十八条　单采血浆站应当每半年向所在地的县级人民政府卫生行政部门报告有关原料血浆采集情况，同时抄报设区的市、自治州人民政府卫生行政部门或者省、自治区人民政府设立的派出机关的卫生行政机构及省、自治区、直辖市人民政府卫生行政部门。

省、自治区、直辖市人民政府卫生行政部门应当每年向国务院卫生行政部门汇总报告本行政区域内原料血浆的采集情况。

第十九条 国家禁止出口原料血浆。

第三章 血液制品生产经营单位管理

第二十条 新建、改建或者扩建血液制品生产单位，经国务院卫生行政部门根据总体规划进行立项审查同意后，由省、自治区、直辖市人民政府卫生行政部门依照药品管理法的规定审核批准。

第二十一条 血液制品生产单位必须达到国务院卫生行政部门制定的《药品生产质量管理规范》规定的标准，经国务院卫生行政部门审查合格，并依法向工商行政管理部门申领营业执照后，方可从事血液制品的生产活动。

第二十二条 血液制品生产单位应当积极开发新品种，提高血浆综合利用率。

血液制品生产单位生产国内已经生产的品种，必须依法向国务院卫生行政部门申请产品批准文号；国内尚未生产的品种，必须按照国家有关新药审批的程序和要求申报。

第二十三条 严禁血液制品生产单位出让、出租、出借以及与他人共用《药品生产企业许可证》和产品批准文号。

第二十四条 血液制品生产单位不得向无《单采血浆许可证》的单采血浆站或者未与其签订质量责任书的单采血浆站及其他任何单位收集原料血浆。

血液制品生产单位不得向其他任何单位供应原料血浆。

第二十五条 血液制品生产单位在原料血浆投料生产前，必须使用有产品批准文号并经国家药品生物制品检定机构逐批检定合格的体外诊断试剂，对每一人份血浆进行全面复检，并作检测记录。

原料血浆经复检不合格的，不得投料生产，并必须在省级药品监督员监督下按照规定程序和方法予以销毁，并作记录。

原料血浆经复检发现有经血液途径传播的疾病的，必须通知供应血浆的单采血浆站，并及时上报所在地省、自治区、直辖市人民政府卫生行政部门。

第二十六条 血液制品出厂前，必须经过质量检验；经检验不符合国家标准的，严禁出厂。

第二十七条 开办血液制品经营单位，由省、自治区、直辖市人民政府卫生行政部门审核批准。

第二十八条 血液制品经营单位应当具备与所经营的产品相适应的冷藏条件和熟悉所经营品种的业务人员。

第二十九条 血液制品生产经营单位生产、包装、储存、运输、经营血液制品，应当符合国家规定的卫生标准和要求。

第四章　监督管理

第三十条　县级以上地方各级人民政府卫生行政部门依照本条例的规定负责本行政区域内的单采血浆站、供血浆者、原料血浆的采集及血液制品经营单位的监督管理。

省、自治区、直辖市人民政府卫生行政部门依照本条例的规定负责本行政区域内的血液制品生产单位的监督管理。

县级以上地方各级人民政府卫生行政部门的监督人员执行职务时,可以按照国家有关规定抽取样品和索取有关资料,有关单位不得拒绝和隐瞒。

第三十一条　省、自治区、直辖市人民政府卫生行政部门每年组织 1 次对本行政区域内单采血浆站的监督检查并进行年度注册。

设区的市、自治州人民政府卫生行政部门或者省、自治区人民政府设立的派出机关的卫生行政机构每半年对本行政区域内的单采血浆站进行 1 次检查。

第三十二条　国家药品生物制品检定机构及国务院卫生行政部门指定的省级药品检验机构,应当依照本条例和国家规定的标准和要求,对血液制品生产单位生产的产品定期进行检定。

第三十三条　国务院卫生行政部门负责全国进出口血液制品的审批及监督管理。

第五章　罚　则

第三十四条　违反本条例规定,未取得省、自治区、直辖市人民政府卫生行政部门核发的《单采血浆许可证》,非法从事组织、采集、供应、倒卖原料血浆活动的,由县级以上地方人民政府卫生行政部门予以取缔,没收违法所得和从事违法活动的器材、设备,并处违法所得 5 倍以上 10 倍以下的罚款,没有违法所得的,并处 5 万元以上 10 万元以下的罚款;造成经血液途径传播的疾病传播、人身伤害等危害,构成犯罪的,依法追究刑事责任。

第三十五条　单采血浆站有下列行为之一的,由县级以上地方人民政府卫生行政部门责令限期改正,处 5 万元以上 10 万元以下的罚款;有第八项所列行为的,或者有下列其他行为并且情节严重的,由省、自治区、直辖市人民政府卫生行政部门吊销《单采血浆许可证》;构成犯罪的,对负有直接责任的主管人员和其他直接责任人员依法追究刑事责任:

(一)采集血浆前,未按照国务院卫生行政部门颁布的健康检查标准对供血浆者进行健康检查和血液化验的;

(二)采集非划定区域内的供血浆者或者其他人员的血浆的,或者不对供血浆者进行身份识别,采集冒名顶替者,健康检查不合格者或者无《供血浆证》者的血浆的;

(三)违反国务院卫生行政部门制定的血浆采集技术操作标准和程序,过频过量采集血浆的;

（四）向医疗机构直接供应原料血浆或者擅自采集血液的；

（五）未使用单采血浆机械进行血浆采集的；

（六）未使用有产品批准文号并经国家药品生物制品检定机构逐批检定合格的体外诊断试剂以及合格的一次性采血浆器材的；

（七）未按照国家规定的卫生标准和要求包装、储存、运输原料血浆的；

（八）对国家规定检测项目检测结果呈阳性的血浆不清除、不及时上报的；

（九）对污染的注射器、采血浆器材及不合格血浆等不经消毒处理，擅自倾倒，污染环境，造成社会危害的；

（十）重复使用一次性采血浆器材的；

（十一）向与其签订质量责任书的血液制品生产单位以外的其他单位供应原料血浆的。

第三十六条 单采血浆站已知其采集的血浆检测结果呈阳性，仍向血液制品生产单位供应的，由省、自治区、直辖市人民政府卫生行政部门吊销《单采血浆许可证》，由县级以上地方人民政府卫生行政部门没收违法所得，并处 10 万元以上 30 万元以下的罚款；造成经血液途径传播的疾病传播、人身伤害等危害，构成犯罪的，对负有直接责任的主管人员和其他直接责任人员依法追究刑事责任。

第三十七条 涂改、伪造、转让《供血浆证》的，由县级人民政府卫生行政部门收缴《供血浆证》，没收违法所得，并处违法所得 3 倍以上 5 倍以下的罚款，没有违法所得的，并处 1 万元以下的罚款；构成犯罪的，依法追究刑事责任。

第三十八条 血液制品生产单位有下列行为之一的，由省级以上人民政府卫生行政部门依照药品管理法及其实施办法等有关规定，按照生产假药、劣药予以处罚；构成犯罪的，对负有直接责任的主管人员和其他直接责任人员依法追究刑事责任：

（一）使用无《单采血浆许可证》的单采血浆站或者未与其签订质量责任书的单采血浆站及其他任何单位供应的原料血浆的，或者非法采集原料血浆的；

（二）投料生产前未对原料血浆进行复检的，或者使用没有产品批准文号或者未经国家药品生物制品检定机构逐批检定合格的体外诊断试剂进行复检的，或者将检测不合格的原料血浆投入生产的；

（三）擅自更改生产工艺和质量标准的，或者将检验不合格的产品出厂的；

（四）与他人共用产品批准文号的。

第三十九条 血液制品生产单位违反本条例规定，擅自向其他单位出让、出租、出借以及与他人共用《药品生产企业许可证》、产品批准文号或者供应原料血浆的，由省级以上人民政府卫生行政部门没收违法所得，并处违法所得 5 倍以上 10 倍以下的罚款，没有违法所得的，并处 5 万元以上 10 万元以下的罚款。

第四十条 违反本条例规定，血液制品生产经营单位生产、包装、储存、运输、经营血液制品不符合国家规定的卫生标准和要求的，由省、自治区、直辖市人民政府卫生行政部门责令改正，可以处 1 万元以下的罚款。

第四十一条　在血液制品生产单位成品库待出厂的产品中，经抽检有一批次达不到国家规定的指标，经复检仍不合格的，由国务院卫生行政部门撤销血液制品批准文号。

第四十二条　违反本条例规定，擅自进出口血液制品或者出口原料血浆的，由省级以上人民政府卫生行政部门没收所进出口的血液制品或者所出口的原料血浆和违法所得，并处所进出口的血液制品或者所出口的原料血浆总值 3 倍以上 5 倍以下的罚款。

第四十三条　血液制品检验人员虚报、瞒报、涂改、伪造检验报告及有关资料的，依法给予行政处分；构成犯罪的，依法追究刑事责任。

第四十四条　卫生行政部门工作人员滥用职权、玩忽职守、徇私舞弊、索贿受贿，构成犯罪的，依法追究刑事责任；尚不构成犯罪的，依法给予行政处分。

第六章　附　则

第四十五条　本条例下列用语的含义：

血液制品，是特指各种人血浆蛋白制品。

原料血浆，是指由单采血浆站采集的专用于血液制品生产原料的血浆。

供血浆者，是指提供血液制品生产用料血浆的人员。

单采血浆站，是指根据地区血源资源，按照有关标准和要求并经严格审批设立，采集供应血液制品生产用原料血浆的单位。

第四十六条　本条例施行前已经设立的单采血浆站和血液制品生产经营单位应当自本条例施行之日起 6 个月内，依照本条例的规定重新办理审批手续；凡不符合本条例规定的，一律予以关闭。

本条例施行前已经设立的单采血浆站适用本条例第六条第五项的时间，由国务院卫生行政部门另行规定。

第四十七条　本条例自发布之日起施行。

中药品种保护条例

（1992 年 10 月 14 日国务院令第 106 号发布，自 1993 年 1 月 1 日起施行，根据 2018 年 9 月 18 日《国务院关于修改部分行政法规的决定》修订）

第一章 总 则

第一条 为了提高中药品种的质量，保护中药生产企业的合法权益，促进中药事业的发展，制定本条例。

第二条 本条例适用于中国境内生产制造的中药品种，包括中成药、天然药物的提取物及其制剂和中药人工制成品。

申请专利的中药品种，依照专利法的规定办理，不适用本条例。

第三条 国家鼓励研制开发临床有效的中药品种，对质量稳定、疗效确切的中药品种实行分级保护制度。

第四条 国务院药品监督管理部门负责全国中药品种保护的监督管理工作。

第二章 中药保护品种等级的划分和审批

第五条 依照本条例受保护的中药品种，必须是列入国家药品标准的品种。经国务院药品监督管理部门认定，列为省、自治区、直辖市药品标准的品种，也可以申请保护。

受保护的中药品种分为一、二级。

第六条 符合下列条件之一的中药品种，可以申请一级保护：

（一）对特定疾病有特殊疗效的；

（二）相当于国家一级保护野生药材物种的人工制成品；

（三）用于预防和治疗特殊疾病的。

第七条 符合下列条件之一的中药品种，可以申请二级保护：

（一）符合本条例第六条规定的品种或者已经解除一级保护的品种；

（二）对特定疾病有显著疗效的；

（三）从天然药物中提取的有效物质及特殊制剂。

第八条 国务院药品监督管理部门批准的新药，按照国务院药品监督管理部门规定的保护期给予保护；其中，符合本条例第六条、第七条规定的，在国务院药品监督管理部门批准的保护期限届满前六个月，可以重新依照本条例的规定申请保护。

第九条 申请办理中药品种保护的程序：

（一）中药生产企业对其生产的符合本条例第五条、第六条、第七条、第八条规定的中药品种，可以向所在地省、自治区、直辖市人民政府药品监督管理部门提出申请，由省、自治区、直辖市人民政府药品监督管理部门初审签署意见后，报国务院药品监督管理部门。特殊情况下，中药生产企业也可以直接向国务院药品监督管理部门提出申请。

（二）国务院药品监督管理部门委托国家中药品种保护审评委员会负责对申请保护的中药品种进行审评。国家中药品种保护审评委员会应当自接到申请报告书之日起六个月内作出审评结论。

（三）根据国家中药品种保护审评委员会的审评结论，由国务院药品监督管理部门决定是否给予保护。批准保护的中药品种，由国务院药品监督管理部门发给《中药保护品种证书》。

国务院药品监督管理部门负责组织国家中药品种保护审评委员会，委员会成员由国务院药品监督管理部门聘请中医药方面的医疗、科研、检验及经营、管理专家担任。

第十条　申请中药品种保护的企业，应当按照国务院药品监督管理部门的规定，向国家中药品种保护审评委员会提交完整的资料。

第十一条　对批准保护的中药品种以及保护期满的中药品种，由国务院药品监督管理部门在指定的专业报刊上予以公告。

第三章　中药保护品种的保护

第十二条　中药保护品种的保护期限：

中药一级保护品种分别为三十年、二十年、十年。

中药二级保护品种为七年。

第十三条　中药一级保护品种的处方组成、工艺制法，在保护期限内由获得《中药保护品种证书》的生产企业和有关的药品监督管理部门及有关单位和个人负责保密，不得公开。

负有保密责任的有关部门、企业和单位应当按照国家有关规定，建立必要的保密制度。

第十四条　向国外转让中药一级保护品种的处方组成、工艺制法的，应当按照国家有关保密的规定办理。

第十五条　中药一级保护品种因特殊情况需要延长保护期限的，由生产企业在该品种保护期满前六个月，依照本条例第九条规定的程序申报。延长的保护期限由国务院药品监督管理部门根据国家中药品种保护审评委员会的审评结果确定；但是，每次延长的保护期限不得超过第一次批准的保护期限。

第十六条　中药二级保护品种在保护期满后可以延长七年。

申请延长保护期的中药二级保护品种，应当在保护期满前六个月，由生产企业依照本条例第九条规定的程序申报。

第十七条　被批准保护的中药品种，在保护期内限于由获得《中药保护品种证书》的企业生产；但是，本条例第十九条另有规定的除外。

第十八条 国务院药品监督管理部门批准保护的中药品种如果在批准前是由多家企业生产的，其中未申请《中药保护品种证书》的企业应当自公告发布之日起六个月内向国务院药品监督管理部门申报，并依照本条例第十条的规定提供有关资料，由国务院药品监督管理部门指定药品检验机构对该申报品种进行同品种的质量检验。国务院药品监督管理部门根据检验结果，可以采取以下措施：

（一）对达到国家药品标准的，补发《中药保护品种证书》。

（二）对未达到国家药品标准的，依照药品管理的法律、行政法规的规定撤销该中药品种的批准文号。

第十九条 对临床用药紧缺的中药保护品种的仿制，须经国务院药品监督管理部门批准并发给批准文号。仿制企业应当付给持有《中药保护品种证书》并转让该中药品种的处方组成、工艺制法的企业合理的使用费，其数额由双方商定；双方不能达成协议的，由国务院药品监督管理部门裁决。

第二十条 生产中药保护品种的企业应当根据省、自治区、直辖市人民政府药品监督管理部门提出的要求，改进生产条件，提高品种质量。

第二十一条 中药保护品种在保护期内向国外申请注册的，须经国务院药品监督管理部门批准。

第四章 罚 则

第二十二条 违反本条例第十三条的规定，造成泄密的责任人员，由其所在单位或者上级机关给予行政处分；构成犯罪的，依法追究刑事责任。

第二十三条 违反本条例第十七条的规定，擅自仿制中药保护品种的，由县级以上人民政府负责药品监督管理的部门以生产假药依法论处。

伪造《中药品种保护证书》及有关证明文件进行生产、销售的，由县级以上人民政府负责药品监督管理的部门没收其全部有关药品及违法所得，并可以处以有关药品正品价格三倍以下罚款。

上述行为构成犯罪的，由司法机关依法追究刑事责任。

第二十四条 当事人对负责药品监督管理的部门的处罚决定不服的，可以依照有关法律、行政法规的规定，申请行政复议或者提起行政诉讼。

第五章 附 则

第二十五条 有关中药保护品种的申报要求、申报表格等，由国务院药品监督管理部门制定。

第二十六条 本条例自一九九三年一月一日起施行。

放射性药品管理办法

（1989 年 1 月 13 日国务院令第 25 号发布，自发布之日起施行，根据 2011 年 1 月 8 日《国务院关于废止和修改部分行政法规的决定》第一次修订，根据 2017 年 3 月 1 日《国务院关于修改和废止部分行政法规的决定》第二次修订，根据 2022 年 3 月 29 日《国务院关于修改和废止部分行政法规的决定》第三次修订）

第一章　总　则

第一条　为了加强放射性药品的管理，根据《中华人民共和国药品管理法》（以下称《药品管理法》）的规定，制定本办法。

第二条　放射性药品是指用于临床诊断或者治疗的放射性核素制剂或者其标记药物。

第三条　凡在中华人民共和国领域内进行放射性药品的研究、生产、经营、运输、使用、检验、监督管理的单位和个人都必须遵守本办法。

第四条　国务院药品监督管理部门负责全国放射性药品监督管理工作。国务院国防科技工业主管部门依据职责负责与放射性药品有关的管理工作。国务院环境保护主管部门负责与放射性药品有关的辐射安全与防护的监督管理工作。

第二章　放射性新药的研制、临床研究和审批

第五条　放射性新药的研制内容，包括工艺路线、质量标准、临床前药理及临床研究。研制单位在制订新药工艺路线的同时，必须研究该药的理化性能、纯度（包括核素纯度）及检验方法、药理、毒理、动物药代动力学、放射性比活度、剂量、剂型、稳定性等。

研制单位对放射免疫分析药盒必须进行可测限度、范围、特异性、准确度、精密度、稳定性等方法学的研究。

放射性新药的分类，按国务院药品监督管理部门有关药品注册的规定办理。

第六条　研制单位研制的放射性新药，在进行临床试验或者验证前，应当向国务院药品监督管理部门提出申请，按规定报送资料及样品，经国务院药品监督管理部门审批同意后，在国务院药品监督管理部门指定的药物临床试验机构进行临床研究。

第七条　研制单位在放射性新药临床研究结束后，向国务院药品监督管理部门提出申请，经国务院药品监督管理部门审核批准，发给新药证书。国务院药品监督管理部门在审核批准时，应当征求国务院国防科技工业主管部门的意见。

第八条　放射性新药投入生产，需由生产单位或者取得放射性药品生产许可证的研

制单位，凭新药证书（副本）向国务院药品监督管理部门提出生产该药的申请，并提供样品，由国务院药品监督管理部门审核发给批准文号。

第三章　放射性药品的生产、经营和进出口

第九条　国家根据需要，对放射性药品的生产企业实行合理布局。

第十条　开办放射性药品生产、经营企业，必须具备《药品管理法》规定的条件，符合国家有关放射性同位素安全和防护的规定与标准，并履行环境影响评价文件的审批手续；开办放射性药品生产企业，经所在省、自治区、直辖市国防科技工业主管部门审查同意，所在省、自治区、直辖市药品监督管理部门审核批准后，由所在省、自治区、直辖市药品监督管理部门发给《放射性药品生产企业许可证》；开办放射性药品经营企业，经所在省、自治区、直辖市药品监督管理部门审核并征求所在省、自治区、直辖市国防科技工业主管部门意见后批准的，由所在省、自治区、直辖市药品监督管理部门发给《放射性药品经营企业许可证》。无许可证的生产、经营企业，一律不准生产、销售放射性药品。

第十一条　《放射性药品生产企业许可证》、《放射性药品经营企业许可证》的有效期为 5 年，期满前 6 个月，放射性药品生产、经营企业应当分别向原发证的药品监督管理部门重新提出申请，按第十条审批程序批准后，换发新证。

第十二条　放射性药品生产企业生产已有国家标准的放射性药品，必须经国务院药品监督管理部门征求国务院国防科技工业主管部门意见后审核批准，并发给批准文号。凡是改变国务院药品监督管理部门已批准的生产工艺路线和药品标准的，生产单位必须按原报批程序提出补充申请，经国务院药品监督管理部门批准后方能生产。

第十三条　放射性药品生产、经营企业，必须配备与生产、经营放射性药品相适应的专业技术人员，具有安全、防护和废气、废物、废水处理等设施，并建立严格的质量管理制度。

第十四条　放射性药品生产、经营企业，必须建立质量检验机构，严格实行生产全过程的质量控制和检验。产品出厂前，须经质量检验。符合国家药品标准的产品方可出厂，不符合标准的产品一律不准出厂。

经国务院药品监督管理部门审核批准的含有短半衰期放射性核素的药品，可以边检验边出厂，但发现质量不符合国家药品标准时，该药品的生产企业应当立即停止生产、销售，并立即通知使用单位停止使用，同时报告国务院药品监督管理、卫生行政、国防科技工业主管部门。

第十五条　放射性药品的生产、经营单位和医疗单位凭省、自治区、直辖市药品监督管理部门发给的《放射性药品生产企业许可证》、《放射性药品经营企业许可证》，医疗单位凭省、自治区、直辖市药品监督管理部门发给的《放射性药品使用许可证》，开展放射性药品的购销活动。

第十六条　进口的放射性药品品种，必须符合我国的药品标准或者其他药用要求，并依照《药品管理法》的规定取得进口药品注册证书。

进出口放射性药品，应当按照国家有关对外贸易、放射性同位素安全和防护的规定，办理进出口手续。

第十七条　进口放射性药品，必须经国务院药品监督管理部门指定的药品检验机构抽样检验；检验合格的，方准进口。

对于经国务院药品监督管理部门审核批准的含有短半衰期放射性核素的药品，在保证安全使用的情况下，可以采取边进口检验，边投入使用的办法。进口检验单位发现药品质量不符合要求时，应当立即通知使用单位停止使用，并报告国务院药品监督管理、卫生行政、国防科技工业主管部门。

第四章　放射性药品的包装和运输

第十八条　放射性药品的包装必须安全实用，符合放射性药品质量要求，具有与放射性剂量相适应的防护装置。包装必须分内包装和外包装两部分，外包装必须贴有商标、标签、说明书和放射性药品标志，内包装必须贴有标签。

标签必须注明药品品名、放射性比活度、装量。

说明书除注明前款内容外，还须注明生产单位、批准文号、批号、主要成份、出厂日期、放射性核素半衰期、适应症、用法、用量、禁忌症、有效期和注意事项等。

第十九条　放射性药品的运输，按国家运输、邮政等部门制订的有关规定执行。

严禁任何单位和个人随身携带放射性药品乘坐公共交通运输工具。

第五章　放射性药品的使用

第二十条　医疗单位设置核医学科、室（同位素室），必须配备与其医疗任务相适应的并经核医学技术培训的技术人员。非核医学专业技术人员未经培训，不得从事放射性药品使用工作。

第二十一条　医疗单位使用放射性药品，必须符合国家有关放射性同位素安全和防护的规定。所在地的省、自治区、直辖市药品监督管理部门，应当根据医疗单位核医疗技术人员的水平、设备条件，核发相应等级的《放射性药品使用许可证》，无许可证的医疗单位不得临床使用放射性药品。

《放射性药品使用许可证》有效期为 5 年，期满前 6 个月，医疗单位应当向原发证的行政部门重新提出申请，经审核批准后，换发新证。

第二十二条　医疗单位配制、使用放射性制剂，应当符合《药品管理法》及其实施条例的相关规定。

第二十三条　持有《放射性药品使用许可证》的医疗单位，必须负责对使用的放射性药品进行临床质量检验，收集药品不良反应等项工作，并定期向所在地药品监督管理、卫生行政部门报告。由省、自治区、直辖市药品监督管理、卫生行政部门汇总后分别报国务院药品监督管理、卫生行政部门。

第二十四条 放射性药品使用后的废物（包括患者排出物），必须按国家有关规定妥善处置。

第六章 放射性药品标准和检验

第二十五条 放射性药品的国家标准，由国务院药品监督管理部门药典委员会负责制定和修订，报国务院药品监督管理部门审批颁发。

第二十六条 放射性药品的检验由国务院药品监督管理部门公布的药品检验机构承担。

第七章 附 则

第二十七条 对违反本办法规定的单位或者个人，由县以上药品监督管理、卫生行政部门，按照《药品管理法》和有关法规的规定处罚。

第二十八条 本办法自发布之日起施行。

医疗用毒性药品管理办法

（1988 年 12 月 27 日国务院令第 23 号发布，自发布之日起施行）

第一条　为加强医疗用毒性药品的管理，防止中毒或死亡事故的发生，根据《中华人民共和国药品管理法》的规定，制定本办法。

第二条　医疗用毒性药品（以下简称毒性药品），系指毒性剧烈、治疗剂量与中毒剂量相近，使用不当会致人中毒或死亡的药品。

毒性药品的管理品种，由卫生部会同国家医药管理局、国家中医药管理局规定。

第三条　毒性药品年度生产、收购、供应和配制计划，由省、自治区、直辖市医药管理部门根据医疗需要制定，经省、自治区、直辖市卫生行政部门审核后，由医药管理部门下达给指定的毒性药品生产、收购、供应单位，并抄报卫生部、国家医药管理局和国家中医药管理局。生产单位不得擅自改变生产计划，自行销售。

第四条　药厂必须由医药专业人员负责生产、配制和质量检验，并建立严格的管理制度，严防与其他药品混杂。每次配料，必须经二人以上复核无误，并详细记录每次生产所用原料和成品数，经手人要签字备查。所有工具、容器要处理干净，以防污染其他药品。标示量要准确无误，包装容器要有毒药标志。

第五条　毒性药品的收购、经营，由各级医药管理部门指定的药品经营单位负责；配方用药由国营药店、医疗单位负责。其他任何单位或者个人均不得从事毒性药品的收购、经营和配方业务。

第六条　收购、经营、加工、使用毒性药品的单位必须建立健全保管、验收、领发、核对等制度；严防收假、发错，严禁与其他药品混杂，做到划定仓间或仓位，专柜加锁并由专人保管。

毒性药品的包装容器上必须印有毒药标志，在运输毒性药品的过程中，应当采取有效措施，防止发生事故。

第七条　凡加工炮制毒性中药，必须按照《中华人民共和国药典》或者省、自治区、直辖市卫生行政部门制定的《炮制规范》的规定进行。药材符合药用要求的，方可供应、配方和用于中成药生产。

第八条　生产毒性药品及其制剂，必须严格执行生产工艺操作规程，在本单位药品检验人员的监督下准确投料，并建立完整的生产记录，保存五年备查。

在生产毒性药品过程中产生的废弃物，必须妥善处理，不得污染环境。

第九条　医疗单位供应和调配毒性药品，凭医生签名的正式处方。国营药店供应和调配毒性药品，凭盖有医生所在的医疗单位公章的正式处方。每次处方剂量不得超过二日极量。

调配处方时，必须认真负责，计量准确，按医嘱注明要求，并由配方人员及具有药师以上技术职称的复核人员签名盖章后方可发出。对处方未注明"生用"的毒性中药，应当付炮制品。如发现处方有疑问时，须经原处方医生重新审定后再行调配。处方：次有效，取药后处方保存二年备查。

第十条 科研和教学单位所需的毒性药品，必须持本单位的证明信，经单位所在地县以上卫生行政部门批准后，供应部门方能发售。

群众自配民间单、秘、验方需用毒性中药，购买时要持有本单位或者城市街道办事处、乡（镇）人民政府的证明信，供应部门方可发售。每次购用量不得超过2日极量。

第十一条 对违反本办法的规定，擅自生产、收购、经营毒性药品的单位或者个人，由县以上卫生行政部门没收其全部毒性药品，并处以警告或按非法所得的5至10倍罚款。情节严重、致人伤残或死亡，构成犯罪的，由司法机关依法追究其刑事责任。

第十二条 当事人对处罚不服的，可在接到处罚通知之日起15日内，向作出处理的机关的上级机关申请复议。但申请复议期间仍应执行原处罚决定。上级机关应在接到申请之日起10日内作出答复。对答复不服的，可在接到答复之日起15日内，向人民法院起诉。

第十三条 本办法由卫生部负责解释。

第十四条 本办法自发布之日起施行。1964年4月20日卫生部、商业部、化工部发布的《管理毒药、限制性剧药暂行规定》，1964年12月7日卫生部、商业部发布的《管理毒性中药的暂行办法》，1979年6月30日卫生部、国家医药管理总局发布的《医疗用毒药、限制性剧药管理规定》，同时废止。

野生药材资源保护管理条例

（1987 年 10 月 30 日国务院发布，自 1987 年 12 月 1 日起施行）

第一条　为保护和合理利用野生药材资源，适应人民医疗保健事业的需要，特制定本条例。

第二条　在中华人民共和国境内采猎、经营野生药材的任何单位或个人，除国家另有规定外，都必须遵守本条例。

第三条　国家对野生药材资源实行保护、采猎相结合的原则，并创造条件开展人工种养。

第四条　国家重点保护的野生药材物种分为三级：

一级：濒临灭绝状态的稀有珍贵野生药材物种（以下简称一级保护野生药材物种）；

二级：分布区域缩小、资源处于衰竭状态的重要野生药材物种（以下简称二级保护野生药材物种）；

三级：资源严重减少的主要常用野生药材物种（以下简称三级保护野生药材物种）。

第五条　国家重点保护的野生药材物种名录，由国家医药管理部门会同国务院野生动物、植物管理部门制定。

在国家重点保护的野生药材物种名录之外，需要增加的野生药材保护物种，由省、自治区、直辖市人民政府制定并抄送国家医药管理部门备案。

第六条　禁止采猎一级保护野生药材物种。

第七条　采猎、收购二、三级保护野生药材物种的，必须按照批准的计划执行。该计划由县以上（含县，下同）医药管理部门（含当地人民政府授权管理该项工作的有关部门，下同）会同同级野生动物、植物管理部门制定，报上一级医药管理部门批准。

第八条　采猎二、三级保护野生药材物种的，不得在禁止采猎区、禁止采猎期进行采猎，不得使用禁用工具进行采猎。

前款关于禁止采猎区、禁止采猎期和禁止使用的工具，由县以上医药管理部门会同同级野生动物、植物管理部门确定。

第九条　采猎二、三级保护野生药材物种的，必须持有采药证。

取得采药证后，需要进行采伐或狩猎的，必须分别向有关部门申请采伐证或狩猎证。

第十条　采药证的格式由国家医药管理部门确定。采药证由县以上医药管理部门会同同级野生动物、植物管理部门核发。

采伐证或狩猎证的核发，按照国家有关规定办理。

第十一条　建立国家或地方野生药材资源保护区，需经国务院或县以上地方人民政府批准。

　　在国家或地方自然保护区内建立野生药材资源保护区，必须征得国家或地方自然保护区主管部门的同意。

　　第十二条　进入野生药材资源保护区从事科研、教学、旅游等活动的，必须经该保护区管理部门批准。进入设在国家或地方自然保护区范围内野生药材资源保护区的，还须征得该自然保护区主管部门的同意。

　　第十三条　一级保护野生药材物种属于自然淘汰的，其药用部分由各级药材公司负责经营管理，但不得出口。

　　第十四条　二、三级保护野生药材物种属于国家计划管理的品种，由中国药材公司统一经营管理；其余品种由产地县药材公司或其委托单位按照计划收购。

　　第十五条　二、三级保护野生药材物种的药用部分，除国家另有规定外，实行限量出口。

　　实行限量出口和出口许可证制度的品种，由国家医药管理部门会同国务院有关部门确定。

　　第十六条　野生药材的规格、等级标准，由国家医药管理部门会同国务院有关部门制定。

　　第十七条　对保护野生药材资源作出显著成绩的单位或个人，由各级医药管理部门会同同级有关部门给予精神鼓励或一次性物质奖励。

　　第十八条　违反本条例第六条、第七条、第八条、第九条规定的，由当地县以上医药管理部门会同同级有关部门没收其非法采猎的野生药材及使用工具，并处以罚款。

　　第十九条　违反本条例第十二条规定的，当地县以上医药管理部门和自然保护区主管部门有权制止；造成损失的，必须承担赔偿责任。

　　第二十条　违反本条例第十三条、第十四条、第十五条规定的，由工商行政管理部门或有关部门没收其野生药材和全部违法所得，并处以罚款。

　　第二十一条　保护野生药材资源管理部门工作人员徇私舞弊的，由所在单位或上级管理部门给予行政处分；造成野生药材资源损失的，必须承担赔偿责任。

　　第二十二条　当事人对行政处罚决定不服的，可以在接到处罚决定书之日起十五日内向人民法院起诉；期满不起诉又不执行的，作出行政处罚决定的部门可以申请人民法院强制执行。

　　第二十三条　破坏野生药材资源情节严重，构成犯罪的，由司法机关依法追究刑事责任。

　　第二十四条　省、自治区、直辖市人民政府可以根据本条例制定实施细则。

　　第二十五条　本条例由国家医药管理局负责解释。

　　第二十六条　本条例自 1987 年 12 月 1 日起施行。

第四篇　司法解释

最高人民法院　最高人民检察院
关于办理危害药品安全刑事案件
适用法律若干问题的解释

高检发释字〔2022〕1号

（2022年2月28日最高人民法院审判委员会第1865次会议、2022年2月25日最高人民检察院第十三届检察委员会第九十二次会议通过，2022年3月3日最高人民法院、最高人民检察院公告公布，自2022年3月6日起施行）

为依法惩治危害药品安全犯罪，保障人民群众生命健康，维护药品管理秩序，根据《中华人民共和国刑法》《中华人民共和国刑事诉讼法》及《中华人民共和国药品管理法》等有关规定，现就办理此类刑事案件适用法律的若干问题解释如下：

第一条　生产、销售、提供假药，具有下列情形之一的，应当酌情从重处罚：

（一）涉案药品以孕产妇、儿童或者危重病人为主要使用对象的；

（二）涉案药品属于麻醉药品、精神药品、医疗用毒性药品、放射性药品、生物制品，或者以药品类易制毒化学品冒充其他药品的；

（三）涉案药品属于注射剂药品、急救药品的；

（四）涉案药品系用于应对自然灾害、事故灾难、公共卫生事件、社会安全事件等突发事件的；

（五）药品使用单位及其工作人员生产、销售假药的；

（六）其他应当酌情从重处罚的情形。

第二条　生产、销售、提供假药，具有下列情形之一的，应当认定为刑法第一百四十一条规定的"对人体健康造成严重危害"：

（一）造成轻伤或者重伤的；

（二）造成轻度残疾或者中度残疾的；

（三）造成器官组织损伤导致一般功能障碍或者严重功能障碍的；

（四）其他对人体健康造成严重危害的情形。

第三条　生产、销售、提供假药，具有下列情形之一的，应当认定为刑法第一百四十一

条规定的"其他严重情节":

（一）引发较大突发公共卫生事件的；

（二）生产、销售、提供假药的金额二十万元以上不满五十万元的；

（三）生产、销售、提供假药的金额十万元以上不满二十万元，并具有本解释第一条规定情形之一的；

（四）根据生产、销售、提供的时间、数量、假药种类、对人体健康危害程度等，应当认定为情节严重的。

第四条 生产、销售、提供假药，具有下列情形之一的，应当认定为刑法第一百四十一条规定的"其他特别严重情节"：

（一）致人重度残疾以上的；

（二）造成三人以上重伤、中度残疾或者器官组织损伤导致严重功能障碍的；

（三）造成五人以上轻度残疾或者器官组织损伤导致一般功能障碍的；

（四）造成十人以上轻伤的；

（五）引发重大、特别重大突发公共卫生事件的；

（六）生产、销售、提供假药的金额五十万元以上的；

（七）生产、销售、提供假药的金额二十万元以上不满五十万元，并具有本解释第一条规定情形之一的；

（八）根据生产、销售、提供的时间、数量、假药种类、对人体健康危害程度等，应当认定为情节特别严重的。

第五条 生产、销售、提供劣药，具有本解释第一条规定情形之一的，应当酌情从重处罚。

生产、销售、提供劣药，具有本解释第二条规定情形之一的，应当认定为刑法第一百四十二条规定的"对人体健康造成严重危害"。

生产、销售、提供劣药，致人死亡，或者具有本解释第四条第一项至第五项规定情形之一的，应当认定为刑法第一百四十二条规定的"后果特别严重"。

第六条 以生产、销售、提供假药、劣药为目的，合成、精制、提取、储存、加工炮制药品原料，或者在将药品原料、辅料、包装材料制成成品过程中，进行配料、混合、制剂、储存、包装的，应当认定为刑法第一百四十一条、第一百四十二条规定的"生产"。

药品使用单位及其工作人员明知是假药、劣药而有偿提供给他人使用的，应当认定为刑法第一百四十一条、第一百四十二条规定的"销售"；无偿提供给他人使用的，应当认定为刑法第一百四十一条、第一百四十二条规定的"提供"。

第七条 实施妨害药品管理的行为，具有下列情形之一的，应当认定为刑法第一百四十二条之一规定的"足以严重危害人体健康"：

（一）生产、销售国务院药品监督管理部门禁止使用的药品，综合生产、销售的时间、数量、禁止使用原因等情节，认为具有严重危害人体健康的现实危险的；

（二）未取得药品相关批准证明文件生产药品或者明知是上述药品而销售，涉案药品属于本解释第一条第一项至第三项规定情形的；

（三）未取得药品相关批准证明文件生产药品或者明知是上述药品而销售，涉案药品的适应症、功能主治或者成分不明的；

（四）未取得药品相关批准证明文件生产药品或者明知是上述药品而销售，涉案药品没有国家药品标准，且无核准的药品质量标准，但检出化学药成分的；

（五）未取得药品相关批准证明文件进口药品或者明知是上述药品而销售，涉案药品在境外也未合法上市的；

（六）在药物非临床研究或者药物临床试验过程中故意使用虚假试验用药品，或者瞒报与药物临床试验用药品相关的严重不良事件的；

（七）故意损毁原始药物非临床研究数据或者药物临床试验数据，或者编造受试动物信息、受试者信息、主要试验过程记录、研究数据、检测数据等药物非临床研究数据或者药物临床试验数据，影响药品的安全性、有效性和质量可控性的；

（八）编造生产、检验记录，影响药品的安全性、有效性和质量可控性的；

（九）其他足以严重危害人体健康的情形。

对于涉案药品是否在境外合法上市，应当根据境外药品监督管理部门或者权利人的证明等证据，结合犯罪嫌疑人、被告人及其辩护人提供的证据材料综合审查，依法作出认定。

对于"足以严重危害人体健康"难以确定的，根据地市级以上药品监督管理部门出具的认定意见，结合其他证据作出认定。

第八条　实施妨害药品管理的行为，具有本解释第二条规定情形之一的，应当认定为刑法第一百四十二条之一规定的"对人体健康造成严重危害"。

实施妨害药品管理的行为，足以严重危害人体健康，并具有下列情形之一的，应当认定为刑法第一百四十二条之一规定的"有其他严重情节"：

（一）生产、销售国务院药品监督管理部门禁止使用的药品，生产、销售的金额五十万元以上的；

（二）未取得药品相关批准证明文件生产、进口药品或者明知是上述药品而销售，生产、销售的金额五十万元以上的；

（三）药品申请注册中提供虚假的证明、数据、资料、样品或者采取其他欺骗手段，造成严重后果的；

（四）编造生产、检验记录，造成严重后果的；

（五）造成恶劣社会影响或者具有其他严重情节的情形。

实施刑法第一百四十二条之一规定的行为，同时又构成生产、销售、提供假药罪、生产、销售、提供劣药罪或者其他犯罪的，依照处罚较重的规定定罪处罚。

第九条　明知他人实施危害药品安全犯罪，而有下列情形之一的，以共同犯罪论处：

（一）提供资金、贷款、账号、发票、证明、许可证件的；

（二）提供生产、经营场所、设备或者运输、储存、保管、邮寄、销售渠道等便利条件的；

（三）提供生产技术或者原料、辅料、包装材料、标签、说明书的；

（四）提供虚假药物非临床研究报告、药物临床试验报告及相关材料的；

（五）提供广告宣传的；

（六）提供其他帮助的。

第十条 办理生产、销售、提供假药、生产、销售、提供劣药、妨害药品管理等刑事案件，应当结合行为人的从业经历、认知能力、药品质量、进货渠道和价格、销售渠道和价格以及生产、销售方式等事实综合判断认定行为人的主观故意。具有下列情形之一的，可以认定行为人有实施相关犯罪的主观故意，但有证据证明确实不具有故意的除外：

（一）药品价格明显异于市场价格的；

（二）向不具有资质的生产者、销售者购买药品，且不能提供合法有效的来历证明的；

（三）逃避、抗拒监督检查的；

（四）转移、隐匿、销毁涉案药品、进销货记录的；

（五）曾因实施危害药品安全违法犯罪行为受过处罚，又实施同类行为的；

（六）其他足以认定行为人主观故意的情形。

第十一条 以提供给他人生产、销售、提供药品为目的，违反国家规定，生产、销售不符合药用要求的原料、辅料，符合刑法第一百四十条规定的，以生产、销售伪劣产品罪从重处罚；同时构成其他犯罪的，依照处罚较重的规定定罪处罚。

第十二条 广告主、广告经营者、广告发布者违反国家规定，利用广告对药品作虚假宣传，情节严重的，依照刑法第二百二十二条的规定，以虚假广告罪定罪处罚。

第十三条 明知系利用医保骗保购买的药品而非法收购、销售，金额五万元以上的，应当依照刑法第三百一十二条的规定，以掩饰、隐瞒犯罪所得罪定罪处罚；指使、教唆、授意他人利用医保骗保购买药品，进而非法收购、销售，符合刑法第二百六十六条规定的，以诈骗罪定罪处罚。

对于利用医保骗保购买药品的行为人是否追究刑事责任，应当综合骗取医保基金的数额、手段、认罪悔罪态度等案件具体情节，依法妥当决定。利用医保骗保购买药品的行为人是否被追究刑事责任，不影响对非法收购、销售有关药品的行为人定罪处罚。

对于第一款规定的主观明知，应当根据药品标志、收购渠道、价格、规模及药品追溯信息等综合认定。

第十四条 负有药品安全监督管理职责的国家机关工作人员，滥用职权或者玩忽职守，构成药品监管渎职罪，同时构成商检徇私舞弊罪、商检失职罪等其他渎职犯罪的，依照处罚较重的规定定罪处罚。

负有药品安全监督管理职责的国家机关工作人员滥用职权或者玩忽职守，不构成药品监管渎职罪，但构成前款规定的其他渎职犯罪的，依照该其他犯罪定罪处罚。

负有药品安全监督管理职责的国家机关工作人员与他人共谋，利用其职务便利帮助他人实施危害药品安全犯罪行为，同时构成渎职犯罪和危害药品安全犯罪共犯的，依照处罚较重的规定定罪从重处罚。

第十五条 对于犯生产、销售、提供假药罪、生产、销售、提供劣药罪、妨害药品管理罪的，应当结合被告人的犯罪数额、违法所得，综合考虑被告人缴纳罚金的能力，依法判处罚金。罚金一般应当在生产、销售、提供的药品金额二倍以上；共同犯罪的，对各共同犯罪人合计判处的罚金一般应当在生产、销售、提供的药品金额二倍以上。

第十六条 对于犯生产、销售、提供假药罪、生产、销售、提供劣药罪、妨害药品管理罪的，应当依照刑法规定的条件，严格缓刑、免予刑事处罚的适用。对于被判处刑罚的，可以根据犯罪情况和预防再犯罪的需要，依法宣告职业禁止或者禁止令。《中华人民共和国药品管理法》等法律、行政法规另有规定的，从其规定。

对于被不起诉或者免予刑事处罚的行为人，需要给予行政处罚、政务处分或者其他处分的，依法移送有关主管机关处理。

第十七条 单位犯生产、销售、提供假药罪、生产、销售、提供劣药罪、妨害药品管理罪的，对单位判处罚金，并对直接负责的主管人员和其他直接责任人员，依照本解释规定的自然人犯罪的定罪量刑标准处罚。

单位犯罪的，对被告单位及其直接负责的主管人员、其他直接责任人员合计判处的罚金一般应当在生产、销售、提供的药品金额二倍以上。

第十八条 根据民间传统配方私自加工药品或者销售上述药品，数量不大，且未造成他人伤害后果或者延误诊治的，或者不以营利为目的实施带有自救、互助性质的生产、进口、销售药品的行为，不应当认定为犯罪。

对于是否属于民间传统配方难以确定的，根据地市级以上药品监督管理部门或者有关部门出具的认定意见，结合其他证据作出认定。

第十九条 刑法第一百四十一条、第一百四十二条规定的"假药""劣药"，依照《中华人民共和国药品管理法》的规定认定。

对于《中华人民共和国药品管理法》第九十八条第二款第二项、第四项及第三款第三项至第六项规定的假药、劣药，能够根据现场查获的原料、包装，结合犯罪嫌疑人、被告人供述等证据材料作出判断的，可以由地市级以上药品监督管理部门出具认定意见。对于依据《中华人民共和国药品管理法》第九十八条第二款、第三款的其他规定认定假药、劣药，或者是否属于第九十八条第二款第二项、第三款第六项规定的假药、劣药存在争议的，应当由省级以上药品监督管理部门设置或者确定的药品检验机构进行检验，出具质量检验结论。司法机关根据认定意见、检验结论，结合其他证据作出认定。

第二十条 对于生产、提供药品的金额，以药品的货值金额计算；销售药品的金额，以所得和可得的全部违法收入计算。

第二十一条 本解释自 2022 年 3 月 6 日起施行。本解释公布施行后，《最高人民法院、最高人民检察院关于办理危害药品安全刑事案件适用法律若干问题的解释》（法释〔2014〕14 号）、《最高人民法院、最高人民检察院关于办理药品、医疗器械注册申请材料造假刑事案件适用法律若干问题的解释》（法释〔2017〕15 号）同时废止。

第五篇　部门规章

药品注册管理办法

（2020 年 1 月 22 日国家市场监督管理总局令第 27 号公布，自 2020 年 7 月 1 日起施行）

第一章　总　则

第一条　为规范药品注册行为，保证药品的安全、有效和质量可控，根据《中华人民共和国药品管理法》（以下简称《药品管理法》）、《中华人民共和国中医药法》、《中华人民共和国疫苗管理法》（以下简称《疫苗管理法》）、《中华人民共和国行政许可法》、《中华人民共和国药品管理法实施条例》等法律、行政法规，制定本办法。

第二条　在中华人民共和国境内以药品上市为目的，从事药品研制、注册及监督管理活动，适用本办法。

第三条　药品注册是指药品注册申请人（以下简称申请人）依照法定程序和相关要求提出药物临床试验、药品上市许可、再注册等申请以及补充申请，药品监督管理部门基于法律法规和现有科学认知进行安全性、有效性和质量可控性等审查，决定是否同意其申请的活动。

申请人取得药品注册证书后，为药品上市许可持有人（以下简称持有人）。

第四条　药品注册按照中药、化学药和生物制品等进行分类注册管理。

中药注册按照中药创新药、中药改良型新药、古代经典名方中药复方制剂、同名同方药等进行分类。

化学药注册按照化学药创新药、化学药改良型新药、仿制药等进行分类。

生物制品注册按照生物制品创新药、生物制品改良型新药、已上市生物制品（含生物类似药）等进行分类。

中药、化学药和生物制品等药品的细化分类和相应的申报资料要求，由国家药品监督管理局根据注册药品的产品特性、创新程度和审评管理需要组织制定，并向社会公布。

境外生产药品的注册申请，按照药品的细化分类和相应的申报资料要求执行。

第五条　国家药品监督管理局主管全国药品注册管理工作，负责建立药品注册管理工作体系和制度，制定药品注册管理规范，依法组织药品注册审评审批以及相关的监督管理工作。国家药品监督管理局药品审评中心（以下简称药品审评中心）负责药物临床试验申请、药品上市许可申请、补充申请和境外生产药品再注册申请等的审评。中国食品药品检定研究院（以下简称中检院）、国家药典委员会（以下简称药典委）、国家药品监督管理局食品药品审核查验中心（以下简称药品核查中心）、国家药品监督管理局药品评价中心（以下简称药品评价中心）、国家药品监督管理局行政事项受理服务和投诉举报中心、国家药品监督管理局信息中心（以下简称信息中心）等药品专业技术机构，承担依法实施药品注册管理所需的药品注册检验、通用名称核准、核查、监测与评价、制证送达以及相应的信息化建设与管理等相关工作。

第六条　省、自治区、直辖市药品监督管理部门负责本行政区域内以下药品注册相关管理工作：

（一）境内生产药品再注册申请的受理、审查和审批；

（二）药品上市后变更的备案、报告事项管理；

（三）组织对药物非临床安全性评价研究机构、药物临床试验机构的日常监管及违法行为的查处；

（四）参与国家药品监督管理局组织的药品注册核查、检验等工作；

（五）国家药品监督管理局委托实施的药品注册相关事项。

省、自治区、直辖市药品监督管理部门设置或者指定的药品专业技术机构，承担依法实施药品监督管理所需的审评、检验、核查、监测与评价等工作。

第七条　药品注册管理遵循公开、公平、公正原则，以临床价值为导向，鼓励研究和创制新药，积极推动仿制药发展。

国家药品监督管理局持续推进审评审批制度改革，优化审评审批程序，提高审评审批效率，建立以审评为主导，检验、核查、监测与评价等为支撑的药品注册管理体系。

第二章　基本制度和要求

第八条　从事药物研制和药品注册活动，应当遵守有关法律、法规、规章、标准和规范；参照相关技术指导原则，采用其他评价方法和技术的，应当证明其科学性、适用性；应当保证全过程信息真实、准确、完整和可追溯。

药品应当符合国家药品标准和经国家药品监督管理局核准的药品质量标准。经国家药品监督管理局核准的药品质量标准，为药品注册标准。药品注册标准应当符合《中华人民共和国药典》通用技术要求，不得低于《中华人民共和国药典》的规定。申报注册品种的检测项目或者指标不适用《中华人民共和国药典》的，申请人应当提供充分的支持性数据。

药品审评中心等专业技术机构，应当根据科学进展、行业发展实际和药品监督管理工作需要制定技术指导原则和程序，并向社会公布。

第九条　申请人应当为能够承担相应法律责任的企业或者药品研制机构等。境外申请人应当指定中国境内的企业法人办理相关药品注册事项。

第十条　申请人在申请药品上市注册前，应当完成药学、药理毒理学和药物临床试验等相关研究工作。药物非临床安全性评价研究应当在经过药物非临床研究质量管理规范认证的机构开展，并遵守药物非临床研究质量管理规范。药物临床试验应当经批准，其中生物等效性试验应当备案；药物临床试验应当在符合相关规定的药物临床试验机构开展，并遵守药物临床试验质量管理规范。

申请药品注册，应当提供真实、充分、可靠的数据、资料和样品，证明药品的安全性、有效性和质量可控性。

使用境外研究资料和数据支持药品注册的，其来源、研究机构或者实验室条件、质量体系要求及其他管理条件等应当符合国际人用药品注册技术要求协调会通行原则，并符合我国药品注册管理的相关要求。

第十一条　变更原药品注册批准证明文件及其附件所载明的事项或者内容的，申请人应当按照规定，参照相关技术指导原则，对药品变更进行充分研究和验证，充分评估变更可能对药品安全性、有效性和质量可控性的影响，按照变更程序提出补充申请、备案或者报告。

第十二条　药品注册证书有效期为五年，药品注册证书有效期内持有人应当持续保证上市药品的安全性、有效性和质量可控性，并在有效期届满前六个月申请药品再注册。

第十三条　国家药品监督管理局建立药品加快上市注册制度，支持以临床价值为导向的药物创新。对符合条件的药品注册申请，申请人可以申请适用突破性治疗药物、附条件批准、优先审评审批及特别审批程序。在药品研制和注册过程中，药品监督管理部门及其专业技术机构给予必要的技术指导、沟通交流、优先配置资源、缩短审评时限等政策和技术支持。

第十四条　国家药品监督管理局建立化学原料药、辅料及直接接触药品的包装材料和容器关联审评审批制度。在审批药品制剂时，对化学原料药一并审评审批，对相关辅料、直接接触药品的包装材料和容器一并审评。药品审评中心建立化学原料药、辅料及直接接触药品的包装材料和容器信息登记平台，对相关登记信息进行公示，供相关申请人或者持有人选择，并在相关药品制剂注册申请审评时关联审评。

第十五条　处方药和非处方药实行分类注册和转换管理。药品审评中心根据非处方药的特点，制定非处方药上市注册相关技术指导原则和程序，并向社会公布。药品评价中心制定处方药和非处方药上市后转换相关技术要求和程序，并向社会公布。

第十六条　申请人在药物临床试验申请前、药物临床试验过程中以及药品上市许可申请前等关键阶段，可以就重大问题与药品审评中心等专业技术机构进行沟通交流。药品注册过程中，药品审评中心等专业技术机构可以根据工作需要组织与申请人进行沟通交流。

沟通交流的程序、要求和时限，由药品审评中心等专业技术机构依照职能分别制定，并向社会公布。

　　第十七条　药品审评中心等专业技术机构根据工作需要建立专家咨询制度，成立专家咨询委员会，在审评、核查、检验、通用名称核准等过程中就重大问题听取专家意见，充分发挥专家的技术支撑作用。

　　第十八条　国家药品监督管理局建立收载新批准上市以及通过仿制药质量和疗效一致性评价的化学药品目录集，载明药品名称、活性成分、剂型、规格、是否为参比制剂、持有人等相关信息，及时更新并向社会公开。化学药品目录集收载程序和要求，由药品审评中心制定，并向社会公布。

　　第十九条　国家药品监督管理局支持中药传承和创新，建立和完善符合中药特点的注册管理制度和技术评价体系，鼓励运用现代科学技术和传统研究方法研制中药，加强中药质量控制，提高中药临床试验水平。

　　中药注册申请，申请人应当进行临床价值和资源评估，突出以临床价值为导向，促进资源可持续利用。

第三章　药品上市注册

第一节　药物临床试验

　　第二十条　本办法所称药物临床试验是指以药品上市注册为目的，为确定药物安全性与有效性在人体开展的药物研究。

　　第二十一条　药物临床试验分为Ⅰ期临床试验、Ⅱ期临床试验、Ⅲ期临床试验、Ⅳ期临床试验以及生物等效性试验。根据药物特点和研究目的，研究内容包括临床药理学研究、探索性临床试验、确证性临床试验和上市后研究。

　　第二十二条　药物临床试验应当在具备相应条件并按规定备案的药物临床试验机构开展。其中，疫苗临床试验应当由符合国家药品监督管理局和国家卫生健康委员会规定条件的三级医疗机构或者省级以上疾病预防控制机构实施或者组织实施。

　　第二十三条　申请人完成支持药物临床试验的药学、药理毒理学等研究后，提出药物临床试验申请的，应当按照申报资料要求提交相关研究资料。经形式审查，申报资料符合要求的，予以受理。药品审评中心应当组织药学、医学和其他技术人员对已受理的药物临床试验申请进行审评。对药物临床试验申请应当自受理之日起六十日内决定是否同意开展，并通过药品审评中心网站通知申请人审批结果；逾期未通知的，视为同意，申请人可以按照提交的方案开展药物临床试验。

　　申请人获准开展药物临床试验的为药物临床试验申办者（以下简称申办者）。

　　第二十四条　申请人拟开展生物等效性试验的，应当按照要求在药品审评中心网站完成生物等效性试验备案后，按照备案的方案开展相关研究工作。

　　第二十五条　开展药物临床试验，应当经伦理委员会审查同意。

　　药物临床试验用药品的管理应当符合药物临床试验质量管理规范的有关要求。

　　第二十六条　获准开展药物临床试验的，申办者在开展后续分期药物临床试验前，应当制定相应的药物临床试验方案，经伦理委员会审查同意后开展，并在药品审评中心网站提交相应的药物临床试验方案和支持性资料。

第二十七条　获准开展药物临床试验的药物拟增加适应症（或者功能主治）以及增加与其他药物联合用药的，申请人应当提出新的药物临床试验申请，经批准后方可开展新的药物临床试验。

获准上市的药品增加适应症（或者功能主治）需要开展药物临床试验的，应当提出新的药物临床试验申请。

第二十八条　申办者应当定期在药品审评中心网站提交研发期间安全性更新报告。研发期间安全性更新报告应当每年提交一次，于药物临床试验获准后每满一年后的两个月内提交。药品审评中心可以根据审查情况，要求申办者调整报告周期。

对于药物临床试验期间出现的可疑且非预期严重不良反应和其他潜在的严重安全性风险信息，申办者应当按照相关要求及时向药品审评中心报告。根据安全性风险严重程度，可以要求申办者采取调整药物临床试验方案、知情同意书、研究者手册等加强风险控制的措施，必要时可以要求申办者暂停或者终止药物临床试验。

研发期间安全性更新报告的具体要求由药品审评中心制定公布。

第二十九条　药物临床试验期间，发生药物临床试验方案变更、非临床或者药学的变化或者有新发现的，申办者应当按照规定，参照相关技术指导原则，充分评估对受试者安全的影响。

申办者评估认为不影响受试者安全的，可以直接实施并在研发期间安全性更新报告中报告。可能增加受试者安全性风险的，应当提出补充申请。对补充申请应当自受理之日起六十日内决定是否同意，并通过药品审评中心网站通知申请人审批结果；逾期未通知的，视为同意。

申办者发生变更的，由变更后的申办者承担药物临床试验的相关责任和义务。

第三十条　药物临床试验期间，发现存在安全性问题或者其他风险的，申办者应当及时调整临床试验方案、暂停或者终止临床试验，并向药品审评中心报告。

有下列情形之一的，可以要求申办者调整药物临床试验方案、暂停或者终止药物临床试验：

（一）伦理委员会未履行职责的；

（二）不能有效保证受试者安全的；

（三）申办者未按照要求提交研发期间安全性更新报告的；

（四）申办者未及时处置并报告可疑且非预期严重不良反应的；

（五）有证据证明研究药物无效的；

（六）临床试验用药品出现质量问题的；

（七）药物临床试验过程中弄虚作假的；

（八）其他违反药物临床试验质量管理规范的情形。

药物临床试验中出现大范围、非预期的严重不良反应，或者有证据证明临床试验用药品存在严重质量问题时，申办者和药物临床试验机构应当立即停止药物临床试验。药品监督管理部门依职责可以责令调整临床试验方案、暂停或者终止药物临床试验。

第三十一条　药物临床试验被责令暂停后，申办者拟继续开展药物临床试验的，应当在完成整改后提出恢复药物临床试验的补充申请，经审查同意后方可继续开展药物临床试验。药物临床试验暂停时间满三年且未申请并获准恢复药物临床试验的，该药物临床试验许可自行失效。

药物临床试验终止后，拟继续开展药物临床试验的，应当重新提出药物临床试验申请。

第三十二条　药物临床试验应当在批准后三年内实施。药物临床试验申请自获准之日起，三年内未有受试者签署知情同意书的，该药物临床试验许可自行失效。仍需实施药物临床试验的，应当重新申请。

第三十三条　申办者应当在开展药物临床试验前在药物临床试验登记与信息公示平台登记药物临床试验方案等信息。药物临床试验期间，申办者应当持续更新登记信息，并在药物临床试验结束后登记药物临床试验结果等信息。登记信息在平台进行公示，申办者对药物临床试验登记信息的真实性负责。

药物临床试验登记和信息公示的具体要求，由药品审评中心制定公布。

第二节　药品上市许可

第三十四条　申请人在完成支持药品上市注册的药学、药理毒理学和药物临床试验等研究，确定质量标准，完成商业规模生产工艺验证，并做好接受药品注册核查检验的准备后，提出药品上市许可申请，按照申报资料要求提交相关研究资料。经对申报资料进行形式审查，符合要求的，予以受理。

第三十五条　仿制药、按照药品管理的体外诊断试剂以及其他符合条件的情形，经申请人评估，认为无需或者不能开展药物临床试验，符合豁免药物临床试验条件的，申请人可以直接提出药品上市许可申请。豁免药物临床试验的技术指导原则和有关具体要求，由药品审评中心制定公布。

仿制药应当与参比制剂质量和疗效一致。申请人应当参照相关技术指导原则选择合理的参比制剂。

第三十六条　符合以下情形之一的，可以直接提出非处方药上市许可申请：

（一）境内已有相同活性成分、适应症（或者功能主治）、剂型、规格的非处方药上市的药品；

（二）经国家药品监督管理局确定的非处方药改变剂型或者规格，但不改变适应症（或者功能主治）、给药剂量以及给药途径的药品；

（三）使用国家药品监督管理局确定的非处方药的活性成份组成的新的复方制剂；

（四）其他直接申报非处方药上市许可的情形。

第三十七条　申报药品拟使用的药品通用名称，未列入国家药品标准或者药品注册标准的，申请人应当在提出药品上市许可申请时同时提出通用名称核准申请。药品上市许可申请受理后，通用名称核准相关资料转药典委，药典委核准后反馈药品审评中心。

申报药品拟使用的药品通用名称，已列入国家药品标准或者药品注册标准，药品审评中心在审评过程中认为需要核准药品通用名称的，应当通知药典委核准通用名称并提供相关资料，药典委核准后反馈药品审评中心。

药典委在核准药品通用名称时，应当与申请人做好沟通交流，并将核准结果告知申请人。

第三十八条　药品审评中心应当组织药学、医学和其他技术人员，按要求对已受理的药品上市许可申请进行审评。

审评过程中基于风险启动药品注册核查、检验，相关技术机构应当在规定时限内完成核查、检验工作。

药品审评中心根据药品注册申报资料、核查结果、检验结果等，对药品的安全性、有效性和质量可控性等进行综合审评，非处方药还应当转药品评价中心进行非处方药适宜性审查。

第三十九条　综合审评结论通过的，批准药品上市，发给药品注册证书。综合审评结论不通过的，作出不予批准决定。药品注册证书载明药品批准文号、持有人、生产企业等信息。非处方药的药品注册证书还应当注明非处方药类别。

经核准的药品生产工艺、质量标准、说明书和标签作为药品注册证书的附件一并发给申请人，必要时还应当附药品上市后研究要求。上述信息纳入药品品种档案，并根据上市后变更情况及时更新。

药品批准上市后，持有人应当按照国家药品监督管理局核准的生产工艺和质量标准生产药品，并按照药品生产质量管理规范要求进行细化和实施。

第四十条　药品上市许可申请审评期间，发生可能影响药品安全性、有效性和质量可控性的重大变更的，申请人应当撤回原注册申请，补充研究后重新申报。

申请人名称变更、注册地址名称变更等不涉及技术审评内容的，应当及时书面告知药品审评中心并提交相关证明性资料。

第三节　关联审评审批

第四十一条　药品审评中心在审评药品制剂注册申请时，对药品制剂选用的化学原料药、辅料及直接接触药品的包装材料和容器进行关联审评。

化学原料药、辅料及直接接触药品的包装材料和容器生产企业应当按照关联审评审批制度要求，在化学原料药、辅料及直接接触药品的包装材料和容器登记平台登记产品信息和研究资料。药品审评中心向社会公示登记号、产品名称、企业名称、生产地址等基本信息，供药品制剂注册申请人选择。

第四十二条　药品制剂申请人提出药品注册申请，可以直接选用已登记的化学原料药、辅料及直接接触药品的包装材料和容器；选用未登记的化学原料药、辅料及直接接触药品的包装材料和容器的，相关研究资料应当随药品制剂注册申请一并申报。

第四十三条　药品审评中心在审评药品制剂注册申请时，对药品制剂选用的化学原料药、辅料及直接接触药品的包装材料和容器进行关联审评，需补充资料的，按照补充资料程序要求药品制剂申请人或者化学原料药、辅料及直接接触药品的包装材料和容器登记企业补充资料，可以基于风险提出对化学原料药、辅料及直接接触药品的包装材料和容器企业进行延伸检查。

仿制境内已上市药品所用的化学原料药的，可以申请单独审评审批。

第四十四条　化学原料药、辅料及直接接触药品的包装材料和容器关联审评通过的或者单独审评审批通过的，药品审评中心在化学原料药、辅料及直接接触药品的包装材料和容器登记平台更新登记状态标识，向社会公示相关信息。其中，化学原料药同时发给化学原料药批准通知书及核准后的生产工艺、质量标准和标签，化学原料药批准通知书中载明登记号；不予批准的，发给化学原料药不予批准通知书。

未通过关联审评审批的，化学原料药、辅料及直接接触药品的包装材料和容器产品的登记状态维持不变，相关药品制剂申请不予批准。

第四节　药品注册核查

第四十五条　药品注册核查，是指为核实申报资料的真实性、一致性以及药品上市商业化生产条件，检查药品研制的合规性、数据可靠性等，对研制现场和生产现场开展的核查活动，以及必要时对药品注册申请所涉及的化学原料药、辅料及直接接触药品的包装材料和容器生产企业、供应商或者其他受托机构开展的延伸检查活动。

药品注册核查启动的原则、程序、时限和要求，由药品审评中心制定公布；药品注册核查实施的原则、程序、时限和要求，由药品核查中心制定公布。

第四十六条　药品审评中心根据药物创新程度、药物研究机构既往接受核查情况等，基于风险决定是否开展药品注册研制现场核查。

药品审评中心决定启动药品注册研制现场核查的，通知药品核查中心在审评期间组织实施核查，同时告知申请人。药品核查中心应当在规定时限内完成现场核查，并将核查情况、核查结论等相关材料反馈药品审评中心进行综合审评。

第四十七条　药品审评中心根据申报注册的品种、工艺、设施、既往接受核查情况等因素，基于风险决定是否启动药品注册生产现场核查。

对于创新药、改良型新药以及生物制品等，应当进行药品注册生产现场核查和上市前药品生产质量管理规范检查。

对于仿制药等，根据是否已获得相应生产范围药品生产许可证且已有同剂型品种上市等情况，基于风险进行药品注册生产现场核查、上市前药品生产质量管理规范检查。

第四十八条　药品注册申请受理后，药品审评中心应当在受理后四十日内进行初步审查，需要药品注册生产现场核查的，通知药品核查中心组织核查，提供核查所需的相关材料，同时告知申请人以及申请人或者生产企业所在地省、自治区、直辖市药品监督管理部门。药品核查中心原则上应当在审评时限届满四十日前完成核查工作，并将核查情况、核查结果等相关材料反馈至药品审评中心。

需要上市前药品生产质量管理规范检查的，由药品核查中心协调相关省、自治区、直辖市药品监督管理部门与药品注册生产现场核查同步实施。上市前药品生产质量管理规范检查的管理要求，按照药品生产监督管理办法的有关规定执行。

申请人应当在规定时限内接受核查。

第四十九条 药品审评中心在审评过程中，发现申报资料真实性存疑或者有明确线索举报等，需要现场检查核实的，应当启动有因检查，必要时进行抽样检验。

第五十条 申请药品上市许可时，申请人和生产企业应当已取得相应的药品生产许可证。

第五节 药品注册检验

第五十一条 药品注册检验，包括标准复核和样品检验。标准复核，是指对申请人申报药品标准中设定项目的科学性、检验方法的可行性、质控指标的合理性等进行的实验室评估。样品检验，是指按照申请人申报或者药品审评中心核定的药品质量标准对样品进行的实验室检验。

药品注册检验启动的原则、程序、时限等要求，由药品审评中心组织制定公布。药品注册申请受理前提出药品注册检验的具体工作程序和要求以及药品注册检验技术要求和规范，由中检院制定公布。

第五十二条 与国家药品标准收载的同品种药品使用的检验项目和检验方法一致的，可以不进行标准复核，只进行样品检验。其他情形应当进行标准复核和样品检验。

第五十三条 中检院或者经国家药品监督管理局指定的药品检验机构承担以下药品注册检验：

（一）创新药；

（二）改良型新药（中药除外）；

（三）生物制品、放射性药品和按照药品管理的体外诊断试剂；

（四）国家药品监督管理局规定的其他药品。

境外生产药品的药品注册检验由中检院组织口岸药品检验机构实施。

其他药品的注册检验，由申请人或者生产企业所在地省级药品检验机构承担。

第五十四条 申请人完成支持药品上市的药学相关研究，确定质量标准，并完成商业规模生产工艺验证后，可以在药品注册申请受理前向中检院或者省、自治区、直辖市药品监督管理部门提出药品注册检验；申请人未在药品注册申请受理前提出药品注册检验的，在药品注册申请受理后四十日内由药品审评中心启动药品注册检验。原则上申请人在药品注册申请受理前只能提出一次药品注册检验，不得同时向多个药品检验机构提出药品注册检验。

申请人提交的药品注册检验资料应当与药品注册申报资料的相应内容一致，不得在药品注册检验过程中变更药品检验机构、样品和资料等。

第五十五条　境内生产药品的注册申请，申请人在药品注册申请受理前提出药品注册检验的，向相关省、自治区、直辖市药品监督管理部门申请抽样，省、自治区、直辖市药品监督管理部门组织进行抽样并封签，由申请人将抽样单、样品、检验所需资料及标准物质等送至相应药品检验机构。

境外生产药品的注册申请，申请人在药品注册申请受理前提出药品注册检验的，申请人应当按规定要求抽取样品，并将样品、检验所需资料及标准物质等送至中检院。

第五十六条　境内生产药品的注册申请，药品注册申请受理后需要药品注册检验的，药品审评中心应当在受理后四十日内向药品检验机构和申请人发出药品注册检验通知。申请人向相关省、自治区、直辖市药品监督管理部门申请抽样，省、自治区、直辖市药品监督管理部门组织进行抽样并封签，申请人应当在规定时限内将抽样单、样品、检验所需资料及标准物质等送至相应药品检验机构。

境外生产药品的注册申请，药品注册申请受理后需要药品注册检验的，申请人应当按规定要求抽取样品，并将样品、检验所需资料及标准物质等送至中检院。

第五十七条　药品检验机构应当在五日内对申请人提交的检验用样品及资料等进行审核，作出是否接收的决定，同时告知药品审评中心。需要补正的，应当一次性告知申请人。

药品检验机构原则上应当在审评时限届满四十日前，将标准复核意见和检验报告反馈至药品审评中心。

第五十八条　在药品审评、核查过程中，发现申报资料真实性存疑或者有明确线索举报，或者认为有必要进行样品检验的，可抽取样品进行样品检验。

审评过程中，药品审评中心可以基于风险提出质量标准单项复核。

第四章　药品加快上市注册程序

第一节　突破性治疗药物程序

第五十九条　药物临床试验期间，用于防治严重危及生命或者严重影响生存质量的疾病，且尚无有效防治手段或者与现有治疗手段相比有足够证据表明具有明显临床优势的创新药或者改良型新药等，申请人可以申请适用突破性治疗药物程序。

第六十条　申请适用突破性治疗药物程序的，申请人应当向药品审评中心提出申请。符合条件的，药品审评中心按照程序公示后纳入突破性治疗药物程序。

第六十一条　对纳入突破性治疗药物程序的药物临床试验，给予以下政策支持：

（一）申请人可以在药物临床试验的关键阶段向药品审评中心提出沟通交流申请，药品审评中心安排审评人员进行沟通交流；

（二）申请人可以将阶段性研究资料提交药品审评中心，药品审评中心基于已有研究资料，对下一步研究方案提出意见或者建议，并反馈给申请人。

第六十二条 对纳入突破性治疗药物程序的药物临床试验,申请人发现不再符合纳入条件时,应当及时向药品审评中心提出终止突破性治疗药物程序。药品审评中心发现不再符合纳入条件的,应当及时终止该品种的突破性治疗药物程序,并告知申请人。

第二节 附条件批准程序

第六十三条 药物临床试验期间,符合以下情形的药品,可以申请附条件批准:

(一)治疗严重危及生命且尚无有效治疗手段的疾病的药品,药物临床试验已有数据证实疗效并能预测其临床价值的;

(二)公共卫生方面急需的药品,药物临床试验已有数据显示疗效并能预测其临床价值的;

(三)应对重大突发公共卫生事件急需的疫苗或者国家卫生健康委员会认定急需的其他疫苗,经评估获益大于风险的。

第六十四条 申请附条件批准的,申请人应当就附条件批准上市的条件和上市后继续完成的研究工作等与药品审评中心沟通交流,经沟通交流确认后提出药品上市许可申请。

经审评,符合附条件批准要求的,在药品注册证书中载明附条件批准药品注册证书的有效期、上市后需要继续完成的研究工作及完成时限等相关事项。

第六十五条 审评过程中,发现纳入附条件批准程序的药品注册申请不能满足附条件批准条件的,药品审评中心应当终止该品种附条件批准程序,并告知申请人按照正常程序研究申报。

第六十六条 对附条件批准的药品,持有人应当在药品上市后采取相应的风险管理措施,并在规定期限内按照要求完成药物临床试验等相关研究,以补充申请方式申报。

对批准疫苗注册申请时提出进一步研究要求的,疫苗持有人应当在规定期限内完成研究。

第六十七条 对附条件批准的药品,持有人逾期未按照要求完成研究或者不能证明其获益大于风险的,国家药品监督管理局应当依法处理,直至注销药品注册证书。

第三节 优先审评审批程序

第六十八条 药品上市许可申请时,以下具有明显临床价值的药品,可以申请适用优先审评审批程序:

(一)临床急需的短缺药品、防治重大传染病和罕见病等疾病的创新药和改良型新药;

(二)符合儿童生理特征的儿童用药品新品种、剂型和规格;

(三)疾病预防、控制急需的疫苗和创新疫苗;

(四)纳入突破性治疗药物程序的药品;

(五)符合附条件批准的药品;

（六）国家药品监督管理局规定其他优先审评审批的情形。

第六十九条　申请人在提出药品上市许可申请前，应当与药品审评中心沟通交流，经沟通交流确认后，在提出药品上市许可申请的同时，向药品审评中心提出优先审评审批申请。符合条件的，药品审评中心按照程序公示后纳入优先审评审批程序。

第七十条　对纳入优先审评审批程序的药品上市许可申请，给予以下政策支持：

（一）药品上市许可申请的审评时限为一百三十日；

（二）临床急需的境外已上市境内未上市的罕见病药品，审评时限为七十日；

（三）需要核查、检验和核准药品通用名称的，予以优先安排；

（四）经沟通交流确认后，可以补充提交技术资料。

第七十一条　审评过程中，发现纳入优先审评审批程序的药品注册申请不能满足优先审评审批条件的，药品审评中心应当终止该品种优先审评审批程序，按照正常审评程序审评，并告知申请人。

第四节　特别审批程序

第七十二条　在发生突发公共卫生事件的威胁时以及突发公共卫生事件发生后，国家药品监督管理局可以依法决定对突发公共卫生事件应急所需防治药品实行特别审批。

第七十三条　对实施特别审批的药品注册申请，国家药品监督管理局按照统一指挥、早期介入、快速高效、科学审批的原则，组织加快并同步开展药品注册受理、审评、核查、检验工作。特别审批的情形、程序、时限、要求等按照药品特别审批程序规定执行。

第七十四条　对纳入特别审批程序的药品，可以根据疾病防控的特定需要，限定其在一定期限和范围内使用。

第七十五条　对纳入特别审批程序的药品，发现其不再符合纳入条件的，应当终止该药品的特别审批程序，并告知申请人。

第五章　药品上市后变更和再注册

第一节　药品上市后研究和变更

第七十六条　持有人应当主动开展药品上市后研究，对药品的安全性、有效性和质量可控性进行进一步确证，加强对已上市药品的持续管理。

药品注册证书及附件要求持有人在药品上市后开展相关研究工作的，持有人应当在规定时限内完成并按照要求提出补充申请、备案或者报告。

药品批准上市后，持有人应当持续开展药品安全性和有效性研究，根据有关数据及时备案或者提出修订说明书的补充申请，不断更新完善说明书和标签。药品监督管理部门依职责可以根据药品不良反应监测和药品上市后评价结果等，要求持有人对说明书和标签进行修订。

第七十七条　药品上市后的变更，按照其对药品安全性、有效性和质量可控性的风险和产生影响的程度，实行分类管理，分为审批类变更、备案类变更和报告类变更。

持有人应当按照相关规定，参照相关技术指导原则，全面评估、验证变更事项对药品安全性、有效性和质量可控性的影响，进行相应的研究工作。

药品上市后变更研究的技术指导原则，由药品审评中心制定，并向社会公布。

第七十八条 以下变更，持有人应当以补充申请方式申报，经批准后实施：

（一）药品生产过程中的重大变更；

（二）药品说明书中涉及有效性内容以及增加安全性风险的其他内容的变更；

（三）持有人转让药品上市许可；

（四）国家药品监督管理局规定需要审批的其他变更。

第七十九条 以下变更，持有人应当在变更实施前，报所在地省、自治区、直辖市药品监督管理部门备案：

（一）药品生产过程中的中等变更；

（二）药品包装标签内容的变更；

（三）药品分包装；

（四）国家药品监督管理局规定需要备案的其他变更。

境外生产药品发生上述变更的，应当在变更实施前报药品审评中心备案。

药品分包装备案的程序和要求，由药品审评中心制定发布。

第八十条 以下变更，持有人应当在年度报告中报告：

（一）药品生产过程中的微小变更；

（二）国家药品监督管理局规定需要报告的其他变更。

第八十一条 药品上市后提出的补充申请，需要核查、检验的，参照本办法有关药品注册核查、检验程序进行。

第二节 药品再注册

第八十二条 持有人应当在药品注册证书有效期届满前六个月申请再注册。境内生产药品再注册申请由持有人向其所在地省、自治区、直辖市药品监督管理部门提出，境外生产药品再注册申请由持有人向药品审评中心提出。

第八十三条 药品再注册申请受理后，省、自治区、直辖市药品监督管理部门或者药品审评中心对持有人开展药品上市后评价和不良反应监测情况，按照药品批准证明文件和药品监督管理部门要求开展相关工作情况，以及药品批准证明文件载明信息变化情况等进行审查，符合规定的，予以再注册，发给药品再注册批准通知书。不符合规定的，不予再注册，并报请国家药品监督管理局注销药品注册证书。

第八十四条 有下列情形之一的，不予再注册：

（一）有效期届满未提出再注册申请的；

（二）药品注册证书有效期内持有人不能履行持续考察药品质量、疗效和不良反应责任的；

（三）未在规定时限内完成药品批准证明文件和药品监督管理部门要求的研究工作且无合理理由的；

（四）经上市后评价，属于疗效不确切、不良反应大或者因其他原因危害人体健康的；

（五）法律、行政法规规定的其他不予再注册情形。

对不予再注册的药品，药品注册证书有效期届满时予以注销。

第六章　受理、撤回申请、审批决定和争议解决

第八十五条　药品监督管理部门收到药品注册申请后进行形式审查，并根据下列情况分别作出是否受理的决定：

（一）申请事项依法不需要取得行政许可的，应当即时作出不予受理的决定，并说明理由。

（二）申请事项依法不属于本部门职权范围的，应当即时作出不予受理的决定，并告知申请人向有关行政机关申请。

（三）申报资料存在可以当场更正的错误的，应当允许申请人当场更正；更正后申请材料齐全、符合法定形式的，应当予以受理。

（四）申报资料不齐全或者不符合法定形式的，应当当场或者在五日内一次告知申请人需要补正的全部内容。按照规定需要在告知时一并退回申请材料的，应当予以退回。申请人应当在三十日内完成补正资料。申请人无正当理由逾期不予补正的，视为放弃申请，无需作出不予受理的决定。逾期未告知申请人补正的，自收到申请材料之日起即为受理。

（五）申请事项属于本部门职权范围，申报资料齐全、符合法定形式，或者申请人按照要求提交全部补正资料的，应当受理药品注册申请。

药品注册申请受理后，需要申请人缴纳费用的，申请人应当按规定缴纳费用。申请人未在规定期限内缴纳费用的，终止药品注册审评审批。

第八十六条　药品注册申请受理后，有药品安全性新发现的，申请人应当及时报告并补充相关资料。

第八十七条　药品注册申请受理后，需要申请人在原申报资料基础上补充新的技术资料的，药品审评中心原则上提出一次补充资料要求，列明全部问题后，以书面方式通知申请人在八十日内补充提交资料。申请人应当一次性按要求提交全部补充资料，补充资料时间不计入药品审评时限。药品审评中心收到申请人全部补充资料后启动审评，审评时限延长三分之一；适用优先审评审批程序的，审评时限延长四分之一。

不需要申请人补充新的技术资料，仅需要申请人对原申报资料进行解释说明的，药品审评中心通知申请人在五日内按照要求提交相关解释说明。

药品审评中心认为存在实质性缺陷无法补正的，不再要求申请人补充资料。基于已

有申报资料做出不予批准的决定。

第八十八条 药物临床试验申请、药物临床试验期间的补充申请，在审评期间，不得补充新的技术资料；如需要开展新的研究，申请人可以在撤回后重新提出申请。

第八十九条 药品注册申请受理后，申请人可以提出撤回申请。同意撤回申请的，药品审评中心或者省、自治区、直辖市药品监督管理部门终止其注册程序，并告知药品注册核查、检验等技术机构。审评、核查和检验过程中发现涉嫌存在隐瞒真实情况或者提供虚假信息等违法行为的，依法处理，申请人不得撤回药品注册申请。

第九十条 药品注册期间，对于审评结论为不通过的，药品审评中心应当告知申请人不通过的理由，申请人可以在十五日内向药品审评中心提出异议。药品审评中心结合申请人的异议意见进行综合评估并反馈申请人。

申请人对综合评估结果仍有异议的，药品审评中心应当按照规定，在五十日内组织专家咨询委员会论证，并综合专家论证结果形成最终的审评结论。

申请人异议和专家论证时间不计入审评时限。

第九十一条 药品注册期间，申请人认为工作人员在药品注册受理、审评、核查、检验、审批等工作中违反规定或者有不规范行为的，可以向其所在单位或者上级机关投诉举报。

第九十二条 药品注册申请符合法定要求的，予以批准。

药品注册申请有下列情形之一的，不予批准：

（一）药物临床试验申请的研究资料不足以支持开展药物临床试验或者不能保障受试者安全的；

（二）申报资料显示其申请药品安全性、有效性、质量可控性等存在较大缺陷的；

（三）申报资料不能证明药品安全性、有效性、质量可控性，或者经评估认为药品风险大于获益的；

（四）申请人未能在规定时限内补充资料的；

（五）申请人拒绝接受或者无正当理由未在规定时限内接受药品注册核查、检验的；

（六）药品注册过程中认为申报资料不真实，申请人不能证明其真实性的；

（七）药品注册现场核查或者样品检验结果不符合规定的；

（八）法律法规规定的不应当批准的其他情形。

第九十三条 药品注册申请审批结束后，申请人对行政许可决定有异议的，可以依法提起行政复议或者行政诉讼。

第七章　工作时限

第九十四条 本办法所规定的时限是药品注册的受理、审评、核查、检验、审批等工作的最长时间。优先审评审批程序相关工作时限，按优先审评审批相关规定执行。

药品审评中心等专业技术机构应当明确本单位工作程序和时限，并向社会公布。

第九十五条　药品监督管理部门收到药品注册申请后进行形式审查，应当在五日内作出受理、补正或者不予受理决定。

第九十六条　药品注册审评时限，按照以下规定执行：

（一）药物临床试验申请、药物临床试验期间补充申请的审评审批时限为六十日；

（二）药品上市许可申请审评时限为二百日，其中优先审评审批程序的审评时限为一百三十日，临床急需境外已上市罕见病用药优先审评审批程序的审评时限为七十日；

（三）单独申报仿制境内已上市化学原料药的审评时限为二百日；

（四）审批类变更的补充申请审评时限为六十日，补充申请合并申报事项的，审评时限为八十日，其中涉及临床试验研究数据审查、药品注册核查检验的审评时限为二百日；

（五）药品通用名称核准时限为三十日；

（六）非处方药适宜性审核时限为三十日。

关联审评时限与其关联药品制剂的审评时限一致。

第九十七条　药品注册核查时限，按照以下规定执行：

（一）药品审评中心应当在药品注册申请受理后四十日内通知药品核查中心启动核查，并同时通知申请人；

（二）药品核查中心原则上在审评时限届满四十日前完成药品注册生产现场核查，并将核查情况、核查结果等相关材料反馈至药品审评中心。

第九十八条　药品注册检验时限，按照以下规定执行：

（一）样品检验时限为六十日，样品检验和标准复核同时进行的时限为九十日；

（二）药品注册检验过程中补充资料时限为三十日；

（三）药品检验机构原则上在审评时限届满四十日前完成药品注册检验相关工作，并将药品标准复核意见和检验报告反馈至药品审评中心。

第九十九条　药品再注册审查审批时限为一百二十日。

第一百条　行政审批决定应当在二十日内作出。

第一百零一条　药品监督管理部门应当自作出药品注册审批决定之日起十日内颁发、送达有关行政许可证件。

第一百零二条　因品种特性及审评、核查、检验等工作遇到特殊情况确需延长时限的，延长的时限不得超过原时限的二分之一，经药品审评、核查、检验等相关技术机构负责人批准后，由延长时限的技术机构书面告知申请人，并通知其他相关技术机构。

第一百零三条　以下时间不计入相关工作时限：

（一）申请人补充资料、核查后整改以及按要求核对生产工艺、质量标准和说明书等所占用的时间；

（二）因申请人原因延迟核查、检验、召开专家咨询会等的时间；

（三）根据法律法规的规定中止审评审批程序的，中止审评审批程序期间所占用的时间；

（四）启动境外核查的，境外核查所占用的时间。

第八章　监督管理

第一百零四条　国家药品监督管理局负责对药品审评中心等相关专业技术机构及省、自治区、直辖市药品监督管理部门承担药品注册管理相关工作的监督管理、考核评价与指导。

第一百零五条　药品监督管理部门应当依照法律、法规的规定对药品研制活动进行监督检查，必要时可以对为药品研制提供产品或者服务的单位和个人进行延伸检查，有关单位和个人应当予以配合，不得拒绝和隐瞒。

第一百零六条　信息中心负责建立药品品种档案，对药品实行编码管理，汇集药品注册申报、临床试验期间安全性相关报告、审评、核查、检验、审批以及药品上市后变更的审批、备案、报告等信息，并持续更新。药品品种档案和编码管理的相关制度，由信息中心制定公布。

第一百零七条　省、自治区、直辖市药品监督管理部门应当组织对辖区内药物非临床安全性评价研究机构、药物临床试验机构等遵守药物非临床研究质量管理规范、药物临床试验质量管理规范等情况进行日常监督检查，监督其持续符合法定要求。国家药品监督管理局根据需要进行药物非临床安全性评价研究机构、药物临床试验机构等研究机构的监督检查。

第一百零八条　国家药品监督管理局建立药品安全信用管理制度，药品核查中心负责建立药物非临床安全性评价研究机构、药物临床试验机构药品安全信用档案，记录许可颁发、日常监督检查结果、违法行为查处等情况，依法向社会公布并及时更新。药品监督管理部门对有不良信用记录的，增加监督检查频次，并可以按照国家规定实施联合惩戒。药物非临床安全性评价研究机构、药物临床试验机构药品安全信用档案的相关制度，由药品核查中心制定公布。

第一百零九条　国家药品监督管理局依法向社会公布药品注册审批事项清单及法律依据、审批要求和办理时限，向申请人公开药品注册进度，向社会公开批准上市药品的审评结论和依据以及监督检查发现的违法违规行为，接受社会监督。

批准上市药品的说明书应当向社会公开并及时更新。其中，疫苗还应当公开标签内容并及时更新。

未经申请人同意，药品监督管理部门、专业技术机构及其工作人员、参与专家评审等的人员不得披露申请人提交的商业秘密、未披露信息或者保密商务信息，法律另有规定或者涉及国家安全、重大社会公共利益的除外。

第一百一十条　具有下列情形之一的，由国家药品监督管理局注销药品注册证书，并予以公布：

（一）持有人自行提出注销药品注册证书的；

（二）按照本办法规定不予再注册的；

（三）持有人药品注册证书、药品生产许可证等行政许可被依法吊销或者撤销的；

（四）按照《药品管理法》第八十三条的规定，疗效不确切、不良反应大或者因其他原因危害人体健康的；

（五）按照《疫苗管理法》第六十一条的规定，经上市后评价，预防接种异常反应严重或者其他原因危害人体健康的；

（六）按照《疫苗管理法》第六十二条的规定，经上市后评价发现该疫苗品种的产品设计、生产工艺、安全性、有效性或者质量可控性明显劣于预防、控制同种疾病的其他疫苗品种的；

（七）违反法律、行政法规规定，未按照药品批准证明文件要求或者药品监督管理部门要求在规定时限内完成相应研究工作且无合理理由的；

（八）其他依法应当注销药品注册证书的情形。

第九章　法律责任

第一百一十一条　在药品注册过程中，提供虚假的证明、数据、资料、样品或者采取其他手段骗取临床试验许可或者药品注册等许可的，按照《药品管理法》第一百二十三条处理。

第一百一十二条　申请疫苗临床试验、注册提供虚假数据、资料、样品或者有其他欺骗行为的，按照《疫苗管理法》第八十一条进行处理。

第一百一十三条　在药品注册过程中，药物非临床安全性评价研究机构、药物临床试验机构等，未按照规定遵守药物非临床研究质量管理规范、药物临床试验质量管理规范等的，按照《药品管理法》第一百二十六条处理。

第一百一十四条　未经批准开展药物临床试验的，按照《药品管理法》第一百二十五条处理；开展生物等效性试验未备案的，按照《药品管理法》第一百二十七条处理。

第一百一十五条　药物临床试验期间，发现存在安全性问题或者其他风险，临床试验申办者未及时调整临床试验方案、暂停或者终止临床试验，或者未向国家药品监督管理局报告的，按照《药品管理法》第一百二十七条处理。

第一百一十六条　违反本办法第二十八条、第三十三条规定，申办者有下列情形之一的，责令限期改正；逾期不改正的，处一万元以上三万元以下罚款：

（一）开展药物临床试验前未按规定在药物临床试验登记与信息公示平台进行登记；

（二）未按规定提交研发期间安全性更新报告；

（三）药物临床试验结束后未登记临床试验结果等信息。

第一百一十七条　药品检验机构在承担药品注册所需要的检验工作时，出具虚假检验报告的，按照《药品管理法》第一百三十八条处理。

第一百一十八条　对不符合条件而批准进行药物临床试验、不符合条件的药品颁发药品注册证书的，按照《药品管理法》第一百四十七条处理。

第一百一十九条　药品监督管理部门及其工作人员在药品注册管理过程中有违法违规行为的，按照相关法律法规处理。

第十章　附　则

第一百二十条　麻醉药品、精神药品、医疗用毒性药品、放射性药品、药品类易制毒化学品等有其他特殊管理规定药品的注册申请，除按照本办法的规定办理外，还应当符合国家的其他有关规定。

第一百二十一条　出口疫苗的标准应当符合进口国（地区）的标准或者合同要求。

第一百二十二条　拟申报注册的药械组合产品，已有同类产品经属性界定为药品的，按照药品进行申报；尚未经属性界定的，申请人应当在申报注册前向国家药品监督管理局申请产品属性界定。属性界定为药品为主的，按照本办法规定的程序进行注册，其中属于医疗器械部分的研究资料由国家药品监督管理局医疗器械技术审评中心作出审评结论后，转交药品审评中心进行综合审评。

第一百二十三条　境内生产药品批准文号格式为：国药准字 H（Z、S）+ 四位年号 + 四位顺序号。中国香港、澳门和台湾地区生产药品批准文号格式为：国药准字 H（Z、S）C+ 四位年号 + 四位顺序号。

境外生产药品批准文号格式为：国药准字 H（Z、S）J+ 四位年号 + 四位顺序号。

其中，H 代表化学药，Z 代表中药，S 代表生物制品。

药品批准文号，不因上市后的注册事项的变更而改变。

中药另有规定的从其规定。

第一百二十四条　药品监督管理部门制作的药品注册批准证明电子文件及原料药批准文件电子文件与纸质文件具有同等法律效力。

第一百二十五条　本办法规定的期限以工作日计算。

第一百二十六条　本办法自 2020 年 7 月 1 日起施行。2007 年 7 月 10 日原国家食品药品监督管理局令第 28 号公布的《药品注册管理办法》同时废止。

药品生产监督管理办法

（2020 年 1 月 22 日国家市场监督管理总局令第 28 号公布，自 2020 年 7 月 1 日起施行）

第一章　总　则

第一条　为加强药品生产监督管理，规范药品生产活动，根据《中华人民共和国药品管理法》（以下简称《药品管理法》）、《中华人民共和国中医药法》、《中华人民共和国疫苗管理法》（以下简称《疫苗管理法》）、《中华人民共和国行政许可法》、《中华人民共和国药品管理法实施条例》等法律、行政法规，制定本办法。

第二条　在中华人民共和国境内上市药品的生产及监督管理活动，应当遵守本办法。

第三条　从事药品生产活动，应当遵守法律、法规、规章、标准和规范，保证全过程信息真实、准确、完整和可追溯。

从事药品生产活动，应当经所在地省、自治区、直辖市药品监督管理部门批准，依法取得药品生产许可证，严格遵守药品生产质量管理规范，确保生产过程持续符合法定要求。

药品上市许可持有人应当建立药品质量保证体系，履行药品上市放行责任，对其取得药品注册证书的药品质量负责。

中药饮片生产企业应当履行药品上市许可持有人的相关义务，确保中药饮片生产过程持续符合法定要求。

原料药生产企业应当按照核准的生产工艺组织生产，严格遵守药品生产质量管理规范，确保生产过程持续符合法定要求。

经关联审评的辅料、直接接触药品的包装材料和容器的生产企业以及其他从事与药品相关生产活动的单位和个人依法承担相应责任。

第四条　药品上市许可持有人、药品生产企业应当建立并实施药品追溯制度，按照规定赋予药品各级销售包装单元追溯标识，通过信息化手段实施药品追溯，及时准确记录、保存药品追溯数据，并向药品追溯协同服务平台提供追溯信息。

第五条　国家药品监督管理局主管全国药品生产监督管理工作，对省、自治区、直辖市药品监督管理部门的药品生产监督管理工作进行监督和指导。

省、自治区、直辖市药品监督管理部门负责本行政区域内的药品生产监督管理，承担药品生产环节的许可、检查和处罚等工作。

国家药品监督管理局食品药品审核查验中心（以下简称核查中心）组织制定药品检

查技术规范和文件，承担境外检查以及组织疫苗巡查等，分析评估检查发现风险、作出检查结论并提出处置建议，负责各省、自治区、直辖市药品检查机构质量管理体系的指导和评估。

国家药品监督管理局信息中心负责药品追溯协同服务平台、药品安全信用档案建设和管理，对药品生产场地进行统一编码。

药品监督管理部门依法设置或者指定的药品审评、检验、核查、监测与评价等专业技术机构，依职责承担相关技术工作并出具技术结论，为药品生产监督管理提供技术支撑。

第二章　生产许可

第六条　从事药品生产，应当符合以下条件：

（一）有依法经过资格认定的药学技术人员、工程技术人员及相应的技术工人，法定代表人、企业负责人、生产管理负责人（以下称生产负责人）、质量管理负责人（以下称质量负责人）、质量受权人及其他相关人员符合《药品管理法》《疫苗管理法》规定的条件；

（二）有与药品生产相适应的厂房、设施、设备和卫生环境；

（三）有能对所生产药品进行质量管理和质量检验的机构、人员；

（四）有能对所生产药品进行质量管理和质量检验的必要的仪器设备；

（五）有保证药品质量的规章制度，并符合药品生产质量管理规范要求。

从事疫苗生产活动的，还应当具备下列条件：

（一）具备适度规模和足够的产能储备；

（二）具有保证生物安全的制度和设施、设备；

（三）符合疾病预防、控制需要。

第七条　从事制剂、原料药、中药饮片生产活动，申请人应当按照本办法和国家药品监督管理局规定的申报资料要求，向所在地省、自治区、直辖市药品监督管理部门提出申请。

委托他人生产制剂的药品上市许可持有人，应当具备本办法第六条第一款第一项、第三项、第五项规定的条件，并与符合条件的药品生产企业签订委托协议和质量协议，将相关协议和实际生产场地申请资料合并提交至药品上市许可持有人所在地省、自治区、直辖市药品监督管理部门，按照本办法规定申请办理药品生产许可证。

申请人应当对其申请材料全部内容的真实性负责。

第八条　省、自治区、直辖市药品监督管理部门收到申请后，应当根据下列情况分别作出处理：

（一）申请事项依法不属于本部门职权范围的，应当即时作出不予受理的决定，并告知申请人向有关行政机关申请；

（二）申请事项依法不需要取得行政许可的，应当即时告知申请人不受理；

（三）申请材料存在可以当场更正的错误的，应当允许申请人当场更正；

（四）申请材料不齐全或者不符合形式审查要求的，应当当场或者在五日内发给申请人补正材料通知书，一次性告知申请人需要补正的全部内容，逾期不告知的，自收到申请材料之日起即为受理；

（五）申请材料齐全、符合形式审查要求，或者申请人按照要求提交全部补正材料的，予以受理。

省、自治区、直辖市药品监督管理部门受理或者不予受理药品生产许可证申请的，应当出具加盖本部门专用印章和注明日期的受理通知书或者不予受理通知书。

第九条　省、自治区、直辖市药品监督管理部门应当自受理之日起三十日内，作出决定。

经审查符合规定的，予以批准，并自书面批准决定作出之日起十日内颁发药品生产许可证；不符合规定的，作出不予批准的书面决定，并说明理由。

省、自治区、直辖市药品监督管理部门按照药品生产质量管理规范等有关规定组织开展申报资料技术审查和评定、现场检查。

第十条　省、自治区、直辖市药品监督管理部门应当在行政机关的网站和办公场所公示申请药品生产许可证所需要的条件、程序、期限、需要提交的全部材料的目录和申请书示范文本等。

省、自治区、直辖市药品监督管理部门颁发药品生产许可证的有关信息，应当予以公开，公众有权查阅。

第十一条　省、自治区、直辖市药品监督管理部门对申请办理药品生产许可证进行审查时，应当公开审批结果，并提供条件便利申请人查询审批进程。

未经申请人同意，药品监督管理部门、专业技术机构及其工作人员不得披露申请人提交的商业秘密、未披露信息或者保密商务信息，法律另有规定或者涉及国家安全、重大社会公共利益的除外。

第十二条　申请办理药品生产许可证直接涉及申请人与他人之间重大利益关系的，申请人、利害关系人依照法律、法规规定享有申请听证的权利。

在对药品生产企业的申请进行审查时，省、自治区、直辖市药品监督管理部门认为涉及公共利益的，应当向社会公告，并举行听证。

第十三条　药品生产许可证有效期为五年，分为正本和副本。药品生产许可证样式由国家药品监督管理局统一制定。药品生产许可证电子证书与纸质证书具有同等法律效力。

第十四条　药品生产许可证应当载明许可证编号、分类码、企业名称、统一社会信用代码、住所（经营场所）、法定代表人、企业负责人、生产负责人、质量负责人、质量受权人、生产地址和生产范围、发证机关、发证日期、有效期限等项目。

企业名称、统一社会信用代码、住所（经营场所）、法定代表人等项目应当与市场监督管理部门核发的营业执照中载明的相关内容一致。

第十五条 药品生产许可证载明事项分为许可事项和登记事项。

许可事项是指生产地址和生产范围等。

登记事项是指企业名称、住所（经营场所）、法定代表人、企业负责人、生产负责人、质量负责人、质量受权人等。

第十六条 变更药品生产许可证许可事项的，向原发证机关提出药品生产许可证变更申请。未经批准，不得擅自变更许可事项。

原发证机关应当自收到企业变更申请之日起十五日内作出是否准予变更的决定。不予变更的，应当书面说明理由，并告知申请人享有依法申请行政复议或者提起行政诉讼的权利。

变更生产地址或者生产范围，药品生产企业应当按照本办法第六条的规定及相关变更技术要求，提交涉及变更内容的有关材料，并报经所在地省、自治区、直辖市药品监督管理部门审查决定。

原址或者异地新建、改建、扩建车间或者生产线的，应当符合相关规定和技术要求，提交涉及变更内容的有关材料，并报经所在地省、自治区、直辖市药品监督管理部门进行药品生产质量管理规范符合性检查，检查结果应当通知企业。检查结果符合规定，产品符合放行要求的可以上市销售。有关变更情况，应当在药品生产许可证副本中载明。

上述变更事项涉及药品注册证书及其附件载明内容的，由省、自治区、直辖市药品监督管理部门批准后，报国家药品监督管理局药品审评中心更新药品注册证书及其附件相关内容。

第十七条 变更药品生产许可证登记事项的，应当在市场监督管理部门核准变更或者企业完成变更后三十日内，向原发证机关申请药品生产许可证变更登记。原发证机关应当自收到企业变更申请之日起十日内办理变更手续。

第十八条 药品生产许可证变更后，原发证机关应当在药品生产许可证副本上记录变更的内容和时间，并按照变更后的内容重新核发药品生产许可证正本，收回原药品生产许可证正本，变更后的药品生产许可证终止期限不变。

第十九条 药品生产许可证有效期届满，需要继续生产药品的，应当在有效期届满前六个月，向原发证机关申请重新发放药品生产许可证。

原发证机关结合企业遵守药品管理法律法规、药品生产质量管理规范和质量体系运行情况，根据风险管理原则进行审查，在药品生产许可证有效期届满前作出是否准予其重新发证的决定。符合规定准予重新发证的，收回原证，重新发证；不符合规定的，作出不予重新发证的书面决定，并说明理由，同时告知申请人享有依法申请行政复议或者提起行政诉讼的权利；逾期未作出决定的，视为同意重新发证，并予补办相应手续。

第二十条 有下列情形之一的，药品生产许可证由原发证机关注销，并予以公告：

（一）主动申请注销药品生产许可证的；

（二）药品生产许可证有效期届满未重新发证的；

（三）营业执照依法被吊销或者注销的；

（四）药品生产许可证依法被吊销或者撤销的；

（五）法律、法规规定应当注销行政许可的其他情形。

第二十一条　药品生产许可证遗失的，药品上市许可持有人、药品生产企业应当向原发证机关申请补发，原发证机关按照原核准事项在十日内补发药品生产许可证。许可证编号、有效期等与原许可证一致。

第二十二条　任何单位或者个人不得伪造、变造、出租、出借、买卖药品生产许可证。

第二十三条　省、自治区、直辖市药品监督管理部门应当将药品生产许可证核发、重新发证、变更、补发、吊销、撤销、注销等办理情况，在办理工作完成后十日内在药品安全信用档案中更新。

第三章　生产管理

第二十四条　从事药品生产活动，应当遵守药品生产质量管理规范，按照国家药品标准、经药品监督管理部门核准的药品注册标准和生产工艺进行生产，按照规定提交并持续更新场地管理文件，对质量体系运行过程进行风险评估和持续改进，保证药品生产全过程持续符合法定要求。生产、检验等记录应当完整准确，不得编造和篡改。

第二十五条　疫苗上市许可持有人应当具备疫苗生产、检验必需的厂房设施设备，配备具有资质的管理人员，建立完善质量管理体系，具备生产出符合注册要求疫苗的能力，超出疫苗生产能力确需委托生产的，应当经国家药品监督管理局批准。

第二十六条　从事药品生产活动，应当遵守药品生产质量管理规范，建立健全药品生产质量管理体系，涵盖影响药品质量的所有因素，保证药品生产全过程持续符合法定要求。

第二十七条　药品上市许可持有人应当建立药品质量保证体系，配备专门人员独立负责药品质量管理，对受托药品生产企业、药品经营企业的质量管理体系进行定期审核，监督其持续具备质量保证和控制能力。

第二十八条　药品上市许可持有人的法定代表人、主要负责人应当对药品质量全面负责，履行以下职责：

（一）配备专门质量负责人独立负责药品质量管理；

（二）配备专门质量受权人独立履行药品上市放行责任；

（三）监督质量管理体系正常运行；

（四）对药品生产企业、供应商等相关方与药品生产相关的活动定期开展质量体系审核，保证持续合规；

（五）按照变更技术要求，履行变更管理责任；

（六）对委托经营企业进行质量评估，与使用单位等进行信息沟通；

（七）配合药品监督管理部门对药品上市许可持有人及相关方的延伸检查；

（八）发生与药品质量有关的重大安全事件，应当及时报告并按持有人制定的风险管理计划开展风险处置，确保风险得到及时控制；

（九）其他法律法规规定的责任。

第二十九条 药品生产企业的法定代表人、主要负责人应当对本企业的药品生产活动全面负责，履行以下职责：

（一）配备专门质量负责人独立负责药品质量管理，监督质量管理规范执行，确保适当的生产过程控制和质量控制，保证药品符合国家药品标准和药品注册标准；

（二）配备专门质量受权人履行药品出厂放行责任；

（三）监督质量管理体系正常运行，保证药品生产过程控制、质量控制以及记录和数据真实性；

（四）发生与药品质量有关的重大安全事件，应当及时报告并按企业制定的风险管理计划开展风险处置，确保风险得到及时控制；

（五）其他法律法规规定的责任。

第三十条 药品上市许可持有人、药品生产企业应当每年对直接接触药品的工作人员进行健康检查并建立健康档案，避免患有传染病或者其他可能污染药品疾病的人员从事直接接触药品的生产活动。

第三十一条 药品上市许可持有人、药品生产企业在药品生产中，应当开展风险评估、控制、验证、沟通、审核等质量管理活动，对已识别的风险及时采取有效的风险控制措施，以保证产品质量。

第三十二条 从事药品生产活动，应当对使用的原料药、辅料、直接接触药品的包装材料和容器等相关物料供应商或者生产企业进行审核，保证购进、使用符合法规要求。

生产药品所需的原料、辅料，应当符合药用要求以及相应的生产质量管理规范的有关要求。直接接触药品的包装材料和容器，应当符合药用要求，符合保障人体健康、安全的标准。

第三十三条 经批准或者通过关联审评审批的原料药、辅料、直接接触药品的包装材料和容器的生产企业，应当遵守国家药品监督管理局制定的质量管理规范以及关联审评审批有关要求，确保质量保证体系持续合规，接受药品上市许可持有人的质量审核，接受药品监督管理部门的监督检查或者延伸检查。

第三十四条 药品生产企业应当确定需进行的确认与验证，按照确认与验证计划实施。定期对设施、设备、生产工艺及清洁方法进行评估，确认其持续保持验证状态。

第三十五条 药品生产企业应当采取防止污染、交叉污染、混淆和差错的控制措施，定期检查评估控制措施的适用性和有效性，以确保药品达到规定的国家药品标准和药品注册标准，并符合药品生产质量管理规范要求。

药品上市许可持有人和药品生产企业不得在药品生产厂房生产对药品质量有不利影响的其他产品。

第三十六条　药品包装操作应当采取降低混淆和差错风险的措施，药品包装应当确保有效期内的药品储存运输过程中不受污染。

药品说明书和标签中的表述应当科学、规范、准确，文字应当清晰易辨，不得以粘贴、剪切、涂改等方式进行修改或者补充。

第三十七条　药品生产企业应当建立药品出厂放行规程，明确出厂放行的标准、条件，并对药品质量检验结果、关键生产记录和偏差控制情况进行审核，对药品进行质量检验。符合标准、条件的，经质量受权人签字后方可出厂放行。

药品上市许可持有人应当建立药品上市放行规程，对药品生产企业出厂放行的药品检验结果和放行文件进行审核，经质量受权人签字后方可上市放行。

中药饮片符合国家药品标准或者省、自治区、直辖市药品监督管理部门制定的炮制规范的，方可出厂、销售。

第三十八条　药品上市许可持有人、药品生产企业应当每年进行自检，监控药品生产质量管理规范的实施情况，评估企业是否符合相关法规要求，并提出必要的纠正和预防措施。

第三十九条　药品上市许可持有人应当建立年度报告制度，按照国家药品监督管理局规定每年向省、自治区、直辖市药品监督管理部门报告药品生产销售、上市后研究、风险管理等情况。

疫苗上市许可持有人应当按照规定向国家药品监督管理局进行年度报告。

第四十条　药品上市许可持有人应当持续开展药品风险获益评估和控制，制定上市后药品风险管理计划，主动开展上市后研究，对药品的安全性、有效性和质量可控性进行进一步确证，加强对已上市药品的持续管理。

第四十一条　药品上市许可持有人应当建立药物警戒体系，按照国家药品监督管理局制定的药物警戒质量管理规范开展药物警戒工作。

药品上市许可持有人、药品生产企业应当经常考察本单位的药品质量、疗效和不良反应。发现疑似不良反应的，应当及时按照要求报告。

第四十二条　药品上市许可持有人委托生产药品的，应当符合药品管理的有关规定。

药品上市许可持有人委托符合条件的药品生产企业生产药品的，应当对受托方的质量保证能力和风险管理能力进行评估，根据国家药品监督管理局制定的药品委托生产质量协议指南要求，与其签订质量协议以及委托协议，监督受托方履行有关协议约定的义务。

受托方不得将接受委托生产的药品再次委托第三方生产。

经批准或者通过关联审评审批的原料药应当自行生产，不得再行委托他人生产。

第四十三条　药品上市许可持有人应当按照药品生产质量管理规范的要求对生产工艺变更进行管理和控制，并根据核准的生产工艺制定工艺规程。生产工艺变更应当开展研究，并依法取得批准、备案或者进行报告，接受药品监督管理部门的监督检查。

第四十四条　药品上市许可持有人、药品生产企业应当每年对所生产的药品按照品种进行产品质量回顾分析、记录，以确认工艺稳定可靠，以及原料、辅料、成品现行质量标准的适用性。

  第四十五条 药品上市许可持有人、药品生产企业的质量管理体系相关的组织机构、企业负责人、生产负责人、质量负责人、质量受权人发生变更的，应当自发生变更之日起三十日内，完成登记手续。

  疫苗上市许可持有人应当自发生变更之日起十五日内，向所在地省、自治区、直辖市药品监督管理部门报告生产负责人、质量负责人、质量受权人等关键岗位人员的变更情况。

  第四十六条 列入国家实施停产报告的短缺药品清单的药品，药品上市许可持有人停止生产的，应当在计划停产实施六个月前向所在地省、自治区、直辖市药品监督管理部门报告；发生非预期停产的，在三日内报告所在地省、自治区、直辖市药品监督管理部门。必要时，向国家药品监督管理局报告。

  药品监督管理部门接到报告后，应当及时通报同级短缺药品供应保障工作会商联动机制牵头单位。

  第四十七条 药品上市许可持有人为境外企业的，应当指定一家在中国境内的企业法人，履行《药品管理法》与本办法规定的药品上市许可持有人的义务，并负责协调配合境外检查工作。

  第四十八条 药品上市许可持有人的生产场地在境外的，应当按照《药品管理法》与本办法规定组织生产，配合境外检查工作。

第四章 监督检查

  第四十九条 省、自治区、直辖市药品监督管理部门负责对本行政区域内药品上市许可持有人，制剂、化学原料药、中药饮片生产企业的监督管理。

  省、自治区、直辖市药品监督管理部门应当对原料、辅料、直接接触药品的包装材料和容器等供应商、生产企业开展日常监督检查，必要时开展延伸检查。

  第五十条 药品上市许可持有人和受托生产企业不在同一省、自治区、直辖市的，由药品上市许可持有人所在地省、自治区、直辖市药品监督管理部门负责对药品上市许可持有人的监督管理，受托生产企业所在地省、自治区、直辖市药品监督管理部门负责对受托生产企业的监督管理。省、自治区、直辖市药品监督管理部门应当加强监督检查信息互相通报，及时将监督检查信息更新到药品安全信用档案中，可以根据通报情况和药品安全信用档案中监管信息更新情况开展调查，对药品上市许可持有人或者受托生产企业依法作出行政处理，必要时可以开展联合检查。

  第五十一条 药品监督管理部门应当建立健全职业化、专业化检查员制度，明确检查员的资格标准、检查职责、分级管理、能力培训、行为规范、绩效评价和退出程序等规定，提升检查员的专业素质和工作水平。检查员应当熟悉药品法律法规，具备药品专业知识。

药品监督管理部门应当根据监管事权、药品产业规模及检查任务等，配备充足的检查员队伍，保障检查工作需要。有疫苗等高风险药品生产企业的地区，还应当配备相应数量的具有疫苗等高风险药品检查技能和经验的药品检查员。

第五十二条　省、自治区、直辖市药品监督管理部门根据监管需要，对持有药品生产许可证的药品上市许可申请人及其受托生产企业，按以下要求进行上市前的药品生产质量管理规范符合性检查：

（一）未通过与生产该药品的生产条件相适应的药品生产质量管理规范符合性检查的品种，应当进行上市前的药品生产质量管理规范符合性检查。其中，拟生产药品需要进行药品注册现场核查的，国家药品监督管理局药品审评中心通知核查中心，告知相关省、自治区、直辖市药品监督管理部门和申请人。核查中心协调相关省、自治区、直辖市药品监督管理部门，同步开展药品注册现场核查和上市前的药品生产质量管理规范符合性检查；

（二）拟生产药品不需要进行药品注册现场核查的，国家药品监督管理局药品审评中心告知生产场地所在地省、自治区、直辖市药品监督管理部门和申请人，相关省、自治区、直辖市药品监督管理部门自行开展上市前的药品生产质量管理规范符合性检查；

（三）已通过与生产该药品的生产条件相适应的药品生产质量管理规范符合性检查的品种，相关省、自治区、直辖市药品监督管理部门根据风险管理原则决定是否开展上市前的药品生产质量管理规范符合性检查。

开展上市前的药品生产质量管理规范符合性检查的，在检查结束后，应当将检查情况、检查结果等形成书面报告，作为对药品上市监管的重要依据。上市前的药品生产质量管理规范符合性检查涉及药品生产许可证事项变更的，由原发证的省、自治区、直辖市药品监督管理部门依变更程序作出决定。

通过相应上市前的药品生产质量管理规范符合性检查的商业规模批次，在取得药品注册证书后，符合产品放行要求的可以上市销售。药品上市许可持有人应当重点加强上述批次药品的生产销售、风险管理等措施。

第五十三条　药品生产监督检查的主要内容包括：

（一）药品上市许可持有人、药品生产企业执行有关法律、法规及实施药品生产质量管理规范、药物警戒质量管理规范以及有关技术规范等情况；

（二）药品生产活动是否与药品品种档案载明的相关内容一致；

（三）疫苗储存、运输管理规范执行情况；

（四）药品委托生产质量协议及委托协议；

（五）风险管理计划实施情况；

（六）变更管理情况。

监督检查包括许可检查、常规检查、有因检查和其他检查。

第五十四条　省、自治区、直辖市药品监督管理部门应当坚持风险管理、全程管控原则，根据风险研判情况，制定年度检查计划并开展监督检查。年度检查计划至少包括检查范围、内容、方式、重点、要求、时限、承担检查的机构等。

第五十五条　省、自治区、直辖市药品监督管理部门应当根据药品品种、剂型、管制类别等特点，结合国家药品安全总体情况、药品安全风险警示信息、重大药品安全事件及其调查处理信息等，以及既往检查、检验、不良反应监测、投诉举报等情况确定检查频次：

（一）对麻醉药品、第一类精神药品、药品类易制毒化学品生产企业每季度检查不少于一次；

（二）对疫苗、血液制品、放射性药品、医疗用毒性药品、无菌药品等高风险药品生产企业，每年不少于一次药品生产质量管理规范符合性检查；

（三）对上述产品之外的药品生产企业，每年抽取一定比例开展监督检查，但应当在三年内对本行政区域内企业全部进行检查；

（四）对原料、辅料、直接接触药品的包装材料和容器等供应商、生产企业每年抽取一定比例开展监督检查，五年内对本行政区域内企业全部进行检查。

省、自治区、直辖市药品监督管理部门可以结合本行政区域内药品生产监管工作实际情况，调整检查频次。

第五十六条　国家药品监督管理局和省、自治区、直辖市药品监督管理部门组织监督检查时，应当制定检查方案，明确检查标准，如实记录现场检查情况，需要抽样检验或者研究的，按照有关规定执行。检查结论应当清晰明确，检查发现的问题应当以书面形式告知被检查单位。需要整改的，应当提出整改内容及整改期限，必要时对整改后情况实施检查。

在进行监督检查时，药品监督管理部门应当指派两名以上检查人员实施监督检查，检查人员应当向被检查单位出示执法证件。药品监督管理部门工作人员对知悉的商业秘密应当保密。

第五十七条　监督检查时，药品上市许可持有人和药品生产企业应当根据检查需要说明情况、提供有关材料：

（一）药品生产场地管理文件以及变更材料；

（二）药品生产企业接受监督检查及整改落实情况；

（三）药品质量不合格的处理情况；

（四）药物警戒机构、人员、制度制定情况以及疑似药品不良反应监测、识别、评估、控制情况；

（五）实施附条件批准的品种，开展上市后研究的材料；

（六）需要审查的其他必要材料。

第五十八条　现场检查结束后，应当对现场检查情况进行分析汇总，并客观、公平、公正地对检查中发现的缺陷进行风险评定并作出现场检查结论。

派出单位负责对现场检查结论进行综合研判。

第五十九条　国家药品监督管理局和省、自治区、直辖市药品监督管理部门通过监督检查发现药品生产管理或者疫苗储存、运输管理存在缺陷，有证据证明可能存在安全隐患的，应当依法采取相应措施：

（一）基本符合药品生产质量管理规范要求，需要整改的，应当发出告诫信并依据风险相应采取告诫、约谈、限期整改等措施；

（二）药品存在质量问题或者其他安全隐患的，药品监督管理部门根据监督检查情况，应当发出告诫信，并依据风险相应采取暂停生产、销售、使用、进口等控制措施。

药品存在质量问题或者其他安全隐患的，药品上市许可持有人应当依法召回药品而未召回的，省、自治区、直辖市药品监督管理部门应当责令其召回。

风险消除后，采取控制措施的药品监督管理部门应当解除控制措施。

第六十条　开展药品生产监督检查过程中，发现存在药品质量安全风险的，应当及时向派出单位报告。药品监督管理部门经研判属于重大药品质量安全风险的，应当及时向上一级药品监督管理部门和同级地方人民政府报告。

第六十一条　开展药品生产监督检查过程中，发现存在涉嫌违反药品法律、法规、规章的行为，应当及时采取现场控制措施，按照规定做好证据收集工作。药品监督管理部门应当按照职责和权限依法查处，涉嫌犯罪的移送公安机关处理。

第六十二条　省、自治区、直辖市药品监督管理部门应当依法将本行政区域内药品上市许可持有人和药品生产企业的监管信息归入到药品安全信用档案管理，并保持相关数据的动态更新。监管信息包括药品生产许可、日常监督检查结果、违法行为查处、药品质量抽查检验、不良行为记录和投诉举报等内容。

第六十三条　国家药品监督管理局和省、自治区、直辖市药品监督管理部门在生产监督管理工作中，不得妨碍药品上市许可持有人、药品生产企业的正常生产活动，不得索取或者收受财物，不得谋取其他利益。

第六十四条　个人和组织发现药品上市许可持有人或者药品生产企业进行违法生产活动的，有权向药品监督管理部门举报，药品监督管理部门应当按照有关规定及时核实、处理。

第六十五条　发生与药品质量有关的重大安全事件，药品上市许可持有人应当立即对有关药品及其原料、辅料以及直接接触药品的包装材料和容器、相关生产线等采取封存等控制措施，并立即报告所在地省、自治区、直辖市药品监督管理部门和有关部门，省、自治区、直辖市药品监督管理部门应当在二十四小时内报告省级人民政府，同时报告国家药品监督管理局。

第六十六条　省、自治区、直辖市药品监督管理部门对有不良信用记录的药品上市许可持有人、药品生产企业，应当增加监督检查频次，并可以按照国家规定实施联合惩戒。

第六十七条　省、自治区、直辖市药品监督管理部门未及时发现生产环节药品安全系统性风险，未及时消除监督管理区域内药品安全隐患的，或者省级人民政府未履行药品安全职责，未及时消除区域性重大药品安全隐患的，国家药品监督管理局应当对其主要负责人进行约谈。

被约谈的省、自治区、直辖市药品监督管理部门和地方人民政府应当立即采取措施，对药品监督管理工作进行整改。

约谈情况和整改情况应当纳入省、自治区、直辖市药品监督管理部门和地方人民政府药品监督管理工作评议、考核记录。

第五章 法律责任

第六十八条 有下列情形之一的，按照《药品管理法》第一百一十五条给予处罚：

（一）药品上市许可持有人和药品生产企业变更生产地址、生产范围应当经批准而未经批准的；

（二）药品生产许可证超过有效期限仍进行生产的。

第六十九条 药品上市许可持有人和药品生产企业未按照药品生产质量管理规范的要求生产，有下列情形之一，属于《药品管理法》第一百二十六条规定的情节严重情形的，依法予以处罚：

（一）未配备专门质量负责人独立负责药品质量管理、监督质量管理规范执行；

（二）药品上市许可持有人未配备专门质量受权人履行药品上市放行责任；

（三）药品生产企业未配备专门质量受权人履行药品出厂放行责任；

（四）质量管理体系不能正常运行，药品生产过程控制、质量控制的记录和数据不真实；

（五）对已识别的风险未及时采取有效的风险控制措施，无法保证产品质量；

（六）其他严重违反药品生产质量管理规范的情形。

第七十条 辅料、直接接触药品的包装材料和容器的生产企业及供应商未遵守国家药品监督管理局制定的质量管理规范等相关要求，不能确保质量保证体系持续合规的，由所在地省、自治区、直辖市药品监督管理部门按照《药品管理法》第一百二十六条的规定给予处罚。

第七十一条 药品上市许可持有人和药品生产企业有下列情形之一的，由所在地省、自治区、直辖市药品监督管理部门处一万元以上三万元以下的罚款：

（一）企业名称、住所（经营场所）、法定代表人未按规定办理登记事项变更；

（二）未按照规定每年对直接接触药品的工作人员进行健康检查并建立健康档案；

（三）未按照规定对列入国家实施停产报告的短缺药品清单的药品进行停产报告。

第七十二条 药品监督管理部门有下列行为之一的，对直接负责的主管人员和其他直接责任人员按照《药品管理法》第一百四十九条的规定给予处罚：

（一）瞒报、谎报、缓报、漏报药品安全事件；

（二）对发现的药品安全违法行为未及时查处；

（三）未及时发现药品安全系统性风险，或者未及时消除监督管理区域内药品安全隐患，造成严重影响；

（四）其他不履行药品监督管理职责，造成严重不良影响或者重大损失。

第六章　附　则

第七十三条　本办法规定的期限以工作日计算。药品生产许可中技术审查和评定、现场检查、企业整改等所需时间不计入期限。

第七十四条　场地管理文件，是指由药品生产企业编写的药品生产活动概述性文件，是药品生产企业质量管理文件体系的一部分。场地管理文件有关要求另行制定。

经批准或者关联审评审批的原料药、辅料和直接接触药品的包装材料和容器生产场地、境外生产场地一并赋予统一编码。

第七十五条　告诫信，是指药品监督管理部门在药品监督管理活动中，对有证据证明可能存在安全隐患的，依法发出的信函。告诫信应当载明存在缺陷、问题和整改要求。

第七十六条　药品生产许可证编号格式为"省份简称＋四位年号＋四位顺序号"。企业变更名称等许可证项目以及重新发证，原药品生产许可证编号不变。

企业分立，在保留原药品生产许可证编号的同时，增加新的编号。企业合并，原药品生产许可证编号保留一个。

第七十七条　分类码是对许可证内生产范围进行统计归类的英文字母串。大写字母用于归类药品上市许可持有人和产品类型，包括：A 代表自行生产的药品上市许可持有人、B 代表委托生产的药品上市许可持有人、C 代表接受委托的药品生产企业、D 代表原料药生产企业；小写字母用于区分制剂属性，h 代表化学药、z 代表中成药、s 代表生物制品、d 代表按药品管理的体外诊断试剂、y 代表中药饮片、q 代表医用气体、t 代表特殊药品、x 代表其他。

第七十八条　药品生产许可证的生产范围应当按照《中华人民共和国药典》制剂通则及其他的国家药品标准等要求填写。

第七十九条　国家有关法律、法规对生产疫苗、血液制品、麻醉药品、精神药品、医疗用毒性药品、放射性药品、药品类易制毒化学品等另有规定的，依照其规定。

第八十条　出口的疫苗应当符合进口国（地区）的标准或者合同要求。

第八十一条　本办法自 2020 年 7 月 1 日起施行。2004 年 8 月 5 日原国家食品药品监督管理局令第 14 号公布的《药品生产监督管理办法》同时废止。

药品网络销售监督管理办法

（2022 年 8 月 3 日国家市场监督管理总局令第 58 号公布，自 2022 年 12 月 1 日起施行）

第一章 总 则

第一条 为了规范药品网络销售和药品网络交易平台服务活动，保障公众用药安全，根据《中华人民共和国药品管理法》（以下简称药品管理法）等法律、行政法规，制定本办法。

第二条 在中华人民共和国境内从事药品网络销售、提供药品网络交易平台服务及其监督管理，应当遵守本办法。

第三条 国家药品监督管理局主管全国药品网络销售的监督管理工作。

省级药品监督管理部门负责本行政区域内药品网络销售的监督管理工作，负责监督管理药品网络交易第三方平台以及药品上市许可持有人、药品批发企业通过网络销售药品的活动。

设区的市级、县级承担药品监督管理职责的部门（以下称药品监督管理部门）负责本行政区域内药品网络销售的监督管理工作，负责监督管理药品零售企业通过网络销售药品的活动。

第四条 从事药品网络销售、提供药品网络交易平台服务，应当遵守药品法律、法规、规章、标准和规范，依法诚信经营，保障药品质量安全。

第五条 从事药品网络销售、提供药品网络交易平台服务，应当采取有效措施保证交易全过程信息真实、准确、完整和可追溯，并遵守国家个人信息保护的有关规定。

第六条 药品监督管理部门应当与相关部门加强协作，充分发挥行业组织等机构的作用，推进信用体系建设，促进社会共治。

第二章 药品网络销售管理

第七条 从事药品网络销售的，应当是具备保证网络销售药品安全能力的药品上市许可持有人或者药品经营企业。

中药饮片生产企业销售其生产的中药饮片，应当履行药品上市许可持有人相关义务。

第八条 药品网络销售企业应当按照经过批准的经营方式和经营范围经营。药品网络销售企业为药品上市许可持有人的，仅能销售其取得药品注册证书的药品。未取得药品零售资质的，不得向个人销售药品。

疫苗、血液制品、麻醉药品、精神药品、医疗用毒性药品、放射性药品、药品类易制毒化学品等国家实行特殊管理的药品不得在网络上销售，具体目录由国家药品监督管理局组织制定。

药品网络零售企业不得违反规定以买药品赠药品、买商品赠药品等方式向个人赠送处方药、甲类非处方药。

第九条　通过网络向个人销售处方药的，应当确保处方来源真实、可靠，并实行实名制。

药品网络零售企业应当与电子处方提供单位签订协议，并严格按照有关规定进行处方审核调配，对已经使用的电子处方进行标记，避免处方重复使用。

第三方平台承接电子处方的，应当对电子处方提供单位的情况进行核实，并签订协议。

药品网络零售企业接收的处方为纸质处方影印版本的，应当采取有效措施避免处方重复使用。

第十条　药品网络销售企业应当建立并实施药品质量安全管理、风险控制、药品追溯、储存配送管理、不良反应报告、投诉举报处理等制度。

药品网络零售企业还应当建立在线药学服务制度，由依法经过资格认定的药师或者其他药学技术人员开展处方审核调配、指导合理用药等工作。依法经过资格认定的药师或者其他药学技术人员数量应当与经营规模相适应。

第十一条　药品网络销售企业应当向药品监督管理部门报告企业名称、网站名称、应用程序名称、IP 地址、域名、药品生产许可证或者药品经营许可证等信息。信息发生变化的，应当在 10 个工作日内报告。

药品网络销售企业为药品上市许可持有人或者药品批发企业的，应当向所在地省级药品监督管理部门报告。药品网络销售企业为药品零售企业的，应当向所在地市县级药品监督管理部门报告。

第十二条　药品网络销售企业应当在网站首页或者经营活动的主页面显著位置，持续公示其药品生产或者经营许可证信息。药品网络零售企业还应当展示依法配备的药师或者其他药学技术人员的资格认定等信息。上述信息发生变化的，应当在 10 个工作日内予以更新。

第十三条　药品网络销售企业展示的药品相关信息应当真实、准确、合法。

从事处方药销售的药品网络零售企业，应当在每个药品展示页面下突出显示"处方药须凭处方在药师指导下购买和使用"等风险警示信息。处方药销售前，应当向消费者充分告知相关风险警示信息，并经消费者确认知情。

药品网络零售企业应当将处方药与非处方药区分展示，并在相关网页上显著标示处方药、非处方药。

药品网络零售企业在处方药销售主页面、首页面不得直接公开展示处方药包装、标签等信息。通过处方审核前，不得展示说明书等信息，不得提供处方药购买的相关服务。

第十四条 药品网络零售企业应当对药品配送的质量与安全负责。配送药品，应当根据药品数量、运输距离、运输时间、温湿度要求等情况，选择适宜的运输工具和设施设备，配送的药品应当放置在独立空间并明显标识，确保符合要求、全程可追溯。

药品网络零售企业委托配送的，应当对受托企业的质量管理体系进行审核，与受托企业签订质量协议，约定药品质量责任、操作规程等内容，并对受托方进行监督。

药品网络零售的具体配送要求由国家药品监督管理局另行制定。

第十五条 向个人销售药品的，应当按照规定出具销售凭证。销售凭证可以以电子形式出具，药品最小销售单元的销售记录应当清晰留存，确保可追溯。

药品网络销售企业应当完整保存供货企业资质文件、电子交易等记录。销售处方药的药品网络零售企业还应当保存处方、在线药学服务等记录。相关记录保存期限不少于5年，且不少于药品有效期满后1年。

第十六条 药品网络销售企业对存在质量问题或者安全隐患的药品，应当依法采取相应的风险控制措施，并及时在网站首页或者经营活动主页面公开相应信息。

第三章 平台管理

第十七条 第三方平台应当建立药品质量安全管理机构，配备药学技术人员承担药品质量安全管理工作，建立并实施药品质量安全、药品信息展示、处方审核、处方药实名购买、药品配送、交易记录保存、不良反应报告、投诉举报处理等管理制度。

第三方平台应当加强检查，对入驻平台的药品网络销售企业的药品信息展示、处方审核、药品销售和配送等行为进行管理，督促其严格履行法定义务。

第十八条 第三方平台应当将企业名称、法定代表人、统一社会信用代码、网站名称以及域名等信息向平台所在地省级药品监督管理部门备案。省级药品监督管理部门应当将平台备案信息公示。

第十九条 第三方平台应当在其网站首页或者从事药品经营活动的主页面显著位置，持续公示营业执照、相关行政许可和备案、联系方式、投诉举报方式等信息或者上述信息的链接标识。

第三方平台展示药品信息应当遵守本办法第十三条的规定。

第二十条 第三方平台应当对申请入驻的药品网络销售企业资质、质量安全保证能力等进行审核，对药品网络销售企业建立登记档案，至少每六个月核验更新一次，确保入驻的药品网络销售企业符合法定要求。

第三方平台应当与药品网络销售企业签订协议，明确双方药品质量安全责任。

第二十一条 第三方平台应当保存药品展示、交易记录与投诉举报等信息。保存期限不少于5年，且不少于药品有效期满后1年。第三方平台应当确保有关资料、信息和数据的真实、完整，并为入驻的药品网络销售企业自行保存数据提供便利。

第二十二条 第三方平台应当对药品网络销售活动建立检查监控制度。发现入驻的药品网络销售企业有违法行为的，应当及时制止并立即向所在地县级药品监督管理部门报告。

第二十三条　第三方平台发现下列严重违法行为的，应当立即停止提供网络交易平台服务，停止展示药品相关信息：

（一）不具备资质销售药品的；

（二）违反本办法第八条规定销售国家实行特殊管理的药品的；

（三）超过药品经营许可范围销售药品的；

（四）因违法行为被药品监督管理部门责令停止销售、吊销药品批准证明文件或者吊销药品经营许可证的；

（五）其他严重违法行为的。

药品注册证书被依法撤销、注销的，不得展示相关药品的信息。

第二十四条　出现突发公共卫生事件或者其他严重威胁公众健康的紧急事件时，第三方平台、药品网络销售企业应当遵守国家有关应急处置规定，依法采取相应的控制和处置措施。

药品上市许可持有人依法召回药品的，第三方平台、药品网络销售企业应当积极予以配合。

第二十五条　药品监督管理部门开展监督检查、案件查办、事件处置等工作时，第三方平台应当予以配合。药品监督管理部门发现药品网络销售企业存在违法行为，依法要求第三方平台采取措施制止的，第三方平台应当及时履行相关义务。

药品监督管理部门依照法律、行政法规要求提供有关平台内销售者、销售记录、药学服务以及追溯等信息的，第三方平台应当及时予以提供。

鼓励第三方平台与药品监督管理部门建立开放数据接口等形式的自动化信息报送机制。

第四章　监督检查

第二十六条　药品监督管理部门应当依照法律、法规、规章等规定，按照职责分工对第三方平台和药品网络销售企业实施监督检查。

第二十七条　药品监督管理部门对第三方平台和药品网络销售企业进行检查时，可以依法采取下列措施：

（一）进入药品网络销售和网络平台服务有关场所实施现场检查；

（二）对网络销售的药品进行抽样检验；

（三）询问有关人员，了解药品网络销售活动相关情况；

（四）依法查阅、复制交易数据、合同、票据、账簿以及其他相关资料；

（五）对有证据证明可能危害人体健康的药品及其有关材料，依法采取查封、扣押措施；

（六）法律、法规规定可以采取的其他措施。

必要时，药品监督管理部门可以对为药品研制、生产、经营、使用提供产品或者服务的单位和个人进行延伸检查。

第二十八条 对第三方平台、药品上市许可持有人、药品批发企业通过网络销售药品违法行为的查处，由省级药品监督管理部门负责。对药品网络零售企业违法行为的查处，由市县级药品监督管理部门负责。

药品网络销售违法行为由违法行为发生地的药品监督管理部门负责查处。因药品网络销售活动引发药品安全事件或者有证据证明可能危害人体健康的，也可以由违法行为结果地的药品监督管理部门负责。

第二十九条 药品监督管理部门应当加强药品网络销售监测工作。省级药品监督管理部门建立的药品网络销售监测平台，应当与国家药品网络销售监测平台实现数据对接。

药品监督管理部门对监测发现的违法行为，应当依法按照职责进行调查处置。

药品监督管理部门对网络销售违法行为的技术监测记录资料，可以依法作为实施行政处罚或者采取行政措施的电子数据证据。

第三十条 对有证据证明可能存在安全隐患的，药品监督管理部门应当根据监督检查情况，对药品网络销售企业或者第三方平台等采取告诫、约谈、限期整改以及暂停生产、销售、使用、进口等措施，并及时公布检查处理结果。

第三十一条 药品监督管理部门应当对药品网络销售企业或者第三方平台提供的个人信息和商业秘密严格保密，不得泄露、出售或者非法向他人提供。

第五章　法律责任

第三十二条 法律、行政法规对药品网络销售违法行为的处罚有规定的，依照其规定。药品监督管理部门发现药品网络销售违法行为涉嫌犯罪的，应当及时将案件移送公安机关。

第三十三条 违反本办法第八条第二款的规定，通过网络销售国家实行特殊管理的药品，法律、行政法规已有规定的，依照法律、行政法规的规定处罚。法律、行政法规未作规定的，责令限期改正，处5万元以上10万元以下罚款；造成危害后果的，处10万元以上20万元以下罚款。

第三十四条 违反本办法第九条第一款、第二款的规定，责令限期改正，处3万元以上5万元以下罚款；情节严重的，处5万元以上10万元以下罚款。

违反本办法第九条第三款的规定，责令限期改正，处5万元以上10万元以下罚款；造成危害后果的，处10万元以上20万元以下罚款。

违反本办法第九条第四款的规定，责令限期改正，处1万元以上3万元以下罚款；情节严重的，处3万元以上5万元以下罚款。

第三十五条 违反本办法第十一条的规定，责令限期改正；逾期不改正的，处1万元以上 3 万元以下罚款；情节严重的，处 3 万元以上 5 万元以下罚款。

第三十六条　违反本办法第十三条、第十九条第二款的规定，责令限期改正；逾期不改正的，处 5 万元以上 10 万元以下罚款。

第三十七条　违反本办法第十四条、第十五条的规定，药品网络销售企业未遵守药品经营质量管理规范的，依照药品管理法第一百二十六条的规定进行处罚。

第三十八条　违反本办法第十七条第一款的规定，责令限期改正，处 3 万元以上 10 万元以下罚款；造成危害后果的，处 10 万元以上 20 万元以下罚款。

第三十九条　违反本办法第十八条的规定，责令限期改正；逾期不改正的，处 5 万元以上 10 万元以下罚款；造成危害后果的，处 10 万元以上 20 万元以下罚款。

第四十条　违反本办法第二十条、第二十二条、第二十三条的规定，第三方平台未履行资质审核、报告、停止提供网络交易平台服务等义务的，依照药品管理法第一百三十一条的规定处罚。

第四十一条　药品监督管理部门及其工作人员不履行职责或者滥用职权、玩忽职守、徇私舞弊，依法追究法律责任；构成犯罪的，依法追究刑事责任。

第六章　附　则

第四十二条　本办法自 2022 年 12 月 1 日起施行。

生物制品批签发管理办法

（2020 年 12 月 11 日国家市场监督管理总局令第 33 号公布，自 2021 年 3 月 1 日起施行）

第一章　总　则

第一条　为了加强生物制品监督管理，规范生物制品批签发行为，保证生物制品安全、有效，根据《中华人民共和国药品管理法》（以下简称《药品管理法》）、《中华人民共和国疫苗管理法》（以下简称《疫苗管理法》）有关规定，制定本办法。

第二条　本办法所称生物制品批签发，是指国家药品监督管理局对获得上市许可的疫苗类制品、血液制品、用于血源筛查的体外诊断试剂以及国家药品监督管理局规定的其他生物制品，在每批产品上市销售前或者进口时，经指定的批签发机构进行审核、检验，对符合要求的发给批签发证明的活动。

未通过批签发的产品，不得上市销售或者进口。依法经国家药品监督管理局批准免予批签发的产品除外。

第三条　批签发申请人应当是持有药品批准证明文件的境内外药品上市许可持有人。境外药品上市许可持有人应当指定我国境内企业法人办理批签发。

批签发产品应当按照经核准的工艺生产，并应当符合国家药品标准和药品注册标准。生产全过程应当符合药品生产质量管理规范的要求。药品上市许可持有人应当建立完整的生产质量管理体系，持续加强偏差管理。药品上市许可持有人对批签发产品生产、检验等过程中形成的资料、记录和数据的真实性负责。批签发资料应当经药品上市许可持有人的质量受权人审核并签发。

每批产品上市销售前或者进口时，批签发申请人应当主动提出批签发申请，依法履行批签发活动中的法定义务，保证申请批签发的产品质量可靠以及批签发申请资料和样品的真实性。

第四条　国家药品监督管理局主管全国生物制品批签发工作，负责规定批签发品种范围，指定批签发机构，明确批签发工作要求，指导批签发工作的实施。

省、自治区、直辖市药品监督管理部门负责本行政区域批签发申请人的监督管理，负责组织对本行政区域内批签发产品的现场检查；协助批签发机构开展现场核实，组织批签发产品的现场抽样及批签发不合格产品的处置，对批签发过程中发现的重大质量风险及违法违规行为进行调查处理，并将调查处理结果及时通知批签发机构；对企业生产过程中出现的可能影响产品质量的重大偏差进行调查，并出具审核评估报告；负责本行政区域内批签发机构的日常管理。

国家药品监督管理局指定的批签发机构负责批签发的受理、资料审核、样品检验等工作，并依法作出批签发决定。

中国食品药品检定研究院（以下简称中检院）组织制定批签发技术要求和技术考核细则，对拟承担批签发工作或者扩大批签发品种范围的药品检验机构进行能力评估和考核，对其他批签发机构进行业务指导、技术培训和考核评估；组织协调批签发机构批签发工作的实施。

国家药品监督管理局食品药品审核查验中心（以下简称核查中心）承担批签发过程中的境外现场检查等工作。

第五条　国家药品监督管理局对批签发产品建立基于风险的监督管理体系。必要时，可以通过现场核实验证批签发申请资料的真实性、可靠性。

第六条　生物制品批签发审核、检验应当依据国家药品标准和药品注册标准。

第二章　批签发机构确定

第七条　批签发机构及其所负责的批签发品种由国家药品监督管理局确定。

国家药品监督管理局根据批签发工作需要，适时公布新增批签发机构及批签发机构扩增批签发品种的评定标准、程序和条件。

第八条　药品检验机构可以按照评定标准和条件要求向省、自治区、直辖市药品监督管理部门提交承担批签发工作或者扩增批签发品种的相关工作材料。省、自治区、直辖市药品监督管理部门审查认为符合批签发机构评定标准的，向国家药品监督管理局提出批签发机构评估申请。中检院对提出申请的药品检验机构进行能力评估和考核。国家药品监督管理局根据考核结果确定由该药品检验机构承担相应品种的批签发工作，或者同意该批签发机构扩大批签发品种范围。

第九条　中检院应当根据批签发工作需要，对批签发机构进行评估，评估情况及时报告国家药品监督管理局。

第十条　批签发机构有下列情形之一的，国家药品监督管理局可以要求该机构停止批签发工作：

（一）发生重大差错、造成严重后果的；

（二）出具虚假检验报告的；

（三）经评估不再具备批签发机构评定标准和条件要求的。

第三章　批签发申请

第十一条　新批准上市的生物制品首次申请批签发前，批签发申请人应当在生物制品批签发管理系统内登记建档。登记时应当提交以下资料：

（一）生物制品批签发品种登记表；

（二）药品批准证明文件；

（三）合法生产的相关文件。

相关资料符合要求的，中检院应当在 10 日内完成所申请品种在生物制品批签发管理系统内的登记确认。

登记信息发生变化时，批签发申请人应当及时在生物制品批签发管理系统内变更。

第十二条　对拟申请批签发的每个品种，批签发申请人应当建立独立的批签发生产及检验记录摘要模板，报中检院核定后，由中检院分发给批签发机构和申请人。批签发申请人需要修订已核定的批签发生产及检验记录摘要模板的，应当向中检院提出申请，经中检院核定后方可变更。

第十三条　按照批签发管理的生物制品，批签发申请人在生产、检验完成后，应当在生物制品批签发管理系统内填写生物制品批签发申请表，并根据申请批签发产品的药品上市许可持有人所在地或者拟进口口岸所在地批签发机构设置情况，向相应属地的批签发机构申请批签发。

第十四条　批签发申请人凭生物制品批签发申请表向省、自治区、直辖市药品监督管理部门或者其指定的抽样机构提出抽样申请，抽样人员在 5 日内组织现场抽样，并将所抽样品封存。批签发申请人将封存样品在规定条件下送至批签发机构办理批签发登记，同时提交批签发申请资料。

省、自治区、直辖市药品监督管理部门负责组织本行政区域生产或者进口的批签发产品的抽样工作，按照国家药品监督管理局药品抽样规定制定抽样管理程序，确定相对固定的抽样机构和人员并在批签发机构备案，定期对抽样机构和人员进行培训，对抽样工作进行督查指导。

第十五条　批签发申请人申请批签发时，应当提供以下证明性文件、资料及样品：

（一）生物制品批签发申请表；

（二）药品批准证明文件；

（三）合法生产的相关文件；

（四）上市后变更的批准或者备案文件；

（五）质量受权人签字并加盖企业公章的批生产及检验记录摘要；

（六）数量满足相应品种批签发检验要求的同批号产品，必要时提供与检验相关的中间产品、标准物质、试剂等材料；

（七）生产管理负责人、质量管理负责人、质量受权人等关键人员变动情况的说明；

（八）与产品质量相关的其他资料。

申请疫苗批签发的，还应当提交疫苗的生产工艺偏差、质量差异、生产过程中的故障和事故以及采取措施的记录清单和对疫苗质量影响的评估结论；可能影响疫苗质量的，还应当提交偏差报告，包括偏差描述、处理措施、风险评估结论、已采取或者计划采取的纠正和预防措施等。对可能影响质量的重大偏差，应当提供所在地省、自治区、直辖市药品监督管理部门的审核评估报告。

进口疫苗类制品和血液制品应当同时提交生产企业所在国家或者地区的原产地证明以及药品管理当局出具的批签发证明文件。进口产品在本国免予批签发的，应当提供免予批签发的证明性文件。相关证明性文件应当同时提供经公证的中文译本。相关证明性文件为复印件的，应当加盖企业公章。

生物制品批生产及检验记录摘要，是指概述某一批生物制品全部生产工艺流程和质量控制关键环节检验结果的文件。该文件应当由企业质量管理部门和质量受权人审核确定。

第十六条　批签发机构收到申请资料及样品后，应当立即核对，交接双方登记签字确认后，妥善保存。批签发申请人无法现场签字确认的，应当提前递交书面承诺。

批签发机构应当在5日内决定是否受理。同意受理的，出具批签发受理通知书；不予受理的，予以退回，发给不予受理通知书并说明理由。

申请资料不齐全或者不符合规定形式的，批签发机构应当在5日内一次性书面告知批签发申请人需要补正的全部内容及资料补正时限。逾期不告知的，自收到申请资料和样品之日起即为受理。

批签发申请人收到补正资料通知后，应当在10日内补正资料，逾期未补正且无正当理由的，视为放弃申请，无需作出不予受理的决定。

申请资料存在可以当场更正的错误的，应当允许批签发申请人当场更正。

未获批签发机构受理的，不得更换其他批签发机构再次申请。

第十七条　对于国家疾病防控应急需要的生物制品，经国家药品监督管理局批准，企业在完成生产后即可向批签发机构申请同步批签发。

在批签发机构作出批签发合格结论前，批签发申请人应当将批签发申请资料补充完整并提交批签发机构。

第十八条　预防、控制传染病疫情或者应对突发事件急需的疫苗，经国家药品监督管理局批准，免予批签发。

第四章　审核、检验、检查与签发

第十九条　疫苗批签发应当逐批进行资料审核和抽样检验，其他生物制品批签发可以采取资料审核的方式，也可以采取资料审核和样品检验相结合的方式进行，并可根据需要进行现场核实。对不同品种检验项目和检验比例，由中检院负责组织论证，并抄报国家药品监督管理局。批签发机构按照确定的检验要求进行检验。

批签发机构在对具体品种的批签发过程中，可以根据该品种的工艺及质量控制成熟度和既往批签发等情况进行综合评估，动态调整该品种的检验项目和检验频次。批签发产品出现不合格项目的，批签发机构应当对后续批次产品的相应项目增加检验频次。

第二十条　资料审核的内容包括：

（一）申请资料内容是否符合要求；

（二）生产用原辅材料、菌种、毒种、细胞等是否与国家药品监督管理局批准的一致；

（三）生产工艺和过程控制是否与国家药品监督管理局批准的一致并符合国家药品标准要求；

（四）产品原液、半成品和成品的检验项目、检验方法和结果是否符合国家药品标准和药品注册标准的要求；

（五）产品关键质量指标趋势分析是否存在异常；

（六）产品包装、标签及说明书是否与国家药品监督管理局核准的内容一致；

（七）生产工艺偏差等对产品质量影响的风险评估报告；

（八）其他需要审核的项目。

第二十一条 有下列情形之一的，产品应当按照注册标准进行全部项目检验，至少连续生产的三批产品批签发合格后，方可进行部分项目检验：

（一）批签发申请人新获国家药品监督管理局批准上市的产品；

（二）生产场地发生变更并经批准的；

（三）生产工艺发生重大变更并经批准的；

（四）产品连续两年未申请批签发的；

（五）因违反相关法律法规被责令停产后经批准恢复生产的；

（六）有信息提示相应产品的质量或者质量控制可能存在潜在风险的。

第二十二条 批签发机构应当在本办法规定的工作时限内完成批签发工作。批签发申请人补正资料的时间、现场核实、现场检查和技术评估时间不计入批签发工作时限。

疫苗类产品应当在60日内完成批签发，血液制品和用于血源筛查的体外诊断试剂应当在35日内完成批签发。需要复试的，批签发工作时限可延长该检验项目的两个检验周期，并告知批签发申请人。

因品种特性及检验项目原因确需延长批签发时限的，经中检院审核确定后予以公开。

第二十三条 批签发机构因不可抗力或者突发公共卫生事件应急处置等原因，在规定的时限内不能完成批签发工作的，应当将批签发延期的时限、理由及预期恢复的时间书面通知批签发申请人。确实难以完成的，由中检院协调其他批签发机构承担。

第二十四条 批签发机构在保证资料审核和样品检验等技术审查工作独立性的前提下，可就批签发过程中需要解释的具体问题与批签发申请人进行沟通核实。核实工作可通过电话沟通、书面通知等形式进行，必要时可开展现场核实。需要批签发申请人提供说明或者补充资料的，应当书面通知，并明确回复时限。

批签发机构对批签发申请资料及样品真实性需要进一步核对的，应当及时派员到生产企业进行现场核实，可采取现场调阅原始记录、现场查看设备及日志等措施，并可视情况进行现场抽样检验。开展现场核实工作应当按照生物制品批签发现场核实相关要求进行，并通知省、自治区、直辖市药品监督管理部门派监管执法人员予以协助。

第二十五条 有下列情形之一的，批签发机构应当通报批签发申请人所在地和生产场地所在地省、自治区、直辖市药品监督管理部门，提出现场检查建议，并抄报国家药品监督管理局：

（一）无菌检验不合格的；

（二）效力等有效性指标连续两批检验不合格的；

（三）资料审核提示产品生产质量控制可能存在严重问题的，或者生产工艺偏差、质量差异、生产过程中的故障和事故需进一步核查的；

（四）批签发申请资料或者样品可能存在真实性问题的；

（五）其他提示产品存在重大质量风险的情形。

在上述问题调查处理期间，对批签发申请人相应品种可以暂停受理或者签发。

进口生物制品批签发中发现上述情形的，批签发机构应当报告国家药品监督管理局，并提出现场检查等相关建议。

第二十六条　省、自治区、直辖市药品监督管理部门接到批签发机构通报和现场检查建议后，应当在 10 日内进行现场检查。

检查结束后 10 日内，省、自治区、直辖市药品监督管理部门应当组织对批签发机构提出的相关批次产品的质量风险进行技术评估，作出明确结论；特殊情况下可适当延长期限并说明理由。国家药品监督管理局接到批签发机构关于进口产品通报和现场检查建议后，根据风险评估情况，及时组织核查中心进行境外现场检查。境外现场检查时限根据具体情况确定。

检查机构应当根据检查发现的风险程度和涉及范围，对可能需要采取紧急措施的，提出风险控制建议。接到通报的药品监督管理部门应当通知批签发机构对批签发申请人的相关产品或者所有产品不予批签发或者暂停批签发，并责令批签发申请人整改。

批签发申请人在查清问题原因并整改完成后，向药品监督管理部门和批签发机构报告。药品监督管理部门经确认符合要求后通知批签发机构，方可恢复批签发。

第二十七条　药品监督管理部门在监督检查中发现生物制品存在重大质量风险的，应当根据检查结果及时通知批签发机构对药品上市许可持有人的相关产品不予批签发或者暂停批签发。

第二十八条　批签发申请人申请撤回批签发的，应当说明理由，经批签发机构同意后方可撤回；批签发申请人应当向所在地省、自治区、直辖市药品监督管理部门报告批签发申请撤回情况。批签发机构已经确认资料审核提示缺陷、检验结果不符合规定的，批签发申请人不得撤回。

同步批签发过程中出现检验结果不符合规定情况等需要申请撤回批签发的，应当说明理由，经批签发机构同意后方可撤回。

第二十九条　批签发机构根据资料审核、样品检验或者现场检查等结果作出批签发结论。符合要求的，签发生物制品批签发证明，加盖批签发专用章，发给批签发申请人。

批签发机构签发的批签发电子证明与印制的批签发证明具有同等法律效力。

按照批签发管理的生物制品在销售时，应当出具加盖企业印章的该批产品的生物制品批签发证明复印件或者电子文件。

第三十条 有下列情形之一的，不予批签发，向批签发申请人出具生物制品不予批签发通知书，并抄送批签发申请人所在地或者进口口岸所在地省、自治区、直辖市药品监督管理部门：

（一）资料审核不符合要求的；

（二）样品检验不合格的；

（三）现场核实发现存在真实性问题的；

（四）现场检查发现违反药品生产质量管理规范且存在严重缺陷的；

（五）现场检查发现产品存在系统性、重大质量风险的；

（六）批签发申请人无正当理由，未在规定时限内补正资料的；

（七）经综合评估存在重大质量风险的；

（八）其他不符合法律法规要求的。

第三十一条 不予批签发或者撤回批签发的生物制品，由所在地省、自治区、直辖市药品监督管理部门按照有关规定监督批签发申请人销毁。不予批签发或者撤回批签发的进口生物制品由口岸所在地药品监督管理部门监督销毁，或者依法进行其他处理。

第三十二条 在批签发工作中发现企业产品存在质量问题或者其他安全隐患，涉及已上市流通批次的，批签发机构应当立即通报批签发申请人所在地和生产场地所在地省、自治区、直辖市药品监督管理部门；涉及进口生物制品的应当通报进口口岸所在地省、自治区、直辖市药品监督管理部门。接到通报的药品监督管理部门立即通知批签发申请人。

批签发申请人应当立即采取停止销售、使用，召回缺陷产品等措施，并按照有关规定在药品监督管理部门的监督下予以销毁。批签发申请人将销毁记录同时报药品监督管理部门和相应的批签发机构。

药品监督管理部门可以根据风险评估情况，采取责任约谈、限期整改等措施。

批签发申请人召回产品的，不免除其依法应当承担的其他法律责任。

第三十三条 批签发机构应当对批签发工作情况进行年度总结，由中检院汇总分析后，于每年3月底前向国家药品监督管理局报告。

第五章 复 审

第三十四条 批签发申请人对生物制品不予批签发通知书有异议的，可以自收到生物制品不予批签发通知书之日起7日内，向原批签发机构或者直接向中检院提出复审申请。

第三十五条 原批签发机构或者中检院应当在收到批签发申请人的复审申请之日起20日内作出是否复审的决定，复审内容仅限于原申请事项及原报送资料。需要复验的，其样品为原批签发机构保留的样品，其时限按照本办法第二十二条规定执行。

有下列情形之一的，不予复审：

（一）不合格项目为无菌、热原（细菌内毒素）等药品监督管理部门规定不得复验的项目；

（二）样品明显不均匀的；

（三）样品有效期不能满足检验需求的；

（四）批签发申请人书面承诺放弃复验的；

（五）未在规定时限内提出复审申请的；

（六）其他不宜进行复审的。

第三十六条　复审维持原决定的，发给生物制品批签发复审结果通知书，不再受理批签发申请人再次提出的复审申请；复审改变原结论的，收回原生物制品不予批签发通知书，发给生物制品批签发证明。

第六章　信息公开

第三十七条　国家药品监督管理局建立统一的生物制品批签发信息平台，公布批签发机构及调整情况、重大问题处理决定等信息，向批签发申请人提供可查询的批签发进度、批签发结论，及时公布已通过批签发的产品信息，供公众查询。

中检院负责生物制品批签发信息平台的日常运行和维护。

第三十八条　批签发机构应当在本机构网站或者申请受理场所公开批签发申请程序、需要提交的批签发材料目录和申请书示范文本、时限要求等信息。

第三十九条　已通过批签发的，批签发机构应当在 7 日内公开产品名称、批号、企业、效期、批签发证明编号等信息。

第七章　法律责任

第四十条　药品监督管理部门、批签发机构、核查中心及其工作人员在批签发工作中有下列情形之一的，依法对直接负责的主管人员和其他直接责任人员给予处分；构成犯罪的，依法追究刑事责任：

（一）对不符合法定条件的申请作出准予批签发结论或者超越法定职权作出批签发结论的；

（二）对符合法定条件的申请作出不予批签发结论的；

（三）批签发过程中违反程序要求，私自向批签发申请人或者第三方透露相关工作信息，造成严重后果的；

（四）批签发过程中收受、索取批签发申请人财物或者谋取其他利益的；

（五）未按规定进行现场检查的。

第四十一条　批签发机构在承担批签发相关工作时，出具虚假检验报告的，依照《药品管理法》第一百三十八条的规定予以处罚。

第四十二条　批签发申请人提供虚假资料或者样品，或者故意瞒报影响产品质量的重大变更情况，骗取生物制品批签发证明的，依照《药品管理法》第一百二十三条的规定予以处罚。

申请疫苗批签发提供虚假数据、资料、样品或者有其他欺骗行为的，依照《疫苗管理法》第八十一条的规定予以处罚。

伪造生物制品批签发证明的，依照《药品管理法》第一百二十二条的规定予以处罚。

第四十三条　销售、使用未获得生物制品批签发证明的生物制品的，依照《药品管理法》第一百二十四条的规定予以处罚。

第八章　附　则

第四十四条　本办法规定的期限以工作日计算，不含法定节假日。

第四十五条　按照批签发管理的生物制品进口时，还应当符合药品进口相关法律法规的规定。国家药品监督管理局规定批签发的生物制品，生物制品批签发证明可作为产品合格的通关证明。

出口疫苗应当符合进口国（地区）的标准或者合同要求，可按照进口国（地区）的标准或者合同要求申请批签发。

第四十六条　国家药品监督管理局负责颁布和更新批签发机构专用章，生物制品批签发专用章命名为"国家批签发机构专用章（×）"。其中，×代表批签发机构简称。

生物制品批签发申请表、生物制品批签发登记表、生物制品批签发证明、生物制品不予批签发通知书、生物制品批签发复审申请表、生物制品批签发复审结果通知书的格式由中检院统一制定并公布。

生物制品批签发证明、生物制品不予批签发通知书、生物制品批签发复审结果通知书，统一加盖生物制品批签发专用章。

第四十七条　生物制品批签发证明、生物制品不予批签发通知书、生物制品批签发复审结果通知书由批签发机构按照国家药品监督管理局规定的顺序编号，其格式为"批签×（进）检××××××××"，其中，前×符号代表批签发机构所在地省、自治区、直辖市行政区域或者机构的简称，进口生物制品使用"进"字；后8个×符号的前4位为公元年号，后4位为年内顺序号。

第四十八条　本办法自2021年3月1日起施行。2017年12月29日原国家食品药品监督管理总局令第39号公布的《生物制品批签发管理办法》同时废止。

进口药材管理办法

（2019 年 5 月 16 日国家市场监督管理总局令第 9 号公布，自 2020 年 1 月 1 日起施行）

第一章　总　则

第一条　为加强进口药材监督管理，保证进口药材质量，根据《中华人民共和国药品管理法》《中华人民共和国药品管理法实施条例》等法律、行政法规，制定本办法。

第二条　进口药材申请、审批、备案、口岸检验以及监督管理，适用本办法。

第三条　药材应当从国务院批准的允许药品进口的口岸或者允许药材进口的边境口岸进口。

第四条　国家药品监督管理局主管全国进口药材监督管理工作。国家药品监督管理局委托省、自治区、直辖市药品监督管理部门（以下简称省级药品监督管理部门）实施首次进口药材审批，并对委托实施首次进口药材审批的行为进行监督指导。

省级药品监督管理部门依法对进口药材进行监督管理，并在委托范围内以国家药品监督管理局的名义实施首次进口药材审批。

允许药品进口的口岸或者允许药材进口的边境口岸所在地负责药品监督管理的部门（以下简称口岸药品监督管理部门）负责进口药材的备案，组织口岸检验并进行监督管理。

第五条　本办法所称药材进口单位是指办理首次进口药材审批的申请人或者办理进口药材备案的单位。

药材进口单位，应当是中国境内的中成药上市许可持有人、中药生产企业，以及具有中药材或者中药饮片经营范围的药品经营企业。

第六条　首次进口药材，应当按照本办法规定取得进口药材批件后，向口岸药品监督管理部门办理备案。首次进口药材，是指非同一国家（地区）、非同一申请人、非同一药材基原的进口药材。

非首次进口药材，应当按照本办法规定直接向口岸药品监督管理部门办理备案。非首次进口药材实行目录管理，具体目录由国家药品监督管理局制定并调整。尚未列入目录，但申请人、药材基原以及国家（地区）均未发生变更的，按照非首次进口药材管理。

第七条　进口的药材应当符合国家药品标准。中国药典现行版未收载的品种，应当执行进口药材标准；中国药典现行版、进口药材标准均未收载的品种，应当执行其他的国家药品标准。少数民族地区进口当地习用的少数民族药药材，尚无国家药品标准的，应当符合相应的省、自治区药材标准。

第二章　首次进口药材申请与审批

第八条　首次进口药材，申请人应当通过国家药品监督管理局的信息系统（以下简称信息系统）填写进口药材申请表，并向所在地省级药品监督管理部门报送以下资料：

（一）进口药材申请表；

（二）申请人药品生产许可证或者药品经营许可证复印件，申请人为中成药上市许可持有人的，应当提供相关药品批准证明文件复印件；

（三）出口商主体登记证明文件复印件；

（四）购货合同及其公证文书复印件；

（五）药材产地生态环境、资源储量、野生或者种植养殖情况、采收及产地初加工等信息；

（六）药材标准及标准来源；

（七）由中国境内具有动、植物基原鉴定资质的机构出具的载有鉴定依据、鉴定结论、样品图片、鉴定人、鉴定机构及其公章等信息的药材基原鉴定证明原件。

申请人应当对申报资料的真实性负责。

第九条　省级药品监督管理部门收到首次进口药材申报资料后，应当对申报资料的规范性、完整性进行形式审查。申报资料存在可以当场更正的错误的，应当允许申请人当场更正；申报资料不齐全或者不符合法定形式的，应当当场或者 5 日内一次告知申请人需要补正的全部内容，逾期不告知的，自收到申报资料之日起即为受理。

省级药品监督管理部门受理或者不予受理首次进口药材申请，应当出具受理或者不予受理通知书；不予受理的，应当书面说明理由。

第十条　申请人收到首次进口药材受理通知书后，应当及时将检验样品报送所在地省级药品检验机构，同时提交本办法第八条规定的资料。

第十一条　省级药品检验机构收到检验样品和相关资料后，应当在 30 日内完成样品检验，向申请人出具进口药材检验报告书，并报送省级药品监督管理部门。因品种特性或者检验项目等原因确需延长检验时间的，应当将延期的时限、理由书面报告省级药品监督管理部门并告知申请人。

第十二条　申请人对检验结果有异议的，可以依照药品管理法的规定申请复验。药品检验机构应当在复验申请受理后 20 日内作出复验结论，并报告省级药品监督管理部门，通知申请人。

第十三条　在审批过程中，省级药品监督管理部门认为需要申请人补充资料的，应当一次告知需要补充的全部内容。

申请人应当在收到补充资料通知书后 4 个月内，按照要求一次提供补充资料。逾期未提交补充资料的，作出不予批准的决定。因不可抗力等原因无法在规定时限内提交补充资料的，申请人应当向所在地省级药品监督管理部门提出延期申请，并说明理由。

　　第十四条　省级药品监督管理部门应当自受理申请之日起 20 日内作出准予或者不予批准的决定。对符合要求的，发给一次性进口药材批件。检验、补充资料期限不计入审批时限。

　　第十五条　变更进口药材批件批准事项的，申请人应当通过信息系统填写进口药材补充申请表，向原发出批件的省级药品监督管理部门提出补充申请。补充申请的申请人应当是原进口药材批件的持有者，并报送以下资料：

　　（一）进口药材补充申请表；

　　（二）进口药材批件原件；

　　（三）与变更事项有关的材料。

　　申请人变更名称的，除第一款规定资料外，还应当报送申请人药品生产许可证或者药品经营许可证以及变更记录页复印件，或者药品批准证明文件以及持有人名称变更补充申请批件复印件。

　　申请人变更到货口岸的，除第一款规定资料外，还应当报送购货合同及其公证文书复印件。

　　第十六条　省级药品监督管理部门应当在补充申请受理后 20 日内完成审批。对符合要求的，发给进口药材补充申请批件。

　　第十七条　省级药品监督管理部门决定予以批准的，应当在作出批准决定后 10 日内，向申请人送达进口药材批件或者进口药材补充申请批件；决定不予批准的，应当在作出不予批准决定后 10 日内，向申请人送达审查意见通知书，并说明理由，告知申请人享有依法申请行政复议或者提起行政诉讼的权利。

第三章　备　案

　　第十八条　首次进口药材申请人应当在取得进口药材批件后 1 年内，从进口药材批件注明的到货口岸组织药材进口。

　　第十九条　进口单位应当向口岸药品监督管理部门备案，通过信息系统填报进口药材报验单，并报送以下资料：

　　（一）进口药材报验单原件；

　　（二）产地证明复印件；

　　（三）药材标准及标准来源；

　　（四）装箱单、提运单和货运发票复印件；

　　（五）经其他国家（地区）转口的进口药材，应当同时提交产地到各转口地的全部购货合同、装箱单、提运单和货运发票复印件；

　　（六）进口药材涉及《濒危野生动植物种国际贸易公约》限制进出口的濒危野生动植物的，还应当提供国家濒危物种进出口管理机构核发的允许进出口证明书复印件。

办理首次进口药材备案的，除第一款规定资料外，还应当报送进口药材批件和进口药材补充申请批件（如有）复印件。

办理非首次进口药材备案的，除第一款规定资料外，还应当报送进口单位的药品生产许可证或者药品经营许可证复印件、出口商主体登记证明文件复印件、购货合同及其公证文书复印件。进口单位为中成药上市许可持有人的，应当提供相关药品批准证明文件复印件。

第二十条　口岸药品监督管理部门应当对备案资料的完整性、规范性进行形式审查，符合要求的，发给进口药品通关单，收回首次进口药材批件，同时向口岸药品检验机构发出进口药材口岸检验通知书，并附备案资料一份。

第二十一条　进口单位持进口药品通关单向海关办理报关验放手续。

第四章　口岸检验

第二十二条　口岸药品检验机构收到进口药材口岸检验通知书后，应当在2日内与进口单位商定现场抽样时间，按时到规定的存货地点进行现场抽样。现场抽样时，进口单位应当出示产地证明原件。

第二十三条　口岸药品检验机构应当对产地证明原件和药材实际到货情况与口岸药品监督管理部门提供的备案资料的一致性进行核查。符合要求的，予以抽样，填写进口药材抽样记录单，在进口单位持有的进口药品通关单原件上注明"已抽样"字样，并加盖抽样单位公章；不符合要求的，不予抽样，并在2日内报告所在地口岸药品监督管理部门。

第二十四条　口岸药品检验机构一般应当在抽样后20日内完成检验工作，出具进口药材检验报告书。因客观原因无法按时完成检验的，应当将延期的时限、理由书面告知进口单位并报告口岸药品监督管理部门。

口岸药品检验机构应当将进口药材检验报告书报送口岸药品监督管理部门，并告知进口单位。

经口岸检验合格的进口药材方可销售使用。

第二十五条　进口单位对检验结果有异议的，可以依照药品管理法的规定申请复验。药品检验机构应当在复验申请受理后20日内作出复验结论，并报告口岸药品监督管理部门，通知进口单位。

第五章　监督管理

第二十六条　口岸药品监督管理部门收到进口药材不予抽样通知书后，对有证据证明可能危害人体健康且已办结海关验放手续的全部药材采取查封、扣押的行政强制措施，并在7日内作出处理决定。

第二十七条　对检验不符合标准规定且已办结海关验放手续的进口药材，口岸药品监督管理部门应当在收到检验报告书后及时采取查封、扣押的行政强制措施，并依法作出处理决定，同时将有关处理情况报告所在地省级药品监督管理部门。

第二十八条　国家药品监督管理局根据需要，可以对进口药材的产地、初加工等生产现场组织实施境外检查。药材进口单位应当协调出口商配合检查。

第二十九条　中成药上市许可持有人、中药生产企业和药品经营企业采购进口药材时，应当查验口岸药品检验机构出具的进口药材检验报告书复印件和注明"已抽样"并加盖公章的进口药品通关单复印件，严格执行药品追溯管理的有关规定。

第三十条　进口药材的包装必须适合进口药材的质量要求，方便储存、运输以及进口检验。在每件包装上，必须注明药材中文名称、批件编号（非首次进口药材除外）、产地、唛头号、进口单位名称、出口商名称、到货口岸、重量以及加工包装日期等。

第三十一条　药材进口申请受理、审批结果、有关违法违规的情形及其处罚结果应当在国家药品监督管理部门网站公开。

第六章　法律责任

第三十二条　进口单位提供虚假的证明、文件资料样品或者采取其他欺骗手段取得首次进口药材批件的，依照药品管理法等法律法规的规定处理。

第三十三条　进口单位提供虚假证明、文件资料或者采取其他欺骗手段办理备案的，给予警告，并处 1 万元以上 3 万元以下罚款。

第七章　附　则

第三十四条　进口药材批件编号格式为：（省、自治区、直辖市简称）药材进字 +4 位年号 +4 位顺序号。

第三十五条　本办法自 2020 年 1 月 1 日起施行。原国家食品药品监督管理局 2005 年 11 月 24 日公布的《进口药材管理办法（试行）》同时废止。

药物非临床研究质量管理规范

（2017 年 7 月 27 日国家食品药品监督管理总局令第 34 号公布，自 2017 年 9 月 1 日起施行）

第一章　总　则

第一条　为保证药物非临床安全性评价研究的质量，保障公众用药安全，根据《中华人民共和国药品管理法》《中华人民共和国药品管理法实施条例》，制定本规范。

第二条　本规范适用于为申请药品注册而进行的药物非临床安全性评价研究。药物非临床安全性评价研究的相关活动应当遵守本规范。以注册为目的的其他药物临床前相关研究活动参照本规范执行。

第三条　药物非临床安全性评价研究是药物研发的基础性工作，应当确保行为规范，数据真实、准确、完整。

第二章　术语及其定义

第四条　本规范下列术语的含义是：

（一）非临床研究质量管理规范，指有关非临床安全性评价研究机构运行管理和非临床安全性评价研究项目试验方案设计、组织实施、执行、检查、记录、存档和报告等全过程的质量管理要求。

（二）非临床安全性评价研究，指为评价药物安全性，在实验室条件下用实验系统进行的试验，包括安全药理学试验、单次给药毒性试验、重复给药毒性试验、生殖毒性试验、遗传毒性试验、致癌性试验、局部毒性试验、免疫原性试验、依赖性试验、毒代动力学试验以及与评价药物安全性有关的其他试验。

（三）非临床安全性评价研究机构（以下简称研究机构），指具备开展非临床安全性评价研究的人员、设施设备及质量管理体系等条件，从事药物非临床安全性评价研究的单位。

（四）多场所研究，指在不同研究机构或者同一研究机构中不同场所内共同实施完成的研究项目。该类研究项目只有一个试验方案、专题负责人，形成一个总结报告，专题负责人和实验系统所处的研究机构或者场所为"主研究场所"，其他负责实施研究工作的研究机构或者场所为"分研究场所"。

（五）机构负责人，指按照本规范的要求全面负责某一研究机构的组织和运行管理的人员。

（六）专题负责人，指全面负责组织实施非临床安全性评价研究中某项试验的人员。

（七）主要研究者，指在多场所研究中，代表专题负责人在分研究场所实施试验的人员。

（八）委托方，指委托研究机构进行非临床安全性评价研究的单位或者个人。

（九）质量保证部门，指研究机构内履行有关非临床安全性评价研究工作质量保证职能的部门，负责对每项研究及相关的设施、设备、人员、方法、操作和记录等进行检查，以保证研究工作符合本规范的要求。

（十）标准操作规程，指描述研究机构运行管理以及试验操作的程序性文件。

（十一）主计划表，指在研究机构内帮助掌握工作量和跟踪研究进程的信息汇总。

（十二）试验方案，指详细描述研究目的及试验设计的文件，包括其变更文件。

（十三）试验方案变更，指在试验方案批准之后，针对试验方案的内容所做的修改。

（十四）偏离，指非故意的或者由不可预见的因素导致的不符合试验方案或者标准操作规程要求的情况。

（十五）实验系统，指用于非临床安全性评价研究的动物、植物、微生物以及器官、组织、细胞、基因等。

（十六）受试物 / 供试品，指通过非临床研究进行安全性评价的物质。

（十七）对照品，指与受试物进行比较的物质。

（十八）溶媒，指用以混合、分散或者溶解受试物、对照品，以便将其给予实验系统的媒介物质。

（十九）批号，指用于识别"批"的一组数字或者字母加数字，以保证受试物或者对照品的可追溯性。

（二十）原始数据，指在第一时间获得的，记载研究工作的原始记录和有关文书或者材料，或者经核实的副本，包括工作记录、各种照片、缩微胶片、计算机打印资料、磁性载体、仪器设备记录的数据等。

（二十一）标本，指来源于实验系统，用于分析、测定或者保存的材料。

（二十二）研究开始日期，指专题负责人签字批准试验方案的日期。

（二十三）研究完成日期，指专题负责人签字批准总结报告的日期。

（二十四）计算机化系统，指由计算机控制的一组硬件与软件，共同执行一个或者一组特定的功能。

（二十五）验证，指证明某流程能够持续满足预期目的和质量属性的活动。

（二十六）电子数据，指任何以电子形式表现的文本、图表、数据、声音、图像等信息，由计算机化系统来完成其建立、修改、备份、维护、归档、检索或者分发。

（二十七）电子签名，指用于代替手写签名的一组计算机代码，与手写签名具有相同的法律效力。

（二十八）稽查轨迹，指按照时间顺序对系统活动进行连续记录，该记录足以重建、回顾、检查系统活动的过程，以便于掌握可能影响最终结果的活动及操作环境的改变。

（二十九）同行评议，指为保证数据质量而采用的一种复核程序，由同一领域的其他专家学者对研究者的研究计划或者结果进行评审。

第三章　组织机构和人员

第五条　研究机构应当建立完善的组织管理体系，配备机构负责人、质量保证部门和相应的工作人员。

第六条　研究机构的工作人员至少应当符合下列要求：

（一）接受过与其工作相关的教育或者专业培训，具备所承担工作需要的知识、工作经验和业务能力；

（二）掌握本规范中与其工作相关的要求，并严格执行；

（三）严格执行与所承担工作有关的标准操作规程，对研究中发生的偏离标准操作规程的情况应当及时记录并向专题负责人或者主要研究者书面报告；

（四）严格执行试验方案的要求，及时、准确、清楚地记录原始数据，并对原始数据的质量负责，对研究中发生的偏离试验方案的情况应当及时记录并向专题负责人或者主要研究者书面报告；

（五）根据工作岗位的需要采取必要的防护措施，最大限度地降低工作人员的安全风险，同时确保受试物、对照品和实验系统不受化学性、生物性或者放射性污染；

（六）定期进行体检，出现健康问题时，为确保研究的质量，应当避免参与可能影响研究的工作。

第七条　机构负责人全面负责本研究机构的运行管理，至少应当履行以下职责：

（一）确保研究机构的运行管理符合本规范的要求；

（二）确保研究机构具有足够数量、具备资质的人员，以及符合本规范要求的设施、仪器设备及材料，以保证研究项目及时、正常地运行；

（三）确保建立工作人员的教育背景、工作经历、培训情况、岗位描述等资料，并归档保存、及时更新；

（四）确保工作人员清楚地理解自己的职责及所承担的工作内容，如有必要应当提供与这些工作相关的培训；

（五）确保建立适当的、符合技术要求的标准操作规程，并确保工作人员严格遵守标准操作规程，所有新建和修改后的标准操作规程需经机构负责人签字批准方可生效，其原始文件作为档案进行保存；

（六）确保在研究机构内制定质量保证计划，由独立的质量保证人员执行，并确保其按照本规范的要求履行质量保证职责；

（七）确保制定主计划表并及时进行更新，确保定期对主计划表归档保存，主计划表应当至少包括研究名称或者代号、受试物名称或者代号、实验系统、研究类型、研究开始时间、研究状态、专题负责人姓名、委托方，涉及多场所研究时，还应当包括分研究场所及主要研究者的信息，以便掌握研究机构内所有非临床安全性评价研究工作的进展及资源分配情况；

（八）确保在研究开始前为每个试验指定一名具有适当资质、经验和培训经历的专题负责人，专题负责人的更换应当按照规定的程序进行并予以记录；

（九）作为分研究场所的机构负责人，在多场所研究的情况下，应当指定一名具有适当资质、经验和培训经历的主要研究者负责相应的试验工作，主要研究者的更换应当按照规定的程序进行并予以记录；

（十）确保质量保证部门的报告被及时处理，并采取必要的纠正、预防措施；

（十一）确保受试物、对照品具备必要的质量特性信息，并指定专人负责受试物、对照品的管理；

（十二）指定专人负责档案的管理；

（十三）确保计算机化系统适用于其使用目的，并且按照本规范的要求进行验证、使用和维护；

（十四）确保研究机构根据研究需要参加必要的检测实验室能力验证和比对活动；

（十五）与委托方签订书面合同，明确各方职责；

（十六）在多场所研究中，分研究场所的机构负责人，应履行以上所述除第（八）项要求之外的所有责任。

第八条　研究机构应当设立独立的质量保证部门负责检查本规范的执行情况，以保证研究的运行管理符合本规范要求。

质量保证人员的职责至少应当包括以下几个方面：

（一）保存正在实施中的研究的试验方案及试验方案修改的副本、现行标准操作规程的副本，并及时获得主计划表的副本；

（二）审查试验方案是否符合本规范的要求，审查工作应当记录归档；

（三）根据研究的内容和持续时间制定检查计划，对每项研究实施检查，以确认所有研究均按照本规范的要求进行，并记录检查的内容、发现的问题、提出的建议等；

（四）定期检查研究机构的运行管理状况，以确认研究机构的工作按照本规范的要求进行；

（五）对检查中发现的任何问题、提出的建议应当跟踪检查并核实整改结果；

（六）以书面形式及时向机构负责人或者专题负责人报告检查结果，对于多场所研究，分研究场所的质量保证人员需将检查结果报告给其研究机构内的主要研究者和机构负责人，以及主研究场所的机构负责人、专题负责人和质量保证人员；

（七）审查总结报告，签署质量保证声明，明确陈述检查的内容和检查时间，以及检查结果报告给机构负责人、专题负责人、主要研究者（多场所研究情况下）的日期，以确认其准确完整地描述了研究的方法、程序、结果，真实全面地反映研究的原始数据；

（八）审核研究机构内所有现行标准操作规程，参与标准操作规程的制定和修改。

第九条　专题负责人对研究的执行和总结报告负责，其职责至少应当包括以下方面：

（一）以签署姓名和日期的方式批准试验方案和试验方案变更，并确保质量保证人员、试验人员及时获得试验方案和试验方案变更的副本；

（二）及时提出修订、补充标准操作规程相关的建议；

（三）确保试验人员了解试验方案和试验方案变更、掌握相应标准操作规程的内容，并遵守其要求，确保及时记录研究中发生的任何偏离试验方案或者标准操作规程的情况，并评估这些情况对研究数据的质量和完整性造成的影响，必要时应当采取纠正措施；

（四）掌握研究工作的进展，确保及时、准确、完整地记录原始数据；

（五）及时处理质量保证部门提出的问题，确保研究工作符合本规范的要求；

（六）确保研究中所使用的仪器设备、计算机化系统得到确认或者验证，且处于适用状态；

（七）确保研究中给予实验系统的受试物、对照品制剂得到充分的检测，以保证其稳定性、浓度或者均一性符合研究要求；

（八）确保总结报告真实、完整地反映了原始数据，并在总结报告中签署姓名和日期予以批准；

（九）确保试验方案、总结报告、原始数据、标本、受试物或者对照品的留样样品等所有与研究相关的材料完整地归档保存；

（十）在多场所研究中，确保试验方案和总结报告中明确说明研究所涉及的主要研究者、主研究场所、分研究场所分别承担的任务；

（十一）多场所研究中，确保主要研究者所承担部分的试验工作符合本规范的要求。

第四章　设　施

第十条　研究机构应当根据所从事的非临床安全性评价研究的需要建立相应的设施，并确保设施的环境条件满足工作的需要。各种设施应当布局合理、运转正常，并具有必要的功能划分和区隔，有效地避免可能对研究造成的干扰。

第十一条　具备能够满足研究需要的动物设施，并能根据需要调控温度、湿度、空气洁净度、通风和照明等环境条件。动物设施的条件应当与所使用的实验动物级别相符，其布局应当合理，避免实验系统、受试物、废弃物等之间发生相互污染。

动物设施应当符合以下要求：

（一）不同种属实验动物能够得到有效的隔离；

（二）同一种属不同研究的实验动物应能够得到有效的隔离，防止不同的受试物、对照品之间可能产生的交叉干扰；

（三）具备实验动物的检疫和患病实验动物的隔离、治疗设施；

（四）当受试物或者对照品含有挥发性、放射性或者生物危害性等物质时，研究机构应当为此研究提供单独的、有效隔离的动物设施，以避免对其他研究造成不利的影响；

（五）具备清洗消毒设施；

（六）具备饲料、垫料、笼具及其他实验用品的存放设施，易腐败变质的用品应当有适当的保管措施。

第十二条　与受试物和对照品相关的设施应当符合以下要求：

（一）具备受试物和对照品的接收、保管、配制及配制后制剂保管的独立房间或者区域，并采取必要的隔离措施，以避免受试物和对照品发生交叉污染或者相互混淆，相关的设施应当满足不同受试物、对照品对于贮藏温度、湿度、光照等环境条件的要求，以确保受试物和对照品在有效期内保持稳定；

（二）受试物和对照品及其制剂的保管区域与实验系统所在的区域应当有效地隔离，以防止其对研究产生不利的影响；

（三）受试物和对照品及其制剂的保管区域应当有必要的安全措施，以确保受试物和对照品及其制剂在贮藏保管期间的安全。

第十三条　档案保管的设施应当符合以下要求：

（一）防止未经授权批准的人员接触档案；

（二）计算机化的档案设施具备阻止未经授权访问和病毒防护等安全措施；

（三）根据档案贮藏条件的需要配备必要的设备，有效地控制火、水、虫、鼠、电力中断等危害因素；

（四）对于有特定环境条件调控要求的档案保管设施，进行充分的监测。

第十四条　研究机构应当具备收集和处置实验废弃物的设施；对不在研究机构内处置的废弃物，应当具备暂存或者转运的条件。

第五章　仪器设备和实验材料

第十五条　研究机构应当根据研究工作的需要配备相应的仪器设备，其性能应当满足使用目的，放置地点合理，并定期进行清洁、保养、测试、校准、确认或者验证等，以确保其性能符合要求。

第十六条　用于数据采集、传输、储存、处理、归档等的计算机化系统（或者包含有计算机系统的设备）应当进行验证。计算机化系统所产生的电子数据应当有保存完整的稽查轨迹和电子签名，以确保数据的完整性和有效性。

第十七条　对于仪器设备，应当有标准操作规程详细说明各仪器设备的使用与管理要求，对仪器设备的使用、清洁、保养、测试、校准、确认或者验证以及维修等应当予以详细记录并归档保存。

第十八条　受试物和对照品的使用和管理应当符合下列要求：

（一）受试物和对照品应当有专人保管，有完善的接收、登记和分发的手续，每一批的受试物和对照品的批号、稳定性、含量或者浓度、纯度及其他理化性质应当有记录，对照品为市售商品时，可使用其标签或者说明书内容；

（二）受试物和对照品的贮存保管条件应当符合其特定的要求，贮存的容器在保管、分发、使用时应当有标签，标明品名、缩写名、代号或者化学文摘登记号（CAS）、批号、浓度或者含量、有效期和贮存条件等信息；

（三）受试物和对照品在分发过程中应当避免污染或者变质，并记录分发、归还的日期和数量；

（四）当受试物和对照品需要与溶媒混合时，应当进行稳定性分析，确保受试物和对照品制剂处于稳定状态，并定期测定混合物制剂中受试物和对照品的浓度、均一性；

（五）试验持续时间超过四周的研究，所使用的每一个批号的受试物和对照品均应当留取足够的样本，以备重新分析的需要，并在研究完成后作为档案予以归档保存。

第十九条　实验室的试剂和溶液等均应当贴有标签，标明品名、浓度、贮存条件、配制日期及有效期等。研究中不得使用变质或者过期的试剂和溶液。

第六章　实验系统

第二十条　实验动物的管理应当符合下列要求：

（一）实验动物的使用应当关注动物福利，遵循"减少、替代和优化"的原则，试验方案实施前应当获得动物伦理委员会批准。

（二）详细记录实验动物的来源、到达日期、数量、健康情况等信息；新进入设施的实验动物应当进行隔离和检疫，以确认其健康状况满足研究的要求；研究过程中实验动物如出现患病等情况，应当及时给予隔离、治疗等处理，诊断、治疗等相应的措施应当予以记录。

（三）实验动物在首次给予受试物、对照品前，应当有足够的时间适应试验环境。

（四）实验动物应当有合适的个体识别标识，以避免实验动物的不同个体在移出或者移入时发生混淆。

（五）实验动物所处的环境及相关用具应当定期清洁、消毒以保持卫生。动物饲养室内使用的清洁剂、消毒剂及杀虫剂等，不得影响试验结果，并应当详细记录其名称、浓度、使用方法及使用的时间等。

（六）实验动物的饲料、垫料和饮水应当定期检验，确保其符合营养或者污染控制标准，其检验结果应当作为原始数据归档保存。

第二十一条　实验动物以外的其他实验系统的来源、数量（体积）、质量属性、接收日期等应当予以详细记录，并在合适的环境条件下保存和操作使用；使用前应当开展适用性评估，如出现质量问题应当给予适当的处理并重新评估其适用性。

第七章　标准操作规程

第二十二条　研究机构应当制定与其业务相适应的标准操作规程，以确保数据的可靠性。公开出版的教科书、文献、生产商制定的用户手册等技术资料可以作为标准操作规程的补充说明加以使用。需要制定的标准操作规程通常包括但不限于以下方面：

（一）标准操作规程的制定、修订和管理；

（二）质量保证程序；

（三）受试物和对照品的接收、标识、保存、处理、配制、领用及取样分析；

（四）动物房和实验室的准备及环境因素的调控；

（五）实验设施和仪器设备的维护、保养、校正、使用和管理等；

（六）计算机化系统的安全、验证、使用、管理、变更控制和备份；

（七）实验动物的接收、检疫、编号及饲养管理；

（八）实验动物的观察记录及试验操作；

（九）各种试验样品的采集、各种指标的检查和测定等操作技术；

（十）濒死或者死亡实验动物的检查、处理；

（十一）实验动物的解剖、组织病理学检查；

（十二）标本的采集、编号和检验；

（十三）各种试验数据的管理和处理；

（十四）工作人员的健康管理制度；

（十五）实验动物尸体及其他废弃物的处理。

第二十三条　标准操作规程及其修订版应当经过质量保证人员审查、机构负责人批准后方可生效。失效的标准操作规程除其原始文件归档保存之外，其余副本均应当及时销毁。

第二十四条　标准操作规程的制定、修订、批准、生效的日期及分发、销毁的情况均应当予以记录并归档保存。

第二十五条　标准操作规程的分发和存放应当确保工作人员使用方便。

第八章　研究工作的实施

第二十六条　每个试验均应当有名称或者代号，并在研究相关的文件资料及试验记录中统一使用该名称或者代号。试验中所采集的各种样本均应当标明该名称或者代号、样本编号和采集日期。

第二十七条　每项研究开始前，均应当起草一份试验方案，由质量保证部门对其符合本规范要求的情况进行审查并经专题负责人批准之后方可生效，专题负责人批准的日期作为研究的开始日期。接受委托的研究，试验方案应当经委托方认可。

第二十八条　需要修改试验方案时应当进行试验方案变更，并经质量保证部门审查，专题负责人批准。试验方案变更应当包含变更的内容、理由及日期，并与原试验方案一起保存。研究被取消或者终止时，试验方案变更应当说明取消或者终止的原因和终止的方法。

第二十九条　试验方案的主要内容应当包括：

（一）研究的名称或者代号，研究目的；

（二）所有参与研究的研究机构和委托方的名称、地址和联系方式；

（三）专题负责人和参加试验的主要工作人员姓名，多场所研究的情况下应当明确负责各部分试验工作的研究场所、主要研究者姓名及其所承担的工作内容；

（四）研究所依据的试验标准、技术指南或者文献以及研究遵守的非临床研究质量管理规范；

（五）受试物和对照品的名称、缩写名、代号、批号、稳定性、浓度或者含量、纯度、组分等有关理化性质及生物特性；

（六）研究用的溶媒、乳化剂及其他介质的名称、批号、有关的理化性质或者生物特性；

（七）实验系统及选择理由；

（八）实验系统的种、系、数量、年龄、性别、体重范围、来源、等级以及其他相关信息；

（九）实验系统的识别方法；

（十）试验的环境条件；

（十一）饲料、垫料、饮用水等的名称或者代号、来源、批号以及主要控制指标；

（十二）受试物和对照品的给药途径、方法、剂量、频率和用药期限及选择的理由；

（十三）各种指标的检测方法和频率；

（十四）数据统计处理方法；

（十五）档案的保存地点。

第三十条　参加研究的工作人员应当严格执行试验方案和相应的标准操作规程，记录试验产生的所有数据，并做到及时、直接、准确、清楚和不易消除，同时需注明记录日期、记录者签名。记录的数据需要修改时，应当保持原记录清楚可辨，并注明修改的理由及修改日期、修改者签名。电子数据的生成、修改应当符合以上要求。

研究过程中发生的任何偏离试验方案和标准操作规程的情况，都应当及时记录并报告给专题负责人，在多场所研究的情况下还应当报告给负责相关试验的主要研究者。专题负责人或者主要研究者应当评估对研究数据的可靠性造成的影响，必要时采取纠正措施。

第三十一条　进行病理学同行评议工作时，同行评议的计划、管理、记录和报告应当符合以下要求：

（一）病理学同行评议工作应当在试验方案或者试验方案变更中详细描述；

（二）病理学同行评议的过程，以及复查的标本和文件应当详细记录并可追溯；

（三）制定同行评议病理学家和专题病理学家意见分歧时的处理程序；

（四）同行评议后的结果与专题病理学家的诊断结果有重要变化时，应当在总结报告中论述说明；

（五）同行评议完成后由同行评议病理学家出具同行评议声明并签字注明日期；

（六）总结报告中应当注明同行评议病理学家的姓名、资质和单位。

第三十二条　所有研究均应当有总结报告。总结报告应当经质量保证部门审查，最终由专题负责人签字批准，批准日期作为研究完成的日期。研究被取消或者终止时，专题负责人应当撰写简要试验报告。

第三十三条　总结报告主要内容应当包括：

（一）研究的名称、代号及研究目的；

（二）所有参与研究的研究机构和委托方的名称、地址和联系方式；

（三）研究所依据的试验标准、技术指南或者文献以及研究遵守的非临床研究质量管理规范；

（四）研究起止日期；

（五）专题负责人、主要研究者以及参加工作的主要人员姓名和承担的工作内容；

（六）受试物和对照品的名称、缩写名、代号、批号、稳定性、含量、浓度、纯度、组分及其他质量特性、受试物和对照品制剂的分析结果，研究用的溶媒、乳化剂及其他介质的名称、批号、有关的理化性质或者生物特性；

（七）实验系统的种、系、数量、年龄、性别、体重范围、来源、实验动物合格证号、接收日期和饲养条件；

（八）受试物和对照品的给药途径、剂量、方法、频率和给药期限；

（九）受试物和对照品的剂量设计依据；

（十）各种指标的检测方法和频率；

（十一）分析数据所采用的统计方法；

（十二）结果和结论；

（十三）档案的保存地点；

（十四）所有影响本规范符合性、研究数据的可靠性的情况；

（十五）质量保证部门签署的质量保证声明；

（十六）专题负责人签署的、陈述研究符合本规范的声明；

（十七）多场所研究的情况下，还应当包括主要研究者签署姓名、日期的相关试验部分的报告。

第三十四条　总结报告被批准后，需要修改或者补充时，应当以修订文件的形式予以修改或者补充，详细说明修改或者补充的内容、理由，并经质量保证部门审查，由专题负责人签署姓名和日期予以批准。为了满足注册申报要求修改总结报告格式的情况不属于总结报告的修订。

第九章　质量保证

第三十五条　研究机构应当确保质量保证工作的独立性。质量保证人员不能参与具体研究的实施，或者承担可能影响其质量保证工作独立性的其他工作。

第三十六条　质量保证部门应当制定书面的质量保证计划，并指定执行人员，以确保研究机构的研究工作符合本规范的要求。

第三十七条 质量保证部门应当对质量保证活动制定相应的标准操作规程，包括质量保证部门的运行、质量保证计划及检查计划的制定、实施、记录和报告，以及相关资料的归档保存等。

第三十八条 质量保证检查可分为三种检查类型：

（一）基于研究的检查，该类检查一般基于特定研究项目的进度和关键阶段进行；

（二）基于设施的检查，该类检查一般基于研究机构内某个通用设施和活动（安装、支持服务、计算机系统、培训、环境监测、维护和校准等）进行；

（三）基于过程的检查，该类检查一般不基于特定研究项目，而是基于某个具有重复性质的程序或者过程来进行。

质量保证检查应当有过程记录和报告，必要时应当提供给监管部门检查。

第三十九条 质量保证部门应当对所有遵照本规范实施的研究项目进行审核并出具质量保证声明。质量保证声明应当包含完整的研究识别信息、相关质量保证检查活动以及报告的日期和阶段。任何对已完成总结报告的修改或者补充应当重新进行审核并签署质量保证声明。

第四十条 质量保证人员在签署质量保证声明前，应当确认试验符合本规范的要求，遵照试验方案和标准操作规程执行，确认总结报告准确、可靠地反映原始数据。

第十章 资料档案

第四十一条 专题负责人应当确保研究所有的资料，包括试验方案的原件、原始数据、标本、相关检测报告、留样受试物和对照品、总结报告的原件以及研究有关的各种文件，在研究实施过程中或者研究完成后及时归档，最长不超过两周，按标准操作规程的要求整理后，作为研究档案予以保存。

第四十二条 研究被取消或者终止时，专题负责人应当将已经生成的上述研究资料作为研究档案予以保存归档。

第四十三条 其他不属于研究档案范畴的资料，包括质量保证部门所有的检查记录及报告、主计划表、工作人员的教育背景、工作经历、培训情况、获准资质、岗位描述的资料、仪器设备及计算机化系统的相关资料、研究机构的人员组织结构文件、所有标准操作规程的历史版本文件、环境条件监测数据等，均应当定期归档保存。应当在标准操作规程中对具体的归档时限、负责人员提出明确要求。

第四十四条 档案应当由机构负责人指定的专人按标准操作规程的要求进行管理，并对其完整性负责，同时应当建立档案索引以便于检索。进入档案设施的人员需获得授权。档案设施中放入或者取出材料应当准确记录。

第四十五条 档案的保存期限应当满足以下要求：

（一）用于注册申报材料的研究，其档案保存期应当在药物上市后至少五年；

（二）未用于注册申报材料的研究（如终止的研究），其档案保存期为总结报告批准日后至少五年；

（三）其他不属于研究档案范畴的资料应当在其生成后保存至少十年。

第四十六条　档案保管期满时，可对档案采取包括销毁在内的必要处理，所采取的处理措施和过程应当按照标准操作规程进行，并有准确的记录。在可能的情况下，研究档案的处理应当得到委托方的同意。

第四十七条　对于质量容易变化的档案，如组织器官、电镜标本、血液涂片、受试物和对照品留样样品等，应当以能够进行有效评价为保存期限。对于电子数据，应当建立数据备份与恢复的标准操作规程，以确保其安全性、完整性和可读性，其保存期限应当符合本规范第四十五条的要求。

第四十八条　研究机构出于停业等原因不再执行本规范的要求、且没有合法的继承者时，其保管的档案应当转移到委托方的档案设施或者委托方指定的档案设施中进行保管，直至档案最终的保管期限。接收转移档案的档案设施应当严格执行本规范的要求，对其接收的档案进行有效的管理并接受监管部门的监督。

第十一章　委托方

第四十九条　委托方作为研究工作的发起者和研究结果的申报者，对用于申报注册的研究资料负责，并承担以下责任：

（一）理解本规范的要求，尤其是机构负责人、专题负责人、主要研究者的职责要求；

（二）委托非临床安全性评价研究前，通过考察等方式对研究机构进行评估，以确认其能够遵守本规范的要求进行研究；

（三）在研究开始之前，试验方案应当得到委托方的认可；

（四）告知研究机构受试物和对照品的相关安全信息，以确保研究机构采取必要的防护措施，避免人身健康和环境安全的潜在风险；

（五）对受试物和对照品的特性进行检测的工作可由委托方、其委托的研究机构或者实验室完成，委托方应当确保其提供的受试物、对照品的特性信息真实、准确；

（六）确保研究按照本规范的要求实施。

第十二章　附　则

第五十条　本规范自 2017 年 9 月 1 日起施行，2003 年 8 月 6 日发布的《药物非临床研究质量管理规范》（原国家食品药品监督管理局令第 2 号）同时废止。

国家食品药品监督管理总局
关于调整部分药品行政审批事项审批程序的决定

（2017年3月17日国家食品药品监督管理总局令第31号公布，自2017年5月1日起施行）

为贯彻落实《国务院关于改革药品医疗器械审评审批制度的意见》（国发〔2015〕44号）以及国务院有关行政审批制度改革精神，进一步加强药品注册管理，切实提高审评审批效率，经国家食品药品监督管理总局局务会议研究决定，将下列由国家食品药品监督管理总局作出的药品行政审批决定，调整为由国家食品药品监督管理总局药品审评中心以国家食品药品监督管理总局名义作出：

一、药物临床试验审批决定（含国产和进口）；

二、药品补充申请审批决定（含国产和进口）；

三、进口药品再注册审批决定。

其他药品注册申请的审批决定，按现程序，由国家食品药品监督管理总局作出。

调整后的审批决定由国家食品药品监督管理总局药品审评中心负责人签发。申请人对审批结论不服的，可以向国家食品药品监督管理总局提起行政复议或者依法提起行政诉讼。

药品监管相关规章中审批程序与本决定不一致的，按照本决定执行。

本决定自2017年5月1日起施行。

国家食品药品监督管理总局
关于调整进口药品注册管理有关事项的决定

（2017 年 10 月 10 日国家食品药品监督管理总局令第 35 号公布，自公布之日起施行）

根据《全国人民代表大会常务委员会关于授权国务院在部分地方开展药品上市许可持有人制度试点和有关问题的决定》《国务院关于改革药品医疗器械审评审批制度的意见》（国发〔2015〕44 号）要求，为鼓励新药上市，满足临床需求，经国家食品药品监督管理总局局务会议研究决定，对进口药品注册管理有关事项作如下调整：

一、在中国进行国际多中心药物临床试验，允许同步开展 I 期临床试验，取消临床试验用药物应当已在境外注册，或者已进入 II 期或 III 期临床试验的要求，预防用生物制品除外。

二、在中国进行的国际多中心药物临床试验完成后，申请人可以直接提出药品上市注册申请。提出上市注册申请时，应当执行《药品注册管理办法》及相关文件的要求。

三、对于提出进口药品临床试验申请、进口药品上市申请的化学药品新药以及治疗用生物制品创新药，取消应当获得境外制药厂商所在生产国家或者地区的上市许可的要求。

四、对于本决定发布前已受理、以国际多中心临床试验数据提出免做进口药品临床试验的注册申请，符合《药品注册管理办法》及相关文件要求的，可以直接批准进口。

本决定自发布之日起实施。药品监管相关规章中有关规定与本决定不一致的，按照本决定执行。

药品医疗器械飞行检查办法

（2015 年 6 月 29 日国家食品药品监督管理总局令第 14 号公布，自 2015 年 9 月 1 日起施行）

第一章　总　则

第一条　为加强药品和医疗器械监督检查，强化安全风险防控，根据《中华人民共和国药品管理法》《中华人民共和国药品管理法实施条例》《医疗器械监督管理条例》等有关法律法规，制定本办法。

第二条　本办法所称药品医疗器械飞行检查，是指食品药品监督管理部门针对药品和医疗器械研制、生产、经营、使用等环节开展的不预先告知的监督检查。

第三条　国家食品药品监督管理总局负责组织实施全国范围内的药品医疗器械飞行检查。地方各级食品药品监督管理部门负责组织实施本行政区域的药品医疗器械飞行检查。

第四条　药品医疗器械飞行检查应当遵循依法独立、客观公正、科学处置的原则，围绕安全风险防控开展。

第五条　被检查单位对食品药品监督管理部门组织实施的药品医疗器械飞行检查应当予以配合，不得拒绝、逃避或者阻碍。

第六条　食品药品监督管理部门应当按照政府信息公开的要求公开检查结果，对重大或者典型案件，可以采取新闻发布等方式向社会公开。

第七条　食品药品监督管理部门及有关工作人员应当严格遵守有关法律法规、廉政纪律和工作要求，不得向被检查单位提出与检查无关的要求，不得泄露飞行检查相关情况、举报人信息及被检查单位的商业秘密。

第二章　启　动

第八条　有下列情形之一的，食品药品监督管理部门可以开展药品医疗器械飞行检查：

（一）投诉举报或者其他来源的线索表明可能存在质量安全风险的；

（二）检验发现存在质量安全风险的；

（三）药品不良反应或者医疗器械不良事件监测提示可能存在质量安全风险的；

（四）对申报资料真实性有疑问的；

（五）涉嫌严重违反质量管理规范要求的；

（六）企业有严重不守信记录的；

（七）其他需要开展飞行检查的情形。

第九条　开展飞行检查应当制定检查方案，明确检查事项、时间、人员构成和方式等。需要采用不公开身份的方式进行调查的，检查方案中应当予以明确。

必要时，食品药品监督管理部门可以联合公安机关等有关部门共同开展飞行检查。

第十条　食品药品监督管理部门派出的检查组应当由 2 名以上检查人员组成，检查组实行组长负责制。检查人员应当是食品药品行政执法人员、依法取得检查员资格的人员或者取得本次检查授权的其他人员；根据检查工作需要，食品药品监督管理部门可以请相关领域专家参加检查工作。

参加检查的人员应当签署无利益冲突声明和廉政承诺书；所从事的检查活动与其个人利益之间可能发生矛盾或者冲突的，应当主动提出回避。

第十一条　检查组应当调查核实被检查单位执行药品和医疗器械监管法律法规的实际情况，按照检查方案明确现场检查重点，并可以根据风险研判提出风险管控预案。

第十二条　检查组成员不得事先告知被检查单位检查行程和检查内容，指定地点集中后，第一时间直接进入检查现场；直接针对可能存在的问题开展检查；不得透露检查过程中的进展情况、发现的违法线索等相关信息。

第十三条　上级食品药品监督管理部门组织实施飞行检查的，可以适时通知被检查单位所在地食品药品监督管理部门。被检查单位所在地食品药品监督管理部门应当派员协助检查，协助检查的人员应当服从检查组的安排。

第十四条　组织实施飞行检查的食品药品监督管理部门应当加强对检查组的指挥，根据现场检查反馈的情况及时调整应对策略，必要时启动协调机制，并可以派相关人员赴现场协调和指挥。

第三章　检　查

第十五条　检查组到达检查现场后，检查人员应当出示相关证件和受食品药品监督管理部门委派开展监督检查的执法证明文件，通报检查要求及被检查单位的权利和义务。

第十六条　被检查单位及有关人员应当及时按照检查组要求，明确检查现场负责人，开放相关场所或者区域，配合对相关设施设备的检查，保持正常生产经营状态，提供真实、有效、完整的文件、记录、票据、凭证、电子数据等相关材料，如实回答检查组的询问。

第十七条　检查组应当详细记录检查时间、地点、现场状况等；对发现的问题应当进行书面记录，并根据实际情况收集或者复印相关文件资料、拍摄相关设施设备及物料等实物和现场情况、采集实物以及询问有关人员等。询问记录应当包括询问对象姓名、工作岗位和谈话内容等，并经询问对象逐页签字或者按指纹。

记录应当及时、准确、完整，客观真实反映现场检查情况。

　　飞行检查过程中形成的记录及依法收集的相关资料、实物等，可以作为行政处罚中认定事实的依据。

　　第十八条　需要抽取成品及其他物料进行检验的，检查组可以按照抽样检验相关规定抽样或者通知被检查单位所在地食品药品监督管理部门按规定抽样。抽取的样品应当由具备资质的技术机构进行检验或者鉴定，所抽取样品的检验费、鉴定费由组织实施飞行检查的食品药品监督管理部门承担。

　　第十九条　检查组认为证据可能灭失或者以后难以取得的，以及需要采取行政强制措施的，可以通知被检查单位所在地食品药品监督管理部门。被检查单位所在地食品药品监督管理部门应当依法采取证据保全或者行政强制措施。

　　第二十条　有下列情形之一的，检查组应当立即报组织实施飞行检查的食品药品监督管理部门及时作出决定：

　　（一）需要增加检查力量或者延伸检查范围的；

　　（二）需要采取产品召回或者暂停研制、生产、销售、使用等风险控制措施的；

　　（三）需要立案查处的；

　　（四）涉嫌犯罪需要移送公安机关的；

　　（五）其他需要报告的事项。

　　需要采取风险控制措施的，被检查单位应当按照食品药品监督管理部门的要求采取相应措施。

　　第二十一条　现场检查时间由检查组根据检查需要确定，以能够查清查实问题为原则。

　　经组织实施飞行检查的食品药品监督管理部门同意后，检查组方可结束检查。

　　第二十二条　检查结束时，检查组应当向被检查单位通报检查相关情况。被检查单位有异议的，可以陈述和申辩，检查组应当如实记录。

　　第二十三条　检查结束后，检查组应当撰写检查报告。检查报告的内容包括：检查过程、发现问题、相关证据、检查结论和处理建议等。

　　第二十四条　检查组一般应当在检查结束后 5 个工作日内，将检查报告、检查记录、相关证据材料等报组织实施飞行检查的食品药品监督管理部门。必要时，可以抄送被检查单位所在地食品药品监督管理部门。

第四章　处　理

　　第二十五条　根据飞行检查结果，食品药品监督管理部门可以依法采取限期整改、发告诫信、约谈被检查单位、监督召回产品、收回或者撤销相关资格认证认定证书，以及暂停研制、生产、销售、使用等风险控制措施。风险因素消除后，应当及时解除相关风险控制措施。

　　第二十六条　国家食品药品监督管理总局组织实施的飞行检查发现违法行为需要立

案查处的，国家食品药品监督管理总局可以直接组织查处，也可以指定被检查单位所在地食品药品监督管理部门查处。

地方各级食品药品监督管理部门组织实施的飞行检查发现违法行为需要立案查处的，原则上应当直接查处。

由下级食品药品监督管理部门查处的，组织实施飞行检查的食品药品监督管理部门应当跟踪督导查处情况。

第二十七条　飞行检查发现的违法行为涉嫌犯罪的，由负责立案查处的食品药品监督管理部门移送公安机关，并抄送同级检察机关。

第二十八条　食品药品监督管理部门有权在任何时间进入被检查单位研制、生产、经营、使用等场所进行检查，被检查单位不得拒绝、逃避。

被检查单位有下列情形之一的，视为拒绝、逃避检查：

（一）拖延、限制、拒绝检查人员进入被检查场所或者区域的，或者限制检查时间的；

（二）无正当理由不提供或者延迟提供与检查相关的文件、记录、票据、凭证、电子数据等材料的；

（三）以声称工作人员不在、故意停止生产经营等方式欺骗、误导、逃避检查的；

（四）拒绝或者限制拍摄、复印、抽样等取证工作的；

（五）其他不配合检查的情形。

检查组对被检查单位拒绝、逃避检查的行为应当进行书面记录，责令改正并及时报告组织实施飞行检查的食品药品监督管理部门；经责令改正后仍不改正、造成无法完成检查工作的，检查结论判定为不符合相关质量管理规范或者其他相关要求。

第二十九条　被检查单位因违法行为应当受到行政处罚，且具有拒绝、逃避监督检查或者伪造、销毁、隐匿有关证据材料等情形的，由食品药品监督管理部门按照《中华人民共和国药品管理法》《中华人民共和国药品管理法实施条例》《医疗器械监督管理条例》等有关规定从重处罚。

第三十条　被检查单位有下列情形之一，构成违反治安管理行为的，由食品药品监督管理部门商请公安机关依照《中华人民共和国治安管理处罚法》的规定进行处罚：

（一）阻碍检查人员依法执行职务，或者威胁检查人员人身安全的；

（二）伪造、变造、买卖或者使用伪造、变造的审批文件、认证认定证书等的；

（三）隐藏、转移、变卖、损毁食品药品监督管理部门依法查封、扣押的财物的；

（四）伪造、隐匿、毁灭证据或者提供虚假证言，影响依法开展检查的。

第三十一条　上级食品药品监督管理部门应当及时将其组织实施的飞行检查结果通报被检查单位所在地食品药品监督管理部门。

下级食品药品监督管理部门应当及时将其组织实施的飞行检查中发现的重大问题书面报告上一级食品药品监督管理部门，并于每年年底前将该年度飞行检查的总结报告报上一级食品药品监督管理部门。

　　第三十二条　针对飞行检查中发现的区域性、普遍性或者长期存在、比较突出的问题，上级食品药品监督管理部门可以约谈被检查单位所在地食品药品监督管理部门主要负责人或者当地人民政府负责人。

　　被约谈的食品药品监督管理部门应当及时提出整改措施，并将整改情况上报。

　　第三十三条　食品药品监督管理部门及有关工作人员有下列情形之一的，应当公开通报；对有关工作人员按照干部管理权限给予行政处分和纪律处分，或者提出处理建议；涉嫌犯罪的，依法移交司法机关处理：

　　（一）泄露飞行检查信息的；

　　（二）泄露举报人信息或者被检查单位商业秘密的；

　　（三）出具虚假检查报告或者检验报告的；

　　（四）干扰、拖延检查或者拒绝立案查处的；

　　（五）违反廉政纪律的；

　　（六）有其他滥用职权或者失职渎职行为的。

第五章　附　则

　　第三十四条　各级食品药品监督管理部门应当将药品医疗器械飞行检查所需费用及相关抽检费用纳入年度经费预算，并根据工作需要予以足额保障。

　　第三十五条　本办法自 2015 年 9 月 1 日起施行。

药品经营质量管理规范

（2015 年 6 月 25 日国家食品药品监督管理总局令第 13 号公布，自发布之日起施行，根据 2016 年 7 月 13 日《国家食品药品监督管理总局关于修改〈药品经营质量管理规范〉的决定》修正）

第一章　总　则

第一条　为加强药品经营质量管理，规范药品经营行为，保障人体用药安全、有效，根据《中华人民共和国药品管理法》、《中华人民共和国药品管理法实施条例》，制定本规范。

第二条　本规范是药品经营管理和质量控制的基本准则。

企业应当在药品采购、储存、销售、运输等环节采取有效的质量控制措施，确保药品质量，并按照国家有关要求建立药品追溯系统，实现药品可追溯。

第三条　药品经营企业应当严格执行本规范。

药品生产企业销售药品、药品流通过程中其他涉及储存与运输药品的，也应当符合本规范相关要求。

第四条　药品经营企业应当坚持诚实守信，依法经营。禁止任何虚假、欺骗行为。

第二章　药品批发的质量管理

第一节　质量管理体系

第五条　企业应当依据有关法律法规及本规范的要求建立质量管理体系，确定质量方针，制定质量管理体系文件，开展质量策划、质量控制、质量保证、质量改进和质量风险管理等活动。

第六条　企业制定的质量方针文件应当明确企业总的质量目标和要求，并贯彻到药品经营活动的全过程。

第七条　企业质量管理体系应当与其经营范围和规模相适应，包括组织机构、人员、设施设备、质量管理体系文件及相应的计算机系统等。

第八条　企业应当定期以及在质量管理体系关键要素发生重大变化时，组织开展内审。

第九条　企业应当对内审的情况进行分析，依据分析结论制定相应的质量管理体系改进措施，不断提高质量控制水平，保证质量管理体系持续有效运行。

第十条　企业应当采用前瞻或者回顾的方式，对药品流通过程中的质量风险进行评估、控制、沟通和审核。

第十一条　企业应当对药品供货单位、购货单位的质量管理体系进行评价，确认其质量保证能力和质量信誉，必要时进行实地考察。

第十二条　企业应当全员参与质量管理。各部门、岗位人员应当正确理解并履行职责，承担相应质量责任。

第二节　组织机构与质量管理职责

第十三条　企业应当设立与其经营活动和质量管理相适应的组织机构或者岗位，明确规定其职责、权限及相互关系。

第十四条　企业负责人是药品质量的主要责任人，全面负责企业日常管理，负责提供必要的条件，保证质量管理部门和质量管理人员有效履行职责，确保企业实现质量目标并按照本规范要求经营药品。

第十五条　企业质量负责人应当由高层管理人员担任，全面负责药品质量管理工作，独立履行职责，在企业内部对药品质量管理具有裁决权。

第十六条　企业应当设立质量管理部门，有效开展质量管理工作。质量管理部门的职责不得由其他部门及人员履行。

第十七条　质量管理部门应当履行以下职责：

（一）督促相关部门和岗位人员执行药品管理的法律法规及本规范；

（二）组织制订质量管理体系文件，并指导、监督文件的执行；

（三）负责对供货单位和购货单位的合法性、购进药品的合法性以及供货单位销售人员、购货单位采购人员的合法资格进行审核，并根据审核内容的变化进行动态管理；

（四）负责质量信息的收集和管理，并建立药品质量档案；

（五）负责药品的验收，指导并监督药品采购、储存、养护、销售、退货、运输等环节的质量管理工作；

（六）负责不合格药品的确认，对不合格药品的处理过程实施监督；

（七）负责药品质量投诉和质量事故的调查、处理及报告；

（八）负责假劣药品的报告；

（九）负责药品质量查询；

（十）负责指导设定计算机系统质量控制功能；

（十一）负责计算机系统操作权限的审核和质量管理基础数据的建立及更新；

（十二）组织验证、校准相关设施设备；

（十三）负责药品召回的管理；

（十四）负责药品不良反应的报告；

（十五）组织质量管理体系的内审和风险评估；

（十六）组织对药品供货单位及购货单位质量管理体系和服务质量的考察和评价；

（十七）组织对被委托运输的承运方运输条件和质量保障能力的审查；

（十八）协助开展质量管理教育和培训；

（十九）其他应当由质量管理部门履行的职责。

第三节　人员与培训

第十八条　企业从事药品经营和质量管理工作的人员，应当符合有关法律法规及本规范规定的资格要求，不得有相关法律法规禁止从业的情形。

第十九条　企业负责人应当具有大学专科以上学历或者中级以上专业技术职称，经过基本的药学专业知识培训，熟悉有关药品管理的法律法规及本规范。

第二十条　企业质量负责人应当具有大学本科以上学历、执业药师资格和 3 年以上药品经营质量管理工作经历，在质量管理工作中具备正确判断和保障实施的能力。

第二十一条　企业质量管理部门负责人应当具有执业药师资格和 3 年以上药品经营质量管理工作经历，能独立解决经营过程中的质量问题。

第二十二条　企业应当配备符合以下资格要求的质量管理、验收及养护等岗位人员：

（一）从事质量管理工作的，应当具有药学中专或者医学、生物、化学等相关专业大学专科以上学历或者具有药学初级以上专业技术职称；

（二）从事验收、养护工作的，应当具有药学或者医学、生物、化学等相关专业中专以上学历或者具有药学初级以上专业技术职称；

（三）从事中药材、中药饮片验收工作的，应当具有中药学专业中专以上学历或者具有中药学中级以上专业技术职称；从事中药材、中药饮片养护工作的，应当具有中药学专业中专以上学历或者具有中药学初级以上专业技术职称；直接收购地产中药材的，验收人员应当具有中药学中级以上专业技术职称。

从事疫苗配送的，还应当配备 2 名以上专业技术人员专门负责疫苗质量管理和验收工作。专业技术人员应当具有预防医学、药学、微生物学或者医学等专业本科以上学历及中级以上专业技术职称，并有 3 年以上从事疫苗管理或者技术工作经历。

第二十三条　从事质量管理、验收工作的人员应当在职在岗，不得兼职其他业务工作。

第二十四条　从事采购工作的人员应当具有药学或者医学、生物、化学等相关专业中专以上学历，从事销售、储存等工作的人员应当具有高中以上文化程度。

第二十五条　企业应当对各岗位人员进行与其职责和工作内容相关的岗前培训和继续培训，以符合本规范要求。

第二十六条　培训内容应当包括相关法律法规、药品专业知识及技能、质量管理制度、职责及岗位操作规程等。

第二十七条　企业应当按照培训管理制度制定年度培训计划并开展培训，使相关人员能正确理解并履行职责。培训工作应当做好记录并建立档案。

第二十八条　从事特殊管理的药品和冷藏冷冻药品的储存、运输等工作的人员，应当接受相关法律法规和专业知识培训并经考核合格后方可上岗。

第二十九条　企业应当制定员工个人卫生管理制度，储存、运输等岗位人员的着装应当符合劳动保护和产品防护的要求。

第三十条　质量管理、验收、养护、储存等直接接触药品岗位的人员应当进行岗前及年度健康检查，并建立健康档案。患有传染病或者其他可能污染药品的疾病的，不得从事直接接触药品的工作。身体条件不符合相应岗位特定要求的，不得从事相关工作。

第四节　质量管理体系文件

第三十一条　企业制定质量管理体系文件应当符合企业实际。文件包括质量管理制度、部门及岗位职责、操作规程、档案、报告、记录和凭证等。

第三十二条　文件的起草、修订、审核、批准、分发、保管，以及修改、撤销、替换、销毁等应当按照文件管理操作规程进行，并保存相关记录。

第三十三条　文件应当标明题目、种类、目的以及文件编号和版本号。文字应当准确、清晰、易懂。

文件应当分类存放，便于查阅。

第三十四条　企业应当定期审核、修订文件，使用的文件应当为现行有效的文本，已废止或者失效的文件除留档备查外，不得在工作现场出现。

第三十五条　企业应当保证各岗位获得与其工作内容相对应的必要文件，并严格按照规定开展工作。

第三十六条　质量管理制度应当包括以下内容：

（一）质量管理体系内审的规定；

（二）质量否决权的规定；

（三）质量管理文件的管理；

（四）质量信息的管理；

（五）供货单位、购货单位、供货单位销售人员及购货单位采购人员等资格审核的规定；

（六）药品采购、收货、验收、储存、养护、销售、出库、运输的管理；

（七）特殊管理的药品的规定；

（八）药品有效期的管理；

（九）不合格药品、药品销毁的管理；

（十）药品退货的管理；

（十一）药品召回的管理；

（十二）质量查询的管理；

（十三）质量事故、质量投诉的管理；

（十四）药品不良反应报告的规定；

（十五）环境卫生、人员健康的规定；

（十六）质量方面的教育、培训及考核的规定；

（十七）设施设备保管和维护的管理；

（十八）设施设备验证和校准的管理；

（十九）记录和凭证的管理；

（二十）计算机系统的管理；

（二十一）药品追溯的规定；

（二十二）其他应当规定的内容。

第三十七条　部门及岗位职责应当包括：

（一）质量管理、采购、储存、销售、运输、财务和信息管理等部门职责；

（二）企业负责人、质量负责人及质量管理、采购、储存、销售、运输、财务和信息管理等部门负责人的岗位职责；

（三）质量管理、采购、收货、验收、储存、养护、销售、出库复核、运输、财务、信息管理等岗位职责；

（四）与药品经营相关的其他岗位职责。

第三十八条　企业应当制定药品采购、收货、验收、储存、养护、销售、出库复核、运输等环节及计算机系统的操作规程。

第三十九条　企业应当建立药品采购、验收、养护、销售、出库复核、销后退回和购进退出、运输、储运温湿度监测、不合格药品处理等相关记录，做到真实、完整、准确、有效和可追溯。

第四十条　通过计算机系统记录数据时，有关人员应当按照操作规程，通过授权及密码登录后方可进行数据的录入或者复核；数据的更改应当经质量管理部门审核并在其监督下进行，更改过程应当留有记录。

第四十一条　书面记录及凭证应当及时填写，并做到字迹清晰，不得随意涂改，不得撕毁。更改记录的，应当注明理由、日期并签名，保持原有信息清晰可辨。

第四十二条　记录及凭证应当至少保存 5 年。疫苗、特殊管理的药品的记录及凭证按相关规定保存。

第五节　设施与设备

第四十三条　企业应当具有与其药品经营范围、经营规模相适应的经营场所和库房。

第四十四条　库房的选址、设计、布局、建造、改造和维护应当符合药品储存的要求，防止药品的污染、交叉污染、混淆和差错。

第四十五条　药品储存作业区、辅助作业区应当与办公区和生活区分开一定距离或者有隔离措施。

第四十六条　库房的规模及条件应当满足药品的合理、安全储存，并达到以下要求，便于开展储存作业：

（一）库房内外环境整洁，无污染源，库区地面硬化或者绿化；

（二）库房内墙、顶光洁，地面平整，门窗结构严密；

（三）库房有可靠的安全防护措施，能够对无关人员进入实行可控管理，防止药品被盗、替换或者混入假药；

（四）有防止室外装卸、搬运、接收、发运等作业受异常天气影响的措施。

第四十七条　库房应当配备以下设施设备：

（一）药品与地面之间有效隔离的设备；

（二）避光、通风、防潮、防虫、防鼠等设备；

（三）有效调控温湿度及室内外空气交换的设备；

（四）自动监测、记录库房温湿度的设备；

（五）符合储存作业要求的照明设备；

（六）用于零货拣选、拼箱发货操作及复核的作业区域和设备；

（七）包装物料的存放场所；

（八）验收、发货、退货的专用场所；

（九）不合格药品专用存放场所；

（十）经营特殊管理的药品有符合国家规定的储存设施。

第四十八条　经营中药材、中药饮片的，应当有专用的库房和养护工作场所，直接收购地产中药材的应当设置中药样品室（柜）。

第四十九条　储存、运输冷藏、冷冻药品的，应当配备以下设施设备：

（一）与其经营规模和品种相适应的冷库，储存疫苗的应当配备两个以上独立冷库；

（二）用于冷库温度自动监测、显示、记录、调控、报警的设备；

（三）冷库制冷设备的备用发电机组或者双回路供电系统；

（四）对有特殊低温要求的药品，应当配备符合其储存要求的设施设备；

（五）冷藏车及车载冷藏箱或者保温箱等设备。

第五十条　运输药品应当使用封闭式货物运输工具。

第五十一条　运输冷藏、冷冻药品的冷藏车及车载冷藏箱、保温箱应当符合药品运输过程中对温度控制的要求。冷藏车具有自动调控温度、显示温度、存储和读取温度监测数据的功能；冷藏箱及保温箱具有外部显示和采集箱体内温度数据的功能。

第五十二条　储存、运输设施设备的定期检查、清洁和维护应当由专人负责，并建立记录和档案。

第六节　校准与验证

第五十三条　企业应当按照国家有关规定，对计量器具、温湿度监测设备等定期进行校准或者检定。

企业应当对冷库、储运温湿度监测系统以及冷藏运输等设施设备进行使用前验证、定期验证及停用时间超过规定时限的验证。

第五十四条　企业应当根据相关验证管理制度，形成验证控制文件，包括验证方案、报告、评价、偏差处理和预防措施等。

第五十五条 验证应当按照预先确定和批准的方案实施，验证报告应当经过审核和批准，验证文件应当存档。

第五十六条 企业应当根据验证确定的参数及条件，正确、合理使用相关设施设备。

第七节　计算机系统

第五十七条 企业应当建立能够符合经营全过程管理及质量控制要求的计算机系统，实现药品可追溯。

第五十八条 企业计算机系统应当符合以下要求：

（一）有支持系统正常运行的服务器和终端机；

（二）有安全、稳定的网络环境，有固定接入互联网的方式和安全可靠的信息平台；

（三）有实现部门之间、岗位之间信息传输和数据共享的局域网；

（四）有药品经营业务票据生成、打印和管理功能；

（五）有符合本规范要求及企业管理实际需要的应用软件和相关数据库。

第五十九条 各类数据的录入、修改、保存等操作应当符合授权范围、操作规程和管理制度的要求，保证数据原始、真实、准确、安全和可追溯。

第六十条 计算机系统运行中涉及企业经营和管理的数据应当采用安全、可靠的方式储存并按日备份，备份数据应当存放在安全场所，记录类数据的保存时限应当符合本规范第四十二条的要求。

第八节　采　购

第六十一条 企业的采购活动应当符合以下要求：

（一）确定供货单位的合法资格；

（二）确定所购入药品的合法性；

（三）核实供货单位销售人员的合法资格；

（四）与供货单位签订质量保证协议。

采购中涉及的首营企业、首营品种，采购部门应当填写相关申请表格，经过质量管理部门和企业质量负责人的审核批准。必要时应当组织实地考察，对供货单位质量管理体系进行评价。

第六十二条 对首营企业的审核，应当查验加盖其公章原印章的以下资料，确认真实、有效：

（一）《药品生产许可证》或者《药品经营许可证》复印件；

（二）营业执照、税务登记、组织机构代码的证件复印件，及上一年度企业年度报告公示情况；

（三）《药品生产质量管理规范》认证证书或者《药品经营质量管理规范》认证证书复印件；

（四）相关印章、随货同行单（票）样式；

（五）开户户名、开户银行及账号。

第六十三条　采购首营品种应当审核药品的合法性，索取加盖供货单位公章原印章的药品生产或者进口批准证明文件复印件并予以审核，审核无误的方可采购。

以上资料应当归入药品质量档案。

第六十四条　企业应当核实、留存供货单位销售人员以下资料：

（一）加盖供货单位公章原印章的销售人员身份证复印件；

（二）加盖供货单位公章原印章和法定代表人印章或者签名的授权书，授权书应当载明被授权人姓名、身份证号码，以及授权销售的品种、地域、期限；

（三）供货单位及供货品种相关资料。

第六十五条　企业与供货单位签订的质量保证协议至少包括以下内容：

（一）明确双方质量责任；

（二）供货单位应当提供符合规定的资料且对其真实性、有效性负责；

（三）供货单位应当按照国家规定开具发票；

（四）药品质量符合药品标准等有关要求；

（五）药品包装、标签、说明书符合有关规定；

（六）药品运输的质量保证及责任；

（七）质量保证协议的有效期限。

第六十六条　采购药品时，企业应当向供货单位索取发票。发票应当列明药品的通用名称、规格、单位、数量、单价、金额等；不能全部列明的，应当附《销售货物或者提供应税劳务清单》，并加盖供货单位发票专用章原印章、注明税票号码。

第六十七条　发票上的购、销单位名称及金额、品名应当与付款流向及金额、品名一致，并与财务账目内容相对应。发票按有关规定保存。

第六十八条　采购药品应当建立采购记录。采购记录应当有药品的通用名称、剂型、规格、生产厂商、供货单位、数量、价格、购货日期等内容，采购中药材、中药饮片的还应当标明产地。

第六十九条　发生灾情、疫情、突发事件或者临床紧急救治等特殊情况，以及其他符合国家有关规定的情形，企业可采用直调方式购销药品，将已采购的药品不入本企业仓库，直接从供货单位发送到购货单位，并建立专门的采购记录，保证有效的质量跟踪和追溯。

第七十条　采购特殊管理的药品，应当严格按照国家有关规定进行。

第七十一条　企业应当定期对药品采购的整体情况进行综合质量评审，建立药品质量评审和供货单位质量档案，并进行动态跟踪管理。

第九节　收货与验收

第七十二条　企业应当按照规定的程序和要求对到货药品逐批进行收货、验收，防止不合格药品入库。

第七十三条　药品到货时，收货人员应当核实运输方式是否符合要求，并对照随货同行单（票）和采购记录核对药品，做到票、账、货相符。

随货同行单（票）应当包括供货单位、生产厂商、药品的通用名称、剂型、规格、批号、数量、收货单位、收货地址、发货日期等内容，并加盖供货单位药品出库专用章原印章。

第七十四条　冷藏、冷冻药品到货时，应当对其运输方式及运输过程的温度记录、运输时间等质量控制状况进行重点检查并记录。不符合温度要求的应当拒收。

第七十五条　收货人员对符合收货要求的药品，应当按品种特性要求放于相应待验区域，或者设置状态标志，通知验收。冷藏、冷冻药品应当在冷库内待验。

第七十六条　验收药品应当按照药品批号查验同批号的检验报告书。供货单位为批发企业的，检验报告书应当加盖其质量管理专用章原印章。检验报告书的传递和保存可以采用电子数据形式，但应当保证其合法性和有效性。

第七十七条　企业应当按照验收规定，对每次到货药品进行逐批抽样验收，抽取的样品应当具有代表性：

（一）同一批号的药品应当至少检查一个最小包装，但生产企业有特殊质量控制要求或者打开最小包装可能影响药品质量的，可不打开最小包装；

（二）破损、污染、渗液、封条损坏等包装异常以及零货、拼箱的，应当开箱检查至最小包装；

（三）外包装及封签完整的原料药、实施批签发管理的生物制品，可不开箱检查。

第七十八条　验收人员应当对抽样药品的外观、包装、标签、说明书以及相关的证明文件等逐一进行检查、核对；验收结束后，应当将抽取的完好样品放回原包装箱，加封并标示。

第七十九条　特殊管理的药品应当按照相关规定在专库或者专区内验收。

第八十条　验收药品应当做好验收记录，包括药品的通用名称、剂型、规格、批准文号、批号、生产日期、有效期、生产厂商、供货单位、到货数量、到货日期、验收合格数量、验收结果等内容。验收人员应当在验收记录上签署姓名和验收日期。

中药材验收记录应当包括品名、产地、供货单位、到货数量、验收合格数量等内容。中药饮片验收记录应当包括品名、规格、批号、产地、生产日期、生产厂商、供货单位、到货数量、验收合格数量等内容，实施批准文号管理的中药饮片还应当记录批准文号。

验收不合格的还应当注明不合格事项及处置措施。

第八十一条　企业应当建立库存记录，验收合格的药品应当及时入库登记；验收不合格的，不得入库，并由质量管理部门处理。

第八十二条　企业按本规范第六十九条规定进行药品直调的，可委托购货单位进行药品验收。购货单位应当严格按照本规范的要求验收药品，并建立专门的直调药品验收记录。验收当日应当将验收记录相关信息传递给直调企业。

第十节　储存与养护

第八十三条　企业应当根据药品的质量特性对药品进行合理储存，并符合以下要求：

（一）按包装标示的温度要求储存药品，包装上没有标示具体温度的，按照《中华人民共和国药典》规定的贮藏要求进行储存；

（二）储存药品相对湿度为35%—75%；

（三）在人工作业的库房储存药品，按质量状态实行色标管理，合格药品为绿色，不合格药品为红色，待确定药品为黄色；

（四）储存药品应当按照要求采取避光、遮光、通风、防潮、防虫、防鼠等措施；

（五）搬运和堆码药品应当严格按照外包装标示要求规范操作，堆码高度符合包装图示要求，避免损坏药品包装；

（六）药品按批号堆码，不同批号的药品不得混垛，垛间距不小于5厘米，与库房内墙、顶、温度调控设备及管道等设施间距不小于30厘米，与地面间距不小于10厘米；

（七）药品与非药品、外用药与其他药品分开存放，中药材和中药饮片分库存放；

（八）特殊管理的药品应当按照国家有关规定储存；

（九）拆除外包装的零货药品应当集中存放；

（十）储存药品的货架、托盘等设施设备应当保持清洁，无破损和杂物堆放；

（十一）未经批准的人员不得进入储存作业区，储存作业区内的人员不得有影响药品质量和安全的行为；

（十二）药品储存作业区内不得存放与储存管理无关的物品。

第八十四条　养护人员应当根据库房条件、外部环境、药品质量特性等对药品进行养护，主要内容是：

（一）指导和督促储存人员对药品进行合理储存与作业。

（二）检查并改善储存条件、防护措施、卫生环境。

（三）对库房温湿度进行有效监测、调控。

（四）按照养护计划对库存药品的外观、包装等质量状况进行检查，并建立养护记录；对储存条件有特殊要求的或者有效期较短的品种应当进行重点养护。

（五）发现有问题的药品应当及时在计算机系统中锁定和记录，并通知质量管理部门处理。

（六）对中药材和中药饮片应当按其特性采取有效方法进行养护并记录，所采取的养护方法不得对药品造成污染。

（七）定期汇总、分析养护信息。

第八十五条　企业应当采用计算机系统对库存药品的有效期进行自动跟踪和控制，采取近效期预警及超过有效期自动锁定等措施，防止过期药品销售。

第八十六条　药品因破损而导致液体、气体、粉末泄漏时，应当迅速采取安全处理措施，防止对储存环境和其他药品造成污染。

第八十七条　对质量可疑的药品应当立即采取停售措施，并在计算机系统中锁定，同时报告质量管理部门确认。对存在质量问题的药品应当采取以下措施：

（一）存放于标志明显的专用场所，并有效隔离，不得销售；

（二）怀疑为假药的，及时报告食品药品监督管理部门；

（三）属于特殊管理的药品，按照国家有关规定处理；

（四）不合格药品的处理过程应当有完整的手续和记录；

（五）对不合格药品应当查明并分析原因，及时采取预防措施。

第八十八条　企业应当对库存药品定期盘点，做到账、货相符。

第十一节　销　售

第八十九条　企业应当将药品销售给合法的购货单位，并对购货单位的证明文件、采购人员及提货人员的身份证明进行核实，保证药品销售流向真实、合法。

第九十条　企业应当严格审核购货单位的生产范围、经营范围或者诊疗范围，并按照相应的范围销售药品。

第九十一条　企业销售药品，应当如实开具发票，做到票、账、货、款一致。

第九十二条　企业应当做好药品销售记录。销售记录应当包括药品的通用名称、规格、剂型、批号、有效期、生产厂商、购货单位、销售数量、单价、金额、销售日期等内容。按照本规范第六十九条规定进行药品直调的，应当建立专门的销售记录。

中药材销售记录应当包括品名、规格、产地、购货单位、销售数量、单价、金额、销售日期等内容；中药饮片销售记录应当包括品名、规格、批号、产地、生产厂商、购货单位、销售数量、单价、金额、销售日期等内容。

第九十三条　销售特殊管理的药品以及国家有专门管理要求的药品，应当严格按照国家有关规定执行。

第十二节　出　库

第九十四条　出库时应当对照销售记录进行复核。发现以下情况不得出库，并报告质量管理部门处理：

（一）药品包装出现破损、污染、封口不牢、衬垫不实、封条损坏等问题；

（二）包装内有异常响动或者液体渗漏；

（三）标签脱落、字迹模糊不清或者标识内容与实物不符；

（四）药品已超过有效期；

（五）其他异常情况的药品。

第九十五条　药品出库复核应当建立记录，包括购货单位、药品的通用名称、剂型、规格、数量、批号、有效期、生产厂商、出库日期、质量状况和复核人员等内容。

第九十六条　特殊管理的药品出库应当按照有关规定进行复核。

第九十七条　药品拼箱发货的代用包装箱应当有醒目的拼箱标志。

第九十八条 药品出库时，应当附加盖企业药品出库专用章原印章的随货同行单（票）。

企业按照本规范第六十九条规定直调药品的，直调药品出库时，由供货单位开具两份随货同行单（票），分别发往直调企业和购货单位。随货同行单（票）的内容应当符合本规范第七十三条第二款的要求，还应当标明直调企业名称。

第九十九条 冷藏、冷冻药品的装箱、装车等项作业，应当由专人负责并符合以下要求：

（一）车载冷藏箱或者保温箱在使用前应当达到相应的温度要求；

（二）应当在冷藏环境下完成冷藏、冷冻药品的装箱、封箱工作；

（三）装车前应当检查冷藏车辆的启动、运行状态，达到规定温度后方可装车；

（四）启运时应当做好运输记录，内容包括运输工具和启运时间等。

第十三节　运输与配送

第一百条 企业应当按照质量管理制度的要求，严格执行运输操作规程，并采取有效措施保证运输过程中的药品质量与安全。

第一百零一条 运输药品，应当根据药品的包装、质量特性并针对车况、道路、天气等因素，选用适宜的运输工具，采取相应措施防止出现破损、污染等问题。

第一百零二条 发运药品时，应当检查运输工具，发现运输条件不符合规定的，不得发运。运输药品过程中，运载工具应当保持密闭。

第一百零三条 企业应当严格按照外包装标示的要求搬运、装卸药品。

第一百零四条 企业应当根据药品的温度控制要求，在运输过程中采取必要的保温或者冷藏、冷冻措施。

运输过程中，药品不得直接接触冰袋、冰排等蓄冷剂，防止对药品质量造成影响。

第一百零五条 在冷藏、冷冻药品运输途中，应当实时监测并记录冷藏车、冷藏箱或者保温箱内的温度数据。

第一百零六条 企业应当制定冷藏、冷冻药品运输应急预案，对运输途中可能发生的设备故障、异常天气影响、交通拥堵等突发事件，能够采取相应的应对措施。

第一百零七条 企业委托其他单位运输药品的，应当对承运方运输药品的质量保障能力进行审计，索取运输车辆的相关资料，符合本规范运输设施设备条件和要求的方可委托。

第一百零八条 企业委托运输药品应当与承运方签订运输协议，明确药品质量责任、遵守运输操作规程和在途时限等内容。

第一百零九条 企业委托运输药品应当有记录，实现运输过程的质量追溯。记录至少包括发货时间、发货地址、收货单位、收货地址、货单号、药品件数、运输方式、委托经办人、承运单位，采用车辆运输的还应当载明车牌号，并留存驾驶人员的驾驶证复印件。记录应当至少保存 5 年。

第一百一十条　已装车的药品应当及时发运并尽快送达。委托运输的，企业应当要求并监督承运方严格履行委托运输协议，防止因在途时间过长影响药品质量。

第一百一十一条　企业应当采取运输安全管理措施，防止在运输过程中发生药品盗抢、遗失、调换等事故。

第一百一十二条　特殊管理的药品的运输应当符合国家有关规定。

第十四节　售后管理

第一百一十三条　企业应当加强对退货的管理，保证退货环节药品的质量和安全，防止混入假冒药品。

第一百一十四条　企业应当按照质量管理制度的要求，制定投诉管理操作规程，内容包括投诉渠道及方式、档案记录、调查与评估、处理措施、反馈和事后跟踪等。

第一百一十五条　企业应当配备专职或者兼职人员负责售后投诉管理，对投诉的质量问题查明原因，采取有效措施及时处理和反馈，并做好记录，必要时应当通知供货单位及药品生产企业。

第一百一十六条　企业应当及时将投诉及处理结果等信息记入档案，以便查询和跟踪。

第一百一十七条　企业发现已售出药品有严重质量问题，应当立即通知购货单位停售、追回并做好记录，同时向食品药品监督管理部门报告。

第一百一十八条　企业应当协助药品生产企业履行召回义务，按照召回计划的要求及时传达、反馈药品召回信息，控制和收回存在安全隐患的药品，并建立药品召回记录。

第一百一十九条　企业质量管理部门应当配备专职或者兼职人员，按照国家有关规定承担药品不良反应监测和报告工作。

第三章　药品零售的质量管理

第一节　质量管理与职责

第一百二十条　企业应当按照有关法律法规及本规范的要求制定质量管理文件，开展质量管理活动，确保药品质量。

第一百二十一条　企业应当具有与其经营范围和规模相适应的经营条件，包括组织机构、人员、设施设备、质量管理文件，并按照规定设置计算机系统。

第一百二十二条　企业负责人是药品质量的主要责任人，负责企业日常管理，负责提供必要的条件，保证质量管理部门和质量管理人员有效履行职责，确保企业按照本规范要求经营药品。

第一百二十三条　企业应当设置质量管理部门或者配备质量管理人员，履行以下职责：

（一）督促相关部门和岗位人员执行药品管理的法律法规及本规范；

（二）组织制订质量管理文件，并指导、监督文件的执行；

（三）负责对供货单位及其销售人员资格证明的审核；

（四）负责对所采购药品合法性的审核；

（五）负责药品的验收，指导并监督药品采购、储存、陈列、销售等环节的质量管理工作；

（六）负责药品质量查询及质量信息管理；

（七）负责药品质量投诉和质量事故的调查、处理及报告；

（八）负责对不合格药品的确认及处理；

（九）负责假劣药品的报告；

（十）负责药品不良反应的报告；

（十一）开展药品质量管理教育和培训；

（十二）负责计算机系统操作权限的审核、控制及质量管理基础数据的维护；

（十三）负责组织计量器具的校准及检定工作；

（十四）指导并监督药学服务工作；

（十五）其他应当由质量管理部门或者质量管理人员履行的职责。

第二节　人员管理

第一百二十四条　企业从事药品经营和质量管理工作的人员，应当符合有关法律法规及本规范规定的资格要求，不得有相关法律法规禁止从业的情形。

第一百二十五条　企业法定代表人或者企业负责人应当具备执业药师资格。

企业应当按照国家有关规定配备执业药师，负责处方审核，指导合理用药。

第一百二十六条　质量管理、验收、采购人员应当具有药学或者医学、生物、化学等相关专业学历或者具有药学专业技术职称。从事中药饮片质量管理、验收、采购人员应当具有中药学中专以上学历或者具有中药学专业初级以上专业技术职称。

营业员应当具有高中以上文化程度或者符合省级食品药品监督管理部门规定的条件。中药饮片调剂人员应当具有中药学中专以上学历或者具备中药调剂员资格。

第一百二十七条　企业各岗位人员应当接受相关法律法规及药品专业知识与技能的岗前培训和继续培训，以符合本规范要求。

第一百二十八条　企业应当按照培训管理制度制定年度培训计划并开展培训，使相关人员能正确理解并履行职责。培训工作应当做好记录并建立档案。

第一百二十九条　企业应当为销售特殊管理的药品、国家有专门管理要求的药品、冷藏药品的人员接受相应培训提供条件，使其掌握相关法律法规和专业知识。

第一百三十条　在营业场所内，企业工作人员应当穿着整洁、卫生的工作服。

第一百三十一条　企业应当对直接接触药品岗位的人员进行岗前及年度健康检查，并建立健康档案。患有传染病或者其他可能污染药品的疾病的，不得从事直接接触药品的工作。

第一百三十二条　在药品储存、陈列等区域不得存放与经营活动无关的物品及私人用品，在工作区域内不得有影响药品质量和安全的行为。

第三节　文　件

第一百三十三条　企业应当按照有关法律法规及本规范规定，制定符合企业实际的质量管理文件。文件包括质量管理制度、岗位职责、操作规程、档案、记录和凭证等，并对质量管理文件定期审核、及时修订。

第一百三十四条　企业应当采取措施确保各岗位人员正确理解质量管理文件的内容，保证质量管理文件有效执行。

第一百三十五条　药品零售质量管理制度应当包括以下内容：

（一）药品采购、验收、陈列、销售等环节的管理，设置库房的还应当包括储存、养护的管理；

（二）供货单位和采购品种的审核；

（三）处方药销售的管理；

（四）药品拆零的管理；

（五）特殊管理的药品和国家有专门管理要求的药品的管理；

（六）记录和凭证的管理；

（七）收集和查询质量信息的管理；

（八）质量事故、质量投诉的管理；

（九）中药饮片处方审核、调配、核对的管理；

（十）药品有效期的管理；

（十一）不合格药品、药品销毁的管理；

（十二）环境卫生、人员健康的规定；

（十三）提供用药咨询、指导合理用药等药学服务的管理；

（十四）人员培训及考核的规定；

（十五）药品不良反应报告的规定；

（十六）计算机系统的管理；

（十七）药品追溯的规定；

（十八）其他应当规定的内容。

第一百三十六条　企业应当明确企业负责人、质量管理、采购、验收、营业员以及处方审核、调配等岗位的职责，设置库房的还应当包括储存、养护等岗位职责。

第一百三十七条　质量管理岗位、处方审核岗位的职责不得由其他岗位人员代为履行。

第一百三十八条　药品零售操作规程应当包括：

（一）药品采购、验收、销售；

（二）处方审核、调配、核对；

（三）中药饮片处方审核、调配、核对；

（四）药品拆零销售；

（五）特殊管理的药品和国家有专门管理要求的药品的销售；

（六）营业场所药品陈列及检查；

（七）营业场所冷藏药品的存放；

（八）计算机系统的操作和管理；

（九）设置库房的还应当包括储存和养护的操作规程。

第一百三十九条 企业应当建立药品采购、验收、销售、陈列检查、温湿度监测、不合格药品处理等相关记录，做到真实、完整、准确、有效和可追溯。

第一百四十条 记录及相关凭证应当至少保存 5 年。特殊管理的药品的记录及凭证按相关规定保存。

第一百四十一条 通过计算机系统记录数据时，相关岗位人员应当按照操作规程，通过授权及密码登录计算机系统，进行数据的录入，保证数据原始、真实、准确、安全和可追溯。

第一百四十二条 电子记录数据应当以安全、可靠方式定期备份。

第四节　设施与设备

第一百四十三条 企业的营业场所应当与其药品经营范围、经营规模相适应，并与药品储存、办公、生活辅助及其他区域分开。

第一百四十四条 营业场所应当具有相应设施或者采取其他有效措施，避免药品受室外环境的影响，并做到宽敞、明亮、整洁、卫生。

第一百四十五条 营业场所应当有以下营业设备：

（一）货架和柜台；

（二）监测、调控温度的设备；

（三）经营中药饮片的，有存放饮片和处方调配的设备；

（四）经营冷藏药品的，有专用冷藏设备；

（五）经营第二类精神药品、毒性中药品种和罂粟壳的，有符合安全规定的专用存放设备；

（六）药品拆零销售所需的调配工具、包装用品。

第一百四十六条 企业应当建立能够符合经营和质量管理要求的计算机系统，并满足药品追溯的要求。

第一百四十七条 企业设置库房的，应当做到库房内墙、顶光洁，地面平整，门窗结构严密；有可靠的安全防护、防盗等措施。

第一百四十八条 仓库应当有以下设施设备：

（一）药品与地面之间有效隔离的设备；

（二）避光、通风、防潮、防虫、防鼠等设备；

（三）有效监测和调控温湿度的设备；

（四）符合储存作业要求的照明设备；

（五）验收专用场所；

（六）不合格药品专用存放场所；

（七）经营冷藏药品的，有与其经营品种及经营规模相适应的专用设备。

第一百四十九条　经营特殊管理的药品应当有符合国家规定的储存设施。

第一百五十条　储存中药饮片应当设立专用库房。

第一百五十一条　企业应当按照国家有关规定，对计量器具、温湿度监测设备等定期进行校准或者检定。

第五节　采购与验收

第一百五十二条　企业采购药品，应当符合本规范第二章第八节的相关规定。

第一百五十三条　药品到货时，收货人员应当按采购记录，对照供货单位的随货同行单（票）核实药品实物，做到票、账、货相符。

第一百五十四条　企业应当按规定的程序和要求对到货药品逐批进行验收，并按照本规范第八十条规定做好验收记录。

验收抽取的样品应当具有代表性。

第一百五十五条　冷藏药品到货时，应当按照本规范第七十四条规定进行检查。

第一百五十六条　验收药品应当按照本规范第七十六条规定查验药品检验报告书。

第一百五十七条　特殊管理的药品应当按照相关规定进行验收。

第一百五十八条　验收合格的药品应当及时入库或者上架，验收不合格的，不得入库或者上架，并报告质量管理人员处理。

第六节　陈列与储存

第一百五十九条　企业应当对营业场所温度进行监测和调控，以使营业场所的温度符合常温要求。

第一百六十条　企业应当定期进行卫生检查，保持环境整洁。存放、陈列药品的设备应当保持清洁卫生，不得放置与销售活动无关的物品，并采取防虫、防鼠等措施，防止污染药品。

第一百六十一条　药品的陈列应当符合以下要求：

（一）按剂型、用途以及储存要求分类陈列，并设置醒目标志，类别标签字迹清晰、放置准确。

（二）药品放置于货架（柜），摆放整齐有序，避免阳光直射。

（三）处方药、非处方药分区陈列，并有处方药、非处方药专用标识。

（四）处方药不得采用开架自选的方式陈列和销售。

（五）外用药与其他药品分开摆放。

（六）拆零销售的药品集中存放于拆零专柜或者专区。

（七）第二类精神药品、毒性中药品种和罂粟壳不得陈列。

（八）冷藏药品放置在冷藏设备中，按规定对温度进行监测和记录，并保证存放温度符合要求。

（九）中药饮片柜斗谱的书写应当正名正字；装斗前应当复核，防止错斗、串斗；应当定期清斗，防止饮片生虫、发霉、变质；不同批号的饮片装斗前应当清斗并记录。

（十）经营非药品应当设置专区，与药品区域明显隔离，并有醒目标志。

第一百六十二条 企业应当定期对陈列、存放的药品进行检查，重点检查拆零药品和易变质、近效期、摆放时间较长的药品以及中药饮片。发现有质量疑问的药品应当及时撤柜，停止销售，由质量管理人员确认和处理，并保留相关记录。

第一百六十三条 企业应当对药品的有效期进行跟踪管理，防止近效期药品售出后可能发生的过期使用。

第一百六十四条 企业设置库房的，库房的药品储存与养护管理应当符合本规范第二章第十节的相关规定。

第七节　销售管理

第一百六十五条 企业应当在营业场所的显著位置悬挂《药品经营许可证》、营业执照、执业药师注册证等。

第一百六十六条 营业人员应当佩戴有照片、姓名、岗位等内容的工作牌，是执业药师和药学技术人员的，工作牌还应当标明执业资格或者药学专业技术职称。在岗执业的执业药师应当挂牌明示。

第一百六十七条 销售药品应当符合以下要求：

（一）处方经执业药师审核后方可调配；对处方所列药品不得擅自更改或者代用，对有配伍禁忌或者超剂量的处方，应当拒绝调配，但经处方医师更正或者重新签字确认的，可以调配；调配处方后经过核对方可销售。

（二）处方审核、调配、核对人员应当在处方上签字或者盖章，并按照有关规定保存处方或者其复印件。

（三）销售近效期药品应当向顾客告知有效期。

（四）销售中药饮片做到计量准确，并告知煎服方法及注意事项；提供中药饮片代煎服务，应当符合国家有关规定。

第一百六十八条 企业销售药品应当开具销售凭证，内容包括药品名称、生产厂商、数量、价格、批号、规格等，并做好销售记录。

第一百六十九条 药品拆零销售应当符合以下要求：

（一）负责拆零销售的人员经过专门培训；

（二）拆零的工作台及工具保持清洁、卫生，防止交叉污染；

（三）做好拆零销售记录，内容包括拆零起始日期、药品的通用名称、规格、批号、生产厂商、有效期、销售数量、销售日期、分拆及复核人员等；

（四）拆零销售应当使用洁净、卫生的包装，包装上注明药品名称、规格、数量、用法、用量、批号、有效期以及药店名称等内容；

（五）提供药品说明书原件或者复印件；

（六）拆零销售期间，保留原包装和说明书。

第一百七十条　销售特殊管理的药品和国家有专门管理要求的药品，应当严格执行国家有关规定。

第一百七十一条　药品广告宣传应当严格执行国家有关广告管理的规定。

第一百七十二条　非本企业在职人员不得在营业场所内从事药品销售相关活动。

第八节　售后管理

第一百七十三条　除药品质量原因外，药品一经售出，不得退换。

第一百七十四条　企业应当在营业场所公布食品药品监督管理部门的监督电话，设置顾客意见簿，及时处理顾客对药品质量的投诉。

第一百七十五条　企业应当按照国家有关药品不良反应报告制度的规定，收集、报告药品不良反应信息。

第一百七十六条　企业发现已售出药品有严重质量问题，应当及时采取措施追回药品并做好记录，同时向食品药品监督管理部门报告。

第一百七十七条　企业应当协助药品生产企业履行召回义务，控制和收回存在安全隐患的药品，并建立药品召回记录。

第四章　附　则

第一百七十八条　本规范下列术语的含义是：

（一）在职：与企业确定劳动关系的在册人员。

（二）在岗：相关岗位人员在工作时间内在规定的岗位履行职责。

（三）首营企业：采购药品时，与本企业首次发生供需关系的药品生产或者经营企业。

（四）首营品种：本企业首次采购的药品。

（五）原印章：企业在购销活动中，为证明企业身份在相关文件或者凭证上加盖的企业公章、发票专用章、质量管理专用章、药品出库专用章的原始印记，不能是印刷、影印、复印等复制后的印记。

（六）待验：对到货、销后退回的药品采用有效的方式进行隔离或者区分，在入库前等待质量验收的状态。

（七）零货：拆除了用于运输、储藏包装的药品。

（八）拼箱发货：将零货药品集中拼装至同一包装箱内发货的方式。

（九）拆零销售：将最小包装拆分销售的方式。

（十）国家有专门管理要求的药品：国家对蛋白同化制剂、肽类激素、含特殊药品复方制剂等品种实施特殊监管措施的药品。

第一百七十九条 药品零售连锁企业总部的管理应当符合本规范药品批发企业相关规定，门店的管理应当符合本规范药品零售企业相关规定。

第一百八十条 本规范为药品经营质量管理的基本要求。对企业信息化管理、药品储运温湿度自动监测、药品验收管理、药品冷链物流管理、零售连锁管理等具体要求，由国家食品药品监督管理总局以附录方式另行制定。

第一百八十一条 麻醉药品、精神药品、药品类易制毒化学品的追溯应当符合国家有关规定。

第一百八十二条 医疗机构药房和计划生育技术服务机构的药品采购、储存、养护等质量管理规范由国家食品药品监督管理总局商相关主管部门另行制定。

互联网销售药品的质量管理规定由国家食品药品监督管理总局另行制定。

第一百八十三条 药品经营企业违反本规范的，由食品药品监督管理部门按照《中华人民共和国药品管理法》第七十八条的规定给予处罚。

第一百八十四条 本规范自发布之日起施行，卫生部 2013 年 6 月 1 日施行的《药品经营质量管理规范》（中华人民共和国卫生部令第 90 号）同时废止。

蛋白同化制剂和肽类激素进出口管理办法

（2014 年 9 月 28 日国家食品药品监督管理总局、海关总署、国家体育总局令第 9 号公布，自 2014 年 12 月 1 日起施行，根据 2017 年 11 月 17 日《国家食品药品监督管理总局关于修改部分规章的决定》修正）

第一条　为规范蛋白同化制剂、肽类激素的进出口管理，根据《中华人民共和国药品管理法》《中华人民共和国海关法》《反兴奋剂条例》等法律、行政法规，制定本办法。

第二条　国家对蛋白同化制剂、肽类激素实行进出口准许证管理。

第三条　进口蛋白同化制剂、肽类激素，进口单位应当向所在地省、自治区、直辖市食品药品监督管理部门提出申请。

第四条　进口供医疗使用的蛋白同化制剂、肽类激素，进口单位应当报送以下资料：

（一）药品进口申请表。

（二）购货合同或者订单复印件。

（三）《进口药品注册证》（或者《医药产品注册证》）（正本或者副本）复印件。

（四）进口单位的《药品经营许可证》、《企业法人营业执照》、《进出口企业资格证书》（或者《对外贸易经营者备案登记表》）复印件；药品生产企业进口本企业所需原料药和制剂中间体（包括境内分包装用制剂），应当报送《药品生产许可证》、《企业法人营业执照》复印件。

（五）《进口药品注册证》（或者《医药产品注册证》）持有者如委托其他公司代理出口其药品的，需提供委托出口函。

上述各类复印件应当加盖进口单位公章。

第五条　因教学、科研需要而进口蛋白同化制剂、肽类激素的，进口单位应当报送以下资料：

（一）药品进口申请表；

（二）购货合同或者订单复印件；

（三）国内使用单位合法资质的证明文件、药品使用数量的测算依据以及使用单位出具的合法使用和管理该药品保证函；

（四）相应科研项目的批准文件或者相应主管部门的批准文件；

（五）接受使用单位委托代理进口的，还需提供委托代理协议复印件和进口单位的《企业法人营业执照》、《进出口企业资格证书》（或者《对外贸易经营者备案登记表》）复印件。

上述各类复印件应当加盖进口单位公章。

第六条　境内企业因接受境外企业委托生产而需要进口蛋白同化制剂、肽类激素的，报送本办法第五条第一款第（一）项、第（三）项、第（五）项规定的资料。

上述各类复印件应当加盖进口单位公章。

第七条　省、自治区、直辖市食品药品监督管理部门收到进口申请及有关资料后，应当于 15 个工作日内作出是否同意进口的决定；对同意进口的，发给药品《进口准许证》；对不同意进口的，应当书面说明理由。

第八条　进口蛋白同化制剂、肽类激素必须经由国务院批准的允许药品进口的口岸进口。进口单位持省、自治区、直辖市食品药品监督管理部门核发的药品《进口准许证》向海关办理报关手续。进口蛋白同化制剂、肽类激素无需办理《进口药品通关单》。

第九条　进口供医疗使用的蛋白同化制剂、肽类激素（包括首次在中国销售的），进口单位应当于进口手续完成后，及时填写《进口药品报验单》，持《进口药品注册证》（或者《医药产品注册证》）原件（正本或者副本）、药品《进口准许证》原件，向进口口岸食品药品监督管理部门报送下列资料一式两份，申请办理《进口药品口岸检验通知书》：

（一）《进口药品注册证》（或者《医药产品注册证》）（正本或者副本）和药品《进口准许证》复印件；

（二）进口单位的《药品生产许可证》或者《药品经营许可证》复印件，《企业法人营业执照》复印件；

（三）原产地证明复印件；

（四）购货合同复印件；

（五）装箱单、提运单和货运发票复印件；

（六）出厂检验报告书复印件；

（七）药品说明书及包装、标签的式样（原料药和制剂中间体除外）。

上述各类复印件应当加盖进口单位公章。

第十条　口岸食品药品监督管理部门接到《进口药品报验单》及相关资料，审查无误后，将《进口药品注册证》（或者《医药产品注册证》）（正本或者副本）原件、药品《进口准许证》原件交还进口单位，并应当于当日向负责检验的口岸药品检验所发出《进口药品口岸检验通知书》，附本办法第九条规定的资料 1 份。

口岸药品检验所接到《进口药品口岸检验通知书》后，应当在 2 个工作日内与进口单位联系，到存货地点进行抽样，抽样完成后，应当在药品《进口准许证》原件第一联背面注明"已抽样"字样，并加盖抽样单位的公章。

第十一条　因教学、科研需要而进口的蛋白同化制剂、肽类激素以及境内企业接受境外企业委托生产而需要进口的蛋白同化制剂、肽类激素，予以免检。对免检的进口蛋白同化制剂、肽类激素，其收货人不免除持进口准许证向海关办理手续的义务。

第十二条　有下列情形之一的，口岸食品药品监督管理部门应当及时将有关情况通告发证机关：

（一）口岸食品药品监督管理部门根据《药品进口管理办法》第十七条规定，不予发放《进口药品口岸检验通知书》的；

（二）口岸药品检验所根据《药品进口管理办法》第二十五条规定，不予抽样的。

口岸食品药品监督管理部门对具有前款情形并已进口的全部药品，应当采取查封、扣押的行政强制措施，并于查封、扣押之日起7日内作出责令复运出境决定，通知进口单位按照本办法规定的蛋白同化制剂、肽类激素出口程序办理药品《出口准许证》，将进口药品全部退回原出口国。

进口单位收到责令复运出境决定之日起10日内不答复或者未明确表示复运出境的，已查封、扣押的药品由口岸食品药品监督管理部门监督销毁。

第十三条　进口的蛋白同化制剂、肽类激素经口岸药品检验所检验不符合标准规定的，进口单位应当在收到《进口药品检验报告书》后2日内，将全部进口药品流通、使用的详细情况，报告所在地口岸食品药品监督管理部门。

口岸食品药品监督管理部门收到《进口药品检验报告书》后，应当及时采取对全部药品予以查封、扣押的行政强制措施，并在7日内作出是否立案的决定。

进口单位未在规定时间内提出复验或者经复验仍不符合标准规定的，口岸食品药品监督管理部门应当作出责令复运出境决定，通知进口单位按照本办法规定的蛋白同化制剂、肽类激素出口程序办理药品《出口准许证》，将进口药品全部退回原出口国。进口单位收到责令复运出境决定之日起10日内不答复或者未明确表示复运出境的，由口岸食品药品监督管理部门监督销毁。

经复验符合标准规定的，口岸食品药品监督管理部门应当解除查封、扣押的行政强制措施。

口岸食品药品监督管理部门应当将按照本条第二款、第三款、第四款规定处理的情况及时通告发证机关，同时通告各省、自治区、直辖市食品药品监督管理部门和其他口岸食品药品监督管理部门。

第十四条　国内药品生产企业、经营企业以及医疗机构采购进口蛋白同化制剂、肽类激素时，供货单位应当提供《进口药品注册证》（或者《医药产品注册证》）复印件、药品《进口准许证》复印件和《进口药品检验报告书》复印件，并在上述各类复印件上加盖供货单位公章。

第十五条　出口蛋白同化制剂、肽类激素，出口单位应当向所在地省、自治区、直辖市食品药品监督管理部门提出申请，报送下列资料：

（一）药品出口申请表。

（二）进口国家或者地区的药品管理机构提供的进口准许证正本（或者复印件及公证文本）。

如进口国家或者地区对蛋白同化制剂、肽类激素进口尚未实行许可证管理制度，需提供进口国家的药品管理机构提供的该类药品进口无需核发进口准许证的证明文件（正本）以及以下文件之一：

1.进口国家或者地区的药品管理机构提供的同意进口该药品的证明文件正本（或者复印件及公证文本）；

2. 进口单位合法资质的证明文件和该药品用途合法的证明文件正本（或者复印件及公证文本）。

（三）购货合同或者订单复印件（自营产品出口的生产企业除外）。

（四）外销合同或者订单复印件。

（五）出口药品如为国内药品生产企业经批准生产的品种，须提供该药品生产企业的《药品生产许可证》《企业法人营业执照》及药品的批准证明文件复印件。

出口药物如为境内企业接受境外企业委托生产的品种，须提供与境外委托企业签订的委托生产合同。委托生产合同应当明确规定双方的权利和义务、法律责任等，产品质量由委托方负责。

（六）出口企业的《企业法人营业执照》、《进出口企业资格证书》（或者《对外贸易经营者备案登记表》）复印件。

上述各类复印件应当加盖出口单位公章。

第十六条 按照本办法第十二条、第十三条规定复运出境的，申请药品《出口准许证》时，应当提供下列资料：

（一）出口国原出口单位申请退货的证明材料；

（二）药品《进口准许证》。

第十七条 省、自治区、直辖市食品药品监督管理部门收到出口申请及有关资料后，应当于 15 个工作日内作出是否同意出口的决定；对同意出口的，发给药品《出口准许证》；对不同意出口的，应当书面说明理由。

对根据本办法第十六条规定申请办理药品《出口准许证》的，发证机关应当在药品《出口准许证》上注明"原货退回"字样。

第十八条 出口单位持省、自治区、直辖市食品药品监督管理部门核发的药品《出口准许证》向海关办理报关手续。

第十九条 进出口单位在办理报关手续时，应当多提交一联报关单，并向海关申请签退该联报关单。海关凭药品《进口准许证》《出口准许证》在该联报关单上加盖"验讫章"后退进出口单位。

进出口完成后 1 个月内，进出口单位应当将药品《进口准许证》《出口准许证》的第一联、海关签章的报关单退回发证机关。

取得药品进出口准许证后未进行相关进出口贸易的，进出口单位应当于准许证有效期满后 1 个月内将原准许证退回发证机关。

第二十条 药品《进口准许证》有效期 1 年。药品《出口准许证》有效期不超过 3 个月（有效期时限不跨年度）。

药品《进口准许证》《出口准许证》实行"一证一关"，只能在有效期内一次性使用，证面内容不得更改。因故延期进出口的，可以持原进出口准许证办理一次延期换证手续。

第二十一条 药品《进口准许证》《出口准许证》如有遗失，进出口单位应当立即向原发证机关书面报告挂失。原发证机关收到挂失报告后，通知口岸海关。原发证机关经核实无不良后果的，予以重新补发。

　　第二十二条　药品《进口准许证》《出口准许证》由国家食品药品监督管理总局统一印制。

　　第二十三条　以加工贸易方式进出口蛋白同化制剂、肽类激素的，海关凭药品《进口准许证》《出口准许证》办理验放手续并实施监管。确因特殊情况无法出口的，移交货物所在地食品药品监督管理部门按规定处理，海关凭有关证明材料办理核销手续。

　　第二十四条　海关特殊监管区域和保税监管场所与境外进出及海关特殊监管区域、保税监管场所之间进出的蛋白同化制剂、肽类激素，免予办理药品《进口准许证》《出口准许证》，由海关实施监管。

　　从海关特殊监管区域和保税监管场所进入境内区外的蛋白同化制剂、肽类激素，应当办理药品《进口准许证》。

　　从境内区外进入海关特殊监管区域和保税监管场所的蛋白同化制剂、肽类激素，应当办理药品《出口准许证》。

　　第二十五条　个人因医疗需要携带或者邮寄进出境自用合理数量范围内的蛋白同化制剂、肽类激素的，海关按照卫生计生部门有关处方的管理规定凭医疗机构处方予以验放。

　　第二十六条　除本办法另有规定外，供医疗使用的蛋白同化制剂、肽类激素的进口、口岸检验、监督管理等方面，参照《药品进口管理办法》有关药品进口的规定执行。

　　第二十七条　本办法所称进口供医疗使用的蛋白同化制剂、肽类激素，是指进口的蛋白同化制剂、肽类激素拟用于生产制剂或者拟在中国境内上市销售。

　　进口单位：是指依照本办法取得的药品《进口准许证》上载明的进口单位。

　　出口单位：是指依照本办法取得的药品《出口准许证》上载明的出口单位。

　　第二十八条　本办法自 2014 年 12 月 1 日起施行。2006 年 7 月 28 日公布的《蛋白同化制剂、肽类激素进出口管理办法（暂行）》（国家食品药品监督管理局、海关总署、国家体育总局令第 25 号）同时废止。

药品不良反应报告和监测管理办法

（2011 年 5 月 4 日卫生部令第 81 号公布，自 2011 年 7 月 1 日起施行）

第一章　总　则

第一条　为加强药品的上市后监管，规范药品不良反应报告和监测，及时、有效控制药品风险，保障公众用药安全，依据《中华人民共和国药品管理法》等有关法律法规，制定本办法。

第二条　在中华人民共和国境内开展药品不良反应报告、监测以及监督管理，适用本办法。

第三条　国家实行药品不良反应报告制度。药品生产企业（包括进口药品的境外制药厂商）、药品经营企业、医疗机构应当按照规定报告所发现的药品不良反应。

第四条　国家食品药品监督管理局主管全国药品不良反应报告和监测工作，地方各级药品监督管理部门主管本行政区域内的药品不良反应报告和监测工作。各级卫生行政部门负责本行政区域内医疗机构与实施药品不良反应报告制度有关的管理工作。

地方各级药品监督管理部门应当建立健全药品不良反应监测机构，负责本行政区域内药品不良反应报告和监测的技术工作。

第五条　国家鼓励公民、法人和其他组织报告药品不良反应。

第二章　职　责

第六条　国家食品药品监督管理局负责全国药品不良反应报告和监测的管理工作，并履行以下主要职责：

（一）与卫生部共同制定药品不良反应报告和监测的管理规定和政策，并监督实施；

（二）与卫生部联合组织开展全国范围内影响较大并造成严重后果的药品群体不良事件的调查和处理，并发布相关信息；

（三）对已确认发生严重药品不良反应或者药品群体不良事件的药品依法采取紧急控制措施，作出行政处理决定，并向社会公布；

（四）通报全国药品不良反应报告和监测情况；

（五）组织检查药品生产、经营企业的药品不良反应报告和监测工作的开展情况，并与卫生部联合组织检查医疗机构的药品不良反应报告和监测工作的开展情况。

第七条　省、自治区、直辖市药品监督管理部门负责本行政区域内药品不良反应报告和监测的管理工作，并履行以下主要职责：

（一）根据本办法与同级卫生行政部门共同制定本行政区域内药品不良反应报告和监测的管理规定，并监督实施；

（二）与同级卫生行政部门联合组织开展本行政区域内发生的影响较大的药品群体不良事件的调查和处理，并发布相关信息；

（三）对已确认发生严重药品不良反应或者药品群体不良事件的药品依法采取紧急控制措施，作出行政处理决定，并向社会公布；

（四）通报本行政区域内药品不良反应报告和监测情况；

（五）组织检查本行政区域内药品生产、经营企业的药品不良反应报告和监测工作的开展情况，并与同级卫生行政部门联合组织检查本行政区域内医疗机构的药品不良反应报告和监测工作的开展情况；

（六）组织开展本行政区域内药品不良反应报告和监测的宣传、培训工作。

第八条　设区的市级、县级药品监督管理部门负责本行政区域内药品不良反应报告和监测的管理工作；与同级卫生行政部门联合组织开展本行政区域内发生的药品群体不良事件的调查，并采取必要控制措施；组织开展本行政区域内药品不良反应报告和监测的宣传、培训工作。

第九条　县级以上卫生行政部门应当加强对医疗机构临床用药的监督管理，在职责范围内依法对已确认的严重药品不良反应或者药品群体不良事件采取相关的紧急控制措施。

第十条　国家药品不良反应监测中心负责全国药品不良反应报告和监测的技术工作，并履行以下主要职责：

（一）承担国家药品不良反应报告和监测资料的收集、评价、反馈和上报，以及全国药品不良反应监测信息网络的建设和维护；

（二）制定药品不良反应报告和监测的技术标准和规范，对地方各级药品不良反应监测机构进行技术指导；

（三）组织开展严重药品不良反应的调查和评价，协助有关部门开展药品群体不良事件的调查；

（四）发布药品不良反应警示信息；

（五）承担药品不良反应报告和监测的宣传、培训、研究和国际交流工作。

第十一条　省级药品不良反应监测机构负责本行政区域内的药品不良反应报告和监测的技术工作，并履行以下主要职责：

（一）承担本行政区域内药品不良反应报告和监测资料的收集、评价、反馈和上报，以及药品不良反应监测信息网络的维护和管理；

（二）对设区的市级、县级药品不良反应监测机构进行技术指导；

（三）组织开展本行政区域内严重药品不良反应的调查和评价，协助有关部门开展药品群体不良事件的调查；

（四）组织开展本行政区域内药品不良反应报告和监测的宣传、培训工作。

第十二条 设区的市级、县级药品不良反应监测机构负责本行政区域内药品不良反应报告和监测资料的收集、核实、评价、反馈和上报；开展本行政区域内严重药品不良反应的调查和评价；协助有关部门开展药品群体不良事件的调查；承担药品不良反应报告和监测的宣传、培训等工作。

第十三条 药品生产、经营企业和医疗机构应当建立药品不良反应报告和监测管理制度。药品生产企业应当设立专门机构并配备专职人员，药品经营企业和医疗机构应当设立或者指定机构并配备专（兼）职人员，承担本单位的药品不良反应报告和监测工作。

第十四条 从事药品不良反应报告和监测的工作人员应当具有医学、药学、流行病学或者统计学等相关专业知识，具备科学分析评价药品不良反应的能力。

第三章 报告与处置

第一节 基本要求

第十五条 药品生产、经营企业和医疗机构获知或者发现可能与用药有关的不良反应，应当通过国家药品不良反应监测信息网络报告；不具备在线报告条件的，应当通过纸质报表报所在地药品不良反应监测机构，由所在地药品不良反应监测机构代为在线报告。

报告内容应当真实、完整、准确。

第十六条 各级药品不良反应监测机构应当对本行政区域内的药品不良反应报告和监测资料进行评价和管理。

第十七条 药品生产、经营企业和医疗机构应当配合药品监督管理部门、卫生行政部门和药品不良反应监测机构对药品不良反应或者群体不良事件的调查，并提供调查所需的资料。

第十八条 药品生产、经营企业和医疗机构应当建立并保存药品不良反应报告和监测档案。

第二节 个例药品不良反应

第十九条 药品生产、经营企业和医疗机构应当主动收集药品不良反应，获知或者发现药品不良反应后应当详细记录、分析和处理，填写《药品不良反应/事件报告表》（见附表1）并报告。

第二十条 新药监测期内的国产药品应当报告该药品的所有不良反应；其他国产药品，报告新的和严重的不良反应。

进口药品自首次获准进口之日起5年内，报告该进口药品的所有不良反应；满5年的，报告新的和严重的不良反应。

第二十一条 药品生产、经营企业和医疗机构发现或者获知新的、严重的药品不良反应应当在15日内报告，其中死亡病例须立即报告；其他药品不良反应应当在30日内报告。有随访信息的，应当及时报告。

第二十二条　药品生产企业应当对获知的死亡病例进行调查，详细了解死亡病例的基本信息、药品使用情况、不良反应发生及诊治情况等，并在 15 日内完成调查报告，报药品生产企业所在地的省级药品不良反应监测机构。

第二十三条　个人发现新的或者严重的药品不良反应，可以向经治医师报告，也可以向药品生产、经营企业或者当地的药品不良反应监测机构报告，必要时提供相关的病历资料。

第二十四条　设区的市级、县级药品不良反应监测机构应当对收到的药品不良反应报告的真实性、完整性和准确性进行审核。严重药品不良反应报告的审核和评价应当自收到报告之日起 3 个工作日内完成，其他报告的审核和评价应当在 15 个工作日内完成。

设区的市级、县级药品不良反应监测机构应当对死亡病例进行调查，详细了解死亡病例的基本信息、药品使用情况、不良反应发生及诊治情况等，自收到报告之日起 15 个工作日内完成调查报告，报同级药品监督管理部门和卫生行政部门，以及上一级药品不良反应监测机构。

第二十五条　省级药品不良反应监测机构应当在收到下一级药品不良反应监测机构提交的严重药品不良反应评价意见之日起 7 个工作日内完成评价工作。

对死亡病例，事件发生地和药品生产企业所在地的省级药品不良反应监测机构均应当及时根据调查报告进行分析、评价，必要时进行现场调查，并将评价结果报省级药品监督管理部门和卫生行政部门，以及国家药品不良反应监测中心。

第二十六条　国家药品不良反应监测中心应当及时对死亡病例进行分析、评价，并将评价结果报国家食品药品监督管理局和卫生部。

第三节　药品群体不良事件

第二十七条　药品生产、经营企业和医疗机构获知或者发现药品群体不良事件后，应当立即通过电话或者传真等方式报所在地的县级药品监督管理部门、卫生行政部门和药品不良反应监测机构，必要时可以越级报告；同时填写《药品群体不良事件基本信息表》（见附表 2），对每一病例还应当及时填写《药品不良反应 / 事件报告表》，通过国家药品不良反应监测信息网络报告。

第二十八条　设区的市级、县级药品监督管理部门获知药品群体不良事件后，应当立即与同级卫生行政部门联合组织开展现场调查，并及时将调查结果逐级报至省级药品监督管理部门和卫生行政部门。

省级药品监督管理部门与同级卫生行政部门联合对设区的市级、县级的调查进行督促、指导，对药品群体不良事件进行分析、评价，对本行政区域内发生的影响较大的药品群体不良事件，还应当组织现场调查，评价和调查结果应当及时报国家食品药品监督管理局和卫生部。

对全国范围内影响较大并造成严重后果的药品群体不良事件，国家食品药品监督管理局应当与卫生部联合开展相关调查工作。

第二十九条　药品生产企业获知药品群体不良事件后应当立即开展调查，详细了解药品群体不良事件的发生、药品使用、患者诊治以及药品生产、储存、流通、既往类似不良事件等情况，在 7 日内完成调查报告，报所在地省级药品监督管理部门和药品不良反应监测机构；同时迅速开展自查，分析事件发生的原因，必要时应当暂停生产、销售、使用和召回相关药品，并报所在地省级药品监督管理部门。

第三十条　药品经营企业发现药品群体不良事件应当立即告知药品生产企业，同时迅速开展自查，必要时应当暂停药品的销售，并协助药品生产企业采取相关控制措施。

第三十一条　医疗机构发现药品群体不良事件后应当积极救治患者，迅速开展临床调查，分析事件发生的原因，必要时可采取暂停药品的使用等紧急措施。

第三十二条　药品监督管理部门可以采取暂停生产、销售、使用或者召回药品等控制措施。卫生行政部门应当采取措施积极组织救治患者。

第四节　境外发生的严重药品不良反应

第三十三条　进口药品和国产药品在境外发生的严重药品不良反应（包括自发报告系统收集的、上市后临床研究发现的、文献报道的），药品生产企业应当填写《境外发生的药品不良反应 / 事件报告表》（见附表 3），自获知之日起 30 日内报送国家药品不良反应监测中心。国家药品不良反应监测中心要求提供原始报表及相关信息的，药品生产企业应当在 5 日内提交。

第三十四条　国家药品不良反应监测中心应当对收到的药品不良反应报告进行分析、评价，每半年向国家食品药品监督管理局和卫生部报告，发现提示药品可能存在安全隐患的信息应当及时报告。

第三十五条　进口药品和国产药品在境外因药品不良反应被暂停销售、使用或者撤市的，药品生产企业应当在获知后 24 小时内书面报国家食品药品监督管理局和国家药品不良反应监测中心。

第五节　定期安全性更新报告

第三十六条　药品生产企业应当对本企业生产药品的不良反应报告和监测资料进行定期汇总分析，汇总国内外安全性信息，进行风险和效益评估，撰写定期安全性更新报告。定期安全性更新报告的撰写规范由国家药品不良反应监测中心负责制定。

第三十七条　设立新药监测期的国产药品，应当自取得批准证明文件之日起每满 1 年提交一次定期安全性更新报告，直至首次再注册，之后每 5 年报告一次；其他国产药品，每 5 年报告一次。

首次进口的药品，自取得进口药品批准证明文件之日起每满一年提交一次定期安全性更新报告，直至首次再注册，之后每 5 年报告一次。

定期安全性更新报告的汇总时间以取得药品批准证明文件的日期为起点计，上报日期应当在汇总数据截止日期后 60 日内。

第三十八条　国产药品的定期安全性更新报告向药品生产企业所在地省级药品不良反应监测机构提交。进口药品（包括进口分包装药品）的定期安全性更新报告向国家药品不良反应监测中心提交。

第三十九条　省级药品不良反应监测机构应当对收到的定期安全性更新报告进行汇总、分析和评价，于每年 4 月 1 日前将上一年度定期安全性更新报告统计情况和分析评价结果报省级药品监督管理部门和国家药品不良反应监测中心。

第四十条　国家药品不良反应监测中心应当对收到的定期安全性更新报告进行汇总、分析和评价，于每年 7 月 1 日前将上一年度国产药品和进口药品的定期安全性更新报告统计情况和分析评价结果报国家食品药品监督管理局和卫生部。

第四章　药品重点监测

第四十一条　药品生产企业应当经常考察本企业生产药品的安全性，对新药监测期内的药品和首次进口 5 年内的药品，应当开展重点监测，并按要求对监测数据进行汇总、分析、评价和报告；对本企业生产的其他药品，应当根据安全性情况主动开展重点监测。

第四十二条　省级以上药品监督管理部门根据药品临床使用和不良反应监测情况，可以要求药品生产企业对特定药品进行重点监测；必要时，也可以直接组织药品不良反应监测机构、医疗机构和科研单位开展药品重点监测。

第四十三条　省级以上药品不良反应监测机构负责对药品生产企业开展的重点监测进行监督、检查，并对监测报告进行技术评价。

第四十四条　省级以上药品监督管理部门可以联合同级卫生行政部门指定医疗机构作为监测点，承担药品重点监测工作。

第五章　评价与控制

第四十五条　药品生产企业应当对收集到的药品不良反应报告和监测资料进行分析、评价，并主动开展药品安全性研究。

药品生产企业对已确认发生严重不良反应的药品，应当通过各种有效途径将药品不良反应、合理用药信息及时告知医务人员、患者和公众；采取修改标签和说明书，暂停生产、销售、使用和召回等措施，减少和防止药品不良反应的重复发生。对不良反应大的药品，应当主动申请注销其批准证明文件。

药品生产企业应当将药品安全性信息及采取的措施报所在地省级药品监督管理部门和国家食品药品监督管理局。

第四十六条　药品经营企业和医疗机构应当对收集到的药品不良反应报告和监测资料进行分析和评价，并采取有效措施减少和防止药品不良反应的重复发生。

第四十七条　省级药品不良反应监测机构应当每季度对收到的药品不良反应报告进

行综合分析，提取需要关注的安全性信息，并进行评价，提出风险管理建议，及时报省级药品监督管理部门、卫生行政部门和国家药品不良反应监测中心。

省级药品监督管理部门根据分析评价结果，可以采取暂停生产、销售、使用和召回药品等措施，并监督检查，同时将采取的措施通报同级卫生行政部门。

第四十八条 国家药品不良反应监测中心应当每季度对收到的严重药品不良反应报告进行综合分析，提取需要关注的安全性信息，并进行评价，提出风险管理建议，及时报国家食品药品监督管理局和卫生部。

第四十九条 国家食品药品监督管理局根据药品分析评价结果，可以要求企业开展药品安全性、有效性相关研究。必要时，应当采取责令修改药品说明书，暂停生产、销售、使用和召回药品等措施，对不良反应大的药品，应当撤销药品批准证明文件，并将有关措施及时通报卫生部。

第五十条 省级以上药品不良反应监测机构根据分析评价工作需要，可以要求药品生产、经营企业和医疗机构提供相关资料，相关单位应当积极配合。

第六章　信息管理

第五十一条 各级药品不良反应监测机构应当对收到的药品不良反应报告和监测资料进行统计和分析，并以适当形式反馈。

第五十二条 国家药品不良反应监测中心应当根据对药品不良反应报告和监测资料的综合分析和评价结果，及时发布药品不良反应警示信息。

第五十三条 省级以上药品监督管理部门应当定期发布药品不良反应报告和监测情况。

第五十四条 下列信息由国家食品药品监督管理局和卫生部统一发布：

（一）影响较大并造成严重后果的药品群体不良事件；

（二）其他重要的药品不良反应信息和认为需要统一发布的信息。

前款规定统一发布的信息，国家食品药品监督管理局和卫生部也可以授权省级药品监督管理部门和卫生行政部门发布。

第五十五条 在药品不良反应报告和监测过程中获取的商业秘密、个人隐私、患者和报告者信息应当予以保密。

第五十六条 鼓励医疗机构、药品生产企业、药品经营企业之间共享药品不良反应信息。

第五十七条 药品不良反应报告的内容和统计资料是加强药品监督管理、指导合理用药的依据。

第七章　法律责任

第五十八条 药品生产企业有下列情形之一的，由所在地药品监督管理部门给予警告，责令限期改正，可以并处五千元以上三万元以下的罚款：

（一）未按照规定建立药品不良反应报告和监测管理制度，或者无专门机构、专职人员负责本单位药品不良反应报告和监测工作的；

（二）未建立和保存药品不良反应监测档案的；

（三）未按照要求开展药品不良反应或者群体不良事件报告、调查、评价和处理的；

（四）未按照要求提交定期安全性更新报告的；

（五）未按照要求开展重点监测的；

（六）不配合严重药品不良反应或者群体不良事件相关调查工作的；

（七）其他违反本办法规定的。

药品生产企业有前款规定第（四）项、第（五）项情形之一的，按照《药品注册管理办法》的规定对相应药品不予再注册。

第五十九条　药品经营企业有下列情形之一的，由所在地药品监督管理部门给予警告，责令限期改正；逾期不改的，处三万元以下的罚款：

（一）无专职或者兼职人员负责本单位药品不良反应监测工作的；

（二）未按照要求开展药品不良反应或者群体不良事件报告、调查、评价和处理的；

（三）不配合严重药品不良反应或者群体不良事件相关调查工作的。

第六十条　医疗机构有下列情形之一的，由所在地卫生行政部门给予警告，责令限期改正；逾期不改的，处三万元以下的罚款。情节严重并造成严重后果的，由所在地卫生行政部门对相关责任人给予行政处分：

（一）无专职或者兼职人员负责本单位药品不良反应监测工作的；

（二）未按照要求开展药品不良反应或者群体不良事件报告、调查、评价和处理的；

（三）不配合严重药品不良反应和群体不良事件相关调查工作的。

药品监督管理部门发现医疗机构有前款规定行为之一的，应当移交同级卫生行政部门处理。

卫生行政部门对医疗机构作出行政处罚决定的，应当及时通报同级药品监督管理部门。

第六十一条　各级药品监督管理部门、卫生行政部门和药品不良反应监测机构及其有关工作人员在药品不良反应报告和监测管理工作中违反本办法，造成严重后果的，依照有关规定给予行政处分。

第六十二条　药品生产、经营企业和医疗机构违反相关规定，给药品使用者造成损害的，依法承担赔偿责任。

第八章　附　则

第六十三条　本办法下列用语的含义：

（一）药品不良反应，是指合格药品在正常用法用量下出现的与用药目的无关的有害反应。

（二）药品不良反应报告和监测，是指药品不良反应的发现、报告、评价和控制的过程。

（三）严重药品不良反应，是指因使用药品引起以下损害情形之一的反应：

1. 导致死亡；

2. 危及生命；

3. 致癌、致畸、致出生缺陷；

4. 导致显著的或者永久的人体伤残或者器官功能的损伤；

5. 导致住院或者住院时间延长；

6. 导致其他重要医学事件，如不进行治疗可能出现上述所列情况的。

（四）新的药品不良反应，是指药品说明书中未载明的不良反应。说明书中已有描述，但不良反应发生的性质、程度、后果或者频率与说明书描述不一致或者更严重的，按照新的药品不良反应处理。

（五）药品群体不良事件，是指同一药品在使用过程中，在相对集中的时间、区域内，对一定数量人群的身体健康或者生命安全造成损害或者威胁，需要予以紧急处置的事件。

同一药品：指同一生产企业生产的同一药品名称、同一剂型、同一规格的药品。

（六）药品重点监测，是指为进一步了解药品的临床使用和不良反应发生情况，研究不良反应的发生特征、严重程度、发生率等，开展的药品安全性监测活动。

第六十四条　进口药品的境外制药厂商可以委托其驻中国境内的办事机构或者中国境内代理机构，按照本办法对药品生产企业的规定，履行药品不良反应报告和监测义务。

第六十五条　卫生部和国家食品药品监督管理局对疫苗不良反应报告和监测另有规定的，从其规定。

第六十六条　医疗机构制剂的不良反应报告和监测管理办法由各省、自治区、直辖市药品监督管理部门会同同级卫生行政部门制定。

第六十七条　本办法自 2011 年 7 月 1 日起施行。国家食品药品监督管理局和卫生部于 2004 年 3 月 4 日公布的《药品不良反应报告和监测管理办法》（国家食品药品监督管理局令第 7 号）同时废止。

附表：1. 药品不良反应 / 事件报告表

　　　2. 群体不良事件基本信息表

　　　3. 境外发生的药品不良反应 / 事件报告表

药品生产质量管理规范

（2011 年 1 月 17 日卫生部令第 79 号公布，自 2011 年 3 月 1 日起施行）

第一章　总　则

第一条　为规范药品生产质量管理，根据《中华人民共和国药品管理法》、《中华人民共和国药品管理法实施条例》，制定本规范。

第二条　企业应当建立药品质量管理体系。该体系应当涵盖影响药品质量的所有因素，包括确保药品质量符合预定用途的有组织、有计划的全部活动。

第三条　本规范作为质量管理体系的一部分，是药品生产管理和质量控制的基本要求，旨在最大限度地降低药品生产过程中污染、交叉污染以及混淆、差错等风险，确保持续稳定地生产出符合预定用途和注册要求的药品。

第四条　企业应当严格执行本规范，坚持诚实守信，禁止任何虚假、欺骗行为。

第二章　质量管理

第一节　原　则

第五条　企业应当建立符合药品质量管理要求的质量目标，将药品注册的有关安全、有效和质量可控的所有要求，系统地贯彻到药品生产、控制及产品放行、贮存、发运的全过程中，确保所生产的药品符合预定用途和注册要求。

第六条　企业高层管理人员应当确保实现既定的质量目标，不同层次的人员以及供应商、经销商应当共同参与并承担各自的责任。

第七条　企业应当配备足够的、符合要求的人员、厂房、设施和设备，为实现质量目标提供必要的条件。

第二节　质量保证

第八条　质量保证是质量管理体系的一部分。企业必须建立质量保证系统，同时建立完整的文件体系，以保证系统有效运行。

第九条　质量保证系统应当确保：

（一）药品的设计与研发体现本规范的要求；

（二）生产管理和质量控制活动符合本规范的要求；

（三）管理职责明确；

（四）采购和使用的原辅料和包装材料正确无误；

（五）中间产品得到有效控制；

（六）确认、验证的实施；

（七）严格按照规程进行生产、检查、检验和复核；

（八）每批产品经质量受权人批准后方可放行；

（九）在贮存、发运和随后的各种操作过程中有保证药品质量的适当措施；

（十）按照自检操作规程，定期检查评估质量保证系统的有效性和适用性。

第十条 药品生产质量管理的基本要求：

（一）制定生产工艺，系统地回顾并证明其可持续稳定地生产出符合要求的产品；

（二）生产工艺及其重大变更均经过验证；

（三）配备所需的资源，至少包括：

1.具有适当的资质并经培训合格的人员；

2.足够的厂房和空间；

3.适用的设备和维修保障；

4.正确的原辅料、包装材料和标签；

5.经批准的工艺规程和操作规程；

6.适当的贮运条件。

（四）应当使用准确、易懂的语言制定操作规程；

（五）操作人员经过培训，能够按照操作规程正确操作；

（六）生产全过程应当有记录，偏差均经过调查并记录；

（七）批记录和发运记录应当能够追溯批产品的完整历史，并妥善保存、便于查阅；

（八）降低药品发运过程中的质量风险；

（九）建立药品召回系统，确保能够召回任何一批已发运销售的产品；

（十）调查导致药品投诉和质量缺陷的原因，并采取措施，防止类似质量缺陷再次发生。

第三节 质量控制

第十一条 质量控制包括相应的组织机构、文件系统以及取样、检验等，确保物料或产品在放行前完成必要的检验，确认其质量符合要求。

第十二条 质量控制的基本要求：

（一）应当配备适当的设施、设备、仪器和经过培训的人员，有效、可靠地完成所有质量控制的相关活动；

（二）应当有批准的操作规程，用于原辅料、包装材料、中间产品、待包装产品和成品的取样、检查、检验以及产品的稳定性考察，必要时进行环境监测，以确保符合本规范的要求；

（三）由经授权的人员按照规定的方法对原辅料、包装材料、中间产品、待包装产品和成品取样；

（四）检验方法应当经过验证或确认；

（五）取样、检查、检验应当有记录，偏差应当经过调查并记录；

（六）物料、中间产品、待包装产品和成品必须按照质量标准进行检查和检验，并有记录；

（七）物料和最终包装的成品应当有足够的留样，以备必要的检查或检验；除最终包装容器过大的成品外，成品的留样包装应当与最终包装相同。

第四节　质量风险管理

第十三条　质量风险管理是在整个产品生命周期中采用前瞻或回顾的方式，对质量风险进行评估、控制、沟通、审核的系统过程。

第十四条　应当根据科学知识及经验对质量风险进行评估，以保证产品质量。

第十五条　质量风险管理过程所采用的方法、措施、形式及形成的文件应当与存在风险的级别相适应。

第三章　机构与人员

第一节　原　则

第十六条　企业应当建立与药品生产相适应的管理机构，并有组织机构图。

企业应当设立独立的质量管理部门，履行质量保证和质量控制的职责。质量管理部门可以分别设立质量保证部门和质量控制部门。

第十七条　质量管理部门应当参与所有与质量有关的活动，负责审核所有与本规范有关的文件。质量管理部门人员不得将职责委托给其他部门的人员。

第十八条　企业应当配备足够数量并具有适当资质（含学历、培训和实践经验）的管理和操作人员，应当明确规定每个部门和每个岗位的职责。岗位职责不得遗漏，交叉的职责应当有明确规定。每个人所承担的职责不应当过多。

所有人员应当明确并理解自己的职责，熟悉与其职责相关的要求，并接受必要的培训，包括上岗前培训和继续培训。

第十九条　职责通常不得委托给他人。确需委托的，其职责可委托给具有相当资质的指定人员。

第二节　关键人员

第二十条　关键人员应当为企业的全职人员，至少应当包括企业负责人、生产管理负责人、质量管理负责人和质量受权人。

质量管理负责人和生产管理负责人不得互相兼任。质量管理负责人和质量受权人可以兼任。应当制定操作规程确保质量受权人独立履行职责，不受企业负责人和其他人员的干扰。

第二十一条 企业负责人

企业负责人是药品质量的主要责任人，全面负责企业日常管理。为确保企业实现质量目标并按照本规范要求生产药品，企业负责人应当负责提供必要的资源，合理计划、组织和协调，保证质量管理部门独立履行其职责。

第二十二条 生产管理负责人

（一）资质：

生产管理负责人应当至少具有药学或相关专业本科学历（或中级专业技术职称或执业药师资格），具有至少三年从事药品生产和质量管理的实践经验，其中至少有一年的药品生产管理经验，接受过与所生产产品相关的专业知识培训。

（二）主要职责：

1. 确保药品按照批准的工艺规程生产、贮存，以保证药品质量；

2. 确保严格执行与生产操作相关的各种操作规程；

3. 确保批生产记录和批包装记录经过指定人员审核并送交质量管理部门；

4. 确保厂房和设备的维护保养，以保持其良好的运行状态；

5. 确保完成各种必要的验证工作；

6. 确保生产相关人员经过必要的上岗前培训和继续培训，并根据实际需要调整培训内容。

第二十三条 质量管理负责人

（一）资质：

质量管理负责人应当至少具有药学或相关专业本科学历（或中级专业技术职称或执业药师资格），具有至少五年从事药品生产和质量管理的实践经验，其中至少一年的药品质量管理经验，接受过与所生产产品相关的专业知识培训。

（二）主要职责：

1. 确保原辅料、包装材料、中间产品、待包装产品和成品符合经注册批准的要求和质量标准；

2. 确保在产品放行前完成对批记录的审核；

3. 确保完成所有必要的检验；

4. 批准质量标准、取样方法、检验方法和其他质量管理的操作规程；

5. 审核和批准所有与质量有关的变更；

6. 确保所有重大偏差和检验结果超标已经过调查并得到及时处理；

7. 批准并监督委托检验；

8. 监督厂房和设备的维护，以保持其良好的运行状态；

9. 确保完成各种必要的确认或验证工作，审核和批准确认或验证方案和报告；

10. 确保完成自检；

11. 评估和批准物料供应商；

12. 确保所有与产品质量有关的投诉已经过调查，并得到及时、正确的处理；

13. 确保完成产品的持续稳定性考察计划，提供稳定性考察的数据；

14. 确保完成产品质量回顾分析；

15. 确保质量控制和质量保证人员都已经过必要的上岗前培训和继续培训，并根据实际需要调整培训内容。

第二十四条　生产管理负责人和质量管理负责人通常有下列共同的职责：

（一）审核和批准产品的工艺规程、操作规程等文件；

（二）监督厂区卫生状况；

（三）确保关键设备经过确认；

（四）确保完成生产工艺验证；

（五）确保企业所有相关人员都已经过必要的上岗前培训和继续培训，并根据实际需要调整培训内容；

（六）批准并监督委托生产；

（七）确定和监控物料和产品的贮存条件；

（八）保存记录；

（九）监督本规范执行状况；

（十）监控影响产品质量的因素。

第二十五条　质量受权人

（一）资质：

质量受权人应当至少具有药学或相关专业本科学历（或中级专业技术职称或执业药师资格），具有至少五年从事药品生产和质量管理的实践经验，从事过药品生产过程控制和质量检验工作。

质量受权人应当具有必要的专业理论知识，并经过与产品放行有关的培训，方能独立履行其职责。

（二）主要职责：

1. 参与企业质量体系建立、内部自检、外部质量审计、验证以及药品不良反应报告、产品召回等质量管理活动；

2. 承担产品放行的职责，确保每批已放行产品的生产、检验均符合相关法规、药品注册要求和质量标准；

3. 在产品放行前，质量受权人必须按照上述第 2 项的要求出具产品放行审核记录，并纳入批记录。

第三节　培　训

第二十六条　企业应当指定部门或专人负责培训管理工作，应当有经生产管理负责人或质量管理负责人审核或批准的培训方案或计划，培训记录应当予以保存。

第二十七条　与药品生产、质量有关的所有人员都应当经过培训，培训的内容应当与岗位的要求相适应。除进行本规范理论和实践的培训外，还应当有相关法规、相应岗位的职责、技能的培训，并定期评估培训的实际效果。

第二十八条 高风险操作区（如：高活性、高毒性、传染性、高致敏性物料的生产区）的工作人员应当接受专门的培训。

第四节　人员卫生

第二十九条 所有人员都应当接受卫生要求的培训，企业应当建立人员卫生操作规程，最大限度地降低人员对药品生产造成污染的风险。

第三十条 人员卫生操作规程应当包括与健康、卫生习惯及人员着装相关的内容。生产区和质量控制区的人员应当正确理解相关的人员卫生操作规程。企业应当采取措施确保人员卫生操作规程的执行。

第三十一条 企业应当对人员健康进行管理，并建立健康档案。直接接触药品的生产人员上岗前应当接受健康检查，以后每年至少进行一次健康检查。

第三十二条 企业应当采取适当措施，避免体表有伤口、患有传染病或其他可能污染药品疾病的人员从事直接接触药品的生产。

第三十三条 参观人员和未经培训的人员不得进入生产区和质量控制区，特殊情况确需进入的，应当事先对个人卫生、更衣等事项进行指导。

第三十四条 任何进入生产区的人员均应当按照规定更衣。工作服的选材、式样及穿戴方式应当与所从事的工作和空气洁净度级别要求相适应。

第三十五条 进入洁净生产区的人员不得化妆和佩带饰物。

第三十六条 生产区、仓储区应当禁止吸烟和饮食，禁止存放食品、饮料、香烟和个人用药品等非生产用物品。

第三十七条 操作人员应当避免裸手直接接触药品、与药品直接接触的包装材料和设备表面。

第四章　厂房与设施

第一节　原　则

第三十八条 厂房的选址、设计、布局、建造、改造和维护必须符合药品生产要求，应当能够最大限度地避免污染、交叉污染、混淆和差错，便于清洁、操作和维护。

第三十九条 应当根据厂房及生产防护措施综合考虑选址，厂房所处的环境应当能够最大限度地降低物料或产品遭受污染的风险。

第四十条 企业应当有整洁的生产环境；厂区的地面、路面及运输等不应当对药品的生产造成污染；生产、行政、生活和辅助区的总体布局应当合理，不得互相妨碍；厂区和厂房内的人、物流走向应当合理。

第四十一条 应当对厂房进行适当维护，并确保维修活动不影响药品的质量。应当按照详细的书面操作规程对厂房进行清洁或必要的消毒。

第四十二条　厂房应当有适当的照明、温度、湿度和通风，确保生产和贮存的产品质量以及相关设备性能不会直接或间接地受到影响。

第四十三条　厂房、设施的设计和安装应当能够有效防止昆虫或其它动物进入。应当采取必要的措施，避免所使用的灭鼠药、杀虫剂、烟熏剂等对设备、物料、产品造成污染。

第四十四条　应当采取适当措施，防止未经批准人员的进入。生产、贮存和质量控制区不应当作为非本区工作人员的直接通道。

第四十五条　应当保存厂房、公用设施、固定管道建造或改造后的竣工图纸。

第二节　生产区

第四十六条　为降低污染和交叉污染的风险，厂房、生产设施和设备应当根据所生产药品的特性、工艺流程及相应洁净度级别要求合理设计、布局和使用，并符合下列要求：

（一）应当综合考虑药品的特性、工艺和预定用途等因素，确定厂房、生产设施和设备多产品共用的可行性，并有相应评估报告；

（二）生产特殊性质的药品，如高致敏性药品（如青霉素类）或生物制品（如卡介苗或其他用活性微生物制备而成的药品），必须采用专用和独立的厂房、生产设施和设备。青霉素类药品产尘量大的操作区域应当保持相对负压，排至室外的废气应当经过净化处理并符合要求，排风口应当远离其他空气净化系统的进风口；

（三）生产 β– 内酰胺结构类药品、性激素类避孕药品必须使用专用设施（如独立的空气净化系统）和设备，并与其他药品生产区严格分开；

（四）生产某些激素类、细胞毒性类、高活性化学药品应当使用专用设施（如独立的空气净化系统）和设备；特殊情况下，如采取特别防护措施并经过必要的验证，上述药品制剂则可通过阶段性生产方式共用同一生产设施和设备；

（五）用于上述第（二）、（三）、（四）项的空气净化系统，其排风应当经过净化处理；

（六）药品生产厂房不得用于生产对药品质量有不利影响的非药用产品。

第四十七条　生产区和贮存区应当有足够的空间，确保有序地存放设备、物料、中间产品、待包装产品和成品，避免不同产品或物料的混淆、交叉污染，避免生产或质量控制操作发生遗漏或差错。

第四十八条　应当根据药品品种、生产操作要求及外部环境状况等配置空调净化系统，使生产区有效通风，并有温度、湿度控制和空气净化过滤，保证药品的生产环境符合要求。

洁净区与非洁净区之间、不同级别洁净区之间的压差应当不低于 10 帕斯卡。必要时，相同洁净度级别的不同功能区域（操作间）之间也应当保持适当的压差梯度。

口服液体和固体制剂、腔道用药（含直肠用药）、表皮外用药品等非无菌制剂生产的暴露工序区域及其直接接触药品的包装材料最终处理的暴露工序区域，应当参照"无菌药品"附录中 D 级洁净区的要求设置，企业可根据产品的标准和特性对该区域采取适当的微生物监控措施。

第四十九条 洁净区的内表面（墙壁、地面、天棚）应当平整光滑、无裂缝、接口严密、无颗粒物脱落，避免积尘，便于有效清洁，必要时应当进行消毒。

第五十条 各种管道、照明设施、风口和其他公用设施的设计和安装应当避免出现不易清洁的部位，应当尽可能在生产区外部对其进行维护。

第五十一条 排水设施应当大小适宜，并安装防止倒灌的装置。应当尽可能避免明沟排水；不可避免时，明沟宜浅，以方便清洁和消毒。

第五十二条 制剂的原辅料称量通常应当在专门设计的称量室内进行。

第五十三条 产尘操作间（如干燥物料或产品的取样、称量、混合、包装等操作间）应当保持相对负压或采取专门的措施，防止粉尘扩散、避免交叉污染并便于清洁。

第五十四条 用于药品包装的厂房或区域应当合理设计和布局，以避免混淆或交叉污染。如同一区域内有数条包装线，应当有隔离措施。

第五十五条 生产区应当有适度的照明，目视操作区域的照明应当满足操作要求。

第五十六条 生产区内可设中间控制区域，但中间控制操作不得给药品带来质量风险。

第三节　仓储区

第五十七条 仓储区应当有足够的空间，确保有序存放待验、合格、不合格、退货或召回的原辅料、包装材料、中间产品、待包装产品和成品等各类物料和产品。

第五十八条 仓储区的设计和建造应当确保良好的仓储条件，并有通风和照明设施。仓储区应当能够满足物料或产品的贮存条件（如温湿度、避光）和安全贮存的要求，并进行检查和监控。

第五十九条 高活性的物料或产品以及印刷包装材料应当贮存于安全的区域。

第六十条 接收、发放和发运区域应当能够保护物料、产品免受外界天气（如雨、雪）的影响。接收区的布局和设施应当能够确保到货物料在进入仓储区前可对外包装进行必要的清洁。

第六十一条 如采用单独的隔离区域贮存待验物料，待验区应当有醒目的标识，且只限于经批准的人员出入。

不合格、退货或召回的物料或产品应当隔离存放。

如果采用其他方法替代物理隔离，则该方法应当具有同等的安全性。

第六十二条 通常应当有单独的物料取样区。取样区的空气洁净级别应当与生产要求一致。如在其他区域或采用其他方式取样，应当能够防止污染或交叉污染。

第四节　质量控制区

第六十三条　质量控制实验室通常应当与生产区分开。生物检定、微生物和放射性同位素的实验室还应当彼此分开。

第六十四条　实验室的设计应当确保其适用于预定的用途，并能够避免混淆和交叉污染，应当有足够的区域用于样品处置、留样和稳定性考察样品的存放以及记录的保存。

第六十五条　必要时，应当设置专门的仪器室，使灵敏度高的仪器免受静电、震动、潮湿或其他外界因素的干扰。

第六十六条　处理生物样品或放射性样品等特殊物品的实验室应当符合国家的有关要求。

第六十七条　实验动物房应当与其他区域严格分开，其设计、建造应当符合国家有关规定，并设有独立的空气处理设施以及动物的专用通道。

第五节　辅助区

第六十八条　休息室的设置不应当对生产区、仓储区和质量控制区造成不良影响。

第六十九条　更衣室和盥洗室应当方便人员进出，并与使用人数相适应。盥洗室不得与生产区和仓储区直接相通。

第七十条　维修间应当尽可能远离生产区。存放在洁净区内的维修用备件和工具，应当放置在专门的房间或工具柜中。

第五章　设　备

第一节　原　则

第七十一条　设备的设计、选型、安装、改造和维护必须符合预定用途，应当尽可能降低产生污染、交叉污染、混淆和差错的风险，便于操作、清洁、维护，以及必要时进行的消毒或灭菌。

第七十二条　应当建立设备使用、清洁、维护和维修的操作规程，并保存相应的操作记录。

第七十三条　应当建立并保存设备采购、安装、确认的文件和记录。

第二节　设计和安装

第七十四条　生产设备不得对药品质量产生任何不利影响。与药品直接接触的生产设备表面应当平整、光洁、易清洗或消毒、耐腐蚀，不得与药品发生化学反应、吸附药品或向药品中释放物质。

第七十五条　应当配备有适当量程和精度的衡器、量具、仪器和仪表。

第七十六条　应当选择适当的清洗、清洁设备，并防止这类设备成为污染源。

第七十七条　设备所用的润滑剂、冷却剂等不得对药品或容器造成污染，应当尽可能使用食用级或级别相当的润滑剂。

第七十八条　生产用模具的采购、验收、保管、维护、发放及报废应当制定相应操作规程，设专人专柜保管，并有相应记录。

第三节　维护和维修

第七十九条　设备的维护和维修不得影响产品质量。

第八十条　应当制定设备的预防性维护计划和操作规程，设备的维护和维修应当有相应的记录。

第八十一条　经改造或重大维修的设备应当进行再确认，符合要求后方可用于生产。

第四节　使用和清洁

第八十二条　主要生产和检验设备都应当有明确的操作规程。

第八十三条　生产设备应当在确认的参数范围内使用。

第八十四条　应当按照详细规定的操作规程清洁生产设备。

生产设备清洁的操作规程应当规定具体而完整的清洁方法、清洁用设备或工具、清洁剂的名称和配制方法、去除前一批次标识的方法、保护已清洁设备在使用前免受污染的方法、已清洁设备最长的保存时限、使用前检查设备清洁状况的方法，使操作者能以可重现的、有效的方式对各类设备进行清洁。

如需拆装设备，还应当规定设备拆装的顺序和方法；如需对设备消毒或灭菌，还应当规定消毒或灭菌的具体方法、消毒剂的名称和配制方法。必要时，还应当规定设备生产结束至清洁前所允许的最长间隔时限。

第八十五条　已清洁的生产设备应当在清洁、干燥的条件下存放。

第八十六条　用于药品生产或检验的设备和仪器，应当有使用日志，记录内容包括使用、清洁、维护和维修情况以及日期、时间、所生产及检验的药品名称、规格和批号等。

第八十七条　生产设备应当有明显的状态标识，标明设备编号和内容物（如名称、规格、批号）；没有内容物的应当标明清洁状态。

第八十八条　不合格的设备如有可能应当搬出生产和质量控制区，未搬出前，应当有醒目的状态标识。

第八十九条　主要固定管道应当标明内容物名称和流向。

第五节　校　准

第九十条　应当按照操作规程和校准计划定期对生产和检验用衡器、量具、仪表、记录和控制设备以及仪器进行校准和检查，并保存相关记录。校准的量程范围应当涵盖实际生产和检验的使用范围。

　　第九十一条　应当确保生产和检验使用的关键衡器、量具、仪表、记录和控制设备以及仪器经过校准，所得出的数据准确、可靠。

　　第九十二条　应当使用计量标准器具进行校准，且所用计量标准器具应当符合国家有关规定。校准记录应当标明所用计量标准器具的名称、编号、校准有效期和计量合格证明编号，确保记录的可追溯性。

　　第九十三条　衡器、量具、仪表、用于记录和控制的设备以及仪器应当有明显的标识，标明其校准有效期。

　　第九十四条　不得使用未经校准、超过校准有效期、失准的衡器、量具、仪表以及用于记录和控制的设备、仪器。

　　第九十五条　在生产、包装、仓储过程中使用自动或电子设备的，应当按照操作规程定期进行校准和检查，确保其操作功能正常。校准和检查应当有相应的记录。

第六节　制药用水

　　第九十六条　制药用水应当适合其用途，并符合《中华人民共和国药典》的质量标准及相关要求。制药用水至少应当采用饮用水。

　　第九十七条　水处理设备及其输送系统的设计、安装、运行和维护应当确保制药用水达到设定的质量标准。水处理设备的运行不得超出其设计能力。

　　第九十八条　纯化水、注射用水储罐和输送管道所用材料应当无毒、耐腐蚀；储罐的通气口应当安装不脱落纤维的疏水性除菌滤器；管道的设计和安装应当避免死角、盲管。

　　第九十九条　纯化水、注射用水的制备、贮存和分配应当能够防止微生物的滋生。纯化水可采用循环，注射用水可采用70℃以上保温循环。

　　第一百条　应当对制药用水及原水的水质进行定期监测，并有相应的记录。

　　第一百零一条　应当按照操作规程对纯化水、注射用水管道进行清洗消毒，并有相关记录。发现制药用水微生物污染达到警戒限度、纠偏限度时应当按照操作规程处理。

第六章　物料与产品

第一节　原　则

　　第一百零二条　药品生产所用的原辅料、与药品直接接触的包装材料应当符合相应的质量标准。药品上直接印字所用油墨应当符合食用标准要求。

　　进口原辅料应当符合国家相关的进口管理规定。

　　第一百零三条　应当建立物料和产品的操作规程，确保物料和产品的正确接收、贮存、发放、使用和发运，防止污染、交叉污染、混淆和差错。

　　物料和产品的处理应当按照操作规程或工艺规程执行，并有记录。

　　第一百零四条　物料供应商的确定及变更应当进行质量评估，并经质量管理部门批准后方可采购。

第一百零五条　物料和产品的运输应当能够满足其保证质量的要求，对运输有特殊要求的，其运输条件应当予以确认。

第一百零六条　原辅料、与药品直接接触的包装材料和印刷包装材料的接收应当有操作规程，所有到货物料均应当检查，以确保与订单一致，并确认供应商已经质量管理部门批准。

物料的外包装应当有标签，并注明规定的信息。必要时，还应当进行清洁，发现外包装损坏或其他可能影响物料质量的问题，应当向质量管理部门报告并进行调查和记录。

每次接收均应当有记录，内容包括：

（一）交货单和包装容器上所注物料的名称；

（二）企业内部所用物料名称和（或）代码；

（三）接收日期；

（四）供应商和生产商（如不同）的名称；

（五）供应商和生产商（如不同）标识的批号；

（六）接收总量和包装容器数量；

（七）接收后企业指定的批号或流水号；

（八）有关说明（如包装状况）。

第一百零七条　物料接收和成品生产后应当及时按照待验管理，直至放行。

第一百零八条　物料和产品应当根据其性质有序分批贮存和周转，发放及发运应当符合先进先出和近效期先出的原则。

第一百零九条　使用计算机化仓储管理的，应当有相应的操作规程，防止因系统故障、停机等特殊情况而造成物料和产品的混淆和差错。

使用完全计算机化仓储管理系统进行识别的，物料、产品等相关信息可不必以书面可读的方式标出。

第二节　原辅料

第一百一十条　应当制定相应的操作规程，采取核对或检验等适当措施，确认每一包装内的原辅料正确无误。

第一百一十一条　一次接收数个批次的物料，应当按批取样、检验、放行。

第一百一十二条　仓储区内的原辅料应当有适当的标识，并至少标明下述内容：

（一）指定的物料名称和企业内部的物料代码；

（二）企业接收时设定的批号；

（三）物料质量状态（如待验、合格、不合格、已取样）；

（四）有效期或复验期。

第一百一十三条　只有经质量管理部门批准放行并在有效期或复验期内的原辅料方可使用。

第一百一十四条　原辅料应当按照有效期或复验期贮存。贮存期内，如发现对质量有不良影响的特殊情况，应当进行复验。

第一百一十五条　应当由指定人员按照操作规程进行配料，核对物料后，精确称量或计量，并作好标识。

第一百一十六条　配制的每一物料及其重量或体积应当由他人独立进行复核，并有复核记录。

第一百一十七条　用于同一批药品生产的所有配料应当集中存放，并作好标识。

第三节　中间产品和待包装产品

第一百一十八条　中间产品和待包装产品应当在适当的条件下贮存。

第一百一十九条　中间产品和待包装产品应当有明确的标识，并至少标明下述内容：

（一）产品名称和企业内部的产品代码；

（二）产品批号；

（三）数量或重量（如毛重、净重等）；

（四）生产工序（必要时）；

（五）产品质量状态（必要时，如待验、合格、不合格、已取样）。

第四节　包装材料

第一百二十条　与药品直接接触的包装材料和印刷包装材料的管理和控制要求与原辅料相同。

第一百二十一条　包装材料应当由专人按照操作规程发放，并采取措施避免混淆和差错，确保用于药品生产的包装材料正确无误。

第一百二十二条　应当建立印刷包装材料设计、审核、批准的操作规程，确保印刷包装材料印制的内容与药品监督管理部门核准的一致，并建立专门的文档，保存经签名批准的印刷包装材料原版实样。

第一百二十三条　印刷包装材料的版本变更时，应当采取措施，确保产品所用印刷包装材料的版本正确无误。宜收回作废的旧版印刷模版并予以销毁。

第一百二十四条　印刷包装材料应当设置专门区域妥善存放，未经批准人员不得进入。切割式标签或其他散装印刷包装材料应当分别置于密闭容器内储运，以防混淆。

第一百二十五条　印刷包装材料应当由专人保管，并按照操作规程和需求量发放。

第一百二十六条　每批或每次发放的与药品直接接触的包装材料或印刷包装材料，均应当有识别标志，标明所用产品的名称和批号。

第一百二十七条　过期或废弃的印刷包装材料应当予以销毁并记录。

第五节　成　品

第一百二十八条　成品放行前应当待验贮存。

第一百二十九条 成品的贮存条件应当符合药品注册批准的要求。

第六节 特殊管理的物料和产品

第一百三十条 麻醉药品、精神药品、医疗用毒性药品（包括药材）、放射性药品、药品类易制毒化学品及易燃、易爆和其他危险品的验收、贮存、管理应当执行国家有关的规定。

第七节 其 他

第一百三十一条 不合格的物料、中间产品、待包装产品和成品的每个包装容器上均应当有清晰醒目的标志，并在隔离区内妥善保存。

第一百三十二条 不合格的物料、中间产品、待包装产品和成品的处理应当经质量管理负责人批准，并有记录。

第一百三十三条 产品回收需经预先批准，并对相关的质量风险进行充分评估，根据评估结论决定是否回收。回收应当按照预定的操作规程进行，并有相应记录。回收处理后的产品应当按照回收处理中最早批次产品的生产日期确定有效期。

第一百三十四条 制剂产品不得进行重新加工。不合格的制剂中间产品、待包装产品和成品一般不得进行返工。只有不影响产品质量、符合相应质量标准，且根据预定、经批准的操作规程以及对相关风险充分评估后，才允许返工处理。返工应当有相应记录。

第一百三十五条 对返工或重新加工或回收合并后生产的成品，质量管理部门应当考虑需要进行额外相关项目的检验和稳定性考察。

第一百三十六条 企业应当建立药品退货的操作规程，并有相应的记录，内容至少应当包括：产品名称、批号、规格、数量、退货单位及地址、退货原因及日期、最终处理意见。

同一产品同一批号不同渠道的退货应当分别记录、存放和处理。

第一百三十七条 只有经检查、检验和调查，有证据证明退货质量未受影响，且经质量管理部门根据操作规程评价后，方可考虑将退货重新包装、重新发运销售。评价考虑的因素至少应当包括药品的性质、所需的贮存条件、药品的现状、历史，以及发运与退货之间的间隔时间等因素。不符合贮存和运输要求的退货，应当在质量管理部门监督下予以销毁。对退货质量存有怀疑时，不得重新发运。

对退货进行回收处理的，回收后的产品应当符合预定的质量标准和第一百三十三条的要求。

退货处理的过程和结果应当有相应记录。

第七章 确认与验证

第一百三十八条 企业应当确定需要进行的确认或验证工作，以证明有关操作的关键要素能够得到有效控制。确认或验证的范围和程度应当经过风险评估来确定。

第一百三十九条　企业的厂房、设施、设备和检验仪器应当经过确认，应当采用经过验证的生产工艺、操作规程和检验方法进行生产、操作和检验，并保持持续的验证状态。

第一百四十条　应当建立确认与验证的文件和记录，并能以文件和记录证明达到以下预定的目标：

（一）设计确认应当证明厂房、设施、设备的设计符合预定用途和本规范要求；

（二）安装确认应当证明厂房、设施、设备的建造和安装符合设计标准；

（三）运行确认应当证明厂房、设施、设备的运行符合设计标准；

（四）性能确认应当证明厂房、设施、设备在正常操作方法和工艺条件下能够持续符合标准；

（五）工艺验证应当证明一个生产工艺按照规定的工艺参数能够持续生产出符合预定用途和注册要求的产品。

第一百四十一条　采用新的生产处方或生产工艺前，应当验证其常规生产的适用性。生产工艺在使用规定的原辅料和设备条件下，应当能够始终生产出符合预定用途和注册要求的产品。

第一百四十二条　当影响产品质量的主要因素，如原辅料、与药品直接接触的包装材料、生产设备、生产环境（或厂房）、生产工艺、检验方法等发生变更时，应当进行确认或验证。必要时，还应当经药品监督管理部门批准。

第一百四十三条　清洁方法应当经过验证，证实其清洁的效果，以有效防止污染和交叉污染。清洁验证应当综合考虑设备使用情况、所使用的清洁剂和消毒剂、取样方法和位置以及相应的取样回收率、残留物的性质和限度、残留物检验方法的灵敏度等因素。

第一百四十四条　确认和验证不是一次性的行为。首次确认或验证后，应当根据产品质量回顾分析情况进行再确认或再验证。关键的生产工艺和操作规程应当定期进行再验证，确保其能够达到预期结果。

第一百四十五条　企业应当制定验证总计划，以文件形式说明确认与验证工作的关键信息。

第一百四十六条　验证总计划或其他相关文件中应当作出规定，确保厂房、设施、设备、检验仪器、生产工艺、操作规程和检验方法等能够保持持续稳定。

第一百四十七条　应当根据确认或验证的对象制定确认或验证方案，并经审核、批准。确认或验证方案应当明确职责。

第一百四十八条　确认或验证应当按照预先确定和批准的方案实施，并有记录。确认或验证工作完成后，应当写出报告，并经审核、批准。确认或验证的结果和结论（包括评价和建议）应当有记录并存档。

第一百四十九条　应当根据验证的结果确认工艺规程和操作规程。

第八章 文件管理

第一节 原 则

第一百五十条 文件是质量保证系统的基本要素。企业必须有内容正确的书面质量标准、生产处方和工艺规程、操作规程以及记录等文件。

第一百五十一条 企业应当建立文件管理的操作规程，系统地设计、制定、审核、批准和发放文件。与本规范有关的文件应当经质量管理部门的审核。

第一百五十二条 文件的内容应当与药品生产许可、药品注册等相关要求一致，并有助于追溯每批产品的历史情况。

第一百五十三条 文件的起草、修订、审核、批准、替换或撤销、复制、保管和销毁等应当按照操作规程管理，并有相应的文件分发、撤销、复制、销毁记录。

第一百五十四条 文件的起草、修订、审核、批准均应当由适当的人员签名并注明日期。

第一百五十五条 文件应当标明题目、种类、目的以及文件编号和版本号。文字应当确切、清晰、易懂，不能模棱两可。

第一百五十六条 文件应当分类存放、条理分明，便于查阅。

第一百五十七条 原版文件复制时，不得产生任何差错；复制的文件应当清晰可辨。

第一百五十八条 文件应当定期审核、修订；文件修订后，应当按照规定管理，防止旧版文件的误用。分发、使用的文件应当为批准的现行文本，已撤销的或旧版文件除留档备查外，不得在工作现场出现。

第一百五十九条 与本规范有关的每项活动均应当有记录，以保证产品生产、质量控制和质量保证等活动可以追溯。记录应当留有填写数据的足够空格。记录应当及时填写，内容真实，字迹清晰、易读，不易擦除。

第一百六十条 应当尽可能采用生产和检验设备自动打印的记录、图谱和曲线图等，并标明产品或样品的名称、批号和记录设备的信息，操作人应当签注姓名和日期。

第一百六十一条 记录应当保持清洁，不得撕毁和任意涂改。记录填写的任何更改都应当签注姓名和日期，并使原有信息仍清晰可辨，必要时，应当说明更改的理由。记录如需重新誊写，则原有记录不得销毁，应当作为重新誊写记录的附件保存。

第一百六十二条 每批药品应当有批记录，包括批生产记录、批包装记录、批检验记录和药品放行审核记录等与本批产品有关的记录。批记录应当由质量管理部门负责管理，至少保存至药品有效期后一年。

质量标准、工艺规程、操作规程、稳定性考察、确认、验证、变更等其他重要文件应当长期保存。

第一百六十三条 如使用电子数据处理系统、照相技术或其他可靠方式记录数据资料，应当有所用系统的操作规程；记录的准确性应当经过核对。

　　使用电子数据处理系统的，只有经授权的人员方可输入或更改数据，更改和删除情况应当有记录；应当使用密码或其他方式来控制系统的登录；关键数据输入后，应当由他人独立进行复核。

　　用电子方法保存的批记录，应当采用磁带、缩微胶卷、纸质副本或其他方法进行备份，以确保记录的安全，且数据资料在保存期内便于查阅。

第二节　质量标准

　　第一百六十四条　物料和成品应当有经批准的现行质量标准；必要时，中间产品或待包装产品也应当有质量标准。

　　第一百六十五条　物料的质量标准一般应当包括：

　　（一）物料的基本信息：

　　1. 企业统一指定的物料名称和内部使用的物料代码；

　　2. 质量标准的依据；

　　3. 经批准的供应商；

　　4. 印刷包装材料的实样或样稿。

　　（二）取样、检验方法或相关操作规程编号；

　　（三）定性和定量的限度要求；

　　（四）贮存条件和注意事项；

　　（五）有效期或复验期。

　　第一百六十六条　外购或外销的中间产品和待包装产品应当有质量标准；如果中间产品的检验结果用于成品的质量评价，则应当制定与成品质量标准相对应的中间产品质量标准。

　　第一百六十七条　成品的质量标准应当包括：

　　（一）产品名称以及产品代码；

　　（二）对应的产品处方编号（如有）；

　　（三）产品规格和包装形式；

　　（四）取样、检验方法或相关操作规程编号；

　　（五）定性和定量的限度要求；

　　（六）贮存条件和注意事项；

　　（七）有效期。

第三节　工艺规程

　　第一百六十八条　每种药品的每个生产批量均应当有经企业批准的工艺规程，不同药品规格的每种包装形式均应当有各自的包装操作要求。工艺规程的制定应当以注册批准的工艺为依据。

　　第一百六十九条　工艺规程不得任意更改。如需更改，应当按照相关的操作规程修订、审核、批准。

第一百七十条　制剂的工艺规程的内容至少应当包括:

(一)生产处方:

1. 产品名称和产品代码;

2. 产品剂型、规格和批量;

3. 所用原辅料清单(包括生产过程中使用,但不在成品中出现的物料),阐明每一物料的指定名称、代码和用量;如原辅料的用量需要折算时,还应当说明计算方法。

(二)生产操作要求:

1. 对生产场所和所用设备的说明(如操作间的位置和编号、洁净度级别、必要的温湿度要求、设备型号和编号等);

2. 关键设备的准备(如清洗、组装、校准、灭菌等)所采用的方法或相应操作规程编号;

3. 详细的生产步骤和工艺参数说明(如物料的核对、预处理、加入物料的顺序、混合时间、温度等);

4. 所有中间控制方法及标准;

5. 预期的最终产量限度,必要时,还应当说明中间产品的产量限度,以及物料平衡的计算方法和限度;

6. 待包装产品的贮存要求,包括容器、标签及特殊贮存条件;

7. 需要说明的注意事项。

(三)包装操作要求:

1. 以最终包装容器中产品的数量、重量或体积表示的包装形式;

2. 所需全部包装材料的完整清单,包括包装材料的名称、数量、规格、类型以及与质量标准有关的每一包装材料的代码;

3. 印刷包装材料的实样或复制品,并标明产品批号、有效期打印位置;

4. 需要说明的注意事项,包括对生产区和设备进行的检查,在包装操作开始前,确认包装生产线的清场已经完成等;

5. 包装操作步骤的说明,包括重要的辅助性操作和所用设备的注意事项、包装材料使用前的核对;

6. 中间控制的详细操作,包括取样方法及标准;

7. 待包装产品、印刷包装材料的物料平衡计算方法和限度。

第四节　批生产记录

第一百七十一条　每批产品均应当有相应的批生产记录,可追溯该批产品的生产历史以及与质量有关的情况。

第一百七十二条　批生产记录应当依据现行批准的工艺规程的相关内容制定。记录的设计应当避免填写差错。批生产记录的每一页应当标注产品的名称、规格和批号。

第一百七十三条　原版空白的批生产记录应当经生产管理负责人和质量管理负责人审核和批准。批生产记录的复制和发放均应当按照操作规程进行控制并有记录，每批产品的生产只能发放一份原版空白批生产记录的复制件。

第一百七十四条　在生产过程中，进行每项操作时应当及时记录，操作结束后，应当由生产操作人员确认并签注姓名和日期。

第一百七十五条　批生产记录的内容应当包括：

（一）产品名称、规格、批号；

（二）生产以及中间工序开始、结束的日期和时间；

（三）每一生产工序的负责人签名；

（四）生产步骤操作人员的签名；必要时，还应当有操作（如称量）复核人员的签名；

（五）每一原辅料的批号以及实际称量的数量（包括投入的回收或返工处理产品的批号及数量）；

（六）相关生产操作或活动、工艺参数及控制范围，以及所用主要生产设备的编号；

（七）中间控制结果的记录以及操作人员的签名；

（八）不同生产工序所得产量及必要时的物料平衡计算；

（九）对特殊问题或异常事件的记录，包括对偏离工艺规程的偏差情况的详细说明或调查报告，并经签字批准。

第五节　批包装记录

第一百七十六条　每批产品或每批中部分产品的包装，都应当有批包装记录，以便追溯该批产品包装操作以及与质量有关的情况。

第一百七十七条　批包装记录应当依据工艺规程中与包装相关的内容制定。记录的设计应当注意避免填写差错。批包装记录的每一页均应当标注所包装产品的名称、规格、包装形式和批号。

第一百七十八条　批包装记录应当有待包装产品的批号、数量以及成品的批号和计划数量。原版空白的批包装记录的审核、批准、复制和发放的要求与原版空白的批生产记录相同。

第一百七十九条　在包装过程中，进行每项操作时应当及时记录，操作结束后，应当由包装操作人员确认并签注姓名和日期。

第一百八十条　批包装记录的内容包括：

（一）产品名称、规格、包装形式、批号、生产日期和有效期；

（二）包装操作日期和时间；

（三）包装操作负责人签名；

（四）包装工序的操作人员签名；

（五）每一包装材料的名称、批号和实际使用的数量；

（六）根据工艺规程所进行的检查记录，包括中间控制结果；

（七）包装操作的详细情况，包括所用设备及包装生产线的编号；

（八）所用印刷包装材料的实样，并印有批号、有效期及其他打印内容；不易随批包装记录归档的印刷包装材料可采用印有上述内容的复制品；

（九）对特殊问题或异常事件的记录，包括对偏离工艺规程的偏差情况的详细说明或调查报告，并经签字批准；

（十）所有印刷包装材料和待包装产品的名称、代码，以及发放、使用、销毁或退库的数量、实际产量以及物料平衡检查。

第六节 操作规程和记录

第一百八十一条 操作规程的内容应当包括：题目、编号、版本号、颁发部门、生效日期、分发部门以及制定人、审核人、批准人的签名并注明日期，标题、正文及变更历史。

第一百八十二条 厂房、设备、物料、文件和记录应当有编号（或代码），并制定编制编号（或代码）的操作规程，确保编号（或代码）的唯一性。

第一百八十三条 下述活动也应当有相应的操作规程，其过程和结果应当有记录：

（一）确认和验证；

（二）设备的装配和校准；

（三）厂房和设备的维护、清洁和消毒；

（四）培训、更衣及卫生等与人员相关的事宜；

（五）环境监测；

（六）虫害控制；

（七）变更控制；

（八）偏差处理；

（九）投诉；

（十）药品召回；

（十一）退货。

第九章 生产管理

第一节 原 则

第一百八十四条 所有药品的生产和包装均应当按照批准的工艺规程和操作规程进行操作并有相关记录，以确保药品达到规定的质量标准，并符合药品生产许可和注册批准的要求。

第一百八十五条 应当建立划分产品生产批次的操作规程，生产批次的划分应当能够确保同一批次产品质量和特性的均一性。

第一百八十六条　应当建立编制药品批号和确定生产日期的操作规程。每批药品均应当编制唯一的批号。除另有法定要求外，生产日期不得迟于产品成型或灌装（封）前经最后混合的操作开始日期，不得以产品包装日期作为生产日期。

第一百八十七条　每批产品应当检查产量和物料平衡，确保物料平衡符合设定的限度。如有差异，必须查明原因，确认无潜在质量风险后，方可按照正常产品处理。

第一百八十八条　不得在同一生产操作间同时进行不同品种和规格药品的生产操作，除非没有发生混淆或交叉污染的可能。

第一百八十九条　在生产的每一阶段，应当保护产品和物料免受微生物和其他污染。

第一百九十条　在干燥物料或产品，尤其是高活性、高毒性或高致敏性物料或产品的生产过程中，应当采取特殊措施，防止粉尘的产生和扩散。

第一百九十一条　生产期间使用的所有物料、中间产品或待包装产品的容器及主要设备、必要的操作室应当贴签标识或以其他方式标明生产中的产品或物料名称、规格和批号，如有必要，还应当标明生产工序。

第一百九十二条　容器、设备或设施所用标识应当清晰明了，标识的格式应当经企业相关部门批准。除在标识上使用文字说明外，还可采用不同的颜色区分被标识物的状态（如待验、合格、不合格或已清洁等）。

第一百九十三条　应当检查产品从一个区域输送至另一个区域的管道和其他设备连接，确保连接正确无误。

第一百九十四条　每次生产结束后应当进行清场，确保设备和工作场所没有遗留与本次生产有关的物料、产品和文件。下次生产开始前，应当对前次清场情况进行确认。

第一百九十五条　应当尽可能避免出现任何偏离工艺规程或操作规程的偏差。一旦出现偏差，应当按照偏差处理操作规程执行。

第一百九十六条　生产厂房应当仅限于经批准的人员出入。

第二节　防止生产过程中的污染和交叉污染

第一百九十七条　生产过程中应当尽可能采取措施，防止污染和交叉污染，如：

（一）在分隔的区域内生产不同品种的药品；

（二）采用阶段性生产方式；

（三）设置必要的气锁间和排风；空气洁净度级别不同的区域应当有压差控制；

（四）应当降低未经处理或未经充分处理的空气再次进入生产区导致污染的风险；

（五）在易产生交叉污染的生产区内，操作人员应当穿戴该区域专用的防护服；

（六）采用经过验证或已知有效的清洁和去污染操作规程进行设备清洁；必要时，应当对与物料直接接触的设备表面的残留物进行检测；

（七）采用密闭系统生产；

（八）干燥设备的进风应当有空气过滤器，排风应当有防止空气倒流装置；

（九）生产和清洁过程中应当避免使用易碎、易脱屑、易发霉器具；使用筛网时，应当有防止因筛网断裂而造成污染的措施；

（十）液体制剂的配制、过滤、灌封、灭菌等工序应当在规定时间内完成；

（十一）软膏剂、乳膏剂、凝胶剂等半固体制剂以及栓剂的中间产品应当规定贮存期和贮存条件。

第一百九十八条　应当定期检查防止污染和交叉污染的措施并评估其适用性和有效性。

第三节　生产操作

第一百九十九条　生产开始前应当进行检查，确保设备和工作场所没有上批遗留的产品、文件或与本批产品生产无关的物料，设备处于已清洁及待用状态。检查结果应当有记录。

生产操作前，还应当核对物料或中间产品的名称、代码、批号和标识，确保生产所用物料或中间产品正确且符合要求。

第二百条　应当进行中间控制和必要的环境监测，并予以记录。

第二百零一条　每批药品的每一生产阶段完成后必须由生产操作人员清场，并填写清场记录。清场记录内容包括：操作间编号、产品名称、批号、生产工序、清场日期、检查项目及结果、清场负责人及复核人签名。清场记录应当纳入批生产记录。

第四节　包装操作

第二百零二条　包装操作规程应当规定降低污染和交叉污染、混淆或差错风险的措施。

第二百零三条　包装开始前应当进行检查，确保工作场所、包装生产线、印刷机及其他设备已处于清洁或待用状态，无上批遗留的产品、文件或与本批产品包装无关的物料。检查结果应当有记录。

第二百零四条　包装操作前，还应当检查所领用的包装材料正确无误，核对待包装产品和所用包装材料的名称、规格、数量、质量状态，且与工艺规程相符。

第二百零五条　每一包装操作场所或包装生产线，应当有标识标明包装中的产品名称、规格、批号和批量的生产状态。

第二百零六条　有数条包装线同时进行包装时，应当采取隔离或其他有效防止污染、交叉污染或混淆的措施。

第二百零七条　待用分装容器在分装前应当保持清洁，避免容器中有玻璃碎屑、金属颗粒等污染物。

第二百零八条　产品分装、封口后应当及时贴签。未能及时贴签时，应当按照相关的操作规程操作，避免发生混淆或贴错标签等差错。

第二百零九条　单独打印或包装过程中在线打印的信息（如产品批号或有效期）均应当进行检查，确保其正确无误，并予以记录。如手工打印，应当增加检查频次。

第二百一十条　使用切割式标签或在包装线以外单独打印标签，应当采取专门措施，防止混淆。

第二百一十一条　应当对电子读码机、标签计数器或其他类似装置的功能进行检查，确保其准确运行。检查应当有记录。

第二百一十二条　包装材料上印刷或模压的内容应当清晰，不易褪色和擦除。

第二百一十三条　包装期间，产品的中间控制检查应当至少包括下述内容：

（一）包装外观；

（二）包装是否完整；

（三）产品和包装材料是否正确；

（四）打印信息是否正确；

（五）在线监控装置的功能是否正常。

样品从包装生产线取走后不应当再返还，以防止产品混淆或污染。

第二百一十四条　因包装过程产生异常情况而需要重新包装产品的，必须经专门检查、调查并由指定人员批准。重新包装应当有详细记录。

第二百一十五条　在物料平衡检查中，发现待包装产品、印刷包装材料以及成品数量有显著差异时，应当进行调查，未得出结论前，成品不得放行。

第二百一十六条　包装结束时，已打印批号的剩余包装材料应当由专人负责全部计数销毁，并有记录。如将未打印批号的印刷包装材料退库，应当按照操作规程执行。

第十章　质量控制与质量保证

第一节　质量控制实验室管理

第二百一十七条　质量控制实验室的人员、设施、设备应当与产品性质和生产规模相适应。

企业通常不得进行委托检验，确需委托检验的，应当按照第十一章中委托检验部分的规定，委托外部实验室进行检验，但应当在检验报告中予以说明。

第二百一十八条　质量控制负责人应当具有足够的管理实验室的资质和经验，可以管理同一企业的一个或多个实验室。

第二百一十九条　质量控制实验室的检验人员至少应当具有相关专业中专或高中以上学历，并经过与所从事的检验操作相关的实践培训且通过考核。

第二百二十条　质量控制实验室应当配备药典、标准图谱等必要的工具书，以及标准品或对照品等相关的标准物质。

第二百二十一条　质量控制实验室的文件应当符合第八章的原则，并符合下列要求：

（一）质量控制实验室应当至少有下列详细文件：

1. 质量标准；

2. 取样操作规程和记录；

3. 检验操作规程和记录（包括检验记录或实验室工作记事簿）；

4. 检验报告或证书；

5. 必要的环境监测操作规程、记录和报告；

6. 必要的检验方法验证报告和记录；

7. 仪器校准和设备使用、清洁、维护的操作规程及记录。

（二）每批药品的检验记录应当包括中间产品、待包装产品和成品的质量检验记录，可追溯该批药品所有相关的质量检验情况；

（三）宜采用便于趋势分析的方法保存某些数据（如检验数据、环境监测数据、制药用水的微生物监测数据）；

（四）除与批记录相关的资料信息外，还应当保存其他原始资料或记录，以方便查阅。

第二百二十二条　取样应当至少符合以下要求：

（一）质量管理部门的人员有权进入生产区和仓储区进行取样及调查；

（二）应当按照经批准的操作规程取样，操作规程应当详细规定：

1. 经授权的取样人；

2. 取样方法；

3. 所用器具；

4. 样品量；

5. 分样的方法；

6. 存放样品容器的类型和状态；

7. 取样后剩余部分及样品的处置和标识；

8. 取样注意事项，包括为降低取样过程产生的各种风险所采取的预防措施，尤其是无菌或有害物料的取样以及防止取样过程中污染和交叉污染的注意事项；

9. 贮存条件；

10. 取样器具的清洁方法和贮存要求。

（三）取样方法应当科学、合理，以保证样品的代表性；

（四）留样应当能够代表被取样批次的产品或物料，也可抽取其他样品来监控生产过程中最重要的环节（如生产的开始或结束）；

（五）样品的容器应当贴有标签，注明样品名称、批号、取样日期、取自哪一包装容器、取样人等信息；

（六）样品应当按照规定的贮存要求保存。

第二百二十三条　物料和不同生产阶段产品的检验应当至少符合以下要求：

（一）企业应当确保药品按照注册批准的方法进行全项检验；

（二）符合下列情形之一的，应当对检验方法进行验证：

1. 采用新的检验方法；

2. 检验方法需变更的；

3.采用《中华人民共和国药典》及其他法定标准未收载的检验方法；

4.法规规定的其他需要验证的检验方法。

（三）对不需要进行验证的检验方法，企业应当对检验方法进行确认，以确保检验数据准确、可靠；

（四）检验应当有书面操作规程，规定所用方法、仪器和设备，检验操作规程的内容应当与经确认或验证的检验方法一致；

（五）检验应当有可追溯的记录并应当复核，确保结果与记录一致。所有计算均应当严格核对；

（六）检验记录应当至少包括以下内容：

1.产品或物料的名称、剂型、规格、批号或供货批号，必要时注明供应商和生产商（如不同）的名称或来源；

2.依据的质量标准和检验操作规程；

3.检验所用的仪器或设备的型号和编号；

4.检验所用的试液和培养基的配制批号、对照品或标准品的来源和批号；

5.检验所用动物的相关信息；

6.检验过程，包括对照品溶液的配制、各项具体的检验操作、必要的环境温湿度；

7.检验结果，包括观察情况、计算和图谱或曲线图，以及依据的检验报告编号；

8.检验日期；

9.检验人员的签名和日期；

10.检验、计算复核人员的签名和日期。

（七）所有中间控制（包括生产人员所进行的中间控制），均应当按照经质量管理部门批准的方法进行，检验应当有记录；

（八）应当对实验室容量分析用玻璃仪器、试剂、试液、对照品以及培养基进行质量检查；

（九）必要时应当将检验用实验动物在使用前进行检验或隔离检疫。饲养和管理应当符合相关的实验动物管理规定。动物应当有标识，并应当保存使用的历史记录。

第二百二十四条　质量控制实验室应当建立检验结果超标调查的操作规程。任何检验结果超标都必须按照操作规程进行完整的调查，并有相应的记录。

第二百二十五条　企业按规定保存的、用于药品质量追溯或调查的物料、产品样品为留样。用于产品稳定性考察的样品不属于留样。

留样应当至少符合以下要求：

（一）应当按照操作规程对留样进行管理；

（二）留样应当能够代表被取样批次的物料或产品；

（三）成品的留样：

1.每批药品均应当有留样；如果一批药品分成数次进行包装，则每次包装至少应当保留一件最小市售包装的成品；

2. 留样的包装形式应当与药品市售包装形式相同，原料药的留样如无法采用市售包装形式的，可采用模拟包装；

3. 每批药品的留样数量一般至少应当能够确保按照注册批准的质量标准完成两次全检（无菌检查和热原检查等除外）；

4. 如果不影响留样的包装完整性，保存期间内至少应当每年对留样进行一次目检观察，如有异常，应当进行彻底调查并采取相应的处理措施；

5. 留样观察应当有记录；

6. 留样应当按照注册批准的贮存条件至少保存至药品有效期后一年；

7. 如企业终止药品生产或关闭的，应当将留样转交受权单位保存，并告知当地药品监督管理部门，以便在必要时可随时取得留样。

（四）物料的留样：

1. 制剂生产用每批原辅料和与药品直接接触的包装材料均应当有留样。与药品直接接触的包装材料（如输液瓶），如成品已有留样，可不必单独留样；

2. 物料的留样量应当至少满足鉴别的需要；

3. 除稳定性较差的原辅料外，用于制剂生产的原辅料（不包括生产过程中使用的溶剂、气体或制药用水）和与药品直接接触的包装材料的留样应当至少保存至产品放行后二年。如果物料的有效期较短，则留样时间可相应缩短；

4. 物料的留样应当按照规定的条件贮存，必要时还应当适当包装密封。

第二百二十六条　试剂、试液、培养基和检定菌的管理应当至少符合以下要求：

（一）试剂和培养基应当从可靠的供应商处采购，必要时应当对供应商进行评估；

（二）应当有接收试剂、试液、培养基的记录，必要时，应当在试剂、试液、培养基的容器上标注接收日期；

（三）应当按照相关规定或使用说明配制、贮存和使用试剂、试液和培养基。特殊情况下，在接收或使用前，还应当对试剂进行鉴别或其他检验；

（四）试液和已配制的培养基应当标注配制批号、配制日期和配制人员姓名，并有配制（包括灭菌）记录。不稳定的试剂、试液和培养基应当标注有效期及特殊贮存条件。标准液、滴定液还应当标注最后一次标化的日期和校正因子，并有标化记录；

（五）配制的培养基应当进行适用性检查，并有相关记录。应当有培养基使用记录；

（六）应当有检验所需的各种检定菌，并建立检定菌保存、传代、使用、销毁的操作规程和相应记录；

（七）检定菌应当有适当的标识，内容至少包括菌种名称、编号、代次、传代日期、传代操作人；

（八）检定菌应当按照规定的条件贮存，贮存的方式和时间不应当对检定菌的生长特性有不利影响。

第二百二十七条　标准品或对照品的管理应当至少符合以下要求：

（一）标准品或对照品应当按照规定贮存和使用；

（二）标准品或对照品应当有适当的标识，内容至少包括名称、批号、制备日期（如有）、有效期（如有）、首次开启日期、含量或效价、贮存条件；

（三）企业如需自制工作标准品或对照品，应当建立工作标准品或对照品的质量标准以及制备、鉴别、检验、批准和贮存的操作规程，每批工作标准品或对照品应当用法定标准品或对照品进行标化，并确定有效期，还应当通过定期标化证明工作标准品或对照品的效价或含量在有效期内保持稳定。标化的过程和结果应当有相应的记录。

第二节　物料和产品放行

第二百二十八条　应当分别建立物料和产品批准放行的操作规程，明确批准放行的标准、职责，并有相应的记录。

第二百二十九条　物料的放行应当至少符合以下要求：

（一）物料的质量评价内容应当至少包括生产商的检验报告、物料包装完整性和密封性的检查情况和检验结果；

（二）物料的质量评价应当有明确的结论，如批准放行、不合格或其他决定；

（三）物料应当由指定人员签名批准放行。

第二百三十条　产品的放行应当至少符合以下要求：

（一）在批准放行前，应当对每批药品进行质量评价，保证药品及其生产应当符合注册和本规范要求，并确认以下各项内容：

1. 主要生产工艺和检验方法经过验证；

2. 已完成所有必需的检查、检验，并综合考虑实际生产条件和生产记录；

3. 所有必需的生产和质量控制均已完成并经相关主管人员签名；

4. 变更已按照相关规程处理完毕，需要经药品监督管理部门批准的变更已得到批准；

5. 对变更或偏差已完成所有必要的取样、检查、检验和审核；

6. 所有与该批产品有关的偏差均已有明确的解释或说明，或者已经过彻底调查和适当处理；如偏差还涉及其他批次产品，应当一并处理。

（二）药品的质量评价应当有明确的结论，如批准放行、不合格或其他决定；

（三）每批药品均应当由质量受权人签名批准放行；

（四）疫苗类制品、血液制品、用于血源筛查的体外诊断试剂以及国家食品药品监督管理局规定的其他生物制品放行前还应当取得批签发合格证明。

第三节　持续稳定性考察

第二百三十一条　持续稳定性考察的目的是在有效期内监控已上市药品的质量，以发现药品与生产相关的稳定性问题（如杂质含量或溶出度特性的变化），并确定药品能够在标示的贮存条件下，符合质量标准的各项要求。

第二百三十二条　持续稳定性考察主要针对市售包装药品，但也需兼顾待包装产品。例如，当待包装产品在完成包装前，或从生产厂运输到包装厂，还需要长期贮存时，应当在相应的环境条件下，评估其对包装后产品稳定性的影响。此外，还应当考虑对贮存时间较长的中间产品进行考察。

第二百三十三条 持续稳定性考察应当有考察方案，结果应当有报告。用于持续稳定性考察的设备（尤其是稳定性试验设备或设施）应当按照第七章和第五章的要求进行确认和维护。

第二百三十四条 持续稳定性考察的时间应当涵盖药品有效期，考察方案应当至少包括以下内容：

（一）每种规格、每个生产批量药品的考察批次数；

（二）相关的物理、化学、微生物和生物学检验方法，可考虑采用稳定性考察专属的检验方法；

（三）检验方法依据；

（四）合格标准；

（五）容器密封系统的描述；

（六）试验间隔时间（测试时间点）；

（七）贮存条件（应当采用与药品标示贮存条件相对应的《中华人民共和国药典》规定的长期稳定性试验标准条件）；

（八）检验项目，如检验项目少于成品质量标准所包含的项目，应当说明理由。

第二百三十五条 考察批次数和检验频次应当能够获得足够的数据，以供趋势分析。通常情况下，每种规格、每种内包装形式的药品，至少每年应当考察一个批次，除非当年没有生产。

第二百三十六条 某些情况下，持续稳定性考察中应当额外增加批次数，如重大变更或生产和包装有重大偏差的药品应当列入稳定性考察。此外，重新加工、返工或回收的批次，也应当考虑列入考察，除非已经过验证和稳定性考察。

第二百三十七条 关键人员，尤其是质量受权人，应当了解持续稳定性考察的结果。当持续稳定性考察不在待包装产品和成品的生产企业进行时，则相关各方之间应当有书面协议，且均应当保存持续稳定性考察的结果以供药品监督管理部门审查。

第二百三十八条 应当对不符合质量标准的结果或重要的异常趋势进行调查。对任何已确认的不符合质量标准的结果或重大不良趋势，企业都应当考虑是否可能对已上市药品造成影响，必要时应当实施召回，调查结果以及采取的措施应当报告当地药品监督管理部门。

第二百三十九条 应当根据所获得的全部数据资料，包括考察的阶段性结论，撰写总结报告并保存。应当定期审核总结报告。

第四节 变更控制

第二百四十条 企业应当建立变更控制系统，对所有影响产品质量的变更进行评估和管理。需要经药品监督管理部门批准的变更应当在得到批准后方可实施。

第二百四十一条　应当建立操作规程，规定原辅料、包装材料、质量标准、检验方法、操作规程、厂房、设施、设备、仪器、生产工艺和计算机软件变更的申请、评估、审核、批准和实施。质量管理部门应当指定专人负责变更控制。

第二百四十二条　变更都应当评估其对产品质量的潜在影响。企业可以根据变更的性质、范围、对产品质量潜在影响的程度将变更分类（如主要、次要变更）。判断变更所需的验证、额外的检验以及稳定性考察应当有科学依据。

第二百四十三条　与产品质量有关的变更由申请部门提出后，应当经评估、制定实施计划并明确实施职责，最终由质量管理部门审核批准。变更实施应当有相应的完整记录。

第二百四十四条　改变原辅料、与药品直接接触的包装材料、生产工艺、主要生产设备以及其他影响药品质量的主要因素时，还应当对变更实施后最初至少三个批次的药品质量进行评估。如果变更可能影响药品的有效期，则质量评估还应当包括对变更实施后生产的药品进行稳定性考察。

第二百四十五条　变更实施时，应当确保与变更相关的文件均已修订。

第二百四十六条　质量管理部门应当保存所有变更的文件和记录。

第五节　偏差处理

第二百四十七条　各部门负责人应当确保所有人员正确执行生产工艺、质量标准、检验方法和操作规程，防止偏差的产生。

第二百四十八条　企业应当建立偏差处理的操作规程，规定偏差的报告、记录、调查、处理以及所采取的纠正措施，并有相应的记录。

第二百四十九条　任何偏差都应当评估其对产品质量的潜在影响。企业可以根据偏差的性质、范围、对产品质量潜在影响的程度将偏差分类（如重大、次要偏差），对重大偏差的评估还应当考虑是否需要对产品进行额外的检验以及对产品有效期的影响，必要时，应当对涉及重大偏差的产品进行稳定性考察。

第二百五十条　任何偏离生产工艺、物料平衡限度、质量标准、检验方法、操作规程等的情况均应当有记录，并立即报告主管人员及质量管理部门，应当有清楚的说明，重大偏差应当由质量管理部门会同其他部门进行彻底调查，并有调查报告。偏差调查报告应当由质量管理部门的指定人员审核并签字。

企业还应当采取预防措施有效防止类似偏差的再次发生。

第二百五十一条　质量管理部门应当负责偏差的分类，保存偏差调查、处理的文件和记录。

第六节　纠正措施和预防措施

第二百五十二条　企业应当建立纠正措施和预防措施系统，对投诉、召回、偏差、自检或外部检查结果、工艺性能和质量监测趋势等进行调查并采取纠正和预防措施。调查的深度和形式应当与风险的级别相适应。纠正措施和预防措施系统应当能够增进对产品和工艺的理解，改进产品和工艺。

第二百五十三条　企业应当建立实施纠正和预防措施的操作规程，内容至少包括：

（一）对投诉、召回、偏差、自检或外部检查结果、工艺性能和质量监测趋势以及其他来源的质量数据进行分析，确定已有和潜在的质量问题。必要时，应当采用适当的统计学方法；

（二）调查与产品、工艺和质量保证系统有关的原因；

（三）确定所需采取的纠正和预防措施，防止问题的再次发生；

（四）评估纠正和预防措施的合理性、有效性和充分性；

（五）对实施纠正和预防措施过程中所有发生的变更应当予以记录；

（六）确保相关信息已传递到质量受权人和预防问题再次发生的直接负责人；

（七）确保相关信息及其纠正和预防措施已通过高层管理人员的评审。

第二百五十四条　实施纠正和预防措施应当有文件记录，并由质量管理部门保存。

第七节　供应商的评估和批准

第二百五十五条　质量管理部门应当对所有生产用物料的供应商进行质量评估，会同有关部门对主要物料供应商（尤其是生产商）的质量体系进行现场质量审计，并对质量评估不符合要求的供应商行使否决权。

主要物料的确定应当综合考虑企业所生产的药品质量风险、物料用量以及物料对药品质量的影响程度等因素。

企业法定代表人、企业负责人及其他部门的人员不得干扰或妨碍质量管理部门对物料供应商独立作出质量评估。

第二百五十六条　应当建立物料供应商评估和批准的操作规程，明确供应商的资质、选择的原则、质量评估方式、评估标准、物料供应商批准的程序。

如质量评估需采用现场质量审计方式的，还应当明确审计内容、周期、审计人员的组成及资质。需采用样品小批量试生产的，还应当明确生产批量、生产工艺、产品质量标准、稳定性考察方案。

第二百五十七条　质量管理部门应当指定专人负责物料供应商质量评估和现场质量审计，分发经批准的合格供应商名单。被指定的人员应当具有相关的法规和专业知识，具有足够的质量评估和现场质量审计的实践经验。

第二百五十八条　现场质量审计应当核实供应商资质证明文件和检验报告的真实性，核实是否具备检验条件。应当对其人员机构、厂房设施和设备、物料管理、生产工艺流程和生产管理、质量控制实验室的设备、仪器、文件管理等进行检查，以全面评估其质量保证系统。现场质量审计应当有报告。

第二百五十九条　必要时，应当对主要物料供应商提供的样品进行小批量试生产，并对试生产的药品进行稳定性考察。

第二百六十条　质量管理部门对物料供应商的评估至少应当包括：供应商的资质证明文件、质量标准、检验报告、企业对物料样品的检验数据和报告。如进行现场质量审计和样品小批量试生产的，还应当包括现场质量审计报告，以及小试产品的质量检验报告和稳定性考察报告。

第二百六十一条　改变物料供应商，应当对新的供应商进行质量评估；改变主要物料供应商的，还需要对产品进行相关的验证及稳定性考察。

第二百六十二条　质量管理部门应当向物料管理部门分发经批准的合格供应商名单，该名单内容至少包括物料名称、规格、质量标准、生产商名称和地址、经销商（如有）名称等，并及时更新。

第二百六十三条　质量管理部门应当与主要物料供应商签订质量协议，在协议中应当明确双方所承担的质量责任。

第二百六十四条　质量管理部门应当定期对物料供应商进行评估或现场质量审计，回顾分析物料质量检验结果、质量投诉和不合格处理记录。如物料出现质量问题或生产条件、工艺、质量标准和检验方法等可能影响质量的关键因素发生重大改变时，还应当尽快进行相关的现场质量审计。

第二百六十五条　企业应当对每家物料供应商建立质量档案，档案内容应当包括供应商的资质证明文件、质量协议、质量标准、样品检验数据和报告、供应商的检验报告、现场质量审计报告、产品稳定性考察报告、定期的质量回顾分析报告等。

第八节　产品质量回顾分析

第二百六十六条　应当按照操作规程，每年对所有生产的药品按品种进行产品质量回顾分析，以确认工艺稳定可靠，以及原辅料、成品现行质量标准的适用性，及时发现不良趋势，确定产品及工艺改进的方向。应当考虑以往回顾分析的历史数据，还应当对产品质量回顾分析的有效性进行自检。

当有合理的科学依据时，可按照产品的剂型分类进行质量回顾，如固体制剂、液体制剂和无菌制剂等。

回顾分析应当有报告。

企业至少应当对下列情形进行回顾分析：

（一）产品所用原辅料的所有变更，尤其是来自新供应商的原辅料；

（二）关键中间控制点及成品的检验结果；

（三）所有不符合质量标准的批次及其调查；

（四）所有重大偏差及相关的调查、所采取的整改措施和预防措施的有效性；

（五）生产工艺或检验方法等的所有变更；

（六）已批准或备案的药品注册所有变更；

（七）稳定性考察的结果及任何不良趋势；

（八）所有因质量原因造成的退货、投诉、召回及调查；

（九）与产品工艺或设备相关的纠正措施的执行情况和效果；

（十）新获批准和有变更的药品，按照注册要求上市后应当完成的工作情况；

（十一）相关设备和设施，如空调净化系统、水系统、压缩空气等的确认状态；

（十二）委托生产或检验的技术合同履行情况。

第二百六十七条　应当对回顾分析的结果进行评估，提出是否需要采取纠正和预防措施或进行再确认或再验证的评估意见及理由，并及时、有效地完成整改。

第二百六十八条　药品委托生产时，委托方和受托方之间应当有书面的技术协议，规定产品质量回顾分析中各方的责任，确保产品质量回顾分析按时进行并符合要求。

第九节　投诉与不良反应报告

第二百六十九条　应当建立药品不良反应报告和监测管理制度，设立专门机构并配备专职人员负责管理。

第二百七十条　应当主动收集药品不良反应，对不良反应应当详细记录、评价、调查和处理，及时采取措施控制可能存在的风险，并按照要求向药品监督管理部门报告。

第二百七十一条　应当建立操作规程，规定投诉登记、评价、调查和处理的程序，并规定因可能的产品缺陷发生投诉时所采取的措施，包括考虑是否有必要从市场召回药品。

第二百七十二条　应当有专人及足够的辅助人员负责进行质量投诉的调查和处理，所有投诉、调查的信息应当向质量受权人通报。

第二百七十三条　所有投诉都应当登记与审核，与产品质量缺陷有关的投诉，应当详细记录投诉的各个细节，并进行调查。

第二百七十四条　发现或怀疑某批药品存在缺陷，应当考虑检查其他批次的药品，查明其是否受到影响。

第二百七十五条　投诉调查和处理应当有记录，并注明所查相关批次产品的信息。

第二百七十六条　应当定期回顾分析投诉记录，以便发现需要警觉、重复出现以及可能需要从市场召回药品的问题，并采取相应措施。

第二百七十七条　企业出现生产失误、药品变质或其他重大质量问题，应当及时采取相应措施，必要时还应当向当地药品监督管理部门报告。

第十一章　委托生产与委托检验

第一节　原　则

第二百七十八条　为确保委托生产产品的质量和委托检验的准确性和可靠性，委托方和受托方必须签订书面合同，明确规定各方责任、委托生产或委托检验的内容及相关的技术事项。

第二百七十九条　委托生产或委托检验的所有活动，包括在技术或其他方面拟采取的任何变更，均应当符合药品生产许可和注册的有关要求。

第二节　委托方

第二百八十条　委托方应当对受托方进行评估，对受托方的条件、技术水平、质量管理情况进行现场考核，确认其具有完成受托工作的能力，并能保证符合本规范的要求。

第二百八十一条　委托方应当向受托方提供所有必要的资料，以使受托方能够按照药品注册和其他法定要求正确实施所委托的操作。

委托方应当使受托方充分了解与产品或操作相关的各种问题，包括产品或操作对受托方的环境、厂房、设备、人员及其他物料或产品可能造成的危害。

第二百八十二条　委托方应当对受托生产或检验的全过程进行监督。

第二百八十三条　委托方应当确保物料和产品符合相应的质量标准。

第三节　受托方

第二百八十四条　受托方必须具备足够的厂房、设备、知识和经验以及人员，满足委托方所委托的生产或检验工作的要求。

第二百八十五条　受托方应当确保所收到委托方提供的物料、中间产品和待包装产品适用于预定用途。

第二百八十六条　受托方不得从事对委托生产或检验的产品质量有不利影响的活动。

第四节　合　同

第二百八十七条　委托方与受托方之间签订的合同应当详细规定各自的产品生产和控制职责，其中的技术性条款应当由具有制药技术、检验专业知识和熟悉本规范的主管人员拟订。委托生产及检验的各项工作必须符合药品生产许可和药品注册的有关要求并经双方同意。

第二百八十八条　合同应当详细规定质量受权人批准放行每批药品的程序，确保每批产品都已按照药品注册的要求完成生产和检验。

第二百八十九条　合同应当规定何方负责物料的采购、检验、放行、生产和质量控制（包括中间控制），还应当规定何方负责取样和检验。

在委托检验的情况下，合同应当规定受托方是否在委托方的厂房内取样。

第二百九十条　合同应当规定由受托方保存的生产、检验和发运记录及样品，委托方应当能够随时调阅或检查；出现投诉、怀疑产品有质量缺陷或召回时，委托方应当能够方便地查阅所有与评价产品质量相关的记录。

第二百九十一条　合同应当明确规定委托方可以对受托方进行检查或现场质量审计。

第二百九十二条　委托检验合同应当明确受托方有义务接受药品监督管理部门检查。

第十二章　产品发运与召回

第一节　原　则

第二百九十三条　企业应当建立产品召回系统，必要时可迅速、有效地从市场召回任何一批存在安全隐患的产品。

第二百九十四条　因质量原因退货和召回的产品，均应当按照规定监督销毁，有证据证明退货产品质量未受影响的除外。

第二节　发　运

第二百九十五条　每批产品均应当有发运记录。根据发运记录，应当能够追查每批产品的销售情况，必要时应当能够及时全部追回，发运记录内容应当包括：产品名称、规格、批号、数量、收货单位和地址、联系方式、发货日期、运输方式等。

第二百九十六条　药品发运的零头包装只限两个批号为一个合箱，合箱外应当标明全部批号，并建立合箱记录。

第二百九十七条　发运记录应当至少保存至药品有效期后一年。

第三节　召　回

第二百九十八条　应当制定召回操作规程，确保召回工作的有效性。

第二百九十九条　应当指定专人负责组织协调召回工作，并配备足够数量的人员。产品召回负责人应当独立于销售和市场部门；如产品召回负责人不是质量受权人，则应当向质量受权人通报召回处理情况。

第三百条　召回应当能够随时启动，并迅速实施。

第三百零一条　因产品存在安全隐患决定从市场召回的，应当立即向当地药品监督管理部门报告。

第三百零二条　产品召回负责人应当能够迅速查阅到药品发运记录。

第三百零三条　已召回的产品应当有标识，并单独、妥善贮存，等待最终处理决定。

第三百零四条　召回的进展过程应当有记录，并有最终报告。产品发运数量、已召回数量以及数量平衡情况应当在报告中予以说明。

第三百零五条　应当定期对产品召回系统的有效性进行评估。

第十三章　自　检

第一节　原　则

第三百零六条　质量管理部门应当定期组织对企业进行自检，监控本规范的实施情况，评估企业是否符合本规范要求，并提出必要的纠正和预防措施。

第二节　自　检

第三百零七条　自检应当有计划,对机构与人员、厂房与设施、设备、物料与产品、确认与验证、文件管理、生产管理、质量控制与质量保证、委托生产与委托检验、产品发运与召回等项目定期进行检查。

第三百零八条　应当由企业指定人员进行独立、系统、全面的自检,也可由外部人员或专家进行独立的质量审计。

第三百零九条　自检应当有记录。自检完成后应当有自检报告,内容至少包括自检过程中观察到的所有情况、评价的结论以及提出纠正和预防措施的建议。自检情况应当报告企业高层管理人员。

第十四章　附　则

第三百一十条　本规范为药品生产质量管理的基本要求。对无菌药品、生物制品、血液制品等药品或生产质量管理活动的特殊要求,由国家食品药品监督管理局以附录方式另行制定。

第三百一十一条　企业可以采用经过验证的替代方法,达到本规范的要求。

第三百一十二条　本规范下列术语(按汉语拼音排序)的含义是:

(一)包装

待包装产品变成成品所需的所有操作步骤,包括分装、贴签等。但无菌生产工艺中产品的无菌灌装,以及最终灭菌产品的灌装等不视为包装。

(二)包装材料

药品包装所用的材料,包括与药品直接接触的包装材料和容器、印刷包装材料,但不包括发运用的外包装材料。

(三)操作规程

经批准用来指导设备操作、维护与清洁、验证、环境控制、取样和检验等药品生产活动的通用性文件,也称标准操作规程。

(四)产品

包括药品的中间产品、待包装产品和成品。

(五)产品生命周期

产品从最初的研发、上市直至退市的所有阶段。

(六)成品

已完成所有生产操作步骤和最终包装的产品。

(七)重新加工

将某一生产工序生产的不符合质量标准的一批中间产品或待包装产品的一部分或全部,采用不同的生产工艺进行再加工,以符合预定的质量标准。

（八）待包装产品

尚未进行包装但已完成所有其他加工工序的产品。

（九）待验

指原辅料、包装材料、中间产品、待包装产品或成品，采用物理手段或其他有效方式将其隔离或区分，在允许用于投料生产或上市销售之前贮存、等待作出放行决定的状态。

（十）发放

指生产过程中物料、中间产品、待包装产品、文件、生产用模具等在企业内部流转的一系列操作。

（十一）复验期

原辅料、包装材料贮存一定时间后，为确保其仍适用于预定用途，由企业确定的需重新检验的日期。

（十二）发运

指企业将产品发送到经销商或用户的一系列操作，包括配货、运输等。

（十三）返工

将某一生产工序生产的不符合质量标准的一批中间产品或待包装产品、成品的一部分或全部返回到之前的工序，采用相同的生产工艺进行再加工，以符合预定的质量标准。

（十四）放行

对一批物料或产品进行质量评价，作出批准使用或投放市场或其他决定的操作。

（十五）高层管理人员

在企业内部最高层指挥和控制企业、具有调动资源的权力和职责的人员。

（十六）工艺规程

为生产特定数量的成品而制定的一个或一套文件，包括生产处方、生产操作要求和包装操作要求，规定原辅料和包装材料的数量、工艺参数和条件、加工说明（包括中间控制）、注意事项等内容。

（十七）供应商

指物料、设备、仪器、试剂、服务等的提供方，如生产商、经销商等。

（十八）回收

在某一特定的生产阶段，将以前生产的一批或数批符合相应质量要求的产品的一部分或全部，加入到另一批次中的操作。

（十九）计算机化系统

用于报告或自动控制的集成系统，包括数据输入、电子处理和信息输出。

（二十）交叉污染

不同原料、辅料及产品之间发生的相互污染。

（二十一）校准

在规定条件下，确定测量、记录、控制仪器或系统的示值（尤指称量）或实物量具所代表的量值，与对应的参照标准量值之间关系的一系列活动。

（二十二）阶段性生产方式

指在共用生产区内，在一段时间内集中生产某一产品，再对相应的共用生产区、设施、设备、工器具等进行彻底清洁，更换生产另一种产品的方式。

（二十三）洁净区

需要对环境中尘粒及微生物数量进行控制的房间（区域），其建筑结构、装备及其使用应当能够减少该区域内污染物的引入、产生和滞留。

（二十四）警戒限度

系统的关键参数超出正常范围，但未达到纠偏限度，需要引起警觉，可能需要采取纠正措施的限度标准。

（二十五）纠偏限度

系统的关键参数超出可接受标准，需要进行调查并采取纠正措施的限度标准。

（二十六）检验结果超标

检验结果超出法定标准及企业制定标准的所有情形。

（二十七）批

经一个或若干加工过程生产的、具有预期均一质量和特性的一定数量的原辅料、包装材料或成品。为完成某些生产操作步骤，可能有必要将一批产品分成若干亚批，最终合并成为一个均一的批。在连续生产情况下，批必须与生产中具有预期均一特性的确定数量的产品相对应，批量可以是固定数量或固定时间段内生产的产品量。

例如：口服或外用的固体、半固体制剂在成型或分装前使用同一台混合设备一次混合所生产的均质产品为一批；口服或外用的液体制剂以灌装（封）前经最后混合的药液所生产的均质产品为一批。

（二十八）批号

用于识别一个特定批的具有唯一性的数字和（或）字母的组合。

（二十九）批记录

用于记述每批药品生产、质量检验和放行审核的所有文件和记录，可追溯所有与成品质量有关的历史信息。

（三十）气锁间

设置于两个或数个房间之间（如不同洁净度级别的房间之间）的具有两扇或多扇门的隔离空间。设置气锁间的目的是在人员或物料出入时，对气流进行控制。气锁间有人员气锁间和物料气锁间。

（三十一）企业

在本规范中如无特别说明，企业特指药品生产企业。

（三十二）确认

证明厂房、设施、设备能正确运行并可达到预期结果的一系列活动。

（三十三）退货

将药品退还给企业的活动。

（三十四）文件

本规范所指的文件包括质量标准、工艺规程、操作规程、记录、报告等。

（三十五）物料

指原料、辅料和包装材料等。

例如：化学药品制剂的原料是指原料药；生物制品的原料是指原材料；中药制剂的原料是指中药材、中药饮片和外购中药提取物；原料药的原料是指用于原料药生产的除包装材料以外的其他物料。

（三十六）物料平衡

产品或物料实际产量或实际用量及收集到的损耗之和与理论产量或理论用量之间的比较，并考虑可允许的偏差范围。

（三十七）污染

在生产、取样、包装或重新包装、贮存或运输等操作过程中，原辅料、中间产品、待包装产品、成品受到具有化学或微生物特性的杂质或异物的不利影响。

（三十八）验证

证明任何操作规程（或方法）、生产工艺或系统能够达到预期结果的一系列活动。

（三十九）印刷包装材料

指具有特定式样和印刷内容的包装材料，如印字铝箔、标签、说明书、纸盒等。

（四十）原辅料

除包装材料之外，药品生产中使用的任何物料。

（四十一）中间产品

指完成部分加工步骤的产品，尚需进一步加工方可成为待包装产品。

（四十二）中间控制

也称过程控制，指为确保产品符合有关标准，生产中对工艺过程加以监控，以便在必要时进行调节而做的各项检查。可将对环境或设备控制视作中间控制的一部分。

第三百一十三条　本规范自 2011 年 3 月 1 日起施行。按照《中华人民共和国药品管理法》第九条规定，具体实施办法和实施步骤由国家食品药品监督管理局规定。

药品类易制毒化学品管理办法

（2010 年 3 月 18 日卫生部令第 72 号公布，自 2010 年 5 月 1 日起施行）

第一章　总　则

第一条　为加强药品类易制毒化学品管理，防止流入非法渠道，根据《易制毒化学品管理条例》（以下简称《条例》），制定本办法。

第二条　药品类易制毒化学品是指《条例》中所确定的麦角酸、麻黄素等物质，品种目录见本办法附件 1。

国务院批准调整易制毒化学品分类和品种，涉及药品类易制毒化学品的，国家食品药品监督管理局应当及时调整并予公布。

第三条　药品类易制毒化学品的生产、经营、购买以及监督管理，适用本办法。

第四条　国家食品药品监督管理局主管全国药品类易制毒化学品生产、经营、购买等方面的监督管理工作。

县级以上地方食品药品监督管理部门负责本行政区域内的药品类易制毒化学品生产、经营、购买等方面的监督管理工作。

第二章　生产、经营许可

第五条　生产、经营药品类易制毒化学品，应当依照《条例》和本办法的规定取得药品类易制毒化学品生产、经营许可。

生产药品类易制毒化学品中属于药品的品种，还应当依照《药品管理法》和相关规定取得药品批准文号。

第六条　药品生产企业申请生产药品类易制毒化学品，应当符合《条例》第七条规定的条件，向所在地省、自治区、直辖市食品药品监督管理部门提出申请，报送以下资料：

（一）药品类易制毒化学品生产申请表（见附件 2）；

（二）《药品生产许可证》、《药品生产质量管理规范》认证证书和企业营业执照复印件；

（三）企业药品类易制毒化学品管理的组织机构图（注明各部门职责及相互关系、部门负责人）；

（四）反映企业现有状况的周边环境图、总平面布置图、仓储平面布置图、质量检验场所平面布置图、药品类易制毒化学品生产场所平面布置图（注明药品类易制毒化学品相应安全管理设施）；

（五）药品类易制毒化学品安全管理制度文件目录；

（六）重点区域设置电视监控设施的说明以及与公安机关联网报警的证明；

（七）企业法定代表人、企业负责人和技术、管理人员具有药品类易制毒化学品有关知识的说明材料；

（八）企业法定代表人及相关工作人员无毒品犯罪记录的证明；

（九）申请生产仅能作为药品中间体使用的药品类易制毒化学品的，还应当提供合法用途说明等其他相应资料。

第七条　省、自治区、直辖市食品药品监督管理部门应当在收到申请之日起 5 日内，对申报资料进行形式审查，决定是否受理。受理的，在 30 日内完成现场检查，将检查结果连同企业申报资料报送国家食品药品监督管理局。国家食品药品监督管理局应当在 30 日内完成实质性审查，对符合规定的，发给《药品类易制毒化学品生产许可批件》（以下简称《生产许可批件》，见附件 3），注明许可生产的药品类易制毒化学品名称；不予许可的，应当书面说明理由。

第八条　药品生产企业收到《生产许可批件》后，应当向所在地省、自治区、直辖市食品药品监督管理部门提出变更《药品生产许可证》生产范围的申请。省、自治区、直辖市食品药品监督管理部门应当根据《生产许可批件》，在《药品生产许可证》正本的生产范围中标注"药品类易制毒化学品"；在副本的生产范围中标注"药品类易制毒化学品"后，括弧内标注药品类易制毒化学品名称。

第九条　药品类易制毒化学品生产企业申请换发《药品生产许可证》的，省、自治区、直辖市食品药品监督管理部门除按照《药品生产监督管理办法》审查外，还应当对企业的药品类易制毒化学品生产条件和安全管理情况进行审查。对符合规定的，在换发的《药品生产许可证》中继续标注药品类易制毒化学品生产范围和品种名称；对不符合规定的，报国家食品药品监督管理局。

国家食品药品监督管理局收到省、自治区、直辖市食品药品监督管理部门报告后，对不符合规定的企业注销其《生产许可批件》，并通知企业所在地省、自治区、直辖市食品药品监督管理部门注销该企业《药品生产许可证》中的药品类易制毒化学品生产范围。

第十条　药品类易制毒化学品生产企业不再生产药品类易制毒化学品的，应当在停止生产经营后 3 个月内办理注销相关许可手续。

药品类易制毒化学品生产企业连续 1 年未生产的，应当书面报告所在地省、自治区、直辖市食品药品监督管理部门；需要恢复生产的，应当经所在地省、自治区、直辖市食品药品监督管理部门对企业的生产条件和安全管理情况进行现场检查。

第十一条　药品类易制毒化学品生产企业变更生产地址、品种范围的，应当重新申办《生产许可批件》。

药品类易制毒化学品生产企业变更企业名称、法定代表人的，由所在地省、自治区、直辖市食品药品监督管理部门办理《药品生产许可证》变更手续，报国家食品药品监督管理局备案。

第十二条　药品类易制毒化学品以及含有药品类易制毒化学品的制剂不得委托生产。

药品生产企业不得接受境外厂商委托加工药品类易制毒化学品以及含有药品类易制毒化学品的产品；特殊情况需要委托加工的，须经国家食品药品监督管理局批准。

第十三条　药品类易制毒化学品的经营许可，国家食品药品监督管理局委托省、自治区、直辖市食品药品监督管理部门办理。

药品类易制毒化学品单方制剂和小包装麻黄素，纳入麻醉药品销售渠道经营，仅能由麻醉药品全国性批发企业和区域性批发企业经销，不得零售。

未实行药品批准文号管理的品种，纳入药品类易制毒化学品原料药渠道经营。

第十四条　药品经营企业申请经营药品类易制毒化学品原料药，应当符合《条例》第九条规定的条件，向所在地省、自治区、直辖市食品药品监督管理部门提出申请，报送以下资料：

（一）药品类易制毒化学品原料药经营申请表（见附件4）；

（二）具有麻醉药品和第一类精神药品定点经营资格或者第二类精神药品定点经营资格的《药品经营许可证》、《药品经营质量管理规范》认证证书和企业营业执照复印件；

（三）企业药品类易制毒化学品管理的组织机构图（注明各部门职责及相互关系、部门负责人）；

（四）反映企业现有状况的周边环境图、总平面布置图、仓储平面布置图（注明药品类易制毒化学品相应安全管理设施）；

（五）药品类易制毒化学品安全管理制度文件目录；

（六）重点区域设置电视监控设施的说明以及与公安机关联网报警的证明；

（七）企业法定代表人、企业负责人和销售、管理人员具有药品类易制毒化学品有关知识的说明材料；

（八）企业法定代表人及相关工作人员无毒品犯罪记录的证明。

第十五条　省、自治区、直辖市食品药品监督管理部门应当在收到申请之日起5日内，对申报资料进行形式审查，决定是否受理。受理的，在30日内完成现场检查和实质性审查，对符合规定的，在《药品经营许可证》经营范围中标注"药品类易制毒化学品"，并报国家食品药品监督管理局备案；不予许可的，应当书面说明理由。

第三章　购买许可

第十六条　国家对药品类易制毒化学品实行购买许可制度。购买药品类易制毒化学品的，应当办理《药品类易制毒化学品购用证明》（以下简称《购用证明》），但本办法第二十一条规定的情形除外。

《购用证明》由国家食品药品监督管理局统一印制（样式见附件5），有效期为3个月。

第十七条　《购用证明》申请范围：

（一）经批准使用药品类易制毒化学品用于药品生产的药品生产企业；

（二）使用药品类易制毒化学品的教学、科研单位；

（三）具有药品类易制毒化学品经营资格的药品经营企业；

（四）取得药品类易制毒化学品出口许可的外贸出口企业；

（五）经农业部会同国家食品药品监督管理局下达兽用盐酸麻黄素注射液生产计划的兽药生产企业。

药品类易制毒化学品生产企业自用药品类易制毒化学品原料药用于药品生产的，也应当按照本办法规定办理《购用证明》。

第十八条　购买药品类易制毒化学品应当符合《条例》第十四条规定，向所在地省、自治区、直辖市食品药品监督管理部门或者省、自治区食品药品监督管理部门确定并公布的设区的市级食品药品监督管理部门提出申请，填报购买药品类易制毒化学品申请表（见附件6），提交相应资料（见附件7）。

第十九条　设区的市级食品药品监督管理部门应当在收到申请之日起5日内，对申报资料进行形式审查，决定是否受理。受理的，必要时组织现场检查，5日内将检查结果连同企业申报资料报送省、自治区食品药品监督管理部门。省、自治区食品药品监督管理部门应当在5日内完成审查，对符合规定的，发给《购用证明》；不予许可的，应当书面说明理由。

省、自治区、直辖市食品药品监督管理部门直接受理的，应当在收到申请之日起10日内完成审查和必要的现场检查，对符合规定的，发给《购用证明》；不予许可的，应当书面说明理由。

省、自治区、直辖市食品药品监督管理部门在批准发给《购用证明》之前，应当请公安机关协助核查相关内容；公安机关核查所用的时间不计算在上述期限之内。

第二十条　《购用证明》只能在有效期内一次使用。《购用证明》不得转借、转让。购买药品类易制毒化学品时必须使用《购用证明》原件，不得使用复印件、传真件。

第二十一条　符合以下情形之一的，豁免办理《购用证明》：

（一）医疗机构凭麻醉药品、第一类精神药品购用印鉴卡购买药品类易制毒化学品单方制剂和小包装麻黄素的；

（二）麻醉药品全国性批发企业、区域性批发企业持麻醉药品调拨单购买小包装麻黄素以及单次购买麻黄素片剂6万片以下、注射剂1.5万支以下的；

（三）按规定购买药品类易制毒化学品标准品、对照品的；

（四）药品类易制毒化学品生产企业凭药品类易制毒化学品出口许可自营出口药品类易制毒化学品的。

第四章　购销管理

第二十二条　药品类易制毒化学品生产企业应当将药品类易制毒化学品原料药销售给取得《购用证明》的药品生产企业、药品经营企业和外贸出口企业。

第二十三条　药品类易制毒化学品经营企业应当将药品类易制毒化学品原料药销售给本省、自治区、直辖市行政区域内取得《购用证明》的单位。药品类易制毒化学品经营企业之间不得购销药品类易制毒化学品原料药。

第二十四条　教学科研单位只能凭《购用证明》从麻醉药品全国性批发企业、区域性批发企业和药品类易制毒化学品经营企业购买药品类易制毒化学品。

第二十五条　药品类易制毒化学品生产企业应当将药品类易制毒化学品单方制剂和小包装麻黄素销售给麻醉药品全国性批发企业。麻醉药品全国性批发企业、区域性批发企业应当按照《麻醉药品和精神药品管理条例》第三章规定的渠道销售药品类易制毒化学品单方制剂和小包装麻黄素。麻醉药品区域性批发企业之间不得购销药品类易制毒化学品单方制剂和小包装麻黄素。

麻醉药品区域性批发企业之间因医疗急需等特殊情况需要调剂药品类易制毒化学品单方制剂的，应当在调剂后 2 日内将调剂情况分别报所在地省、自治区、直辖市食品药品监督管理部门备案。

第二十六条　药品类易制毒化学品禁止使用现金或者实物进行交易。

第二十七条　药品类易制毒化学品生产企业、经营企业销售药品类易制毒化学品，应当逐一建立购买方档案。

购买方为非医疗机构的，档案内容至少包括：

（一）购买方《药品生产许可证》、《药品经营许可证》、企业营业执照等资质证明文件复印件；

（二）购买方企业法定代表人、主管药品类易制毒化学品负责人、采购人员姓名及其联系方式；

（三）法定代表人授权委托书原件及采购人员身份证明文件复印件；

（四）《购用证明》或者麻醉药品调拨单原件；

（五）销售记录及核查情况记录。

购买方为医疗机构的，档案应当包括医疗机构麻醉药品、第一类精神药品购用印鉴卡复印件和销售记录。

第二十八条　药品类易制毒化学品生产企业、经营企业销售药品类易制毒化学品时，应当核查采购人员身份证明和相关购买许可证明，无误后方可销售，并保存核查记录。

发货应当严格执行出库复核制度，认真核对实物与药品销售出库单是否相符，并确保将药品类易制毒化学品送达购买方《药品生产许可证》或者《药品经营许可证》所载明的地址，或者医疗机构的药库。

在核查、发货、送货过程中发现可疑情况的，应当立即停止销售，并向所在地食品药品监督管理部门和公安机关报告。

第二十九条　除药品类易制毒化学品经营企业外，购用单位应当按照《购用证明》载明的用途使用药品类易制毒化学品，不得转售；外贸出口企业购买的药品类易制毒化学品不得内销。

购用单位需要将药品类易制毒化学品退回原供货单位的，应当分别报其所在地和原供货单位所在地省、自治区、直辖市食品药品监督管理部门备案。原供货单位收到退货后，应当分别向其所在地和原购用单位所在地省、自治区、直辖市食品药品监督管理部门报告。

第五章　安全管理

第三十条　药品类易制毒化学品生产企业、经营企业、使用药品类易制毒化学品的药品生产企业和教学科研单位，应当配备保障药品类易制毒化学品安全管理的设施，建立层层落实责任制的药品类易制毒化学品管理制度。

第三十一条　药品类易制毒化学品生产企业、经营企业和使用药品类易制毒化学品的药品生产企业，应当设置专库或者在药品仓库中设立独立的专库（柜）储存药品类易制毒化学品。

麻醉药品全国性批发企业、区域性批发企业可在其麻醉药品和第一类精神药品专库中设专区存放药品类易制毒化学品。

教学科研单位应当设立专柜储存药品类易制毒化学品。

专库应当设有防盗设施，专柜应当使用保险柜；专库和专柜应当实行双人双锁管理。

药品类易制毒化学品生产企业、经营企业和使用药品类易制毒化学品的药品生产企业，其关键生产岗位、储存场所应当设置电视监控设施，安装报警装置并与公安机关联网。

第三十二条　药品类易制毒化学品生产企业、经营企业和使用药品类易制毒化学品的药品生产企业，应当建立药品类易制毒化学品专用账册。专用账册保存期限应当自药品类易制毒化学品有效期期满之日起不少于 2 年。

药品类易制毒化学品生产企业自营出口药品类易制毒化学品的，必须在专用账册中载明，并留存出口许可及相应证明材料备查。

药品类易制毒化学品入库应当双人验收，出库应当双人复核，做到账物相符。

第三十三条　发生药品类易制毒化学品被盗、被抢、丢失或者其他流入非法渠道情形的，案发单位应当立即报告当地公安机关和县级以上地方食品药品监督管理部门。接到报案的食品药品监督管理部门应当逐级上报，并配合公安机关查处。

第六章　监督管理

第三十四条　县级以上地方食品药品监督管理部门负责本行政区域内药品类易制毒化学品生产企业、经营企业、使用药品类易制毒化学品的药品生产企业和教学科研单位的监督检查。

第三十五条　食品药品监督管理部门应当建立对本行政区域内相关企业的监督检查制度和监督检查档案。监督检查至少应当包括药品类易制毒化学品的安全管理状况、销售流向、使用情况等内容；对企业的监督检查档案应当全面详实，应当有现场检查等情况的记录。每次检查后应当将检查结果以书面形式告知被检查单位；需要整改的应当提出整改内容及整改期限，并实施跟踪检查。

第三十六条　食品药品监督管理部门对药品类易制毒化学品的生产、经营、购买活动进行监督检查时，可以依法查看现场、查阅和复制有关资料、记录有关情况、扣押相关的证据材料和违法物品；必要时，可以临时查封有关场所。

被检查单位及其工作人员应当配合食品药品监督管理部门的监督检查，如实提供有关情况和材料、物品，不得拒绝或者隐匿。

第三十七条　食品药品监督管理部门应当将药品类易制毒化学品许可、依法吊销或者注销许可的情况及时通报有关公安机关和工商行政管理部门。

食品药品监督管理部门收到工商行政管理部门关于药品类易制毒化学品生产企业、经营企业吊销营业执照或者注销登记的情况通报后，应当及时注销相应的药品类易制毒化学品许可。

第三十八条　药品类易制毒化学品生产企业、经营企业应当于每月 10 日前，向所在地县级食品药品监督管理部门、公安机关及中国麻醉药品协会报送上月药品类易制毒化学品生产、经营和库存情况；每年 3 月 31 日前向所在地县级食品药品监督管理部门、公安机关及中国麻醉药品协会报送上年度药品类易制毒化学品生产、经营和库存情况。食品药品监督管理部门应当将汇总情况及时报告上一级食品药品监督管理部门。

药品类易制毒化学品生产企业、经营企业应当按照食品药品监督管理部门制定的药品电子监管实施要求，及时联入药品电子监管网，并通过网络报送药品类易制毒化学品生产、经营和库存情况。

第三十九条　药品类易制毒化学品生产企业、经营企业、使用药品类易制毒化学品的药品生产企业和教学科研单位，对过期、损坏的药品类易制毒化学品应当登记造册，并向所在地县级以上地方食品药品监督管理部门申请销毁。食品药品监督管理部门应当自接到申请之日起 5 日内到现场监督销毁。

第四十条　有《行政许可法》第六十九条第一款、第二款所列情形的，省、自治区、直辖市食品药品监督管理部门或者国家食品药品监督管理局应当撤销根据本办法作出的有关许可。

第七章　法律责任

第四十一条　药品类易制毒化学品生产企业、经营企业、使用药品类易制毒化学品的药品生产企业、教学科研单位，未按规定执行安全管理制度的，由县级以上食品药品监督管理部门按照《条例》第四十条第一款第一项的规定给予处罚。

第四十二条　药品类易制毒化学品生产企业自营出口药品类易制毒化学品，未按规定在专用账册中载明或者未按规定留存出口许可、相应证明材料备查的，由县级以上食品药品监督管理部门按照《条例》第四十条第一款第四项的规定给予处罚。

第四十三条　有下列情形之一的，由县级以上食品药品监督管理部门给予警告，责令限期改正，可以并处1万元以上3万元以下的罚款：

（一）药品类易制毒化学品生产企业连续停产1年以上未按规定报告的，或者未经所在地省、自治区、直辖市食品药品监督管理部门现场检查即恢复生产的；

（二）药品类易制毒化学品生产企业、经营企业未按规定渠道购销药品类易制毒化学品的；

（三）麻醉药品区域性批发企业因特殊情况调剂药品类易制毒化学品后未按规定备案的；

（四）药品类易制毒化学品发生退货，购用单位、供货单位未按规定备案、报告的。

第四十四条　药品类易制毒化学品生产企业、经营企业、使用药品类易制毒化学品的药品生产企业和教学科研单位，拒不接受食品药品监督管理部门监督检查的，由县级以上食品药品监督管理部门按照《条例》第四十二条规定给予处罚。

第四十五条　对于由公安机关、工商行政管理部门按照《条例》第三十八条作出行政处罚决定的单位，食品药品监督管理部门自该行政处罚决定作出之日起3年内不予受理其药品类易制毒化学品生产、经营、购买许可的申请。

第四十六条　食品药品监督管理部门工作人员在药品类易制毒化学品管理工作中有应当许可而不许可、不应当许可而滥许可，以及其他滥用职权、玩忽职守、徇私舞弊行为的，依法给予行政处分；构成犯罪的，依法追究刑事责任。

第八章　附　则

第四十七条　申请单位按照本办法的规定申请行政许可事项的，应当对提交资料的真实性负责，提供资料为复印件的，应当加盖申请单位的公章。

第四十八条　本办法所称小包装麻黄素是指国家食品药品监督管理局指定生产的供教学、科研和医疗机构配制制剂使用的特定包装的麻黄素原料药。

第四十九条　对兽药生产企业购用盐酸麻黄素原料药以及兽用盐酸麻黄素注射液生产、经营等监督管理，按照农业部和国家食品药品监督管理局的规定执行。

第五十条　本办法自2010年5月1日起施行。原国家药品监督管理局1999年6月

26 日发布的《麻黄素管理办法》（试行）同时废止。

附件：1. 药品类易制毒化学品品种目录

2. 药品类易制毒化学品生产申请表

3. 药品类易制毒化学品生产许可批件

4. 药品类易制毒化学品原料药经营申请表

5. 药品类易制毒化学品购用证明

6. 购买药品类易制毒化学品申请表

7. 购买药品类易制毒化学品申报资料要求

药品说明书和标签管理规定

（2006 年 3 月 15 日国家食品药品监督管理局令第 24 号公布，自 2006 年 6 月 1 日起施行）

第一章　总　则

第一条　为规范药品说明书和标签的管理，根据《中华人民共和国药品管理法》和《中华人民共和国药品管理法实施条例》制定本规定。

第二条　在中华人民共和国境内上市销售的药品，其说明书和标签应当符合本规定的要求。

第三条　药品说明书和标签由国家食品药品监督管理局予以核准。

药品的标签应当以说明书为依据，其内容不得超出说明书的范围，不得印有暗示疗效、误导使用和不适当宣传产品的文字和标识。

第四条　药品包装必须按照规定印有或者贴有标签，不得夹带其他任何介绍或者宣传产品、企业的文字、音像及其他资料。

药品生产企业生产供上市销售的最小包装必须附有说明书。

第五条　药品说明书和标签的文字表述应当科学、规范、准确。非处方药说明书还应当使用容易理解的文字表述，以便患者自行判断、选择和使用。

第六条　药品说明书和标签中的文字应当清晰易辨，标识应当清楚醒目，不得有印字脱落或者粘贴不牢等现象，不得以粘贴、剪切、涂改等方式进行修改或者补充。

第七条　药品说明书和标签应当使用国家语言文字工作委员会公布的规范化汉字，增加其他文字对照的，应当以汉字表述为准。

第八条　出于保护公众健康和指导正确合理用药的目的，药品生产企业可以主动提出在药品说明书或者标签上加注警示语，国家食品药品监督管理局也可以要求药品生产企业在说明书或者标签上加注警示语。

第二章　药品说明书

第九条　药品说明书应当包含药品安全性、有效性的重要科学数据、结论和信息，用以指导安全、合理使用药品。药品说明书的具体格式、内容和书写要求由国家食品药品监督管理局制定并发布。

第十条　药品说明书对疾病名称、药学专业名词、药品名称、临床检验名称和结果的表述，应当采用国家统一颁布或规范的专用词汇，度量衡单位应当符合国家标准的规定。

第十一条　药品说明书应当列出全部活性成分或者组方中的全部中药药味。注射剂和非处方药还应当列出所用的全部辅料名称。药品处方中含有可能引起严重不良反应的成分或者辅料的，应当予以说明。

第十二条　药品生产企业应当主动跟踪药品上市后的安全性、有效性情况，需要对药品说明书进行修改的，应当及时提出申请。根据药品不良反应监测、药品再评价结果等信息，国家食品药品监督管理局也可以要求药品生产企业修改药品说明书。

第十三条　药品说明书获准修改后，药品生产企业应当将修改的内容立即通知相关药品经营企业、使用单位及其他部门，并按要求及时使用修改后的说明书和标签。

第十四条　药品说明书应当充分包含药品不良反应信息，详细注明药品不良反应。药品生产企业未根据药品上市后的安全性、有效性情况及时修改说明书或者未将药品不良反应在说明书中充分说明的，由此引起的不良后果由该生产企业承担。

第十五条　药品说明书核准日期和修改日期应当在说明书中醒目标示。

第三章　药品的标签

第十六条　药品的标签是指药品包装上印有或者贴有的内容，分为内标签和外标签。药品内标签指直接接触药品的包装的标签，外标签指内标签以外的其他包装的标签。

第十七条　药品的内标签应当包含药品通用名称、适应症或者功能主治、规格、用法用量、生产日期、产品批号、有效期、生产企业等内容。包装尺寸过小无法全部标明上述内容的，至少应当标注药品通用名称、规格、产品批号、有效期等内容。

第十八条　药品外标签应当注明药品通用名称、成分、性状、适应症或者功能主治、规格、用法用量、不良反应、禁忌、注意事项、贮藏、生产日期、产品批号、有效期、批准文号、生产企业等内容。适应症或者功能主治、用法用量、不良反应、禁忌、注意事项不能全部注明的，应当标出主要内容并注明"详见说明书"字样。

第十九条　用于运输、储藏的包装的标签，至少应当注明药品通用名称、规格、贮藏、生产日期、产品批号、有效期、批准文号、生产企业，也可以根据需要注明包装数量、运输注意事项或者其他标记等必要内容。

第二十条　原料药的标签应当注明药品名称、贮藏、生产日期、产品批号、有效期、执行标准、批准文号、生产企业，同时还需注明包装数量以及运输注意事项等必要内容。

第二十一条　同一药品生产企业生产的同一药品，药品规格和包装规格均相同的，其标签的内容、格式及颜色必须一致；药品规格或者包装规格不同的，其标签应当明显区别或者规格项明显标注。

同一药品生产企业生产的同一药品，分别按处方药与非处方药管理的，两者的包装颜色应当明显区别。

第二十二条 对贮藏有特殊要求的药品，应当在标签的醒目位置注明。

第二十三条 药品标签中的有效期应当按照年、月、日的顺序标注，年份用四位数字表示，月、日用两位数表示。其具体标注格式为"有效期至××××年××月"或者"有效期至××××年××月××日"；也可以用数字和其他符号表示为"有效期至××××.××."或者"有效期至××××/××/××"等。

预防用生物制品有效期的标注按照国家食品药品监督管理局批准的注册标准执行，治疗用生物制品有效期的标注自分装日期计算，其他药品有效期的标注自生产日期计算。

有效期若标注到日，应当为起算日期对应年月日的前一天，若标注到月，应当为起算月份对应年月的前一月。

第四章　药品名称和注册商标的使用

第二十四条 药品说明书和标签中标注的药品名称必须符合国家食品药品监督管理局公布的药品通用名称和商品名称的命名原则，并与药品批准证明文件的相应内容一致。

第二十五条 药品通用名称应当显著、突出，其字体、字号和颜色必须一致，并符合以下要求：

（一）对于横版标签，必须在上三分之一范围内显著位置标出；对于竖版标签，必须在右三分之一范围内显著位置标出；

（二）不得选用草书、篆书等不易识别的字体，不得使用斜体、中空、阴影等形式对字体进行修饰；

（三）字体颜色应当使用黑色或者白色，与相应的浅色或者深色背景形成强烈反差；

（四）除因包装尺寸的限制而无法同行书写的，不得分行书写。

第二十六条 药品商品名称不得与通用名称同行书写，其字体和颜色不得比通用名称更突出和显著，其字体以单字面积计不得大于通用名称所用字体的二分之一。

第二十七条 药品说明书和标签中禁止使用未经注册的商标以及其他未经国家食品药品监督管理局批准的药品名称。

药品标签使用注册商标的，应当印刷在药品标签的边角，含文字的，其字体以单字面积计不得大于通用名称所用字体的四分之一。

第五章　其他规定

第二十八条 麻醉药品、精神药品、医疗用毒性药品、放射性药品、外用药品和非处方药品等国家规定有专用标识的，其说明书和标签必须印有规定的标识。

国家对药品说明书和标签有特殊规定的，从其规定。

第二十九条　中药材、中药饮片的标签管理规定由国家食品药品监督管理局另行制定。

第三十条　药品说明书和标签不符合本规定的，按照《中华人民共和国药品管理法》的相关规定进行处罚。

第六章　附　则

第三十一条　本规定自 2006 年 6 月 1 日起施行。国家药品监督管理局于 2000 年 10 月 15 日发布的《药品包装、标签和说明书管理规定（暂行）》同时废止。

国家食品药品监督管理局药品特别审批程序

（2005 年 11 月 18 日国家食品药品监督管理局令第 21 号公布，自公布之日起施行）

第一章　总　则

第一条　为有效预防、及时控制和消除突发公共卫生事件的危害，保障公众身体健康与生命安全，根据《中华人民共和国药品管理法》、《中华人民共和国传染病防治法》、《中华人民共和国药品管理法实施条例》和《突发公共卫生事件应急条例》等法律、法规规定，制定本程序。

第二条　药品特别审批程序是指，存在发生突发公共卫生事件的威胁时以及突发公共卫生事件发生后，为使突发公共卫生事件应急所需防治药品尽快获得批准，国家食品药品监督管理局按照统一指挥、早期介入、快速高效、科学审批的原则，对突发公共卫生事件应急处理所需药品进行特别审批的程序和要求。

第三条　存在以下情形时，国家食品药品监督管理局可以依法决定按照本程序对突发公共卫生事件应急所需防治药品实行特别审批：

（一）中华人民共和国主席宣布进入紧急状态或者国务院决定省、自治区、直辖市的范围内部分地区进入紧急状态时；

（二）突发公共卫生事件应急处理程序依法启动时；

（三）国务院药品储备部门和卫生行政主管部门提出对已有国家标准药品实行特别审批的建议时；

（四）其他需要实行特别审批的情形。

第四条　国家食品药品监督管理局负责对突发公共卫生事件应急所需防治药品的药物临床试验、生产和进口等事项进行审批。

省、自治区、直辖市（食品）药品监督管理部门受国家食品药品监督管理局委托，负责突发公共卫生事件应急所需防治药品的现场核查及试制样品的抽样工作。

第二章　申请受理及现场核查

第五条　药品特别审批程序启动后，突发公共卫生事件应急所需防治药品的注册申请统一由国家食品药品监督管理局负责受理。

突发公共卫生事件应急所需药品及预防用生物制品未在国内上市销售的，申请人应当在提出注册申请前，将有关研发情况事先告知国家食品药品监督管理局。

第六条　申请人应当按照药品注册管理的有关规定和要求，向国家食品药品监督管理局提出注册申请，并提交相关技术资料。

突发公共卫生事件应急所需防治药品的注册申请可以电子申报方式提出。

第七条　申请人在提交注册申请前，可以先行提出药物可行性评价申请，并提交综述资料及相关说明。国家食品药品监督管理局仅对申报药物立项的科学性和可行性进行评议，并在 24 小时内予以答复。

对药物可行性评价申请的答复不作为审批意见，对注册申请审批结果不具有法律约束力。

第八条　国家食品药品监督管理局设立特别专家组，对突发公共卫生事件应急所需防治药品注册申请进行评估和审核，并在 24 小时内做出是否受理的决定，同时通知申请人。

第九条　注册申请受理后，国家食品药品监督管理局应当在 24 小时内组织对注册申报资料进行技术审评，同时通知申请人所在地省、自治区、直辖市（食品）药品监督管理部门对药物研制情况及条件进行现场核查，并组织对试制样品进行抽样、检验。

省、自治区、直辖市（食品）药品监督管理部门应当在 5 日内将现场核查情况及相关意见上报国家食品药品监督管理局。

第十条　省、自治区、直辖市（食品）药品监督管理部门应当组织药品注册、药品安全监管等部门人员参加现场核查。

预防用生物制品的现场核查及抽样工作应通知中国药品生物制品检定所派员参加。

第十一条　突发公共卫生事件应急所需防治药品已有国家标准，国家食品药品监督管理局依法认为不需要进行药物临床试验的，可以直接按照本程序第六章的有关规定进行审批。

第十二条　对申请人提交的只变更原生产用病毒株但不改变生产工艺及质量指标的特殊疫苗注册申请，国家食品药品监督管理局应当在确认变更的生产用病毒株后 3 日内作出审批决定。

第三章　注册检验

第十三条　药品检验机构收到省、自治区、直辖市（食品）药品监督管理部门抽取的样品后，应当立即组织对样品进行质量标准复核及实验室检验。

药品检验机构应当按照申报药品的检验周期完成检验工作。

第十四条　对首次申请上市的药品，国家食品药品监督管理局认为必要时，可以采取早期介入方式，指派中国药品生物制品检定所在注册检验之前与申请人沟通，及时解决质量标准复核及实验室检验过程中可能出现的技术问题。

对用于预防、控制重大传染病疫情的预防用生物制品，国家食品药品监督管理局根据需要，可以决定注册检验与企业自检同步进行。

第十五条　药物质量标准复核及实验室检验完成后，药品检验机构应当在 2 日内出具复核意见，连同药品检验报告一并报送国家食品药品监督管理局。

第四章　技术审评

第十六条　国家食品药品监督管理局受理突发公共卫生事件应急所需防治药品的注册申请后，应当在 15 日内完成首轮技术审评工作。

第十七条　国家食品药品监督管理局认为需要补充资料的，应当将补充资料内容和时限要求立即告知申请人。

申请人在规定时限内提交补充资料后，国家食品药品监督管理局应当在 3 日内完成技术审评，或者根据需要在 5 日内再次组织召开审评会议，并在 2 日内完成审评报告。

第五章　临床试验

第十八条　技术审评工作完成后，国家食品药品监督管理局应当在 3 日内完成行政审查，作出审批决定，并告知申请人。

国家食品药品监督管理局决定发给临床试验批准证明文件的，应当出具《药物临床试验批件》；决定不予批准临床试验的，应当发给《审批意见通知件》，并说明理由。

第十九条　申请人获准进行药物临床试验的，应当严格按照临床试验批准证明文件的相关要求开展临床试验，并严格执行《药物临床试验质量管理规范》的有关规定。

第二十条　药物临床试验应当在经依法认定的具有药物临床试验资格的机构进行。临床试验确需由未经药物临床试验资格认定的机构承担的，应当得到国家食品药品监督管理局的特殊批准。

未经药物临床试验资格认定的机构承担临床试验的申请可与药品注册申请一并提出。

第二十一条　负责药物临床试验的研究者应当按有关规定及时将临床试验过程中发生的不良事件上报国家食品药品监督管理局；未发生不良事件的，应将有关情况按月汇总上报。

第二十二条　国家食品药品监督管理局依法对突发公共卫生事件应急所需防治药品的药物临床试验开展监督检查。

第六章　药品生产的审批与监测

第二十三条　申请人完成药物临床试验后，应当按照《药品注册管理办法》的有关规定，将相关资料报送国家食品药品监督管理局。

第二十四条　国家食品药品监督管理局收到申请人提交的资料后，应当在 24 小时内组织技术审评，同时通知申请人所在地省、自治区、直辖市（食品）药品监督管理部门对药品生产情况及条件进行现场核查，并组织对试制样品进行抽样、检验。

省、自治区、直辖市（食品）药品监督管理部门应当在 5 日内将现场核查情况及相关意见上报国家食品药品监督管理局。

第二十五条　新开办药品生产企业、药品生产企业新建药品生产车间或者新增生产剂型的，可以一并向国家食品药品监督管理局申请《药品生产质量管理规范》认证。国家食品药品监督管理局应当在进行药品注册审评的同时，立即开展《药品生产质量管理规范》认证检查。

第二十六条　药品检验机构收到省、自治区、直辖市（食品）药品监督管理部门抽取的 3 个生产批号的样品后，应当立即组织安排检验。

检验工作结束后，药品检验机构应当在 2 日内完成检验报告，并报送国家食品药品监督管理局。

第二十七条　国家食品药品监督管理局应当按照本程序第四章的规定开展技术审评，并于技术审评工作完成后 3 日内完成行政审查，作出审批决定，并告知申请人。

国家食品药品监督管理局决定发给药品批准证明文件的，应当出具《药品注册批件》，申请人具备药品相应生产条件的，可以同时发给药品批准文号；决定不予批准生产的，应当发给《审批意见通知件》，并说明理由。

第二十八条　药品生产、经营企业和医疗卫生机构发现与特别批准的突发公共卫生事件应急所需防治药品有关的新的或者严重的药品不良反应、群体不良反应，应当立即向所在地省、自治区、直辖市（食品）药品监督管理部门、省级卫生行政主管部门以及药品不良反应监测专业机构报告。

药品不良反应监测专业机构应将特别批准的突发公共卫生事件应急所需防治药品作为重点监测品种，按有关规定对所收集的病例报告进行汇总分析，并及时上报省、自治区、直辖市（食品）药品监督管理部门及国家食品药品监督管理局。

国家食品药品监督管理局应当加强已批准生产的突发公共卫生事件应急所需药品的上市后再评价工作。

第七章　附　则

第二十九条　突发公共卫生事件应急处理所需医疗器械的特别审批办法，由国家食品药品监督管理局参照本程序有关规定另行制定。

第三十条　本程序自颁布之日起实施。

医疗机构制剂注册管理办法（试行）

（2005 年 6 月 22 日国家食品药品监督管理局令第 20 号公布，自 2005 年 8 月 1 日起施行）

第一章 总 则

第一条 为加强医疗机构制剂的管理，规范医疗机构制剂的申报与审批，根据《中华人民共和国药品管理法》（以下简称《药品管理法》）及《中华人民共和国药品管理法实施条例》（以下简称《药品管理法实施条例》），制定本办法。

第二条 在中华人民共和国境内申请医疗机构制剂的配制、调剂使用，以及进行相关的审批、检验和监督管理，适用本办法。

第三条 医疗机构制剂，是指医疗机构根据本单位临床需要经批准而配制、自用的固定处方制剂。

医疗机构配制的制剂，应当是市场上没有供应的品种。

第四条 国家食品药品监督管理局负责全国医疗机构制剂的监督管理工作。

省、自治区、直辖市（食品）药品监督管理部门负责本辖区医疗机构制剂的审批和监督管理工作。

第五条 医疗机构制剂的申请人，应当是持有《医疗机构执业许可证》并取得《医疗机构制剂许可证》的医疗机构。

未取得《医疗机构制剂许可证》或者《医疗机构制剂许可证》无相应制剂剂型的"医院"类别的医疗机构可以申请医疗机构中药制剂，但是必须同时提出委托配制制剂的申请。接受委托配制的单位应当是取得《医疗机构制剂许可证》的医疗机构或者取得《药品生产质量管理规范》认证证书的药品生产企业。委托配制的制剂剂型应当与受托方持有的《医疗机构制剂许可证》或者《药品生产质量管理规范》认证证书所载明的范围一致。

第六条 医疗机构制剂只能在本医疗机构内凭执业医师或者执业助理医师的处方使用，并与《医疗机构执业许可证》所载明的诊疗范围一致。

第二章 申报与审批

第七条 申请医疗机构制剂，应当进行相应的临床前研究，包括处方筛选、配制工艺、质量指标、药理、毒理学研究等。

第八条　申请医疗机构制剂注册所报送的资料应当真实、完整、规范。

第九条　申请制剂所用的化学原料药及实施批准文号管理的中药材、中药饮片必须具有药品批准文号，并符合法定的药品标准。

第十条　申请人应当对其申请注册的制剂或者使用的处方、工艺、用途等，提供申请人或者他人在中国的专利及其权属状态说明；他人在中国存在专利的，申请人应当提交对他人的专利不构成侵权的声明。

第十一条　医疗机构制剂的名称，应当按照国家食品药品监督管理局颁布的药品命名原则命名，不得使用商品名称。

第十二条　医疗机构配制制剂使用的辅料和直接接触制剂的包装材料、容器等，应当符合国家食品药品监督管理局有关辅料、直接接触药品的包装材料和容器的管理规定。

第十三条　医疗机构制剂的说明书和包装标签由省、自治区、直辖市（食品）药品监督管理部门根据申请人申报的资料，在批准制剂申请时一并予以核准。

医疗机构制剂的说明书和包装标签应当按照国家食品药品监督管理局有关药品说明书和包装标签的管理规定印制，其文字、图案不得超出核准的内容，并需标注"本制剂仅限本医疗机构使用"字样。

第十四条　有下列情形之一的，不得作为医疗机构制剂申报：

（一）市场上已有供应的品种；

（二）含有未经国家食品药品监督管理局批准的活性成份的品种；

（三）除变态反应原外的生物制品；

（四）中药注射剂；

（五）中药、化学药组成的复方制剂；

（六）麻醉药品、精神药品、医疗用毒性药品、放射性药品；

（七）其他不符合国家有关规定的制剂。

第十五条　申请配制医疗机构制剂，申请人应当填写《医疗机构制剂注册申请表》，向所在地省、自治区、直辖市（食品）药品监督管理部门或者其委托的设区的市级（食品）药品监督管理机构提出申请，报送有关资料和制剂实样。

第十六条　收到申请的省、自治区、直辖市（食品）药品监督管理部门或者其委托的设区的市级（食品）药品监督管理机构对申报资料进行形式审查，符合要求的予以受理；不符合要求的，应当自收到申请材料之日起 5 日内书面通知申请人并说明理由，逾期未通知的自收到材料之日起即为受理。

第十七条　省、自治区、直辖市（食品）药品监督管理部门或者其委托的设区的市级（食品）药品监督管理机构应当在申请受理后 10 日内组织现场考察，抽取连续 3 批检验用样品，通知指定的药品检验所进行样品检验和质量标准技术复核。受委托的设区的市级（食品）药品监督管理机构应当在完成上述工作后将审查意见、考察报告及申报资料报送省、自治区、直辖市（食品）药品监督管理部门，并通知申请人。

第十八条　接到检验通知的药品检验所应当在40日内完成样品检验和质量标准技术复核，出具检验报告书及标准复核意见，报送省、自治区、直辖市（食品）药品监督管理部门并抄送通知其检验的（食品）药品监督管理机构和申请人。

第十九条　省、自治区、直辖市（食品）药品监督管理部门应当在收到全部资料后40日内组织完成技术审评，符合规定的，发给《医疗机构制剂临床研究批件》。

申请配制的化学制剂已有同品种获得制剂批准文号的，可以免于进行临床研究。

第二十条　临床研究用的制剂，应当按照《医疗机构制剂配制质量管理规范》或者《药品生产质量管理规范》的要求配制，配制的制剂应当符合经省、自治区、直辖市（食品）药品监督管理部门审定的质量标准。

第二十一条　医疗机构制剂的临床研究，应当在获得《医疗机构制剂临床研究批件》后，取得受试者知情同意书以及伦理委员会的同意，按照《药物临床试验质量管理规范》的要求实施。

第二十二条　医疗机构制剂的临床研究，应当在本医疗机构按照临床研究方案进行，受试例数不得少于60例。

第二十三条　完成临床研究后，申请人向所在地省、自治区、直辖市（食品）药品监督管理部门或者其委托的设区的市级（食品）药品监督管理机构报送临床研究总结资料。

第二十四条　省、自治区、直辖市（食品）药品监督管理部门收到全部申报资料后40日内组织完成技术审评，做出是否准予许可的决定。符合规定的，应当自做出准予许可决定之日起10日内向申请人核发《医疗机构制剂注册批件》及制剂批准文号，同时报国家食品药品监督管理局备案；不符合规定的，应当书面通知申请人并说明理由，同时告知申请人享有依法申请行政复议或者提起行政诉讼的权利。

第二十五条　医疗机构制剂批准文号的格式为：

× 药制字 H（Z）+4 位年号 +4 位流水号。

×－省、自治区、直辖市简称，H－化学制剂，Z－中药制剂。

第三章　调剂使用

第二十六条　医疗机构制剂一般不得调剂使用。发生灾情、疫情、突发事件或者临床急需而市场没有供应时，需要调剂使用的，属省级辖区内医疗机构制剂调剂的，必须经所在地省、自治区、直辖市（食品）药品监督管理部门批准；属国家食品药品监督管理局规定的特殊制剂以及省、自治区、直辖市之间医疗机构制剂调剂的，必须经国家食品药品监督管理局批准。

第二十七条　省级辖区内申请医疗机构制剂调剂使用的，应当由使用单位向所在地省、自治区、直辖市（食品）药品监督管理部门提出申请，说明使用理由、期限、数量和范围，并报送有关资料。

省、自治区、直辖市之间医疗机构制剂的调剂使用以及国家食品药品监督管理局规定的特殊制剂的调剂使用，应当由取得制剂批准文号的医疗机构向所在地省、自治区、直辖市（食品）药品监督管理部门提出申请，说明使用理由、期限、数量和范围，经所在地省、自治区、直辖市（食品）药品监督管理部门审查同意后，由使用单位将审查意见和相关资料一并报送使用单位所在地省、自治区、直辖市（食品）药品监督管理部门审核同意后，报国家食品药品监督管理局审批。

第二十八条　取得制剂批准文号的医疗机构应当对调剂使用的医疗机构制剂的质量负责。接受调剂的医疗机构应当严格按照制剂的说明书使用制剂，并对超范围使用或者使用不当造成的不良后果承担责任。

第二十九条　医疗机构制剂的调剂使用，不得超出规定的期限、数量和范围。

第四章　补充申请与再注册

第三十条　医疗机构配制制剂，应当严格执行经批准的质量标准，并不得擅自变更工艺、处方、配制地点和委托配制单位。需要变更的，申请人应当提出补充申请，报送相关资料，经批准后方可执行。

第三十一条　医疗机构制剂批准文号的有效期为 3 年。有效期届满需要继续配制的，申请人应当在有效期届满前 3 个月按照原申请配制程序提出再注册申请，报送有关资料。

第三十二条　省、自治区、直辖市（食品）药品监督管理部门应当在受理再注册申请后 30 日内，作出是否批准再注册的决定。准予再注册的，应当自决定做出之日起 10 日内通知申请人，予以换发《医疗机构制剂注册批件》，并报国家食品药品监督管理局备案。

决定不予再注册的，应当书面通知申请人并说明理由，同时告知申请人享有依法申请行政复议或者提起行政诉讼的权利。

第三十三条　有下列情形之一的，省、自治区、直辖市（食品）药品监督管理部门不予批准再注册，并注销制剂批准文号：

（一）市场上已有供应的品种；

（二）按照本办法应予撤销批准文号的：

（三）未在规定时间内提出再注册申请的；

（四）其他不符合规定的。

第三十四条　已被注销批准文号的医疗机构制剂，不得配制和使用；已经配制的，由当地（食品）药品监督管理部门监督销毁或者处理。

第五章　　监督管理

第三十五条　配制和使用制剂的医疗机构应当注意观察制剂不良反应，并按照国家食品药品监督管理局的有关规定报告和处理。

第三十六条　省、自治区、直辖市（食品）药品监督管理部门对质量不稳定、疗效不确切、不良反应大或者其他原因危害人体健康的医疗机构制剂，应当责令医疗机构停止配制，并撤销其批准文号。

已被撤销批准文号的医疗机构制剂，不得配制和使用；已经配制的，由当地（食品）药品监督管理部门监督销毁或者处理。

第三十七条　医疗机构制剂的抽查检验，按照国家食品药品监督管理局药品抽查检验的有关规定执行。

第三十八条　医疗机构不再具有配制制剂的资格或者条件时，其取得的相应制剂批准文号自行废止，并由省、自治区、直辖市（食品）药品监督管理部门予以注销，但允许委托配制的中药制剂批准文号除外。允许委托配制的中药制剂如需继续配制，可参照本办法第三十条变更委托配制单位的规定提出委托配制的补充申请。

第三十九条　未经批准，医疗机构擅自使用其他医疗机构配制的制剂的，依照《药品管理法》第八十条的规定给予处罚。

第四十条　医疗机构配制制剂，违反《药品管理法》第四十八条、第四十九条规定的，分别依照《药品管理法》第七十四条、第七十五条的规定给予处罚。

未按省、自治区、直辖市（食品）药品监督管理部门批准的标准配制制剂的，属于《药品管理法》第四十九条第三款第六项其他不符合药品标准规定的情形，依照《药品管理法》第七十五条的规定给予处罚。

第四十一条　提供虚假的证明文件、申报资料、样品或者采取其他欺骗手段申请批准证明文件的，省、自治区、直辖市（食品）药品监督管理部门对该申请不予受理，对申请人给予警告，一年内不受理其申请；已取得批准证明文件的，撤销其批准证明文件，五年内不受理其申请，并处一万元以上三万元以下罚款。

第四十二条　医疗机构配制的制剂不得在市场上销售或者变相销售，不得发布医疗机构制剂广告。

医疗机构将其配制的制剂在市场上销售或者变相销售的，依照《药品管理法》第八十四条的规定给予处罚。

第四十三条　省、自治区、直辖市（食品）药品监督管理部门违反本办法的行政行为，国家食品药品监督管理局应当责令其限期改正；逾期不改正的，由国家食品药品监督管理局予以改变或者撤销。

第六章　附　则

第四十四条　本办法规定的行政机关实施行政许可的期限以工作日计算，不含法定节假日。

第四十五条　本办法中"固定处方制剂"，是指制剂处方固定不变，配制工艺成熟，并且可在临床上长期使用于某一病症的制剂。

第四十六条　省、自治区、直辖市（食品）药品监督管理部门可以根据本办法，结合本地实际制定实施细则。

第四十七条　本办法自 2005 年 8 月 1 日起施行。

附件：1. 医疗机构制剂注册申报资料要求

　　　　2. 医疗机构制剂调剂使用申报资料项目

　　　　3. 医疗机构制剂再注册申报资料项目

　　　　4. 医疗机构制剂有关的申请表格及批件格式

医疗机构制剂配制监督管理办法（试行）

（2005 年 4 月 14 日国家食品药品监督管理局令第 18 号公布，自 2005 年 6 月 1 日起施行）

第一章　总　　则

第一条　为加强医疗机构制剂配制的监督管理，根据《中华人民共和国药品管理法》（以下简称《药品管理法》）、《中华人民共和国药品管理法实施条例》（以下简称《药品管理法实施条例》）的规定，制定本办法。

第二条　医疗机构制剂的配制及其监督管理适用本办法。

第三条　医疗机构制剂配制监督管理是指（食品）药品监督管理部门依法对医疗机构制剂配制条件和配制过程等进行审查、许可、检查的监督管理活动。

第四条　国家食品药品监督管理局负责全国医疗机构制剂配制的监督管理工作。

省、自治区、直辖市（食品）药品监督管理部门负责本辖区医疗机构制剂配制的监督管理工作。

第五条　医疗机构配制制剂应当遵守《医疗机构制剂配制质量管理规范》。

第二章　医疗机构设立制剂室的许可

第六条　医疗机构配制制剂，必须具有能够保证制剂质量的人员、设施、检验仪器、卫生条件和管理制度。

第七条　医疗机构设立制剂室，应当向所在地省、自治区、直辖市（食品）药品监督管理部门提交以下材料：

（一）《医疗机构制剂许可证申请表》（见附件 1）；

（二）实施《医疗机构制剂配制质量管理规范》自查报告；

（三）医疗机构的基本情况及《医疗机构执业许可证》副本复印件；

（四）所在地省、自治区、直辖市卫生行政部门的审核同意意见；

（五）拟办制剂室的基本情况，包括制剂室的投资规模、占地面积、周围环境、基础设施等条件说明，并提供医疗机构总平面布局图、制剂室总平面布局图（标明空气洁净度等级）；

制剂室负责人、药检室负责人、制剂质量管理组织负责人简历（包括姓名、年龄、性别、学历、所学专业、职务、职称、原从事药学工作年限等）及专业技术人员占制剂室工作人员的比例；

制剂室负责人、药检室负责人、制剂质量管理组织负责人应当为本单位在职专业人员，且制剂室负责人和药检室负责人不得互相兼任；

（六）拟配制剂型、配制能力、品种、规格；

（七）配制剂型的工艺流程图、质量标准（或草案）；

（八）主要配制设备、检测仪器目录；

（九）制剂配制管理、质量管理文件目录。

第八条　申请人应当对其申请材料的真实性负责。

第九条　省、自治区、直辖市（食品）药品监督管理部门收到申请后，应当根据下列情况分别作出处理：

（一）申请事项依法不属于本部门职权范围的，应当即时作出不予受理的决定，并告知申请人向有关行政机关申请；

（二）申请材料存在可以当场更正的错误的，应当允许申请人当场更正；

（三）申请材料不齐全或者不符合形式审查要求的，应当当场或者在 5 个工作日内发给申请人《补正材料通知书》，一次性告知申请人需要补正的全部内容，逾期不告知的，自收到申请材料之日起即为受理；

（四）申请材料齐全、符合形式审查要求，或者申请人按照要求提交全部补正材料的，予以受理。

省、自治区、直辖市（食品）药品监督管理部门受理或者不受理《医疗机构制剂许可证》申请的，应当出具加盖本部门受理专用印章并注明日期的《受理通知书》或者《不予受理通知书》。

第十条　省、自治区、直辖市（食品）药品监督管理部门应当自收到申请之日起 30 个工作日内，按照国家食品药品监督管理局制定的《医疗机构制剂许可证验收标准》组织验收。验收合格的，予以批准，并自批准决定作出之日起 10 个工作日内向申请人核发《医疗机构制剂许可证》；验收不合格的，作出不予批准的决定，书面通知申请人并说明理由，同时告知申请人享有依法申请行政复议或者提起行政诉讼的权利。

省、自治区、直辖市（食品）药品监督管理部门验收合格后，应当自颁发《医疗机构制剂许可证》之日起 20 个工作日内，将有关情况报国家食品药品监督管理局备案。

第十一条　省、自治区、直辖市（食品）药品监督管理部门应当在办公场所公示申请《医疗机构制剂许可证》所需的事项、依据、条件、期限、需要提交的全部材料的目录和申请书示范文本等。

省、自治区、直辖市（食品）药品监督管理部门颁发《医疗机构制剂许可证》的有关决定，应当予以公开，公众有权查阅。

第十二条　省、自治区、直辖市（食品）药品监督管理部门在对医疗机构制剂室开办申请进行审查时，应当公示审批过程和审批结果。申请人和利害关系人可以对直接关系其重大利益的事项提交书面意见进行陈述和申辩。

第十三条　医疗机构设立制剂室的申请，直接涉及申请人与他人之间重大利益关系的，省、自治区、直辖市（食品）药品监督管理部门应当告知申请人、利害关系人享有申请听证的权利。

在核发《医疗机构制剂许可证》的过程中，省、自治区、直辖市（食品）药品监督管理部门认为涉及公共利益的重大许可事项，应当向社会公告，并举行听证。

第十四条　医疗机构不得与其他单位共用配制场所、配制设备及检验设施等。

第三章　《医疗机构制剂许可证》的管理

第十五条　《医疗机构制剂许可证》分正本和副本。正、副本具有同等法律效力，有效期为 5 年。

《医疗机构制剂许可证》格式由国家食品药品监督管理局统一规定。

第十六条　《医疗机构制剂许可证》是医疗机构配制制剂的法定凭证，应当载明证号、医疗机构名称、医疗机构类别、法定代表人、制剂室负责人、配制范围、注册地址、配制地址、发证机关、发证日期、有效期限等项目。其中由（食品）药品监督管理部门核准的许可事项为：制剂室负责人、配制地址、配制范围、有效期限。证号和配制范围按国家食品药品监督管理局规定的编号方法和制剂类别填写（见附件 2、3）。

第十七条　《医疗机构制剂许可证》变更分为许可事项变更和登记事项变更。

许可事项变更是指制剂室负责人、配制地址、配制范围的变更。

登记事项变更是指医疗机构名称、医疗机构类别、法定代表人、注册地址等事项的变更。

第十八条　医疗机构变更《医疗机构制剂许可证》许可事项的，在许可事项发生变更前 30 日，向原审核、批准机关申请变更登记。原发证机关应当自收到变更申请之日起 15 个工作日内作出准予变更或者不予变更的决定。

医疗机构增加配制范围或者改变配制地址的，应当按本办法第七条的规定提交材料，经省、自治区、直辖市（食品）药品监督管理部门验收合格后，依照前款办理《医疗机构制剂许可证》变更登记。

第十九条　医疗机构变更登记事项的，应当在有关部门核准变更后 30 日内，向原发证机关申请《医疗机构制剂许可证》变更登记，原发证机关应当在收到变更申请之日起 15 个工作日内办理变更手续。

第二十条　《医疗机构制剂许可证》变更后，原发证机关应当在《医疗机构制剂许可证》副本上记录变更的内容和时间，并按变更后的内容重新核发《医疗机构制剂许可证》正本，收回原《医疗机构制剂许可证》正本。

第二十一条　《医疗机构制剂许可证》有效期届满需要继续配制制剂的，医疗机构应当在有效期届满前 6 个月，向原发证机关申请换发《医疗机构制剂许可证》。

原发证机关结合医疗机构遵守法律法规、《医疗机构制剂配制质量管理规范》和质量体系运行情况，按照本办法关于设立医疗机构制剂室的条件和程序进行审查，在《医疗机构制剂许可证》有效期届满前作出是否准予换证的决定。符合规定准予换证的，收回原证，换发新证；不符合规定的，作出不予换证的书面决定，并说明理由，同时告知申请人享有依法申请行政复议或者提起行政诉讼的权利；逾期未作出决定的，视为同意换证，并办理相应手续。

第二十二条　医疗机构终止配制制剂或者关闭的，由原发证机关缴销《医疗机构制剂许可证》，同时报国家食品药品监督管理局备案。

第二十三条　遗失《医疗机构制剂许可证》的，持证单位应当在原发证机关指定的媒体上登载遗失声明并同时向原发证机关申请补发。遗失声明登载满 1 个月后原发证机关在 10 个工作日内补发《医疗机构制剂许可证》。

第二十四条　医疗机构制剂室的药检室负责人及质量管理组织负责人发生变更的，应当在变更之日起 30 日内将变更人员简历及学历证明等有关情况报所在地省、自治区、直辖市（食品）药品监督管理部门备案。

第二十五条　医疗机构制剂室的关键配制设施等条件发生变化的，应当自发生变化之日起 30 日内报所在地省、自治区、直辖市（食品）药品监督管理部门备案，省、自治区、直辖市（食品）药品监督管理部门根据需要进行检查。

第二十六条　省、自治区、直辖市（食品）药品监督管理部门应当将上年度《医疗机构制剂许可证》核发、变更、换发、缴销、补办等办理情况，在每年 3 月底前汇总报国家食品药品监督管理局。

第二十七条　任何单位和个人不得伪造、变造、买卖、出租、出借《医疗机构制剂许可证》。

第四章　"医院"类别医疗机构中药制剂委托配制的管理

第二十八条　经省、自治区、直辖市（食品）药品监督管理部门批准，具有《医疗机构制剂许可证》且取得制剂批准文号，并属于"医院"类别的医疗机构的中药制剂，可以委托本省、自治区、直辖市内取得《医疗机构制剂许可证》的医疗机构或者取得《药品生产质量管理规范》认证证书的药品生产企业配制制剂。委托配制的制剂剂型应当与受托方持有的《医疗机构制剂许可证》或者《药品生产质量管理规范》认证证书所载明的范围一致。

未取得《医疗机构制剂许可证》的"医院"类别的医疗机构，在申请中药制剂批准文号时申请委托配制的，应当按照《医疗机构制剂注册管理办法》的相关规定办理。

第二十九条　委托方按照本办法第三十三条的规定向所在地省、自治区、直辖市（食品）药品监督管理部门提交中药制剂委托配制的申请材料；省、自治区、直辖市（食品）药品监督管理部门参照本办法第九条的规定进行受理。

第三十条　省、自治区、直辖市（食品）药品监督管理部门应当自申请受理之日起 20 个工作日内，按照本章规定的条件对申请进行审查，并作出决定。

经审查符合规定的，予以批准，并自书面批准决定作出之日起 10 个工作日内向委托方发放《医疗机构中药制剂委托配制批件》；不符合规定的，书面通知委托方并说明理由，同时告知其享有依法申请行政复议或者提起行政诉讼的权利。

第三十一条　《医疗机构中药制剂委托配制批件》有效期不得超过该制剂批准证明文件载明的有效期限。在《医疗机构中药制剂委托配制批件》有效期内，委托方不得再行委托其他单位配制该制剂。

第三十二条　《医疗机构中药制剂委托配制批件》有效期届满，需要继续委托配制的，委托方应当在有效期届满 30 日前办理委托配制的续展手续。

委托配制合同终止的，《医疗机构中药制剂委托配制批件》自动废止。

第三十三条　申请制剂委托配制应当提供以下资料：

（一）《医疗机构中药制剂委托配制申请表》（见附件 4）；

（二）委托方的《医疗机构制剂许可证》、制剂批准证明文件复印件；

（三）受托方的《药品生产许可证》、《药品生产质量管理规范》认证证书或者《医疗机构制剂许可证》复印件；

（四）委托配制的制剂质量标准、配制工艺；

（五）委托配制的制剂原最小包装、标签和使用说明书实样；

（六）委托配制的制剂拟采用的包装、标签和说明书式样及色标；

（七）委托配制合同；

（八）受托方所在地设区的市级（食品）药品监督管理机构组织对受托方技术人员、厂房（制剂室）、设施、设备等生产条件和能力，以及质检机构、检测设备等质量保证体系考核的意见。

委托配制申请续展应当提供以下资料：

（一）委托方的《医疗机构制剂许可证》、制剂批准证明文件复印件；

（二）受托方的《药品生产许可证》、《药品生产质量管理规范》认证证书或者《医疗机构制剂许可证》复印件；

（三）前次批准的《医疗机构中药制剂委托配制批件》；

（四）前次委托配制期间，配制及制剂质量情况的总结；

（五）与前次《医疗机构中药制剂委托配制批件》发生变化的证明文件。

第三十四条　委托配制制剂的质量标准应当执行原批准的质量标准，其处方、工艺、包装规格、标签及使用说明书等应当与原批准的内容相同。在委托配制的制剂包装、标签和说明书上，应当标明委托单位和受托单位名称、受托单位生产地址。

委托单位取得《医疗机构中药制剂委托配制批件》后，应当向所在地的设区的市级以上药品检验所报送委托配制的前三批制剂，经检验合格后方可投入使用。

第三十五条　委托方对委托配制制剂的质量负责；受托方应当具备与配制该制剂相适应的配制与质量保证条件，按《药品生产质量管理规范》或者《医疗机构制剂配制质量管理规范》进行配制，向委托方出具批检验报告书，并按规定保存所有受托配制的文件和记录。

第三十六条　省、自治区、直辖市（食品）药品监督管理部门对制剂委托配制申请进行审查时，应当参照执行本办法第十一条至第十三条的有关规定。

第三十七条　省、自治区、直辖市（食品）药品监督管理部门应当将制剂委托配制的批准情况报国家食品药品监督管理局。

第五章　监督检查

第三十八条　本办法规定的监督检查的主要内容是医疗机构执行《医疗机构制剂配制质量管理规范》的情况、《医疗机构制剂许可证》换发的现场检查以及日常的监督检查。

第三十九条　省、自治区、直辖市（食品）药品监督管理部门负责本辖区内医疗机构制剂配制的监督检查工作，应当建立实施监督检查的运行机制和管理制度，确定设区的市级（食品）药品监督管理机构和县级（食品）药品监督管理机构的监督检查职责。

国家食品药品监督管理局可以根据需要组织对医疗机构制剂配制进行监督检查，同时对省、自治区、直辖市（食品）药品监督管理部门的监督检查工作情况进行监督和抽查。

第四十条　各级（食品）药品监督管理部门组织监督检查时，应当制订检查方案，明确检查标准，如实记录现场检查情况，提出整改内容及整改期限，检查结果以书面形式告知被检查单位，并实施追踪检查。

第四十一条　监督检查时，医疗机构应当提供有关情况和材料：

（一）实施《医疗机构制剂配制质量管理规范》自查情况；

（二）《医疗机构执业许可证》、《医疗机构制剂许可证》；

（三）药检室和制剂质量管理组织负责人以及主要配制条件、配制设备的变更情况；

（四）制剂室接受监督检查及整改落实情况；

（五）不合格制剂被质量公报通告后的整改情况；

（六）需要审查的其他材料。

第四十二条　监督检查完成后，（食品）药品监督管理部门在《医疗机构制剂许可证》副本上载明检查情况，并记载以下内容：

（一）检查结论；

（二）配制的制剂是否发生重大质量事故，是否有不合格制剂受到药品质量公报通告；

（三）制剂室是否有违法配制行为及查处情况；

（四）制剂室当年是否无配制制剂行为。

第四十三条　医疗机构制剂配制发生重大质量事故，必须立即报所在地省、自治区、直辖市（食品）药品监督管理部门和有关部门，省、自治区、直辖市（食品）药品监督管理局部门应当在 24 小时内报国家食品药品监督管理局。

第四十四条　（食品）药品监督管理部门实施监督检查，不得妨碍医疗机构的正常配制活动，不得索取或者收受医疗机构的财物，不得谋取其他利益。

第四十五条　任何单位和个人发现医疗机构进行违法配制的活动，有权向（食品）药品监督管理部门举报，接受举报的（食品）药品监督管理部门应当及时核实、处理。

第四十六条　有《中华人民共和国行政许可法》（以下简称《行政许可法》）第七十条情形之一的，原发证机关应当依法注销《医疗机构制剂许可证》。

省、自治区、直辖市（食品）药品监督管理部门注销《医疗机构制剂许可证》的，应当自注销之日起 5 个工作日内通知有关部门，并报国家食品药品监督管理局备案。

第六章　法律责任

第四十七条　有《行政许可法》第六十九条规定情形的，国家食品药品监督管理局或者省、自治区、直辖市（食品）药品监督管理部门根据利害关系人的请求或者依据职权，可以撤销《医疗机构制剂许可证》。

第四十八条　申请人隐瞒有关情况或者提供虚假材料申请《医疗机构制剂许可证》的，省、自治区、直辖市（食品）药品监督管理部门不予受理或者不予批准，并给予警告，申请人在 1 年内不得再申请。

申请人提供虚假材料取得《医疗机构制剂许可证》的，省、自治区、直辖市（食品）药品监督管理部门应当吊销其《医疗机构制剂许可证》，并处 1 万元以上 3 万元以下的罚款，申请人在 5 年内不得再申请。

第四十九条　未取得《医疗机构制剂许可证》配制制剂的，按《药品管理法》第七十三条的规定给予处罚。

第五十条　（食品）药品监督管理部门对不符合法定条件的单位发给《医疗机构制剂许可证》的，按《药品管理法》第九十四条规定给予处罚。

第五十一条　未经批准擅自委托或者接受委托配制制剂的，对委托方和受托方均依照《药品管理法》第七十四条的规定给予处罚。

第五十二条　医疗机构违反本办法第十九条、第二十四条规定的，由所在地省、自治区、直辖市（食品）药品监督管理部门责令改正。

医疗机构违反本办法第二十五条规定的，由所在地省、自治区、直辖市（食品）药品监督管理部门给予警告，责令限期改正；逾期不改正的，可以处 5000 元以上 1 万元以下的罚款。

第五十三条　在实施本办法规定的行政许可中违反相关法律、法规的，按有关法律、法规处理。

第七章　附　则

第五十四条　本办法由国家食品药品监督管理局负责解释。

第五十五条　本办法自 2005 年 6 月 1 日起施行。

附件：1.医疗机构制剂许可证申请表

　　　　2.《医疗机构制剂许可证》编号方法及代码

　　　　3.《医疗机构制剂许可证》中配制范围分类及填写规则

　　　　4.医疗机构中制剂委托配制申请表

互联网药品信息服务管理办法

（2004 年 7 月 8 日国家食品药品监督管理局令第 9 号公布，自公布之日起施行，根据 2017 年 11 月 17 日《国家食品药品监督管理总局关于修改部分规章的决定》修正）

第一条　为加强药品监督管理，规范互联网药品信息服务活动，保证互联网药品信息的真实、准确，根据《中华人民共和国药品管理法》《互联网信息服务管理办法》，制定本办法。

第二条　在中华人民共和国境内提供互联网药品信息服务活动，适用本办法。

本办法所称互联网药品信息服务，是指通过互联网向上网用户提供药品（含医疗器械）信息的服务活动。

第三条　互联网药品信息服务分为经营性和非经营性两类。

经营性互联网药品信息服务是指通过互联网向上网用户有偿提供药品信息等服务的活动。

非经营性互联网药品信息服务是指通过互联网向上网用户无偿提供公开的、共享性药品信息等服务的活动。

第四条　国家食品药品监督管理总局对全国提供互联网药品信息服务活动的网站实施监督管理。

省、自治区、直辖市食品药品监督管理部门对本行政区域内提供互联网药品信息服务活动的网站实施监督管理。

第五条　拟提供互联网药品信息服务的网站，应当在向国务院信息产业主管部门或者省级电信管理机构申请办理经营许可证或者办理备案手续之前，按照属地监督管理的原则，向该网站主办单位所在地省、自治区、直辖市食品药品监督管理部门提出申请，经审核同意后取得提供互联网药品信息服务的资格。

第六条　各省、自治区、直辖市食品药品监督管理部门对本辖区内申请提供互联网药品信息服务的互联网站进行审核，符合条件的核发《互联网药品信息服务资格证书》。

第七条　《互联网药品信息服务资格证书》的格式由国家食品药品监督管理总局统一制定。

第八条　提供互联网药品信息服务的网站，应当在其网站主页显著位置标注《互联网药品信息服务资格证书》的证书编号。

第九条　提供互联网药品信息服务网站所登载的药品信息必须科学、准确，必须符合国家的法律、法规和国家有关药品、医疗器械管理的相关规定。

提供互联网药品信息服务的网站不得发布麻醉药品、精神药品、医疗用毒性药品、放射性药品、戒毒药品和医疗机构制剂的产品信息。

第十条　提供互联网药品信息服务的网站发布的药品（含医疗器械）广告，必须经过食品药品监督管理部门审查批准。

提供互联网药品信息服务的网站发布的药品（含医疗器械）广告要注明广告审查批准文号。

第十一条　申请提供互联网药品信息服务，除应当符合《互联网信息服务管理办法》规定的要求外，还应当具备下列条件：

（一）互联网药品信息服务的提供者应当为依法设立的企事业单位或者其他组织；

（二）具有与开展互联网药品信息服务活动相适应的专业人员、设施及相关制度；

（三）有两名以上熟悉药品、医疗器械管理法律、法规和药品、医疗器械专业知识，或者依法经资格认定的药学、医疗器械技术人员。

第十二条　提供互联网药品信息服务的申请应当以一个网站为基本单元。

第十三条　申请提供互联网药品信息服务，应当填写国家食品药品监督管理总局统一制发的《互联网药品信息服务申请表》，向网站主办单位所在地省、自治区、直辖市食品药品监督管理部门提出申请，同时提交以下材料：

（一）企业营业执照复印件。

（二）网站域名注册的相关证书或者证明文件。从事互联网药品信息服务网站的中文名称，除与主办单位名称相同的以外，不得以"中国""中华""全国"等冠名；除取得药品招标代理机构资格证书的单位开办的互联网站外，其他提供互联网药品信息服务的网站名称中不得出现"电子商务""药品招商""药品招标"等内容。

（三）网站栏目设置说明（申请经营性互联网药品信息服务的网站需提供收费栏目及收费方式的说明）。

（四）网站对历史发布信息进行备份和查阅的相关管理制度及执行情况说明。

（五）食品药品监督管理部门在线浏览网站上所有栏目、内容的方法及操作说明。

（六）药品及医疗器械相关专业技术人员学历证明或者其专业技术资格证书复印件、网站负责人身份证复印件及简历。

（七）健全的网络与信息安全保障措施，包括网站安全保障措施、信息安全保密管理制度、用户信息安全管理制度。

（八）保证药品信息来源合法、真实、安全的管理措施、情况说明及相关证明。

第十四条　省、自治区、直辖市食品药品监督管理部门在收到申请材料之日起 5 日内做出受理与否的决定，受理的，发给受理通知书；不受理的，书面通知申请人并说明理由，同时告知申请人享有依法申请行政复议或者提起行政诉讼的权利。

第十五条　对于申请材料不规范、不完整的，省、自治区、直辖市食品药品监督管理部门自申请之日起 5 日内一次告知申请人需要补正的全部内容；逾期不告知的，自收到材料之日起即为受理。

第十六条　省、自治区、直辖市食品药品监督管理部门自受理之日起 20 日内对申请提供互联网药品信息服务的材料进行审核，并作出同意或者不同意的决定。同意的，由省、自治区、直辖市食品药品监督管理部门核发《互联网药品信息服务资格证书》，同时报国家食品药品监督管理总局备案并发布公告；不同意的，应当书面通知申请人并说明理由，同时告知申请人享有依法申请行政复议或者提起行政诉讼的权利。

国家食品药品监督管理总局对各省、自治区、直辖市食品药品监督管理部门的审核工作进行监督。

第十七条 《互联网药品信息服务资格证书》有效期为 5 年。有效期届满，需要继续提供互联网药品信息服务的，持证单位应当在有效期届满前 6 个月内，向原发证机关申请换发《互联网药品信息服务资格证书》。原发证机关进行审核后，认为符合条件的，予以换发新证；认为不符合条件的，发给不予换发新证的通知并说明理由，原《互联网药品信息服务资格证书》由原发证机关收回并公告注销。

省、自治区、直辖市食品药品监督管理部门根据申请人的申请，应当在《互联网药品信息服务资格证书》有效期届满前作出是否准予其换证的决定。逾期未作出决定的，视为准予换证。

第十八条 《互联网药品信息服务资格证书》可以根据互联网药品信息服务提供者的书面申请，由原发证机关收回，原发证机关应当报国家食品药品监督管理总局备案并发布公告。被收回《互联网药品信息服务资格证书》的网站不得继续从事互联网药品信息服务。

第十九条 互联网药品信息服务提供者变更下列事项之一的，应当向原发证机关申请办理变更手续，填写《互联网药品信息服务项目变更申请表》，同时提供下列相关证明文件：

（一）《互联网药品信息服务资格证书》中审核批准的项目（互联网药品信息服务提供者单位名称、网站名称、IP 地址等）；

（二）互联网药品信息服务提供者的基本项目（地址、法定代表人、企业负责人等）；

（三）网站提供互联网药品信息服务的基本情况（服务方式、服务项目等）。

第二十条 省、自治区、直辖市食品药品监督管理部门自受理变更申请之日起 20 个工作日内作出是否同意变更的审核决定。同意变更的，将变更结果予以公告并报国家食品药品监督管理总局备案；不同意变更的，以书面形式通知申请人并说明理由。

第二十一条 省、自治区、直辖市食品药品监督管理部门对申请人的申请进行审查时，应当公示审批过程和审批结果。申请人和利害关系人可以对直接关系其重大利益的事项提交书面意见进行陈述和申辩。依法应当听证的，按照法定程序举行听证。

第二十二条 未取得或者超出有效期使用《互联网药品信息服务资格证书》从事互联网药品信息服务的，由国家食品药品监督管理总局或者省、自治区、直辖市食品药品监督管理部门给予警告，并责令其停止从事互联网药品信息服务；情节严重的，移送相关部门，依照有关法律、法规给予处罚。

第二十三条 提供互联网药品信息服务的网站不在其网站主页的显著位置标注《互联网药品信息服务资格证书》的证书编号的，国家食品药品监督管理总局或者省、自治区、直辖市食品药品监督管理部门给予警告，责令限期改正；在限定期限内拒不改正的，对提供非经营性互联网药品信息服务的网站处以 500 元以下罚款，对提供经营性互联网药品信息服务的网站处以 5000 元以上 1 万元以下罚款。

第二十四条　互联网药品信息服务提供者违反本办法，有下列情形之一的，由国家食品药品监督管理总局或者省、自治区、直辖市食品药品监督管理部门给予警告，责令限期改正；情节严重的，对提供非经营性互联网药品信息服务的网站处以 1000 元以下罚款，对提供经营性互联网药品信息服务的网站处以 1 万元以上 3 万元以下罚款；构成犯罪的，移送司法部门追究刑事责任：

（一）已经获得《互联网药品信息服务资格证书》，但提供的药品信息直接撮合药品网上交易的；

（二）已经获得《互联网药品信息服务资格证书》，但超出审核同意的范围提供互联网药品信息服务的；

（三）提供不真实互联网药品信息服务并造成不良社会影响的；

（四）擅自变更互联网药品信息服务项目的。

第二十五条　互联网药品信息服务提供者在其业务活动中，违法使用《互联网药品信息服务资格证书》的，由国家食品药品监督管理总局或者省、自治区、直辖市食品药品监督管理部门依照有关法律、法规的规定处罚。

第二十六条　省、自治区、直辖市食品药品监督管理部门违法对互联网药品信息服务申请作出审核批准的，原发证机关应当撤销原批准的《互联网药品信息服务资格证书》，由此给申请人的合法权益造成损害的，由原发证机关依照国家赔偿法的规定给予赔偿；对直接负责的主管人员和其他直接责任人员，由其所在单位或者上级机关依法给予行政处分。

第二十七条　省、自治区、直辖市食品药品监督管理部门应当对提供互联网药品信息服务的网站进行监督检查，并将检查情况向社会公告。

第二十八条　本办法由国家食品药品监督管理总局负责解释。

第二十九条　本办法自公布之日起施行。《互联网药品信息服务管理暂行规定》（国家药品监督管理局令第 26 号）同时废止。

药品进口管理办法

（2003 年 8 月 18 日国家食品药品监督管理局、海关总署令第 4 号公布，自 2004 年 1 月 1 日起施行，根据 2012 年 8 月 24 日《卫生部、海关总署关于修改〈药品进口管理办法〉的决定》修正）

第一章　总　则

第一条　为规范药品进口备案、报关和口岸检验工作，保证进口药品的质量，根据《中华人民共和国药品管理法》、《中华人民共和国海关法》、《中华人民共和国药品管理法实施条例》（以下简称《药品管理法》、《海关法》、《药品管理法实施条例》）及相关法律法规的规定，制定本办法。

第二条　药品的进口备案、报关、口岸检验以及进口，适用本办法。

第三条　药品必须经由国务院批准的允许药品进口的口岸进口。

第四条　本办法所称进口备案，是指进口单位向允许药品进口的口岸所在地药品监督管理部门（以下称口岸药品监督管理局）申请办理《进口药品通关单》的过程。麻醉药品、精神药品进口备案，是指进口单位向口岸药品监督管理局申请办理《进口药品口岸检验通知书》的过程。

本办法所称口岸检验，是指国家食品药品监督管理局确定的药品检验机构（以下称口岸药品检验所）对抵达口岸的进口药品依法实施的检验工作。

第五条　进口药品必须取得国家食品药品监督管理局核发的《进口药品注册证》（或者《医药产品注册证》），或者《进口药品批件》后，方可办理进口备案和口岸检验手续。

进口麻醉药品、精神药品，还必须取得国家食品药品监督管理局核发的麻醉药品、精神药品《进口准许证》。

第六条　进口单位持《进口药品通关单》向海关申报，海关凭口岸药品监督管理局出具的《进口药品通关单》，办理进口药品的报关验放手续。

进口麻醉药品、精神药品，海关凭国家食品药品监督管理局核发的麻醉药品、精神药品《进口准许证》办理报关验放手续。

第七条　国家食品药品监督管理局会同海关总署制定、修订、公布进口药品目录。

第二章　进口备案

第八条　口岸药品监督管理局负责药品的进口备案工作。口岸药品监督管理局承担的进口备案工作受国家食品药品监督管理局的领导，其具体职责包括：

（一）受理进口备案申请，审查进口备案资料；

（二）办理进口备案或者不予进口备案的有关事项；

（三）联系海关办理与进口备案有关的事项；

（四）通知口岸药品检验所对进口药品实施口岸检验；

（五）对进口备案和口岸检验中发现的问题进行监督处理；

（六）国家食品药品监督管理局规定的其他事项。

第九条　报验单位应当是持有《药品经营许可证》的独立法人。药品生产企业进口本企业所需原料药和制剂中间体（包括境内分包装用制剂），应当持有《药品生产许可证》。

第十条　下列情形的进口药品，必须经口岸药品检验所检验符合标准规定后，方可办理进口备案手续。检验不符合标准规定的，口岸药品监督管理局不予进口备案：

（一）国家食品药品监督管理局规定的生物制品；

（二）首次在中国境内销售的药品；

（三）国务院规定的其他药品。

第十一条　进口单位签订购货合同时，货物到岸地应当从允许药品进口的口岸选择。其中本办法第十条规定情形的药品，必须经由国家特别批准的允许药品进口的口岸进口。

第十二条　进口备案，应当向货物到岸地口岸药品监督管理局提出申请，并由负责本口岸药品检验的口岸药品检验所进行检验。

第十三条　办理进口备案，报验单位应当填写《进口药品报验单》，持《进口药品注册证》（或者《医药产品注册证》）（正本或者副本）原件，进口麻醉药品、精神药品还应当持麻醉药品、精神药品《进口准许证》原件，向所在地口岸药品监督管理局报送所进口品种的有关资料一式两份：

（一）《进口药品注册证》（或者《医药产品注册证》）（正本或者副本）复印件；麻醉药品、精神药品的《进口准许证》复印件；

（二）报验单位的《药品经营许可证》和《企业法人营业执照》复印件；

（三）原产地证明复印件；

（四）购货合同复印件；

（五）装箱单、提运单和货运发票复印件；

（六）出厂检验报告书复印件；

（七）药品说明书及包装、标签的式样（原料药和制剂中间体除外）；

（八）国家食品药品监督管理局规定批签发的生物制品，需要提供生产检定记录摘要及生产国或者地区药品管理机构出具的批签发证明原件；

（九）本办法第十条规定情形以外的药品，应当提交最近一次《进口药品检验报告书》和《进口药品通关单》复印件。

药品生产企业自行进口本企业生产所需原料药和制剂中间体的进口备案，第（二）项资料应当提交其《药品生产许可证》和《企业法人营业执照》复印件。

经其他国家或者地区转口的进口药品，需要同时提交从原产地到各转口地的全部购货合同、装箱单、提运单和货运发票等。

上述各类复印件应当加盖进口单位公章。

第十四条　口岸药品监督管理局接到《进口药品报验单》及相关资料后，按照下列程序的要求予以审查：

（一）逐项核查所报资料是否完整、真实；

（二）查验《进口药品注册证》（或者《医药产品注册证》）（正本或者副本）原件，或者麻醉药品、精神药品的《进口准许证》原件真实性；

（三）审查无误后，将《进口药品注册证》（或者《医药产品注册证》）（正本或者副本）原件，或者麻醉药品、精神药品的《进口准许证》原件，交还报验单位，并于当日办结进口备案的相关手续。

第十五条　本办法第十条规定情形的药品，口岸药品监督管理局审查全部资料无误后，应当向负责检验的口岸药品检验所发出《进口药品口岸检验通知书》，附本办法第十三条规定的资料一份，同时向海关发出《进口药品抽样通知书》。有关口岸药品检验进入海关监管场所抽样的管理规定，由国家食品药品监督管理局与海关总署另行制定。

口岸药品检验所按照《进口药品口岸检验通知书》规定的抽样地点，抽取检验样品，进行质量检验，并将检验结果送交所在地口岸药品监督管理局。检验符合标准规定的，准予进口备案，由口岸药品监督管理局发出《进口药品通关单》；不符合标准规定的，不予进口备案，由口岸药品监督管理局发出《药品不予进口备案通知书》。

第十六条　本办法第十条规定情形以外的药品，口岸药品监督管理局审查全部资料无误后，准予进口备案，发出《进口药品通关单》。同时向负责检验的口岸药品检验所发出《进口药品口岸检验通知书》，附本办法第十三条规定的资料一份。

对麻醉药品、精神药品，口岸药品监督管理局审查全部资料无误后，应当只向负责检验的口岸药品检验所发出《进口药品口岸检验通知书》，附本办法第十三条规定的资料一份，无需办理《进口药品通关单》。

口岸药品检验所应当到《进口药品口岸检验通知书》规定的抽样地点抽取样品，进行质量检验，并将检验结果送交所在地口岸药品监督管理局。对检验不符合标准规定的药品，由口岸药品监督管理局依照《药品管理法》及有关规定处理。

第十七条　下列情形之一的进口药品，不予进口备案，由口岸药品监督管理局发出《药品不予进口备案通知书》；对麻醉药品、精神药品，口岸药品监督管理局不予发放《进口药品口岸检验通知书》：

（一）不能提供《进口药品注册证》（或者《医药产品注册证》）（正本或者副本）、《进口药品批件》或者麻醉药品、精神药品的《进口准许证》原件的；

（二）办理进口备案时，《进口药品注册证》（或者《医药产品注册证》），或者麻醉药品、精神药品的《进口准许证》已超过有效期的；

（三）办理进口备案时，药品的有效期限已不满 12 个月的。（对于药品本身有效期不足 12 个月的，进口备案时，其有效期限应当不低于 6 个月）；

（四）原产地证明所标示的实际生产地与《进口药品注册证》（或者《医药产品注册证》）规定的产地不符的，或者区域性国际组织出具的原产地证明未标明《进口药品注册证》（或者《医药产品注册证》）规定产地的；

（五）进口单位未取得《药品经营许可证》（生产企业应当取得《药品生产许可证》）和《企业法人营业执照》的；

（六）到岸品种的包装、标签与国家食品药品监督管理局的规定不符的；

（七）药品制剂无中文说明书或者中文说明书与批准的说明书不一致的；

（八）未在国务院批准的允许药品进口的口岸组织进口的，或者货物到岸地不属于所在地口岸药品监督管理局管辖范围的；

（九）国家食品药品监督管理局规定批签发的生物制品未提供有效的生产国或者地区药品管理机构出具的生物制品批签发证明文件的；

（十）伪造、变造有关文件和票据的；

（十一）《进口药品注册证》（或者《医药产品注册证》）已被撤销的；

（十二）本办法第十条规定情形的药品，口岸药品检验所根据本办法第二十五条的规定不予抽样的；

（十三）本办法第十条规定情形的药品，口岸检验不符合标准规定的；

（十四）药品监督管理部门有其他证据证明进口药品可能危害人体健康的。

第十八条　对不予进口备案的进口药品，进口单位应当予以退运。无法退运的，由海关移交口岸药品监督管理局监督处理。

第十九条　进口临床急需药品、捐赠药品、新药研究和药品注册所需样品或者对照药品等，必须经国家食品药品监督管理局批准，并凭国家食品药品监督管理局核发的《进口药品批件》，按照本办法第十六条的规定，办理进口备案手续。

第三章　口岸检验

第二十条　口岸药品检验所由国家食品药品监督管理局根据进口药品口岸检验工作的需要确定。口岸药品检验所的职责包括：

（一）对到岸货物实施现场核验；

（二）核查出厂检验报告书和原产地证明原件；

（三）按照规定进行抽样；

（四）对进口药品实施口岸检验；

（五）对有异议的检验结果进行复验；

（六）国家食品药品监督管理局规定的其他事项。

第二十一条　中国药品生物制品检定所负责进口药品口岸检验工作的指导和协调。口岸检验所需标准品、对照品由中国药品生物制品检定所负责审核、标定。

第二十二条 口岸药品检验所应当按照《进口药品注册证》(或者《医药产品注册证》)载明的注册标准对进口药品进行检验。

第二十三条 口岸药品检验所接到《进口药品口岸检验通知书》后,应当在2日内与进口单位联系,到规定的存货地点按照《进口药品抽样规定》进行现场抽样。

进口单位应当在抽样前,提供出厂检验报告书和原产地证明原件。

对需进入海关监管区抽样的,口岸药品检验所应当同时与海关联系抽样事宜,并征得海关同意。抽样时,进口单位和海关的人员应当同时在场。

第二十四条 口岸药品检验所现场抽样时,应当注意核查进口品种的实际到货情况,做好抽样记录并填写《进口药品抽样记录单》。

本办法第十条规定情形以外的药品,抽样完成后,口岸药品检验所应当在进口单位持有的《进口药品通关单》原件上注明"已抽样"的字样,并加盖抽样单位的公章。

对麻醉药品、精神药品,抽样完成后,应当在《进口准许证》原件上注明"已抽样"的字样,并加盖抽样单位的公章。

第二十五条 对有下列情形之一的进口药品,口岸药品检验所不予抽样:

(一)未提供出厂检验报告书和原产地证明原件,或者所提供的原件与申报进口备案时的复印件不符的;

(二)装运唛头与单证不符的;

(三)进口药品批号或者数量与单证不符的;

(四)进口药品包装及标签与单证不符的;

(五)药品监督管理部门有其他证据证明进口药品可能危害人体健康的。

对不予抽样的药品,口岸药品检验所应当在2日内,将《进口药品抽样记录单》送交所在地口岸药品监督管理局。

第二十六条 口岸药品检验所应当及时对所抽取的样品进行检验,并在抽样后20日内,完成检验工作,出具《进口药品检验报告书》。特殊品种或者特殊情况不能按时完成检验时,可以适当延长检验期限,并通知进口单位和口岸药品监督管理局。

《进口药品检验报告书》应当明确标有"符合标准规定"或者"不符合标准规定"的检验结论。

国家食品药品监督管理局规定批签发的生物制品,口岸检验符合标准规定,审核符合要求的,应当同时发放生物制品批签发证明。

第二十七条 对检验符合标准规定的进口药品,口岸药品检验所应当将《进口药品检验报告书》送交所在地口岸药品监督管理局和进口单位。

对检验不符合标准规定的进口药品,口岸药品检验所应当将《进口药品检验报告书》及时发送口岸药品监督管理局和其他口岸药品检验所,同时报送国家食品药品监督管理局和中国药品生物制品检定所。

第二十八条 进口药品的检验样品应当保存至有效期满。不易贮存的留样,可根据实际情况掌握保存时间。索赔或者退货检品的留样应当保存至该案完结时。超过保存期的留样，由口岸药品检验所予以处理并记录备案。

第二十九条　进口单位对检验结果有异议的，可以自收到检验结果之日起 7 日内向原口岸药品检验所申请复验，也可以直接向中国药品生物制品检定所申请复验。生物制品的复验直接向中国药品生物制品检定所申请。

口岸药品检验所在受理复验申请后，应当及时通知口岸药品监督管理局，并自受理复验之日起 10 日内，作出复验结论，通知口岸药品监督管理局、其他口岸药品检验所，报国家食品药品监督管理局和中国药品生物制品检定所。

第四章　监督管理

第三十条　口岸药品检验所根据本办法第二十五条的规定不予抽样但已办结海关验放手续的药品，口岸药品监督管理局应当对已进口的全部药品采取查封、扣押的行政强制措施。

第三十一条　本办法第十条规定情形以外的药品，经口岸药品检验所检验不符合标准规定的，进口单位应当在收到《进口药品检验报告书》后 2 日内，将全部进口药品流通、使用的详细情况，报告所在地口岸药品监督管理局。

所在地口岸药品监督管理局收到《进口药品检验报告书》后，应当及时采取对全部药品予以查封、扣押的行政强制措施，并在 7 日内作出行政处理决定。对申请复验的，必须自检验报告书发出之日起 15 日内作出行政处理决定。有关情况应当及时报告国家食品药品监督管理局，同时通告各省、自治区、直辖市药品监督管理局和其他口岸药品监督管理局。

第三十二条　未在规定时间内提出复验或者经复验仍不符合标准规定的，口岸药品监督管理局应当按照《药品管理法》以及有关规定作出行政处理决定。有关情况应当及时报告国家食品药品监督管理局，同时通告各省、自治区、直辖市药品监督管理局和其他口岸药品监督管理局。

经复验符合标准规定的，口岸药品监督管理局应当解除查封、扣押的行政强制措施，并将处理情况报告国家食品药品监督管理局，同时通告各省、自治区、直辖市药品监督管理局和其他口岸药品监督管理局。

第三十三条　药品进口备案中发现的其他问题，由口岸药品监督管理局按照《药品管理法》以及有关规定予以处理。

第三十四条　国内药品生产企业、经营企业以及医疗机构采购进口药品时，供货单位应当同时提供以下资料：

（一）《进口药品注册证》（或者《医药产品注册证》）复印件、《进口药品批件》复印件；

（二）《进口药品检验报告书》复印件或者注明"已抽样"并加盖公章的《进口药品通关单》复印件；

国家食品药品监督管理局规定批签发的生物制品，需要同时提供口岸药品检验所核发的批签发证明复印件。

进口麻醉药品、精神药品，应当同时提供其《进口药品注册证》（或者《医药产品注册证》）复印件、《进口准许证》复印件和《进口药品检验报告书》复印件。

上述各类复印件均需加盖供货单位公章。

第三十五条 口岸药品监督管理局和口岸药品检验所应当建立严格的进口备案资料和口岸检验资料的管理制度，并对进口单位的呈报资料承担保密责任。

第三十六条 对于违反本办法进口备案和口岸检验有关规定的口岸药品监督管理局和口岸药品检验所，国家食品药品监督管理局将根据情节给予批评、通报批评，情节严重的停止其进口备案和口岸检验资格。

第三十七条 违反本办法涉及海关有关规定的，海关按照《海关法》、《中华人民共和国海关法行政处罚实施细则》的规定处理。

第五章　附　则

第三十八条 本办法所称进口单位，包括经营单位、收货单位和报验单位。

经营单位，是指对外签订并执行进出口贸易合同的中国境内企业或单位。

收货单位，是指购货合同和货运发票中载明的收货人或者货主。

报验单位，是指该批进口药品的实际货主或者境内经销商，并具体负责办理进口备案和口岸检验手续。

收货单位和报验单位可以为同一单位。

第三十九条 从境外进入保税仓库、保税区、出口加工区的药品，免予办理进口备案和口岸检验等进口手续，海关按有关规定实施监管；从保税仓库、出口监管仓库、保税区、出口加工区出库或出区进入国内的药品，按本办法有关规定办理进口备案和口岸检验等手续。

经批准以加工贸易方式进口的原料药、药材，免予办理进口备案和口岸检验等进口手续，其原料药及制成品禁止转为内销。确因特殊情况无法出口的，移交地方药品监督管理部门按规定处理，海关予以核销。

进出境人员随身携带的个人自用的少量药品，应当以自用、合理数量为限，并接受海关监管。

第四十条 进口暂未列入进口药品目录的原料药，应当遵照本办法的规定，到口岸药品监督管理局办理进口备案手续。

第四十一条 药材进口备案和口岸检验的规定，由国家食品药品监督管理局另行制定。

第四十二条 进口麻醉药品、精神药品凭《进口药品注册证》（或者《医药产品注册证》），按照国务院麻醉药品、精神药品管理的有关法规办理《进口准许证》。

第四十三条　本办法规定的麻醉药品、精神药品是指供临床使用的品种，科研、教学、兽用等麻醉药品、精神药品的进口，按照国务院麻醉药品、精神药品管理的有关法规执行。

第四十四条　本办法由国家食品药品监督管理局和海关总署负责解释。

第四十五条　本办法自 2004 年 1 月 1 日起实施。1999 年 5 月 1 日实施的《进口药品管理办法》同时废止。

医疗机构制剂配制质量管理规范（试行）

（2001 年 3 月 13 日国家药品监督管理局令第 27 号公布，自发布之日起施行）

第一章　总　则

第一条　根据《中华人民共和国药品管理法》的规定，参照《药品生产质量管理规范》的基本原则，制定本规范。

第二条　医疗机构制剂是指医疗机构根据本单位临床需要而常规配制、自用的固定处方制剂。

第三条　医疗机构配制制剂应取得省、自治区、直辖市药品监督管理局颁发的《医疗机构制剂许可证》。

第四条　国家药品监督管理局和省、自治区、直辖市药品监督管理局负责对医疗机构制剂进行质量监督，并发布质量公告。

第五条　本规范是医疗机构制剂配制和质量管理的基本准则，适用于制剂配制的全过程。

第二章　机构与人员

第六条　医疗机构制剂配制应在药剂部门设制剂室、药检室和质量管理组织。机构与岗位人员的职责应明确，并配备具有相应素质及相应数量的专业技术人员。

第七条　医疗机构负责人对本《规范》的实施及制剂质量负责。

第八条　制剂室和药检室的负责人应具有大专以上药学或相关专业学历，具有相应管理的实践经验，有对工作中出现的问题作出正确判断和处理的能力。

制剂室和药检室的负责人不得互相兼任。

第九条　从事制剂配制操作及药检人员，应经专业技术培训，具有基础理论知识和实际操作技能。

凡有特殊要求的制剂配制操作和药检人员还应经相应的专业技术培训。

第十条　凡从事制剂配制工作的所有人员均应熟悉本规范，并应通过本规范的培训与考核。

第三章　房屋与设施

第十一条　为保证制剂质量，制剂室要远离各种污染源。周围的地面、路面、植被等不应对制剂配制过程造成污染。

第十二条　制剂室应有防止污染、昆虫和其它动物进入的有效设施。

第十三条　制剂室的房屋和面积必须与所配制的制剂剂型和规模相适应。应设工作人员更衣室。

第十四条　各工作间应按制剂工序和空气洁净度级别要求合理布局。一般区和洁净区分开；配制、分装与贴签、包装分开；内服制剂与外用制剂分开；无菌制剂与其它制剂分开。

第十五条　各种制剂应根据剂型的需要，工序合理衔接，设置不同的操作间，按工序划分操作岗位。

第十六条　制剂室应具有与所配制剂相适应的物料、成品等库房，并有通风、防潮等设施。

第十七条　中药材的前处理、提取、浓缩等必须与其后续工序严格分开，并应有有效的除尘、排风设施。

第十八条　制剂室在设计和施工时，应考虑使用时便于进行清洁工作。洁净室的内表面应平整光滑，无裂缝、接口严密，无颗粒物脱落并能耐受清洗和消毒。墙壁与地面等交界处宜成弧形或采取其它措施，以减少积尘和便于清洁。

第十九条　条洁净室内各种管道、灯具、风口以及其它公用设施在设计和安装时应避免出现不易清洁的部位。

第二十条　根据制剂工艺要求，划分空气洁净度级别（见附件表Ⅰ、表Ⅱ）。洁净室（区）内空气的微生物数和尘粒数应符合规定，应定期检测并记录。

第二十一条　洁净室（区）应有足够照度，主要工作间的照度宜为300勒克斯。

第二十二条　洁净室的窗户、技术夹层及进入室内的管道、风口、灯具与墙壁或顶棚的连接部位均应密封。

第二十三条　洁净室（区）应维持一定的正压，并送入一定比例的新风。

第二十四条　洁净室（区）内安装的水池、地漏的位置应适宜，不得对制剂造成污染。100级洁净区内不得设地漏。

第二十五条　实验动物房应远离制剂室。

第四章　设　备

第二十六条　设备的选型、安装应符合制剂配制要求，易于清洗、消毒或灭菌，便于操作、维修和保养，并能防止差错和减少污染。

第二十七条　纯化水、注射用水的制备、储存和分配应能防止微生物的滋生和污染。储罐和输送管道所用材料应无毒、耐腐蚀，管道的设计和安装应避免死角、盲管。

第二十八条　与药品直接接触的设备表面应光洁、平整、易清洗或消毒、耐腐蚀；不与药品发生化学变化和吸附药品。设备所用的润滑剂、冷却剂等不得对药品和容器造成污染。

第二十九条 制剂配制和检验应有与所配制制剂品种相适应的设备、设施与仪器。

第三十条 用于制剂配制和检验的仪器、仪表、量具、衡器等其适用范围和精密度应符合制剂配制和检验的要求，应定期校验，并有合格标志。校验记录应至少保存一年。

第三十一条 建立设备管理的各项规章制度，制定标准操作规程。设备应由专人管理，定期维修、保养，并作好记录。

第五章 物 料

第三十二条 制剂配制所用物料的购入、储存、发放与使用等应制定管理制度。

第三十三条 制剂配制所用的物料应符合药用要求，不得对制剂质量产生不良影响。

第三十四条 制剂配制所用的中药材应按质量标准购入，合理储存与保管。

第三十五条 各种物料要严格管理。合格物料、待验物料及不合格物料应分别存放，并有易于识别的明显标志。不合格的物料，应及时处理。

第三十六条 各种物料应按其性能与用途合理存放。对温度、湿度等有特殊要求的物料，应按规定条件储存。挥发性物料的存放，应注意避免污染其它物料。各种物料不得露天存放。

第三十七条 物料应按规定的使用期限储存，储存期内如有特殊情况应及时检验。

第三十八条 制剂的标签、使用说明书必须与药品监督管理部门批准的内容、式样、文字相一致，不得随意更改；应专柜存放，专人保管，不得流失。

第六章 卫 生

第三十九条 制剂室应有防止污染的卫生措施和卫生管理制度，并由专人负责。

第四十条 配制间不得存放与配制无关的物品。配制中的废弃物应及时处理。

第四十一条 更衣室、浴室及厕所的设置不得对洁净室（区）产生不良影响。

第四十二条 配制间和制剂设备、容器等应有清洁规程，内容包括：清洁方法、程序、间隔时间、使用清洁剂或消毒剂、清洁工具的清洁方法和存放地点等。

第四十三条 洁净室（区）应定期消毒。使用的消毒剂不得对设备、物料和成品产生污染。消毒剂品种应定期更换，防止产生耐药菌株。

第四十四条 工作服的选材、式样及穿戴方式应与配制操作和洁净度级别要求相适应。

洁净室工作服的质地应光滑、不产生静电、不脱落纤维和颗粒性物质。无菌工作服必须包盖全部头发、胡须及脚部，并能阻留人体脱落物并不得混穿。

不同洁净度级别房间使用的工作服应分别定期清洗、整理，必要时应消毒或灭菌。洗涤时不应带入附加的颗粒物质。

第四十五条 洁净室（区）仅限于在该室的配制人员和经批准的人员进入。

第四十六条　进入洁净室（区）的人员不得化妆和佩带饰物，不得裸手直接接触药品。

第四十七条　配制人员应有健康档案，并每年至少体检一次。传染病、皮肤病患者和体表有伤口者不得从事制剂配制工作。

第七章　文　件

第四十八条　制剂室应有下列文件：

（一）《医疗机构制剂许可证》及申报文件、验收、整改记录；

（二）制剂品种申报及批准文件；

（三）制剂室年检、抽验及监督检查文件及记录。

第四十九条　医疗机构制剂室应有配制管理、质量管理的各项制度和记录。

（一）制剂室操作间、设施和设备的使用、维护、保养等制度和记录；

（二）物料的验收、配制操作、检验、发放、成品分发和使用部门及患者的反馈、投诉等制度和记录；

（三）配制返工、不合格品管理、物料退库、报损、特殊情况处理等制度和记录；

（四）留样观察制度和记录；

（五）制剂室内外环境、设备、人员等卫生管理制度和记录；

（六）本规范和专业技术培训的制度和记录。

第五十条　制剂配制管理文件主要有：

（一）配制规程和标准操作规程

配制规程包括：制剂名称、剂型、处方、配制工艺的操作要求，原料、中间产品、成品的质量标准和技术参数及储存注意事项，成品容器、包装材料的要求等。

标准操作规程：配制过程中涉及的单元操作（如加热、搅拌、振摇、混合等）具体规定和应达到的要求。

（二）配制记录

配制记录（制剂单）应包括：编号、制剂名称、配制日期、制剂批号、有关设备名称与操作记录、原料用量、成品和半成品数量、配制过程的控制记录及特殊情况处理记录和各工序的操作者、复核者、清场者的签名等。

第五十一条　配制制剂的质量管理文件主要有：

（一）物料、半成品、成品的质量标准和检验操作规程；

（二）制剂质量稳定性考察记录；

（三）检验记录。

第五十二条　制剂配制管理文件和质量管理文件的要求：

（一）制订文件应符合《药品管理法》和相关法律、法规、规章的要求；

（二）应建立文件的管理制度。使用的文件应为批准的现行文本，已撤销和过时的文件除留档备查外，不得在工作现场出现；

（三）文件的制订、审查和批准的责任应明确，并有责任人签名；

（四）有关配制记录和质量检验记录应完整归档，至少保存 2 年备查。

第八章　配制管理

第五十三条　配制规程和标准操作规程不得任意修改。如需修改时必须按制定时的程序办理修订、审批手续。

第五十四条　在同一配制周期中制备出来的一定数量常规配制的制剂为一批，一批制剂在规定限度内具有同一性质和质量。每批制剂均应编制制剂批号。

第五十五条　每批制剂均应按投入和产出的物料平衡进行检查，如有显著差异，必须查明原因，在得出合理解释，确认无潜在质量事故后，方可按正常程序处理。

第五十六条　为防止制剂被污染和混淆，配制操作应采取下述措施：

（一）每次配制后应清场，并填写清场记录。每次配制前应确认无上次遗留物；

（二）不同制剂（包括同一制剂的不同规格）的配制操作不得在同一操作间同时进行。

如确实无法避免时，必须在不同的操作台配制，并应采取防止污染和混淆的措施；

（三）在配制过程中应防止称量、过筛、粉碎等可能造成粉末飞散而引起的交叉污染；

（四）在配制过程中使用的容器须有标明物料名称、批号、状态及数量等的标志。

第五十七条　根据制剂配制规程选用工艺用水。工艺用水应符合质量标准并定期检验。根据验证结果，规定检验周期。

第五十八条　每批制剂均应有一份能反映配制各个环节的完整记录。操作人员应及时填写记录，填写字迹清晰、内容真实、数据完整，并由操作人、复核人及清场人签字。记录应保持整洁，不得撕毁和任意涂改。需要更改时，更改人应在更改处签字，并需使被更改部分可以辨认。

第五十九条　新制剂的配制工艺及主要设备应按验证方案进行验证。当影响制剂质量的主要因素，如配制工艺或质量控制方法、主要原辅料、主要配制设备等发生改变时，以及配制一定周期后，应进行再验证。所有验证记录应归档保存。

第九章　质量管理与自检

第六十条　质量管理组织负责制剂配制全过程的质量管理。其主要职责：

（一）制定质量管理组织任务、职责；

（二）决定物料和中间品能否使用；

（三）研究处理制剂重大质量问题；

（四）制剂经检验合格后，由质量管理组织负责人审查配制全过程记录并决定是否发放使用；

（五）审核不合格品的处理程序及监督实施。

第六十一条　药检室负责制剂配制全过程的检验。其主要职责：

（一）制定和修订物料、中间品和成品的内控标准和检验操作规程，制定取样和留样制度；

（二）制定检验用设备、仪器、试剂、试液、标准品（或参考品）、滴定液与培养基及实验动物等管理办法；

（三）对物料、中间品和成品进行取样、检验、留样，并出具检验报告；

（四）监测洁净室（区）的微生物数和尘粒数；

（五）评价原料、中间品及成品的质量稳定性，为确定物料储存期和制剂有效期提供数据；

（六）制定药检室人员的职责。

第六十二条　医疗机构制剂质量管理组织应定期组织自检。自检应按预定的程序，按规定内容进行检查，以证实与本规范的一致性。

自检应有记录并写出自检报告，包括评价及改进措施等。

第十章　使用管理

第六十三条　医疗机构制剂应按药品监督管理部门制定的原则并结合剂型特点、原料药的稳定性和制剂稳定性试验结果规定使用期限。

第六十四条　制剂配发必须有完整的记录或凭据。内容包括：领用部门、制剂名称、批号、规格、数量等。制剂在使用过程中出现质量问题时，制剂质量管理组织应及时进行处理，出现质量问题的制剂应立即收回，并填写收回记录。收回记录应包括：制剂名称、批号、规格、数量、收回部门、收回原因、处理意见及日期等。

第六十五条　制剂使用过程中发现的不良反应，应按《药品不良反应监测管理办法》的规定予以记录，填表上报。保留病历和有关检验、检查报告单等原始记录至少一年备查。

第十一章　附　则

第六十六条　本规范所使用的术语：

标准操作规程：经批准用以指示操作的通用性文件或管理办法。

配制规程：为各个制剂制定，为配制该制剂的标准操作，包括投料、配制工艺、成品包装等内容。

物料：原料、辅料、包装材料等。

验证：证明任何程序、配制过程、设备、物料、活动或系统确实能达到预期结果的有文件证明的一系列行动。

洁净室（区）：需要对尘粒及微生物数量进行控制的房间（区域）。其建筑结构、装备及其使用均具有减少该区域内污染源的介入、产生和滞留的功能。

一般区：是指洁净区之外，未规定有空气洁净度级别要求的区域，应符合卫生要求。工艺用水：制剂配制工艺中使用的水，包括：饮用水、纯化水、注射用水。

纯化水：为蒸馏法、离子交换法、反渗透法或其它适宜的方法制得供药用的水，不含任何附加剂。

质量管理组织：是指医疗机构为加强制剂质量管理而由药剂部门及制剂室、药检室负责人组成的小组。

第六十七条　本规范由国家药品监督管理局负责解释。

第六十八条　本规范自发布之日起施行。

处方药与非处方药分类管理办法（试行）

（1999 年 6 月 18 日国家药品监督管理局令第 10 号公布，自 2000 年 1 月 1 日起施行）

第一条　为保障人民用药安全有效、使用方便，根据《中共中央、国务院关于卫生改革与发展的决定》，制定处方药与非处方药分类管理办法。

第二条　根据药品品种、规格、适应症、剂量及给药途径不同，对药品分别按处方药与非处方药进行管理。

处方药必须凭执业医师或执业助理医师处方才可调配、购买和使用；非处方药不需要凭执业医师或执业助理医师处方即可自行判断、购买和使用。

第三条　国家药品监督管理局负责处方药与非处方药分类管理办法的制定。各级药品监督管理部门负责辖区内处方药与非处方药分类管理的组织实施和监督管理。

第四条　国家药品监督管理局负责非处方药目录的遴选、审批、发布和调整工作。

第五条　处方药、非处方药生产企业必须具有《药品生产企业许可证》，其生产品种必须取得药品批准文号。

第六条　非处方药标签和说明书除符合规定外，用语应当科学、易懂，便于消费者自行判断、选择和使用。非处方药的标签和说明书必须经国家药品监督管理局批准。

第七条　非处方药的包装必须印有国家指定的非处方药专有标识，必须符合质量要求，方便储存、运输和使用。每个销售基本单元包装必须附有标签和说明书。

第八条　根据药品的安全性，非处方药分为甲、乙两类。

经营处方药、非处方药的批发企业和经营处方药、甲类非处方药的零售企业必须具有《药品经营企业许可证》。

经省级药品监督管理部门或其授权的药品监督管理部门批准的其它商业企业可以零售乙类非处方药。

第九条　零售乙类非处方药的商业企业必须配备专职的具有高中以上文化程度，经专业培训后，由省级药品监督管理部门或其授权的药品监督管理部门考核合格并取得上岗证的人员。

第十条　医疗机构根据医疗需要可以决定或推荐使用非处方药。

第十一条　消费者有权自主选购非处方药，并须按非处方药标签和说明书所示内容使用。

　　第十二条　处方药只准在专业性医药报刊进行广告宣传，非处方药经审批可以在大众传播媒介进行广告宣传。

　　第十三条　处方药与非处方药分类管理有关审批、流通、广告等具体办法另行制定。

　　第十四条　本办法由国家药品监督管理局负责解释。

　　第十五条　本办法自 2000 年 1 月 1 日起施行。

第六篇　工作文件

一、综合类

国家药监局关于贯彻实施
《中华人民共和国药品管理法》有关事项的公告

2019 年第 103 号

《中华人民共和国药品管理法》（以下称药品管理法）已由第十三届全国人大常委会第十二次会议于 2019 年 8 月 26 日修订通过，自 2019 年 12 月 1 日起施行。国家药监局正在抓紧开展配套规章、规范性文件和技术指南的制修订工作，并将按程序陆续发布。现就贯彻实施新修订的药品管理法有关事项公告如下：

一、关于药品上市许可持有人制度

新修订的药品管理法全面实施药品上市许可持有人制度。自 2019 年 12 月 1 日起，凡持有药品注册证书（药品批准文号、进口药品注册证、医药产品注册证）的企业或者药品研制机构为药品上市许可持有人，应当严格履行药品上市许可持有人义务，依法对药品研制、生产、经营、使用全过程中药品的安全性、有效性和质量可控性负责。

二、关于临床试验机构备案管理

自 2019 年 12 月 1 日起，药物临床试验机构实施备案管理。2019 年 12 月 1 日以前已经受理尚未完成审批的临床试验机构资格认定申请，不再继续审批，按照规定进行备案。

三、关于药品 GMP、GSP 管理要求

自 2019 年 12 月 1 日起，取消药品 GMP、GSP 认证，不再受理 GMP、GSP 认证申请，不再发放药品 GMP、GSP 证书。2019 年 12 月 1 日以前受理的认证申请，按照原药品 GMP、GSP 认证有关规定办理。2019 年 12 月 1 日前完成现场检查并符合要求的，发放药品 GMP、GSP 证书。凡现行法规要求进行现场检查的，2019 年 12 月 1 日后应当继续开展现场检查，并将现场检查结果通知企业；检查不符合要求的，按照规定依法予以处理。

四、关于化学原料药一并审评审批

2019 年 12 月 1 日起，对化学原料药不再发放药品注册证书，由化学原料药生产企业在原辅包登记平台上登记，实行一并审评审批。

五、关于药品违法行为查处

药品研制、生产、经营、使用违法行为发生在 2019 年 12 月 1 日以前的，适用修订前的药品管理法，但新修订的药品管理法不认为违法或者处罚较轻的，适用新修订的药品管理法。违法行为发生在 12 月 1 日以后的，适用新修订的药品管理法。

各级药品监管部门要坚决贯彻药品安全"四个最严"要求，加强新修订的药品管理法的宣传贯彻工作，进一步加大监督检查力度，督促企业生产经营行为持续合规，依法严厉查处各类违法违规行为，切实维护广大人民群众用药安全。

特此公告。

国家药监局

2019 年 11 月 29 日

国家药监局关于发布《药品上市许可持有人落实药品质量安全主体责任监督管理规定》的公告

2022 年第 126 号

为落实药品上市许可持有人的质量主体责任，根据《中华人民共和国药品管理法》等法律法规，国家药监局制定了《药品上市许可持有人落实药品质量安全主体责任监督管理规定》，现予发布，自 2023 年 3 月 1 日起实施。

特此公告。

附件：《药品上市许可持有人落实药品质量安全主体责任监督管理规定》

国家药监局

2022 年 12 月 29 日

附件

药品上市许可持有人落实药品质量安全主体责任监督管理规定

第一章　总　　则

第一条　为落实药品上市许可持有人（以下简称持有人）的质量安全主体责任，根据《中华人民共和国药品管理法》《中华人民共和国疫苗管理法》《药品注册管理办法》《药品生产监督管理办法》以及药品生产质量管理规范、药品经营质量管理规范、药物警戒质量管理规范等，制定本规定。

第二条　在中华人民共和国境内，持有人依法落实药品质量安全主体责任行为及其监督管理，适用本规定。

第三条　持有人应当遵守《中华人民共和国药品管理法》等相关法律法规，按照药品非临床研究质量管理规范、药品临床试验管理规范、药品生产质量管理规范、药品经营质量管理规范、药物警戒质量管理规范等要求，建立健全药品质量管理体系，依法对药品研制、生产、经营、使用全过程中药品的安全性、有效性、质量可控性负责。

第二章　持有人关键岗位职责及要求

第四条　持有人应当设立职责清晰的管理部门，配备与药品生产经营规模相适应的管理人员，明确非临床研究、临床试验、生产销售、上市后研究、不良反应监测及报告等职责，并符合相关质量管理规范的要求。持有人应当独立设置质量管理部门，履行全过程质量管理职责，参与所有与质量有关的活动，负责审核所有与质量管理有关的文件。

第五条 持有人（包括药品生产企业）的企业负责人（主要负责人）、生产管理负责人（以下简称生产负责人）、质量管理负责人（以下简称质量负责人）、质量受权人等关键岗位人员应当为企业全职人员，并符合相关质量管理规范有关要求。质量管理负责人和生产管理负责人不得互相兼任。

针对具体药品品种的生产和质量管理，持有人应当明确其直接负责的主管人员和其他责任人员。

第六条 法定代表人、企业负责人（主要负责人）对药品质量全面负责。企业负责人全面负责企业日常管理，落实全过程质量管理主体责任；负责配备专门质量负责人，提供必要的条件和资源，保证质量管理部门独立履行职责；负责配备专门质量受权人，保证独立履行药品上市放行责任；负责处置与药品质量有关的重大安全事件，确保风险得到及时控制；负责建立生产管理、质量管理的培训考核制度；负责配备或者指定药物警戒负责人。

企业负责人应当具备医药相关领域工作经验，熟悉药品监督管理相关法律法规和规章制度。

第七条 生产负责人主要负责药品生产管理，确保药品按照批准的工艺规程组织生产、贮存；确保厂房和设施设备良好运行，完成必要的验证工作，保证药品生产质量；确保生产管理培训制度有效运行，对药品生产管理所有人员开展培训和考核。

生产负责人应当具有：药学或者相关专业背景，本科及以上学历或者中级以上专业技术职称或者执业药师资格，三年以上从事药品生产和质量管理的实践经验，其中至少有一年的药品生产管理经验，熟悉药品生产管理相关法律法规和规章制度。

第八条 质量负责人负责药品质量管理，建立质量控制和质量保证体系，监督相关质量管理规范执行，确保质量管理体系有效运行；确保生产过程控制和药品质量控制符合相关法规要求、标准要求；确保药品生产、检验等数据和记录真实、准确、完整和可追溯；确保质量管理培训制度有效运行，对药品质量管理所有人员开展培训和考核。

质量负责人应当具有：药学或者相关专业背景，本科及以上学历或者中级以上专业技术职称或者执业药师资格，五年以上从事药品生产和质量管理的实践经验，其中至少一年的药品质量管理经验，熟悉药品质量管理相关法律法规和规章制度。

第九条 质量受权人独立履行药品放行职责，确保每批已放行药品的生产、检验均符合相关法规、药品注册管理要求和质量标准。未经质量受权人签字同意，产品不得放行。

质量受权人应当具有：药学或者相关专业背景，本科及以上学历或者中级以上专业技术职称或者执业药师资格，五年以上从事药品生产和质量管理的实践经验，从事过药品生产过程控制和质量检验工作，熟悉药品监督管理相关法律法规和规章制度。

持有人可以依据企业规模设置多个质量受权人，覆盖企业所有产品的放行职责。各质量受权人应当分工明确、不得交叉。质量受权人因故不在岗时，经企业法定代表人或者企业负责人批准后，可以将其职责临时转授其他质量受权人或者具有相关资质的人员，并以书面形式规定转授权范围、事项及时限。转授权期间，原质量受权人仍须承担相应责任。

第十条　药物警戒负责人负责药物警戒体系的建立、运行和持续改进，确保药物警戒体系符合相关法律法规和药物警戒质量管理规范的要求。

药物警戒负责人应当是具备一定职务的管理人员，应当具有：医学、药学、流行病学或者相关专业背景，本科及以上学历或者中级及以上专业技术职称，三年以上从事药物警戒相关工作经历，熟悉我国药物警戒相关法律法规和技术指导原则，具备药物警戒管理工作的知识和技能。

第三章　持有人质量管理要求

第十一条　持有人应当建立覆盖药品生产全过程的质量管理体系，按照国家药品标准、经药品监督管理部门核准的质量标准和生产工艺进行生产，确保药品生产全过程持续符合药品生产质量管理规范要求。

第十二条　持有人应当建立健全药品质量管理体系，涵盖药品的非临床研究、临床试验、生产经营、上市后研究、不良反应监测及报告等全生命周期过程；应当建立符合药品质量管理要求的质量目标，持续改进质量管理体系，确保所生产的药品符合预定用途和注册要求。

第十三条　持有人应当对原料、辅料、直接接触药品的包装材料和容器等供应商进行审核，保证购进和使用的原料、辅料、直接接触药品的包装材料和容器等符合药用要求，符合国务院药品监督管理部门制定的质量管理规范以及相应关联审评审批等有关要求和法律法规要求。

第十四条　持有人应当按照药品监管有关规定和药品生产质量管理规范等要求建立药品上市后变更控制体系，制定实施内部变更分类原则、变更事项清单、工作程序和风险管理要求；应当结合产品特点，经充分研究、评估和必要的验证后确定变更管理类别，经批准、备案后实施或者在年度报告中载明。

委托生产的，应当联合受托生产企业开展相关研究、评估和必要的验证。

第十五条　药品生产企业应当建立药品出厂放行规程，明确出厂放行的标准、条件，并对药品质量检验结果、关键生产记录和偏差控制情况进行审核，对药品进行质量检验。符合有关标准、条件的，经质量受权人签字后方可出厂放行。

持有人应当履行药品上市放行责任，制定药品上市放行规程，审核受托生产企业制定的出厂放行规程，明确药品的上市放行标准，对药品生产企业出厂放行的药品检验结果和放行文件进行审核，符合有关规定的，经质量受权人签字后方可放行上市。必要时，持有人可对受托方药品生产记录、检验记录、偏差调查等进行审核。

第十六条 委托生产药品的，持有人应当对受托方的质量保证能力和风险管理能力进行评估，按规定与受托方签订质量协议以及委托生产协议；应当履行物料供应商评估批准、变更管理审核、产品上市放行以及年度报告等义务；应当监督受托方履行协议约定的义务，对受托方的质量管理体系进行定期现场审核，并确保双方质量管理体系有效衔接，生产过程持续符合法定要求。

持有人不得通过质量协议转移依法应当由持有人履行的义务和责任。

接受委托生产的药品生产企业应当严格执行质量协议，按照药品生产质量管理规范组织委托生产药品的生产，积极配合接受持有人的审核，并按照所有审核发现的缺陷，采取纠正和预防措施落实整改。

第十七条 持有人应当确保药品储存、运输活动符合药品经营质量管理规范等要求。委托储存、运输、销售药品的，持有人应当对受托方质量保证能力和风险管理能力进行评估，按照有关规定与受托方签订委托协议和质量协议，并定期审核受托企业的储存、运输管理情况，确保储存、运输过程符合药品经营质量管理规范和药品的贮藏条件要求。

接受委托储存、运输的企业应当按照药品经营质量管理规范的要求开展储存、运输活动，履行协议义务，并承担相应法律责任。

第十八条 持有人应当依法建立并实施药品追溯制度，按要求自建或者委托第三方建设信息化追溯系统，在药品各级销售包装单元赋予药品追溯标示，向下游药品经营企业、药品使用单位提供追溯信息，及时、准确记录并保存药品全过程信息，实现药品可追溯，并按照规定向药品监督管理部门提供追溯数据。

第十九条 持有人应当依照药品召回有关规定建立并完善药品召回制度，发现药品存在质量问题或者其他安全隐患的，按照有关规定启动召回，及时通知有关企业或者使用单位，同时将调查评估报告、召回计划和召回通知提交给所在地省级药品监督管理部门备案。召回的药品需要销毁的，应当按照有关规定进行销毁。

召回完成后应当按照有关规定及时将药品召回和处理情况向所在地省级药品监督管理部门和卫生健康主管部门报告。

第二十条 持有人应当建立药物警戒体系，设立专门的药物警戒部门，按照药物警戒质量管理规范等要求开展药物警戒工作，进行药品不良反应及其他与用药有关的有害反应监测、识别、评估和控制等活动，最大限度地降低药品安全风险。

第二十一条 持有人应当制定上市后风险管理计划，主动开展上市后研究，并基于对药品安全性、有效性、质量可控性的上市后研究情况等，定期开展上市后评价，对药品的获益和风险进行综合分析评估。根据评价结果，依法采取修订药品说明书、提高质量标准、完善工艺处方、暂停生产销售、召回药品、申请注销药品批准证明文件等质量提升或者风险防控措施。

对附条件批准的药品，持有人应当采取相应风险管理措施，并在规定期限内按照要求完成相关研究。

第二十二条 持有人应当制定药品安全事件处置方案，并定期组织开展培训和应急演练。发生与药品质量有关的重大安全事件，持有人应当立即对有关药品及其原料、辅料以及直接接触药品的包装材料和容器、相关生产线等采取有效措施进行处置，防止危害扩大。

第二十三条 持有人应当建立短缺药品停产报告制度。列入国家实施停产报告的短缺药品清单的药品停止生产的，应当在计划停产实施六个月前向所在地省级药品监督管理部门报告；发生非预期停产的，在三日内报告所在地省级药品监督管理部门。必要时，向国家药品监督管理局报告。

第二十四条 持有人应当具备法律要求的责任赔偿能力，建立责任赔偿的相关管理程序和制度，实行赔偿首负责任制。责任赔偿能力应当与产品的风险程度、市场规模和人身损害赔偿标准等因素相匹配。持有人应当具有责任赔偿能力相关证明或者相应的商业保险购买合同等。

第四章　持有人质量管理机制

第二十五条 质量管理人员应当对每批次药品生产、检验过程中落实药品生产质量管理规范等要求情况进行监督，对发生的偏差组织调查，对潜在的质量风险及时采取控制措施；质量负责人应当确保在每批次药品放行前完成对生产记录、检验记录的审核，确保与质量有关的变更按规定得到审核和批准，确保所有重大偏差和检验超标已经过调查并得到及时处理。

第二十六条 质量负责人应当结合产品风险定期组织对生产管理、质量管理等情况进行回顾分析，原则上每季度不少于一次对重复性风险和新出现风险进行研判，制定纠正预防措施，持续健全质量管理体系。企业负责人应当定期听取质量负责人质量管理工作汇报，充分听取质量负责人关于药品质量风险防控的意见和建议，对实施质量风险防控提供必要的条件和资源。

第二十七条 持有人应当建立年度报告制度。企业负责人应当指定专门机构或者人员负责年度报告工作，确保药品年度报告的信息真实、准确、完整和可追溯，符合法律、法规及有关规定要求。报告撰写人员应当汇总上一个自然年度药品的生产销售、上市后研究、风险管理等情况，按照国家药品监督管理局制定的年度报告模版形成年度报告，经企业法定代表人或者企业负责人（或者其书面授权人）批准后向所在地省级药品监督管理部门报告。

第二十八条 持有人应当定期进行自检或者内审，监控药品生产质量管理规范、药品经营质量管理规范、药物警戒质量管理规范等实施情况。自检或者内审应当有方案、有记录，自检完成后应当形成自检报告，内容至少包括自检的基本情况、评价的结论以及纠正和预防措施的建议。

第二十九条 持有人应当建立培训管理制度，制定培训方案或者计划，对从事药品研发管理、生产管理、质量管理、销售管理、药物警戒、上市后研究的所有人员开展上岗前培训和继续培训。培训内容至少包括相关法规、相应岗位职责和技能等。持有人应当保存培训记录，并定期评估培训效果。

第五章　监督管理

第三十条　省级药品监督管理部门应当依法依职责加强对本行政区域内持有人的监督检查，将持有人落实药品质量安全主体责任情况作为监督检查内容，重点检查关键人员和质量管理相关人员履职尽责、质量管理体系运行等情况。

第三十一条　省级药品监督管理部门应当根据药品监管的实际需要，制定药品质量抽查检验计划，明确抽查检验目标和重点；可以组织对原料药、相关辅料、直接接触药品的包装材料和容器质量进行抽查检验。

第三十二条　持有人应当配合药品监督管理部门的监督检查和抽查检验，并配合对相关方的延伸检查，不得拒绝、逃避监督检查，不得干扰、阻扰或拒绝抽查检验，不得伪造、销毁、隐匿有关证据材料，不得擅自动用查封、扣押物品。

监督检查或者抽查检验发现不符合规定的，药品监督管理部门应当采取暂停生产、销售、使用、进口等措施控制风险；涉嫌违法犯罪的，应当及时依法查处或者移送司法机关。

第三十三条　省级药品监督管理部门应当依法对本行政区域内持有人（药品生产企业）建立药品安全信用档案，并按规定对相关信息进行公示公开，加强信用档案数据分析利用，定期开展风险研判。

第六章　附　则

第三十四条　麻醉药品、精神药品、医疗用毒性药品、药品类易制毒化学品、放射性药品、疫苗及其他生物制品、中药饮片、中药配方颗粒等有专门规定的，从其规定。

第三十五条　本规定自 2023 年 3 月 1 日起施行。

国家药监局关于印发《药品年度报告管理规定》的通知

国药监药管〔2022〕16 号

各省、自治区、直辖市和新疆生产建设兵团药品监督管理局：

为贯彻落实《药品管理法》及《药品注册管理办法》《药品生产监督管理办法》有关要求，进一步指导药品上市许可持有人（以下简称持有人）建立年度报告制度，国家药监局组织制定了《药品年度报告管理规定》（见附件1）和《药品年度报告模板》（见附件2），现予印发。同时，为保障药品年度报告制度的落地实施，国家药监局建设了药品年度报告采集模块，同期启用。现将有关事项通知如下：

一、督促持有人落实药品年度报告的主体责任

药品年度报告制度是《药品管理法》提出的一项新制度。《药品管理法》明确规定，药品上市许可持有人应当建立年度报告制度，每年将药品生产销售、上市后研究、风险管理等情况按照规定向省、自治区、直辖市人民政府药品监督管理部门报告。年度报告填报主体为持有人；持有人为境外企业的，由其依法指定的、在中国境内承担连带责任的企业法人履行年度报告义务。

各省级药品监管部门要加强政策宣传和监督指导，通过规范持有人的年度报告行为，进一步督促持有人落实全过程质量管理主体责任。持有人应当以年度报告为抓手，增强主体责任意识，发挥主观能动性，进一步提升自身管理水平。持有人应当指定专人负责年度报告工作，完善内部报告管理制度，对年度报告的内容严格审核把关，确保填报信息真实、准确、完整和可追溯。

二、切实做好数据共享和信息应用

国家药监局已经建设了药品年度报告采集模块。为方便持有人填报，该模块直接对接药品监管数据共享平台的药品注册、药品生产许可等有关信息，实现了关键基础信息自动带出，有助于提高填报信息的准确性。后续，还将充分发挥国家药品监管数据共享平台优势，逐步将年度报告信息分别归集纳入药品品种档案、药品安全信用档案，夯实药品智慧监管的信息基础。

各省级药品监管部门要将年度报告信息作为监督检查、风险评估、信用监管等工作的参考材料和研判依据，逐步实现精准监管、科学监管，提升药品全生命周期监管效能。同时，结合监督检查等工作安排，对持有人年度报告内容进行审核，对不按规定进行年度报告的持有人依法查处，并纳入药品安全信用档案。

三、全力做好年度报告采集模块的运行维护

药品年度报告采集模块分为企业端和监管端。企业端采集信息包括公共部分和产品部分两方面内容。其中，公共部分包括持有人信息、持有产品总体情况、质量管理概述、药物警戒体系建设及运行情况、接受境外委托加工情况、接受境外药品监管机构检查情况等六个方面内容；产品部分包括产品基础信息、生产销售情况、上市后研究及变更管理情况、风险管理情况等四个方面内容。持有人完成药品年度报告的填报并提交后，省级药品监管部门可以通过监管端查看本行政区域内持有人的药品年度报告信息。

国家药监局信息中心要做好模块上线后的技术支持工作。企业端和监管端的权限开通及操作流程可参考操作手册（见附3和附4）。最新电子版操作手册可从系统中下载。若在系统使用过程中发现问题，用户可随时联系技术支持客服热线（4006676909转2）；亦可通过加入QQ工作群（监管用户：320404770；企业用户：282253676）进行沟通联络。

四、其他事项

1. 本规定自发布之日起施行，药品年度报告采集模块同时启用。

2. 鉴于我国首次实施药品年度报告制度，药品年度报告采集模块尚处于试运行阶段，2021年度报告信息填报时间截止为2022年8月31日；从明年开始，每年4月30日之前填报上一年度报告信息。

附件：1. 药品年度报告管理规定
2. 药品年度报告管理规定模板（2022年版）
3. 药品年度报告采集模块企业端操作手册（略）
4. 药品年度报告采集模块监管端操作手册（略）

国家药监局
2022年4月11日

附件1

药品年度报告管理规定

第一条 为落实《中华人民共和国药品管理法》（以下简称《药品管理法》），规范药品上市许可持有人（以下简称持有人）年度报告管理，依据《药品注册管理办法》《药品生产监督管理办法》等，制定本规定。

第二条 年度报告是指持有人按自然年度收集所持有药品的生产销售、上市后研究、风险管理等情况，按照规定汇总形成的报告。

第三条 持有人是年度报告责任主体，对其真实性、准确性负责。年度报告不能替代按照法律法规和规章等规定需要办理的审批、备案等事项。

药品监督管理部门应当将年度报告作为监督检查、风险评估、信用监管等工作的参考材料和研判依据。

第四条　持有人应当建立并实施年度报告制度。年度报告制度是指持有人依法建立、填报、管理年度报告的工作程序和要求。

持有人为境外企业的，由其依法指定的、在中国境内承担连带责任的企业法人（以下称为境内代理人）履行年度报告义务。

中药饮片生产企业应当依法履行持有人的相关义务，建立并实施年度报告制度。

接受持有人委托生产、委托销售的企业以及其他从事药品生产经营相关活动的单位和个人应当配合持有人做好年度报告工作。

第五条　国家药品监督管理局负责指导全国药品年度报告管理工作。

省、自治区、直辖市人民政府药品监督管理部门负责监督管理本行政区域内持有人（含境内代理人）建立并实施年度报告制度，并对年度报告填报工作进行指导。

国家药品监督管理局信息中心负责药品年度报告信息系统建设和有关信息的汇总统计，将年度报告有关信息及时归集到相应的药品品种档案和药品安全信用档案。

国家药品监督管理局设置或者指定的审评、检验、核查、监测与评价等药品专业技术机构依职责查询、使用药品年度报告信息。

第六条　药品年度报告的信息应当真实、准确、完整和可追溯，符合法律、法规及有关规定要求。持有人应当按年度报告模板撰写年度报告，原则上一个持有人每年撰写一份年度报告。

第七条　持有人应当指定专门机构或者人员负责年度报告工作。年度报告应当经企业法定代表人或者企业负责人（或者其书面授权人）批准后报告。

第八条　持有人应当按照本规定要求收集汇总上一个自然年度的药品年度报告信息，于每年 4 月 30 日前通过药品年度报告系统进行报告。

当年批准上市药品，持有人可将该年度报告信息合并至下一年报告。

第九条　年度报告内容分为公共部分和产品部分。

（一）公共部分，包括持有人信息、持有产品总体情况、质量管理概述、药物警戒体系建设及运行、接受境外委托加工、接受境外监管机构检查等情况。

（二）产品部分，包括产品基础信息、生产销售、上市后研究及变更管理、风险管理等情况。

第十条　药品生产销售情况应当包括同品种的各种规格在境内的生产情况、进口数量及境内外的销售情况。

第十一条　上市后研究及变更管理情况应当包括：

（一）按照药品批准证明文件和药品监督管理部门要求开展的上市后研究情况；

（二）药品上市后变更中的已批准审批类变更、备案类变更和报告类变更情况；

（三）生产中药饮片用中药材质量审核评估情况，以及炮制或者生产工艺变更验证情况；

（四）其他需要报告的情况。

第十二条　风险管理情况应当包括在境内上市药品的以下内容：

（一）药品上市后风险管理计划；

（二）不符合药品标准产品的调查处理情况；

（三）因质量问题或者其他安全隐患导致的退货、召回等情况；

（四）通过相应上市前的药品生产质量管理规范符合性检查的商业规模批次药品的生产销售、风险管理等情况。

（五）其他需要报告的情况。

第十三条　省、自治区、直辖市人民政府药品监督管理部门应当结合监督检查等工作安排，对持有人年度报告制度的建立和实施情况进行检查，并将检查结果记录在检查报告中。

第十四条　检查工作中发现，持有人填报的药品年度报告信息不符合相关法律法规和本规定的，持有人所在地省、自治区、直辖市人民政府药品监督管理部门应当责令持有人在 20 个工作日内进行整改，补正年度报告信息；无法按期完成整改的，持有人应当制定切实可行的整改计划，并提交所在地省、自治区、直辖市人民政府药品监督管理部门。

第十五条　未经持有人同意，各级药品监督管理部门、专业技术机构及其工作人员不得披露持有人提交的商业秘密、未披露信息或者保密商务信息。法律另有规定或者涉及国家安全、重大社会公共利益的除外。

第十六条　持有人未按照规定提交年度报告的，依照《药品管理法》第一百二十七条的规定给予处罚。

第十七条　中药配方颗粒、疫苗等另有规定的，从其规定。

第十八条　本规定自发布之日起施行。

附件 2

药品年度报告模板（2022 年版）

报告周期：**** 年 1 月 1 日至 **** 年 12 月 31 日

填报人：　　　　　联系方式：　　　　　　　　　　提交日期：**** 年 ** 月 ** 日

批准人：　　　　　　　　　　　　　　　　　　　批准日期：**** 年 ** 月 ** 日

药品上市许可持有人承诺

报告人承诺，对提交的年度报告真实性、准确性负责，无任何虚假、欺骗行为。本报告的信息，涉及行政许可事项、登记事项、备案事项的，均已按照要求完成有关程序。

法定代表人或企业负责人：　　　　　　　（签字/盖章）

**** 年 ** 月 ** 日

说明：

1. 为方便企业填写，药品年度报告中的企业基础信息、产品基础信息等，可由系统自动带出。

2. 以下各部分内容，均为必填项；如果该内容没有信息，请填"无"。

3. 一个品种有多个规格时，产品部分应当按批准文号、规格，分别填报、分节罗列。如果该品种未实施药品批准文号管理（如中药饮片），需要按药品名称进行填报。

4. 品种在年度报告周期内未生产，但存在销售、上市后研究及变更管理、风险管理等情况的，需如实填写；如上述情况不存在，则填"无"。

5. 简述内容原则上不超过 3000 字，附件上传为 word 格式，单个文件大小不要超过 10M。

6. 年度报告模板及其系统实行版本号管理，后续根据监管工作需要，予以完善更新。

第一部分　公共部分

1.1 药品上市许可持有人（中药饮片生产企业）信息

境内持有人填写

持有人名称			
统一社会信用代码（组织机构代码）			
药品生产许可证编号			
注册地址			
企业法定代表人		企业负责人	
质量负责人		生产负责人	
质量受权人		药物警戒负责人	
企业联系人	联系电话	联系手机	邮箱
许可事项变更概述	（简述变更事项、批准时间等信息）		
登记事项变更概述	（简述变更事项、变更时间等信息）		

境外持有人填写（由境内代理人填写）

持有人中文名称		持有人英文名称	
持有人地址			
境内代理人名称			
境内代理人地址			
境内代理人联系人	联系电话	联系手机	邮箱

1.2 持有产品总体情况

表1：适用于中成药、化学药、生物制品

药品批准文号/注册证号	药品通用名称	商品名	剂型	规格	管理属性	年度内是否生产	生产/进口批次	生产企业名称	生产地址	生产车间	生产线
						□是　□否					
						□是　□否					
						□是　□否					

注：1.若一个文号内有多个规格，应当按规格分别罗列。

2.如果有商品名，则需填写商品名，没有则填"无"，下同。

3.管理属性包括：国家基本药物、国家集采中选药品、通过一致性评价、短缺药品（国家短缺药品清单和国家临床必需易短缺药品重点监测清单所列药品）、儿童用药、OTC（非处方药）、特殊药品（麻醉药品、精神药品、医疗用毒性药品、放射性药品、药品类易制毒化学品）。

4.一个品种有多个生产地址或多个受托生产企业的，应当分别填写；分包装产品应当填写分包装企业。

5.生产地址填写具体到生产车间、生产线。国内生产场地应当与药品生产许可证有关信息一致，国外生产场地应当与注册资料保持一致。

6.对于进口产品，仅填写进口批次数量。

表2：适用于中药饮片

药品名称	执行标准	年度内是否生产	生产批次	生产地址	境内销量	出口销量
		□是　□否				
		□是　□否				
		□是　□否				

注：1.以生产品种为单位填写，如同一品种分别执行不同标准，也应分别填写。

2.执行标准，填写"××××年版《中国药典》（一部）"、"×××省（自治区、直辖市）中药饮片炮制规范"或者"其他中药饮片标准（填写具体标准载体名称及标准编号，如部颁标准蒙药分册）"。

3.生产批次，填写年度内生产的实际批次，单位为批。

4.生产地址列，应当如实填写该品种生产地址，并具体到生产车间和生产线；如同一品种在多个场地生产，应罗列所有生产地址；如同一品种分多环节多场地生产，如净制、切制、炮炙等，应填写所有生产地址，并明确各生产环节。

5.境内销量和出口销量列，以千克（kg）重量单位填写所有生产地址总的境内销量及出口销量。

1.3 质量管理概述

附件上传（附件上传为word格式，原则上不超过3000字），内容包括：质量管理体系运行、供应商审核、产品放行审核、委托生产管理、委托销售管理、委托储存运输管理、总体结论等有关情况。

变更药品上市许可持有人的，变更后的持有人还应当重点说明生产质量管理体系建设、承担药品全生命周期管理义务等情况。

1.4 药物警戒体系建设及运行情况

表3：（适用于中成药、化学药、生物制品）

1	药物警戒体系建设情况	是否委托开展药物警戒活动 □是　□否	附件上传：简述药物警戒体系建设情况，包括体系文件及更新、药物警戒机构、人员资源等。
2	药物警戒体系运行情况	药物警戒工作开展情况	附件上传：简述药物警戒工作开展情况，包括对疑似药品不良反应信息的收集和报告，对风险信号的识别评估、风险沟通等情况。
3	是否有需要报告的其他情况	□是　□否	附件上传：简述相关情况。

1.5 接受境外委托加工情况

表4：

药品通用名称	剂型	规格	委托方所在国家/地区	委托方（持有人）名称

生产地址	生产车间	生产线	生产数量	交货数量

注：1.此表仅由境内生产企业填写。

2.接受境外委托，系指持有境外其它国家（地区）药品上市许可的持有人，委托境内药品生产企业生产药品的行为。

3.数量单位以"万支/万瓶/万片/万粒/万袋…"计。

1.6 接受境外药品监管机构检查情况。

表5：

监管机构名称	检查时间	检查范围	检查类型	缺陷及整改情况	检查结果处置情况
				附件上传	

注：1.此表仅由境内药品上市许可持有人填写。

2.监管机构名称包括：有关国家或地区的药品监管部门、世界卫生组织等。

3.检查范围指：品种名称、剂型类别等。

4.检查类型指：首次检查、跟踪检查等。

5.缺陷及整改情况主要指：严重缺陷、主要缺陷情况及整改等情况。

6.检查结果处置情况，包括：通过检查、整改后再检查、警告信、暂停进口、撤销认证证书/品种许可等。

第二部分　产品部分

2.1 产品基础信息（系统自动带出）

2.2 生产销售情况

表6：药品制剂生产销售情况（适用于中成药、化学药、生物制品）

批准文号		规格	
生产（进口）数量	（生产数量、销售数量分别为该品种上报年度内的所有生产地址所生产、销售的总数量；数量单位以"万支/万瓶/万片/万粒/万袋…"计；）		
境内销售数量			
出口国家/地区		出口销售数量*	

注：1. 如产品销售涉及多个出口国，需分别填写每个出口国销售数量。

2. 如果是境外药品上市许可持有人，仅填写在中国境内的进口数量与销售数量。

2.3 上市后研究及变更管理情况

表7：适用于中成药、化学药、生物制品

序号	项目	内容	备注
1	按照药品批准证明文件和药品监督管理部门要求开展的上市后研究情况	有无需继续完成的工作　□有　□无 事项1［×××××］完成情况： □尚未完成　□已完成并提交 事项2［×××××］完成情况： □尚未完成　□已完成并提交	附件上传： 简述上市后相关研究情况，如已完成并提交，提供相关受理号、批准证明文件。
2	审批类变更概述	审批类变更事项1［×××××××××××××××××××××××］ 批准时间［yyyy-mm-dd］ 药品补充批件编号［×××××××××］ 持续稳定性考察结论或阶段性考察结论： □不涉及　□合格　□不合格 审批类变更事项2［××××××××××××××××××××］ 批准时间［yyyy-mm-dd］ 药品补充批件编号［×××××××××］ 持续稳定性考察结论或阶段性考察结论： □不涉及　□合格　□不合格	附件上传： 简述审批类变更事项及相关的研究和验证结果情况，包括持续稳定性考察或阶段性考察研究数据和结论等。
3	备案类变更概述	备案类变更事项1［××××××××××××××××］ 备案公示时间［yyyy-mm-dd］ 备案号［××××××××××］ 备案类变更事项2［××××××××××××××××］ 备案公示时间［yyyy-mm-dd］ 备案号［××××××××××］	附件上传： 简述备案类变更事项及相关的研究和验证结果情况

续表

序号	项目	内容	备注
4	报告类变更概述	已实施的报告类变更事项1［×××××××××××××××××××××××××］ 是否按照相关指导原则的技术要求完成研究 □是　□否 如否，说明理由［××××××××××××××××］ 已实施的报告类变更事项2［××××××××××××××××××］ 是否按照相关指导原则的技术要求完成研究 □是　□否 如否，说明理由［××××××××××××××××］	附件上传： 简述报告类变更事项及相关的研究和验证结果情况。
5	需要报告的其他情况	比如：主动开展的上市后研究等 事项1［××××××××××××××××××××××××××］ 事项2［××××××××××××××××××××××××××］	附件上传：简述主要内容。

注：1. 上述内容相关批件号、备案号及相关信息，填报人可通过药品业务应用系统（企业端）进行查询。

2. 对变更的界定应当严格遵照《药品注册管理办法》《药品上市后变更管理办法（试行）》《已上市化学药品药学变更研究技术指导原则（试行）》《已上市中药药学变更研究技术指导原则（试行）》等要求。

表 8：适用于中药饮片生产企业填报

序号	项目	备注
1	原料用中药材质量审核评估综述	附件上传：简述
2	炮制／生产工艺变更验证综述	附件上传：简述

注：1. 中药饮片生产企业应当依法开展原料用中药材质量审核评估，评估内容应当包括以下项目：主要的中药材生产企业或者供应商、种子种源鉴定、产地（具体到行政村）、种植养殖或者采集等情况（如种植年限、养殖月龄年龄或者野生采集的生长期）、加工情况（如产地加工、趁鲜切制是否符合相关要求等）、质量检验检测情况（含重金属、农药残留、真菌毒素等外源性有害物质检验监测），年度内采购量（千克（kg））等。

2. 原料用中药材质量审核评估综述以中药饮片生产企业为单位，每年应当提交不少于生产品种数的 10%，5 年后应达到生产品种数的 80% 以上。

3. 炮制／生产工艺变更验证综述按实际情况填写，如年度内未发生变更，则可不提交。

2.4 风险管理情况

表9：适用于中成药、化学药、生物制品

序号	项目	内容	备注
1	药品上市后风险管理计划	是否已按规定制定药品上市后风险管理计划 □是　□否 如否，说明理由［xxxxxxxxxxxxxxxxx］	附件上传：简述药品上市后风险管理计划制定及实施情况。
2	不符合药品标准的产品批次调查处理情况（包括企业自检及监督抽检）	－ 企业是否发现已上市产品不符合药品标准：□是　□否 － 如果有，附件上传。 － 是否有药品监管部门通报不符合药品标准的情况 □是　□否 － 如果有，附件上传。	附件上传：简述批号、数量、原因及该批产品后续处置（如销毁等）等情况。
3	因质量问题或者其他安全隐患导致的退货情况	是否发生退货： □是　□否 － 如果有，附件上传。	附件上传：简述批号、数量、原因及采取的风险控制措施等情况。
4	因质量问题或者其他安全隐患导致的召回情况	－ 是否发生召回： □是　□否 － 如果有，召回等级： □一级　□二级　□三级　□其它 － 如果有，附件上传。	附件上传：简述批号、数量、原因及该批产品后续处置（如销毁等）等情况。
5	通过相应上市前的药品生产质量管理规范符合性检查的商业规模批次产品，上市后开展的风险控制情况	－ 是否有上市前的 GMP 符合性检查的商业规模批次上市情况： □是　□否 － 如果有，附件上传。	附件上传：简述批号、数量、放行审核、风险控制等情况。
6	需要报告的其他情况	□是　□否	附件上传：简述具体内容。

注：1. 境外上市许可持有人，仅需填报在中国境内上市的相关情况。

2. 其它安全隐患包括聚集性不良反应／事件、国家药品监督管理局发布的安全风险警示等。

国家药监局关于发布
药品记录与数据管理要求（试行）的公告

2020 年第 74 号

为贯彻落实《药品管理法》《疫苗管理法》有关规定，加强药品研制、生产、经营、使用活动的记录和数据管理，确保有关信息真实、准确、完整和可追溯。国家药监局组织制定了《药品记录与数据管理要求（试行）》，现予发布，自 2020 年 12 月 1 日起施行。

特此公告。

附件：药品记录与数据管理要求（试行）

国家药监局
2020 年 6 月 24 日

附件

药品记录与数据管理要求（试行）

第一章　总　则

第一条　为规范药品研制、生产、经营、使用活动的记录与数据管理，根据《中华人民共和国药品管理法》《中华人民共和国疫苗管理法》《中华人民共和国药品管理法实施条例》等法律、行政法规，制定本要求。

第二条　在中华人民共和国境内从事药品研制、生产、经营、使用活动中产生的，应当向药品监督管理部门提供的记录与数据，适用本要求。

第三条　数据是指在药品研制、生产、经营、使用活动中产生的反映活动执行情况的信息，包括：文字、数值、符号、影像、音频、图片、图谱、条码等；记录是指在上述活动中通过一个或多个数据记载形成的，反映相关活动执行过程与结果的凭证。

第二章　基本要求

第四条　记录可以根据用途，分为台账、日志、标识、流程、报告等不同类型。从事药品研制、生产、经营、使用活动，应当根据活动的需求，采用一种或多种记录类型，保证全过程信息真实、准确、完整和可追溯。

记录载体可采用纸质、电子或混合等一种或多种形式。

第五条　采用计算机（化）系统生成记录或数据的，应当采取相应的管理措施与技术手段，确保生成的信息真实、准确、完整和可追溯。

第六条　电子记录至少应当实现原有纸质记录的同等功能，满足活动管理要求。

对于电子记录和纸质记录并存的情况，应当在相应的操作规程和管理制度中明确规定作为基准的形式。

第七条　应当根据记录的用途、类型与形式，制定记录管理规程，明确记录管理责任，规范记录的控制方法。

第八条　数据的采集、处理、存储、生成、检索、报告等活动，应当满足相应数据类型的记录填写或数据录入的要求，保证数据真实、准确、完整和可追溯。

第九条　根据数据的来源与用途，可将数据分为基础信息数据、行为活动数据、计量器具数据、电子数据及其它类型数据，不同类型的数据应当采用适当的管理措施与技术手段。

第十条　从事记录与数据管理的人员应当接受必要的培训，掌握相应的管理要求与操作技能，遵守职业道德守则。

第十一条　通过合同约定由第三方产生的记录与数据，应当符本要求规定，并明确合同各方的管理责任。

第三章　纸质记录管理要求

第十二条　记录文件的设计与创建应当满足实际用途，样式应当便于识别、记载、收集、保存、追溯与使用，内容应当全面、完整、准确反映所对应的活动。

第十三条　应当规定记录文件的审核与批准职责，明确记录文件版本生效的管理要求，防止无效版本的使用。

第十四条　记录文件的印制与发放应当根据记录的不同用途与类型，采用与记录重要性相当的受控方法，防止对记录进行替换或篡改。

第十五条　应当明确记录的记载职责，不得由他人随意代替，并采用可长期保存、不易去除的工具或方法。

原始数据应当直接记载于规定的记录上，不得通过非受控的载体进行暂写或转录。

第十六条　记录的任何更改都应当签注修改人姓名和修改日期，并保持原有信息清晰可辨。必要时应当说明更改的理由。

第十七条　记录的收集时间、归档方式、存放地点、保存期限与管理人员应当有明确规定，并采取适当的保存或备份措施。记录的保存期限应当符合相关规定要求。

第十八条　记录的使用与复制应当采取适当措施防止记录的丢失、损坏或篡改。复制记录时，应当规定记录复制的批准、分发、控制方法，明确区分记录原件与复印件。

第十九条　应当确定适当的记录销毁方式，并建立相应的销毁记录。

第四章　电子记录管理要求

第二十条　采用电子记录的计算机（化）系统应当满足以下设施与配置：

（一）安装在适当的位置，以防止外来因素干扰；

（二）支持系统正常运行的服务器或主机；

（三）稳定、安全的网络环境和可靠的信息安全平台；

（四）实现相关部门之间、岗位之间信息传输和数据共享的局域网络环境；

（五）符合相关法律要求与管理需求的应用软件与相关数据库；

（六）能够实现记录操作的终端设备及附属装置；

（七）配套系统的操作手册、图纸等技术资料。

第二十一条　采用电子记录的计算机（化）系统至少应当满足以下功能要求：

（一）保证记录时间与系统时间的真实性、准确性和一致性；

（二）能够显示电子记录的所有数据，生成的数据可以阅读并能够打印；

（三）系统生成的数据应当定期备份，备份与恢复流程必须经过验证，数据的备份与删除应有相应记录；

（四）系统变更、升级或退役，应当采取措施保证原系统数据在规定的保存期限内能够进行查阅与追溯。

第二十二条　电子记录应当实现操作权限与用户登录管理，至少包括：

（一）建立操作与系统管理的不同权限，业务流程负责人的用户权限应当与承担的职责相匹配，不得赋予其系统（包括操作系统、应用程序、数据库等）管理员的权限；

（二）具备用户权限设置与分配功能，能够对权限修改进行跟踪与查询；

（三）确保登录用户的唯一性与可追溯性，当采用电子签名时，应当符合《中华人民共和国电子签名法》的相关规定；

（四）应当记录对系统操作的相关信息，至少包括操作者、操作时间、操作过程、操作原因；数据的产生、修改、删除、再处理、重新命名、转移；对计算机（化）系统的设置、配置、参数及时间戳的变更或修改。

第二十三条　采用电子记录的计算机（化）系统验证项目应当根据系统的基础架构、系统功能与业务功能，综合系统成熟程度与复杂程度等多重因素，确定验证的范围与程度，确保系统功能符合预定用途。

第五章　数据管理要求

第二十四条　对于活动的基础信息数据和通过操作、检查、核对、人工计算等行为产生的行为活动数据，应当在相关操作规程和管理制度中规定记载人员、记载时间、记载内容，以及确认与复核方法的要求。

第二十五条　从计量器具读取数据的，应当依法对计量器具进行检定或校准。

第二十六条　经计算机（化）系统采集、处理、报告所获得的电子数据，应当采取必要的管理措施与技术手段：

（一）经人工输入由应用软件进行处理获得的电子数据，应当防止软件功能与设置被随意更改，并对输入的数据和系统产生的数据进行审核，原始数据应当按照相关规定保存；

（二）经计算机（化）系统采集与处理后生成的电子数据，其系统应当符合相应的规范要求，并对元数据进行保存与备份，备份及恢复流程必须经过验证。

第二十七条　其它类型数据是指以文档、影像、音频、图片、图谱等形式所载的数据。符合下列条件的其它类型数据，视为满足本要求规定：

（一）能够有效地表现所载内容并可供随时调取查用；

（二）数据形式发生转换的，应当确保转换后的数据与原始数据一致。

第六章　附　则

第二十八条　本要求下列术语的含义是：

（一）原始数据

指初次或源头采集的、未经处理的数据。

（二）电子记录

指一种数字格式的记录，由文本、图表、数据、声音、图示或其它数字信息构成。其创建、修改、维护、归档、读取、发放和使用均由计算机（化）系统实现。

（三）电子签名

指电子记录中以电子形式所含、所附用于识别签名人身份并表明签名人认可其中内容的数据。

（四）元数据

元数据是用来定义和描述数据的数据，通过定义和描述数据，可以支持对其所描述的数据对象的定位、查询、交换、追踪、访问控制、评价和保存等诸多管理工作。

第二十九条　从事药品研制、生产、经营、使用活动，应当遵守法律、法规、规章、标准和规范，制定操作规程和管理制度，明确记录与数据的管理要求。

第三十条　本要求自 2020 年 12 月 1 日起施行。

国家药监局综合司关于印发
《关于〈中华人民共和国药品管理法〉第一百一十七条第二款适用原则的指导意见》的通知

药监综药注函〔2022〕87号

各省、自治区、直辖市和新疆生产建设兵团药品监督管理局：

为进一步规范中药饮片行政处罚案件办理，统一行政处罚裁量基准，依法开展中药饮片案件查处工作，保障公民、法人和其他组织的合法权益，依据《中华人民共和国行政处罚法》《中华人民共和国药品管理法》《中华人民共和国药品管理法实施条例》等有关法律法规规定，国家药监局组织制定了《关于〈中华人民共和国药品管理法〉第一百一十七条第二款适用原则的指导意见》（见附件1），现予印发。

附件：1.《关于〈中华人民共和国药品管理法〉第一百一十七条第二款适用原则的指导意见》

　　　2. 起草说明

国家药监局综合司

2022 年 2 月 21 日

附件 1

关于《中华人民共和国药品管理法》第一百一十七条第二款适用原则的指导意见

《中华人民共和国药品管理法》（以下简称《药品管理法》）充分考虑中药饮片的特点，在第一百一十七条第二款（以下简称本条款）对生产、销售的中药饮片不符合药品标准，尚不影响安全性、有效性的情形如何处罚作了专门规定。

为进一步规范中药饮片行政处罚案件办理，统一行政处罚裁量基准，依法开展中药饮片案件查处工作，保障公民、法人和其他组织的合法权益，依据《中华人民共和国行政处罚法》（以下简称《行政处罚法》）《药品管理法》《中华人民共和国药品管理法实施条例》（以下简称《药品管理法实施条例》）等有关法律法规规定，对本条款适用原则提出以下指导意见。

一、药品监督管理部门在中药饮片执法过程中，应当贯彻"四个最严"要求，强化生产、销售、使用各环节的监管，坚持"合法、合理、审慎、公正"原则，守牢药品安全底线。

二、适用本条款时，应当严格按照《行政处罚法》《药品管理法实施条例》关于适用从轻、减轻、不予行政处罚的有关情形规定，结合具体案情、质量风险等对处罚措施进行综合裁量，体现过罚相当原则。

三、药品生产经营企业应当在生产经营过程中加强质量管理，采取有效质量控制措施，确保中药饮片质量。

四、适用本条款的中药饮片由天然来源的植物、动物、矿物药材经炮制而成。中药配方颗粒及《医疗用毒性药品管理办法》中的相关毒性中药饮片不适用本条款。

五、适用本条款的前提是生产中药饮片所用中药材的来源（包括基原、药用部位、产地加工等）、饮片炮制工艺等符合规定，且仅限于《药品管理法》第九十八条第三款第七项"其他不符合药品标准的药品"的以下情形：

（一）性状项中如大小、表面色泽等不符合药品标准；

（二）检查项中如水分、灰分、药屑杂质等不符合药品标准。

其中，检查项不符合标准时，应当排除其他指标不符合标准的情形。

六、适用本条款的情形不改变中药饮片不符合药品标准的性质。生产经营企业应当按照有关规定召回不符合标准饮片，并查找分析原因，对其进行安全风险评估，根据评估结果进行处理。

七、药品监督管理部门应当进行客观、公正的调查，以确认是否适用本条款，当事人应当积极配合。对是否适用本条款的情形难以确定的，药品监督管理部门应当结合中药饮片不符合药品标准的具体情形和查明的相关事实进行风险研判，必要时通过专家论证或集体研究等机制对"尚不影响安全性、有效性"作出认定，并决定是否适用本条款。

八、药品监督管理部门在执法过程中，要注意收集整理相关典型案例，加强案例指导，确保本条款正确实施以及执法尺度的统一。

附件 2

《关于〈中华人民共和国药品管理法〉第一百一十七条第二款适用原则的指导意见》的起草说明

为贯彻落实《中华人民共和国药品管理法》（以下简称《药品管理法》），规范《药品管理法》第一百一十七条第二款判定原则，按照有关工作安排，国家药监局组织起草了《关于〈中华人民共和国药品管理法〉第一百一十七条第二款适用原则的指导意见》（以下简称《指导意见》）。

一、起草背景

《药品管理法》充分考虑到中药饮片具有特殊性，对其相关法律责任作了专门规定。

第一百一十七条第二款规定："生产、销售的中药饮片不符合药品标准，尚不影响安全性、有效性的，责令限期改正，给予警告；可以处十万元以上五十万元以下的罚款"。目前，部分省级药品监督管理部门针对本条款具体实践，相继发布了"中药饮片不符合药品标准，尚不影响安全性、有效性的"判定指导意见，对中药饮片不符合药品标准的案件办理发挥了积极作用。

为贯彻落实习近平总书记关于药品安全的一系列重要批示、指示精神，进一步规范中药饮片行政处罚案件办理，统一行政处罚裁量基准，依法开展中药饮片案件查处工作，保障公民、法人和其他组织的合法权益，守好药品安全底线，依据《中华人民共和国行政处罚法》（以下简称《行政处罚法》）《药品管理法》《中华人民共和国药品管理法实施条例》等有关法律、法规、规章以及规范性文件规定，提出指导意见。

二、起草过程

结合《药品管理法》《行政处罚法》等法规，广泛调研全国各省级药品监督管理部门发布的"中药饮片不符合药品标准，尚不影响安全性、有效性的"判定指导意见情况，2021年6月，国家药监局组织起草了《指导意见（征求意见稿）》，并征求了各省药监部门的意见。针对收集的意见进行整理、研究后，对部分意见予以采纳。2021年7月，组织专题调研，听取部分省局和行业协会、中药饮片生产企业的意见。8月，再次组织有关单位共同对《指导意见（征求意见稿）》进行讨论，并对《指导意见（征求意见稿）》进行了修改、完善。2021年10月，国家药监局对《指导意见（征求意见稿）》面向社会公开征求意见，对收集到的意见研究后，采纳了相关意见和建议。2021年11月，国家药监局组织部分司局、直属事业单位会同相关法律顾问对《指导意见》进行讨论并定稿。

三、主要内容

《指导意见》主要包括适用条款的处罚原则、产品定性、饮片范畴、适用情形、举证责任、判定机制及加强案例指导等内容。

四、有关问题说明

（一）关于处罚原则

药品监督管理部门在中药饮片执法过程中，应当贯彻"四个最严"要求，坚持"合法、合理、审慎、公正"原则，强化生产、销售、使用各环节的监管，守牢药品安全底线，同时还要充分考虑中医药的特点和中药饮片的特殊性。

2021年1月修订的《行政处罚法》第三十二条、三十三条对从轻、减轻、不予行政处罚的情形进行了明确，适用《药品管理法》第一百一十七条第二款时，应当严格按照《行政处罚法》关于适用从轻、减轻、不予行政处罚的有关情形规定，结合具体案情、质量风险等对处罚措施进行综合裁量，体现过罚相当原则。一是应当考虑该类情形仍属于生产、销售劣药行为的情形；二是应当考虑违法行为危害后果、严重程度等方面；三是要考虑行为人是否存在主观故意等情况；四是对于适用《药品管理法》第一百一十七条第二款的，应当体现过罚相当原则，结合具体案情予以处罚。

（二）关于适用条款的产品定性

《药品管理法》第一百一十七条第二款充分考虑了影响中药饮片质量的复杂因素，具有一定的特殊性，其"中药饮片不符合药品标准，尚不影响安全性、有效性的"情形主要指《药品管理法》第九十八条第三款第七项的"其他不符合药品标准的药品"，仍属于劣药情形。本条款中的药品标准包括《中国药典》和其他国家药品标准、省级中药材标准及中药饮片炮制规范。中药饮片企业在生产、销售中药饮片过程中，如涉及第九十八条的其他规定则不适用本条款。

药品生产经营企业应当在生产经营过程中加强质量管理，采取有效质量控制措施，确保中药饮片质量。对不符合药品标准的中药饮片，生产经营企业应当按照有关规定召回，并查找分析原因，对其进行安全风险评估，根据评估结果进行处理。

（三）关于条款适用的饮片范畴

《中国药典》中饮片系指药材经过炮制后可直接用于中医临床或制剂生产使用的药品。中药饮片大多来源于自然生长的中药材，受其生长环境影响较大，可能会出现不符合药品标准中规定的大小、表面色泽等项目但不影响安全性、有效性的情况。毒性饮片应该从严管理，不适用本条款。中药配方颗粒是按照规定的标准和工艺生产出的质量均一的工业产品，应当符合药品标准的各项规定。因此，《指导意见》所称中药饮片不包括《医疗用毒性药品管理办法》中相关毒性中药饮片，以及中药配方颗粒。

（四）关于条款适用的情形

中药饮片来源复杂、炮制方法繁多，影响因素众多，药品标准中各项指标的设定只能尽可能接近真值，而不可能完全反映其安全性、有效性。因此，中药饮片在不符合药品标准个别项目的情形下，存在尚不影响安全性、有效性的可能。其中，来源是鉴别中药饮片真伪的重要项目，性状、鉴别、检查、浸出物、特征图谱、含量测定等项目是影响中药饮片有效性的主要项目，微生物限度、二氧化硫残留、农药残留、重金属及有害元素、真菌毒素等是影响中药饮片安全性的主要项目。考虑到我国国土纬度跨越较大，南北方温湿度差异显著，中药饮片的水分、灰分受环境影响可能会出现不符合药品标准，尚不影响其安全性、有效性的情形，但应当排除水分、灰分超标导致其他指标不符合标准的情形。

因此，适用《药品管理法》第一百一十七条第二款的前提是生产中药饮片所用中药材的来源（包括基原、药用部位、产地加工等）、饮片炮制工艺等应符合相应规定，中药饮片生产、经营企业应加强质量监管，并尽量向中药材种植、产地加工延伸，保证其符合药品标准。适用情形仅限于：性状项中如大小、表面色泽等不符合药品标准的情形；检查项中如水分、灰分、药屑杂质等不符合药品标准的情形，但应排除其他指标不符合标准而影响安全性、有效性的情况。

（五）关于举证责任主体及判定机制

对是否适用《药品管理法》第一百一十七条第二款的认定，应当由药品监督管理部门客观、公正的调查，当事人应当积极配合。

对是否适用《药品管理法》第一百一十七条第二款的情形难以确定的，药品监督管理部门应当结合中药饮片不符合药品标准的具体情形和查明的相关事实进行风险研判，必要时通过专家论证或采用集体研究的方式对"尚不影响安全性、有效性"作出认定，并决定是否适用《药品管理法》第一百一十七条第二款。

（六）关于加强案例指导，促进本条款正确实施

药品监督管理部门在执法过程中，应当注意收集整理相关典型案例，加强案例指导，确保本条款正确实施以及执法尺度的统一。

国家药监局综合司关于假药劣药认定有关问题的复函

药监综法函〔2020〕431 号

贵州省药品监督管理局：

你局《关于新修订的〈中华人民共和国药品管理法〉假劣药认定有关问题的请示》（黔药监呈〔2020〕20 号）收悉。《中华人民共和国药品管理法》（以下简称《药品管理法》）颁布实施以来，各地对第一百二十一条"对假药、劣药的处罚决定，应当依法载明药品检验机构的质量检验结论"的适用产生了不同理解。经商全国人大法工委，现函复如下：

对假药、劣药的处罚决定，有的无需载明药品检验机构的质量检验结论。根据《药品管理法》第九十八条第二款第四项"药品所标明的适应症或者功能主治超出规定范围"认定为假药，以及根据《药品管理法》第九十八条第三款第三项至第七项认定为劣药，只需要事实认定，不需要对涉案药品进行检验，处罚决定亦无需载明药品检验机构的质量检验结论。关于假药、劣药的认定，按照《最高人民法院最高人民检察院关于办理危害药品安全刑事案件适用法律若干问题的解释》（法释〔2014〕14 号）第十四条规定处理，即是否属于假药、劣药难以确定的，司法机关可以根据地市级以上药品监督管理部门出具的认定意见等相关材料进行认定。必要时，可以委托省级以上药品监督管理部门设置或者确定的药品检验机构进行检验。总之，对违法行为的事实认定，应当以合法、有效、充分的证据为基础，药品质量检验结论并非为认定违法行为的必要证据，除非法律、法规、规章等明确规定对涉案药品依法进行检验并根据质量检验结论才能认定违法事实，或者不对涉案药品依法进行检验就无法对案件所涉事实予以认定。如对黑窝点生产的药品，是否需要进行质量检验，应当根据案件调查取证的情况具体案件具体分析。

国家药监局综合司

2020 年 7 月 10 日

国家药监局综合司关于新修订《药品管理法》原料药认定以及有关法律适用问题的复函

药监综法函〔2020〕423 号

山东省药品监督管理局：

你局《关于对新〈药品管理法〉中原料药认定问题的请示》（鲁药监字〔2019〕48号）收悉。经研究，现函复如下：

一、关于原料药

全国人大宪法和法律委员会在关于《中华人民共和国药品管理法（修订草案）》审议结果的报告中指出，修订草案按照各方都认可的药品分类，将药品定义中的药品种类进行概括式列举。原料药仍按照药品管理，应当遵守《药品管理法》的规定。

二、关于新修订《药品管理法》第一百二十四条的适用

新修订《药品管理法》主要按照药品的功效，重新界定假药、劣药，并将原《药品管理法》"按照假药论处""按照劣药论处"情形中国务院药品监督管理部门禁止使用的药品，必须批准而未经批准生产、进口的药品，必须检验而未经检验即销售的药品，使用必须批准而未经批准的原料药生产的药品，单独作出规定，明确禁止生产、进口、销售、使用这些药品，并在第一百二十四条规定了行政责任。

在监管执法中，发现应当批准未经批准的药品、使用未经审评审批的原料药生产药品等违法情形的，不能简单一律仅适用第一百二十四条，应当综合案情，判断是否存在有非药品冒充药品、以此种药品冒充他种药品、使用的原料药是否符合药用要求等违法情形，构成假药或者劣药情形的，应当按照生产、进口、销售假劣药进行处罚。

三、关于"从旧兼从轻"

《立法法》规定，法律、行政法规、地方性法规、自治条例和单行条例、规章不溯及既往，但为了更好地保护公民、法人和其他组织权利和利益而作出特别规定除外。

对于新法施行前实施的违法行为，新法施行后方发现或者查处的，行政机关在对违法行为进行行政处罚时，应当对新旧法律中的行政处罚进行对比分析，选择有利于相对人的法律规定。

针对使用未经审评审批的原料药生产药品具体案件的查处，行政机关应当根据案情，综合判断。该行为涉嫌犯罪的，应当依法移送司法机关。发现上游生产经营企业涉嫌违法犯罪的，应当及时将相关线索通报相关地方监管部门。

四、其他问题

（一）监督检查中发现未经审评审批的原料药的，应当结合原料药来源、检验结果等，对原料药供应商、制剂生产商的行为进行综合判定，依法处理。

（二）根据《刑法》的规定，只要故意实施生产销售假药违法行为，就应当追究刑事责任。但不构成生产销售假药罪并不意味着该违法行为不构成犯罪；对于涉嫌构成生产销售伪劣产品罪、非法经营罪等其他犯罪的，应当按照行刑衔接的规定，及时移送司法机关处理。

国家药监局综合司

2020 年 7 月 3 日

二、审评审批

国家药监局关于发布《药物非临床研究质量管理规范认证管理办法》的公告

2023 年第 15 号

为进一步规范药物非临床研究质量管理规范认证和监督管理工作，国家药品监督管理局组织修订了《药物非临床研究质量管理规范认证管理办法》，现予发布。自 2023 年 7 月 1 日起施行。

特此公告。

附件：药物非临床研究质量管理规范认证管理办法

国家药监局

2023 年 1 月 19 日

附件

药物非临床研究质量管理规范认证管理办法

第一章　总　　则

第一条　为加强药物非临床研究的监督管理，规范药物非临床研究质量管理规范（GLP）认证管理工作，根据《中华人民共和国药品管理法》《中华人民共和国药品管理法实施条例》和《药品注册管理办法》等法律、法规、规章，制定本办法。

第二条　GLP 认证是指国家药品监督管理局依申请组织对药物非临床安全性评价研究机构实施 GLP 的情况进行检查、评定的过程。

第三条　国家药品监督管理局主管全国 GLP 认证管理工作，负责建立 GLP 认证管理工作制度并实施行政审批，组织对相关机构进行监督管理。国家药品监督管理局食品药品审核查验中心（以下简称核查中心）负责开展 GLP 认证相关资料审查、现场检查、综合评定以及实施对相关机构的监督检查等工作。国家药品监督管理局行政事项受理服务和投诉举报中心（以下简称受理和举报中心）承担 GLP 认证的受理等工作。

省级药品监督管理部门负责本行政区域内药物非临床安全性评价研究机构的日常监

督管理工作，组织开展监督检查，查处违法行为。

第二章　申请与受理

第四条　在中华人民共和国境内拟开展用于药品注册申请的药物非临床安全性评价研究的机构，应当申请 GLP 认证。

第五条　申请 GLP 认证的机构（以下简称申请机构）应当是法人。

申请机构可以根据本机构的研究条件，申请单个或者多个试验项目的 GLP 认证。

申请机构应当按照 GLP 的要求和国家药品监督管理局公布的相关技术指导原则开展药物非临床安全性评价研究。申请 GLP 认证前，每个试验项目应当完成至少一项研究工作。

第六条　申请机构应当按照规定向受理和举报中心报送《药物非临床研究质量管理规范认证申请表》（见附件）和其他申请资料。申请资料中申请机构主体资格证明文件复印件应当加盖申请机构公章。申请资料的具体要求由核查中心制定。

第七条　受理和举报中心在收到申请资料之日起 5 日内作出是否受理的决定，并书面告知申请机构和申请机构所在地省级药品监督管理部门。

受理和举报中心应当自受理之日起 3 日内，将申请资料转交核查中心。

第三章　资料审查与现场检查

第八条　核查中心收到申请资料后，应当在 10 日内完成资料审查。需要补充资料的，核查中心应当一次性书面通知申请机构要求补充的内容。申请机构应当在 20 日内按照要求提交全部补充资料。

核查中心认为申请资料存在实质性缺陷无法补正的，不再要求申请机构补充资料，基于已有申请资料作出不予批准的审核结论并说明理由，报国家药品监督管理局审批。

第九条　资料审查符合要求的，核查中心在 20 日内制订检查方案，并组织实施现场检查。

核查中心应当提前 5 日将现场检查安排通知申请机构和申请机构所在地省级药品监督管理部门。

现场检查时间一般为 3 至 5 日，根据检查工作的需要可适当调整。

第十条　现场检查实行组长负责制，检查组应当由 2 名以上具备 GLP 检查员资格的人员组成。检查员应当熟悉和了解相关专业知识，必要时可以聘请有关专家参加现场检查。

检查员和检查专家应当签署无利益冲突声明和保密协议。与被检查机构存在利益关系或者有其他可能影响现场检查结果公正性的情况时，应当主动申明并回避。对被检查机构的商业秘密、未披露信息或者保密商务信息应当保密。

第十一条　申请机构所在地省级药品监督管理部门应当派观察员参加现场检查，并负责协调和联络与 GLP 现场检查有关的工作。

　　第十二条　申请机构应当积极配合检查组工作，按照检查组要求，明确检查现场负责人，开放相关场所或者区域，配合对相关设施设备的检查，提供检查所需的相关资料，如实回答检查组的询问。

　　第十三条　现场检查开始前，检查组应当向申请机构出示授权证明文件，通报检查人员组成，宣布检查纪律，提出检查要求，明确检查范围、检查方式和检查日程安排。

　　第十四条　检查组应当按照检查方案、GLP 检查要点和判定原则进行检查，详细记录检查的情况，对检查中发现的问题如实记录，必要时应予取证。GLP 检查要点和判定原则由核查中心制定。

　　对申请机构申请的每个试验项目，检查组应当选取至少一项研究进行检查。

　　第十五条　检查组应当对检查中发现的问题进行评议汇总，撰写现场检查报告。检查组评议期间，申请机构人员应当回避。

　　第十六条　现场检查结束前，检查组应当向申请机构反馈现场检查情况，通报检查发现的问题。

　　申请机构应当对检查组反馈的情况进行确认，有异议的，可以提出不同意见、作出解释和说明。检查组应当进一步核实，并结合核实情况对现场检查发现问题、现场检查报告相关内容进行必要的调整。

　　现场检查发现问题应当由检查组全体成员、观察员、申请机构负责人签名，并加盖申请机构公章。检查组、观察员、申请机构各执一份。申请机构拒绝签字盖章的，检查组应当在现场检查报告中注明。申请机构应当就拒绝签字盖章情况另行书面说明，由申请机构负责人签字，并加盖申请机构公章交检查组。

　　现场检查报告应当由检查组全体成员、观察员签名。

　　现场检查结束后，除需提交核查中心的支持性证据材料，检查组应当将其他材料退还申请机构。

　　第十七条　现场检查结束后 5 日内，检查组应当将现场检查发现问题、现场检查报告、检查员记录及相关资料报送核查中心。

　　第十八条　对现场检查发现问题，申请机构应当在现场检查结束后 20 日内向核查中心提交整改报告或者整改计划。逾期未提交的，视为未通过 GLP 认证，按照不予批准办理。申请机构按照整改计划完成整改后，应当及时将整改情况报告核查中心。

　　第十九条　核查中心结合申请机构整改报告或者整改计划对现场检查结果进行综合评定。必要时，可以组织对申请机构整改情况进行现场检查。

　　核查中心应当在收到整改报告或者整改计划后 20 日内完成综合评定，作出审核结论，报国家药品监督管理局审批。需要对整改情况进行现场检查的，综合评定时限可以延长 10 日。

　　第二十条　核查中心建立药物 GLP 认证沟通交流工作机制，就拟要求补充资料、现场检查发现问题、不予批准的审核结论等，与申请机构进行沟通。

第二十一条 核查中心按照本办法规定时限组织开展资料审查、现场检查和综合评定等工作。申请机构补充资料、反馈情况、进行整改的时间，不纳入核查中心工作时限。

第四章 审批、发证和证书管理

第二十二条 国家药品监督管理局应当自收到核查中心审核结论起 20 日内作出审批决定。

符合 GLP 要求的，予以批准，发给药物 GLP 认证证书。GLP 证书有效期为 5 年。

不符合 GLP 要求的，作出不予批准的书面决定，并说明理由。

第二十三条 GLP 证书载明的事项和内容发生变化的，GLP 机构应当向国家药品监督管理局提出变更申请。

新增试验项目和新增试验设施地址的，应当按照本办法第六条要求提出申请，资料审查、现场检查和审批的程序和时限按照本办法有关规定执行。未经批准，不得擅自变更。

机构名称、机构地址名称和具体开展药物非临床安全性评价研究的机构名称、试验设施地址名称发生变更，应当在变更后 30 日内，按照本办法第六条要求提出变更申请。国家药品监督管理局应当在收到申请后 30 日内办理变更手续。

国家药品监督管理局按照变更后的内容重新核发 GLP 证书，变更后的证书有效期不变。

第二十四条 具有下列情形之一的，国家药品监督管理局依规定注销 GLP 证书：

（一）GLP 机构主动申请注销；

（二）不予重新核发 GLP 证书或者 GLP 证书有效期届满未申请重新发证；

（三）GLP 机构依法终止；

（四）GLP 证书依法被吊销或者撤销；

（五）法律、法规规定的应当注销 GLP 证书的其他情形。

第二十五条 GLP 机构主动申请或经检查发现部分试验项目不具备研究条件、能力，需核减相应试验项目的，国家药品监督管理局重新核发 GLP 证书，证书有效期不变。

第二十六条 GLP 机构应当在证书有效期届满前 6 个月，按照本办法第六条要求提出延续申请，资料审查、现场检查和审批的程序和时限参照本办法有关规定执行。未在规定时限内提出延续申请的，证书到期后不得继续开展用于药品注册申请的药物非临床安全性评价研究。

第五章 监督管理

第二十七条 GLP 机构发生与质量管理体系相关的组织机构、机构负责人或质量保证部门负责人、试验设施变更，或者出现影响质量管理体系运行的其他变更时，应当自发生变更之日起 20 日内向省级药品监督管理部门提交书面报告。省级药品监督管理部门对报告进行审查，必要时组织现场检查。经审查不符合要求的，应当要求机构限期改正。出现可能严重影响 GLP 实施的情况时，省级药品监督管理部门应当及时将检查结果报送国家药品监督管理局。

　　第二十八条　GLP 机构应当于每年 1 月向所在地省级药品监督管理部门报送上一年度执行 GLP 的报告。报告的内容应包括机构基本情况、质量管理体系运行情况、研究工作实施情况、实施 GLP 过程中存在的问题以及采取的措施等。

　　第二十九条　省级药品监督管理部门应当结合本行政区域内 GLP 机构实际情况，制定 GLP 机构年度检查计划并开展日常监督检查，对既往检查核查中发现的问题进行跟踪检查，依法查处违法违规行为。省级药品监督管理部门每年至少对 GLP 机构开展 1 次日常监督检查，可以结合其他检查工作一并开展。

　　第三十条　省级药品监督管理部门应当于每年 1 月将上一年度开展日常监督检查的情况报告国家药品监督管理局并抄送核查中心。

　　第三十一条　核查中心根据风险管理原则制定 GLP 机构年度检查计划并组织开展检查。在 GLP 证书有效期内对 GLP 机构至少开展 1 次监督检查，可以结合有因检查、注册核查等一并开展。检查发现的问题现场告知被检查机构及所在地省级药品监督管理部门。

　　第三十二条　GLP 机构年度检查计划包括拟检查的 GLP 机构名称、检查时间、检查内容等。检查流程可以参照本办法第十条至第十九条现场检查程序，可以提前通知被检查机构，根据需要也可以预先不告知被检查机构；可以对 GLP 机构质量管理体系的特定部分进行检查，或者对特定的试验项目、研究进行核查，必要时可以开展全面检查。

　　第三十三条　GLP 机构应当对检查发现问题进行整改，及时将整改情况报告检查部门以及所在地省级药品监督管理部门。省级药品监督管理部门应当结合日常监管情况对机构存在的问题及其整改情况进行审核，必要时进行现场检查，依法依规处理。

　　第三十四条　GLP 机构应当严格执行 GLP，接受和配合药品监督管理部门依法进行的检查，不得以任何理由拒绝、逃避、拖延或者阻碍检查。拒绝或者不配合检查的，相关检查按照不符合 GLP 要求处理。

　　第三十五条　检查发现 GLP 机构质量管理体系运行存在安全隐患的，按照《中华人民共和国药品管理法》第九十九条规定，采取告诫、约谈、限期整改以及暂停开展新的药物非临床安全性评价研究等措施。

　　第三十六条　检查发现 GLP 机构未遵守药物非临床研究质量管理规范的，按照《中华人民共和国药品管理法》第一百二十六条处理。

　　第三十七条　隐瞒有关情况或者提供虚假材料申请 GLP 认证的，不予批准，依法处理。

　　第三十八条　药品监督管理部门按照相关规定公开 GLP 认证情况以及对 GLP 机构的监督检查结果、违法行为查处等情况。

第六章　附　则

第三十九条　中央军委后勤保障部卫生局负责对所属 GLP 机构履行本办法中省级药品监管部门的监督管理职责。

第四十条　本办法规定的"日"以工作日计算。

第四十一条　本办法自 2023 年 7 月 1 日起施行。2007 年 4 月 16 日原国家食品药品监督管理局公布的《药物非临床研究质量管理规范认证管理办法》（国食药监安〔2007〕214 号）同时废止。

附：药物非临床研究质量管理规范认证申请表

国家药监局 国家卫生健康委关于发布
药物临床试验质量管理规范的公告

2020 年第 57 号

为深化药品审评审批制度改革，鼓励创新，进一步推动我国药物临床试验规范研究和提升质量，国家药品监督管理局会同国家卫生健康委员会组织修订了《药物临床试验质量管理规范》，现予发布，自 2020 年 7 月 1 日起施行。

特此公告。

附件：药物临床试验质量管理规范

国家药监局 国家卫生健康委

2020 年 4 月 23 日

附件

药物临床试验质量管理规范

第一章　总　则

第一条　为保证药物临床试验过程规范，数据和结果的科学、真实、可靠，保护受试者的权益和安全，根据《中华人民共和国药品管理法》《中华人民共和国疫苗管理法》《中华人民共和国药品管理法实施条例》，制定本规范。本规范适用于为申请药品注册而进行的药物临床试验。药物临床试验的相关活动应当遵守本规范。

第二条　药物临床试验质量管理规范是药物临床试验全过程的质量标准，包括方案设计、组织实施、监查、稽查、记录、分析、总结和报告。

第三条　药物临床试验应当符合《世界医学大会赫尔辛基宣言》原则及相关伦理要求，受试者的权益和安全是考虑的首要因素，优先于对科学和社会的获益。伦理审查与知情同意是保障受试者权益的重要措施。

第四条　药物临床试验应当有充分的科学依据。临床试验应当权衡受试者和社会的预期风险和获益，只有当预期的获益大于风险时，方可实施或者继续临床试验。

第五条　试验方案应当清晰、详细、可操作。试验方案在获得伦理委员会同意后方可执行。

第六条　研究者在临床试验过程中应当遵守试验方案，凡涉及医学判断或临床决策应当由临床医生做出。参加临床试验实施的研究人员，应当具有能够承担临床试验工作相应的教育、培训和经验。

第七条　所有临床试验的纸质或电子资料应当被妥善地记录、处理和保存，能够准确地报告、解释和确认。应当保护受试者的隐私和其相关信息的保密性。

第八条　试验药物的制备应当符合临床试验用药品生产质量管理相关要求。试验药物的使用应当符合试验方案。

第九条　临床试验的质量管理体系应当覆盖临床试验的全过程，重点是受试者保护、试验结果可靠，以及遵守相关法律法规。

第十条　临床试验的实施应当遵守利益冲突回避原则。

第二章　术语及其定义

第十一条　本规范下列用语的含义是：

（一）临床试验，指以人体（患者或健康受试者）为对象的试验，意在发现或验证某种试验药物的临床医学、药理学以及其他药效学作用、不良反应，或者试验药物的吸收、分布、代谢和排泄，以确定药物的疗效与安全性的系统性试验。

（二）临床试验的依从性，指临床试验参与各方遵守与临床试验有关要求、本规范和相关法律法规。

（三）非临床研究，指不在人体上进行的生物医学研究。

（四）独立的数据监查委员会（数据和安全监查委员会，监查委员会，数据监查委员会），指由申办者设立的独立的数据监查委员会，定期对临床试验的进展、安全性数据和重要的有效性终点进行评估，并向申办者建议是否继续、调整或者停止试验。

（五）伦理委员会，指由医学、药学及其他背景人员组成的委员会，其职责是通过独立地审查、同意、跟踪审查试验方案及相关文件、获得和记录受试者知情同意所用的方法和材料等，确保受试者的权益、安全受到保护。

（六）研究者，指实施临床试验并对临床试验质量及受试者权益和安全负责的试验现场的负责人。

（七）申办者，指负责临床试验的发起、管理和提供临床试验经费的个人、组织或者机构。

（八）合同研究组织，指通过签订合同授权，执行申办者或者研究者在临床试验中的某些职责和任务的单位。

（九）受试者，指参加一项临床试验，并作为试验用药品的接受者，包括患者、健康受试者。

（十）弱势受试者，指维护自身意愿和权利的能力不足或者丧失的受试者，其自愿参加临床试验的意愿，有可能被试验的预期获益或者拒绝参加可能被报复而受到不正当影响。包括：研究者的学生和下级、申办者的员工、军人、犯人、无药可救疾病的患者、处于危急状况的患者，入住福利院的人、流浪者、未成年人和无能力知情同意的人等。

（十一）知情同意，指受试者被告知可影响其做出参加临床试验决定的各方面情况后，确认同意自愿参加临床试验的过程。该过程应当以书面的、签署姓名和日期的知情同意书作为文件证明。

（十二）公正见证人，指与临床试验无关，不受临床试验相关人员不公正影响的个人，在受试者或者其监护人无阅读能力时，作为公正的见证人，阅读知情同意书和其他书面资料，并见证知情同意。

（十三）监查，指监督临床试验的进展，并保证临床试验按照试验方案、标准操作规程和相关法律法规要求实施、记录和报告的行动。

（十四）监查计划，指描述监查策略、方法、职责和要求的文件。

（十五）监查报告，指监查员根据申办者的标准操作规程规定，在每次进行现场访视或者其他临床试验相关的沟通后，向申办者提交的书面报告。

（十六）稽查，指对临床试验相关活动和文件进行系统的、独立的检查，以评估确定临床试验相关活动的实施、试验数据的记录、分析和报告是否符合试验方案、标准操作规程和相关法律法规的要求。

（十七）稽查报告，指由申办者委派的稽查员撰写的，关于稽查结果的书面评估报告。

（十八）检查，指药品监督管理部门对临床试验的有关文件、设施、记录和其他方面进行审核检查的行为，检查可以在试验现场、申办者或者合同研究组织所在地，以及药品监督管理部门认为必要的其他场所进行。

（十九）直接查阅，指对评估药物临床试验重要的记录和报告直接进行检查、分析、核实或者复制等。直接查阅的任何一方应当按照相关法律法规，采取合理的措施保护受试者隐私以及避免泄露申办者的权属信息和其他需要保密的信息。

（二十）试验方案，指说明临床试验目的、设计、方法学、统计学考虑和组织实施的文件。试验方案通常还应当包括临床试验的背景和理论基础，该内容也可以在其他参考文件中给出。试验方案包括方案及其修订版。

（二十一）研究者手册，指与开展临床试验相关的试验用药品的临床和非临床研究资料汇编。

（二十二）病例报告表，指按照试验方案要求设计，向申办者报告的记录受试者相关信息的纸质或者电子文件。

（二十三）标准操作规程，指为保证某项特定操作的一致性而制定的详细的书面要求。

（二十四）试验用药品，指用于临床试验的试验药物、对照药品。

（二十五）对照药品，指临床试验中用于与试验药物参比对照的其他研究药物、已上市药品或者安慰剂。

（二十六）不良事件，指受试者接受试验用药品后出现的所有不良医学事件，可以表现为症状体征、疾病或者实验室检查异常，但不一定与试验用药品有因果关系。

（二十七）严重不良事件，指受试者接受试验用药品后出现死亡、危及生命、永久或者严重的残疾或者功能丧失、受试者需要住院治疗或者延长住院时间，以及先天性异常或者出生缺陷等不良医学事件。

（二十八）药物不良反应，指临床试验中发生的任何与试验用药品可能有关的对人体有害或者非期望的反应。试验用药品与不良事件之间的因果关系至少有一个合理的可能性，即不能排除相关性。

（二十九）可疑且非预期严重不良反应，指临床表现的性质和严重程度超出了试验药物研究者手册、已上市药品的说明书或者产品特性摘要等已有资料信息的可疑并且非预期的严重不良反应。

（三十）受试者鉴认代码，指临床试验中分配给受试者以辩识其身份的唯一代码。研究者在报告受试者出现的不良事件和其他与试验有关的数据时，用该代码代替受试者姓名以保护其隐私。

（三十一）源文件，指临床试验中产生的原始记录、文件和数据，如医院病历、医学图像、实验室记录、备忘录、受试者日记或者评估表、发药记录、仪器自动记录的数据、缩微胶片、照相底片、磁介质、X光片、受试者文件，药房、实验室和医技部门保存的临床试验相关的文件和记录，包括核证副本等。源文件包括了源数据，可以以纸质或者电子等形式的载体存在。

（三十二）源数据，指临床试验中的原始记录或者核证副本上记载的所有信息，包括临床发现、观测结果以及用于重建和评价临床试验所需的其他相关活动记录。

（三十三）必备文件，指能够单独或者汇集后用于评价临床试验的实施过程和试验数据质量的文件。

（三十四）核证副本，指经过审核验证，确认与原件的内容和结构等均相同的复制件，该复制件是经审核人签署姓名和日期，或者是由已验证过的系统直接生成，可以以纸质或者电子等形式的载体存在。

（三十五）质量保证，指在临床试验中建立的有计划的系统性措施，以保证临床试验的实施和数据的生成、记录和报告均遵守试验方案和相关法律法规。

（三十六）质量控制，指在临床试验质量保证系统中，为确证临床试验所有相关活动是否符合质量要求而实施的技术和活动。

（三十七）试验现场，指实施临床试验相关活动的场所。

（三十八）设盲，指临床试验中使一方或者多方不知道受试者治疗分配的程序。单盲一般指受试者不知道，双盲一般指受试者、研究者、监查员以及数据分析人员均不知道治疗分配。

（三十九）计算机化系统验证，指为建立和记录计算机化系统从设计到停止使用，或者转换至其他系统的全生命周期均能够符合特定要求的过程。验证方案应当基于考虑系统的预计用途、系统对受试者保护和临床试验结果可靠性的潜在影响等因素的风险评估而制定。

（四十）稽查轨迹，指能够追溯还原事件发生过程的记录。

第三章　伦理委员会

第十二条　伦理委员会的职责是保护受试者的权益和安全，应当特别关注弱势受试者。

（一）伦理委员会应当审查的文件包括：试验方案和试验方案修订版；知情同意书及其更新件；招募受试者的方式和信息；提供给受试者的其他书面资料；研究者手册；现有的安全性资料；包含受试者补偿信息的文件；研究者资格的证明文件；伦理委员会履行其职责所需要的其他文件。

（二）伦理委员会应当对临床试验的科学性和伦理性进行审查。

（三）伦理委员会应当对研究者的资格进行审查。

（四）为了更好地判断在临床试验中能否确保受试者的权益和安全以及基本医疗，伦理委员会可以要求提供知情同意书内容以外的资料和信息。

（五）实施非治疗性临床试验（即对受试者没有预期的直接临床获益的试验）时，若受试者的知情同意是由其监护人替代实施，伦理委员会应当特别关注试验方案中是否充分考虑了相应的伦理学问题以及法律法规。

（六）若试验方案中明确说明紧急情况下受试者或者其监护人无法在试验前签署知情同意书，伦理委员会应当审查试验方案中是否充分考虑了相应的伦理学问题以及法律法规。

（七）伦理委员会应当审查是否存在受试者被强迫、利诱等不正当的影响而参加临床试验。伦理委员会应当审查知情同意书中不能采用使受试者或者其监护人放弃其合法权益的内容，也不能含有为研究者和临床试验机构、申办者及其代理机构免除其应当负责任的内容。

（八）伦理委员会应当确保知情同意书、提供给受试者的其他书面资料说明了给受试者补偿的信息，包括补偿方式、数额和计划。

（九）伦理委员会应当在合理的时限内完成临床试验相关资料的审查或者备案流程，并给出明确的书面审查意见。审查意见应当包括审查的临床试验名称、文件（含版本号）和日期。

（十）伦理委员会的审查意见有：同意；必要的修改后同意；不同意；终止或者暂停已同意的研究。审查意见应当说明要求修改的内容，或者否定的理由。

（十一）伦理委员会应当关注并明确要求研究者及时报告：临床试验实施中为消除对受试者紧急危害的试验方案的偏离或者修改；增加受试者风险或者显著影响临床试验实施的改变；所有可疑且非预期严重不良反应；可能对受试者的安全或者临床试验的实施产生不利影响的新信息。

（十二）伦理委员会有权暂停、终止未按照相关要求实施，或者受试者出现非预期严重损害的临床试验。

（十三）伦理委员会应当对正在实施的临床试验定期跟踪审查，审查的频率应当根据受试者的风险程度而定，但至少一年审查一次。

（十四）伦理委员会应当受理并妥善处理受试者的相关诉求。

第十三条　伦理委员会的组成和运行应当符合以下要求：

（一）伦理委员会的委员组成、备案管理应当符合卫生健康主管部门的要求。

（二）伦理委员会的委员均应当接受伦理审查的培训，能够审查临床试验相关的伦理学和科学等方面的问题。

（三）伦理委员会应当按照其制度和标准操作规程履行工作职责，审查应当有书面记录，并注明会议时间及讨论内容。

（四）伦理委员会会议审查意见的投票委员应当参与会议的审查和讨论，包括了各类别委员，具有不同性别组成，并满足其规定的人数。会议审查意见应当形成书面文件。

（五）投票或者提出审查意见的委员应当独立于被审查临床试验项目。

（六）伦理委员会应当有其委员的详细信息，并保证其委员具备伦理审查的资格。

（七）伦理委员会应当要求研究者提供伦理审查所需的各类资料，并回答伦理委员会提出的问题。

（八）伦理委员会可以根据需要邀请委员以外的相关专家参与审查，但不能参与投票。

第十四条　伦理委员会应当建立以下书面文件并执行：

（一）伦理委员会的组成、组建和备案的规定。

（二）伦理委员会会议日程安排、会议通知和会议审查的程序。

（三）伦理委员会初始审查和跟踪审查的程序。

（四）对伦理委员会同意的试验方案的较小修正，采用快速审查并同意的程序。

（五）向研究者及时通知审查意见的程序。

（六）对伦理审查意见有不同意见的复审程序。

第十五条　伦理委员会应当保留伦理审查的全部记录，包括伦理审查的书面记录、委员信息、递交的文件、会议记录和相关往来记录等。所有记录应当至少保存至临床试验结束后 5 年。研究者、申办者或者药品监督管理部门可以要求伦理委员会提供其标准操作规程和伦理审查委员名单。

第四章　研究者

第十六条　研究者和临床试验机构应当具备的资格和要求包括：

（一）具有在临床试验机构的执业资格；具备临床试验所需的专业知识、培训经历和能力；能够根据申办者、伦理委员会和药品监督管理部门的要求提供最新的工作履历和相关资格文件。

（二）熟悉申办者提供的试验方案、研究者手册、试验药物相关资料信息。

（三）熟悉并遵守本规范和临床试验相关的法律法规。

（四）保存一份由研究者签署的职责分工授权表。

（五）研究者和临床试验机构应当接受申办者组织的监查和稽查，以及药品监督管理部门的检查。

（六）研究者和临床试验机构授权个人或者单位承担临床试验相关的职责和功能，应当确保其具备相应资质，应当建立完整的程序以确保其执行临床试验相关职责和功能，产生可靠的数据。研究者和临床试验机构授权临床试验机构以外的单位承担试验相关的职责和功能应当获得申办者同意。

第十七条　研究者和临床试验机构应当具有完成临床试验所需的必要条件：

（一）研究者在临床试验约定的期限内有按照试验方案入组足够数量受试者的能力。

（二）研究者在临床试验约定的期限内有足够的时间实施和完成临床试验。

（三）研究者在临床试验期间有权支配参与临床试验的人员，具有使用临床试验所需医疗设施的权限，正确、安全地实施临床试验。

（四）研究者在临床试验期间确保所有参加临床试验的人员充分了解试验方案及试验用药品，明确各自在试验中的分工和职责，确保临床试验数据的真实、完整和准确。

（五）研究者监管所有研究人员执行试验方案，并采取措施实施临床试验的质量管理。

（六）临床试验机构应当设立相应的内部管理部门，承担临床试验的管理工作。

第十八条　研究者应当给予受试者适合的医疗处理：

（一）研究者为临床医生或者授权临床医生需要承担所有与临床试验有关的医学决策责任。

（二）在临床试验和随访期间，对于受试者出现与试验相关的不良事件，包括有临床意义的实验室异常时，研究者和临床试验机构应当保证受试者得到妥善的医疗处理，并将相关情况如实告知受试者。研究者意识到受试者存在合并疾病需要治疗时，应当告知受试者，并关注可能干扰临床试验结果或者受试者安全的合并用药。

（三）在受试者同意的情况下，研究者可以将受试者参加试验的情况告知相关的临床医生。

（四）受试者可以无理由退出临床试验。研究者在尊重受试者个人权利的同时，应当尽量了解其退出理由。

第十九条　研究者与伦理委员会的沟通包括：

（一）临床试验实施前，研究者应当获得伦理委员会的书面同意；未获得伦理委员会书面同意前，不能筛选受试者。

（二）临床试验实施前和临床试验过程中，研究者应当向伦理委员会提供伦理审查需要的所有文件。

第二十条 研究者应当遵守试验方案。

（一）研究者应当按照伦理委员会同意的试验方案实施临床试验。

（二）未经申办者和伦理委员会的同意，研究者不得修改或者偏离试验方案，但不包括为了及时消除对受试者的紧急危害或者更换监查员、电话号码等仅涉及临床试验管理方面的改动。

（三）研究者或者其指定的研究人员应当对偏离试验方案予以记录和解释。

（四）为了消除对受试者的紧急危害，在未获得伦理委员会同意的情况下，研究者修改或者偏离试验方案，应当及时向伦理委员会、申办者报告，并说明理由，必要时报告药品监督管理部门。

（五）研究者应当采取措施，避免使用试验方案禁用的合并用药。

第二十一条 研究者和临床试验机构对申办者提供的试验用药品有管理责任。

（一）研究者和临床试验机构应当指派有资格的药师或者其他人员管理试验用药品。

（二）试验用药品在临床试验机构的接收、贮存、分发、回收、退还及未使用的处置等管理应当遵守相应的规定并保存记录。

试验用药品管理的记录应当包括日期、数量、批号/序列号、有效期、分配编码、签名等。研究者应当保存每位受试者使用试验用药品数量和剂量的记录。试验用药品的使用数量和剩余数量应当与申办者提供的数量一致。

（三）试验用药品的贮存应当符合相应的贮存条件。

（四）研究者应当确保试验用药品按照试验方案使用，应当向受试者说明试验用药品的正确使用方法。

（五）研究者应当对生物等效性试验的临床试验用药品进行随机抽取留样。临床试验机构至少保存留样至药品上市后2年。临床试验机构可将留存样品委托具备条件的独立的第三方保存，但不得返还申办者或者与其利益相关的第三方。

第二十二条 研究者应当遵守临床试验的随机化程序。

盲法试验应当按照试验方案的要求实施揭盲。若意外破盲或者因严重不良事件等情况紧急揭盲时，研究者应当向申办者书面说明原因。

第二十三条 研究者实施知情同意，应当遵守赫尔辛基宣言的伦理原则，并符合以下要求：

（一）研究者应当使用经伦理委员会同意的最新版的知情同意书和其他提供给受试者的信息。如有必要，临床试验过程中的受试者应当再次签署知情同意书。

（二）研究者获得可能影响受试者继续参加试验的新信息时，应当及时告知受试者或者其监护人，并作相应记录。

（三）研究人员不得采用强迫、利诱等不正当的方式影响受试者参加或者继续临床试验。

（四）研究者或者指定研究人员应当充分告知受试者有关临床试验的所有相关事宜，包括书面信息和伦理委员会的同意意见。

（五）知情同意书等提供给受试者的口头和书面资料均应当采用通俗易懂的语言和表达方式，使受试者或者其监护人、见证人易于理解。

（六）签署知情同意书之前，研究者或者指定研究人员应当给予受试者或者其监护人充分的时间和机会了解临床试验的详细情况，并详尽回答受试者或者其监护人提出的与临床试验相关的问题。

（七）受试者或者其监护人，以及执行知情同意的研究者应当在知情同意书上分别签名并注明日期，如非受试者本人签署，应当注明关系。

（八）若受试者或者其监护人缺乏阅读能力，应当有一位公正的见证人见证整个知情同意过程。研究者应当向受试者或者其监护人、见证人详细说明知情同意书和其他文字资料的内容。如受试者或者其监护人口头同意参加试验，在有能力情况下应当尽量签署知情同意书，见证人还应当在知情同意书上签字并注明日期，以证明受试者或者其监护人就知情同意书和其他文字资料得到了研究者准确地解释，并理解了相关内容，同意参加临床试验。

（九）受试者或者其监护人应当得到已签署姓名和日期的知情同意书原件或者副本和其他提供给受试者的书面资料，包括更新版知情同意书原件或者副本，和其他提供给受试者的书面资料的修订文本。

（十）受试者为无民事行为能力的，应当取得其监护人的书面知情同意；受试者为限制民事行为能力的人的，应当取得本人及其监护人的书面知情同意。当监护人代表受试者知情同意时，应当在受试者可理解的范围内告知受试者临床试验的相关信息，并尽量让受试者亲自签署知情同意书和注明日期。

（十一）紧急情况下，参加临床试验前不能获得受试者的知情同意时，其监护人可以代表受试者知情同意，若其监护人也不在场时，受试者的入选方式应当在试验方案以及其他文件中清楚表述，并获得伦理委员会的书面同意；同时应当尽快得到受试者或者其监护人可以继续参加临床试验的知情同意。

（十二）当受试者参加非治疗性临床试验，应当由受试者本人在知情同意书上签字同意和注明日期。

只有符合下列条件，非治疗临床试验可由监护人代表受试者知情同意：临床试验只能在无知情同意能力的受试者中实施；受试者的预期风险低；受试者健康的负面影响已减至最低，且法律法规不禁止该类临床试验的实施；该类受试者的入选已经得到伦理委员会审查同意。该类临床试验原则上只能在患有试验药物适用的疾病或者状况的患者中实施。在临床试验中应当严密观察受试者，若受试者出现过度痛苦或者不适的表现，应当让其退出试验，还应当给以必要的处置以保证受试者的安全。

（十三）病史记录中应当记录受试者知情同意的具体时间和人员。

（十四）儿童作为受试者，应当征得其监护人的知情同意并签署知情同意书。当儿童有能力做出同意参加临床试验的决定时，还应当征得其本人同意，如果儿童受试者本人不同意参加临床试验或者中途决定退出临床试验时，即使监护人已经同意参加或者愿意继续参加，也应当以儿童受试者本人的决定为准，除非在严重或者危及生命疾病的治疗性临床试验中，研究者、其监护人认为儿童受试者若不参加研究其生命会受到危害，这时其监护人的同意即可使患者继续参与研究。在临床试验过程中，儿童受试者达到了签署知情同意的条件，则需要由本人签署知情同意之后方可继续实施。

第二十四条 知情同意书和提供给受试者的其他资料应当包括：

（一）临床试验概况。

（二）试验目的。

（三）试验治疗和随机分配至各组的可能性。

（四）受试者需要遵守的试验步骤，包括创伤性医疗操作。

（五）受试者的义务。

（六）临床试验所涉及试验性的内容。

（七）试验可能致受试者的风险或者不便，尤其是存在影响胚胎、胎儿或者哺乳婴儿的风险时。

（八）试验预期的获益，以及不能获益的可能性。

（九）其他可选的药物和治疗方法，及其重要的潜在获益和风险。

（十）受试者发生与试验相关的损害时，可获得补偿以及治疗。

（十一）受试者参加临床试验可能获得的补偿。

（十二）受试者参加临床试验预期的花费。

（十三）受试者参加试验是自愿的，可以拒绝参加或者有权在试验任何阶段随时退出试验而不会遭到歧视或者报复，其医疗待遇与权益不会受到影响。

（十四）在不违反保密原则和相关法规的情况下，监查员、稽查员、伦理委员会和药品监督管理部门检查人员可以查阅受试者的原始医学记录，以核实临床试验的过程和数据。

（十五）受试者相关身份鉴别记录的保密事宜，不公开使用。如果发布临床试验结果，受试者的身份信息仍保密。

（十六）有新的可能影响受试者继续参加试验的信息时，将及时告知受试者或者其监护人。

（十七）当存在有关试验信息和受试者权益的问题，以及发生试验相关损害时，受试者可联系的研究者和伦理委员会及其联系方式。

（十八）受试者可能被终止试验的情况以及理由。

（十九）受试者参加试验的预期持续时间。

（二十）参加该试验的预计受试者人数。

第二十五条 试验的记录和报告应当符合以下要求：

（一）研究者应当监督试验现场的数据采集、各研究人员履行其工作职责的情况。

（二）研究者应当确保所有临床试验数据是从临床试验的源文件和试验记录中获得的，是准确、完整、可读和及时的。源数据应当具有可归因性、易读性、同时性、原始性、准确性、完整性、一致性和持久性。源数据的修改应当留痕，不能掩盖初始数据，并记录修改的理由。以患者为受试者的临床试验，相关的医疗记录应当载入门诊或者住院病历系统。临床试验机构的信息化系统具备建立临床试验电子病历条件时，研究者应当首选使用，相应的计算机化系统应当具有完善的权限管理和稽查轨迹，可以追溯至记录的创建者或者修改者，保障所采集的源数据可以溯源。

（三）研究者应当按照申办者提供的指导说明填写和修改病例报告表，确保各类病例报告表及其他报告中的数据准确、完整、清晰和及时。病例报告表中数据应当与源文件一致，若存在不一致应当做出合理的解释。病例报告表中数据的修改，应当使初始记录清晰可辨，保留修改轨迹，必要时解释理由，修改者签名并注明日期。

申办者应当有书面程序确保其对病例报告表的改动是必要的、被记录的，并得到研究者的同意。研究者应当保留修改和更正的相关记录。

（四）研究者和临床试验机构应当按"临床试验必备文件"和药品监督管理部门的相关要求，妥善保存试验文档。

（五）在临床试验的信息和受试者信息处理过程中应当注意避免信息的非法或者未授权的查阅、公开、散播、修改、损毁、丢失。临床试验数据的记录、处理和保存应当确保记录和受试者信息的保密性。

（六）申办者应当与研究者和临床试验机构就必备文件保存时间、费用和到期后的处理在合同中予以明确。

（七）根据监查员、稽查员、伦理委员会或者药品监督管理部门的要求，研究者和临床试验机构应当配合并提供所需的与试验有关的记录。

第二十六条　研究者的安全性报告应当符合以下要求：

除试验方案或者其他文件（如研究者手册）中规定不需立即报告的严重不良事件外，研究者应当立即向申办者书面报告所有严重不良事件，随后应当及时提供详尽、书面的随访报告。严重不良事件报告和随访报告应当注明受试者在临床试验中的鉴认代码，而不是受试者的真实姓名、公民身份号码和住址等身份信息。试验方案中规定的、对安全性评价重要的不良事件和实验室异常值，应当按照试验方案的要求和时限向申办者报告。

涉及死亡事件的报告，研究者应当向申办者和伦理委员会提供其他所需的资料，如尸检报告和最终医学报告。

研究者收到申办者提供的临床试验的相关安全性信息后应当及时签收阅读，并考虑受试者的治疗，是否进行相应调整，必要时尽早与受试者沟通，并应当向伦理委员会报告由申办方提供的可疑且非预期严重不良反应。

第二十七条　提前终止或者暂停临床试验时，研究者应当及时通知受试者，并给予受试者适当的治疗和随访。此外：

（一）研究者未与申办者商议而终止或者暂停临床试验，研究者应当立即向临床试验机构、申办者和伦理委员会报告，并提供详细的书面说明。

（二）申办者终止或者暂停临床试验，研究者应当立即向临床试验机构、伦理委员会报告，并提供详细书面说明。

（三）伦理委员会终止或者暂停已经同意的临床试验，研究者应当立即向临床试验机构、申办者报告，并提供详细书面说明。

第二十八条 研究者应当提供试验进展报告。

（一）研究者应当向伦理委员会提交临床试验的年度报告，或者应当按照伦理委员会的要求提供进展报告。

（二）出现可能显著影响临床试验的实施或者增加受试者风险的情况，研究者应当尽快向申办者、伦理委员会和临床试验机构书面报告。

（三）临床试验完成后，研究者应当向临床试验机构报告；研究者应当向伦理委员会提供临床试验结果的摘要，向申办者提供药品监督管理部门所需要的临床试验相关报告。

第五章　申办者

第二十九条 申办者应当把保护受试者的权益和安全以及临床试验结果的真实、可靠作为临床试验的基本考虑。

第三十条 申办者应当建立临床试验的质量管理体系。

申办者的临床试验的质量管理体系应当涵盖临床试验的全过程，包括临床试验的设计、实施、记录、评估、结果报告和文件归档。质量管理包括有效的试验方案设计、收集数据的方法及流程、对于临床试验中做出决策所必须的信息采集。

临床试验质量保证和质量控制的方法应当与临床试验内在的风险和所采集信息的重要性相符。申办者应当保证临床试验各个环节的可操作性，试验流程和数据采集避免过于复杂。试验方案、病例报告表及其他相关文件应当清晰、简洁和前后一致。

申办者应当履行管理职责。根据临床试验需要可建立临床试验的研究和管理团队，以指导、监督临床试验实施。研究和管理团队内部的工作应当及时沟通。在药品监督管理部门检查时，研究和管理团队均应当派员参加。

第三十一条 申办者基于风险进行质量管理。

（一）试验方案制定时应当明确保护受试者权益和安全以及保证临床试验结果可靠的关键环节和数据。

（二）应当识别影响到临床试验关键环节和数据的风险。该风险应当从两个层面考虑：系统层面，如设施设备、标准操作规程、计算机化系统、人员、供应商；临床试验层面，如试验药物、试验设计、数据收集和记录、知情同意过程。

（三）风险评估应当考虑在现有风险控制下发生差错的可能性；该差错对保护受试者权益和安全，以及数据可靠性的影响；该差错被监测到的程度。

（四）应当识别可减少或者可被接受的风险。减少风险的控制措施应当体现在试验方案的设计和实施、监查计划、各方职责明确的合同、标准操作规程的依从性，以及各类培训。

　　预先设定质量风险的容忍度时，应当考虑变量的医学和统计学特点及统计设计，以鉴别影响受试者安全和数据可靠的系统性问题。出现超出质量风险的容忍度的情况时，应当评估是否需要采取进一步的措施。

　　（五）临床试验期间，质量管理应当有记录，并及时与相关各方沟通，促使风险评估和质量持续改进。

　　（六）申办者应当结合临床试验期间的新知识和经验，定期评估风险控制措施，以确保现行的质量管理的有效性和适用性。

　　（七）申办者应当在临床试验报告中说明所采用的质量管理方法，并概述严重偏离质量风险的容忍度的事件和补救措施。

　　第三十二条　申办者的质量保证和质量控制应当符合以下要求：

　　（一）申办者负责制定、实施和及时更新有关临床试验质量保证和质量控制系统的标准操作规程，确保临床试验的实施、数据的产生、记录和报告均遵守试验方案、本规范和相关法律法规的要求。

　　（二）临床试验和实验室检测的全过程均需严格按照质量管理标准操作规程进行。数据处理的每个阶段均有质量控制，以保证所有数据是可靠的，数据处理过程是正确的。

　　（三）申办者应当与研究者和临床试验机构等所有参加临床试验的相关单位签订合同，明确各方职责。

　　（四）申办者与各相关单位签订的合同中应当注明申办者的监查和稽查、药品监督管理部门的检查可直接去到试验现场，查阅源数据、源文件和报告。

　　第三十三条　申办者委托合同研究组织应当符合以下要求：

　　（一）申办者可以将其临床试验的部分或者全部工作和任务委托给合同研究组织，但申办者仍然是临床试验数据质量和可靠性的最终责任人，应当监督合同研究组织承担的各项工作。合同研究组织应当实施质量保证和质量控制。

　　（二）申办者委托给合同研究组织的工作应当签订合同。合同中应当明确以下内容：委托的具体工作以及相应的标准操作规程；申办者有权确认被委托工作执行标准操作规程的情况；对被委托方的书面要求；被委托方需要提交给申办者的报告要求；与受试者的损害赔偿措施相关的事项；其他与委托工作有关的事项。合同研究组织如存在任务转包，应当获得申办者的书面批准。

　　（三）未明确委托给合同研究组织的工作和任务，其职责仍由申办者负责。

　　（四）本规范中对申办者的要求，适用于承担申办者相关工作和任务的合同研究组织。

　　第三十四条　申办者应当指定有能力的医学专家及时对临床试验的相关医学问题进行咨询。

　　第三十五条　申办者应当选用有资质的生物统计学家、临床药理学家和临床医生等参与试验，包括设计试验方案和病例报告表、制定统计分析计划、分析数据、撰写中期和最终的试验总结报告。

第三十六条 申办者在试验管理、数据处理与记录保存中应当符合以下要求：

（一）申办者应当选用有资质的人员监督临床试验的实施、数据处理、数据核对、统计分析和试验总结报告的撰写。

（二）申办者可以建立独立的数据监查委员会，以定期评价临床试验的进展情况，包括安全性数据和重要的有效性终点数据。独立的数据监查委员会可以建议申办者是否可以继续实施、修改或者停止正在实施的临床试验。独立的数据监查委员会应当有书面的工作流程，应当保存所有相关会议记录。

（三）申办者使用的电子数据管理系统，应当通过可靠的系统验证，符合预先设置的技术性能，以保证试验数据的完整、准确、可靠，并保证在整个试验过程中系统始终处于验证有效的状态。

（四）电子数据管理系统应当具有完整的使用标准操作规程，覆盖电子数据管理的设置、安装和使用；标准操作规程应当说明该系统的验证、功能测试、数据采集和处理、系统维护、系统安全性测试、变更控制、数据备份、恢复、系统的应急预案和软件报废；标准操作规程应当明确使用计算机化系统时，申办者、研究者和临床试验机构的职责。所有使用计算机化系统的人员应当经过培训。

（五）计算机化系统数据修改的方式应当预先规定，其修改过程应当完整记录，原数据（如保留电子数据稽查轨迹、数据轨迹和编辑轨迹）应当保留；电子数据的整合、内容和结构应当有明确规定，以确保电子数据的完整性；当计算机化系统出现变更时，如软件升级或者数据转移等，确保电子数据的完整性更为重要。

若数据处理过程中发生数据转换，确保转换后的数据与原数据一致，和该数据转化过程的可见性。

（六）保证电子数据管理系统的安全性，未经授权的人员不能访问；保存被授权修改数据人员的名单；电子数据应当及时备份；盲法设计的临床试验，应当始终保持盲法状态，包括数据录入和处理。

（七）申办者应当使用受试者鉴认代码，鉴别每一位受试者所有临床试验数据。盲法试验揭盲以后，申办者应当及时把受试者的试验用药品情况书面告知研究者。

（八）申办者应当保存与申办者相关的临床试验数据，有些参加临床试验的相关单位获得的其他数据，也应当作为申办者的特定数据保留在临床试验必备文件内。

（九）申办者暂停或者提前终止实施中的临床试验，应当通知所有相关的研究者和临床试验机构和药品监督管理部门。

（十）试验数据所有权的转移，需符合相关法律法规的要求。

（十一）申办者应当书面告知研究者和临床试验机构对试验记录保存的要求；当试验相关记录不再需要时，申办者也应当书面告知研究者和临床试验机构。

第三十七条 申办者选择研究者应当符合以下要求：

（一）申办者负责选择研究者和临床试验机构。研究者均应当经过临床试验的培训、有临床试验的经验，有足够的医疗资源完成临床试验。多个临床试验机构参加的临床试验，如需选择组长单位由申办者负责。

（二）涉及医学判断的样本检测实验室，应当符合相关规定并具备相应资质。临床试验中采集标本的管理、检测、运输和储存应当保证质量。禁止实施与伦理委员会同意的试验方案无关的生物样本检测（如基因等）。临床试验结束后，剩余标本的继续保存或者将来可能被使用等情况，应当由受试者签署知情同意书，并说明保存的时间和数据的保密性问题，以及在何种情况下数据和样本可以和其他研究者共享等。

（三）申办者应当向研究者和临床试验机构提供试验方案和最新的研究者手册，并应当提供足够的时间让研究者和临床试验机构审议试验方案和相关资料。

第三十八条　临床试验各方参与临床试验前，申办者应当明确其职责，并在签订的合同中注明。

第三十九条　申办者应当采取适当方式保证可以给予受试者和研究者补偿或者赔偿。

（一）申办者应当向研究者和临床试验机构提供与临床试验相关的法律上、经济上的保险或者保证，并与临床试验的风险性质和风险程度相适应。但不包括研究者和临床试验机构自身的过失所致的损害。

（二）申办者应当承担受试者与临床试验相关的损害或者死亡的诊疗费用，以及相应的补偿。申办者和研究者应当及时兑付给予受试者的补偿或者赔偿。

（三）申办者提供给受试者补偿的方式方法，应当符合相关的法律法规。

（四）申办者应当免费向受试者提供试验用药品，支付与临床试验相关的医学检测费用。

第四十条　申办者与研究者和临床试验机构签订的合同，应当明确试验各方的责任、权利和利益，以及各方应当避免的、可能的利益冲突。合同的试验经费应当合理，符合市场规律。申办者、研究者和临床试验机构应当在合同上签字确认。

合同内容中应当包括：临床试验的实施过程中遵守本规范及相关的临床试验的法律法规；执行经过申办者和研究者协商确定的、伦理委员会同意的试验方案；遵守数据记录和报告程序；同意监查、稽查和检查；临床试验相关必备文件的保存及其期限；发表文章、知识产权等的约定。

第四十一条　临床试验开始前，申办者应当向药品监督管理部门提交相关的临床试验资料，并获得临床试验的许可或者完成备案。递交的文件资料应当注明版本号及版本日期。

第四十二条　申办者应当从研究者和临床试验机构获取伦理委员会的名称和地址、参与项目审查的伦理委员会委员名单、符合本规范及相关法律法规的审查声明，以及伦理委员会审查同意的文件和其他相关资料。

第四十三条　申办者在拟定临床试验方案时，应当有足够的安全性和有效性数据支持其给药途径、给药剂量和持续用药时间。当获得重要的新信息时，申办者应当及时更新研究者手册。

第四十四条　试验用药品的制备、包装、标签和编码应当符合以下要求：

（一）试验药物制备应当符合临床试验用药品生产质量管理相关要求；试验用药品的包装标签上应当标明仅用于临床试验、临床试验信息和临床试验用药品信息；在盲法试验中能够保持盲态。

（二）申办者应当明确规定试验用药品的贮存温度、运输条件（是否需要避光）、贮存时限、药物溶液的配制方法和过程，及药物输注的装置要求等。试验用药品的使用方法应当告知试验的所有相关人员，包括监查员、研究者、药剂师、药物保管人员等。

（三）试验用药品的包装，应当能确保药物在运输和贮存期间不被污染或者变质。

（四）在盲法试验中，试验用药品的编码系统应当包括紧急揭盲程序，以便在紧急医学状态时能够迅速识别何种试验用药品，而不破坏临床试验的盲态。

第四十五条　试验用药品的供给和管理应当符合以下要求：

（一）申办者负责向研究者和临床试验机构提供试验用药品。

（二）申办者在临床试验获得伦理委员会同意和药品监督管理部门许可或者备案之前，不得向研究者和临床试验机构提供试验用药品。

（三）申办者应当向研究者和临床试验机构提供试验用药品的书面说明，说明应当明确试验用药品的使用、贮存和相关记录。申办者制定试验用药品的供给和管理规程，包括试验用药品的接收、贮存、分发、使用及回收等。从受试者处回收以及研究人员未使用试验用药品应当返还申办者，或者经申办者授权后由临床试验机构进行销毁。

（四）申办者应当确保试验用药品及时送达研究者和临床试验机构，保证受试者及时使用；保存试验用药品的运输、接收、分发、回收和销毁记录；建立试验用药品回收管理制度，保证缺陷产品的召回、试验结束后的回收、过期后回收；建立未使用试验用药品的销毁制度。所有试验用药品的管理过程应当有书面记录，全过程计数准确。

（五）申办者应当采取措施确保试验期间试验用药品的稳定性。试验用药品的留存样品保存期限，在试验用药品贮存时限内，应当保存至临床试验数据分析结束或者相关法规要求的时限，两者不一致时取其中较长的时限。

第四十六条　申办者应当明确试验记录的查阅权限。

（一）申办者应当在试验方案或者合同中明确研究者和临床试验机构允许监查员、稽查员、伦理委员会的审查者及药品监督管理部门的检查人员，能够直接查阅临床试验相关的源数据和源文件。

（二）申办者应当确认每位受试者均以书面形式同意监查员、稽查员、伦理委员会的审查者及药品监督管理部门的检查人员直接查阅其与临床试验有关的原始医学记录。

第四十七条　申办者负责药物试验期间试验用药品的安全性评估。申办者应当将临床试验中发现的可能影响受试者安全、可能影响临床试验实施、可能改变伦理委员会同意意见的问题，及时通知研究者和临床试验机构、药品监督管理部门。

第四十八条　申办者应当按照要求和时限报告药物不良反应。

（一）申办者收到任何来源的安全性相关信息后，均应当立即分析评估，包括严重性、与试验药物的相关性以及是否为预期事件等。申办者应当将可疑且非预期严重不良反应快速报告给所有参加临床试验的研究者及临床试验机构、伦理委员会；申办者应当向药品监督管理部门和卫生健康主管部门报告可疑且非预期严重不良反应。

（二）申办者提供的药物研发期间安全性更新报告应当包括临床试验风险与获益的评估，有关信息通报给所有参加临床试验的研究者及临床试验机构、伦理委员会。

第四十九条　临床试验的监查应当符合以下要求：

（一）监查的目的是为了保证临床试验中受试者的权益，保证试验记录与报告的数据准确、完整，保证试验遵守已同意的方案、本规范和相关法规。

（二）申办者委派的监查员应当受过相应的培训，具备医学、药学等临床试验监查所需的知识，能够有效履行监查职责。

（三）申办者应当建立系统的、有优先顺序的、基于风险评估的方法，对临床试验实施监查。监查的范围和性质可具有灵活性，允许采用不同的监查方法以提高监查的效率和有效性。申办者应当将选择监查策略的理由写在监查计划中。

（四）申办者制定监查计划。监查计划应当特别强调保护受试者的权益，保证数据的真实性，保证应对临床试验中的各类风险。监查计划应当描述监查的策略、对试验各方的监查职责、监查的方法，以及应用不同监查方法的原因。监查计划应当强调对关键数据和流程的监查。监查计划应当遵守相关法律法规。

（五）申办者应当制定监查标准操作规程，监查员在监查工作中应当执行标准操作规程。

（六）申办者应当实施临床试验监查，监查的范围和性质取决于临床试验的目的、设计、复杂性、盲法、样本大小和临床试验终点等。

（七）现场监查和中心化监查应当基于临床试验的风险结合进行。现场监查是在临床试验现场进行监查，通常应当在临床试验开始前、实施中和结束后进行。中心化监查是及时的对正在实施的临床试验进行远程评估，以及汇总不同的临床试验机构采集的数据进行远程评估。中心化监查的过程有助于提高临床试验的监查效果，是对现场监查的补充。

中心化监查中应用统计分析可确定数据的趋势，包括不同的临床试验机构内部和临床试验机构间的数据范围及一致性，并能分析数据的特点和质量，有助于选择监查现场和监查程序。

（八）特殊情况下，申办者可以将监查与其他的试验工作结合进行，如研究人员培训和会议。监查时，可采用统计学抽样调查的方法核对数据。

第五十条　监查员的职责包括：

（一）监查员应当熟悉试验用药品的相关知识，熟悉试验方案、知情同意书及其他提供给受试者的书面资料的内容，熟悉临床试验标准操作规程和本规范等相关法规。

（二）监查员应当按照申办者的要求认真履行监查职责，确保临床试验按照试验方案正确地实施和记录。

（三）监查员是申办者和研究者之间的主要联系人。在临床试验前确认研究者具备足够的资质和资源来完成试验，临床试验机构具备完成试验的适当条件，包括人员配备与培训情况，实验室设备齐全、运转良好，具备各种与试验有关的检查条件。

（四）监查员应当核实临床试验过程中试验用药品在有效期内、保存条件可接受、供应充足；试验用药品是按照试验方案规定的剂量只提供给合适的受试者；受试者收到正确使用、处理、贮存和归还试验用药品的说明；临床试验机构接收、使用和返还试验用药品有适当的管控和记录；临床试验机构对未使用的试验用药品的处置符合相关法律法规和申办者的要求。

（五）监查员核实研究者在临床试验实施中对试验方案的执行情况；确认在试验前所有受试者或者其监护人均签署了知情同意书；确保研究者收到最新版的研究者手册、所有试验相关文件、试验必须用品，并按照相关法律法规的要求实施；保证研究人员对临床试验有充分的了解。

（六）监查员核实研究人员履行试验方案和合同中规定的职责，以及这些职责是否委派给未经授权的人员；确认入选的受试者合格并汇报入组率及临床试验的进展情况；确认数据的记录与报告正确完整，试验记录和文件实时更新、保存完好；核实研究者提供的所有医学报告、记录和文件都是可溯源的、清晰的、同步记录的、原始的、准确的和完整的、注明日期和试验编号的。

（七）监查员核对病例报告表录入的准确性和完整性，并与源文件比对。监查员应当注意核对试验方案规定的数据在病例报告表中有准确记录，并与源文件一致；确认受试者的剂量改变、治疗变更、不良事件、合并用药、并发症、失访、检查遗漏等在病例报告表中均有记录；确认研究者未能做到的随访、未实施的试验、未做的检查，以及是否对错误、遗漏做出纠正等在病例报告表中均有记录；核实入选受试者的退出与失访已在病例报告表中均有记录并说明。

（八）监查员对病例报告表的填写错误、遗漏或者字迹不清楚应当通知研究者；监查员应当确保所作的更正、添加或者删除是由研究者或者被授权人操作，并且有修改人签名、注明日期，必要时说明修改理由。

（九）监查员确认不良事件按照相关法律法规、试验方案、伦理委员会、申办者的要求，在规定的期限内进行了报告。

（十）监查员确认研究者是否按照本规范保存了必备文件。

（十一）监查员对偏离试验方案、标准操作规程、相关法律法规要求的情况，应当及时与研究者沟通，并采取适当措施防止再次发生。

第五十一条　监查员在每次监查后，应当及时书面报告申办者；报告应当包括监查日期、地点、监查员姓名、监查员接触的研究者和其他人员的姓名等；报告应当包括监查工作的摘要、发现临床试验中问题和事实陈述、与试验方案的偏离和缺陷，以及监查结论；报告应当说明对监查中发现的问题已采取的或者拟采用的纠正措施，为确保试验遵守试验方案实施的建议；报告应该提供足够的细节，以便审核是否符合监查计划。中心化监查报告可以与现场监查报告分别提交。申办者应当对监查报告中的问题审核和跟进，并形成文件保存。

第五十二条　临床试验的稽查应当符合以下要求：

（一）申办者为评估临床试验的实施和对法律法规的依从性，可以在常规监查之外开展稽查。

（二）申办者选定独立于临床试验的人员担任稽查员，不能是监查人员兼任。稽查员应当经过相应的培训和具有稽查经验，能够有效履行稽查职责。

（三）申办者应当制定临床试验和试验质量管理体系的稽查规程，确保临床试验中稽查规程的实施。该规程应当拟定稽查目的、稽查方法、稽查次数和稽查报告的格式内容。稽查员在稽查过程中观察和发现的问题均应当有书面记录。

（四）申办者制定稽查计划和规程，应当依据向药品监督管理部门提交的资料内容、临床试验中受试者的例数、临床试验的类型和复杂程度、影响受试者的风险水平和其他已知的相关问题。

（五）药品监督管理部门根据工作需要，可以要求申办者提供稽查报告。

（六）必要时申办者应当提供稽查证明。

第五十三条　申办者应当保证临床试验的依从性。

（一）发现研究者、临床试验机构、申办者的人员在临床试验中不遵守试验方案、标准操作规程、本规范、相关法律法规时，申办者应当立即采取措施予以纠正，保证临床试验的良好依从性。

（二）发现重要的依从性问题时，可能对受试者安全和权益，或者对临床试验数据可靠性产生重大影响的，申办者应当及时进行根本原因分析，采取适当的纠正和预防措施。若违反试验方案或者本规范的问题严重时，申办者可追究相关人员的责任，并报告药品监督管理部门。

（三）发现研究者、临床试验机构有严重的或者劝阻不改的不依从问题时，申办者应当终止该研究者、临床试验机构继续参加临床试验，并及时书面报告药品监督管理部门。同时，申办者和研究者应当采取相应的紧急安全性措施，以保护受试者的安全和权益。

第五十四条　申办者提前终止或者暂停临床试验，应当立即告知研究者和临床试验机构、药品监督管理部门，并说明理由。

第五十五条　临床试验完成或者提前终止，申办者应当按照相关法律法规要求向药品监督管理部门提交临床试验报告。临床试验总结报告应当全面、完整、准确反映临床试验结果，临床试验总结报告安全性、有效性数据应当与临床试验源数据一致。

第五十六条　申办者开展多中心试验应当符合以下要求：

（一）申办者应当确保参加临床试验的各中心均能遵守试验方案。

（二）申办者应当向各中心提供相同的试验方案。各中心按照方案遵守相同的临床和实验室数据的统一评价标准和病例报告表的填写指导说明。

（三）各中心应当使用相同的病例报告表，以记录在临床试验中获得的试验数据。申办者若需要研究者增加收集试验数据，在试验方案中应当表明此内容，申办者向研究者提供附加的病例报告表。

（四）在临床试验开始前，应当有书面文件明确参加临床试验的各中心研究者的职责。

（五）申办者应当确保各中心研究者之间的沟通。

第六章　试验方案

第五十七条　试验方案通常包括基本信息、研究背景资料、试验目的、试验设计、实施方式（方法、内容、步骤）等内容。

第五十八条　试验方案中基本信息一般包含：

（一）试验方案标题、编号、版本号和日期。

（二）申办者的名称和地址。

（三）申办者授权签署、修改试验方案的人员姓名、职务和单位。

（四）申办者的医学专家姓名、职务、所在单位地址和电话。

（五）研究者姓名、职称、职务，临床试验机构的地址和电话。

（六）参与临床试验的单位及相关部门名称、地址。

第五十九条　试验方案中研究背景资料通常包含：

（一）试验用药品名称与介绍。

（二）试验药物在非临床研究和临床研究中与临床试验相关、具有潜在临床意义的发现。

（三）对受试人群的已知和潜在的风险和获益。

（四）试验用药品的给药途径、给药剂量、给药方法及治疗时程的描述，并说明理由。

（五）强调临床试验需要按照试验方案、本规范及相关法律法规实施。

（六）临床试验的目标人群。

（七）临床试验相关的研究背景资料、参考文献和数据来源。

第六十条　试验方案中应当详细描述临床试验的目的。

第六十一条　临床试验的科学性和试验数据的可靠性，主要取决于试验设计，试验设计通常包括：

（一）明确临床试验的主要终点和次要终点。

（二）对照组选择的理由和试验设计的描述（如双盲、安慰剂对照、平行组设计），并对研究设计、流程和不同阶段以流程图形式表示。

（三）减少或者控制偏倚所采取的措施，包括随机化和盲法的方法和过程。采用单盲或者开放性试验需要说明理由和控制偏倚的措施。

（四）治疗方法、试验用药品的剂量、给药方案；试验用药品的剂型、包装、标签。

（五）受试者参与临床试验的预期时长和具体安排，包括随访等。

（六）受试者、部分临床试验及全部临床试验的"暂停试验标准"、"终止试验标准"。

（七）试验用药品管理流程。

（八）盲底保存和揭盲的程序。

（九）明确何种试验数据可作为源数据直接记录在病例报告表中。

第六十二条　试验方案中通常包括临床和实验室检查的项目内容。

第六十三条　受试者的选择和退出通常包括：

（一）受试者的入选标准。

（二）受试者的排除标准。

（三）受试者退出临床试验的标准和程序。

第六十四条　受试者的治疗通常包括：

（一）受试者在临床试验各组应用的所有试验用药品名称、给药剂量、给药方案、给药途径和治疗时间以及随访期限。

（二）临床试验前和临床试验中允许的合并用药（包括急救治疗用药）或者治疗，和禁止使用的药物或者治疗。

（三）评价受试者依从性的方法。

第六十五条　制定明确的访视和随访计划，包括临床试验期间、临床试验终点、不良事件评估及试验结束后的随访和医疗处理。

第六十六条　有效性评价通常包括：

（一）详细描述临床试验的有效性指标。

（二）详细描述有效性指标的评价、记录、分析方法和时间点。

第六十七条　安全性评价通常包括：

（一）详细描述临床试验的安全性指标。

（二）详细描述安全性指标的评价、记录、分析方法和时间点。

（三）不良事件和伴随疾病的记录和报告程序。

（四）不良事件的随访方式与期限。

第六十八条　统计通常包括：

（一）确定受试者样本量，并根据前期试验或者文献数据说明理由。

（二）显著性水平，如有调整说明考虑。

（三）说明主要评价指标的统计假设，包括原假设和备择假设，简要描述拟采用的具体统计方法和统计分析软件。若需要进行期中分析，应当说明理由、分析时点及操作规程。

（四）缺失数据、未用数据和不合逻辑数据的处理方法。

（五）明确偏离原定统计分析计划的修改程序。

（六）明确定义用于统计分析的受试者数据集，包括所有参加随机化的受试者、所有服用过试验用药品的受试者、所有符合入选的受试者和可用于临床试验结果评价的受试者。

第六十九条　试验方案中应当包括实施临床试验质量控制和质量保证。

第七十条　试验方案中通常包括该试验相关的伦理学问题的考虑。

第七十一条　试验方案中通常说明试验数据的采集与管理流程、数据管理与采集所使用的系统、数据管理各步骤及任务，以及数据管理的质量保障措施。

第七十二条　如果合同或者协议没有规定，试验方案中通常包括临床试验相关的直接查阅源文件、数据处理和记录保存、财务和保险。

第七章　研究者手册

第七十三条　申办者提供的《研究者手册》是关于试验药物的药学、非临床和临床资料的汇编，其内容包括试验药物的化学、药学、毒理学、药理学和临床的资料和数据。研究者手册目的是帮助研究者和参与试验的其他人员更好地理解和遵守试验方案，帮助研究者理解试验方案中诸多关键的基本要素，包括临床试验的给药剂量、给药次数、给药间隔时间、给药方式等，主要和次要疗效指标和安全性的观察和监测。

第七十四条　已上市药品实施临床试验，研究者已充分了解其药理学等相关知识时，可以简化研究者手册。可应用药品说明书等形式替代研究者手册的部分内容，只需要向研究者提供临床试验相关的、重要的、以及试验药物最近的、综合性的、详细的信息。

第七十五条　申办者应当制定研究者手册修订的书面程序。在临床试验期间至少一年审阅研究者手册一次。申办者根据临床试验的研发步骤和临床试验过程中获得的相关药物安全性和有效性的新信息，在研究者手册更新之前，应当先告知研究者，必要时与伦理委员会、药品监督管理部门沟通。申办者负责更新研究者手册并及时送达研究者，研究者负责将更新的手册递交伦理委员会。

第七十六条　研究者手册的扉页写明申办者的名称、试验药物的编号或者名称、版本号、发布日期、替换版本号、替换日期。

第七十七条　研究者手册应当包括：

（一）目录条目：保密性说明、签字页、目录、摘要、前言、试验药物的物理学、化学、药学特性和结构式、非临床研究（非临床药理学、动物体内药代动力学、毒理学）、人体内作用（人体内的药代动力学、安全性和有效性、上市使用情况）、数据概要和研究者指南、注意事项、参考资料（已发表文献、报告，在每一章节末列出）。

（二）摘要：重点说明试验药物研发过程中具重要意义的物理学、化学、药学、药理学、毒理学、药代动力学和临床等信息内容。

（三）前言：简要说明试验药物的化学名称或者已批准的通用名称、批准的商品名；试验药物的所有活性成分、药理学分类、及其在同类药品中的预期地位（如优势）；试验药物实施临床试验的立题依据；拟定的试验药物用于疾病的预防、诊断和治疗。前言中应当说明评价试验药物的常规方法。

（四）在研究者手册中应当清楚说明试验用药品的化学式、结构式，简要描述其理化和药学特性。说明试验药物的贮存方法和使用方法。试验药物的制剂信息可能影响临床试验时，应当说明辅料成分及配方理由，以便确保临床试验采取必要的安全性措施。

（五）若试验药物与其他已知药物的结构相似，应当予以说明。

（六）非临床研究介绍：简要描述试验药物非临床研究的药理学、毒理学、药代动力学研究发现的相关结果。说明这些非临床研究的方法学、研究结果，讨论这些发现对人体临床治疗意义的提示、对人体可能的不利作用和对人体非预期效应的相关性。

（七）研究者手册应当提供非临床研究中的信息：试验动物的种属、每组动物的数目和性别、给药剂量单位、给药剂量间隔、给药途径、给药持续时间、系统分布资料、暴露后随访期限。研究结果应当包括试验药物药理效应、毒性效应的特性和频度；药理效应、毒性效应的严重性或者强度；起效时间；药效的可逆性；药物作用持续时间和剂量反应。应当讨论非临床研究中最重要的发现，如量效反应、与人体可能的相关性及可能实施人体研究的多方面问题。若同一种属动物的有效剂量、非毒性剂量的结果可以进行比较研究，则该结果可用于治疗指数的讨论，并说明研究结果与拟定的人用剂量的相关性。比较研究尽可能基于血液或者器官组织水平。

（八）非临床的药理学研究介绍：应当包括试验药物的药理学方面的摘要，如可能，还应当包括试验药物在动物体内的重要代谢研究。摘要中应当包括评价试验药物潜在治疗活性（如有效性模型，受体结合和特异性）的研究，以及评价试验药物安全性的研究（如不同于评价治疗作用的评价药理学作用的专门研究）。

（九）动物的药代动力学介绍：应当包括试验药物在所研究种属动物中的药代动力学、生物转化以及分布的摘要。对发现的讨论应当说明试验药物的吸收、局部以及系统的生物利用度及其代谢，以及它们与动物种属药理学和毒理学发现的关系。

（十）毒理学介绍：在不同动物种属中相关研究所发现的毒理学作用摘要应当包括单剂量给药、重复给药、致癌性、特殊毒理研究（如刺激性和致敏性）、生殖毒性、遗传毒性（致突变性）等方面。

（十一）人体内作用：应当充分讨论试验药物在人体的已知作用，包括药代动力学、药效学、剂量反应、安全性、有效性和其他药理学领域的信息。应当尽可能提供已完成的所有试验药物临床试验的摘要。还应当提供临床试验以外的试验药物的使用情况，如上市期间的经验。

（十二）试验药物在人体的药代动力学信息摘要，包括药代动力学（吸收和代谢，血浆蛋白结合，分布和消除）；试验药物的一个参考剂型的生物利用度（绝对、相对生物利用度）；人群亚组（如性别、年龄和脏器功能受损）；相互作用（如药物－药物相互作用和食物的作用）；其他药代动力学数据（如在临床试验期间完成的群体研究结果）。

（十三）试验药物安全性和有效性：应当提供从前期人体试验中得到的关于试验药物（包括代谢物）的安全性、药效学、有效性和剂量反应信息的摘要并讨论。如果已经完成多项临床试验，应当将多个研究和亚组人群的安全性和有效性数据汇总。可考虑将所有临床试验的药物不良反应（包括所有被研究的适应症）以表格等形式清晰概述。应当讨论适应症或者亚组之间药物不良反应类型及发生率的重要差异。

（十四）上市使用情况：应当说明试验药物已经上市或者已获批准的主要国家和地区。从上市使用中得到的重要信息（如处方、剂量、给药途径和药物不良反应）应当予以概述。应当说明试验用药品没有获得批准上市或者退出上市的主要国家和地区。

（十五）数据概要和研究者指南：应当对非临床和临床数据进行全面分析讨论，就各种来源的有关试验药物不同方面的信息进行概述，帮助研究者预见到药物不良反应或者临床试验中的其他问题。

（十六）研究者手册应当让研究者清楚的理解临床试验可能的风险和不良反应，以及可能需要的特殊检查、观察项目和防范措施；这种理解是基于从研究者手册获得的关于试验药物的物理、化学、药学、药理、毒理和临床资料。根据前期人体应用的经验和试验药物的药理学，也应当向研究者提供可能的过量服药和药物不良反应的识别和处理措施的指导。

（十七）中药民族药研究者手册的内容参考以上要求制定。还应当注明组方理论依据、筛选信息、配伍、功能、主治、已有的人用药经验、药材基原和产地等；来源于古代经典名方的中药复方制剂，注明其出处；相关药材及处方等资料。

第八章　必备文件管理

第七十八条　临床试验必备文件是指评估临床试验实施和数据质量的文件，用于证明研究者、申办者和监查员在临床试验过程中遵守了本规范和相关药物临床试验的法律法规要求。

必备文件是申办者稽查、药品监督管理部门检查临床试验的重要内容，并作为确认临床试验实施的真实性和所收集数据完整性的依据。

第七十九条　申办者、研究者和临床试验机构应当确认均有保存临床试验必备文件的场所和条件。保存文件的设备条件应当具备防止光线直接照射、防水、防火等条件，有利于文件的长期保存。应当制定文件管理的标准操作规程。被保存的文件需要易于识别、查找、调阅和归位。用于保存临床试验资料的介质应当确保源数据或者其核证副本在留存期内保存完整和可读取，并定期测试或者检查恢复读取的能力，免于被故意或者无意地更改或者丢失。

临床试验实施中产生的一些文件，如果未列在临床试验必备文件管理目录中，申办者、研究者及临床试验机构也可以根据必要性和关联性将其列入各自的必备文件档案中保存。

第八十条　用于申请药品注册的临床试验，必备文件应当至少保存至试验药物被批准上市后5年；未用于申请药品注册的临床试验，必备文件应当至少保存至临床试验终止后5年。

第八十一条　申办者应当确保研究者始终可以查阅和在试验过程中可以录入、更正报告给申办者的病例报告表中的数据，该数据不应该只由申办者控制。

　　申办者应当确保研究者能保留已递交给申办者的病例报告表数据。用作源文件的复印件应当满足核证副本的要求。

　　第八十二条　临床试验开始时，研究者及临床试验机构、申办者双方均应当建立必备文件的档案管理。临床试验结束时，监查员应当审核确认研究者及临床试验机构、申办者的必备文件，这些文件应当被妥善地保存在各自的临床试验档案卷宗内。

第九章　附　则

　　第八十三条　本规范自 2020 年 7 月 1 日起施行。

国家药监局 国家卫生健康委关于发布
药物临床试验机构管理规定的公告

2019 年第 101 号

根据新修订《中华人民共和国药品管理法》的规定，药物临床试验机构由资质认定改为备案管理。国家药品监督管理局会同国家卫生健康委员会制定《药物临床试验机构管理规定》，现予发布，自 2019 年 12 月 1 日起施行。

特此公告。

附件：药物临床试验机构管理规定

国家药监局 国家卫生健康委

2019 年 11 月 29 日

附件

药物临床试验机构管理规定

第一章　总　则

第一条　为加强药物临床试验机构的监督管理，根据《中华人民共和国药品管理法》《中华人民共和国疫苗管理法》《中华人民共和国药品管理法实施条例》《医疗机构管理条例》，以及中共中央办公厅、国务院办公厅《关于深化审评审批制度改革鼓励药品医疗器械创新的意见》，制定本规定。

第二条　药物临床试验机构是指具备相应条件，按照《药物临床试验质量管理规范》（GCP）和药物临床试验相关技术指导原则等要求，开展药物临床试验的机构。

第三条　从事药品研制活动，在中华人民共和国境内开展经国家药品监督管理局批准的药物临床试验（包括备案后开展的生物等效性试验），应当在药物临床试验机构中进行。药物临床试验机构应当符合本规定条件，实行备案管理。仅开展与药物临床试验相关的生物样本等分析的机构，无需备案。

第四条　药品监督管理部门、卫生健康主管部门根据各自职责负责药物临床试验机构的监督管理工作。

第二章 条件和备案

第五条 药物临床试验机构应当具备的基本条件包括：

（一）具有医疗机构执业许可证，具有二级甲等以上资质，试验场地应当符合所在区域卫生健康主管部门对院区（场地）管理规定。开展以患者为受试者的药物临床试验的专业应当与医疗机构执业许可的诊疗科目相一致。开展健康受试者的 I 期药物临床试验、生物等效性试验应当为 I 期临床试验研究室专业；

（二）具有与开展药物临床试验相适应的诊疗技术能力；

（三）具有与药物临床试验相适应的独立的工作场所、独立的临床试验用药房、独立的资料室，以及必要的设备设施；

（四）具有掌握药物临床试验技术与相关法规，能承担药物临床试验的研究人员；其中主要研究者应当具有高级职称并参加过 3 个以上药物临床试验；

（五）开展药物临床试验的专业具有与承担药物临床试验相适应的床位数、门急诊量；

（六）具有急危重病症抢救的设施设备、人员与处置能力；

（七）具有承担药物临床试验组织管理的专门部门；

（八）具有与开展药物临床试验相适应的医技科室，委托医学检测的承担机构应当具备相应资质；

（九）具有负责药物临床试验伦理审查的伦理委员会；

（十）具有药物临床试验管理制度和标准操作规程；

（十一）具有防范和处理药物临床试验中突发事件的管理机制与措施；

（十二）卫生健康主管部门规定的医务人员管理、财务管理等其他条件。

药物临床试验机构为疾病预防控制机构的，应当为省级以上疾病预防控制机构，不要求本条前款第一项、第五项、第六项条件。

第六条 国家药品监督管理部门负责建立"药物临床试验机构备案管理信息平台"（简称备案平台），用于药物临床试验机构登记备案和运行管理，以及药品监督管理部门和卫生健康主管部门监督检查的信息录入、共享和公开。

第七条 药物临床试验机构应当自行或者聘请第三方对其临床试验机构及专业的技术水平、设施条件及特点进行评估，评估符合本规定要求后备案。

第八条 药物临床试验机构按照备案平台要求注册机构用户，完成基本信息表填写，提交医疗机构执业许可证等备案条件的资质证明文件，经备案平台审核通过后激活账号，按照备案平台要求填写组织管理架构、设备设施、研究人员、临床试验专业、伦理委员会、标准操作规程等备案信息，上传评估报告，备案平台将自动生成备案号。

备案的药物临床试验机构增加临床试验专业，应当形成新增专业评估报告，按照备案平台要求填录相关信息及上传评估报告。

省级以上疾病预防控制机构可遴选和评估属地具备疫苗预防接种资质的机构作为试验现场单位，在备案平台上进行登记备案，试验现场单位参照临床试验专业管理。

第九条　药物临床试验机构对在备案平台所填写信息的真实性和准确性承担全部法律责任。备案的药物临床试验机构名称、地址、联系人、联系方式和临床试验专业、主要研究者等基本信息向社会公开，接受公众的查阅、监督。

第十条　药物临床试验机构名称、机构地址、机构级别、机构负责人员、伦理委员会和主要研究者等备案信息发生变化时，药物临床试验机构应当于5个工作日内在备案平台中按要求填写并提交变更情况。

第三章　运行管理

第十一条　药物临床试验机构备案后，应当按照相关法律法规和《药物临床试验质量管理规范》要求，在备案地址和相应专业内开展药物临床试验，确保研究的科学性，符合伦理，确保研究资料的真实性、准确性、完整性，确保研究过程可追溯性，并承担相应法律责任。疾病预防控制机构开展疫苗临床试验，应当符合疫苗临床试验质量管理相关指导原则，由备案的省级以上疾病预防控制机构负责药物临床试验的管理，并承担主要法律责任；试验现场单位承担直接法律责任。

第十二条　药物临床试验机构设立或者指定的药物临床试验组织管理专门部门，统筹药物临床试验的立项管理、试验用药品管理、资料管理、质量管理等相关工作，持续提高药物临床试验质量。

第十三条　药物临床试验机构是药物临床试验中受试者权益保护的责任主体。伦理委员会负责审查药物临床试验方案的科学性和伦理合理性，审核和监督药物临床试验研究者的资质，监督药物临床试验开展情况，保证伦理审查过程独立、客观、公正。伦理委员会应当按照《涉及人的生物医学研究伦理审查办法》要求在医学研究登记备案信息系统公开有关信息，接受本机构和卫生健康主管部门的管理和公众监督。

第十四条　主要研究者应当监督药物临床试验实施及各研究人员履行其工作职责的情况，并采取措施实施药物临床试验的质量管理，确保数据的可靠、准确。

第十五条　新药 I 期临床试验或者临床风险较高需要临床密切监测的药物临床试验，应当由三级医疗机构实施。疫苗临床试验应当由三级医疗机构或者省级以上疾病预防控制机构实施或者组织实施。注册申请人委托备案的药物临床试验机构开展药物临床试验，可自行或者聘请第三方对委托的药物临床试验机构进行评估。

第十六条　药物临床试验机构应当于每年1月31日前在备案平台填报上一年度开展药物临床试验工作总结报告。

第十七条　药物临床试验机构接到境外药品监督管理部门检查药物临床试验要求的，应当在接受检查前将相关信息录入备案平台，并在接到检查结果后5个工作日内将检查结果信息录入备案平台。

第四章　监督检查

第十八条　国家药品监督管理局会同国家卫生健康委建立药物临床试验机构国家检查员库，根据监管和审评需要，依据职责对药物临床试验机构进行监督检查。

第十九条　省级药品监督管理部门、省级卫生健康主管部门根据药物临床试验机构自我评估情况、开展药物临床试验情况、既往监督检查情况等，依据职责组织对本行政区域内药物临床试验机构开展日常监督检查。对于新备案的药物临床试验机构或者增加临床试验专业、地址变更的，应当在 60 个工作日内开展首次监督检查。

第二十条　药物临床试验机构未遵守《药物临床试验质量管理规范》的，依照《药品管理法》第一百二十六条规定处罚。

第二十一条　药物临床试验机构未按照本规定备案的，国家药品监督管理部门不接受其完成的药物临床试验数据用于药品行政许可。

第二十二条　违反本规定，隐瞒真实情况、存在重大遗漏、提供误导性或者虚假信息或者采取其他欺骗手段取得备案的，以及存在缺陷不适宜继续承担药物临床试验的，取消其药物临床试验机构或者相关临床试验专业的备案，依法处理。

第二十三条　省级以上药品监督管理部门、省级以上卫生健康主管部门对药物临床试验机构监督检查结果及处理情况，应当及时录入备案平台并向社会公布。

第五章　附　则

第二十四条　药物临床试验机构备案号格式为：药临机构备 +4 位年代号 +5 位顺序编号。

第二十五条　中央军委后勤保障部卫生局、中国人民武装警察部队后勤部卫生局分别对军队、武警所属药物临床试验机构，履行本规定中省级药品监督管理部门和卫生健康主管部门的监督检查职责。

第二十六条　对戒毒等特殊药物需在特定机构开展药物临床试验，应当具有相应业务主管部门发放的机构资质，参照本规定管理。

第二十七条　药品监督管理部门、卫生健康主管部门对于药物临床试验机构备案和监督检查，不收取费用。

第二十八条　本规定自 2019 年 12 月 1 日起施行。《药物临床试验机构资格认定办法（试行）》（国食药监安〔2004〕44 号）、《关于开展药物临床试验机构资格认定复核检查工作的通知》（国食药监注〔2009〕203 号）和《关于印发一次性疫苗临床试验机构资格认定管理规定的通知》（食药监药化管〔2013〕248 号）同时废止。

国家药监局关于实施
《药品注册管理办法》有关事宜的公告

2020 年第 46 号

《药品注册管理办法》（国家市场监督管理总局令第 27 号）（以下简称《办法》）已由国家市场监督管理总局发布，自 2020 年 7 月 1 日起施行。为做好新《办法》实施工作，保证新《办法》与原《办法》的顺利过渡和衔接，现将有关事宜公告如下：

一、新《办法》发布后，与新《办法》相关的规范性文件、技术指导原则等（以下简称新《办法》及其相关文件）将按程序陆续发布。新《办法》及其相关文件已作出规定和要求的，从其规定；无新规定和要求的，按照现行的有关规定和要求执行。

药品注册申请受理、审评和审批的有关工作程序，新《办法》及其相关文件尚未作调整的，按照现行规定执行。

二、新修订《药品管理法》实施之日起，批准上市的药品发给药品注册证书及附件，不再发给新药证书。药品注册证书中载明上市许可持有人、生产企业等信息，同时附经核准的生产工艺、质量标准、说明书和标签。批准的化学原料药发给化学原料药批准通知书及核准后的生产工艺、质量标准和标签。

三、新《办法》实施前，以委托生产形式申请成为上市许可持有人的药品注册申请，按照《药品上市许可持有人制度试点方案》的有关规定提交相关申报资料；新《办法》实施后，按新发布的申报资料要求提交相关申报资料。

四、新《办法》实施后受理的药品上市许可申请，申请人应当在受理前取得相应的药品生产许可证；新《办法》实施前受理、实施后批准的药品上市许可申请，申请人应当在批准前取得相应的药品生产许可证（药品生产企业作为申请人的，在药品上市许可申请受理时提供药品生产许可证）。

上市许可持有人试点期间至新《办法》实施前，以委托生产形式获得批准上市的，其上市许可持有人应当按照《药品生产监督管理办法》实施的相关规定向所在地省、自治区、直辖市药品监督管理部门申请办理药品生产许可证。

五、新《办法》实施前受理的药品注册申请，按照原药品注册分类和程序审评审批。中检院、药典委、药品审评中心、药品核查中心等药品专业技术机构应当按照合法合规、公平公正、有利于相对人的原则，在保证药品安全的前提下开展相关工作，及时处理相关的审评、核查、检验、通用名称核准等各项工作，原则上按照受理时间顺序安排后续工作。申请人也可以选择撤回原申请，新《办法》实施后重新按照新《办法》的规定申报。

六、优先审评审批的范围和程序按以下规定执行：

（一）新《办法》发布前受理的药品注册申请，按照《关于鼓励药品创新实行优先审评审批的意见》（食药监药化管〔2017〕126号）规定的范围和程序执行。

（二）新《办法》发布至实施前受理的药品注册申请，按照新《办法》规定的范围和《关于鼓励药品创新实行优先审评审批的意见》（食药监药化管〔2017〕126号）规定的程序执行。

（三）新《办法》实施后受理的药品注册申请，按照新《办法》规定的范围和程序执行。

七、新《办法》实施前附条件批准的药品，应当按照新修订《药品管理法》第七十八条有关附条件批准药品上市后管理的规定执行。

八、新《办法》实施前批准的境外生产药品，在药品再注册时，按新《办法》要求在药品注册证书中载明药品批准文号。境外生产药品境内分包装统一使用该药品大包装的药品批准文号。

九、新《办法》实施前已批准的药物临床试验，自批准之日起，三年内仍未启动的（以受试者签署知情同意书为启动点），该药物临床试验许可自行失效。

十、自新《办法》发布之日起，药物临床试验期间安全性信息相关报告按照新《办法》及现有规定执行。

十一、新修订《药品管理法》实施前批准的药品，上市许可持有人应当按照新修订《药品管理法》第四十九条和《国家药监局关于贯彻实施〈中华人民共和国药品管理法〉有关事项的公告》（2019年第103号）关于上市许可持有人制度的有关规定更新说明书和标签中上市许可持有人的相关信息，境内生产药品在上市许可持有人所在地省、自治区、直辖市药品监督管理部门备案，境外生产药品在药品审评中心备案。2020年12月1日前生产的药品可以继续使用已印制的现有版本的说明书和标签。已上市销售药品的说明书和标签可以在药品有效期内继续使用。国家药品监督管理局对说明书和标签修订另有要求的除外。

十二、各级药品监督管理部门要认真贯彻执行新《办法》，加强对新《办法》的宣贯和培训，并注意了解新《办法》执行过程中遇到的重要情况和问题，及时沟通和向国家药品监督管理局反馈。国家药品监督管理局在网站设置《药品注册管理办法》栏目，及时汇总发布相关文件和政策解读。

国家药监局

2020年3月30日

国家药监局关于发布《中药注册管理专门规定》的公告

2023 年第 20 号

为全面贯彻落实《中共中央 国务院关于促进中医药传承创新发展的意见》，根据《中华人民共和国药品管理法》等法律、法规和规章，国家药监局组织制定了《中药注册管理专门规定》，现予发布，自 2023 年 7 月 1 日起施行。

特此公告。

附件：《中药注册管理专门规定》

国家药监局

2023 年 2 月 10 日

中药注册管理专门规定

第一章　总　则

第一条　为促进中医药传承创新发展，遵循中医药研究规律，加强中药新药研制与注册管理，根据《中华人民共和国药品管理法》《中华人民共和国中医药法》《中华人民共和国药品管理法实施条例》《药品注册管理办法》等法律、法规和规章，制定本规定。

第二条　中药新药研制应当注重体现中医药原创思维及整体观，鼓励运用传统中药研究方法和现代科学技术研究、开发中药。支持研制基于古代经典名方、名老中医经验方、医疗机构配制的中药制剂（以下简称医疗机构中药制剂）等具有丰富中医临床实践经验的中药新药；支持研制对人体具有系统性调节干预功能等的中药新药，鼓励应用新兴科学和技术研究阐释中药的作用机理。

第三条　中药新药研制应当坚持以临床价值为导向，重视临床获益与风险评估，发挥中医药防病治病的独特优势和作用，注重满足尚未满足的临床需求。

第四条　中药新药研制应当符合中医药理论，在中医药理论指导下合理组方，拟定功能、主治病证、适用人群、剂量、疗程、疗效特点和服药宜忌。鼓励在中医临床实践中观察疾病进展、证候转化、症状变化、药后反应等规律，为中药新药研制提供中医药理论的支持证据。

第五条　来源于中医临床实践的中药新药，应当在总结个体用药经验的基础上，经临床实践逐步明确功能主治、适用人群、给药方案和临床获益，形成固定处方，在此基础上研制成适合群体用药的中药新药。鼓励在中医临床实践过程中开展高质量的人用经验研究，明确中药临床定位和临床价值，基于科学方法不断分析总结，获得支持注册的充分证据。

第六条　中药注册审评，采用中医药理论、人用经验和临床试验相结合的审评证据体系，综合评价中药的安全性、有效性和质量可控性。

第七条　中药的疗效评价应当结合中医药临床治疗特点，确定与中药临床定位相适应、体现其作用特点和优势的疗效结局指标。对疾病痊愈或者延缓发展、病情或者症状改善、患者与疾病相关的机体功能或者生存质量改善、与化学药品等合用增效减毒或者减少毒副作用明显的化学药品使用剂量等情形的评价，均可用于中药的疗效评价。

鼓励将真实世界研究、新型生物标志物、替代终点决策、以患者为中心的药物研发、适应性设计、富集设计等用于中药疗效评价。

第八条　应当根据处方组成及特点、中医药理论、人用经验、临床试验及必要的非临床安全性研究结果，综合评判中药的安全性和获益风险比，加强中药全生命周期管理。

第九条　注册申请人（以下简称申请人）研制中药应当加强中药材、中药饮片的源头质量控制，开展药材资源评估，保证中药材来源可追溯，明确药材基原、产地、采收期等。加强生产全过程的质量控制，保持批间质量的稳定可控。中药处方药味可经质量均一化处理后投料。

第十条　申请人应当保障中药材资源的可持续利用，并应当关注对生态环境的影响。涉及濒危野生动植物的，应当符合国家有关规定。

第二章　中药注册分类与上市审批

第十一条　中药注册分类包括中药创新药、中药改良型新药、古代经典名方中药复方制剂、同名同方药等。中药注册分类的具体情形和相应的申报资料要求按照中药注册分类及申报资料要求有关规定执行。

第十二条　中药新药的研发应当结合中药注册分类，根据品种情况选择符合其特点的研发路径或者模式。基于中医药理论和人用经验发现、探索疗效特点的中药，主要通过人用经验和/或者必要的临床试验确认其疗效；基于药理学筛选研究确定拟研发的中药，应当进行必要的Ⅰ期临床试验，并循序开展Ⅱ期临床试验和Ⅲ期临床试验。

第十三条　对古代经典名方中药复方制剂的上市申请实施简化注册审批，具体要求按照相关规定执行。

第十四条　对临床定位清晰且具有明显临床价值的以下情形中药新药等的注册申请实行优先审评审批：

（一）用于重大疾病、新发突发传染病、罕见病防治；

（二）临床急需而市场短缺；

（三）儿童用药；

（四）新发现的药材及其制剂，或者药材新的药用部位及其制剂；

（五）药用物质基础清楚、作用机理基本明确。

第十五条 对治疗严重危及生命且尚无有效治疗手段的疾病以及国务院卫生健康或者中医药主管部门认定急需的中药，药物临床试验已有数据或者高质量中药人用经验证据显示疗效并能预测其临床价值的，可以附条件批准，并在药品注册证书中载明有关事项。

第十六条 在突发公共卫生事件时，国务院卫生健康或者中医药主管部门认定急需的中药，可应用人用经验证据直接按照特别审批程序申请开展临床试验或者上市许可或者增加功能主治。

第三章 人用经验证据的合理应用

第十七条 中药人用经验通常在临床实践中积累，具有一定的规律性、可重复性和临床价值，包含了在临床用药过程中积累的对中药处方或者制剂临床定位、适用人群、用药剂量、疗效特点和临床获益等的认识和总结。

第十八条 申请人可以多途径收集整理人用经验，应当对资料的真实性、可溯源性负责，人用经验的规范收集整理与评估应当符合有关要求。作为支持注册申请关键证据的人用经验数据，由药品监督管理部门按照相关程序组织开展相应的药品注册核查。

第十九条 对数据进行合理、充分的分析并给予正确结果解释的人用经验，可作为支持注册申请的证据。申请人可根据已有人用经验证据对药物安全性、有效性的支持程度，确定后续研究策略，提供相应的申报资料。

第二十条 作为支持注册申请关键证据的人用经验所用药物的处方药味（包括基原、药用部位、炮制等）及其剂量应当固定。申报制剂的药学关键信息及质量应当与人用经验所用药物基本一致，若制备工艺、辅料等发生改变，应当进行评估，并提供支持相关改变的研究评估资料。

第二十一条 中药创新药处方来源于古代经典名方或者中医临床经验方，如处方组成、临床定位、用法用量等与既往临床应用基本一致，采用与临床使用药物基本一致的传统工艺，且可通过人用经验初步确定功能主治、适用人群、给药方案和临床获益等的，可不开展非临床有效性研究。

第二十二条 由中药饮片组成的中药复方制剂一般提供啮齿类动物单次给药毒性试验和重复给药毒性试验资料，必要时提供其他毒理学试验资料。

如中药复方制剂的处方组成中的中药饮片均具有国家药品标准或者具有药品注册标准，处方不含毒性药味或者不含有经现代毒理学证明有毒性、易导致严重不良反应的中药饮片，采用传统工艺，不用于孕妇、儿童等特殊人群，且单次给药毒性试验和一种动物的重复给药毒性试验未发现明显毒性的，一般不需提供另一种动物的重复给药毒性试验，以及安全药理学、遗传毒性、致癌性、生殖毒性等试验资料。

本规定所称毒性药味，是指《医疗用毒性药品管理办法》中收载的毒性中药品种。

第二十三条　来源于临床实践的中药新药，人用经验能在临床定位、适用人群筛选、疗程探索、剂量探索等方面提供研究、支持证据的，可不开展Ⅱ期临床试验。

第二十四条　已有人用经验中药的临床研发，在处方、生产工艺固定的基础上，存在适用的高质量真实世界数据，且通过设计良好的临床研究形成的真实世界证据科学充分的，申请人就真实世界研究方案与国家药品审评机构沟通并达成一致后，可申请将真实世界证据作为支持产品上市的依据之一。

第二十五条　医疗机构对医疗机构中药制剂的安全性、有效性及质量可控性负责，应当持续规范收集整理医疗机构中药制剂人用经验资料，并按年度向所在地省级药品监督管理部门提交医疗机构中药制剂人用经验收集整理与评估的报告。

第二十六条　来源于医疗机构制剂的中药新药，如处方组成、工艺路线、临床定位、用法用量等与既往临床应用基本一致，且可通过人用经验初步确定功能主治、适用人群、给药方案和临床获益等的，可不开展非临床有效性研究。如处方组成、提取工艺、剂型、直接接触药品的包装等与该医疗机构中药制剂一致的，在提供该医疗机构中药制剂的药学研究资料基础上，可不提供剂型选择、工艺路线筛选、直接接触药品的包装材料研究等研究资料。

第二十七条　申请人可根据具体品种情况，在关键研发阶段针对中医药理论、人用经验研究方案和人用经验数据等，与国家药品审评机构进行沟通交流。

第四章　中药创新药

第二十八条　中药创新药应当有充分的有效性、安全性证据，上市前原则上应当开展随机对照的临床试验。

第二十九条　鼓励根据中医临床实践，探索采用基于临床治疗方案进行序贯联合用药的方式开展中药创新药临床试验及疗效评价。

第三十条　鼓励中药创新药临床试验在符合伦理学要求的情况下优先使用安慰剂对照，或者基础治疗加载的安慰剂对照。

第三十一条　中药饮片、提取物等均可作为中药复方制剂的处方组成。如含有无国家药品标准且不具有药品注册标准的中药饮片、提取物，应当在制剂药品标准中附设其药品标准。

第三十二条　提取物及其制剂应当具有充分的立题依据，开展有效性、安全性和质量可控性研究。应当研究确定合理的制备工艺。应当研究明确所含大类成份的结构类型及主要成份的结构，通过建立主要成份、大类成份的含量测定及指纹或者特征图谱等质控项目，充分表征提取物及制剂质量，保证不同批次提取物及制剂质量均一稳定。

第三十三条　新的提取物及其制剂的注册申请，如已有单味制剂或者单味提取物制剂上市且功能主治（适应症）基本一致，应当与该类制剂进行非临床及临床对比研究，以说明其优势与特点。

第三十四条 新药材及其制剂的注册申请，应当提供该药材性味、归经、功效等的研究资料，相关研究应当为新药材拟定的性味、归经、功效等提供支持证据。

第三十五条 中药复方制剂根据主治的不同，可以分为不同情形：

（一）主治为证候的中药复方制剂，是指在中医药理论指导下，用于治疗中医证候的中药复方制剂，包括治疗中医学的病或者症状的中药复方制剂，功能主治应当以中医专业术语表述；

（二）主治为病证结合的中药复方制剂，所涉及的"病"是指现代医学的疾病，"证"是指中医的证候，其功能用中医专业术语表述、主治以现代医学疾病与中医证候相结合的方式表述；

（三）主治为病的中药复方制剂，属于专病专药，在中医药理论指导下组方。所涉及的"病"是现代医学疾病，其功能用中医专业术语表述，主治以现代医学疾病表述。

第三十六条 中药创新药的注册申请人可根据中药特点、新药研发的一般规律，针对申请临床试验、Ⅲ期临床试验前、申请上市许可等不同研究阶段的主要目的进行分阶段研究。中药药学分阶段研究应当体现质量源于设计理念，注重研究的整体性和系统性。

第三十七条 中药创新药应当根据处方药味组成、药味药性，借鉴用药经验，以满足临床需求为宗旨，在对药物生产工艺、理化性质、传统用药方式、生物学特性、剂型特点、临床用药的安全性、患者用药依从性等方面综合分析的基础上合理选择剂型和给药途径。能选择口服给药的不选择注射给药。

第三十八条 中药创新药的研制，应当根据药物特点、临床应用情况等获取的安全性信息，开展相应的非临床安全性试验。可根据不同注册分类、风险评估情况、开发进程开展相应的非临床安全性试验。

第三十九条 非临床安全性试验所用样品，应当采用中试或者中试以上规模的样品。申报临床试验时，应当提供资料说明非临床安全性试验用样品制备情况。临床试验用药品一般应当采用生产规模的样品。申报上市时，应当提供资料说明临床试验用药品的制备情况，包括试验药物和安慰剂。

第四十条 以下情形，应当开展必要的Ⅰ期临床试验：

（一）处方含毒性药味；

（二）除处方含确有习用历史且被省级中药饮片炮制规范收载的中药饮片外，处方含无国家药品标准且不具有药品注册标准的中药饮片、提取物；

（三）非临床安全性试验结果出现明显毒性反应且提示对人体可能具有一定的安全风险；

（四）需获得人体药代数据以指导临床用药等的中药注册申请。

第五章 中药改良型新药

第四十一条 支持药品上市许可持有人（以下简称持有人）开展改良型新药的研究。

改良型新药的研发应当遵循必要性、科学性、合理性的原则，明确改良目的。应当在已上市药品的基础上，基于对被改良药品的客观、科学、全面的认识，针对被改良中药存在的缺陷或者在临床应用过程中新发现的治疗特点和潜力进行研究。研制开发儿童用改良型新药时，应当符合儿童生长发育特征及用药习惯。

第四十二条　改变已上市中药剂型或者给药途径的改良型新药，应当具有临床应用优势和特点，如提高有效性、改善安全性、提高依从性等，或者在有效性、安全性不降低的前提下，促进环境保护、提升生产安全水平等。

第四十三条　改变已上市药品给药途径的注册申请，应当说明改变给药途径的合理性和必要性，开展相应的非临床研究，并围绕改良目的开展临床试验，证明改变给药途径的临床应用优势和特点。

第四十四条　改变已上市中药剂型的注册申请，应当结合临床治疗需求、药物理化性质及生物学性质等提供充分依据说明其科学合理性。申请人应当根据新剂型的具体情形开展相应的药学研究，必要时开展非临床有效性、安全性研究和临床试验。

对儿童用药、特殊人群（如吞咽困难者等）用药、某些因用法特殊而使用不便的已上市中药，通过改变剂型提高药物临床使用依从性，若对比研究显示改剂型后药用物质基础和药物吸收、利用无明显改变，且原剂型临床价值依据充分的，可不开展临床试验。

第四十五条　中药增加功能主治，除第二十三条和第四十六条规定的情形外，应当提供非临床有效性研究资料，循序开展Ⅱ期临床试验及Ⅲ期临床试验。

延长用药周期或者增加剂量者，应当提供非临床安全性研究资料。上市前已进行相关的非临床安全性研究且可支持其延长周期或者增加剂量的，可不进行新的非临床安全性试验。

申请人不持有已上市中药申请增加功能主治的，应当同时提出同名同方药的注册申请。

第四十六条　已上市中药申请增加功能主治，其人用经验证据支持相应临床定位的，可不提供非临床有效性试验资料。使用剂量和疗程不增加，且适用人群不变的，可不提供非临床安全性试验资料。

第四十七条　鼓励运用适合产品特点的新技术、新工艺改进已上市中药。已上市中药生产工艺或者辅料等的改变引起药用物质基础或者药物的吸收、利用明显改变的，应当以提高有效性或者改善安全性等为研究目的，开展相关的非临床有效性、安全性试验及Ⅱ期临床试验、Ⅲ期临床试验，按照改良型新药注册申报。

第六章　古代经典名方中药复方制剂

第四十八条　古代经典名方中药复方制剂处方中不含配伍禁忌或者药品标准中标有剧毒、大毒及经现代毒理学证明有毒性的药味，均应当采用传统工艺制备，采用传统给药途径，功能主治以中医术语表述。该类中药复方制剂的研制不需要开展非临床有效性研究和临床试验。药品批准文号给予专门格式。

第四十九条 古代经典名方中药复方制剂采用以专家意见为主的审评模式。由国医大师、院士、全国名中医为主的古代经典名方中药复方制剂专家审评委员会对该类制剂进行技术审评，并出具是否同意上市的技术审评意见。

第五十条 按古代经典名方目录管理的中药复方制剂申请上市，申请人应当开展相应的药学研究和非临床安全性研究。其处方组成、药材基原、药用部位、炮制规格、折算剂量、用法用量、功能主治等内容原则上应当与国家发布的古代经典名方关键信息一致。

第五十一条 其他来源于古代经典名方的中药复方制剂的注册申请，除提供相应的药学研究和非临床安全性试验资料外，还应当提供古代经典名方关键信息及其依据，并应当提供对中医临床实践进行的系统总结，说明其临床价值。对古代经典名方的加减化裁应当在中医药理论指导下进行。

第五十二条 鼓励申请人基于古代经典名方中药复方制剂的特点，在研发的关键阶段，就基准样品研究、非临床安全性研究、人用经验的规范收集整理及中医临床实践总结等重大问题与国家药品审评机构进行沟通交流。

第五十三条 古代经典名方中药复方制剂上市后，持有人应当开展药品上市后临床研究，不断充实完善临床有效性、安全性证据。持有人应当持续收集不良反应信息，及时修改完善说明书，对临床使用过程中发现的非预期不良反应及时开展非临床安全性研究。

第七章 同名同方药

第五十四条 同名同方药的研制应当避免低水平重复。申请人应当对用于对照且与研制药物同名同方的已上市中药（以下简称对照同名同方药）的临床价值进行评估。申请注册的同名同方药的安全性、有效性及质量可控性应当不低于对照同名同方药。

第五十五条 同名同方药的研制，应当与对照同名同方药在中药材、中药饮片、中间体、制剂等全过程质量控制方面进行比较研究。申请人根据对照同名同方药的有效性、安全性证据，以及同名同方药与对照同名同方药的工艺、辅料等比较结果，评估是否开展非临床安全性研究及临床试验。

第五十六条 申请人应当基于临床价值评估结果选择对照同名同方药。对照同名同方药应当具有有效性、安全性方面充分的证据，按照药品注册管理要求开展临床试验后批准上市的中药、现行版《中华人民共和国药典》收载的已上市中药以及获得过中药保护品种证书的已上市中药，一般可视作具有充分的有效性、安全性证据。

前款所称获得过中药保护证书的已上市中药，是指结束保护期的中药保护品种以及符合中药品种保护制度有关规定的其他中药保护品种。

第五十七条 申请注册的同名同方药与对照同名同方药需要通过临床试验进行比较

的，至少需进行Ⅲ期临床试验。提取的单一成份中药可通过生物等效性试验证明其与对照同名同方药的一致性。

第五十八条　有国家药品标准而无药品批准文号的品种，应当按照同名同方药提出注册申请。申请人应当根据其中医药理论和人用经验情况，开展必要的临床试验。

第五十九条　对照同名同方药有充分的有效性和安全性证据，同名同方药的工艺、辅料与对照同名同方药相同的，或者同名同方药的工艺、辅料变化经研究评估不引起药用物质基础或者药物吸收、利用明显改变的，一般无需开展非临床安全性研究和临床试验。

第八章　上市后变更

第六十条　已上市中药的变更应当遵循中药自身特点和规律，符合必要性、科学性、合理性的有关要求。持有人应当履行变更研究及其评估、变更管理的主体责任，全面评估、验证变更事项对药品安全性、有效性和质量可控性的影响。根据研究、评估和相关验证结果，确定已上市中药的变更管理类别，变更的实施应当按照规定经批准、备案后进行或者报告。持有人在上市后变更研究过程中可与相应药品监督管理部门及时开展沟通交流。

第六十一条　变更药品规格应当遵循与处方药味相对应的原则以及与适用人群、用法用量、装量规格相协调的原则。

对于已有同品种上市的，所申请的规格一般应当与同品种上市规格一致。

第六十二条　生产工艺及辅料等的变更不应当引起药用物质或者药物吸收、利用的明显改变。生产设备的选择应当符合生产工艺及品质保障的要求。

第六十三条　变更用法用量或者增加适用人群范围但不改变给药途径的，应当提供支持该项改变的非临床安全性研究资料，必要时应当进行临床试验。除符合第六十四条规定之情形外，变更用法用量或者增加适用人群范围需开展临床试验的，应当循序开展Ⅱ期临床试验和Ⅲ期临床试验。

已上市儿童用药【用法用量】中剂量不明确的，可根据儿童用药特点和人用经验情况，开展必要的临床试验，明确不同年龄段儿童用药的剂量和疗程。

第六十四条　已上市中药申请变更用法用量或者增加适用人群范围，功能主治不变且不改变给药途径，人用经验证据支持变更后的新用法用量或者新适用人群的用法用量的，可不开展Ⅱ期临床试验，仅开展Ⅲ期临床试验。

第六十五条　替代或者减去国家药品标准处方中的毒性药味或者处于濒危状态的药味，应当基于处方中药味组成及其功效，按照相关技术要求开展与原药品进行药学、非临床有效性和/或者非临床安全性的对比研究。替代或者减去处方中已明确毒性药味的，可与安慰剂对照开展Ⅲ期临床试验。替代或者减去处方中处于濒危状态药味的，至少开展Ⅲ期临床试验的比较研究。必要时，需同时变更药品通用名称。

第六十六条 中药复方制剂处方中所含按照新药批准的提取物由外购变更为自行提取的，申请人应当提供相应研究资料，包括但不限于自行研究获得的该提取物及该中药复方制剂的药学研究资料，提取物的非临床有效性和安全性对比研究资料，以及该中药复方制剂Ⅲ期临床试验的对比研究资料。该提取物的质量标准应当附设于制剂标准后。

第六十七条 对主治或者适用人群范围进行删除的，应当说明删除该主治或者适用人群范围的合理性，一般不需开展临床试验。

第九章 中药注册标准

第六十八条 中药注册标准的研究、制定应当以实现中药质量的稳定可控为目标，根据产品特点建立反映中药整体质量的控制指标。尽可能反映产品的质量状况，并关注与中药有效性、安全性的关联。

第六十九条 支持运用新技术、新方法探索建立用于中药复方新药的中间体、制剂质量控制的指纹图谱或者特征图谱、生物效应检测等。中药注册标准中的含量测定等检测项目应当有合理的范围。

第七十条 根据产品特点及实际情况，持有人应当制定不低于中药注册标准的企业内控标准，并通过不断修订和完善其检验项目、方法、限度范围等，提高中药制剂质量。

第七十一条 药品上市后，应当积累生产数据，结合科学技术的发展，持续修订完善包括中药材、中药饮片、中间体和制剂等在内的完整的质量标准体系，以保证中药制剂质量稳定可控。

第十章 药品名称和说明书

第七十二条 中成药命名应当符合《中成药通用名称命名技术指导原则》的要求及国家有关规定。

第七十三条 中药处方中含毒性药味，或者含有其他已经现代毒理学证明具有毒性、易导致严重不良反应的中药饮片的，应当在该中药说明书【成份】项下标明处方中所含的毒性中药饮片名称，并在警示语中标明制剂中含有该中药饮片。

第七十四条 涉及辨证使用的中药新药说明书的【注意事项】应当包含，但不限于以下内容：

（一）因中医的证、病机、体质等因素需要慎用的情形，以及饮食、配伍等方面与药物有关的注意事项；

（二）如有药后调护，应当予以明确。

第七十五条 持有人应当加强对药品全生命周期的管理，加强对安全性风险的监测、评价和分析，应当参照相关技术指导原则及时对中药说明书【禁忌】、【不良反应】、【注意事项】进行完善。

中药说明书【禁忌】、【不良反应】、【注意事项】中任何一项在本规定施行之日起满3

年后申请药品再注册时仍为"尚不明确"的，依法不予再注册。

第七十六条　古代经典名方中药复方制剂说明书中应当列明【处方来源】、【功能主治的理论依据】等项。

人用经验作为批准上市或者增加功能主治证据的中药新药，说明书中应当列入【中医临床实践】项。

第十一章　附　则

第七十七条　天然药物的药学质量控制可参照本规定执行。天然药物创新药在治疗作用确证阶段，应当至少采用一个Ⅲ期临床试验的数据说明其有效性。其余均应当符合天然药物新药研究的有关要求。

第七十八条　申请进口的中药、天然药物，应当符合所在国或者地区按照药品管理的要求，同时应当符合境内中药、天然药物的安全性、有效性和质量可控性要求。注册申报资料按照创新药的要求提供。国家另有规定的，从其规定。

第七十九条　中药、天然药物注射剂的研制应当符合注射剂研究的通用技术要求。应当根据现有治疗手段的可及性，通过充分的非临床研究说明给药途径选择的必要性和合理性。药物活性成份及作用机理应当明确，并应当开展全面的非临床有效性、安全性研究，循序开展Ⅰ期临床试验、Ⅱ期临床试验和Ⅲ期临床试验。

中药、天然药物注射剂上市后，持有人应当开展药品上市后临床研究，不断充实完善临床有效性、安全性证据，应当持续收集不良反应信息，及时修改完善说明书，对临床使用过程中发现的非预期不良反应及时开展非临床安全性研究。持有人应当加强质量控制。

第八十条　省级药品监督管理部门应当按年度向国家药品监督管理部门提交医疗机构中药制剂审批、备案情况的报告。国家药品监督管理部门根据省级药品监督管理部门提交的报告，将医疗机构中药制剂的审批、备案情况纳入药品审评年度报告。

第八十一条　本规定未涉及的药品注册管理的一般性要求按照《药品注册管理办法》执行。实施审批管理的中药材、中药饮片注册管理规定另行制定。

第八十二条　本规定自 2023 年 7 月 1 日起施行。原国家食品药品监督管理局《关于印发中药注册管理补充规定的通知》（国食药监注〔2008〕3 号）同时废止。

国家药监局关于发布
《中药注册分类及申报资料要求》的通告

2020 年第 68 号

为贯彻落实《药品管理法》《中医药法》，配合《药品注册管理办法》（国家市场监督管理总局令第 27 号）实施，国家药品监督管理局组织制定了《中药注册分类及申报资料要求》，现予发布，并说明如下。

一、中药注册按照中药创新药、中药改良型新药、古代经典名方中药复方制剂、同名同方药等进行分类，前三类均属于中药新药。中药注册分类不代表药物研制水平及药物疗效的高低，仅表明不同注册分类的注册申报资料要求不同。

二、为加强对古典医籍精华的梳理和挖掘，改革完善中药审评审批机制，促进中药新药研发和产业发展，将中药注册分类中的第三类古代经典名方中药复方制剂细分为"3.1 按古代经典名方目录管理的中药复方制剂（以下简称 3.1 类）"及"3.2 其他来源于古代经典名方的中药复方制剂（以下简称 3.2 类）"。3.2 类包括未按古代经典名方目录管理的古代经典名方中药复方制剂和基于古代经典名方加减化裁的中药复方制剂。

三、古代经典名方中药复方制剂两类情形均应采用传统工艺制备，采用传统给药途径，功能主治以中医术语表述。对适用范围不作限定。药品批准文号采用专门格式：国药准字 C+ 四位年号 + 四位顺序号。

四、3.1 类的研制，应进行药学及非临床安全性研究；3.2 类的研制，除进行药学及非临床安全性研究外，还应对中药人用经验进行系统总结，并对药物临床价值进行评估。

注册申请人（以下简称申请人）在完成上述研究后一次性直接提出古代经典名方中药复方制剂的上市许可申请。对于 3.1 类，我局不再审核发布"经典名方物质基准"统一标准。

国家药品监督管理局药品审评中心按照《药品注册管理办法》规定的药品上市许可审评程序组织专家进行技术审评。

五、关于中药注册分类，已自 2020 年 7 月 1 日起实施。已受理中药注册申请需调整注册分类的，申请人可提出撤回申请，按新的注册分类及申报资料要求重新申报，不再另收相关费用。

六、关于中药注册申报资料，在 2020 年 12 月 31 日前，申请人可按新要求提交申报资料；也可先按原要求提交申报资料。自 2021 年 1 月 1 日起，一律按新要求提交申报资料。

七、此前有关规定与本通告要求不一致的，以本通告为准。

特此通告。

附件：中药注册分类及申报资料要求

国家药监局

2020 年 9 月 27 日

附件

中药注册分类及申报资料要求

目　　录

一、中药注册分类

中药是指在我国中医药理论指导下使用的药用物质及其制剂。

1. 中药创新药。指处方未在国家药品标准、药品注册标准及国家中医药主管部门发布的《古代经典名方目录》中收载，具有临床价值，且未在境外上市的中药新处方制剂。一般包含以下情形：

1.1 中药复方制剂，系指由多味饮片、提取物等在中医药理论指导下组方而成的制剂。

1.2 从单一植物、动物、矿物等物质中提取得到的提取物及其制剂。

1.3 新药材及其制剂，即未被国家药品标准、药品注册标准以及省、自治区、直辖市药材标准收载的药材及其制剂，以及具有上述标准药材的原动、植物新的药用部位及其制剂。

2. 中药改良型新药。指改变已上市中药的给药途径、剂型，且具有临床应用优势和特点，或增加功能主治等的制剂。一般包含以下情形：

2.1 改变已上市中药给药途径的制剂，即不同给药途径或不同吸收部位之间相互改变的制剂。

2.2 改变已上市中药剂型的制剂，即在给药途径不变的情况下改变剂型的制剂。

2.3 中药增加功能主治。

2.4 已上市中药生产工艺或辅料等改变引起药用物质基础或药物吸收、利用明显改变的。

3. 古代经典名方中药复方制剂。古代经典名方是指符合《中华人民共和国中医药法》规定的，至今仍广泛应用、疗效确切、具有明显特色与优势的古代中医典籍所记载的方剂。古代经典名方中药复方制剂是指来源于古代经典名方的中药复方制剂。包含以下情形：

3.1 按古代经典名方目录管理的中药复方制剂。

3.2 其他来源于古代经典名方的中药复方制剂。包括未按古代经典名方目录管理的古代经典名方中药复方制剂和基于古代经典名方加减化裁的中药复方制剂。

4. 同名同方药。指通用名称、处方、剂型、功能主治、用法及日用饮片量与已上市中药相同，且在安全性、有效性、质量可控性方面不低于该已上市中药的制剂。

天然药物是指在现代医药理论指导下使用的天然药用物质及其制剂。天然药物参照中药注册分类。

其他情形，主要指境外已上市境内未上市的中药、天然药物制剂。

二、中药注册申报资料要求

本申报资料项目及要求适用于中药创新药、改良型新药、古代经典名方中药复方制剂以及同名同方药。申请人需要基于不同注册分类、不同申报阶段以及中药注册受理审查指南的要求提供相应资料。申报资料应按照项目编号提供，对应项目无相关信息或研究资料，项目编号和名称也应保留，可在项下注明"无相关研究内容"或"不适用"。如果申请人要求减免资料，应当充分说明理由。申报资料的撰写还应参考相关法规、技术要求及技术指导原则的相关规定。境外生产药品提供的境外药品管理机构证明文件及全部技术资料应当是中文翻译文本并附原文。

天然药物制剂申报资料项目按照本文件要求，技术要求按照天然药物研究技术要求。天然药物的用途以适应症表述。

境外已上市境内未上市的中药、天然药物制剂参照中药创新药提供相关研究资料。

（一）行政文件和药品信息

1.0 说明函（详见附：说明函）

主要对于本次申请关键信息的概括与说明。

1.1 目录

按照不同章节分别提交申报资料目录。

1.2 申请表

主要包括产品名称、剂型、规格、注册类别、申请事项等产品基本信息。

1.3 产品信息相关材料

1.3.1 说明书

1.3.1.1 研究药物说明书及修订说明（适用于临床试验申请）

1.3.1.2 上市药品说明书及修订说明（适用于上市许可申请）

应按照有关规定起草药品说明书样稿，撰写说明书各项内容的起草说明，并提供有关安全性和有效性等方面的最新文献。

境外已上市药品尚需提供境外上市国家或地区药品管理机构核准的原文说明书，并附中文译文。

1.3.2 包装标签

1.3.2.1 研究药物包装标签（适用于临床试验申请）

1.3.2.2 上市药品包装标签（适用于上市许可申请）

境外已上市药品尚需提供境外上市国家或地区使用的包装标签实样。

1.3.3 产品质量标准和生产工艺

产品质量标准参照《中国药典》格式和内容撰写。

生产工艺资料（适用于上市许可申请）参照相关格式和内容撰写要求撰写。

1.3.4 古代经典名方关键信息

古代经典名方中药复方制剂应提供古代经典名方的处方、药材基原、药用部位、炮制方法、剂量、用法用量、功能主治等关键信息。按古代经典名方目录管理的中药复方制剂应与国家发布的相关信息一致。

1.3.5 药品通用名称核准申请材料

未列入国家药品标准或者药品注册标准的，申请上市许可时应提交药品通用名称核准申请材料。

1.3.6 检查相关信息（适用于上市许可申请）

包括药品研制情况信息表、药品生产情况信息表、现场主文件清单、药品注册临床试验研究信息表、临床试验信息表以及检验报告。

1.3.7 产品相关证明性文件

1.3.7.1 药材／饮片、提取物等处方药味，药用辅料及药包材证明文件

药材／饮片、提取物等处方药味来源证明文件。

药用辅料及药包材合法来源证明文件，包括供货协议、发票等（适用于制剂未选用已登记原辅包情形）。

药用辅料及药包材的授权使用书（适用于制剂选用已登记原辅包情形）。

1.3.7.2 专利信息及证明文件

申请的药物或者使用的处方、工艺、用途等专利情况及其权属状态说明，以及对他人的专利不构成侵权的声明，并提供相关证明性资料和文件。

1.3.7.3 特殊药品研制立项批准文件

麻醉药品和精神药品需提供研制立项批复文件复印件。

1.3.7.4 对照药来源证明文件

1.3.7.5 药物临床试验相关证明文件（适用于上市许可申请）

《药物临床试验批件》/临床试验通知书、临床试验用药质量标准及临床试验登记号（内部核查）。

1.3.7.6 研究机构资质证明文件

非临床研究安全性评价机构应提供药品监督管理部门出具的符合《药物非临床研究质量管理规范》（简称 GLP）的批准证明或检查报告等证明性文件。临床研究机构应提供备案证明。

1.3.7.7 允许药品上市销售证明文件（适用于境外已上市的药品）

境外药品管理机构出具的允许药品上市销售证明文件、公证认证文书及中文译文。出口国或地区物种主管当局同意出口的证明。

1.3.8 其他产品信息相关材料

1.4 申请状态（如适用）

1.4.1 既往批准情况

提供该品种相关的历次申请情况说明及批准/未批准证明文件（内部核查）。

1.4.2 申请调整临床试验方案、暂停或者终止临床试验

1.4.3 暂停后申请恢复临床试验

1.4.4 终止后重新申请临床试验

1.4.5 申请撤回尚未批准的药物临床试验申请、上市注册许可申请

1.4.6 申请上市注册审评期间变更仅包括申请人更名、变更注册地址名称等不涉及技术审评内容的变更

1.4.7 申请注销药品注册证书

1.5 加快上市注册程序申请（如适用）

1.5.1 加快上市注册程序申请

包括突破性治疗药物程序、附条件批准程序、优先审评审批程序及特别审批程序

1.5.2 加快上市注册程序终止申请

1.5.3 其他加快注册程序申请

1.6 沟通交流会议（如适用）

1.6.1 会议申请

1.6.2 会议背景资料

1.6.3 会议相关信函、会议纪要以及答复

1.7 临床试验过程管理信息（如适用）

1.7.1 临床试验期间增加功能主治

1.7.2 临床试验方案变更、非临床或者药学的变化或者新发现等可能增加受试者安全性风险的

1.7.3 要求申办者调整临床试验方案、暂停或终止药物临床试验

1.8 药物警戒与风险管理（如适用）

1.8.1 研发期间安全性更新报告及附件

1.8.1.1 研发期间安全性更新报告

1.8.1.2 严重不良反应累计汇总表

1.8.1.3 报告周期内境内死亡受试者列表

1.8.1.4 报告周期内境内因任何不良事件而退出临床试验的受试者列表

1.8.1.5 报告周期内发生的药物临床试验方案变更或者临床方面的新发现、非临床或者药学的变化或者新发现总结表

1.8.1.6 下一报告周期内总体研究计划概要

1.8.2 其他潜在的严重安全性风险信息

1.8.3 风险管理计划

包括药物警戒活动计划和风险最小化措施等。

1.9 上市后研究（如适用）

包括Ⅳ期和有特定研究目的的研究等。

1.10 申请人 / 生产企业证明性文件

1.10.1 境内生产药品申请人 / 生产企业资质证明文件

申请人 / 生产企业机构合法登记证明文件（营业执照等）。申请上市许可时，申请人和生产企业应当已取得相应的《药品生产许可证》及变更记录页（内部核查）。

申请临床试验的，应提供临床试验用药物在符合药品生产质量管理规范的条件下制备的情况说明。

1.10.2 境外生产药品申请人 / 生产企业资质证明文件

生产厂和包装厂符合药品生产质量管理规范的证明文件、公证认证文书及中文译文。

申请临床试验的，应提供临床试验用药物在符合药品生产质量管理规范的条件下制备的情况说明。

1.10.3 注册代理机构证明文件

境外申请人指定中国境内的企业法人办理相关药品注册事项的，应当提供委托文书、公证文书及其中文译文，以及注册代理机构的营业执照复印件。

1.11 小微企业证明文件（如适用）

说明：1. 标注"如适用"的文件是申请人按照所申报药品特点、所申报的申请事项并结合药品全生命周期管理要求选择适用的文件提交。2. 标注"内部核查"的文件是指监管部门需要审核的文件，不强制申请人提交。3. 境外生产的药品所提交的境外药品监督管理机构或地区出具的证明文件（包括允许药品上市销售证明文件、GMP 证明文件以及允许药品变更证明文件等）符合世界卫生组织推荐的统一格式原件的，可不经所在国公证机构公证及驻所在国中国使领馆认证。

附：说明函

关于 XX 公司申报的 XX 产品的 XX 申请

1. 简要说明

包括但不限于：产品名称（拟定）、功能主治、用法用量、剂型、规格。

2. 背景信息

简要说明该产品注册分类及依据、申请事项及相关支持性研究。

加快上市注册程序申请（包括突破性治疗药物程序、附条件批准程序、优先审评审批程序及特别审批程序等）及其依据（如适用）。

附加申请事项，如减免临床、非处方药或儿童用药等（如适用）。

3. 其他重要需特别说明的相关信息

（二）概要

2.1 品种概况

简述药品名称和注册分类，申请阶段。

简述处方、辅料、制成总量、规格、申请的功能主治、拟定用法用量（包括剂量和持续用药时间信息），人日用量（需明确制剂量、饮片量）。

简述立题依据、处方来源、人用经验等。改良型新药应提供原制剂的相关信息（如上市许可持有人、药品批准文号、执行标准等），简述与原制剂在处方、工艺以及质量标准等方面的异同。同名同方药应提供同名同方的已上市中药的相关信息（如上市许可持有人、药品批准文号、执行标准等）以及选择依据，简述与同名同方的已上市中药在处方、工艺以及质量控制等方面的对比情况，并说明是否一致。

申请临床试验时，应简要介绍申请临床试验前沟通交流情况。

申请上市许可时，应简要介绍与国家药品监督管理局药品审评中心的沟通交流情况；说明临床试验批件/临床试验通知书情况，并简述临床试验批件/临床试验通知书中要求完成的研究内容及相关工作完成情况；临床试验期间发生改变的，应说明改变的情况，是否按照有关法规要求进行了申报及批准情况。

申请古代经典名方中药复方制剂，应简述古代经典名方的处方、药材基原、药用部位、炮制方法、剂量、用法用量、功能主治等关键信息。按古代经典名方目录管理的中药复方制剂，应说明与国家发布信息的一致性。

2.2 药学研究资料总结报告

药学研究资料总结报告是申请人对所进行的药学研究结果的总结、分析与评价，各项内容和数据应与相应的药学研究资料保持一致，并基于不同申报阶段撰写相应的药学研究资料总结报告。

2.2.1 药学主要研究结果总结

（1）临床试验期间补充完善的药学研究（适用于上市许可申请）

简述临床试验期间补充完善的药学研究情况及结果。

（2）处方药味及药材资源评估

说明处方药味质量标准出处。简述处方药味新建立的质量控制方法及限度。未被国家药品标准、药品注册标准以及省、自治区、直辖市药材标准收载的处方药味，应说明是否按照相关技术要求进行了研究或申报，简述结果。

简述药材资源评估情况。

（3）饮片炮制

简述饮片炮制方法。申请上市许可时，应明确药物研发各阶段饮片炮制方法的一致性。若有改变，应说明相关情况。

（4）生产工艺

简述处方和制法。若为改良型新药或同名同方药，还需简述工艺的变化情况。

简述剂型选择及规格确定的依据。

简述制备工艺路线、工艺参数及确定依据。说明是否建立了中间体的相关质量控制方法，简述检测结果。

申请临床试验时，应简述中试研究结果和质量检测结果，评价工艺的合理性，分析工艺的可行性。申请上市许可时，应简述放大生产样品及商业化生产的批次、规模、质量检测结果等，说明工艺是否稳定、可行。

说明辅料执行标准情况。申请上市许可时，还应说明辅料与药品关联审评审批情况。

（5）质量标准

简述质量标准的主要内容及其制定依据、对照品来源、样品的自检结果。

申请上市许可时，简述质量标准变化情况。

（6）稳定性研究

简述稳定性考察条件及结果，评价样品的稳定性，拟定有效期及贮藏条件。

明确直接接触药品的包装材料和容器及其执行标准情况。申请上市许可时，还应说明包材与药品关联审评审批情况。

2.2.2 药学研究结果分析与评价

对处方药味研究、药材资源评估、剂型选择、工艺研究、质量控制研究、稳定性考察的结果进行总结，综合分析、评价产品质量控制情况。申请临床试验时，应结合临床应用背景、药理毒理研究结果及相关文献等，分析药学研究结果与药品的安全性、有效性之间的相关性，评价工艺合理性、质量可控性，初步判断稳定性。申请上市许可时，应结合临床试验结果等，分析药学研究结果与药品的安全性、有效性之间的相关性，评价工艺可行性、质量可控性和药品稳定性。

按古代经典名方目录管理的中药复方制剂应说明药材、饮片、按照国家发布的古代经典名方关键信息及古籍记载制备的样品、中间体、制剂之间质量的相关性。

2.2.3 参考文献

提供有关的参考文献，必要时应提供全文。

2.3 药理毒理研究资料总结报告

药理毒理研究资料总结报告应是对药理学、药代动力学、毒理学研究的综合性和关键性评价。应对药理毒理试验策略进行讨论并说明理由。应说明所提交试验的 GLP 依从性。

对于申请临床试验的药物，需综合现有药理毒理研究资料，分析说明是否支持所申请进行的临床试验。在临床试验过程中，若为支持相应临床试验阶段或开发进程进行了药理毒理研究，需及时更新药理毒理研究资料，提供相关研究试验报告。临床试验期间若进行了变更（如工艺变更），需根据变更情况确定所需要进行的药理毒理研究，并提供相关试验报告。对于申请上市许可的药物，需说明临床试验期间进行的药理毒理研究，并综合分析现有药理毒理研究资料是否支持本品上市申请。

撰写按照以下顺序：药理毒理试验策略概述、药理学研究总结、药代动力学研究总结、毒理学研究总结、综合评估和结论、参考文献。

对于申请上市许可的药物，说明书样稿中【药理毒理】项应根据所进行的药理毒理研究资料进行撰写，并提供撰写说明及支持依据。

2.3.1 药理毒理试验策略概述

结合申请类别、处方来源或人用经验资料、所申请的功能主治等，介绍药理毒理试验的研究思路及策略。

2.3.2 药理学研究总结

简要概括药理学研究内容。按以下顺序进行撰写：概要、主要药效学、次要药效学、安全药理学、药效学药物相互作用、讨论和结论，并附列表总结。

应对主要药效学试验进行总结和评价。如果进行了次要药效学研究，应按照器官系统/试验类型进行总结并评价。应对安全药理学试验进行总结和评价。如果进行了药效学药物相互作用研究，则在此部分进行简要总结。

2.3.3 药代动力学研究总结

简要概括药代动力学研究内容，按以下顺序进行撰写：概要、分析方法、吸收、分布、代谢、排泄、药代动力学药物相互作用、其他药代动力学试验、讨论和结论，并附列表总结。

2.3.4 毒理学研究总结

简要概括毒理学试验结果，并说明试验的 GLP 依从性，说明毒理学试验受试物情况。

按以下顺序进行撰写：概要、单次给药毒性试验、重复给药毒性试验、遗传毒性试验、致癌性试验、生殖毒性试验、制剂安全性试验（刺激性、溶血性、过敏性试验等）、其他毒性试验、讨论和结论，并附列表总结。

2.3.5 综合分析与评价

对药理学、药代动力学、毒理学研究进行综合分析与评价。

分析主要药效学试验的量效关系（如起效剂量、有效剂量范围等）及时效关系（如起效时间、药效持续时间或最佳作用时间等），并对药理作用特点及其与拟定功能主治的相关性和支持程度进行综合评价。

安全药理学试验属于非临床安全性评价的一部分，可结合毒理学部分的毒理学试验结果进行综合评价。

综合各项药代动力学试验，分析其吸收、分布、代谢、排泄、药物相互作用特征。包括受试物和/或其活性代谢物的药代动力学特征，如吸收程度和速率、动力学参数、分布的主要组织、与血浆蛋白的结合程度、代谢产物和可能的代谢途径、排泄途径和程度等。需关注药代研究结果是否支持毒理学试验动物种属的选择。分析各项毒理学试验结果，综合分析及评价各项试验结果之间的相关性，种属和性别之间的差异性等。

分析药理学、药代动力学与毒理学结果之间的相关性。

结合药学、临床资料进行综合分析与评价。

2.3.6 参考文献

提供有关的参考文献，必要时应提供全文。

2.4 临床研究资料总结报告

2.4.1 中医药理论或研究背景

根据注册分类提供相应的简要中医药理论或研究背景。如为古代经典名方中药复方制剂的，还应简要说明处方来源、功能主治、用法用量等关键信息及其依据等。

2.4.2 人用经验

如有人用经验的，需提供简要人用经验概述，并分析说明人用经验对于拟定功能主治或后续所需开展临床试验的支持情况。

2.4.3 临床试验资料综述

可参照《中药、天然药物综述资料撰写的格式和内容的技术指导原则——临床试验资料综述》的相关要求撰写。

2.4.4 临床价值评估

基于风险获益评估，结合注册分类，对临床价值进行简要评估。

2.4.5 参考文献

提供有关的参考文献，必要时应提供全文。

2.5 综合分析与评价

根据研究结果，结合立题依据，对安全性、有效性、质量可控性及研究工作的科学性、规范性和完整性进行综合分析与评价。

申请临床试验时，应根据研究结果评估申报品种对拟选适应病症的有效性和临床应用的安全性，综合分析研究结果之间的相互关联，权衡临床试验的风险/获益情况，为是否或如何进行临床试验提供支持和依据。

申请上市许可时，应在完整地了解药品研究结果的基础上，对所选适用人群的获益情况及临床应用后可能存在的问题或风险作出综合评估。

（三）药学研究资料

申请人应基于不同申报阶段的要求提供相应药学研究资料。相应技术要求见相关中药药学研究技术指导原则。

3.1 处方药味及药材资源评估

3.1.1 处方药味

中药处方药味包括饮片、提取物等。

3.1.1.1 处方药味的相关信息

提供处方中各药味的来源（包括生产商/供货商等）、执行标准以及相关证明性信息。

饮片：应提供药材的基原（包括科名、中文名、拉丁学名）、药用部位（矿物药注明类、族、矿石名或岩石名、主要成份）、药材产地、采收期、饮片炮制方法、药材是否种植养殖（人工生产）或来源于野生资源等信息。对于药材基原易混淆品种，需提供药材基原鉴定报告。多基原的药材除必须符合质量标准的要求外，必须固定基原，并提供基原选用的依据。药材应固定产地。涉及濒危物种的药材应符合国家的有关规定，应保证可持续利用，并特别注意来源的合法性。

按古代经典名方目录管理的中药复方制剂所用饮片的药材基原、药用部位、炮制方法等应与国家发布的古代经典名方关键信息一致。应提供产地选择的依据，尽可能选择道地药材和／或主产区的药材。

提取物：外购提取物应提供其相关批准（备案）情况、制备方法及生产商／供应商等信息。自制提取物应提供所用饮片的相关信息，提供详细制备工艺及其工艺研究资料（具体要求同"3.3 制备工艺"部分）。

3.1.1.2 处方药味的质量研究

提供处方药味的检验报告。

自拟质量标准或在原质量标准基础上进行完善的，应提供相关研究资料（相关要求参照"3.4 制剂质量与质量标准研究"），提供质量标准草案及起草说明、药品标准物质及有关资料等。

按古代经典名方目录管理的中药复方制剂还应提供多批药材／饮片的质量研究资料。

3.1.1.3 药材生态环境、形态描述、生长特征、种植养殖（人工生产）技术等

申报新药材的需提供。

3.1.1.4 植物、动物、矿物标本，植物标本应当包括全部器官，如花、果实、种子等

申报新药材的需提供。

3.1.2 药材资源评估

药材资源评估内容及其评估结论的有关要求见相关技术指导原则。

3.1.3 参考文献

提供有关的参考文献，必要时应提供全文。

3.2 饮片炮制

3.2.1 饮片炮制方法

明确饮片炮制方法，提供饮片炮制加工依据及详细工艺参数。按古代经典名方目录管理的中药复方制剂所用饮片的炮制方法应与国家发布的古代经典名方关键信息一致。

申请上市许可时，应说明药物研发各阶段饮片炮制方法的一致性，必要时提供相关研究资料。

3.2.2 参考文献

提供有关的参考文献，必要时应提供全文。

3.3 制备工艺

3.3.1 处方

提供 1000 个制剂单位的处方组成。

3.3.2 制法

3.3.2.1 制备工艺流程图

按照制备工艺步骤提供完整、直观、简洁的工艺流程图，应涵盖所有的工艺步骤，标明主要工艺参数和所用提取溶剂等。

3.3.2.2 详细描述制备方法

对工艺过程进行规范描述（包括包装步骤），明确操作流程、工艺参数和范围。

3.3.3 剂型及原辅料情况

药味及辅料	用量	作用	执行标准
制剂工艺中使用到并最终去除的溶剂			

（1）说明具体的剂型和规格。以表格的方式列出单位剂量产品的处方组成，列明各药味（如饮片、提取物）及辅料在处方中的作用，执行的标准。对于制剂工艺中使用到但最终去除的溶剂也应列出。

（2）说明产品所使用的包装材料及容器。

3.3.4 制备工艺研究资料

3.3.4.1 制备工艺路线筛选

提供制备工艺路线筛选研究资料，说明制备工艺路线选择的合理性。处方来源于医院制剂、临床验方或具有人用经验的，应详细说明在临床应用时的具体使用情况（如工艺、剂型、用量、规格等）。

改良型新药还应说明与原制剂生产工艺的异同及参数的变化情况。

按古代经典名方目录管理的中药复方制剂应提供按照国家发布的古代经典名方关键信息及古籍记载进行研究的工艺资料。

同名同方药还应说明与同名同方的已上市中药生产工艺的对比情况，并说明是否一致。

3.3.4.2 剂型选择

提供剂型选择依据。

按古代经典名方目录管理的中药复方制剂应提供剂型（汤剂可制成颗粒剂）与古籍记载一致性的说明资料。

3.3.4.3 处方药味前处理工艺

提供处方药味的前处理工艺及具体工艺参数。申请上市许可时，还应明确关键工艺参数控制点。

3.3.4.4 提取、纯化工艺研究

描述提取纯化工艺流程、主要工艺参数及范围等。

提供提取纯化工艺方法、主要工艺参数的确定依据。生产工艺参数范围的确定应有相关研究数据支持。申请上市许可时，还应明确关键工艺参数控制点。

3.3.4.5 浓缩工艺

描述浓缩工艺方法、主要工艺参数及范围、生产设备等。

提供浓缩工艺方法、主要工艺参数的确定依据。生产工艺参数范围的确定应有相关研究数据支持。申请上市许可时，还应明确关键工艺参数控制点。

3.3.4.6 干燥工艺

描述干燥工艺方法、主要工艺参数及范围、生产设备等。

提供干燥工艺方法以及主要工艺参数的确定依据。生产工艺参数范围的确定应有相关研究数据支持。申请上市许可时，还应明确关键工艺参数控制点。

3.3.4.7 制剂成型工艺

描述制剂成型工艺流程、主要工艺参数及范围等。

提供中间体、辅料研究以及制剂处方筛选研究资料，明确所用辅料的种类、级别、用量等。

提供成型工艺方法、主要工艺参数的确定依据。生产工艺参数范围的确定应有相关研究数据支持。对与制剂性能相关的理化性质进行分析。申请上市许可时，还应明确关键工艺参数控制点。

3.3.5 中试和生产工艺验证

3.3.5.1 样品生产企业信息

申请临床试验时，根据实际情况填写。如不适用，可不填。

申请上市许可时，需提供样品生产企业的名称、生产场所的地址等。提供样品生产企业合法登记证明文件、《药品生产许可证》复印件。

3.3.5.2 批处方

以表格的方式列出（申请临床试验时，以中试放大规模；申请上市许可时，以商业规模）产品的批处方组成，列明各药味（如饮片、提取物）及辅料执行的标准，对于制剂工艺中使用到但最终去除的溶剂也应列出。

药味及辅料	用量	执行标准
制剂工艺中使用到并最终去除的溶剂		

3.3.5.3 工艺描述

按单元操作过程描述（申请临床试验时，以中试批次；申请上市许可时，以商业规模生产工艺验证批次）样品的工艺（包括包装步骤），明确操作流程、工艺参数和范围。

3.3.5.4 辅料、生产过程中所用材料

提供所用辅料、生产过程中所用材料的级别、生产商／供应商、执行的标准以及相关证明文件等。如对辅料建立了内控标准，应提供。提供辅料、生产过程中所用材料的检验报告。

如所用辅料需要精制的，提供精制工艺研究资料、内控标准及其起草说明。

申请上市许可时，应说明辅料与药品关联审评审批情况。

3.3.5.5 主要生产设备

提供中试（适用临床试验申请）或工艺验证（适用上市许可申请）过程中所用主要生产设备的信息。申请上市许可时，需关注生产设备的选择应符合生产工艺的要求。

3.3.5.6 关键步骤和中间体的控制

列出所有关键步骤及其工艺参数控制范围。提供研究结果支持关键步骤确定的合理性以及工艺参数控制范围的合理性。申请上市许可时，还应明确关键工艺参数控制点。

列出中间体的质量控制标准，包括项目、方法和限度，必要时提供方法学验证资料。明确中间体（如浸膏等）的得率范围。

3.3.5.7 生产数据和工艺验证资料

提供研发过程中代表性批次（申请临床试验时，包括但不限于中试放大批等；申请上市许可时，应包括但不限于中试放大批、临床试验批、商业规模生产工艺验证批等）的样品情况汇总资料，包括：批号、生产时间及地点、生产数据、批规模、用途（如用于稳定性试验等）、质量检测结果（例如含量及其他主要质量指标）。申请上市许可时，提供商业规模生产工艺验证资料，包括工艺验证方案和验证报告，工艺必须在预定的参数范围内进行。

生产工艺研究应注意实验室条件与中试和生产的衔接，考虑大生产设备的可行性、适应性。生产工艺进行优化的，应重点描述工艺研究的主要变更（包括批量、设备、工艺参数等的变化）及相关的支持性验证研究。

按古代经典名方目录管理的中药复方制剂应提供按照国家发布的古代经典名方关键信息及古籍记载制备的样品、中试样品和商业规模样品的相关性研究资料。

临床试验期间，如药品规格、制备工艺等发生改变的，应根据实际变化情况，参照相关技术指导原则开展研究工作，属重大变更以及引起药用物质或制剂吸收、利用明显改变的，应提出补充申请。申请上市许可时，应详细描述改变情况（包括设备、工艺参数等的变化）、改变原因、改变时间以及相关改变是否获得国家药品监督管理部门的批准等内容，并提供相关研究资料。

3.3.6 试验用样品制备情况

3.3.6.1 毒理试验用样品

应提供毒理试验用样品制备信息。一般应包括：

（1）毒理试验用样品的生产数据汇总，包括批号、投料量、样品得量、用途等。毒理学试验样品应采用中试及中试以上规模的样品。

（2）制备毒理试验用样品所用处方药味的来源、批号以及自检报告等。

（3）制备毒理试验用样品用主要生产设备的信息。

（4）毒理试验用样品的质量标准、自检报告及相关图谱等。

3.3.6.2 临床试验用药品（适用于上市许可申请）

申请上市许可时，应提供用于临床试验的试验药物和安慰剂（如适用）的制备信息。

（1）用于临床试验的试验药物

提供用于临床试验的试验药物的批生产记录复印件。批生产记录中需明确生产厂房/车间和生产线。

提供用于临床试验的试验药物所用处方药味的基原、产地信息及自检报告。

提供生产过程中使用的主要设备等情况。

提供用于临床试验的试验药物的自检报告及相关图谱。

（2）安慰剂

提供临床试验用安慰剂的批生产记录复印件。

提供临床试验用安慰剂的配方，以及配方组成成份的来源、执行标准等信息。

提供安慰剂与试验样品的性味对比研究资料，说明安慰剂与试验样品在外观、大小、色泽、重量、味道和气味等方面的一致性情况。

3.3.7 "生产工艺"资料（适用于上市许可申请）

申请上市许可的药物，应参照中药相关生产工艺格式和内容撰写要求提供"生产工艺"资料。

3.3.8 参考文献

提供有关的参考文献，必要时应提供全文。

3.4 制剂质量与质量标准研究

3.4.1 化学成份研究

提供化学成份研究的文献资料或试验资料。

3.4.2 质量研究

提供质量研究工作的试验资料及文献资料。

按古代经典名方目录管理的中药复方制剂应提供药材、饮片按照国家发布的古代经典名方关键信息及古籍记载制备的样品、中间体、制剂的质量相关性研究资料。

同名同方药应提供与同名同方的已上市中药的质量对比研究结果。

3.4.3 质量标准

提供药品质量标准草案及起草说明，并提供药品标准物质及有关资料。对于药品研制过程中使用的对照品，应说明其来源并提供说明书和批号。对于非法定来源的对照品，申请临床试验时，应说明是否按照相关技术要求进行研究，提供相关研究资料；申请上市许可时，应说明非法定来源的对照品是否经法定部门进行标定，提供相关证明性文件。

境外生产药品提供的质量标准的中文本须按照中国国家药品标准或药品注册标准的格式整理报送。

3.4.4 样品检验报告

申请临床试验时，提供至少 1 批样品的自检报告。

申请上市许可时，提供连续 3 批样品的自检及复核检验报告。

3.4.5 参考文献

提供有关的参考文献，必要时应提供全文。

3.5 稳定性

3.5.1 稳定性总结

总结稳定性研究的样品情况、考察条件、考察指标和考察结果，并拟定贮存条件和有效期。

3.5.2 稳定性研究数据

提供稳定性研究数据及图谱。

3.5.3 直接接触药品的包装材料和容器的选择

阐述选择依据。提供包装材料和容器执行标准、检验报告、生产商 / 供货商及相关证明文件等。提供针对所选用包装材料和容器进行的相容性等研究资料（如适用）。

申请上市许可时，应说明包装材料和容器与药品关联审评审批情况。

3.5.4 上市后的稳定性研究方案及承诺（适用于上市许可申请）

申请药品上市许可时，应承诺对上市后生产的前三批产品进行长期稳定性考察，并对每年生产的至少一批产品进行长期稳定性考察，如有异常情况应及时通知药品监督管理部门。

提供后续稳定性研究方案。

3.5.5 参考文献

提供有关的参考文献，必要时应提供全文。

（四）药理毒理研究资料

申请人应基于不同申报阶段的要求提供相应药理毒理研究资料。相应要求详见相关技术指导原则。

非临床安全性评价研究应当在经过 GLP 认证的机构开展。

天然药物的药理毒理研究参考相应研究技术要求进行。

4.1 药理学研究资料

药理学研究是通过动物或体外、离体试验来获得非临床有效性信息，包括药效学作用及其特点、药物作用机制等。药理学申报资料应列出试验设计思路、试验实施过程、试验结果及评价。

中药创新药，应提供主要药效学试验资料，为进入临床试验提供试验证据。药物进入临床试验的有效性证据包括中医药理论、临床人用经验和药效学研究。根据处方来源及制备工艺等不同，以上证据所占有权重不同，进行试验时应予综合考虑。

药效学试验设计时应考虑中医药特点，根据受试物拟定的功能主治，选择合适的试验项目。

提取物及其制剂，提取物纯化的程度应经筛选研究确定，筛选试验应与拟定的功能主治具有相关性，筛选过程中所进行的药理毒理研究应体现在药理毒理申报资料中。如有同类成份的提取物及其制剂上市，则应当与其进行药效学及其他方面的比较，以证明其优势和特点。

中药复方制剂，根据处方来源和组成、临床人用经验及制备工艺情况等可适当减免药效学试验。

具有人用经验的中药复方制剂，可根据人用经验对药物有效性的支持程度，适当减免药效学试验；若人用经验对有效性具有一定支撑作用，处方组成、工艺路线、临床定位、用法用量等与既往临床应用基本一致的，则可不提供药效学试验资料。

依据现代药理研究组方的中药复方制剂，需采用试验研究的方式来说明组方的合理性，并通过药效学试验来提供非临床有效性信息。

中药改良型新药，应根据其改良目的、变更的具体内容来确定药效学资料的要求。若改良目的在于或包含提高有效性，应提供相应的对比性药效学研究资料，以说明改良的优势。中药增加功能主治，应提供支持新功能主治的药效学试验资料，可根据人用经验对药物有效性的支持程度，适当减免药效学试验。

安全药理学试验属于非临床安全性评价的一部分，其要求见"4.3 毒理学研究资料"。

药理学研究报告应按照以下顺序提交：

4.1.1 主要药效学

4.1.2 次要药效学

4.1.3 安全药理学

4.1.4 药效学药物相互作用

4.2 药代动力学研究资料

非临床药代动力学研究是通过体外和动物体内的研究方法，揭示药物在体内的动态变化规律，获得药物的基本药代动力学参数，阐明药物的吸收、分布、代谢和排泄的过程和特征。

对于提取的单一成份制剂，参考化学药物非临床药代动力学研究要求。

其他制剂，视情况（如安全性风险程度）进行药代动力学研究或药代动力学探索性研究。

缓、控释制剂，临床前应进行非临床药代动力学研究，以说明其缓、控释特征；若为改剂型品种，还应与原剂型进行药代动力学比较研究；若为同名同方药的缓、控释制剂，应进行非临床药代动力学比较研究。

　　在进行中药非临床药代动力学研究时，应充分考虑其成份的复杂性，结合其特点选择适宜的方法开展体内过程或活性代谢产物的研究，为后续研发提供参考。

　　若拟进行的临床试验中涉及到与其他药物（特别是化学药）联合应用，应考虑通过体外、体内试验来考察可能的药物相互作用。

　　药代动力学研究报告应按照以下顺序提交：

4.2.1 分析方法及验证报告

4.2.2 吸收

4.2.3 分布（血浆蛋白结合率、组织分布等）

4.2.4 代谢（体外代谢、体内代谢、可能的代谢途径、药物代谢酶的诱导或抑制等）

4.2.5 排泄

4.2.6 药代动力学药物相互作用（非临床）

4.2.7 其他药代试验

4.3 毒理学研究资料

　　毒理学研究包括：单次给药毒性试验，重复给药毒性试验，遗传毒性试验，生殖毒性试验，致癌性试验，依赖性试验，刺激性、过敏性、溶血性等与局部、全身给药相关的制剂安全性试验，其他毒性试验等。

　　中药创新药，应尽可能获取更多的安全性信息，以便于对其安全性风险进行评价。根据其品种特点，对其安全性的认知不同，毒理学试验要求会有所差异。

　　新药材及其制剂，应进行全面的毒理学研究，包括安全药理学试验、单次给药毒性试验、重复给药毒性试验、遗传毒性试验、生殖毒性试验等，根据给药途径、制剂情况可能需要进行相应的制剂安全性试验，其余试验根据品种具体情况确定。

　　提取物及其制剂，根据其临床应用情况，以及可获取的安全性信息情况，确定其毒理学试验要求。如提取物立题来自于试验研究，缺乏对其安全性的认知，应进行全面的毒理学试验。如提取物立题来自于传统应用，生产工艺与传统应用基本一致，一般应进行安全药理学试验、单次给药毒性试验、重复给药毒性试验，以及必要时其他可能需要进行的试验。

　　中药复方制剂，根据其处方来源及组成、人用安全性经验、安全性风险程度的不同，提供相应的毒理学试验资料，若减免部分试验项目，应提供充分的理由。

　　对于采用传统工艺，具有人用经验的，一般应提供单次给药毒性试验、重复给药毒性试验资料。

　　对于采用非传统工艺，但具有可参考的临床应用资料的，一般应提供安全药理学、单次给药毒性试验、重复给药毒性试验资料。

　　对于采用非传统工艺，且无人用经验的，一般应进行全面的毒理学试验。

　　临床试验中发现非预期不良反应时，或毒理学试验中发现非预期毒性时，应考虑进行追加试验。

　　中药改良型新药，根据变更情况提供相应的毒理学试验资料。若改良目的在于或包含提高安全性的，应进行毒理学对比研究，设置原剂型／原给药途径／原工艺进行对比，以说明改良的优势。

中药增加功能主治，需延长用药周期或者增加剂量者，应说明原毒理学试验资料是否可以支持延长周期或增加剂量，否则应提供支持用药周期延长或剂量增加的毒理学研究资料。

一般情况下，安全药理学、单次给药毒性、支持相应临床试验周期的重复给药毒性、遗传毒性试验资料、过敏性、刺激性、溶血性试验资料或文献资料应在申请临床试验时提供。后续需根据临床试验进程提供支持不同临床试验给药期限或支持上市的重复给药毒性试验。生殖毒性试验根据风险程度在不同的临床试验开发阶段提供。致癌性试验资料一般可在申请上市时提供。

药物研发的过程中，若受试物的工艺发生可能影响其安全性的变化，应进行相应的毒理学研究。

毒理学研究资料应列出试验设计思路、试验实施过程、试验结果及评价。

毒理学研究报告应按照以下顺序提交：

4.3.1 单次给药毒性试验

4.3.2 重复给药毒性试验

4.3.3 遗传毒性试验

4.3.4 致癌性试验

4.3.5 生殖毒性试验

4.3.6 制剂安全性试验（刺激性、溶血性、过敏性试验等）

4.3.7 其他毒性试验

（五）临床研究资料

5.1 中药创新药

5.1.1 处方组成符合中医药理论、具有人用经验的创新药

5.1.1.1 中医药理论

5.1.1.1.1 处方组成，功能、主治病证

5.1.1.1.2 中医药理论对主治病证的基本认识

5.1.1.1.3 拟定处方的中医药理论

5.1.1.1.4 处方合理性评价

5.1.1.1.5 处方安全性分析

5.1.1.1.6 和已有国家标准或药品注册标准的同类品种的比较

5.1.1.2 人用经验

5.1.1.2.1 证明性文件

5.1.1.2.2 既往临床应用情况概述

5.1.1.2.3 文献综述

5.1.1.2.4 既往临床应用总结报告

5.1.1.2.5 拟定主治概要、现有治疗手段、未解决的临床需求

5.1.1.2.6 人用经验对拟定功能主治的支持情况评价

中医药理论和人用经验部分的具体撰写要求，可参考相关技术要求、技术指导原则。

5.1.1.3 临床试验

需开展临床试验的，应提交以下资料：

5.1.1.3.1 临床试验计划与方案及其附件

5.1.1.3.1.1 临床试验计划和方案

5.1.1.3.1.2 知情同意书样稿

5.1.1.3.1.3 研究者手册

5.1.1.3.1.4 统计分析计划

5.1.1.3.2 临床试验报告及其附件（完成临床试验后提交）

5.1.1.3.2.1 临床试验报告

5.1.1.3.2.2 病例报告表样稿、患者日志等

5.1.1.3.2.3 与临床试验主要有效性、安全性数据相关的关键标准操作规程

5.1.1.3.2.4 临床试验方案变更情况说明

5.1.1.3.2.5 伦理委员会批准件

5.1.1.3.2.6 统计分析计划

5.1.1.3.2.7 临床试验数据库电子文件

申请人在完成临床试验提出药品上市许可申请时，应以光盘形式提交临床试验数据库。数据库格式以及相关文件等具体要求见临床试验数据递交相关技术指导原则。

5.1.1.3.3 参考文献

提供有关的参考文献全文，外文文献还应同时提供摘要和引用部分的中文译文。

5.1.1.4 临床价值评估

基于风险获益评估，结合中医药理论、人用经验和临床试验，评估本品的临床价值及申报资料对于拟定功能主治的支持情况。

说明：

申请人可基于中医药理论和人用经验，在提交临床试验申请前，就临床试验要求与药审中心进行沟通交流。

5.1.2 其他来源的创新药

5.1.2.1 研究背景

5.1.2.1.1 拟定功能主治及临床定位

应根据研发情况和处方所依据的理论，说明拟定功能主治及临床定位的确定依据，包括但不限于文献分析、药理研究等。

5.1.2.1.2 疾病概要、现有治疗手段、未解决的临床需求

说明拟定适应病证的基本情况、国内外现有治疗手段研究和相关药物上市情况，现有治疗存在的主要问题和未被满足的临床需求，以及说明本品预期的安全性、有效性特

点和拟解决的问题。

5.1.2.2 临床试验

应按照"5.1.1.3 临床试验"项下的相关要求提交资料。

5.1.2.3 临床价值评估

基于风险获益评估，结合研究背景和临床试验，评估本品的临床价值及申报资料对于拟定功能主治的支持情况。

说明：

申请人可基于处方组成、给药途径和非临床安全性评价结果等，在提交临床试验申请前，就临床试验要求与药审中心进行沟通交流。

5.2 中药改良型新药

5.2.1 研究背景

应说明改变的目的和依据。如有人用经验，可参照"5.1.1.2 人用经验"项下的相关要求提交资料。

5.2.2 临床试验

应按照"5.1.1.3 临床试验"项下的相关要求提交资料。

5.2.3 临床价值评估

结合改变的目的和临床试验，评估本品的临床价值及申报资料对于拟定改变的支持情况。

说明：

申请人可参照中药创新药的相关要求，在提交临床试验申请前，就临床试验要求与药审中心进行沟通交流。

5.3 古代经典名方中药复方制剂

5.3.1 按古代经典名方目录管理的中药复方制剂

提供药品说明书起草说明及依据，说明药品说明书中临床相关项草拟的内容及其依据。

5.3.2 其他来源于古代经典名方的中药复方制剂

5.3.2.1 古代经典名方的处方来源及历史沿革、处方组成、功能主治、用法用量、中医药理论论述

5.3.2.2 基于古代经典名方加减化裁的中药复方制剂，还应提供加减化裁的理由及依据、处方合理性评价、处方安全性分析。

5.3.2.3 人用经验

5.3.2.3.1 证明性文件

5.3.2.3.2 既往临床实践情况概述

5.3.2.3.3 文献综述

5.3.2.3.4 既往临床实践总结报告

5.3.2.3.5 人用经验对拟定功能主治的支持情况评价

5.3.2.4 临床价值评估

基于风险获益评估，结合中医药理论、处方来源及其加减化裁、人用经验，评估本品的临床价值及申报资料对于拟定功能主治的支持情况。

5.3.2.5 药品说明书起草说明及依据

说明药品说明书中临床相关项草拟的内容及其依据。

中医药理论、人用经验部分以及药品说明书的具体撰写要求，可参考相关技术要求、技术指导原则。

说明：

此类中药的注册申请、审评审批、上市监管等实施细则和技术要求另行制定。

5.4 同名同方药

5.4.1 研究背景

提供对照同名同方药选择的合理性依据。

5.4.2 临床试验

需开展临床试验的，应按照"5.1.1.3 临床试验"项下的相关要求提交资料。

5.5 临床试验期间的变更（如适用）

获准开展临床试验的药物拟增加适用人群范围（如增加儿童人群）、变更用法用量（如增加剂量或延长疗程）等，应根据变更事项提供相应的立题目的和依据、临床试验计划与方案及其附件；药物临床试验期间，发生药物临床试验方案变更、非临床或者药学的变化或者有新发现，需按照补充申请申报的，临床方面应提供方案变更的详细对比与说明，以及变更的理由和依据。

同时，还需要对已有人用经验和临床试验数据进行分析整理，为变更提供依据，重点关注变更对受试者有效性及安全性风险的影响。

国家药监局关于发布
化学药品注册分类及申报资料要求的通告

2020 年第 44 号

为配合《药品注册管理办法》实施，国家药品监督管理局组织制定了《化学药品注册分类及申报资料要求》，现予发布，并说明如下。

一、关于化学药品注册分类，自 2020 年 7 月 1 日起实施。

二、关于化学药品注册申报资料要求，自 2020 年 10 月 1 日起实施。在 2020 年 9 月 30 日前，可按原要求提交申报资料。

特此通告。

附件：化学药品注册分类及申报资料要求

国家药监局

2020 年 6 月 29 日

附件

化学药品注册分类及申报资料要求

一、化学药品注册分类

化学药品注册分类分为创新药、改良型新药、仿制药、境外已上市境内未上市化学药品，分为以下 5 个类别：

1 类：境内外均未上市的创新药。指含有新的结构明确的、具有药理作用的化合物，且具有临床价值的药品。

2 类：境内外均未上市的改良型新药。指在已知活性成份的基础上，对其结构、剂型、处方工艺、给药途径、适应症等进行优化，且具有明显临床优势的药品。

2.1 含有用拆分或者合成等方法制得的已知活性成份的光学异构体，或者对已知活性成份成酯，或者对已知活性成份成盐（包括含有氢键或配位键的盐），或者改变已知盐类活性成份的酸根、碱基或金属元素，或者形成其他非共价键衍生物（如络合物、螯合物或包合物），且具有明显临床优势的药品。

2.2 含有已知活性成份的新剂型（包括新的给药系统）、新处方工艺、新给药途径，且具有明显临床优势的药品。

2.3 含有已知活性成份的新复方制剂，且具有明显临床优势。

2.4 含有已知活性成份的新适应症的药品。

3 类：境内申请人仿制境外上市但境内未上市原研药品的药品。该类药品应与参比制剂的质量和疗效一致。

4 类：境内申请人仿制已在境内上市原研药品的药品。该类药品应与参比制剂的质量和疗效一致。

5 类：境外上市的药品申请在境内上市。

5.1 境外上市的原研药品和改良型药品申请在境内上市。改良型药品应具有明显临床优势。

5.2 境外上市的仿制药申请在境内上市。

原研药品是指境内外首个获准上市，且具有完整和充分的安全性、有效性数据作为上市依据的药品。

参比制剂是指经国家药品监管部门评估确认的仿制药研制使用的对照药品。参比制剂的遴选与公布按照国家药品监管部门相关规定执行。

二、相关注册管理要求

（一）化学药品 1 类为创新药，应含有新的结构明确的、具有药理作用的化合物，且具有临床价值，不包括改良型新药中 2.1 类的药品。含有新的结构明确的、具有药理作用的化合物的新复方制剂，应按照化学药品 1 类申报。

（二）化学药品 2 类为改良型新药，在已知活性成份基础上进行优化，应比改良前具有明显临床优势。已知活性成份指境内或境外已上市药品的活性成份。该类药品同时符合多个情形要求的，须在申报时一并予以说明。

（三）化学药品 3 类为境内生产的仿制境外已上市境内未上市原研药品的药品，具有与参比制剂相同的活性成份、剂型、规格、适应症、给药途径和用法用量，并证明质量和疗效与参比制剂一致。

有充分研究数据证明合理性的情况下，规格和用法用量可以与参比制剂不一致。

（四）化学药品 4 类为境内生产的仿制境内已上市原研药品的药品，具有与参比制剂相同的活性成份、剂型、规格、适应症、给药途径和用法用量，并证明质量和疗效与参比制剂一致。

（五）化学药品 5 类为境外上市的药品申请在境内上市，包括境内外生产的药品。其中化学药品 5.1 类为原研药品和改良型药品，改良型药品在已知活性成份基础上进行优化，应比改良前具有明显临床优势；化学药品 5.2 类为仿制药，应证明与参比制剂质量和疗效一致，技术要求与化学药品 3 类、4 类相同。境内外同步研发的境外生产仿制药，应按照化学药品 5.2 类申报，如申报临床试验，不要求提供允许药品上市销售证明文件。

（六）已上市药品增加境外已批准境内未批准的适应症按照药物临床试验和上市许可申请通道进行申报。

（七）药品上市申请审评审批期间，药品注册分类和技术要求不因相同活性成份的制剂在境内外获准上市而发生变化。药品注册分类在提出上市申请时确定。

三、申报资料要求

（一）申请人提出药物临床试验、药品上市注册及化学原料药申请，应按照国家药品监管部门公布的相关技术指导原则的有关要求开展研究，并按照现行版《M4：人用药物注册申请通用技术文档（CTD）》（以下简称 CTD）格式编号及项目顺序整理并提交申报资料。不适用的项目可合理缺项，但应标明不适用并说明理由。

（二）申请人在完成临床试验提出药品上市注册申请时，应在 CTD 基础上提交电子临床试验数据库。数据库格式以及相关文件等具体要求见临床试验数据递交相关指导原则。

（三）国家药监局药审中心将根据药品审评工作需要，结合 ICH 技术指导原则修订情况，及时更新 CTD 文件并在中心网站发布。

国家药监局关于发布
生物制品注册分类及申报资料要求的通告

2020 年第 43 号

为配合《药品注册管理办法》实施，国家药品监督管理局组织制定了《生物制品注册分类及申报资料要求》，现予发布，并说明如下。

一、关于生物制品注册分类，自 2020 年 7 月 1 日起实施。

二、关于生物制品申报资料要求，自 2020 年 10 月 1 日起实施。在 2020 年 9 月 30 日前，可按原要求提交申报资料。

特此通告。

附件：生物制品注册分类及申报资料要求

国家药监局
2020 年 6 月 29 日

附件

生物制品注册分类及申报资料要求

生物制品是指以微生物、细胞、动物或人源组织和体液等为起始原材料，用生物学技术制成，用于预防、治疗和诊断人类疾病的制剂。为规范生物制品注册申报和管理，将生物制品分为预防用生物制品、治疗用生物制品和按生物制品管理的体外诊断试剂。

预防用生物制品是指为预防、控制疾病的发生、流行，用于人体免疫接种的疫苗类生物制品，包括免疫规划疫苗和非免疫规划疫苗。

治疗用生物制品是指用于人类疾病治疗的生物制品，如采用不同表达系统的工程细胞（如细菌、酵母、昆虫、植物和哺乳动物细胞）所制备的蛋白质、多肽及其衍生物；细胞治疗和基因治疗产品；变态反应原制品；微生态制品；人或者动物组织或者体液提取或者通过发酵制备的具有生物活性的制品等。生物制品类体内诊断试剂按照治疗用生物制品管理。

按照生物制品管理的体外诊断试剂包括用于血源筛查的体外诊断试剂、采用放射性核素标记的体外诊断试剂等。

药品注册分类在提出上市申请时确定，审评过程中不因其他药品在境内外上市而变更。

第一部分 预防用生物制品

一、注册分类

1 类：创新型疫苗：境内外均未上市的疫苗：

1.1 无有效预防手段疾病的疫苗。

1.2 在已上市疫苗基础上开发的新抗原形式，如新基因重组疫苗、新核酸疫苗、已上市多糖疫苗基础上制备的新的结合疫苗等。

1.3 含新佐剂或新佐剂系统的疫苗。

1.4 含新抗原或新抗原形式的多联 / 多价疫苗。

2 类：改良型疫苗：对境内或境外已上市疫苗产品进行改良，使新产品的安全性、有效性、质量可控性有改进，且具有明显优势的疫苗，包括：

2.1 在境内或境外已上市产品基础上改变抗原谱或型别，且具有明显临床优势的疫苗。

2.2 具有重大技术改进的疫苗，包括对疫苗菌毒种 / 细胞基质 / 生产工艺 / 剂型等的改进。(如更换为其他表达体系或细胞基质的疫苗；更换菌毒株或对已上市菌毒株进行改造；对已上市细胞基质或目的基因进行改造；非纯化疫苗改进为纯化疫苗；全细胞疫苗改进为组分疫苗等)

2.3 已有同类产品上市的疫苗组成的新的多联 / 多价疫苗。

2.4 改变给药途径，且具有明显临床优势的疫苗。

2.5 改变免疫剂量或免疫程序，且新免疫剂量或免疫程序具有明显临床优势的疫苗。

2.6 改变适用人群的疫苗。

3 类：境内或境外已上市的疫苗：

3.1 境外生产的境外已上市、境内未上市的疫苗申报上市。

3.2 境外已上市、境内未上市的疫苗申报在境内生产上市。

3.3 境内已上市疫苗。

二、申报资料要求

证明性文件参考相关受理审查指南。

对疫苗临床试验申请及上市注册申请，申请人应当按照《M4：人用药物注册申请通用技术文档（CTD）》(以下简称 CTD) 撰写申报资料。区域性信息 3.2.R 要求见附件。

申报资料具体内容除应符合 CTD 格式要求外，还应符合不断更新的相关法规及技术指导原则的要求。根据药品的研发规律，在申报的不同阶段，药学研究，包括工艺和质控是逐步递进和完善的过程。不同生物制品也各有其药学特点。如果申请人认为不必提交申报资料要求的某项或某些研究，应标明不适用，并提出充分依据。

ICH M4 中对生物制品的要求主要针对基因工程重组产品，根据疫苗研究的特点，还需要考虑：

药学方面：

1. 不同种类疫苗药学资料的考虑

在 ICH M4 基本框架的基础上，应根据疫苗特点提交生产用菌（毒）种、工艺开发、工艺描述、质量特性研究等资料。

2. 种子批及细胞基质的考虑

对于涉及病毒毒种的疫苗申报资料，应在 3.2.S.2.3 部分提交生产用毒种资料。

在 3.2.S.2.3 提供生产用菌（毒）种种子批和生产用细胞基质种子批中检院或相关药品监管机构认可的第三方检定机构复核检定报告。

3. 佐剂

佐剂相关研究资料提交至以下两个部分：在 3.2.P 提交佐剂的概述；在 3.2.A.3 提交完整的药学研究信息，包括原材料、工艺、质量属性、检测方法、稳定性等。

4. 外源因子安全性评价

应按照相关技术指南进行外源因子安全性系统分析。整体上，传统疫苗参照疫苗相关要求，重组疫苗可参照重组治疗用生物制品相关要求。

目标病毒灭活验证资料在 3.2.S.2.5 工艺验证部分提交。

非目标病毒的去除 / 灭活验证研究在 3.2.A.2 外源因子安全性评价部分提交。

5. 多联 / 多价疫苗

对于多价疫苗，根据各型组分生产工艺和质量控制的差异情况考虑申报资料的组织方式，如果较为相似，可在同一 3.2.S 章节中描述，如果差异较大，可分别提交单独的3.2.S 章节。

当产品含有多种组分时（例如联合疫苗，或附带稀释剂），可每个组分分别提供一个完整的原液和 / 或制剂章节。

非临床研究方面：

1. 佐剂

对于佐剂，如有药代、毒理学研究，按照 ICH M4 基本框架在相应部分提交；使用佐剂类型、添加佐剂必要性及佐剂 / 抗原配比合理性、佐剂机制等研究内容在 4.2.1.1 主要药效学部分提交。

2. 多联 / 多价疫苗

多联 / 多价疫苗抗原配比合理性、多价疫苗抗体交叉保护活性研究内容在 4.2.1.1 主要药效学部分提交。

3. 其他

除常规安全性研究外，其他安全性研究可在 4.2.3.7 其他毒性研究部分提交。

临床试验方面：

"试验用药物检验报告书及试验用药物试制记录（包括安慰剂）"应归入"E3：9.4.2研究性产品的标识"，具体资料在"16. 附录"的"16.1.6 如使用 1 批以上药物，接受特定

批次试验药品 / 研究性产品的患者列表"中提交。

申请人在完成临床试验提出药品上市注册申请时，应在 CTD 基础上以光盘形式提交临床试验数据库。数据库格式及相关文件等具体要求见临床试验数据递交相关指导原则。

境外申请人申请在境内开展未成年人用疫苗临床试验的，应至少取得境外含目标人群的 I 期临床试验数据。为应对重大突发公共卫生事件急需的疫苗或者国务院卫生健康主管部门认定急需的疫苗除外。

第二部分　治疗用生物制品

一、注册分类

1 类：创新型生物制品：境内外均未上市的治疗用生物制品。

2 类：改良型生物制品：对境内或境外已上市制品进行改良，使新产品的安全性、有效性、质量可控性有改进，且具有明显优势的治疗用生物制品。

2.1 在已上市制品基础上，对其剂型、给药途径等进行优化，且具有明显临床优势的生物制品。

2.2 增加境内外均未获批的新适应症和 / 或改变用药人群。

2.3 已有同类制品上市的生物制品组成新的复方制品。

2.4 在已上市制品基础上，具有重大技术改进的生物制品，如重组技术替代生物组织提取技术；较已上市制品改变氨基酸位点或表达系统、宿主细胞后具有明显临床优势等。

3 类：境内或境外已上市生物制品：

3.1 境外生产的境外已上市、境内未上市的生物制品申报上市。

3.2 境外已上市、境内未上市的生物制品申报在境内生产上市。

3.3 生物类似药。

3.4 其他生物制品。

二、申报资料要求

1. 对于治疗用生物制品临床试验申请及上市注册申请，申请人应当按照《M4：人用药物注册申请通用技术文档（CTD）》（以下简称 CTD）撰写申报资料。区域性信息 3.2.R 要求见附件。

2. 申报资料具体内容除应符合 CTD 格式要求外，还应符合不断更新的相关法规及技术指导原则的要求。根据药品的研发规律，在申报的不同阶段，药学研究，包括工艺和质控是逐步递进和完善的过程。不同生物制品也各有其药学特点。如果申请人认为不必提交申报资料要求的某项或某些研究，应标明不适用，并提出充分依据。

3. 对于生物类似药，质量相似性评价部分的内容可在"3.2.R.6 其他文件"中提交。

4. 对于抗体药物偶联类或修饰类制品，小分子药物药学研究资料可按照 CTD 格式和内容的要求单独提交整套研究资料，也可在"3.2.S.2.3 物料控制"中提交所有的药学研究资料。

5. 对于复方制品或多组分产品，可每个组分分别提交一个完整的原液和／或制剂章节。

6. 对于细胞和基因治疗产品，可根据产品特点，在原液和／或制剂相应部分提交药学研究资料，对于不适用的项目，可注明"不适用"。例如，关键原材料中的质粒和病毒载体的药学研究资料，可参照 CTD 格式和内容的要求在"3.2.S.2.3 物料控制"部分提交完整的药学研究资料。

7. 申请人在完成临床试验提出药品上市注册申请时，应在 CTD 基础上以光盘形式提交临床试验数据库。数据库格式及相关文件等具体要求见临床试验数据递交相关指导原则。

8. 按规定免做临床试验的肌肉注射的普通或者特异性人免疫球蛋白、人血白蛋白等，可以直接提出上市申请。

9. 生物制品类体内诊断试剂按照 CTD 撰写申报资料。

第三部分　按生物制品管理的体外诊断试剂

一、注册分类

1 类：创新型体外诊断试剂。

2 类：境内外已上市的体外诊断试剂。

二、申报资料要求

体外诊断试剂可以直接提出上市申请。

（一）概要

1. 产品名称

2. 证明性文件

3. 专利情况及其权属状态说明

4. 立题目的与依据

5. 自评估报告

6. 产品说明书及起草说明

7. 包装、标签设计样稿

8. 药品通用名称核定申请材料（如适用）

（二）主要研究信息汇总表

9. 产品基本信息

10. 分析性能信息汇总

11. 临床试验信息汇总

（三）研究资料

12. 主要原材料的研究资料

13. 主要工艺过程及试验方法的研究资料

14. 参考值（范围）确定资料

15. 分析性能评估资料

16. 稳定性研究资料

17. 制造和检定记录，生产工艺（即制造及检定规程）

18. 临床试验资料

三、申报资料项目说明

（一）概要部分

1. 产品名称：可同时包括通用名称、商品名称和英文名称。通用名称应当符合《中国药典》等有关的命名原则。

2. 证明性文件：按照《体外诊断试剂受理审查指南要求》提交证明文件。

3. 专利情况及其权属状态说明，以及对他人的专利不构成侵权的声明。

4. 立题目的与依据：包括国内外有关该品研发、生产、使用情况及相关文献资料。

5. 自评估报告

5.1 产品的预期用途：产品的预期用途，与预期用途相关的临床适应症背景情况，如临床适应症的发生率、易感人群等，相关的临床或实验室诊断方法等。

5.2 产品描述：产品名称、包装规格、所采用的方法、检测所用仪器等。产品主要研究结果的总结和评价。

5.3 有关生物安全性方面的说明：由于体外诊断试剂中的主要原材料可能是由各种动物、病原体、人源的组织、体液或放射性同位素等材料经处理或添加某些物质制备而成，为保证产品在运输、使用过程中使用者和环境的安全，研究者应对上述原材料所采用的保护性措施进行说明。

5.4 其他：包括同类产品在国内外批准上市的情况。相关产品所采用的技术方法及临床应用情况，申请注册产品与国内外同类产品的异同等。对于创新型诊断试剂产品，需提供被测物与预期适用的临床适应症之间关系的文献资料。申请人应建立科学委员会，对品种研发过程及结果等进行全面审核，保障数据的科学性、完整性和真实性。申请人应一并提交对研究资料的自查报告。

6. 产品说明书及起草说明：产品说明书应当符合有关要求并参考有关技术指导原则编写。

7. 包装、标签设计样稿：产品外包装上的标签应当包括通用名称、上市许可持有人、生产企业名称、产品批号、注意事项等。可同时标注产品的通用名称、商品名称和英文名。

对于体外诊断试剂产品中的各种组分如校准品、质控品、清洗液等，其包装、标签上应当标注该组分的中文名称和批号。如果同批号产品、不同批号的各种组分不能替换，则既要注明产品批号，也应注明各种组分的批号。

8. 药品通用名称核定申请材料（如适用）

（二）主要研究信息汇总

9. 产品基本信息：申请人、上市许可持有人、生产地址、包装地址等。试验方法、检测所用仪器等。

10. 分析性能信息汇总：主要分析性能指标包括最低检出限、分析特异性、检测范围、测定准确性（定量测定产品）、批内精密性、批间精密性，保存条件及有效期等。

11. 临床试验信息汇总：包括临床试验机构、临床研究方案、总样本数、各临床单位临床研究样本数、样本信息、临床研究结果，采用的其他试验方法或其他诊断试剂产品的基本信息等。

（三）研究资料

12. 主要原材料的研究资料

12.1 放射性核素标记产品：固相载体、抗原、抗体、放射性核素、质控品、标准品（校准品）及企业参考品等。应提供来源、制备及其质量控制方面的研究资料。对于质控品、标准品（校准品）、企业参考品，还应提供定值或溯源的研究资料等。

12.2 基于免疫学方法产品：固相载体、显色系统、抗原、抗体、质控品及企业参考品等，应提供来源、制备及其质量控制方面的研究资料。对于质控品、标准品（校准品）、企业参考品，还应提供定值或溯源的研究资料等。

12.3 病原微生物核酸检测试剂盒：引物、探针、酶、dNTP、核酸提取分离/纯化系统、显色系统、质控品、内标及企业参考品等。应提供来源、制备及质量控制等的研究资料。对于质控品、内标、企业参考品还应提供定值或溯源的试验资料等。

13. 主要工艺过程及试验方法的研究资料。

13.1 放射性核素标记产品：固相载体的包被、放射性核素的标记，样本采集及处理、反应体系的建立、质控方法的研究等。

13.2 基于免疫学方法产品：包括固相载体的包被、显色系统、样本采集及处理、反应体系的建立、质控方法的研究等。

13.3 病原微生物核酸检测试剂盒：样本处理、样本用量、试剂用量、核酸分离/纯化工艺、反应体系的建立、质控方法的研究，对于不同适用机型试验方法的研究。

14. 参考值（范围）确定资料：对阴性样本、最低检出限样本等进行测定，对测定结果进行统计分析后确定参考值（范围），说明把握度及可信区间。

15. 分析性能评估资料

15.1 包括最低检出限、分析特异性（包括抗凝剂的选择、内源性干扰物质的干扰、相关疾病样本的干扰）、检测范围、测定准确性、批内精密性、批间精密性、与已批准注册产品的对比研究等项目。对于病原微生物核酸检测产品还应考虑对国内主要亚型或基因型样本的测定。对于最低检出限，应说明把握度及可信区间。

15.2 应当采用多批产品进行上述等项目的性能评估。通过对多批产品性能评估结果进行统计分析拟定产品标准，以有效地控制产品生产工艺及产品质量的稳定。

15.3 注册申请中包括不同的包装规格，或该产品适用不同机型，则需要采用每个包装规格产品，或在不同机型上进行上述项目评估的试验资料。不同包装规格仅在装量上不同，则不需要提供上述项目的评估资料。

15.4 对于病原微生物核酸检测产品，如采用混合样本进行检测，应对单份测定样本和混合测定样本分别进行分析性能的评估。

15.5 说明质量标准及其确定依据。

16. 稳定性研究资料：包括至少三批样品在实际储存条件下和开瓶状态下，保存至有效期后的稳定性研究资料，必要时应当提供加速破坏性试验资料。

17. 制造和检定记录，制造及检定规程

至少连续三批产品生产及自检记录的复印件。

制造及检定规程：参考现行版《中国药典》。

18. 临床试验资料

18.1 至少在 3 家境内临床机构完成临床试验，提供临床试验协议及临床试验方案。

18.2 提供完整的临床试验报告。

18.3 临床试验的详细资料，包括所有临床样本的试验资料，采用的其他试验方法或其他诊断试剂产品的基本信息，如试验方法、诊断试剂产品来源、产品说明书及注册批准情况等。

18.4 临床研究总样本数：

放射性核素标记产品：至少为 500 例。

基于免疫学方法产品：至少为 10000 例。

病原微生物核酸检测产品：至少为 10 万例。

18.5 在采用已上市产品进行对比研究时，对测定结果不符样本需采用第三方产品进一步确认。

18.6 对于病原微生物核酸检测产品：如采用混合样本进行检测，应分别对单份样本检测和混样检测的结果进行统计分析。

18.7 境外申请人应提供在境外完成的临床试验资料、境外临床使用情况的总结报告和在中国境内完成的临床试验资料。

附：M4：人用药物注册申请通用技术文档（CTD）区域性信息

附

M4：人用药物注册申请通用技术文档（CTD）区域性信息

3.2.R 区域性信息

3.2.R.1 工艺验证

提供工艺验证方案和报告。

3.2.R.2 批记录

临床试验申请时，提供代表临床试验用样品工艺的批生产、检验记录；

上市申请时，提供关键临床代表性批次和至少连续三批拟上市规模验证批的批生产、检验记录；

提供上述批次的检验报告。

3.2.R.3 分析方法验证报告

提供分析方法验证报告，包含典型图谱。

3.2.R.4 稳定性图谱

提供稳定性研究的典型图谱。

3.2.R.5 可比性方案（如适用）

3.2.R.6 其他

国家药品监督管理局 国家卫生健康委员会关于临床急需境外新药审评审批相关事宜的公告

2018 年第 79 号

为落实国务院常务会议有关会议精神，加快临床急需的境外上市新药审评审批，国家药品监督管理局会同国家卫生健康委员会组织起草了《临床急需境外新药审评审批工作程序》及申报资料要求（见附件），现予发布。

特此公告。

附件：临床急需境外新药审评审批工作程序

国家药监局 国家卫生健康委
2018 年 10 月 23 日

附件

临床急需境外新药审评审批工作程序

为落实 6 月 20 日国务院常务会议精神，依据中共中央办公厅 国务院办公厅《关于深化审评审批制度改革鼓励药品医疗器械创新的意见》（厅字〔2017〕42 号）、《食品药品监管总局关于鼓励药品创新实行优先审评审批的意见》（食药监药化管〔2017〕126 号）等有关规定，国家药品监督管理局、国家卫生健康委员会建立专门通道对临床急需的境外已上市新药进行审评审批，现将工作程序公布如下：

一、专门通道审评审批的品种范围

近十年在美国、欧盟或日本上市但未在我国境内上市的新药，符合下列情形之一的：

（一）用于治疗罕见病的药品；

（二）用于防治严重危及生命疾病，且尚无有效治疗或预防手段的药品；

（三）用于防治严重危及生命疾病，且具有明显临床优势的药品。

二、品种遴选

国家药品监督管理局、国家卫生健康委员会按照上述品种范围，组织开展品种遴选。遴选工作坚持以临床价值为导向，遵循公开、公平、公正的原则，具体程序如下：

（一）初步筛选。国家药品监督管理局药品审评中心（以下简称药审中心）组织专家对近十年在美国、欧盟和日本上市但未在我国境内上市的新药进行梳理，初步筛选出符合本程序要求的品种名单。

（二）专家论证。国家药品监督管理局、国家卫生健康委员会召开专家论证会，对初步筛选的品种名单进行论证，根据专家意见遴选出符合本程序要求的品种名单。

（三）公示。药审中心将遴选出的品种名单向社会公示，对公示品种提出异议的，应在 5 日内向药审中心提交书面意见并说明理由。对异议品种，另行组织论证后作出决定并通知各相关方。

（四）公布。国家药品监督管理局药品审评中心发布纳入专门通道审评审批的品种名单。

三、审评审批程序

凡列入专门通道审评审批品种名单的，其在美国、欧盟或日本首次上市的持证商经研究认为不存在人种差异的，可按以下程序开展注册工作：

（一）沟通交流。申请人应按照《药物研发与技术审评审批沟通交流管理办法》要求向药审中心提出 I 类会议申请。

（二）申请。经沟通交流形成一致意见的，申请人应按申报资料要求（见附）准备资料并根据以下情况提出申请：

1. 本程序发布前尚未提出临床或上市申请的品种，申请人可向药审中心提出上市申请。

2. 本程序发布前已提交临床申请尚未完成技术审评的品种，申请人可向药审中心提出书面申请，将临床申请调整为上市申请，补交境外取得的全部研究资料和不存在人种差异的支持性材料。

3. 对正在开展临床试验的品种，申请人可向药审中心提出上市申请并继续推进临床试验。完成临床试验后，申请人应以补充申请的形式向药审中心提交研究报告。

4. 本程序发布前已递交上市申请的品种，申请人可向药审中心补交境外取得的全部研究资料和不存在人种差异的支持性材料。

5. 已在日本或中国香港、澳门、台湾地区上市，有充分临床使用病例的药品，申请人提供上述国家及地区药品使用情况研究报告，并进行相关分析，可暂不提供人种差异研究资料。

6. 申请人应按要求同步向中国食品药品检定研究院提交用于药品标准复核检验的相关资料、检验用样品、标准物质、实验材料等。具体要求由中国食品药品检定研究院另行制定。

（三）审评。药审中心建立专门通道开展审评，对罕见病治疗药品，在受理后 3 个月内完成技术审评；对其他境外新药，在受理后 6 个月内完成技术审评。上述时限不包括申请人补充资料所占用的时间。

审评期间需要申请人补充资料的，可在专业审评阶段通知企业补充资料；申请人也可在进行沟通交流后，采取滚动式提交资料的方式，通过申请人之窗及时补充资料。

（四）审批。国家药品监督管理局在接到药审中心报送的审核材料后 10 个工作日作出审批决定。

四、工作要求

（一）境外新药申请人应制定风险管控计划，及时报告发生的不良反应，评估风险情况，提出改进措施，并对上市药品进行持续研究，按审批要求完成相关研究工作。

（二）对获得我国进口药品批准证明文件前生产的产品，申请人在保证产品生产工艺及注册标准与国家药品监督管理局核定的工艺及标准一致的前提下，允许进口并依法进行检验。

（三）国家药品监督管理局完成上市审批后，可根据技术审评需要开展临床试验数据核查。同时，加强上市后不良反应监测与再评价，已确认发生严重不良反应的药品，可以采取停止销售、使用的紧急控制措施。

附：申报资料要求

附

申报资料要求

近十年来，在美国、欧盟和日本上市但尚未在我国境内上市的新药，拟利用境外研究数据，按专门通道开展审评审批程序申报进口注册的，申报资料具体要求如下：

1. 证明性文件

提供美国、欧盟和日本药品监管机构批准上市的证明性文件；提供该药品已在日本、香港、澳门、台湾等地区之一上市的证明文件，以及近五年内出口至该地区的药品数量及相关证明文件。

2. 人用药品通用技术文档（CTD）要求

申请人应严格按照国际人用药品注册技术协调会（ICH）CTD 格式要求递交申报资料。申报资料应与报送至发达国家监管机构的内容基本相同，同时应提交上市后积累的研究数据。其中，CTD 文件中 M1 模块、M2 模块以及 M3—M5 模块关键研究报告的摘要部分，应为中文版，并附原文备查阅。提供的药品说明书，内容与原上市国审核发布说明书内容相同，格式采用《药品说明书和标签管理规定》（国家食品药品监督管理局令第 24 号）要求。

3. 种族敏感性分析报告

申请人应参照 ICH 相关指导原则，对中国和 / 或亚裔人群与欧美人群疗效和安全性进行一致性分析。

4. 上市后研究和上市后风险控制计划

申请人应根据总体有效性和安全性评价，以及种族敏感性分析情况，作出是否要开展上市后临床试验和制定上市后风险控制计划的科学判断，提供必要的上市后研究计划和具体临床试验方案，以及上市后风险控制计划。

5. 申报资料一致性声明

申请人应声明在中国申请进口的申报资料，应为申请上市时向国外监管机构报送的所有资料，以及上市后完成的相关研究资料。

国家卫健委 国家药监局关于印发《临床急需药品临时进口工作方案》和《氯巴占临时进口工作方案》的通知

国卫药政发〔2022〕18号

各省、自治区、直辖市及新疆生产建设兵团卫生健康委、药监局：

为进一步完善药品供应保障政策，满足人民群众特定临床急需用药需求，根据《中华人民共和国药品管理法》有关规定，我们制定了《临床急需药品临时进口工作方案》和《氯巴占临时进口工作方案》。现印发给你们，请遵照执行，并做好组织实施工作。

附件：1. 临床急需药品临时进口工作方案
2. 氯巴占临时进口工作方案

国家卫生健康委 国家药品监督管理局
2022 年 6 月 23 日

附件 1

临床急需药品临时进口工作方案

为进一步完善药品供应保障政策，满足人民群众特定临床急需用药需求，根据《中华人民共和国药品管理法》有关规定，制定本方案。

一、工作目标

明确各部门职责，各负其责，加强组织保障和监管力度，规范、高效地开展临床急需药品临时进口工作。

二、药品范围

适用于国内无注册上市、无企业生产或短时期内无法恢复生产的境外已上市临床急需少量药品。其中，临床急需少量药品为符合下列情形之一的药品：

（一）用于治疗罕见病的药品；

（二）用于防治严重危及生命疾病，且尚无有效治疗或预防手段的药品；

（三）用于防治严重危及生命疾病，且具有明显临床优势的药品。

三、申请工作流程

（一）医疗机构应向国家药监局或国务院授权的省、自治区、直辖市人民政府提出临时进口申请，并按要求提供以下材料：

1. 医疗机构的机构合法登记文件复印件（如医疗机构执业许可证、营业执照（如有）、组织机构代码证等）。

2. 申请报告及承诺书。内容应包括：拟申请进口药品的具体用途、进口的必要性说明，申请医疗机构的名称、地址及联系人信息。医疗机构书面承诺拟进口药品在指定医疗机构内用于特定医疗目的，不得用于申请用途以外的其他用途。

3. 拟进口药品清单。内容应包括：药品名称、剂型、规格、进口数量、境外持有人名称地址、生产企业名称地址、药品产地、拟申报通关的口岸名称。

上述材料须加盖医疗机构公章。

（二）国家药监局收到医疗机构申请后，可就申请医疗机构是否具备使用管理能力、药品是否临床急需、药品需求量是否合理等征求国家卫生健康委意见。国家卫生健康委可视情况征求医疗机构所在地省级卫生健康主管部门意见。国家药监局在接到国家卫生健康委书面反馈意见后3个工作日内，对符合要求的申请，以局综合司函形式作出同意进口的复函，复函抄送国家卫生健康委、各省级药品监督管理部门及口岸药品监督管理部门，国家卫生健康委抄送各省级卫生健康主管部门。

（三）医疗机构依据复函向口岸药品监督管理部门申请办理《进口药品通关单》。此类进口药品，无需进行口岸检验。

（四）进口药品若属于麻醉药品和国家规定范围内的精神药品，还需要向国家药监局申请进口准许证。医疗机构可以委托进口单位办理进口准许证。进口单位按照国家药监局网上办事大厅公布的供临床使用麻醉药品和精神药品的进口审批办事指南提出申请。

具体材料包括：麻醉（精神）药品进口申请表；购货合同或订单复印件；医疗机构委托代理协议复印件；进口单位的《营业执照》《对外贸易经营者备案登记表》复印件（自由贸易试验区内注册企业无需提交《对外贸易经营者备案登记表》复印件）；出口单位如为该药品的销售代理公司，还需提供委托代理协议和出口单位合法资质证明文件、公证文本以及认证文本；申报资料真实性自我保证声明。符合规定的，国家药监局在3个工作日内出具进口准许证。

该项申请可与（一）医疗机构申请临时进口同步提交申报材料，国家药监局予同步审批。申请人因自身原因无法同步提交申报材料的，也可将（一）与（四）分别提交申请。

（五）进口麻醉药品、国家规定范围内的精神药品的，凭进口准许证办理报关验放手续。

（六）进口药品属于治疗罕见病的，原则上由全国罕见病诊疗协作网的1家医疗机构作为牵头进口机构，汇总全国范围内用药需求、使用该药的医疗机构名单和承诺书，按照本方案要求牵头提出临时进口申请并组织做好使用管理工作。

四、药品使用管理

使用临时进口药品的医疗机构应按照《医疗机构药事管理规定》，重点做好以下工作：

（一）制定临床技术规范，明确药品的临床诊治用途、患者群体、使用科室及医生名单；建立专项管理制度，对医师处方、用药医嘱的适宜性进行审核，严格规范医师用药行为。

（二）监测记录临时进口药品使用相关的临床诊疗病历及药品安全性、有效性、经济性、依从性、不良反应等信息数据，并应当长期保存。若发生严重不良反应时，及时通报医疗机构所在省份的药品监督管理部门、卫生健康主管部门、国内药品经营企业。省级药品监督管理部门与省级卫生健康主管部门共同研判临床用药风险，必要时采取停止使用等紧急控制措施，并分别报告上级主管部门。

（三）制定完善的安全防范措施和风险监控处置预案。

（四）应按规定对临时进口药品合理储存。

（五）应按年度对临时进口药品进行评估，并报告省级卫生健康主管部门。

（六）按规定选取药品经营企业开展采购、进口和配送临时进口药品等相关工作。

（七）属于罕见病用药的，原则上应当依托《中国罕见病诊疗服务信息系统》和全国罕见病诊疗协作网加强药品使用的科学化管理。

五、相关方权责

医疗机构、经营企业依法对临时进口药品承担风险责任。医疗机构应当与经营企业签订协议，经营企业应当与境外生产企业签订协议，明确双方责任，保证药品质量。

制定责任风险分担和免责相关规定。在用药前，医生应向患者明确说明病情、用药风险和其他需要告知的事项，并取得书面知情同意；不能或者不宜向患者说明的，应当向患者的近亲属说明，并取得其书面知情同意。

六、国务院授权的省、自治区、直辖市人民政府可参照本工作方案结合自身工作实际制定相应工作程序及要求。

国家药监局关于发布《突破性治疗药物审评工作程序（试行）》等三个文件的公告

2020 年第 82 号

为配合《药品注册管理办法》实施，国家药品监督管理局组织制定了《突破性治疗药物审评工作程序（试行）》《药品附条件批准上市申请审评审批工作程序（试行）》《药品上市许可优先审评审批工作程序（试行）》，现予发布。

本公告自发布之日起施行。原食品药品监管总局于 2017 年 12 月发布的《关于鼓励药品创新实行优先审评审批的意见》（食药监药化管〔2017〕126 号）同时废止。

特此公告。

附件：1. 突破性治疗药物审评工作程序（试行）

2. 药品附条件批准上市申请审评审批工作程序（试行）

3. 药品上市许可优先审评审批工作程序（试行）

国家药监局

2020 年 7 月 7 日

附件 1

突破性治疗药物审评工作程序（试行）

为鼓励研究和创制具有明显临床优势的药物，根据《中华人民共和国药品管理法》、《中华人民共和国中医药法》、《中华人民共和国疫苗管理法》、《中华人民共和国药品管理法实施条例》、《药品注册管理办法》等有关规定，制定本工作程序。

一、适用范围和适用条件

（一）适用范围

药物临床试验期间，用于防治严重危及生命或者严重影响生存质量的疾病且尚无有效防治手段或者与现有治疗手段相比有足够证据表明具有明显临床优势的创新药或者改良型新药等，申请人可以在 I、II 期临床试验阶段，通常不晚于 III 期临床试验开展前申请适用突破性治疗药物程序。

（二）适用条件

药物临床试验期间，申请适用突破性治疗药物程序的，应当同时满足以下条件：

1.用于防治严重危及生命或者严重影响生存质量的疾病。严重危及生命是指病情严重、不可治愈或者发展不可逆，显著缩短生命或者导致患者死亡的情形；严重影响生存质量是指病情发展严重影响日常生理功能，如果得不到有效治疗将会导致残疾、重要生理和社会功能缺失等情形。

2.对于尚无有效防治手段的，该药物可以提供有效防治手段；或者与现有治疗手段相比，该药物具有明显临床优势，即单用或者与一种或者多种其他药物联用，在一个或者多个具有临床意义的终点上有显著改善。具体包括以下任一情形：

（1）尚无有效防治手段的，该药物与安慰剂或者良好证据的历史对照相比，在重要临床结局上具有显著临床意义的疗效（如：该药物较安慰剂或者历史对照显著提高了疗效，或者延长了患者的生存期）。

（2）与现有治疗手段相比，该药物具有更显著或者更重要的治疗效果（如：该药物治疗可获得完全应答，而现有治疗仅可获得部分应答；或者该药物治疗对比现有治疗可显著提高应答率，该应答率的提高具有重要临床意义）。

（3）与现有治疗手段或者良好证据的历史对照相比，该药物与现有治疗手段联合使用较现有治疗手段产生更显著或者更重要的疗效。

（4）现有治疗手段仅能治疗疾病症状，而该药物可对病因进行治疗且具有显著临床意义的疗效，可逆转或者抑制病情发展，并可能带来持续的临床获益，避免发展至严重危及生命或者显著影响生活质量的后果。

（5）与目前无法替代的治疗手段对比，新药的疗效相当，但该药物具有显著的安全性优势，该药物预期将替换现有治疗手段，或者对现有治疗手段进行重要的补充。

现有治疗手段是指在境内已批准用于治疗相同疾病的药品，或者标准治疗方法（药械组合治疗等）。通常，这些治疗手段应为当前标准治疗。附条件批准上市的药品，在临床获益未经证实前不作为现有治疗手段。

具有临床意义的终点通常指与疾病发生、发展、死亡和功能等相关的终点，也可以包括经过验证的替代终点、可能预测临床获益的替代终点或者中间临床终点、安全性终点等。申请人在提出突破性治疗药物程序申请时，应当提供拟采用终点的支持性证据。

二、工作程序

（一）申请。药物临床试验期间，申请人在提出适用突破性治疗药物程序前，应当充分评估该药物的适用范围和适用条件，可以通过国家药品监督管理局药品审评中心（以下简称药审中心）网站向药审中心提出突破性治疗药物程序的申请（附件1），说明品种信息及纳入的理由。

如同一药物开展了多个适应症（或者功能主治）的药物临床试验，申请人应当按不同适应症分别提交相应的突破性治疗药物程序申请。

（二）审核。药审中心根据该品种拟定的适应症（或者功能主治），对申请人提交的突破性治疗药物程序申请进行审核，必要时，可以组织召开专家咨询委员会论证。

药审中心应当在接到申请后45日内将审核结果反馈申请人。因品种特性，确需延长审核时限的，延长的时限不超过原审核时限的二分之一，经药审中心负责人批准后，由项目管理人员告知申请人延期时限及原因。

（三）公示纳入。药审中心对拟纳入突破性治疗药物程序的品种具体信息和理由予以公示，包括药物名称、申请人、拟定适应症（或者功能主治）、申请日期、拟纳入理由等。公示5日内无异议的即纳入突破性治疗药物程序；对公示品种提出异议的，应当在5日内向药审中心提交书面意见并说明理由（附件2）；药审中心在15日内另行组织论证后作出决定并通知各相关方。

在纳入突破性治疗药物程序前，申请人可以提出撤回申请，并书面说明理由。

（四）临床试验研制指导。药审中心对纳入突破性治疗药物程序的药物优先配置资源进行沟通交流，加强指导并促进药物研发。申请人做好准备工作后提出与药审中心进行沟通交流的申请。

药物临床试验期间的沟通交流包括首次沟通交流、因重大安全性问题/重大技术问题而召开的会议、药物临床试验关键阶段会议以及一般性技术问题咨询等，药审中心予以优先处理。

1. 首次沟通交流。在纳入突破性治疗药物程序后6个月内，申请人可以按照Ⅰ类会议提出一次首次沟通交流申请，提交拟讨论的问题（附件3）及相关支持性材料，包括药物的临床、药理毒理及药学研发情况、临床试验期间与药审中心沟通交流计划、阶段性研究资料提交计划、药品上市许可申请递交计划等内容。药审中心与申请人就后续沟通交流计划及阶段性研究资料提交计划达成一致意见后，申请人应当按照计划提出后续沟通交流申请。

首次沟通交流的沟通形式包括面对面会议、视频会议、电话会议或者书面回复。根据药物研发进度，申请人未在6个月内申请首次沟通交流的，可以在后续药物临床试验关键阶段会议申请中提交首次沟通交流拟讨论问题。

2. 药物临床试验关键阶段会议。申请人可以在药物临床试验的关键阶段（Ⅱ期临床试验结束/Ⅲ期临床试验启动前等）向药审中心提出Ⅱ类会议申请，可以提交阶段性研究资料，药审中心根据申请人提出的咨询问题安排相关审评人员进行沟通交流，同时基于已有研究资料，对下一步研究方案提出意见或者建议，反馈给申请人。

（五）终止程序。对纳入突破性治疗药物程序的药物临床试验，申请人发现不再符合纳入条件时，应当及时向药审中心提出终止程序。药审中心发现不再符合纳入条件的，应当告知申请人，申请人可以在10日内向药审中心提交书面说明，由药审中心组织论证，在30日内作出决定后通知申请人。对于申请人未在10日内向药审中心提交书面说明的，或者经论证作出决定不符合纳入条件的，药审中心应当及时终止该品种的突破性治疗药物程序。

发现以下任一情形，药审中心将终止突破性治疗药物程序：

1. 新的临床试验数据不再显示比现有治疗手段具有明显临床优势；

2. 因相关重大安全性问题等原因，药物临床试验已终止的；

3. 其他应当终止程序的情形。

药审中心公开纳入突破性治疗药物程序的品种清单，更新品种状态信息（包括纳入和终止信息），及时收录新纳入程序的品种，对终止程序的品种进行标识。

三、工作要求

（一）药审中心对纳入突破性治疗药物程序的品种，依据《药物研发与技术审评沟通交流管理办法》及《药品注册审评一般性技术问题咨询管理规范》等相关规定与申请人在研发过程中保持沟通交流。

（二）药审中心在与申请人沟通交流、审核阶段性研究资料等过程中，对突破性治疗药物程序的资格进行审核，对符合终止突破性治疗药物程序情形的，应当及时予以终止。

（三）对于已终止突破性治疗药物程序的品种，自终止之日起，药审中心不再优先安排相关沟通交流，沟通交流时限按照《药物研发与技术审评沟通交流管理办法》及《药品注册审评一般性技术问题咨询管理规范》相关要求执行。

（四）对于纳入突破性治疗药物程序的品种，申请人经评估符合相关条件的，也可以在申请药品上市许可时提出附条件批准申请和优先审评审批申请。

本工作程序所规定的期限以工作日计算。

本工作程序自发布之日起施行。

附：1. 突破性治疗药物程序申请表

　　2. 拟纳入突破性治疗药物程序品种异议表

　　3. 首次沟通交流拟讨论问题

附件 2

药品附条件批准上市申请审评审批工作程序（试行）

为鼓励以临床价值为导向的药物创新，加快具有突出临床价值的临床急需药品上市，根据《中华人民共和国药品管理法》、《中华人民共和国中医药法》、《中华人民共和国疫苗管理法》、《中华人民共和国药品管理法实施条例》、《药品注册管理办法》等有关规定，制定本工作程序。

一、适用条件

符合药品附条件批准上市技术指导原则中规定的附条件批准的情形和条件的药品，申请人可以在药物临床试验期间，向国家药品监督管理局药品审评中心（以下简称药审中心）提出附条件批准申请。其中：

1. 公共卫生方面急需的药品由国家卫生健康主管部门等有关部门提出。

2. 重大突发公共卫生事件急需的疫苗应为按照《突发公共卫生事件应急条例》、《国家突发公共卫生事件应急预案》等认定的重大突发公共卫生事件（Ⅱ级）或者特别重大突发公共卫生事件（Ⅰ级）相关疾病的预防用疫苗。

二、工作程序

（一）早期沟通交流申请（Ⅱ类会议）。鼓励申请人在药物临床试验期间，经充分评估后，按照相关技术指导原则的要求就附条件批准的临床研究计划、关键临床试验设计及疗效指标选择、其他附条件批准的前提条件、上市后临床试验的设计和实施计划等与药审中心进行沟通。

（二）上市申请前的沟通交流申请（Ⅱ类会议）。拟申请附条件批准上市的，药品上市许可申请递交前，申请人应当就附条件批准上市的条件和上市后继续完成的研究工作等与药审中心沟通交流，拟申请优先审评审批的，可一并提出进行沟通交流。已纳入突破性治疗药物程序的，可申请Ⅰ类会议。

（三）提交附条件批准上市申请。经沟通交流评估确认初步符合附条件批准要求的，申请人可以在提出药品上市许可申请的同时，向药审中心提出药品附条件批准上市申请（申请表见附件），并按相关技术指导原则要求提交支持性资料。申请优先审评审批的，可一并提出申请。

（四）审评审批。审评通过，附条件批准药品上市的，发给药品注册证书，并载明附条件批准药品注册证书的有效期、上市后需要继续完成的研究工作及完成时限等相关事项。药品注册证书有效期由药审中心在审评中与申请人沟通交流后根据上市后研究工作的完成时限确定。

基于申请人提交的全部申报资料，经技术审评发现不满足附条件批准上市要求的，药审中心应当终止该药品附条件批准上市申请审评审批程序，作出附条件批准上市申请不通过的审评结论，并通过药审中心网站申请人之窗告知申请人，说明理由。申请人可以在完成相应研究后按正常程序重新申报。申请人对审评结论有异议的，可以按照药品注册审评结论异议解决的有关程序提出。药品注册申请审批结束后，申请人对行政许可决定有异议的，可以依法提起行政复议或者行政诉讼。

（五）上市后要求。附条件批准上市的药品，药品上市许可持有人应当在药品上市后采取相应的风险管理措施，并在规定期限内按照要求完成药物临床试验等相关研究，以补充申请方式申报。

药品上市许可持有人提交的上市后研究证明其获益大于风险，审评通过的，换发有效期为5年的药品注册证书，证书有效期从上市申请批准之日起算。

药品上市许可持有人提交的上市后研究不能证明其获益大于风险的，药审中心作出不通过的审评结论，由国家药品监督管理局按程序注销其药品注册证书。

药品上市许可持有人逾期未按照要求完成研究并提交补充申请的，由国家药品监督管理局按程序注销其药品注册证书。

三、工作要求

（一）附条件批准上市申请过程中的沟通交流，依据《药物研发与技术审评沟通交流管理办法》等相关规定执行。

（二）申请人在提交附条件批准上市申请前，申报材料应当符合相关的技术指导原则及受理要求，并做好接受药品注册核查、检验的准备工作。

（三）附条件批准上市审评审批的具体技术要求参照《药品附条件批准上市技术指导原则》等执行。

本工作程序自发布之日起施行。

附：药品附条件批准上市申请表

附件3

药品上市许可优先审评审批工作程序（试行）

为鼓励研究和创制新药，规范临床急需短缺药品等优先审评审批，根据《中华人民共和国药品管理法》、《中华人民共和国中医药法》、《中华人民共和国疫苗管理法》、《中华人民共和国药品管理法实施条例》、《药品注册管理办法》等有关规定，制定本工作程序。

一、适用范围

药品上市许可申请时，以下具有明显临床价值的药品，可以申请适用优先审评审批程序：

（一）临床急需的短缺药品、防治重大传染病和罕见病等疾病的创新药和改良型新药；

（二）符合儿童生理特征的儿童用药品新品种、剂型和规格；

（三）疾病预防、控制急需的疫苗和创新疫苗；

（四）纳入突破性治疗药物程序的药品；

（五）符合附条件批准的药品；

（六）国家药品监督管理局规定其他优先审评审批的情形。

二、适用条件

申请适用优先审评审批程序的，应同时满足（一）（二）：

（一）符合优先审评审批范围的药品上市许可申请，应具有明显临床价值，参照《突破性治疗药物审评工作程序（试行）》关于临床优势的适用条件。

（二）符合优先审评审批范围的药品上市许可申请，以下列出的适用范围应满足相关条件：

1. 临床急需的短缺药品。临床急需的短缺药品应列入国家卫生健康委员会等部门发布的《国家短缺药品清单》，并经国家药品监督管理局组织确定。

对临床急需的短缺药品的仿制药申请，自首家纳入优先审评审批程序之日起，不再接受活性成分和给药途径相同的新申报品种优先审评审批申请。

2. 防治重大传染病和罕见病等疾病的创新药和改良型新药。重大传染病应由国家卫生健康委员会认定，罕见病应列入国家卫生健康委员会等部门联合发布的罕见病目录，且该药物应具有明显临床价值。

3. 符合儿童生理特征的儿童用药品新品种、剂型和规格。

（1）对于新品种，应当满足以下任一条件：①针对严重威胁儿童生命或者影响儿童生长发育，且目前无有效治疗药物或治疗手段的疾病；②相比现有上市药品，具有明显治疗优势；

（2）对于新剂型，应当同时满足以下两个条件：①现有上市剂型的药品说明书中包含有明确的儿童适应症和儿童用法用量信息；②现有上市剂型均不适用于儿童人群，新剂型属于儿童人群适宜剂型；

（3）对于新规格，应当同时满足以下两个条件：①现有上市规格的药品说明书中包含有明确的儿童适应症和儿童用法用量信息；②现有上市规格均不适用于儿童人群，新规格适于儿童人群使用；

此外，根据国家卫生健康委员会等部门公布的《鼓励研发申报儿童药品清单》等文件，对于明确为市场短缺且鼓励研发申报的儿童用药品实行优先审评审批。

4. 疾病预防、控制急需的疫苗和创新疫苗。疾病预防、控制急需的疫苗具体清单由国家卫生健康委员会和工业和信息化部提出，并经国家药品监督管理局组织确定。

5. 国家药品监督管理局规定其他优先审评审批的情形，另行公布。其中，对于列入国家药品监督管理局《临床急需境外新药名单》临床急需境外已上市境内未上市的罕见病药品，申请人可以在提出药品上市许可申请时按照适用范围"（六）国家药品监督管理局规定其他优先审评审批的情形"提出优先审评审批申请。

三、工作程序

（一）申报前沟通交流。申请人在提出药品上市许可申请前，应当与国家药品监督管理局药品审评中心（以下简称药审中心）进行沟通交流，探讨现有研究数据是否满足药品上市许可审查要求以及是否符合优先审评审批程序纳入条件等，对于初步评估认为符合优先审评审批纳入条件的，应当在会议纪要中予以明确。药审中心可以根据需要会同药品检验机构、国家药品监督管理局食品药品审核查验中心（以下简称药品核查中心）相关人员参与申报前沟通交流会议，共同协商解决存在的技术问题以及检验、核查问题，为后续审评审批提供支持。必要时，药审中心可组织召开专家咨询委员会，对于是否符合优先审评审批程序纳入条件进行论证。

（二）申报与提出申请。经沟通交流确认后，申请人应当在提出药品上市许可申请的同时，通过药审中心网站提出优先审评审批申请，并提交相关支持性资料（附件1）。申请人在药审中心网站提交的相关支持性资料应当与申报资料内容一致。

（三）审核。药审中心应当在接到申请后5日内对提交的优先审评审批申请进行审核，并将审核结果反馈申请人。拟纳入优先审评审批程序的，应当按要求在药审中心网站对外公示。

对于列入国家药品监督管理局《临床急需境外新药名单》的临床急需境外已上市境内未上市的罕见病药品，药审中心受理后直接纳入优先审评审批程序，不再对外公示。

（四）公示纳入。药审中心对拟纳入优先审评审批程序的品种具体信息和理由予以公示，包括药物名称、申请人、拟定适应症（或功能主治）、申请日期、拟纳入理由等。公示5日内无异议的即纳入优先审评审批程序，并通知各相关方；对公示品种提出异议的，应当在5日内向药审中心提交书面意见并说明理由（附件2）；药审中心在10日内另行组织论证后作出决定并通知各相关方。必要时，药审中心可以组织召开专家咨询委员会进行论证。

（五）终止程序。对纳入优先审评审批程序的品种，申请人发现不再符合纳入条件时，应当及时向药审中心提出终止优先审评审批程序；药审中心发现不再符合纳入条件的，应当告知申请人，申请人可以在10日内向药审中心提交书面说明，由药审中心组织论证，在30日内作出决定后通知申请人。对于申请人未在10日内向药审中心提交书面说明的，或者经论证作出决定不符合纳入条件的，药审中心应当及时终止该品种的优先审评审批程序。

药审中心公开纳入优先审评审批程序的品种清单，更新品种状态信息（包括纳入和终止信息），及时收录新纳入程序的品种，对终止程序的品种进行标识。

（六）技术审评。药审中心对纳入优先审评审批程序的药品上市许可申请，按注册申请受理时间顺序优先配置资源进行审评。对纳入优先审评审批程序的药品上市许可申请，审评时限为130日，其中临床急需的境外已上市境内未上市的罕见病药品审评时限为70日。

药审中心在审评中发现需要与申请人进行沟通交流的，可根据具体情况优先安排。

（七）核查、检验和通用名称核准。对纳入优先审评审批程序的药品上市许可申请，需要进行核查、检验和核准通用名称的，药品核查中心、药品检验机构和国家药典委员会应优先进行核查、检验和核准通用名称。

对申请优先审评审批程序的药品上市许可申请，申请人未在药品注册申请受理前提出药品注册检验的，药审中心应当在药品注册申请受理后2日内开具检验通知单，并在受理后25日内进行初步审查，需要药品注册核查的，通知药品核查中心组织核查，提供核查所需的相关材料，同时告知申请人以及申请人或者生产企业所在地省、自治区、直辖市药品监督管理部门。药品核查中心和药品检验机构应当在审评时限届满25日前完成核查、检验工作，并将核查情况、核查结果、标准复核意见和检验报告等相关材料反馈至药审中心。

对于列入国家药品监督管理局《临床急需境外新药名单》的临床急需境外已上市境

内未上市的罕见病药品，申请人未在药品注册申请受理前提出药品注册检验的，药审中心应当在受理注册申请后 2 日内开具检验通知单，并同时通知药品检验机构，药品检验机构应当在审评时限届满 15 日前完成检验工作，并将标准复核意见和检验报告反馈至药审中心。国家药品监督管理局完成上市审批后，可以根据技术审评需要开展药品注册核查。

（八）经沟通交流确认，补充提交技术资料。对纳入优先审评审批程序的药品上市许可申请，在审评过程中，申请人可以通过药审中心网站提出补充提交技术资料的沟通交流申请。经沟通交流确认，申请人可以按要求提交相应技术资料，审评时限不延长。申请人未按要求提交的，药审中心依据现有审评资料作出审评结论。

（九）综合审评。药审中心在收到核查结果、检验结果等相关材料后在审评时限内完成综合审评。

（十）审批。行政审批决定应当在 10 日内作出。

四、工作要求

（一）药审中心对纳入优先审评审批程序的品种，依据《药物研发与技术审评沟通交流管理办法》《药品注册审评一般性技术问题咨询管理规范》等相关规定与申请人进行沟通交流。

（二）申请人在提交优先审评审批申请前，申报材料应当符合相关的技术指导原则及受理要求，并做好随时接受药品注册核查和检验的准备工作。对于申报资料存在真实性问题的，根据《药品注册管理办法》相关规定办理。

（三）在技术审评过程中，发现纳入优先审评审批程序的品种申报材料不能满足优先审评审批条件的，药审中心将终止该品种的优先审评，按正常审评程序审评，并对审评时限予以调整，同时告知药品核查中心、药品检验机构和国家药典委员会不再优先安排核查、检验和核准通用名称。

本工作程序所规定的期限以工作日计算。

本工作程序自发布之日起施行。

附：1. 药品上市许可优先审评审批申请表
　　2. 药品上市许可优先审评审批品种异议表

国家药监局关于进一步完善药品
关联审评审批和监管工作有关事宜的公告

2019 年第 56 号

为落实中共中央办公厅、国务院办公厅《关于深化审评审批制度改革鼓励药品医疗器械创新的意见》，原食品药品监管总局发布了《关于调整原料药、药用辅料和药包材审评审批事项的公告》（2017 年第 146 号），现就进一步明确原料药、药用辅料、直接接触药品的包装材料和容器（以下简称原辅包）与药品制剂关联审评审批和监管有关事宜公告如下：

一、总体要求

（一）原辅包的使用必须符合药用要求，主要是指原辅包的质量、安全及功能应该满足药品制剂的需要。原辅包与药品制剂关联审评审批由原辅包登记人在登记平台上登记，药品制剂注册申请人提交注册申请时与平台登记资料进行关联；因特殊原因无法在平台登记的原辅包，也可在药品制剂注册申请时，由药品制剂注册申请人一并提供原辅包研究资料。

（二）原辅包登记人负责维护登记平台的登记信息，并对登记资料的真实性和完整性负责。境内原辅包供应商作为原辅包登记人应当对所持有的产品自行登记。境外原辅包供应商可由常驻中国代表机构或委托中国代理机构进行登记，登记资料应当为中文，境外原辅包供应商和代理机构共同对登记资料的真实性和完整性负责。

（三）药品制剂注册申请人申报药品注册申请时，需提供原辅包登记号和原辅包登记人的使用授权书。

（四）药品制剂注册申请人或药品上市许可持有人对药品质量承担主体责任，根据药品注册管理和上市后生产管理的有关要求，对原辅包供应商质量管理体系进行审计，保证符合药用要求。

（五）监管部门对原辅包登记人提交的技术资料负有保密责任，对登记平台的技术信息保密，登记平台只公开登记品种的登记状态标识（A 或 I）、登记号、品种名称、企业名称（代理机构名称）、企业生产地址、原药品批准文号（如有），原批准证明文件有效期（如有），产品来源、规格、更新日期和其他必要的信息。

二、产品登记管理

（六）原辅包登记人按照登记资料技术要求在平台登记，获得登记号。其中，原料药在登记前应取得相应生产范围的《药品生产许可证》，并按照原食品药品监管总局《关于发布化学药品新注册分类申报资料要求（试行）的通告》（2016 年第 80 号）要求进行登记；药用辅料和药包材登记按照本公告附件 1、附件 2 的资料要求进行登记。登记资料技术要求根据产业发展和科学技术进步不断完善，由国家药品监督管理局药品审评中心（以下简称药审中心）适时更新公布。

（七）药品制剂注册申请与已登记原辅包进行关联，药品制剂获得批准时，即表明其关联的原辅包通过了技术审评，登记平台标识为"A"；未通过技术审评或尚未与制剂注册进行关联的标识为"I"。

（八）除国家公布禁止使用、淘汰或者注销的原辅包外，符合以下情形的原辅包由药审中心将相关信息转入登记平台并给予登记号，登记状态标识为"A"：

1. 批准证明文件有效期届满日不早于 2017 年 11 月 27 日的原料药；

2. 已受理并完成审评审批的原料药，含省局按照国食药监注〔2013〕38 号文审评的原料药技术转让申请；

3. 已受理并完成审评的药用辅料和药包材；

4. 曾获得批准证明文件的药用辅料；

5. 批准证明文件有效期届满日不早于 2016 年 8 月 10 日的药包材。

转入登记平台的原辅包登记人应按照本公告登记资料要求在登记平台补充提交研究资料，完善登记信息，同时提交资料一致性承诺书（承诺登记平台提交的技术资料与注册批准技术资料一致）。

（九）仿制或进口境内已上市药品制剂所用的原料药，原料药登记人登记后，可进行单独审评审批，通过审评审批的登记状态标识为"A"，未通过审评审批的标识为"I"。审评审批时限和要求按照现行《药品注册管理办法》等有关规定执行。

（十）已在食品、药品中长期使用且安全性得到认可的药用辅料可不进行登记（名单详见附件 3），由药品制剂注册申请人在制剂申报资料中列明产品清单和基本信息。但药审中心在药品制剂注册申请的审评过程中认为有必要的，可要求药品制剂注册申请人补充提供相应技术资料。该类药用辅料品种名单由药审中心适时更新公布。

（十一）药用辅料、药包材已取消行政许可，平台登记不收取费用。原料药仍为行政许可，平台登记技术审评相关要求按现行规定和标准执行。

三、原辅包登记信息的使用和管理

（十二）药品制剂注册申请关联审评时，原辅包登记平台研究资料不能满足审评需要的，药审中心可以要求药品制剂注册申请人或原辅包登记人进行补充。补充资料的报送途径由药审中心在发补通知中明确。

（十三）原料药标识为"A"的，表明原料药已通过审评审批。原料药登记人可以在登记平台自行打印批准证明文件、质量标准和标签等，用于办理 GMP 检查、进口通关等。

未进行平台登记而与药品制剂注册申报资料一并提交研究资料的原料药，监管部门在药品制剂批准证明文件中标注原料药相关信息，可用于办理原料药 GMP 检查、进口通关等。

（十四）原料药生产企业申请 GMP 检查程序及要求按照现行法律法规有关规定执行，通过药品 GMP 检查后应在登记平台更新登记信息。

（十五）标识为"A"的原料药发生技术变更的，按照现行药品注册管理有关规定提交变更申请，经批准后实施。原料药的其他变更、药用辅料和药包材的变更应及时在登记平台更新信息，并在每年第一季度提交的上一年年度报告中汇总。

（十六）原辅包发生变更时原辅包登记人应主动开展研究，并及时通知相关药品制剂生产企业（药品上市许可持有人），并及时更新登记资料，并在年报中体现。

药品制剂生产企业（药品上市许可持有人）接到上述通知后应及时就相应变更对药品制剂质量的影响情况进行评估或研究，属于影响药品制剂质量的，应报补充申请。

（十七）已上市药品制剂变更原辅包及原辅包供应商的，应按照《已上市化学药品变更研究技术指导原则（一）》《已上市化学药品生产工艺变更研究技术指导原则》《已上市中药变更研究技术指导原则（一）》及生物制品上市后变更研究相关指导原则等要求开展研究，并按照现行药品注册管理有关规定执行。

（十八）境外原辅包供应商更换登记代理机构的，提交相关文件资料后予以变更。包括：变更原因说明、境外原辅包供应商委托书、公证文书及其中文译本、新代理机构营业执照复印件、境外原辅包供应商解除原代理机构委托关系的文书、公证文书及其中文译本。

四、监督管理

（十九）各省（区、市）药品监督管理局对登记状态标识为"A"的原料药，按照药品进行上市后管理，并开展药品 GMP 检查。

（二十）各省（区、市）药品监督管理局应加强对本行政区域内药品制剂生产企业（药品上市许可持有人）的监督检查，督促药品制剂生产企业（药品上市许可持有人）履行原料药、药用辅料和药包材的供应商审计责任。

药用辅料和药包材生产企业具有《药品生产许可证》的，继续按原管理要求管理，许可证到期后按本公告要求登记场地信息。

（二十一）各省（区、市）药品监督管理局根据登记信息对药用辅料和药包材供应商加强监督检查和延伸检查。发现药用辅料和药包材生产存在质量问题的，应依法依规及时查处，并要求药品制剂生产企业（药品上市许可持有人）不得使用相关产品，并对已上市产品开展评估和处置。延伸检查应由药品制剂生产企业（药品上市许可持有人）所在地省局组织开展。药用辅料和药包材供应商的日常检查由所在地省局组织开展联合检查。

药用辅料生产现场检查参照《药用辅料生产质量管理规范》（国食药监安〔2006〕120 号）开展检查，药包材生产现场检查参照《直接接触药品的包装材料和容器管理办法》（原国家食品药品监督管理局局令第 13 号）中所附《药包材生产现场考核通则》开展检查。各省（区、市）药品监督管理局可根据监管需要进一步完善相关技术规范和检查标准，促进辅料和药包材质量水平稳步提升。

国家药品监督管理局将根据各省监督检查开展情况和需要，适时修订相关检查标准。

五、其他

（二十二）在中华人民共和国境内研制、生产、进口和使用的原料药、药用辅料、药包材适用于本公告要求。

（二十三）本公告自 2019 年 8 月 15 日起实施。原发布的原辅包相关文件与本公告要求不一致的，以本公告为准。原食品药品监管总局发布的《关于发布药包材药用辅料申报资料要求（试行）的通告》（2016 年第 155 号）同时废止。

特此公告。

附件：1. 药用辅料登记资料要求（试行）

2. 药包材登记资料要求（试行）

3. 可免登记的产品目录（2019 年版）

4. 药用原辅料、药包材年度报告基本要求

国家药监局

2019 年 7 月 15 日

附件 1

药用辅料登记资料要求（试行）

品种名称：XXXXX
登记人：XXXXX

辅料分类：

境内外上市药品中未有使用历史的，包括

○ 1.1 新的分子结构的辅料以及不属于第 1.2、1.3 的辅料；

○ 1.2 由已有使用历史的辅料经简单化学结构改变（如盐基，水合物等）；

○ 1.3 两者及两者以上已有使用历史的辅料经共处理得到的辅料；

○ 1.4 已有使用历史但改变给药途径的辅料。

境内外上市药品中已有使用历史的，且

○ 2.1 中国药典 /USP/EP/BP/JP 均未收载的辅料；

○ 2.2 USP/EP/BP/JP 之一已收载，但未在境内上市药品中使用的辅料；

○ 2.3 USP/EP/BP/JP 之一已收载，中国药典未收载的辅料；

○ 2.4 中国药典已收载的辅料。

在食品或化妆品中已有使用历史的，且

○ 3.1 具有食品安全国家标准的用于口服制剂的辅料；

○ 3.2 具有化妆品国家或行业标准的用于外用制剂的辅料。

○其他

拟用制剂给药途径：○注射　○吸入　○眼用　○局部及舌下　○透皮　○口服

○其他

来源：○动物或人　○矿物　○植物　○化学合成　○微生物发酵或生物工程

○其他

登记人名称：　　　　　　　　　　　　　　　　　　　　**盖章**

法定代表人：　　　　　　　　　　　　　　　　　　　　**签名**

一、登记资料项目

1 登记人基本信息

1.1 登记人名称、地址、生产地址

1.2 证明性文件

1.3 研究资料保存地址

2 辅料基本信息

2.1 名称

2.2 结构与组成

2.3 理化性质及基本特性

2.4 境内外批准上市及使用信息

2.5 国内外药典收载情况

3 生产信息

3.1 生产工艺和过程控制

3.2 物料控制

3.3 关键步骤和中间体的控制

3.4 工艺验证和评价

3.5 生产工艺的开发

4 特性鉴定

4.1 结构和理化性质研究

4.2 杂质研究

4.3 功能特性

5 质量控制

5.1 质量标准

5.2 分析方法的验证

5.3 质量标准制定依据

6 批检验报告

7 稳定性研究

7.1 稳定性总结

7.2 稳定性数据

7.3 辅料的包装

8 药理毒理研究

二、登记资料正文及撰写要求

1 登记人基本信息

1.1 登记人名称、登记地址、生产地址

提供登记人的名称、登记地址、生产厂、生产地址。

生产地址应精确至生产车间、生产线。

1.2 证明性文件

境内药用辅料登记人需提交以下证明文件：

（1）登记人营业执照复印件。对登记人委托第三方进行生产的，应同时提交委托书等相关文件、生产者相关信息及营业执照复印件。

（2）对于申请药用明胶空心胶囊、胶囊用明胶和药用明胶的境内登记人，需另提供：①申请药用空心胶囊的，应提供明胶的合法来源证明文件，包括药用明胶的批准证明文件、标准、检验报告、药用明胶生产企业的营业执照、《药品生产许可证》、销售发票、供货协议等的复印件；②申请胶囊用明胶、药用明胶的，应提供明胶制备原料的来源、种类、标准等相关资料和证明。

境外药用辅料登记人应授权中国代表机构提交以下证明文件：

（1）登记人合法生产资格证明文件、公证文件及其中文译文。对登记人委托第三方进行生产的，应同时提交委托书等相关文件及生产者相关信息及证明文件（如有）。

（2）登记人委托中国境内代理机构注册的授权文书、公证文件及其中文译文。中国境内代理机构的营业执照或者登记人常驻中国境内办事机构的《外国企业常驻中国代表机构登记证》。

（3）登记药用空心胶囊、胶囊用明胶、药用明胶等牛源性药用辅料进口的，须提供制备胶囊的主要原材料——明胶的制备原料的来源、种类等相关资料和证明，并提供制备原料来源于没有发生疯牛病疫情国家的政府证明文件。

境外药用辅料建议提供人源或动物源性辅料的相关证明文件。

1.3 研究资料保存地址

提供药用辅料研究资料的保存地址，应精确至门牌号。如研究资料有多个保存地址的，均需提交。

2 辅料基本信息

2.1 名称

提供辅料的中文通用名（如适用，以中国药典名为准）、英文名、汉语拼音、化学名、曾用名、化学文摘（CAS）号等。如有 UNII 号及其他名称（包括国内外药典收载的名称）建议一并提供。

预混辅料[注1]和共处理辅料[注2]应明确所使用的单一辅料并进行定性和定量的描述，可提交典型配方用于说明，实际应用的具体配方应根据使用情况作为附件包括在登记资料中或在药品注册时进行提供。

注1：预混辅料（pre-mixed excipient）是指两种或两种以上辅料通过低至中等剪切力进行混合，这是一种简单的物理混合物。各组分混合后仍保持为独立的化学实体，各成分的化学特性并未变化。预混辅料可以是固态或液态，单纯的物理混合时间较短。

注2：共处理辅料（co-processed excipient）是两种或两种以上辅料的结合物，该结合物的物理特性发生了改变但化学特性无明显变化。这种物理特性的改变无法通过单纯的物理混合而获得，在某些情况下，有可能以成盐形式存在。

2.2 结构与组成

提供辅料的结构与组成信息，如结构式、分子式、分子量，高分子药用辅料应明确型号、分子量范围、聚合度、取代度等。有立体结构和多晶型现象应特别说明。

预混辅料和共处理辅料应提交每一组分的结构信息。

2.3 理化性质及基本特性

提供辅料已知的物理和化学性质，如：性状（如外观，颜色，物理状态）、熔点或沸点、比旋度、溶解性、溶液 pH、粒度、密度（堆密度、振实密度等）以及功能相关性指标等。

预混辅料应提交产品性状等基本特性信息。

2.4 境内外批准登记等相关信息及用途

2.4.1 境内历史批准信息

提供境内历史批准的相关信息（如有）。

2.4.2 其他国家的相关信息

提供拟登记产品在境外作为药用辅料的相关信息（如适用）。

2.4.3 用途信息

提供该辅料的给药途径信息以及最大每日参考剂量及参考依据。使用该辅料的药品已在境内外获准上市的，提供相关药品的剂型、给药途径等；尚未有使用该辅料的药品获准上市的，应提供该药用辅料的预期给药途径以及正在使用该辅料进行注册的药品信息。如有生产商已知的不建议的给药途径或限定的使用剂量，也应予以明确并提供相关参考说明。以上信息应尽可能提供。

2.5 国内外药典收载情况

提供该药用辅料被国内外药典及我国国家标准收载的信息。

3 生产信息

3.1 生产工艺和过程控制

（1）工艺综述：按工艺步骤提供工艺流程图，并进行生产工艺综述。

（2）工艺详述：按工艺流程标明工艺参数和所用溶剂等。如为化学合成的药用辅料，还应提供反应条件（如温度、压力、时间、催化剂等）及其化学反应式，其中应包括起始原料、中间体、所用反应试剂的分子式、分子量、化学结构式。

以商业批为代表，列明主要工艺步骤、各反应物料的投料量及各步收率范围，明确关键生产步骤、关键工艺参数以及中间体的质控指标。

对于人或动物来源的辅料，该辅料的生产工艺中应有明确的病毒灭活与清除的工艺步骤，并须对其进行验证。

（3）说明商业生产的分批原则、批量范围和依据。

（4）设备：提供主要和特殊的生产设备。

生产设备资料可以按照下述表格形式提交：

生产设备一览表

序号	设备名称	型号	用途	生产商	生产范围
1					
2					
...					

3.2 物料控制

3.2.1 关键物料控制信息

对关键物料的控制按下表提供信息。

关键物料控制信息

物料名称	来源[注]	质量标准	使用步骤

注：如动物来源、植物来源、化学合成等。

3.2.2 物料控制信息详述

按照工艺流程图中的工序，以表格的形式列明生产中用到的所有物料（如起始物料、反应试剂、溶剂、催化剂等），并说明所使用的步骤，示例如下。

物料控制信息

物料名称	来源^注	质量标准	使用步骤

注：如动物来源、植物来源、化学合成等。

提供以上物料的来源、明确引用标准，或提供内控标准（包括项目、检测方法和限度），必要时提供方法学验证资料。

3.3 关键步骤和中间体的控制

列出关键步骤（如：终产品的精制、纯化工艺步骤，人或动物来源辅料的病毒灭活 / 去除步骤）。适用时，提供关键过程控制及参数，提供具体的研究资料（包括研究方法、研究结果和研究结论），支持关键步骤确定的合理性以及工艺参数控制范围的合理性。存在分离的中间体时，应列出其质量控制标准，包括项目、方法和限度，并提供必要的方法学验证资料。

3.4 工艺验证和评价

3.4.1 工艺稳定性评估

提供辅料工艺稳定的相关评估资料，如 5 批以上的产品质量回顾性报告等。

3.4.2 工艺验证

提供工艺验证方案、验证报告等资料，必要时提供批生产记录样稿。

3.5 生产工艺的开发

提供工艺路线的选择依据（包括文献依据和 / 或理论依据）。

提供详细的研究资料（包括研究方法、研究结果和研究结论）以说明关键步骤确定的合理性以及工艺参数控制范围的合理性。

详细说明在工艺开发过程中生产工艺的主要变化（包括工艺路线、工艺参数、批量以及设备等的变化）及相关的支持性验证研究资料。提供工艺研究数据汇总表，示例如下：

工艺研究数据汇总表

批号	试制日期	试制地点	试制目的 / 样品用途^{注1}	批量	收率	工艺^{注2}	样品质量		
							含量	功能性指标	性状等

注1：说明生产该批次的目的和样品用途，例如工艺验证 / 稳定性研究。

注2：说明表中所列批次的生产工艺是否与 3.1 项下工艺一致，如不一致，应明确不同点。

4 特性鉴定

4.1 结构和理化性质研究

4.1.1 结构确证研究

（1）结构确证信息

提供可用于对药用辅料的结构进行确证或表征的相关信息。

（2）结构确证研究

应结合制备工艺路线以及各种结构确证手段对产品的结构进行解析，如可能含有立体结构、结晶水／结晶溶剂或者多晶型问题要详细说明，对于高分子药用辅料，还需关注分子量及分子量分布、聚合度、取代度、红外光谱等结构确证信息。提供结构确证用样品的精制方法、纯度、批号；提供具体的研究数据和图谱并进行解析。

为了确保生物制品来源的药用辅料质量的一致性，需要建立标准品／对照品或将辅料与其天然类似物进行比较。对于生物制品类辅料具体见 ICH 关于生物技术／生物产品的指南。

对来源于化学合成体或来源于动／植物的预混辅料，需要用不同的方法描述其特性，并进行定量和定性的描述，包括所有特殊信息。

4.1.2 理化性质

提供辅料理化性质研究资料，如：性状（如外观，颜色，物理状态）、熔点或沸点、比旋度、溶解性、吸湿性、溶液 pH、分配系数、解离常数、将用于制剂生产的物理形态（如多晶型、溶剂化物或水合物）、粒度、来源等。

4.2 杂质研究

4.2.1 杂质信息

结合辅料生产工艺，描述杂质情况。

4.2.2 杂质研究

应根据药用辅料的分子特性、来源、制备工艺等进行杂质研究，如对于高分子辅料，应重点研究残留单体、催化剂以及生产工艺带来的杂质。评估杂质对药用辅料安全性、功能性等的影响，并进行相应的控制。

4.3 功能特性

4.3.1 功能特性信息

结合辅料在制剂中的用途及给药途径，提供辅料有关功能性指标信息（如适用）。

4.3.2 功能特性研究

结合辅料在制剂中的用途及给药途径，详细说明该药用辅料的主要功能特性并提供相应的研究资料。

如：粘合剂可提供表面张力、粒度及粒度分布、溶解性、粘度、比表面积、堆积度等适用的特性指标。

5 质量控制

5.1 质量标准

提供药用辅料的质量标准。质量标准应当符合《中华人民共和国药典》现行版的通用技术要求和格式，并使用其术语和计量单位。

5.2 分析方法的验证

提供质量标准中有关项目的方法学验证资料。对于现行版中国药典／美国药典／欧洲药典／英国药典／日本药典已收载的品种，如采用药典标准方法，可视情况开展方法学确认。

5.3 质量标准制定依据

说明各项目设定的考虑，总结分析各检查方法选择以及限度确定的依据。质量标准起草说明应当包括标准中控制项目的选定、方法选择、检查及纯度和限度范围等的制定依据。

6 批检验报告

提供不少于三批生产样品的检验报告。如果有委托外单位检验的项目需说明。委托检验的受托方需具备相关资质。

7 稳定性研究

稳定性研究的试验资料及文献资料。包括采用直接接触药用辅料的包装材料和容器共同进行的稳定性试验。如适用，描述针对所选用包材进行的相容性和支持性研究。

7.1 稳定性总结

总结所进行的稳定性研究的样品情况、考察条件、考察指标和考察结果，对各项指标变化趋势进行分析，并提出贮存条件和有效期。

7.2 稳定性数据

以表格形式提供稳定性研究的具体结果，并将稳定性研究中的相关图谱作为附件。

7.3 辅料的包装

说明辅料的包装及选择依据，提供包装标签样稿。

8 药理毒理研究

一般需提供的药理毒理研究资料和／或文献资料包括：

（1）药理毒理研究资料综述。

（2）对拟应用药物的药效学影响试验资料和／或文献资料。

（3）非临床药代动力学试验资料和／或文献资料。

（4）安全药理学的试验资料和／或文献资料。

（5）单次给药毒理性的试验资料和／或文献资料。

（6）重复给药毒理性的试验资料和／或文献资料。

（7）过敏性（局部、全身和光敏毒性）、溶血性和局部（血管、皮肤、粘膜、肌肉等）刺激性等主要与局部、全身给药相关的特殊安全性试验研究和／或文献资料。

（8）遗传毒性试验资料和／或文献资料。

（9）生殖毒性试验资料和／或文献资料。

（10）致癌试验资料和／或文献资料。

（11）其他安全性试验资料和／或文献资料。

根据药用辅料的上市状态、应用情况、风险程度等确定需提交的研究资料和／或文献资料，如不需要某项研究资料时，应在相应的研究项目下予以说明。药用辅料的药理毒理研究可单独进行也可通过合理设计与关联制剂的药理毒理研究合并进行。

三、登记资料说明

1 基于辅料（在制剂中）的使用历史及药典收载情况，附表 1 列出了不同类别辅料所需提供的资料文件。

2 登记资料应列出全部资料项目，对按附表 1 规定无需提供的资料，应在该项资料项目下进行说明。

3 对于之前按注册程序已获批准证明文件的药用辅料，如登记可按附表 1 第 2.4 类资料要求提供资料。审评过程中可根据需要补充资料。

4 辅料已有使用历史的定义：该辅料已在境内外批准制剂中使用且给药途径相同。

5 境外批准制剂的范围：仅限在美国、欧盟、日本批准上市的制剂。

6 对于分类未涵盖的药用辅料，请选择"其他"，其登记资料的要求根据使用历史和药典收载情况提交相关的登记资料。

7 境内外上市药品中已有使用历史的，对于中国药典已收载，USP/EP/BP/JP 均未收载的药用辅料参照 2.2 类提交登记资料。

8 对于同一辅料同时属于不同分类的情况，应按照风险等级高的分类进行登记提交相关技术资料。

附表 1

药用辅料登记资料表

资料项目	内容	1.1*	1.2*	1.3*	1.4*	2.1*	2.2*	2.3*	2.4*	3.1*	3.2*
1	登记人基本信息	+	+	+	+	+	+	+	+	+	+
2	辅料基本信息	+	+	+	+	+	+	+	+	+	+
3	3.1（1）工艺综述	+	+	+	+	+	+	+	+	+	+
	3.1（2）工艺详述	+	±	±	±	±	±	−	−	±	±
	3.1（3）说明商业生产的分批原则、批量范围和依据	+	+	+	+	+	+	+	+	+	+
	3.1（4）设备	+	+	+	+	+	+	+	+	+	+
	3.2.1 关键物料控制信息	−	−	−	−	−	−	+	+	+	+
	3.2.2 物料控制信息详述	+	+	+	−	+	+	−	−	−	−
	3.3 关键步骤和中间体的控制	+	+	+	−	+	+	−	−	+	+
	3.4.1 工艺稳定性评估	−	−	−	+	+	+	+	+	+	+
	3.4.2 工艺验证	+	+	+	−	+	+	−	−	+	+
	3.5 生产工艺的开发	+	±	±	−	±	±	−	−	−	−

资料项目	内容	1.1*	1.2*	1.3*	1.4*	2.1*	2.2*	2.3*	2.4*	3.1*	3.2*
4	4.1.1（1）结构确证信息	+	+	+	+	+	+	±	−	+	+
	4.1.1（2）结构确证研究	+	±	+	−	−	−	−	−	−	−
	4.1.2 理化性质	+	±	±	±	±	±	−	−	±	±
	4.2.1 杂质信息	+	+	+	+	+	+	+	+	+	+
4	4.2.2 杂质研究	+	±	±	±	±	±	−	−	±	±
	4.3.1 功能特性信息	+	+	+	+	+	+	+	+	+	+
	4.3.2 功能特性研究	+	+	+	+	+	+	+	+	±	±
5	5.1 质量标准	+	+	+	+	+	+	+	+	+	+
	5.2 分析方法的验证	+	+	+	±	+	+	+	−	±	±
	5.3 质量标准制定依据	+	+	+	+	+	+	+	+	+	+
6	批检验报告	+	+	+	+	+	+	+	+	+	+
7	7.1 稳定性总结	+	+	+	+	+	+	+	+	+	+
	7.2 稳定性数据	+	+	+	+	+	+	+	+	+	+
	7.3 辅料的包装	+	+	+	+	+	+	+	+	+	+
8	药理毒理研究	+	+	+	+	±	±	±	±	±	±

注：＋需提供相关资料的项目

－无需提供相关资料的项目

± 根据需要提供相关资料的项目

备注：*

境内外上市药品中未有使用历史的，包括

1.1 新的分子结构的辅料以及不属于第 1.2、1.3 的辅料；

1.2 由已有使用历史的辅料经简单化学结构改变（如盐基，水合物等）；

1.3 两者及两者以上已有使用历史的辅料经共处理得到的辅料；

1.4 已有使用历史但改变给药途径的辅料。

境内外上市药品中已有使用历史的，且

2.1 中国药典 /USP/EP/BP/JP 均未收载的辅料；

2.2 USP/EP/BP/JP 之一已收载，但未在境内上市药品中使用的辅料；

2.3 USP/EP/BP/JP 之一已收载，中国药典未收载的辅料；

2.4 中国药典已收载的辅料。

在食品或化妆品中已有使用历史的，且

3.1 具有食品安全国家标准的用于口服制剂的辅料；

3.2 具有化妆品国家或行业标准的用于外用制剂的辅料。

注:

（1）高风险药用辅料一般包括：动物源或人源的药用辅料；用于注射剂、眼用制剂、吸入制剂等的药用辅料。对于高风险辅料的登记资料要求，可根据辅料在特定制剂中的应用以及相应的技术要求，按需提供，或在审评过程中根据特定制剂及辅料在制剂中的应用情况根据需要补充资料。

（2）对于已有使用历史的辅料，若该辅料超出相应给药途径的历史最大使用量，应提供相关安全性数据等资料。

（3）对预混辅料，应根据其在制剂中的应用及配方组成中各辅料成分情况，选择合适的资料要求进行登记。

（4）以上登记资料分类要求作为登记人资料准备的指导，药品审评中心可根据制剂的技术审评需要提出资料补充要求。

（5）根据辅料分类不同，登记资料 3.2.1 与 3.2.2，3.4.1 与 3.4.2，4.1.1（1）与（2）中提供一组研究资料即可。

附件 2

药包材登记资料要求（试行）

品种名称：XXXXX
登记人：XXXXX

使用情况分类：

○ 1 未在境内外上市药品中使用过的药包材（如新材料、新结构）；

○ 2 已在境内外上市药品中使用过，但改变药品给药途径且风险提高的药包材；

○ 3 未在境内外上市药品中使用过，但是可证明在食品包装中使用过的与食品直接接触的药包材（仅限用于口服制剂）；

○ 4 已在相同给药途径的上市药品中使用过的药包材

○ 4.1 无注册证的药包材

○ 4.2 有注册证的药包材

○ 5 其他

登记人名称： 盖章

法定代表人： 签名

一、登记资料项目

1 登记人基本信息

1.1 名称、地址、生产厂、生产地址

1.2 证明性文件

1.3 研究资料保存地址

2 药包材基本信息

2.1 药包材名称

2.2 包装系统／组件

2.3 配方

2.4 基本特性

2.5 境内外批准上市及使用信息

2.6 国家标准以及国内外药典收载情况

3 生产信息

3.1 生产工艺和过程控制

3.2 物料控制

3.3 关键步骤和半成品／中间体的控制

3.4 工艺验证和评价

4 质量控制

4.1 质量标准

4.2 分析方法的验证

4.3 质量标准制定依据

5 批检验报告

6 自身稳定性研究

7 相容性和安全性研究

7.1 相容性研究

7.2 安全性研究

附表 1 高风险药包材使用情况与登记资料表

附表 2 非高风险药包材使用情况与登记资料表

附表 3 实行关联审评审批的药包材及风险分类

二、登记资料正文及撰写要求

1 登记人基本信息

1.1 名称、注册地址、生产厂、生产地址

提供登记人的名称、注册地址。

提供生产厂的名称、生产地址（如有多个生产场地，都应提交）。

生产地址应精确至生产车间。

1.2 证明性文件

境内药包材登记人需提交以下证明文件：

登记人营业执照复印件，营业执照应包含此次登记产品。对登记人委托第三方进行生产的，应同时提交委托书等相关文件、生产者相关信息及营业执照。

境外药包材登记人应授权中国代表机构提交以下证明文件（参照进口药品注册有关规定）：

（1）登记人合法生产资格证明文件、公证文件及其中文译文。对登记人委托第三方进行生产的，应同时提交生产者相关信息及证明文件（如适用）。

（2）登记人如委托中国境内代理机构登记，需提交授权文书、公证文件及其中文译文。中国境内代理机构需提交其工商执照或者注册产品生产厂商常驻中国境内办事机构的《外国企业常驻中国代表机构登记证》。

（3）产品在境外的生产、销售、应用情况综述及在中国申请需特别说明的理由。

1.3 研究资料保存地址

提供研究资料保存地址，应精确至门牌号。如研究资料有多个保存地址的，都应提交。

2 药包材基本信息

采用相同的生产工艺和材料、具有相同功能的产品可以作为同一药包材登记，药包材企业可在同一登记号下按不同的型号和规格进行登记。

2.1 药包材名称

提供药包材的中英文通用名称、化学名称（如适用）、曾用名，对于尚无法确定通用名称的，需提供拟定名称。药包材名称应与品种质量标准中的名称一致，也可参考主管部门制定的命名原则进行命名。应当参照已批准的药包材名称或国家标准命名原则对产品进行命名。

2.2 包装系统/组件

药包材可以是包装系统，也可以是包装组件，组件需说明适用的包装系统。

包装系统/组件需分别提供每一个单独组件/材料的相关信息，包括构成系统的组件产品名称、来源、生产地址等相关信息及质量标准、检验报告等。如果有多个来源，需分别给出未单独登记的组件资料或提供组件的登记号。

说明：请按照附件填写包装系统各包装组件的名称。如：经口鼻吸入制剂应填写容器（如罐、筒）、阀门等配件。

对于某些制剂，如需在直接接触药品的药包材外增加功能性次级包装材料（如高阻隔性外袋），或者需包装初级以及次级包装材料后进行灭菌处理的制剂，需将初级以及次级包装材料作为包装系统，一并进行填写，例如某些采用初级及次级塑料包装材料的注射制剂，对于所用的干燥剂、吸氧剂、指示剂等，也应填写，如影响制剂质量的，需订入包材的质量标准中。制剂生产过程中不参与灭菌处理，仅为防尘用的外袋，可不作为功能性次级包装材料。

2.3 配方

应分别填写药包材中各个组件的配方信息，包括组分名称、来源、质量标准及检验报告、用量配比和预期用途、化学品安全说明书（MSDS）。有登记号的组件也可提供登记号。配方信息应覆盖药包材所涉及的所有组成部分及用量依据，如添加剂在境内外药典、国标等法规标准收载的用量范围。

2.3.1 名称：包括原辅料及添加剂（着色剂、防腐剂、增塑剂、遮光剂及油墨等）的化学名（IUPAC 名和／或 CAS 名）、中文译名和商品名等。

说明：原辅料名称中应同时注明该原料的使用等级（如有，需提供），聚合物和金属材料应注明牌号。

2.3.2 来源：提供原辅料的生产商，分析原辅料的作用。

2.3.3 相对分子量、分子式、化学结构：未应用于相同给药途径的系统或组件中的新物质需提供化学结构的确认依据（如核磁共振谱图、元素分析、质谱、红外谱图等）及其解析结果。

2.3.4 理化性质：包括各组分的理化性质，如颜色、气味、状态、溶解度、分子量、聚合度等（如适用可提供）。

2.3.5 用量配比和预期用途：对原辅料的用量／用量范围／比例进行说明，并对其在材料生产、加工及使用过程中所起到的作用分别进行描述。

2.3.6 化学品安全说明书（MSDS）：应提供原辅料生产厂家提供的或从公开途径获得的所使用各种物质的化学品安全说明书。提供配方汇总表，示例如下：

配方汇总表

组件一：胶塞					
a 主要原料	来源	标准	用量	用途	生产商
b 辅料					

注：来源是指制备材料的来源，如：天然（动植物）或人工合成等。

2.4 基本特性

2.4.1 基本信息

根据具体药包材种类，分别提供药包材以及各组件的基本特性信息。

例如：对于吸入制剂，应填写整体药包材的相关物化性质，如外观、尺寸、形状、颜色、组成、规格、用途等，还应填写阀门等组件的相关物化性质（具体可参考药包材的相关技术指导原则）。

2.4.2 保护性和功能性

如果登记的是包装组件，保护性和功能性可能需要由包装系统的组合单位进行相应研究。

保护性：药包材应保证对药品制剂在生产、运输、储存及使用过程中的保护性能，包括光线、温度、湿度以及在受力条件下对材料及容器保护性能的影响进行相关研究（或提供长期上市使用的证明或相关文献资料）。

需根据药包材的用途，提供相应的保护性和功能性研究资料，以及方法学验证资料（如适用）。如：避光防护、防止溶剂流失/渗漏、保护灭菌产品或有微生物限度要求的产品免受细菌污染、防止产品接触水汽、防止产品接触反应性气体等。说明药包材质量标准中是否有相应的质控项目。例如：透光率，氧气、水分、氮气、二氧化碳透过率等密闭性能的验证数据等。对于需灭菌处理的无菌制剂用包装，必须提供灭菌工艺适应性的验证资料，目前常用的灭菌工艺包括环氧乙烷灭菌、湿热灭菌、辐射灭菌等，需考察灭菌工艺对材料的影响（是否适合灭菌过程），环氧乙烷灭菌还需考察环氧乙烷及其相关物质的残留情况。终端灭菌制剂包装需提供温度适应性研究资料，并在质量标准中列出可耐受的灭菌条件等信息。如适用，无菌制剂用包装还需要进行灭菌效果的验证，并对包装材料的微生物学性质进行研究，从而确定无菌包装的储存期。

功能性：药包材功能性是指包装系统按照预期设计发挥作用的能力，如满足特殊人群（儿童、老年人、盲人等）用药、提高患者用药依从性以及附带给药装置的性能。

需根据药包材的用途，提供相应的功能性研究资料，以及方法学验证资料。如果采用国家标准/行业标准试验方法，则不需提供方法学验证资料。

对于具有特定功能的包装，如控制药物释放的喷雾剂定量给药装置、带高阻隔性外袋的塑料药包材等，需提供针对特定功能进行的相关验证资料，以满足特定的功能性要求。对于提高用药依从性，降低错误用药的包装形式，如儿童安全盖、粉液双室袋、盲文印刷、老年人易开启等，还应提供操作可行性实验分析以及一定人群范围的应用数据分析。

2.5 境内外批准及使用信息

2.5.1 境外批准上市的相关证明性文件

对于进口药包材，提供境外药品监督管理部门的相关证明性文件，如 DMF 备案文件（说明状态）、批准时间和/或其他证明性文件，并简述在制剂中的使用情况。

2.5.2 生产、销售、应用情况综述

填写本企业所生产药包材在境内上市（包括进口）的制剂中是否已经应用，以及所应用的剂型、产品。

2.6 国家标准以及国内外药典收载情况

提供该药包材及各组件被国家标准及国内外药典以及相关国际标准收载的信息。

3 生产信息

3.1 生产工艺和过程控制

提供生产厂区及洁净室（区）平面图及洁净区的检测报告。

（1）工艺流程图：按工艺步骤提供工艺流程图，标明工艺参数、关键步骤等。若使用溶剂请列出所用溶剂种类。

（2）工艺描述：根据工艺流程来描述工艺操作，以商业批为代表，列明主要起始原材料、工艺步骤、添加剂、粘合剂、生产条件（温度、压力、时间等）和操作程序等，如产品涉及印刷，需说明印刷工艺及采用的印刷介质等相关信息，说明生产工艺的选择依据。

灭菌的药包材可增加包材使用前清洗状态及烘干、灭菌要求等。

（3）说明商业化生产的分批原则、批量范围和依据。

（4）设备：提供主要和特殊的生产、检验设备的型号或技术参数。

生产、检验设备资料可以按照下述表格形式提交：

药包材生产设备一览表

序号	设备名称	型号	数量	生产厂商
1				
2				
...				

药包材检验设备一览表

序号	设备名称	型号	数量	生产厂商
1				
2				
...				

3.2 物料控制

按照工艺流程图中的工序，以表格的形式列明生产中用到的所有物料和添加剂，如油墨和粘合剂等并说明所使用的步骤，示例如下：

物料控制信息

物料名称	来源[注]	质量标准	生产商	使用步骤

注：如动物来源、植物来源、化学合成等。

提供以上物料的质量控制信息，明确引用标准，或提供内控标准（包括项目、检测方法和限度）并提供必要的方法学验证资料。

3.3 关键步骤和半成品 / 中间体的控制

列出所有关键步骤，提供关键过程控制及参数，提供可确定关键步骤合理性以及工艺参数控制范围合理性的研究资料。需说明各生产步骤是否为连续生产。

如有半成品 / 中间体，列出半成品 / 中间体的质量控制标准，包括项目、方法和限度，并提供必要的方法学验证资料。

3.4 工艺验证和评价

对产品质量有重大影响的工艺，应提供验证方案、验证报告、批生产记录等资料，或提供足够信息以证明生产工艺能稳定生产出符合质量要求的包材。

4 质量控制

4.1 质量标准

提供药包材的标准：

已有国家标准的登记产品，可使用国家标准作为登记产品的质量标准，如果与国家标准或药典标准不一致，需结合产品的性质，论证企业标准确定的合理性。登记产品的材料、用途、生产工艺（适用时）、组合件配合方式（适用时）的要求应与质量标准的规定相符。

关于企业标准的要求：

质量标准应当符合现行版中国药典和国家标准的技术要求和格式，并使用其术语和计量单位。尚未收入国家标准的登记产品，登记企业应根据登记产品的材质、用途、性能等特点，设立相关检验项目、检验方法和技术要求，自行拟定产品注册标准，并进行方法学验证；

提供标准编制和起草说明，提供项目、方法、指标设立的依据等内容。同一个包装系统 / 组件用于不同的制剂或不同的制剂企业，检测项目和指标可能不同。安全性指标应不得低于国家标准同类产品的要求；

根据药包材产品种类及其适用剂型的不同，在质量标准中需包含材料、容器的阻隔性能和密闭性能等相应的保护性检测项目：如避光、防潮、隔绝气体（氧气、水分、氮气、二氧化碳透过率等）、密闭、防止微生物污染等保护性检测项目。可使用药典等方法进行透光性，防潮性，微生物限度和无菌测试。必要时，除药典等标准里列出的这些测试以外，可以增加有关性能测试（如气体传导，溶剂渗漏，容器完整性）；

质量标准中需包含药包材安全性、保护性、功能性与生产过程相关的检测项目；

提供产品的结构示意图（包括尺寸信息）和实样图片。

4.2 分析方法的验证

提供质量标准中相关项目的方法学验证资料。某些无需进行验证的检查项，如酸碱度滴定，水分测定等，无需提供；对于采用国家药包材标准的分析方法无需提供分析方法的验证；对于采用相关国际标准或国外药典收载的方法，可视情况开展方法学确认。

4.3 质量标准制定依据

企业标准需要说明各项目设定的考虑，总结分析各检查方法选择以及限度确定的依据。质量标准起草说明应当包括标准中控制项目的选定、方法选择的依据等。

5 批检验报告

逐批检验项目需提供不少于三批样品的检验报告，YBB 中 * 和 ** 号检验项目可以检一批。如果委托有资质单位进行检验的项目需予以说明。委托检验的受托方需具备相关资质。

6 自身稳定性研究

提供药包材自身的稳定性研究资料，描述针对所选用包材进行的支持性研究。

药包材自身稳定性重点考察包装系统或包装组件在规定的温度及湿度环境下随时间变化的规律，以确认药包材产品在规定的贮存条件下的稳定期限。

说明稳定性研究的样品情况（包括批号、批量等信息）、考察条件、考察指标和考察结果，对变化趋势进行分析，并提出贮存条件和使用期限。以表格形式提供稳定性研究的具体结果，并将稳定性研究中的相关图谱作为附件。

药包材稳定性研究可参照相关技术指导原则进行，如加速条件下的老化研究，也可提供药包材在稳定期内的长期试验数据。稳定性评价的样品应具有代表性，通常应采用稳定规模生产的样品。样品的质量标准应与规模生产所使用的质量标准一致。

药包材自身稳定性研究一般适用于药用塑料和橡胶等高分子材料。

7 相容性和安全性研究

7.1 相容性研究

用于吸入制剂、注射剂、眼用制剂的药包材，登记人应根据配方提供提取试验信息，包括定量或定性地获取材料中挥发性或不挥发性提取物的提取特性（提取物库）以及相应的谱图。如有可能，可同时提供潜在的浸出物提示信息，供制剂生产企业进行制剂与药包材的相容性试验使用。

提取试验可参照国家发布的相关技术指导原则或国内外药典收载的相关标准进行。提取试验的方法和溶剂的选取应根据提取目的和包装组件的性质决定。理想情况下提取溶剂应与制剂对提取物质具有相同的特性以获得同样的定量提取特征。

7.2 安全性研究

下列产品需要进行安全性研究：

7.2.1 新材料，新结构，新用途的药包材：应提供产品及所用原材料相关的安全性（生物学和毒理学）研究资料，具体产品安全性研究资料可参考相应技术要求进行。

7.2.2 用于吸入制剂、注射剂和眼用制剂的药包材：无明确证据应用于此类包装的材料和添加剂，需提供相应的安全性资料。为证明相容性，对有可能发生药品与包装材料发生相互作用的情况，应提交可提取物的毒理学研究，必要时提供可提取物的生物学安全性评价资料；应提交已知可提取物的结构（包括结构已知且毒理学数据明确的可提取物，以及结构已知但毒理学数据不明确的可提取物）。

三、登记资料说明

1 药包材登记资料是制剂注册资料中的一部分，与制剂的登记资料组合后，应能够证明该产品可以满足预期包装药品的要求。

2 登记资料依据药包材风险程度和药包材使用情况进行分类，确定至少需要提交的登记资料，具体内容见附表 1 和附表 2。

3 药包材产品及所用原材料、添加剂相关的安全性研究资料，可包括以下资料：国内外药包材标准或药典中的生物学测试；国内外毒理学文献资料；材料的生物学安全性测试等。

4 对于非高风险制剂使用的药包材，一般不要求提供 3.4 工艺验证和评价及 7.1 相容性研究资料。但采用无菌工艺的外用制剂，以及所有的液体制剂使用的药包材应视情况开展相应的研究。

5 如果申请的药包材涉及多个组件组成包装系统，除包装系统要填报完整的登记资料外，每个组件需分别提供资料 2.2~7。例如大容量注射剂的输液袋包装，需分别填写多层共挤输液袋、塑料组合盖、阻隔外袋等信息。如果仅登记包装组件，如药用胶塞，可仅填写胶塞的相关信息。

6 对于分类未涵盖的药包材，请选择"其他"，其登记资料要求根据风险程度和使用历史提交相关的登记资料。

附表 1

高风险药包材登记资料表

资料项目	资料内容	1*	2*	4.1*	4.2*
1 登记人基本信息	1.1 名称、注册地址、生产地址	+	+	+	+
	1.2 证明性文件	+	+	+	+
	1.3 研究资料保存地址	+	+	+	+
2 药包材基本信息	2.1 药包材名称	+	+	+	+
	2.2 包装系统/组件	+	+	+	+
	2.3 配方	+	+	+	+
	2.4 基本特性	+	+	+	+
	2.5 境内外批准及使用信息	−	+	+	+
	2.6 国家标准以及国内外药典收载情况	+	+	+	+
3 生产信息	3.1 生产工艺和过程控制	+	+	+	+
	3.2 物料控制	+	+	+	+
	3.3 关键步骤和半成品/中间体的控制	+	±	±	−
	3.4 工艺验证和评价	+	±	±	−
4 质量控制	4.1 质量标准	+	+	+	+
	4.2 分析方法的验证	+	+	+	+
	4.3 质量标准制定依据	+	+	−	−
5 批检验报告		+	+	+	+
6 自身稳定性研究		+	+	+	−
7 相容性和安全性研究	7.1 相容性研究	+	+	+	−
	7.2 安全性研究	+	±	+	−

注：+ 需提供相关资料的项目

− 无需提供相关资料的项目

± 根据需要提供相关资料的项目

附表2

非高风险药包材登记资料表

资料项目	资料内容	1*	2*	3*	4.1*	4.2*
1 登记人基本信息	1.1 名称、注册地址、生产地址	+	+	+	+	+
	1.2 证明性文件	+	+	+	+	+
	1.3 研究资料保存地址	+	+	+	+	+
2 药包材基本信息	2.1 药包材名称	+	+	+	+	+
	2.2 包装系统/组件	+	+	+	+	+
	2.3 配方	+	+	+	+	+
	2.4 基本特性	+	+	+	+	+
	2.5 境内外批准及使用信息	−	+	−	+	+
	2.6 国家标准以及国内外药典收载情况	+	+	+	±	−
3 生产信息	3.1 生产工艺和过程控制	+	+	+	+	+
	3.2 物料控制	+	+	+	+	+
	3.3 关键步骤和半成品/中间体的控制	+	+	+	−	−
	3.4 工艺验证和评价	+	+	−	−	−
4 质量控制	4.1 质量标准	+	+	+	+	+
	4.2 分析方法的验证	+	+	+	+	−
	4.3 质量标准制定依据	+	+	+	−	−
5 批检验报告		+	+	+	+	+
6 自身稳定性研究		+	+	+	+	−
7 相容性和安全性研究	7.1 相容性研究	−	−	−	−	−
	7.2 安全性研究	+	±	−	−	−

注：＋需提供相关资料的项目
－无需提供相关资料的项目
± 根据需要提供相关资料的项目

备注：*

1 未在境内外上市药品中使用过的药包材（如新材料、新结构）；

2 已在境内外上市药品中使用过，但改变药品给药途径且风险提高的药包材；

3 未在境内外上市药品中使用过，但是可证明在食品包装中使用过的与食品直接接触的药包材（仅限用于口服制剂）；

4 已在相同给药途径的上市药品中使用过的药包材

4.1 无注册证的药包材

4.2 有注册证的药包材

附表 3

实行关联审评的剂型与包装系统分类表

制剂类别	剂型	包装系统	包装组件
经口鼻吸入制剂	气雾剂、喷雾剂、粉雾剂	吸入制剂密闭系统	罐（筒）、阀门
注射制剂	小容量注射剂	预灌封注射剂密闭系统	针筒（塑料、玻璃）、注射钢针（或者鲁尔锥头）、活塞
		笔式注射器密闭系统	卡式玻璃瓶＋玻璃珠、活塞、垫片＋铝盖
		抗生素玻璃瓶密闭系统	玻璃瓶、胶塞、铝盖（或者铝塑组合盖）
		玻璃安瓿 塑料安瓿	
	大容量注射剂	玻璃瓶密闭系统	玻璃瓶、胶塞、铝盖（铝塑组合盖）
		软袋密闭系统	多层共挤输液膜、塑料组合盖、胶塞、接口
		塑料瓶密闭系统	塑料瓶、塑料组合盖
	冲洗液、腹膜透析液、肠内营养液等	软袋密闭系统	输液膜、塑料组合盖或者其他输注配件
眼用制剂	眼用液体制剂	塑料瓶密闭系统	
	其他眼用制剂，如眼膏剂等	眼膏剂管系统	软膏管、盖、垫片
透皮制剂	贴剂	透皮制剂包装系统	基材、格拉辛纸＋复合膜
口服制剂	口服固体制剂	塑料瓶系统、玻璃瓶系统	
		复合膜袋	复合膜
		中药球壳	
		泡罩包装系统	泡罩材料、易穿刺膜
	口服液体制剂	塑料瓶系统、玻璃瓶系统	瓶身、瓶盖、垫片
外用制剂	气雾剂、喷雾剂、粉雾剂	外用制剂密闭系统	罐（筒）、阀门
	软膏剂、糊剂、乳膏剂、凝胶剂、洗剂、乳剂、溶液剂、搽剂、涂剂、涂膜剂、酊剂	外用制剂包装系统	
其他	药用干燥剂		

注：1. 高风险药包材一般包括：用于吸入制剂、注射剂、眼用制剂的药包材；国家药品监督管理局根据监测数据特别要求监管的药包材；新材料、新结构、新用途的药包材参照上述要求执行。

2. 鼓励按照包装系统进行登记，如因为技术原因不能按照完整的包装系统登记，也可按照包装组件进行登记。

附件 3

可免登记的产品目录（2019 年版）

药品制剂所用的部分矫味剂、香精、色素、pH 调节剂等药用辅料可不按照 146 号公告要求进行登记，具体如下：

1. 矫味剂（甜味剂）：如蔗糖、单糖浆、甘露醇、山梨醇、糖精钠、阿司帕坦、三氯蔗糖、甜菊糖苷、葡萄糖、木糖醇、麦芽糖醇等。该类品种仅限于在制剂中作为矫味剂（甜味剂）使用。

2. 香精、香料：如桔子香精、香蕉香精、香兰素等。执行食品标准的，应符合现行版 GB 2760《食品安全国家标准 食品添加剂使用标准》、GB 30616《食品安全国家标准 食品用香精》及 GB 29938《食品安全国家标准 食品用香料通则》等相关要求。

3. 色素（着色剂）：如氧化铁、植物炭黑、胭脂虫红等。执行食品标准的，应符合现行版 GB 2760《食品安全国家标准 食品添加剂使用标准》等相关要求。

4. pH 调节剂（包括注射剂中使用的 pH 调节剂）：如苹果酸、富马酸、醋酸、醋酸钠、枸橼酸（钠、钾盐）、酒石酸、氢氧化钠、浓氨溶液、盐酸、硫酸、磷酸、乳酸、磷酸二氢钾、磷酸氢二钾、磷酸氢二钠、磷酸二氢钠等。

5. 仅作为辅料使用、制备工艺简单、理化性质稳定的无机盐类（包括注射剂中使用的无机盐类）：如碳酸钙、碳酸钠、氯化钾、氯化钙、氯化镁、磷酸钙、磷酸氢钙、硫酸钙、碳酸氢钠等。

6. 口服制剂印字使用的无苯油墨。

上述药用辅料，现行版《中国药典》已收载的，应符合现行版《中国药典》要求；现行版《中国药典》未收载的，应符合国家食品标准或现行版美国药典／国家处方集、欧洲药典、日本药典、英国药典标准要求；其他辅料，应符合药用要求。

（注：本清单所列辅料用于本清单标明用途之外的其他用途的，需要按照要求进行登记，或者按照药品审评的要求提供相关资料）

附件 4

药用原辅料、药包材年度报告基本要求

一、原辅包登记人应在每年第一季度通过申请人之窗提交上一年年度报告。

二、年度报告中应包括上一年度产品变更汇总，如无任何变更应有相关声明。

三、年度报告中应有相关制剂产品信息，如企业名称、药品名称等。

国家药监局关于仿制药质量和疗效一致性评价
工作中药品标准执行有关事宜的公告

2019 年第 62 号

为推进仿制药质量和疗效一致性评价工作，明确仿制药注册标准和《中华人民共和国药典》（以下简称《中国药典》）等国家药品标准的关系，现就有关事宜公告如下：

一、按照原国家食品药品监督管理总局《关于实施〈中华人民共和国药典〉2015 年版有关事宜的公告》（2015 年第 105 号）的有关规定，《中国药典》是药品研制、生产（进口）、经营、使用和监督管理等相关单位均应遵循的法定技术标准；药品注册标准中收载检验项目多于（包括异于）药典规定或质量指标严于药典要求的，应在执行药典要求的基础上，同时执行原注册标准的相应项目和指标。

二、国家药品监督管理局药品审评中心基于申请人提交的注册申请核准的药品注册标准应当执行《中国药典》的相关技术要求。

三、由于溶出度、释放度等项目在质量控制中的特殊性，按仿制药质量和疗效一致性评价要求核准的仿制药注册标准中有别于《中国药典》等国家药品标准的，国家药品监督管理局药品审评中心在审评结论中予以说明，申请人在产品获批后三个月之内向国家药典委员会提出修订国家药品标准的建议。国家药典委员会收到修订国家药品标准的建议后，按照有关工作程序进行技术评估，决定是否立项开展相应的国家药品标准修订工作。在《中国药典》等国家药品标准完成修订之前，生产企业可按经核准的药品注册标准执行。

特此公告。

国家药监局

2019 年 7 月 30 日

国家药监局关于仿制药质量和疗效一致性评价
有关事项的公告

2018 年第 102 号

近年来，各有关部门认真贯彻落实《国务院关于改革药品医疗器械审评审批制度的意见》（国发〔2015〕44 号）、《国务院办公厅关于开展仿制药质量和疗效一致性评价的意见》（国办发〔2016〕8 号）等规定，采取切实有效措施推进一致性评价工作；企业持续加大研发投入，积极开展评价。为进一步做好一致性评价工作，经国务院同意，现就有关事项公告如下：

一、严格评价标准，强化上市后监管

严格一致性评价审评审批工作，坚持仿制药与原研药质量和疗效一致的审评原则，坚持标准不降低，按照现已发布的相关药物研发技术指导原则开展技术审评。强化药品上市后监督检查，通过一致性评价的药品，纳入下一年度国家药品抽验计划，加大对相关企业的监督检查力度。

二、时间服从质量，合理调整相关工作时限和要求

（一）《国家基本药物目录（2018 年版）》已于 2018 年 11 月 1 日起施行并建立了动态调整机制，与一致性评价实现联动。通过一致性评价的品种优先纳入目录，未通过一致性评价的品种将逐步被调出目录。对纳入国家基本药物目录的品种，不再统一设置评价时限要求。

（二）化学药品新注册分类实施前批准上市的含基本药物品种在内的仿制药，自首家品种通过一致性评价后，其他药品生产企业的相同品种原则上应在 3 年内完成一致性评价。逾期未完成的，企业经评估认为属于临床必需、市场短缺品种的，可向所在地省级药品监管部门提出延期评价申请，经省级药品监管部门会同卫生行政部门组织研究认定后，可予适当延期。逾期再未完成的，不予再注册。

三、强化服务指导，全力推进一致性评价工作

深入贯彻落实国务院"放管服"改革要求，坚持引导、督导与服务并重，根据评价品种具体情况，分类处理、分别施策，进一步加大服务指导力度。建立绿色通道，对一致性评价申请随到随审，加快审评进度。企业在研究过程中遇到重大技术问题的，可以按照《药物研发与技术审评沟通交流管理办法》的有关规定，与药品审评机构进行沟通交流。进一步加强对重点品种、重点企业的指导，组织现场调研和沟通，帮助企业解决难点问题。

四、加强配套政策支持，调动企业评价积极性

充分发挥市场机制作用，激发企业开展一致性评价的积极性。通过一致性评价的品种，药品监管部门允许其在说明书和标签上予以标注，并将其纳入《中国上市药品目录集》；对同品种药品通过一致性评价的药品生产企业达到 3 家以上的，在药品集中采购等方面，原则上不再选用未通过一致性评价的品种。各地要在保证药品质量和供应的基础上，从实际出发完善集中采购政策；国家卫生健康委对《国家基本药物目录（2018 年版）》中价格低廉、临床必需的药品在配套政策中给予支持，保障临床用药需求。

特此公告。

国家药监局

2018 年 12 月 28 日

国家药监局　国家知识产权局关于发布《药品专利纠纷早期解决机制实施办法（试行）》的公告

2021 年第 89 号

根据《中华人民共和国专利法》，国家药监局、国家知识产权局组织制定了《药品专利纠纷早期解决机制实施办法（试行）》，经国务院同意，现予发布，自发布之日起施行。特此公告。

附件：1. 药品专利纠纷早期解决机制实施办法（试行）

2.《药品专利纠纷早期解决机制实施办法（试行）》政策解读

国家药品监督管理局　国家知识产权局

2021 年 7 月 4 日

附件 1

药品专利纠纷早期解决机制实施办法（试行）

第一条　为了保护药品专利权人合法权益，鼓励新药研究和促进高水平仿制药发展，建立药品专利纠纷早期解决机制，制定本办法。

第二条　国务院药品监督管理部门组织建立中国上市药品专利信息登记平台，供药品上市许可持有人登记在中国境内注册上市的药品相关专利信息。

未在中国上市药品专利信息登记平台登记相关专利信息的，不适用本办法。

第三条　国家药品审评机构负责建立并维护中国上市药品专利信息登记平台，对已获批上市药品的相关专利信息予以公开。

第四条　药品上市许可持有人在获得药品注册证书后 30 日内，自行登记药品名称、剂型、规格、上市许可持有人、相关专利号、专利名称、专利权人、专利被许可人、专利授权日期及保护期限届满日、专利状态、专利类型、药品与相关专利权利要求的对应关系、通讯地址、联系人、联系方式等内容。相关信息发生变化的，药品上市许可持有人应当在信息变更生效后 30 日内完成更新。

药品上市许可持有人对其登记的相关信息的真实性、准确性和完整性负责，对收到的相关异议，应当及时核实处理并予以记录。登记信息与专利登记簿、专利公报以及药品注册证书相关信息应当一致；医药用途专利权与获批上市药品说明书的适应症或者功能主治应当一致；相关专利保护范围覆盖获批上市药品的相应技术方案。相关信息修改应当说明理由并予以公开。

第五条　化学药上市许可持有人可在中国上市药品专利信息登记平台登记药物活性成分化合物专利、含活性成分的药物组合物专利、医药用途专利。

第六条　化学仿制药申请人提交药品上市许可申请时，应当对照已在中国上市药品专利信息登记平台公开的专利信息，针对被仿制药每一件相关的药品专利作出声明。声明分为四类：

一类声明：中国上市药品专利信息登记平台中没有被仿制药的相关专利信息；

二类声明：中国上市药品专利信息登记平台收录的被仿制药相关专利权已终止或者被宣告无效，或者仿制药申请人已获得专利权人相关专利实施许可；

三类声明：中国上市药品专利信息登记平台收录有被仿制药相关专利，仿制药申请人承诺在相应专利权有效期届满之前所申请的仿制药暂不上市；

四类声明：中国上市药品专利信息登记平台收录的被仿制药相关专利权应当被宣告无效，或者其仿制药未落入相关专利权保护范围。

仿制药申请人对相关声明的真实性、准确性负责。仿制药申请被受理后 10 个工作日内，国家药品审评机构应当在信息平台向社会公开申请信息和相应声明；仿制药申请人应当将相应声明及声明依据通知上市许可持有人，上市许可持有人非专利权人的，由上市许可持有人通知专利权人。其中声明未落入相关专利权保护范围的，声明依据应当包括仿制药技术方案与相关专利的相关权利要求对比表及相关技术资料。除纸质资料外，仿制药申请人还应当向上市许可持有人在中国上市药品专利信息登记平台登记的电子邮箱发送声明及声明依据，并留存相关记录。

第七条　专利权人或者利害关系人对四类专利声明有异议的，可以自国家药品审评机构公开药品上市许可申请之日起 45 日内，就申请上市药品的相关技术方案是否落入相关专利权保护范围向人民法院提起诉讼或者向国务院专利行政部门请求行政裁决。当事人对国务院专利行政部门作出的行政裁决不服的，可以在收到行政裁决书后依法向人民法院起诉。

专利权人或者利害关系人如在规定期限内提起诉讼或者请求行政裁决的，应当自人民法院立案或者国务院专利行政部门受理之日起 15 个工作日内将立案或受理通知书副本提交国家药品审评机构，并通知仿制药申请人。

第八条　收到人民法院立案或者国务院专利行政部门受理通知书副本后，国务院药品监督管理部门对化学仿制药注册申请设置 9 个月的等待期。等待期自人民法院立案或者国务院专利行政部门受理之日起，只设置一次。等待期内国家药品审评机构不停止技术审评。

专利权人或者利害关系人未在规定期限内提起诉讼或者请求行政裁决的，国务院药品监督管理部门根据技术审评结论和仿制药申请人提交的声明情形，直接作出是否批准上市的决定；仿制药申请人可以按相关规定提起诉讼或者请求行政裁决。

第九条　对引发等待期的化学仿制药注册申请，专利权人或者利害关系人、化学仿制药申请人应当自收到判决书或者决定书等 10 个工作日内将相关文书报送国家药品审评机构。

对技术审评通过的化学仿制药注册申请，国家药品审评机构结合人民法院生效判决或者国务院专利行政部门行政裁决作出相应处理：

（一）确认落入相关专利权保护范围的，待专利权期限届满前将相关化学仿制药注册申请转入行政审批环节；

（二）确认不落入相关专利权保护范围或者双方和解的，按照程序将相关化学仿制药注册申请转入行政审批环节；

（三）相关专利权被依法无效的，按照程序将相关化学仿制药注册申请转入行政审批环节；

（四）超过等待期，国务院药品监督管理部门未收到人民法院的生效判决或者调解书，或者国务院专利行政部门的行政裁决，按照程序将相关化学仿制药注册申请转入行政审批环节；

（五）国务院药品监督管理部门在行政审批期间收到人民法院生效判决或者国务院专利行政部门行政裁决，确认落入相关专利权保护范围的，将相关化学仿制药注册申请交由国家药品审评机构按照本条第二款第一项的规定办理。

国务院药品监督管理部门作出暂缓批准决定后，人民法院推翻原行政裁决的、双方和解的、相关专利权被宣告无效的，以及专利权人、利害关系人撤回诉讼或者行政裁决请求的，仿制药申请人可以向国务院药品监督管理部门申请批准仿制药上市，国务院药品监督管理部门可以作出是否批准的决定。

第十条　对一类、二类声明的化学仿制药注册申请，国务院药品监督管理部门依据技术审评结论作出是否批准上市的决定；对三类声明的化学仿制药注册申请，技术审评通过的，作出批准上市决定，相关药品在相应专利权有效期和市场独占期届满之后方可上市。

第十一条　对首个挑战专利成功并首个获批上市的化学仿制药，给予市场独占期。国务院药品监督管理部门在该药品获批之日起 12 个月内不再批准同品种仿制药上市，共同挑战专利成功的除外。市场独占期限不超过被挑战药品的原专利权期限。市场独占期内国家药品审评机构不停止技术审评。对技术审评通过的化学仿制药注册申请，待市场独占期到期前将相关化学仿制药注册申请转入行政审批环节。

挑战专利成功是指化学仿制药申请人提交四类声明，且根据其提出的宣告专利权无效请求，相关专利权被宣告无效，因而使仿制药可获批上市。

第十二条　中药、生物制品上市许可持有人，按照本办法第二条、第三条、第四条、第七条，进行相关专利信息登记等。中药可登记中药组合物专利、中药提取物专利、医药用途专利，生物制品可登记活性成分的序列结构专利、医药用途专利。

中药同名同方药、生物类似药申请人按照本办法第六条进行相关专利声明。

第十三条　对中药同名同方药和生物类似药注册申请，国务院药品监督管理部门依据技术审评结论，直接作出是否批准上市的决定。对于人民法院或者国务院专利行政部门确认相关技术方案落入相关专利权保护范围的，相关药品在相应专利权有效期届满之后方可上市。

第十四条　化学仿制药、中药同名同方药、生物类似药等被批准上市后，专利权人或者利害关系人认为相关药品侵犯其相应专利权，引起纠纷的，依据《中华人民共和国专利法》等法律法规相关规定解决。已经依法批准的药品上市许可决定不予撤销，不影响其效力。

第十五条　提交不实声明等弄虚作假的、故意将保护范围与已获批上市药品无关或者不属于应当登记的专利类型的专利登记至中国上市药品专利信息登记平台、侵犯专利权人相关专利权或者其他给当事人造成损失的，依法承担相应责任。

第十六条　本办法自发布之日起施行。

附件2

《药品专利纠纷早期解决机制实施办法（试行）》政策解读

一、《药品专利纠纷早期解决机制实施办法（试行）》起草背景是什么？

药品专利纠纷早期解决机制是指将相关药品上市审批程序与相关药品专利纠纷解决程序相衔接的制度。中共中央办公厅、国务院办公厅印发的《关于深化审评审批制度改革鼓励药品医疗器械创新的意见》《关于强化知识产权保护的意见》均提出要探索建立药品专利链接制度。2020年10月，新修正的《中华人民共和国专利法》（以下简称《专利法》）第七十六条引入药品专利纠纷早期解决的有关规定，明确由国务院药品监督管理部门会同国务院专利行政部门制定药品上市许可审批与药品上市许可申请阶段专利纠纷解决的具体衔接办法，报国务院同意后实施。

为贯彻落实党中央、国务院决策部署，推动建立我国药品专利纠纷早期解决机制，国家药监局、国家知识产权局会同有关部门在新修正的《专利法》相关规定的框架下，就药品专利纠纷早期解决机制的具体制度认真研究，借鉴国际做法，在广泛征求业界、协会、专家等意见并完善后，制定了《药品专利纠纷早期解决机制实施办法（试行）》（以下简称《办法》）。

二、《办法》目的和主要内容是什么？

《办法》旨在为当事人在相关药品上市审评审批环节提供相关专利纠纷解决的机制，保护药品专利权人合法权益，降低仿制药上市后专利侵权风险。《办法》的主要内容包括：平台建设和信息公开制度、专利权登记制度、仿制药专利声明制度、司法链接和行政链接制度、批准等待期制度、药品审评审批分类处理制度、首仿药市场独占期制度等。

三、药品专利纠纷早期解决的途径有哪些?

《办法》规定,专利权人或者利害关系人对四类专利声明有异议的,可以就申请上市药品的相关技术方案是否落入相关专利权保护范围向人民法院提起诉讼或者向国务院专利行政部门请求行政裁决,即:司法途径和行政途径。在规定的期限内,专利权人可以自行选择途径。如果当事人选择向国务院专利行政部门请求行政裁决,对行政裁决不服又向人民法院提起行政诉讼的,等待期并不延长。

专利权人或者利害关系人未在规定期限内提起诉讼或者请求行政裁决的,仿制药申请人可以按相关规定提起诉讼或者请求行政裁决,以确认其相关药品技术方案不落入相关专利权保护范围。

四、药品专利纠纷早期解决机制涵盖的相关药品专利有哪些?

可以在中国上市药品专利信息登记平台中登记的具体药品专利包括:化学药品(不含原料药)的药物活性成分化合物专利、含活性成分的药物组合物专利、医药用途专利;中药的中药组合物专利、中药提取物专利、医药用途专利;生物制品的活性成分的序列结构专利、医药用途专利。相关专利不包括中间体、代谢产物、晶型、制备方法、检测方法等的专利。

五、如何进行专利声明?

化学仿制药申请人、中药同名同方药申请人、生物类似药申请人提交药品上市许可申请时,应当对照已在中国上市药品专利信息登记平台公开的专利信息,针对被仿制药每一件相关的药品专利作出声明。仿制药申请被受理后 10 个工作日内,仿制药申请人应当将相应声明及声明依据通知上市许可持有人。其中,声明未落入相关专利权保护范围的,声明依据应当包括仿制药技术方案与相关专利的相关权利要求对比表及相关技术资料。除纸质资料外,仿制药申请人还应当向上市许可持有人在中国上市药品专利信息登记平台登记的电子邮箱发送声明及声明依据,并留存相关记录。

六、如何启动等待期?

专利权人或者利害关系人对化学仿制药注册申请的四类专利声明有异议的,可以自国家药品审评机构公开药品上市许可申请之日起 45 日内,就申请上市药品的相关技术方案是否落入相关专利权保护范围向人民法院提起诉讼或者向国务院专利行政部门请求行政裁决。专利权人或者利害关系人如在规定期限内提起诉讼或者请求行政裁决,应当自人民法院立案或者国务院专利行政部门受理之日起 15 个工作日内将立案或受理通知书副本提交国家药品审评机构,并通知仿制药申请人。收到人民法院立案或者国务院专利行政部门受理通知书副本后,国务院药品监督管理部门对化学仿制药注册申请设置 9 个月的等待期。

对化学仿制药申请人声明中国上市药品专利信息登记平台收录的被仿制药相关专利权应当被宣告无效的,如果专利权人或者利害关系人未就上市药品的相关技术方案是否落入相关专利权保护范围向人民法院提起诉讼或者向国务院专利行政部门请求行政裁决，不启动等待期。

七、未早期解决专利纠纷的，相关药品上市后如何处理？

未在中国上市药品专利信息登记平台登记相关专利信息的，不适用本办法；专利权人或者利害关系人未在规定期限内提起诉讼或者请求行政裁决的，不设置等待期。对此类未能早期解决专利纠纷的，相关药品获批上市后，如专利权人认为相关药品侵犯其相应专利权，引起纠纷的，依据《中华人民共和国专利法》等法律法规的规定解决。已经依法批准的药品上市许可决定不予撤销，不影响其效力。

国家药监局关于药械组合产品注册有关事宜的通告

2021 年第 52 号

　　为加强药械组合产品的注册管理，根据药品、医疗器械注册管理的有关规定，现就药械组合产品注册有关事宜通告如下：

　　一、药械组合产品系指由药品与医疗器械共同组成，并作为一个单一实体生产的医疗产品。

　　二、以药品作用为主的药械组合产品，应当按照药品有关要求申报注册；以医疗器械作用为主的药械组合产品，应当按照医疗器械有关要求申报注册。对于药械组合产品中所含药品或者医疗器械已获我国或者生产国（地区）批准上市销售的，相应的上市销售证明文件应当在申报注册时一并提交。药械组合产品的申报资料要求可参考相关文件和指导原则。

　　三、申请人应当充分评估其拟申报药械组合产品的属性。对于药械组合产品不能确定管理属性的，申请人应当在申报注册前向国家药品监督管理局医疗器械标准管理中心（以下简称标管中心）申请药械组合产品属性界定。

　　四、标管中心对受理的药械组合产品属性界定申请资料进行审查，按程序提出属性界定意见，在药械组合产品属性界定信息系统中告知申请人，并及时在其网站对外公布药械组合产品属性界定结果。

　　五、申请人根据产品属性界定结果，向国家药品监督管理局申报药品或者医疗器械注册申请，并在申请表中注明"药械组合产品"。

　　六、国家药品监督管理局药品审评中心与医疗器械技术审评中心建立协调机制。按照药品申报注册的药械组合产品，由药品审评中心牵头进行审评，需要联合审评的，注册申报资料转交医疗器械技术审评中心同步进行审评；按照医疗器械注册申报的药械组合产品，由医疗器械技术审评中心牵头进行审评，需要联合审评的，注册申报资料转交药品审评中心同步进行审评。对于联合审评的药械组合产品，药品审评中心与医疗器械技术审评中心应当协同开展申报产品的沟通咨询等工作；双方分别对相应部分的安全性、有效性及质量可控性出具审评报告，并明确审评结论，由牵头单位进行汇总并做出总体评价，出具总体审评结论后转入国家药品监督管理局相应业务司进行行政审批。

　　七、相关法规、文件中已有明确管理属性规定的，按其规定执行。

　　八、本通告自发布之日起实施，《关于药械组合产品注册有关事宜的通告》（原国家食品药品监督管理局通告 2009 年第 16 号）和《关于调整药械组合产品属性界定有关事项的通告》（国家药品监督管理局通告 2019 年第 28 号）同时废止。

　　特此通告。

附件：1. 药械组合产品属性界定程序
　　　2. 药械组合产品属性界定申请资料要求及说明

国家药监局
2021 年 7 月 23 日

附件 1

药械组合产品属性界定程序

　　一、申请人通过药械组合产品属性界定信息系统（登陆路径详见附件 2）向标管中心提交药械组合产品属性界定申请。

　　二、标管中心对收到的药械组合产品属性界定申请资料进行初审。对于符合要求的，予以受理；对于不符合要求的，应当于 5 个工作日内在药械组合产品属性界定信息系统中一次性告知申请人需要补正的全部内容；对于申请事项不属于药械组合产品属性界定事项范围的，或者补充资料仍不符合要求的，予以退回。

　　三、标管中心对受理的药械组合产品属性界定申请进行审查，20 个工作日内提出属性界定意见，并在药械组合产品属性界定信息系统中告知申请人。需要专家研究等特殊情形的，所需时间不计算在属性界定时限内。

　　四、属性界定过程中需要申请人补正资料的，标管中心应当在药械组合产品属性界定信息系统中一次性告知需要补正的全部内容。申请人应当在 60 个工作日内按照要求一次提供补充资料。申请人补充资料的时间不计算在属性界定时限内。逾期未提交补充资料的，或者补充资料不符合要求的，标管中心退回属性界定申请。

　　五、申请人对药械组合产品属性界定结果有异议的，可以在界定结果告知之日起 10 个工作日内向标管中心提出复审申请。复审申请的内容仅限于原提交的申请资料。标管中心自受理复审申请之日起 20 个工作日内明确复审意见并在药械组合产品属性界定信息系统中告知申请人，复审意见作为最终属性界定结果。需要专家研究等特殊情形的，所需时间不计算在属性界定时限内。

　　六、申请人可以登陆药械组合产品属性界定信息系统查询申请状态、补正通知和属性界定结果。

附件 2

药械组合产品属性界定申请资料要求及说明

　　申请人通过中国食品药品检定研究院（国家药品监督管理局医疗器械标准管理中心）网站（网址：https://www.nifdc.org.cn）进入"医疗器械标准与分类管理"二级网站，点击进入"药械组合产品属性界定信息系统"，按要求上传以下申请材料：

一、药械组合产品属性界定申请表

二、支持性材料

（一）产品描述

组合产品名称、组成成分（所含成分剂量）、组合方式、预期用途、使用时与患者接触部位 / 接触时间、产品示意图、实物照片等。

（二）作用机制

组合产品及各组成成分的作用机制，并提供相关支持和验证性资料。

（三）拟采用的使用说明书（或用户手册等）

（四）组合产品各组成成分来源

（五）申请人属性界定建议及论证资料

1. 申请人对于该组合产品的属性界定建议；

2. 组合产品实现预期用途的首要作用方式，即该组合产品实现最重要的治疗作用的单一作用方式（即药品或者医疗器械）；

3. 首要作用方式的确定依据，包括支持性试验资料及文献资料，对组合产品中发挥、部分发挥和不发挥主要作用的组分进行系统论证并提供支持性资料。

（六）相关产品监管情况

如已有相似或相关的产品在国内外上市，简要介绍该产品结构、组成（含量）、预期用途等基本情况、管理属性和类别及支持性资料。对于进口组合产品申请属性界定的，应当同时提交该组合产品在境外上市的相关资料。

（七）其他与产品属性确定有关的资料

在线打印《药械组合产品属性界定申请表》并签字签章，扫描后连同其他申请资料一并按要求上传。所有申请资料应当使用中文。根据外文资料翻译的，应当同时提供原文。

食品药品监管总局关于对医疗机构
应用传统工艺配制中药制剂实施备案管理的公告

2018 年第 19 号

为贯彻实施《中华人民共和国中医药法》（以下简称《中医药法》）和《中华人民共和国药品管理法》，做好对医疗机构应用传统工艺配制中药制剂（以下简称传统中药制剂）的备案管理工作，促进其健康、有序发展，现将有关事项公告如下：

一、本公告所规定的传统中药制剂包括：

（一）由中药饮片经粉碎或仅经水或油提取制成的固体（丸剂、散剂、丹剂、锭剂等）、半固体（膏滋、膏药等）和液体（汤剂等）传统剂型；

（二）由中药饮片经水提取制成的颗粒剂以及由中药饮片经粉碎后制成的胶囊剂；

（三）由中药饮片用传统方法提取制成的酒剂、酊剂。

二、医疗机构应严格论证中药制剂立题依据的科学性、合理性和必要性，并对其配制的中药制剂实施全过程的质量管理，对制剂安全、有效负总责。

三、医疗机构所备案的传统中药制剂应与其《医疗机构执业许可证》所载明的诊疗范围一致。属于下列情形之一的，不得备案：

（一）《医疗机构制剂注册管理办法（试行）》中规定的不得作为医疗机构制剂申报的情形；

（二）与市场上已有供应品种相同处方的不同剂型品种；

（三）中药配方颗粒；

（四）其他不符合国家有关规定的制剂。

四、医疗机构配制传统中药制剂应当取得《医疗机构制剂许可证》，未取得《医疗机构制剂许可证》或者《医疗机构制剂许可证》无相应制剂剂型的医疗机构可委托符合条件的单位配制，但须同时向委托方所在地省级食品药品监督管理部门备案。

五、传统中药制剂的名称、说明书及标签应当符合《医疗机构制剂注册管理办法（试行）》有关规定，说明书及标签应当注明传统中药制剂名称、备案号、医疗机构名称、配制单位名称等内容。

六、医疗机构应当通过所在地省级食品药品监督管理部门备案信息平台填写《医疗机构应用传统工艺配制中药制剂备案表》（附件），并填报完整备案资料。医疗机构应当对资料真实性、完整性和规范性负责，并将《医疗机构应用传统工艺配制中药制剂备案表》原件报送所在地省级食品药品监督管理部门。

七、传统中药制剂备案应当提交以下资料：

（一）《医疗机构应用传统工艺配制中药制剂备案表》原件。

（二）制剂名称及命名依据。

（三）立题目的和依据；同品种及该品种其他剂型的市场供应情况。

（四）证明性文件，包括：

1.《医疗机构执业许可证》复印件、《医疗机构制剂许可证》复印件。

2. 医疗机构制剂或者使用的处方、工艺等的专利情况及其权属状态说明，以及对他人的专利不构成侵权的保证书。

3. 直接接触制剂的包装材料和容器的注册证书复印件或核准编号。

4. 未取得《医疗机构制剂许可证》或《医疗机构制剂许可证》无相应制剂剂型的医疗机构还应当提供以下资料：

（1）委托配制中药制剂双方签订的委托配制合同复印件；

（2）制剂受托配制单位的《医疗机构制剂许可证》或《药品生产许可证》复印件。

（五）说明书及标签设计样稿。

（六）处方组成、来源、理论依据及使用背景情况。

（七）详细的配制工艺及工艺研究资料。包括工艺路线、所有工艺参数、设备、工艺研究资料及文献资料。

（八）质量研究的试验资料及文献资料。

（九）内控制剂标准及起草说明。

（十）制剂的稳定性试验资料。

（十一）连续 3 批样品的自检报告书。

（十二）原、辅料的来源及质量标准，包括药材的基原及鉴定依据、前处理、炮制工艺、有无毒性等。

（十三）直接接触制剂的包装材料和容器的选择依据及质量标准。

（十四）主要药效学试验资料及文献资料。

（十五）单次给药毒性试验资料及文献资料。

（十六）重复给药毒性试验资料及文献资料。

处方在本医疗机构具有 5 年以上（含 5 年）使用历史的，其制剂可免报资料项目（十四）至（十六）。有下列情形之一的，需报送资料项目（十五）、（十六）：

1. 处方中含法定标准中标识有"剧毒""大毒"及现代毒理学证明有明确毒性的药味；

2. 处方组成含有十八反、十九畏配伍禁忌。

八、传统中药制剂备案信息平台按备案顺序自动生成传统中药制剂备案号。

传统中药制剂备案号格式为：X 药制备字 Z+4 位年号 +4 位顺序号 +3 位变更顺序号（首次备案 3 位变更顺序号为 000）。X 为省份简称。

九、省级食品药品监督管理部门应当在收到备案资料后，30 日内在传统中药制剂备案信息平台公开备案号及其他信息。

十、传统中药制剂处方不得变更，其他备案信息不得随意变更，已备案的传统中药制剂，涉及中药材标准、中药饮片标准或者炮制规范、炮制及生产工艺（含辅料）、包装材料、内控制剂标准、配制地址和委托配制单位等影响制剂质量的信息发生变更的，备案医疗机构应当提交变更情况的说明及相关证明文件、研究资料，按上述程序和要求向原备案部门进行备案变更。其他信息发生变更的，备案医疗机构可通过备案信息平台自行更新相应的备案信息。变更备案完成后，传统中药制剂将获得新的备案号。

十一、医疗机构应当于每年 1 月 10 日前按上述程序和要求向原备案部门汇总提交上一年度所配制的传统中药制剂变更情形、临床使用数据、质量状况、不良反应监测等的年度报告。年度报告备案完成后，传统中药制剂备案号不变。

十二、各省级食品药品监督管理部门负责建立传统中药制剂备案信息平台。

传统中药制剂备案信息平台自动公开传统中药制剂备案的基本信息，公开信息包括：传统中药制剂名称、医疗机构名称、配制单位名称、配制地址、备案时间、备案号、配制工艺路线、剂型、不良反应监测信息。

传统中药制剂备案中的内控制剂标准、处方、辅料、工艺参数等资料不予公开。

十三、传统中药制剂不得在市场上销售或者变相销售，不得发布医疗机构制剂广告。

传统中药制剂限于取得该制剂品种备案号的医疗机构使用，一般不得调剂使用，需要调剂使用的，按照国家相关规定执行。

十四、医疗机构应当进一步积累临床使用中的有效性数据，严格履行不良反应报告责任，建立不良反应监测及风险控制体系。

十五、各省级食品药品监督管理部门负责组织对行政区域内传统中药制剂品种配制、使用的监督检查。备案信息作为监督检查的重要依据。

十六、各省级食品药品监督管理部门在监督检查中发现存在以下情形之一的，应当取消医疗机构该制剂品种的备案，并公开相关信息：

（一）备案资料与配制实际不一致的；

（二）属本公告第三条规定的不得备案情形的；

（三）质量不稳定、疗效不确切、不良反应严重或者风险大于效益的；

（四）不按要求备案变更信息或履行年度报告的；

（五）其他不符合规定的。

十七、医疗机构备案资料不真实以及医疗机构未按备案资料的要求进行配制的，应当依据《中医药法》第五十六条进行查处。

十八、已取得批准文号的传统中药制剂，在该批准文号有效期届满后，各省级食品药品监督管理部门不予再注册，符合备案要求的，可按规定进行备案（注册时已提供的材料，不需要重新提供）；对此前已受理的此类制剂注册申请，申请人可选择申请撤回，改向所在地省级食品药品监督管理部门备案。

十九、省级食品药品监督管理部门可以根据本公告，结合本地实际制定实施细则。

二十、本公告自印发之日起施行，此前印发的相关文件与本公告不一致的，以本公告为准。

附件：医疗机构应用传统工艺配制中药制剂备案表

食品药品监管总局

2018 年 2 月 9 日

国家药监局关于发布
《药品上市后变更管理办法（试行）》的公告

2021 年第 8 号

为贯彻《药品管理法》有关规定，进一步加强药品上市后变更管理，国家药监局组织制定了《药品上市后变更管理办法（试行）》，现予发布，自发布之日起施行，此前规定与本公告不一致的，以本公告为准。

各省级药品监管部门应当落实辖区内药品上市后变更监管责任，细化工作要求，制定工作文件，明确工作时限，药品注册管理和生产监管应当加强配合，互为支撑，确保药品上市后变更监管工作平稳有序开展。

特此公告。

附件：1. 药品上市后变更管理办法（试行）
　　　 2. 关于实施《药品上市后变更管理办法（试行）》的说明
　　　 3.《药品上市后变更管理办法（试行）》政策解读
　　　 4. 药品上市许可持有人变更申报资料要求

国家药监局

2021 年 1 月 12 日

附件 1

药品上市后变更管理办法（试行）

第一章　总　则

第一条　为进一步规范药品上市后变更，强化药品上市许可持有人（以下简称持有人）药品上市后变更管理责任，加强药品监管部门药品注册和生产监督管理工作的衔接，根据《药品管理法》《疫苗管理法》和《药品注册管理办法》（国家市场监督管理总局令第 27 号）、《药品生产监督管理办法》（国家市场监督管理总局令第 28 号），制定本办法。

第二条　本办法所指药品上市后变更包括注册管理事项变更和生产监管事项变更。

注册管理事项变更包括药品注册批准证明文件及其附件载明的技术内容和相应管理信息的变更，具体变更管理要求按照《药品注册管理办法》及相关技术指导原则的有关规定执行。

生产监管事项变更包括药品生产许可证载明的许可事项变更和登记事项变更，具体变更管理要求按照《药品注册管理办法》《药品生产监督管理办法》及药品生产质量管理规范的有关规定执行。

第三条　持有人应当主动开展药品上市后研究，实现药品全生命周期管理。鼓励持有人运用新生产技术、新方法、新设备、新科技成果，不断改进和优化生产工艺，持续提高药品质量，提升药品安全性、有效性和质量可控性。

药品上市后变更不得对药品的安全性、有效性和质量可控性产生不良影响。

第四条　持有人是药品上市后变更管理的责任主体，应当按照药品监管法律法规和药品生产质量管理规范等有关要求建立药品上市后变更控制体系；根据国家药品监督管理局有关技术指导原则和国际人用药注册协调组织（ICH）有关技术指导原则制定实施持有人内部变更分类原则、变更事项清单、工作程序和风险管理要求，结合产品特点，经充分研究、评估和必要的验证后确定变更管理类别。

第五条　注册变更管理类别根据法律法规要求和变更对药品安全、有效和质量可控性可能产生影响的风险程度，分为审批类变更、备案类变更和报告类变更，分别按照《药品注册管理办法》《药品生产监督管理办法》的有关规定经批准、备案后实施或报告。

第六条　国家药品监督管理局负责组织制定药品上市后变更管理规定、有关技术指导原则和具体工作要求；负责药品上市后注册管理事项变更的审批及境外生产药品变更的备案、报告等管理工作；依法组织实施对药品上市后变更的监督管理。

省级药品监管部门依职责负责辖区内持有人药品上市后生产监管事项变更的许可、登记和注册管理事项变更的备案、报告等管理工作；依法组织实施对药品上市后变更的监督管理。

第二章　变更情形

第一节　持有人变更管理

第七条　申请变更药品持有人的，药品的生产场地、处方、生产工艺、质量标准等应当与原药品一致；发生变更的，可在持有人变更获得批准后，由变更后的持有人进行充分研究、评估和必要的验证，并按规定经批准、备案后实施或报告。

第八条　申请变更境内生产药品的持有人，受让方应当在取得相应生产范围的药品生产许可证后，向国家药品监督管理局药品审评中心（以下简称药审中心）提出补充申请。其中，申请变更麻醉药品和精神药品的持有人，受让方还应当符合国家药品监督管理局确定的麻醉药品和精神药品定点生产企业的数量和布局要求。

药审中心应当在规定时限内作出是否同意变更的决定，同意变更的，核发药品补充申请通知书，药品批准文号和证书有效期不变，并抄送转让方、受让方和生产企业所在地省级药品监管部门。

变更后的持有人应当具备符合药品生产质量管理规范要求的生产质量管理体系，承担药品全生命周期管理义务，完成该药品的持续研究工作，确保药品生产上市后符合现行技术要求，并在首次年度报告中重点说明转让的药品情况。

转让的药品在通过药品生产质量管理规范符合性检查后，符合产品放行要求的，可以上市销售。

受让方所在地省级药品监管部门应当重点加强对转让药品的监督检查，及时纳入日常监管计划。

第九条 境外持有人之间变更的，由变更后持有人向药审中心提出补充申请。

药审中心应当在规定时限内作出是否同意变更的决定，同意变更的，核发药品补充申请通知书，药品批准文号和证书有效期不变。

第十条 已在境内上市的境外生产药品转移至境内生产的，应当由境内申请人按照药品上市注册申请的要求和程序提出申请，相关药学、非临床研究和临床研究资料（适用时）可提交境外生产药品的原注册申报资料，符合要求的可申请成为参比制剂。具体申报资料要求由药审中心另行制定。

第十一条 持有人名称、生产企业名称、生产地址名称等变更，应当完成药品生产许可证相应事项变更后，向所在地省级药品监管部门就药品批准证明文件相应管理信息变更进行备案。

境外生产药品上述信息的变更向药审中心提出备案。

第二节 药品生产场地变更管理

第十二条 药品生产场地包括持有人自有的生产场地或其委托生产企业相应的生产场地。药品生产场地变更是指生产地址的改变或新增，或同一生产地址内的生产场地的新建、改建、扩建。生产场地信息应当在持有人《药品生产许可证》、药品批准证明文件中载明。

第十三条 变更药品生产场地的，药品的处方、生产工艺、质量标准等应当与原药品一致，持有人应当确保能够持续稳定生产出与原药品质量和疗效一致的产品。

药品的处方、生产工艺、质量标准等发生变更的，持有人应当进行充分研究、评估和必要的验证，并按规定经批准、备案后实施或报告。

第十四条 境内持有人或药品生产企业内部变更生产场地、境内持有人变更生产企业（包括变更受托生产企业、增加受托生产企业、持有人自行生产变更为委托生产、委托生产变更为自行生产）的，持有人（药品生产企业）应当按照《药品生产监督管理办法》及相关变更技术指导原则要求进行研究、评估和必要的验证，向所在地省级药品监管部门提出变更《药品生产许可证》申请并提交相关资料。

省级药品监管部门按照《药品生产监督管理办法》《药品注册管理办法》及相关变更技术指导原则要求开展现场检查和技术审评，符合要求的，对其《药品生产许可证》相关信息予以变更。完成《药品生产许可证》变更后，省级药品监管部门凭变更后的《药品生产许可证》在药品注册备案变更系统中对持有人药品注册批准证明文件及其附件载明的生产场地或生产企业的变更信息进行更新，生物制品变更中涉及需要向药审中心提出补充申请事项的，持有人按照本办法提出补充申请。

第十五条　境外持有人变更药品生产场地且变更后生产场地仍在境外的，应按照相关技术指导原则进行研究、评估和必要的验证，向药审中心提出补充申请或备案。

第十六条　生物制品变更药品生产场地的，持有人应当在《药品生产许可证》变更获得批准后，按照相关规范性文件和变更技术指导原则要求进行研究验证，属于重大变更的，报药审中心批准后实施。

第三节　其他药品注册管理事项变更

第十七条　生产设备、原辅料及包材来源和种类、生产环节技术参数、质量标准等生产过程变更的，持有人应当充分评估该变更可能对药品安全性、有效性和质量可控性影响的风险程度，确定变更管理类别，按照有关技术指导原则和药品生产质量管理规范进行充分研究、评估和必要的验证，经批准、备案后实施或报告。

第十八条　药品说明书和标签的变更管理按照相关规定和技术要求进行。

第十九条　已经通过审评审批的原料药发生变更的，原料药登记人应当按照现行药品注册管理有关规定、药品生产质量管理规范、技术指导原则及本办法确定变更管理类别，经批准、备案后实施或报告。原料药登记人应当及时在登记平台更新变更信息。

变更实施前，原料药登记人应当将有关情况及时通知相关制剂持有人。制剂持有人接到上述通知后应当及时就相应变更对影响药品制剂质量的风险情况进行评估或研究，根据有关规定提出补充申请、备案或报告。

未通过审评审批，且尚未进入审评程序的原料药发生变更的，原料药登记人可以通过药审中心网站登记平台随时更新相关资料。

第三章　变更管理类别确认及调整

第二十条　变更情形在法律、法规或技术指导原则中已明确变更管理类别的，持有人一般应当根据有关规定确定变更管理类别。

变更情形在法律、法规或技术指导原则中未明确变更管理类别的，持有人应当根据内部变更分类原则、工作程序和风险管理标准，结合产品特点，参考有关技术指导原则，在充分研究、评估和必要验证的基础上确定变更管理类别。

第二十一条　境内持有人在充分研究、评估和必要的验证基础上无法确定变更管理类别的，可以与省级药品监管部门进行沟通，省级药品监管部门应当在20日内书面答复，意见一致的按规定实施；对是否属于审批类变更意见不一致的，持有人应当按照审批类变更，向药审中心提出补充申请；对属于备案类变更和报告类变更意见不一致的，持有人应当按照备案类变更，向省级药品监管部门备案。具体沟通程序由各省级药品监管部门自行制定。

境外持有人在充分研究、评估和必要的验证的基础上，无法确认变更管理类别的，可以与药审中心沟通，具体沟通程序按照药品注册沟通交流的有关程序进行。

第二十二条　持有人可以根据管理和生产技术变化对变更管理类别进行调整，并按照调整后的变更管理类别经批准、备案后实施或报告。

其中，降低技术指导原则中明确的变更管理类别，或降低持有人变更清单中的变更管理类别，境内持有人应当在充分研究、评估和必要验证的基础上与省级药品监管部门沟通，省级药品监管部门应当在 20 日内书面答复，意见一致的按规定执行，意见不一致的不得降低变更管理类别。具体沟通程序由各省级药品监管部门自行制定。

降低境外生产药品变更管理类别的，持有人应当在充分研究、评估和必要的验证的基础上与药审中心沟通并达成一致后执行，意见不一致的不得降低变更管理类别。具体沟通程序按照药品注册沟通交流的有关程序进行。

第二十三条　新修订《药品管理法》和《药品注册管理办法》实施前，持有人或生产企业按照原生产工艺变更管理的有关规定和技术要求经研究、验证证明不影响药品质量的已实施的变更，或经过批准、再注册中已确认的工艺，不需按照新的变更管理规定及技术要求重新申报，再次发生变更的，应当按现行变更管理规定和技术要求执行，并纳入药品品种档案。

第四章　变更程序、要求和监督管理

第二十四条　审批类变更应当由持有人向药审中心提出补充申请，按照有关规定和变更技术指导原则提交研究资料，经批准后实施。具体工作时限按照《药品注册管理办法》有关规定执行。

第二十五条　持有人应当在提出变更的补充申请时承诺变更获得批准后的实施时间，实施时间原则上最长不得超过自变更获批之日起 6 个月，涉及药品安全性变更的事项除外，具体以药品补充申请通知书载明的实施日期为准。

第二十六条　备案类变更应当由持有人向药审中心或省级药品监管部门备案。备案部门应当自备案完成之日起 5 日内公示有关信息。

省级药品监管部门应当加强监管，根据备案变更事项的风险特点和安全信用情况，自备案完成之日起 30 日内完成对备案资料的审查，必要时可实施检查与检验。

省级药品监管部门可根据本办法和其他相关规定细化有关备案审查要求，制定本省注册管理事项变更备案管理的具体工作程序和要求。

第二十七条　报告类变更应当由持有人按照变更管理的有关要求进行管理，在年度报告中载明。

第二十八条　药审中心和省级药品监管部门接收变更补充申请和备案时，认为申请人申请的变更不属于本单位职能的，应当出具加盖公章的文件书面告知理由，并告知申请人向有关部门申请。

第二十九条　国家药品监督管理局建立变更申报系统，对备案类变更、年度报告类变更实行全程网上办理。

药品监管部门应当将药品上市后变更的批准和备案情况及时纳入药品品种档案；持有人应当在年度报告中对本年度所有药品变更情况进行总结分析。

第三十条　持有人和受托生产企业所在地省级药品监管部门应当按照药品生产监管的有关规定加强对药品上市后变更的监督管理，对持有人变更控制体系进行监督检查，督促其履行变更管理的责任。

法律、法规、指导原则中明确为重大变更或持有人确定为重大变更的，应当按照有关规定批准后实施。与药品监管部门沟通并达成一致后降低变更管理类别的变更，应当按照达成一致的变更管理类别申报备案或报告。法律、法规、技术指导原则中明确为备案、报告管理的变更或持有人确定为备案、报告管理的变更，应当按照有关规定提出备案或报告。

第三十一条　药品监管部门发现持有人已实施的备案或报告类变更的研究和验证结果不足以证明该变更科学、合理、风险可控，或者变更管理类别分类不当的，应当要求持有人改正并按照改正后的管理类别重新提出申请，同时对已生产上市的药品开展风险评估，采取相应风险控制措施。

未经批准在药品生产过程中进行重大变更、未按照规定对药品生产过程中的变更进行备案或报告的，按照《药品管理法》相关规定依法处理。

第五章　附　则

第三十二条　医疗用毒性药品、麻醉药品、精神药品、放射性药品、生物制品等变更管理有专门规定的，从其规定。

第三十三条　本办法规定的日以工作日计算。

第三十四条　不同补充申请合并申报的有关要求按照《药品注册管理办法》相关规定执行。

第三十五条　本办法自发布之日起施行。

附件2

关于实施《药品上市后变更管理办法（试行）》有关事宜的说明

为进一步加强药品上市后变更管理，做好《药品上市后变更管理办法（试行）》（以下简称《办法》）实施工作，现将有关事宜说明如下：

一、持有人应当充分研究，确保变更后的药品与原药品质量和疗效一致。省级药品监管部门应加强对药品上市后变更的监管，特别要强化对已经通过仿制药质量和疗效一致性评价药品的变更监管。

二、本公告发布前已受理的药品上市后变更补充申请及备案事项可按原程序和有关技术要求继续办理。持有人也可主动撤回原申请，按照《办法》要求进行补充申请、备案或报告。

三、对《办法》第 10 条实施设置过渡期。为避免政策变化影响行政相对人的权益，原国家食品药品监督管理局发布的《关于印发药品技术转让注册管理规定的通知》（国食药监注〔2009〕518 号，以下简称 518 号文）中境外生产药品（原进口药品）通过药品生产技术转让为境内生产的，境内持有人可在 2023 年 1 月 15 日前继续按照 518 号文的要求开展研究并申报补充申请，逾期停止受理。国家药品监管部门按照 518 号文的要求，在规定时限内完成审评审批，不符合要求或者逾期未按要求补正的不予批准。

四、持有人通过国家药监局药品注册网上申报功能在"药品业务应用系统"中对备案类变更进行备案，药审中心和各省级药品监管部门在"药品业务应用系统"中对相关资料完成接收工作。备案完成之日起 5 日内，国家药监局官方网站对备案信息进行公示。持有人可在国家药监局官方网站"查询"——"药品"中查询备案信息。

附件 3

《药品上市后变更管理办法（试行）》政策解读

一、制定《药品上市后变更管理办法（试行）》的目的和现实意义是什么？

随着科技的进步，新的技术、设备、新的科技成果越来越多的应用在药品研究生产领域，对药品研发和已上市药品的质量提升起到了重要作用，由此带来的药品生产过程中的变更是生产常态，也是客观必然。充分发挥先进生产技术和科技成果对药品产业的促进作用，同时加强药品上市后变更管理，保障人民群众用药安全，是药品上市后变更科学监管的重要任务。基于药品产业现状和药品监管工作实际，制定适应新形势下的药品上市后变更管理规定既是产业发展需要，也是监管需要。国家药监局根据《药品管理法》《疫苗管理法》《药品注册管理办法》《药品生产监督管理办法》，制定了《药品上市后变更管理办法（试行）》（以下简称《办法》）。

《办法》落实了《药品管理法》对药品生产过程中的变更按照风险实行分类管理的要求，进一步明确了药品上市后变更的原则和常见情形，规定了持有人义务和监管部门职责，为药品上市后变更管理提供了依据。一方面鼓励持有人运用新生产技术、新方法、新设备、新科技成果，不断改进和优化生产工艺，持续提高药品质量，提升药品安全、有效和质量可控性。另一方面，坚决贯彻习近平总书记对于药品监管工作"四个最严"的要求，规范药品变更行为和变更监管，严厉打击非法变更，落实持有人主体责任，保障人民群众用药安全。

二、《办法》起草过程中对公开征求意见的采纳情况如何？

《办法》在起草过程中分别赴上海、北京、江苏等地调研，召开座谈会，充分听取部分省级药品监管部门、代表性企业意见，并于 8 月 1 日至 15 日在国家药监局网站公开征求意见。共收到国家药监局直属单位、省级药品监管部门、行业协会、境内外持有人、研发机构等 1116 条意见。我局对反馈意见逐条梳理、研究、讨论，对大部分意见予以采纳，不予采纳的意见主要集中在以下方面：

（一）建议持有人变更由省级药品监管部门批准。不予采纳理由：根据《药品管理法》第四十条规定"经国务院药品监督管理部门批准，药品上市许可持有人可以转让药品上市许可。……"，持有人变更的审批应为国家药监局事权，由药审中心进行批准。

（二）持有人变更申请中，要求受让方具有相应生产范围的《药品生产许可证》，建议细化《药品生产许可证》类型或者删除获得《药品生产许可证》的要求。不予采纳的理由：为贯彻《药品管理法》对持有人的要求，落实持有人责任，《药品生产监督管理办法》第七条中明确细化了委托他人生产制剂的持有人应具备的条件，同时要求持有人办理《药品生产许可证》。《药品生产许可证》的类型已有专门规定，持有人按照有关规定执行即可。

（三）建议明确年度报告程序、药品品种档案格式等。不予采纳的理由：年度报告程序、药品品种档案格式与《办法》无直接关系，并且国家药监局有关部门正在研究制定相关文件要求，相关内容将在专门文件中进行明确。

（四）建议参照境内生产药品与省级药品监管部门就变更管理类别的沟通程序，设定境外生产药品在药审中心的沟通程序。不予采纳的理由：目前药审中心已经建立和优化了沟通交流制度，并且运行顺畅，本《办法》中不再赘述。

（五）建议明确第 31 条中持有人改正和开展风险评估的具体步骤和程序。不予采纳的理由：持有人改正和开展风险评估的具体步骤和程序是药品上市后管理工作中的通行做法，不是变更管理特有环节，持有人应按照药品上市后监管工作要求开展相关工作。

（六）建议明确厂房设施及仓库等的变更。不予采纳理由：厂房及仓库的变更按照《药品生产监督管理办法》、药品生产质量管理规范等相关规定实施，本《办法》中不再赘述。

三、持有人在药品上市后变更管理中的责任和义务都包括哪些？

《办法》第一章总则部分条款对持有人在药品上市后变更中管理的责任和义务进行了明确。持有人是药品上市后变更管理的责任主体。持有人上市后变更管理义务包括：主动开展药品上市后研究，实现药品全生命周期管理，建立药品上市后变更控制体系，制定实施持有人内部变更分类原则、变更事项清单、工作程序和风险管理标准，确定变更管理类别，依法规规定和变更管理类别申报并经批准、备案后实施或报告。

四、如何申请持有人变更？持有人变更获得批准后，还需要开展什么工作？

为了适应持有人制度管理需要，《药品生产监督管理办法》明确了持有人申请办理《药品生产许可证》的条件，委托他人生产制剂的持有人符合条件的，可取得《药品生产许可证》。

申请变更境内生产药品持有人的，受让方应先向所在地省级药品监管部门申请核发相应生产范围的《药品生产许可证》，获得批准后，根据《药品管理法》的规定，受让方应向药审中心提出变更持有人的补充申请。仅变更药品持有人的，属于不需技术审评的审批事项，因此，申请人应提供药品的生产场地、处方、生产工艺、质量标准等不发生变更的承诺。

药品持有人变更获得批准后，应按照《办法》第8条的有关规定做好后续工作。

五、药品转让过程中，仅持有人变更，生产场地、生产工艺等其他事项均未发生变更的，在持有人变更获得批准后是否需要药品生产质量管理规范的符合性检查？

持有人的质量管理体系变更是影响药品质量的重要因素之一，持有人变更后，虽然药品生产场地、生产工艺等未发生变更，但持有人的质量管理体系发生了变更，变更后的持有人能否在原药品生产场地上按照GMP要求，持续稳定的生产出与原药品质量和疗效一致的药品并承担药品全生命周期的主体责任事关公众用药安全。因此，即使药品生产场地、生产工艺等均未发生变更，变更后的持有人及药品生产企业均应满足药品生产质量管理规范的符合性检查要求，转让的药品在通过药品生产质量管理规范的符合性检查，符合产品放行要求后，方可上市销售。

六、药品转让过程中，在持有人变更的同时，发生药品生产场地、生产工艺变更，如何申报？

药品转让过程中仅发生持有人变更，不发生其他注册管理事项变更的，按照《办法》第8条规定的程序办理，不需技术审评的审批事项办理时限为20个工作日。拟转让的药品需要变更药品生产场地、生产工艺、处方等的，可以在持有人变更获得批准后，由变更后的持有人（受让方）按照变更技术指导原则要求开展研究后按要求申报补充申请、备案或报告。因特殊需要，拟将持有人变更与其他补充申请合并申报的，技术审评时限按照《药品注册管理办法》第96条规定执行。

七、境外生产药品变更如何办理？

境外生产药品发生的审批类或备案类变更直接向药审中心提出补充申请或备案。

境外生产药品在境外药品上市许可持有人之间转让，由受让方向国家局药审中心提出补充申请。

境外生产药品生产场地变更，且变更后场地仍在境外的，按照相关技术指导原则进行研究、评估和必要的验证，向药审中心提出补充申请或备案。

八、已在境内上市的境外生产药品转移至境内生产的，在变更办法发布后如何办理？

为避免政策变化影响行政相对人的权益，原国家食品药品监督管理局发布的《关于印发药品技术转让注册管理规定的通知》（国食药监注〔2009〕518号，以下简称518号文）中境外生产药品（原进口药品）通过药品生产技术转让为境内生产的，我局设置了2年的过渡期，在过渡期内，境内持有人可继续按照518号文的要求办理，也可按照《办法》第10条要求申报。

九、《办法》第10条适用于什么样的情形？

《办法》第10条规定了已在境内上市的境外生产药品转移至境内生产虽然以仿制药注册分类申报，但是可以简化申报资料要求，在参比制剂认定等方面也给予特殊规定，具体政策措施另行制定发布。

十、境外生产药品上市后发生变更的，是否允许同步向境内外监管部门提出申请？

境外生产药品上市后变更主要涉及行政信息类变更和技术类变更。涉及行政信息类的变更，境外相关部门批准证明文件是重要参考文件，原则上，境外持有人在提交申请时应提供境外已经获得批准的证明文件。

随着药品审评审批制度改革不断深化，我国技术审评力量不断加强，越来越多的创新药选择在中国及其他国家同步申报上市，对于这类药品在上市后发生的涉及技术类变更是否可以在境内外监管部门同步申报，我局将根据不同药品的监管实际在后续配套文件中规定。

十一、为落实新修订《药品注册管理办法》《药品生产监督管理办法》要求，《办法》对药品生产场地变更程序进行了哪些优化？

2007版《药品注册管理办法》规定，变更药品生产场地需由持有人向省级药品监管部门分别提出变更《药品生产许可证》和药品注册批准证明文件申请，获得批准后方可生产药品，在一定程度上增加了持有人负担。为落实"放管服"要求，充分发挥省级药品监管部门作用，优化药品上市后变更申报程序，新修订《药品注册管理办法》《药品生产监督管理办法》对药品上市后的药品生产场地变更程序重新进行了规定，根据《药品生产监督管理办法》第16条，药品上市后发生药品生产场地变更的，只需向省级药品监管部门提出变更《药品生产许可证》申请。《办法》第14条对具体程序进行了细化明确，《药品生产许可证》变更获得批准后，由省级药品监管部门直接在变更系统中更新药品注册批准证明文件及其附件上的药品生产场地变更信息，简化持有人申报程序，提高效率。

生物制品等有特殊规定的除外。

十二、在药品生产场地变更工作中，省级药品监管部门承担的工作有何变化？

药品上市后发生药品生产场地变更的，持有人应按《药品生产监督管理办法》《药品注册管理办法》和药品生产场地变更指导原则有关规定进行充分的研究，按程序提出《药品生产许可证》变更申请。省级药品监管部门在审查《药品生产许可证》变更申请时，应按照《药品生产监督管理办法》《药品注册管理办法》和药品生产场地变更指导原则有关规定进行现场检查和技术审评。符合要求的，对其《药品生产许可证》相关信息予以变更。为服务持有人，简化申报程序，仅发生药品生产场地变更的，省级药品监管部门在药品注册备案变更系统中同时对持有人药品注册批准证明文件及其附件载明的生产场地或生产企业的变更信息进行更新。

十三、持有人如何落实好《办法》第14条关于变更药品生产企业的有关要求？

国家对药品管理实行药品上市许可持有人制度。药品上市许可持有人可以自行生产药品，也可以委托符合条件的药品生产企业生产。

《办法》紧扣《药品管理法》《疫苗管理法》《药品注册管理办法》《药品生产监督管理办法》的立法宗旨和有关规定，进行制度衔接，保障有关规定顺利实施。一是《办法》详细划分了当前变更药品生产企业的情形，方便持有人针对不同情形进行相应的生产场地和生产范围的变更管理。二是明确变更的申请流程，持有人（药品生产企业）应当落实主体责任，按照要求进行研究、评估和必要的验证，向所在地省级药品监管部门提出变更《药品生产许可证》的申请。省级药品监管部门批准《药品生产许可证》变更后，对持有人药品注册批准证明文件及其附件的有关信息进行更新。三是所在地省级药品监管部门应当在《药品生产许可证》的变更审批过程中，依职责做好现场检查和技术审评，督促持有人持续稳定生产出与变更前药品质量和疗效一致的产品。四是对于生物制品的变更进一步明确管理要求，必要时向药审中心提出补充申请。

十四、变更药品生产场地的同时，药品生产工艺、处方、质量标准等其他注册管理事项一并发生变更的，如何办理？

仅发生药品生产场地变更，不发生其他注册管理事项变更的，按照《办法》第14条规定办理。变更药品生产场地的同时，药品生产工艺、处方、质量标准等其他注册管理事项一并发生变更的，持有人应先行向省级药品监督管理部门提出《药品生产许可证》变更申请，获得批准的，由省级药品监管部门变更《药品生产许可证》信息，同时在备案系统更新药品批准证明文件上的药品生产场地变更信息，同时注明：该药品同时发生（药品生产工艺、处方、质量标准等）变更，获得批准或备案完成后方可生产上市。持有人向药审中心提出变更药品生产工艺、处方、质量标准等其他注册管理事项的补充申请，获得批准后，及时报告省级药品监管部门。需要开展检查、检验的，由相关部门应及时进行检查并抽取样品。

注册核查与药品生产质量管理规范符合性检查拟同步实施的，参照《药品注册管理办法》第 48 条和《药品生产监督管理办法》第 52 条有关规定执行。

十五、生物制品的药品生产场地变更如何办理？

生物制品的变更指导原则中对药品生产场地的变更进行了分类，属于重大变更的报药审中心批准，属于中等变更的报省级药品监管部门备案。生物制品发生药品生产场地变更的，应先行向省级药品监督管理部门提出《药品生产许可证》变更申请。根据变更指导原则，药品生产场地变更属于中等变更的，按照《办法》第 14 条规定办理；根据变更指导原则，药品生产场地变更属于重大变更的，《药品生产许可证》变更获得批准后，持有人向药审中心提出变更药品生产场地的补充申请，药品生产场地变更信息在补充申请批件中载明，与原批准证明文件配合使用。

十六、《办法》第 14 条关于变更药品生产场地的相关规定同时涉及药品生产许可证和药品批准证明文件变更，是否会导致新申报药品无法办理许可证？

《办法》第 14 条规定了已上市药品发生药品生产场地变更的程序和要求。按照《药品注册管理办法》要求，申请人申报药品注册时需提供《药品生产许可证》，省级药品监管部门按照《药品生产监督管理办法》要求向申请人核发《药品生产许可证》即可，二者并不矛盾。

十七、持有人与受托生产企业不在同一省时，应向哪个省级药品监管部门提出药品生产场地变更申请？

持有人对药品上市后变更负主体责任，应由持有人向持有人所在地省级药品监管部门提出变更《药品生产许可证》的申请，并由持有人所在地省级药品监管部门在变更系统中对持有人的药品批准证明文件中药品生产场地变更的相关信息进行更新。受托生产企业所在地省级药品监管部门按照相关规定配合做好相关工作。

十八、持有人委托他人生产的条件下，已上市药品变更药品生产场地的，受委托的药品生产企业如何办理药品生产场地变更？

受委托的药品生产企业按照《药品生产监督管理办法》等相关文件要求办理《药品生产许可证》变更，与《办法》第 14 条规定不矛盾。

十九、原料药的变更如何办理？

《办法》明确规定了原料药的变更原则。已经通过审评审批的原料药发生变更的，原料药登记人应按照现行药品注册管理有关规定、药品生产质量管理规范、技术指导原则确定变更管理类别后经批准、备案后实施或报告，相关信息由登记人及时在登记平台更新。变更实施前，原料药登记人应将有关情况及时通知相关制剂持有人，便于制剂持有人开展后续工作。

未通过审评审批，且尚未进入审评程序的原料药发生变更的，原料药登记人可以通过药审中心网站登记平台随时更新相关资料。

二十、持有人应如何确定、调整药品上市后变更的管理类别？

持有人是药品上市后变更管理类别确定的主体。首先，持有人应判断变更管理类别是否在法律、法规中有明确规定或技术指导原则中已有明确要求，如已有明确规定或明确要求，持有人一般应根据有关规定确定变更类别。

其次，变更情形在法律、法规或技术指导原则中未明确变更管理类别的，但持有人根据内部变更分类原则，结合产品特点、研究和评估结果，能够确定变更管理类别的，按照持有人确定的变更管理类别执行。

再次，持有人无法确定变更管理类别的，可在充分研究、评估和必要的验证基础上与省级药品监管部门进行沟通，意见一致的按规定实施；对是否属于审批类变更意见不一致的，持有人应当按照审批类变更，向药审中心提出补充申请；对属于备案类变更和报告类变更意见不一致的，持有人应当按照备案类变更，向省级药品监管部门备案。具体沟通程序由各省级药品监督管理部门自行制定。

最后，持有人可以根据管理和生产技术变化对变更管理类别进行调整。其中，降低技术指导原则中明确的变更管理类别，或降低已确认的变更管理类别，应与省级药品监管部门沟通并达成一致意见后实施，意见不一致的，不得降低变更管理类别。

二十一、持有人是否可以将备案类变更报送药审中心进行技术审评？

持有人是药品上市后变更管理类别确认的主体，持有人将技术指导原则中规定为备案类变更升级为审批类变更，报药审中心进行技术审评的，药审中心不得拒收，应按照审批类变更的审评审批、检查检验程序执行，按照技术指导原则进行技术审评，持有人按照药品补充申请收费标准进行缴费。药审中心不予批准的，应抄送持有人所在地省级药品监管部门，持有人不得再就同一变更事项向省级药品监管部门提出备案。

二十二、审批类变更获得批准后的过渡期如何执行？

对于审批类变更实施的过渡期问题一直是业界关注焦点，即审批类变更获得批准后，在药品生产中何时实施。《办法》公开征求到的意见普遍呼吁设置审批类变更执行的过渡期。为回应业界关切，《办法》明确除涉及药品安全性变更之外的审批类变更，允许企业在申报补充申请时承诺变更获批后实施时间，实施时间原则上不晚于获得批准后6个月。审批类变更获得批准后，持有人应严格遵守承诺，尽快按照变更后的条件组织生产。

二十三、省级药品监管部门在药品上市后变更管理工作中主要发挥什么样的作用？

做好药品上市后变更监管，保障人民群众用药安全是各级药品监管部门的共同责任，国家药监局与各省级药品监管部门应加强配合，形成监管合力。国家局将加强省级药品监管部门培训，细化统一标准，指导各省级药品监管部门做好药品上市后变更管理工作。

省级药品监管部门应落实辖区内药品上市后变更监管责任，根据相关法律法规、规范性文件及技术指导原则细化药品上市后变更管理工作要求，药品生产和注册管理部门应加强配合，互为支撑，将药品上市后变更管理与日常监管、GMP 符合性检查等工作相结合，确保药品上市后监督管理工作平稳有序开展。

二十四、备案类变更的工作程序是什么？

对于药品注册备案事项管理，应由持有人向药审中心或省级药品监管部门备案。备案部门应自备案完成之日起 5 日内在备案系统中将有关备案信息提交国家药监局信息中心，信息中心将相关备案信息在国家药监局官方网站公示。

《办法》同时对省级药品监管部门提出了工作要求，省级药品监管部门应加强监管，根据备案变更事项的风险特点和安全信用情况，自备案完成之日起 30 日内完成对备案资料的审查，必要时可实施检查与检验。药审中心相关工作具体要求另行制定发布。

二十五、备案的法律意义是什么？

根据我国法律规定和国务院规定，备案不属于行政许可，不存在许可类备案，《办法》规定的备案均为告知性备案，由持有人对备案事项负主体责任。

二十六、备案时限是多少？

备案不是行政许可，持有人按照备案资料要求提交资料进行备案，提交备案资料后即完成备案。

二十七、药品同时发生审批类和备案类关联的变更时，应如何申报？

药品同时发生审批类和备案类关联的变更，或备案类变更是以审批类变更获得批准为前提时，持有人可以将审批类变更和备案类变更合并申报药审中心进行技术审评，备案类变更需按照药品补充申请收费标准缴费。药审中心应按照审批类变更的审评审批、检查检验程序执行，按照技术指导原则要求进行技术审评，技术审评时限按照《药品注册管理办法》第 96 条执行。持有人也可单独就审批类变更向药审中心提出补充申请，获得批准后，再就备案类变更向省级药品监管部门或药审中心提出备案。

二十八、备案类变更公示后，是否给持有人核发相关凭证？

备案完成后，备案变更的有关信息将在 5 日内在国家药监局官方网站公示。持有人可以自行查询公示内容，涉及药品批准证明文件及其附件载明的信息变更的，公示内容与药品批准证明文件配合使用。

二十九、综合《办法》全文，与药品注册事项变更内容相比药品生产监管变更事项似乎内容较少，是如何考虑的？

药品上市后变更包括药品注册事项变更和药品生产监管事项变更，《办法》规定的变更管理原则适用于药品全生命周期管理中的变更，具体内容主要明确了药品注册变更事项，涉及的药品生产监管事项变更仅规定了与注册变更事项密切相关的药品生产场地变更，对于其他如空调系统、水系统等变更按照《药品生产监督管理办法》《药品生产质量管理规范》等相关规定实施，《办法》中不再赘述。

三十、《办法》第23条规定具体是如何考虑的?

国家药监局一直以来对药品上市后变更严格监管，严厉打击药品上市后非法变更，在再注册工作中也明确了涉及工艺变更的工作要求。2010年8月13日《关于药品再注册审查有关问题处理意见的函》(食药监注函〔2010〕168号)规定"对再注册申报工艺与原批准工艺相比发生变更的，若工艺变更不影响药品质量，请生产企业报省级药品监管部门备案后，再予再注册；若工艺变更可能影响药品质量，请药品生产企业按照《药品注册管理办法》的相关规定报补充申请，待批准后再予再注册。"

截至2021年1月5日，国家药监局官方网站数据库中有效的国产药品共156816个，进口药品共3826个，大部分为获批5年以上并通过再注册的药品。按照前述药品再注册的要求，通过再注册的药品，其申报工艺合法性已经经省级监管部门审查。对新修订《药品管理法》和《药品注册管理办法》实施前，持有人或生产企业按照法定程序申报的工艺变更，不需按照新的变更管理规定及技术要求重新申报，不因新的变更管理规定及技术要求的变化视为非法。

附件4

药品上市许可持有人变更申报资料要求

一、药品注册证书等复印件

包括申报药品历次获得的批准文件（药品注册证书、药品补充申请批件、药品再注册批件），相应文件应当能够清晰说明该品种完整的历史演变过程和目前状况。

二、证明性文件

（一）申请药品上市许可持有人名称、注册地址变更

1.境内生产药品，应当提交变更前后药品上市许可持有人的《药品生产许可证》及其变更记录页、营业执照的复印件。

2.境外生产药品，境外持有人指定中国境内的企业代理相关药品注册事项的，应当提供授权委托文书及公证、认证文书，并附中文译本；中国境内注册代理机构的营业执照复印件。

境外生产药品，应当提交有关国家或地区主管部门出具的允许药品上市许可持有人变更的证明文件，以及公证、认证文书，并附中文译本。

（二）药品上市许可持有人主体变更的

1.境内生产药品，应当提交有关变更前后药品上市许可持有人的《药品生产许可证》及其变更记录页、营业执照的复印件，以及药品上市许可持有人变更协议原件（涉及商

业秘密的应当隐去）。

2. 境外生产药品，境外持有人指定中国境内的企业代理相关药品注册事项的，应当提供授权委托文书及公证、认证文书，并附中文译本；中国境内注册代理机构的营业执照复印件。

境外生产药品，应当提交有关国家或地区主管部门出具的允许药品上市许可持有人变更的证明文件，以及公证、认证文书，并附中文译本。

三、申请人承诺

受让方对拟转让药品的生产场地、处方、生产工艺、质量标准等应当与原药品一致、不发生变更的承诺。

四、其他

国家药监局规定的其他文件。

国家药监局关于发布《已上市中药变更事项及申报资料要求》的通告

2021 年第 19 号

为配合《药品注册管理办法》实施，国家药品监督管理局组织制定了《已上市中药变更事项及申报资料要求》，现予发布。本通告自发布之日起实施。

特此通告。

附件：已上市中药变更事项及申报资料要求

国家药监局

2021 年 2 月 23 日

附件

已上市中药变更事项及申报资料要求

根据《药品注册管理办法》和《药品上市后变更管理办法（试行）》规定，药品上市后的变更，按照其对药品安全性、有效性和质量可控性的风险和产生影响的程度，实行分类管理，分为审批类变更、备案类变更和报告类变更。其中，国家药品监管部门审批类变更事项需要按以下分类提出补充申请，备案类变更和报告类变更按以下分类进行备案或报告。

一、已上市中药变更事项

（一）国家药品监督管理部门审批的补充申请事项

1. 药品上市许可持有人的变更。

2. 变更适用人群范围。

3. 变更用法用量。

4. 替代或减去国家药品标准或药品注册标准处方中毒性药味或处于濒危状态的药味。

5. 变更药品说明书中安全性等内容。

6. 变更药品规格。

7. 下列变更事项中属于重大变更的情形：

7.1 变更生产工艺；

7.2 变更制剂处方中的辅料；

7.3 变更药品注册标准；

7.4 变更药品包装材料和容器；

7.5 变更药品有效期或贮藏条件。

8. 其他。

（二）国家或省级药品监督管理部门备案事项

9. 下列变更事项中属于中等变更的情形：

9.1 变更药品包装规格；

9.2 变更生产工艺；

9.3 变更制剂处方中的辅料；

9.4 变更药品注册标准；

9.5 变更药品包装材料和容器；

9.6 变更药品有效期或贮藏条件。

10. 国家药品监督管理部门规定统一按要求补充完善说明书的变更。

11. 根据药品说明书内容变更标签相应内容。

12. 药品分包装及其变更。

13. 变更药品上市许可持有人名称、生产企业名称、生产地址名称（药品上市许可持有人未发生变更）。

14. 其他。

其中境内生产药品报持有人所在地省级药品监督管理部门备案，境外生产药品报国家药品监督管理局药品审评中心备案。

（三）报告事项

15. 下列变更事项中属于微小变更的情形：

15.1 变更药品包装规格；

15.2 变更生产工艺；

15.3 变更制剂处方中的辅料；

15.4 变更药品包装材料和容器。

16. 其他。

二、申报资料项目及要求

药品上市许可持有人应根据所申请事项，按以下编号及顺序提交申报资料，不适用的项目应注明不适用并说明理由。报告事项按照国家药品监督管理部门公布的有关报告类的相关规定执行。

（一）药品注册证书及其附件的复印件

包括申报药品历次获得的批准文件，应能够清晰了解该品种完整的历史演变过程和目前状况。如药品注册证书、补充申请批准通知书（批件）、药品标准制修订件等。附件包括上述批件的附件，如药品的质量标准、生产工艺、说明书、标签及其他附件。

（二）证明性文件

1. 境内持有人及境内生产企业的《药品生产许可证》及其变更记录页、营业执照。

2. 境外持有人指定中国境内的企业法人办理相关药品注册事项的，应当提供委托文书、公证文书及其中文译文，以及注册代理机构的营业执照复印件。境外生产药品注册代理机构发生变更的，应提供境外持有人解除原委托代理注册关系的文书、公证文书及其中文译文。

3. 境外已上市药品应当提交境外上市国家或者地区药品管理机构出具的允许药品变更的证明文件及其公证认证文件、中文译文。具体格式要求参见中药相关受理审查指南。除涉及药品上市许可持有人、药品规格、生产企业及生产场地的变更外，境外上市国家或者地区药品管理机构不能出具有关证明文件的，可以依据当地法律法规的规定做出说明。

（三）检查相关信息

包括药品研制情况信息表、药品生产情况信息表、现场主文件清单、药品注册临床试验研究信息表、临床试验信息表、质量标准、生产工艺、标准复核意见及样品检验报告。

（四）立题目的和依据

需要详细说明药品变更的目的和依据。

（五）修订的药品说明书样稿，并附详细修订说明

包含国家药品监督管理部门批准上市以来历次变更说明书的情况说明，现行最新版说明书样稿。

（六）修订的药品标签样稿，并附详细修订说明

（七）药学研究资料

按照国家药品监督管理部门公布的已上市中药药学变更相关技术指导原则开展研究，根据相关技术指导原则对各类变更事项的具体要求，分别提供部分或全部药学研究试验资料和必要的原注册申请相关资料。

（八）药理毒理研究资料

根据变更事项的类别，提供相应的药理毒理试验资料和 / 或文献资料。

（九）临床研究资料

根据临床相关变更事项的类别，提供以下临床研究资料和 / 或文献资料。

变更事项需临床试验数据提供支持依据的，应先申请临床试验，提供拟进行临床试验的计划和方案。

拟同时申请减免临床试验的，需要提供既往开展的循证等级较高、质量较好的临床研究资料（如有，需提供完整的临床研究总结报告），支持申请事项的相关国内外文献资料，其他支持性证据及相关证明性文件。

（十）产品安全性相关资料综述

产品安全性相关资料包括上市后安全性研究及相关文献资料，国家不良反应监测中

心反馈的不良反应数据，企业自发收集到的不良反应数据，相关临床研究、临床应用、文献报道等，以及境内外各种渠道收集到的关于本品不良反应的详细情况等。

产品安全性相关资料综述，指根据变更内容对以上安全性相关资料进行总结，为变更提供支持性证据。

三、相关申请事项说明

对于同时申报多种变更情形的，一般应按最高技术要求的情形进行研究、申报，且需要同时满足所有申请事项所需条件。如，增加功能主治的同时变更适用人群范围或用法用量者，需要按改良型新药申请注册；增加适用人群范围的同时增加使用剂量或疗程者，一般应按新药的要求进行非临床安全性试验和临床试验。不同申报事项的申报资料需完整。

（一）变更适用人群范围

变更适用人群范围是指在原功能主治范围基本不变、给药途径和剂型保持一致的情况下，增加、限定或删除适用人群范围。

该项申请一般应该提供申报资料1-10中除药学研究资料外的全部申报资料，若同时涉及药学问题或变更的，应按照相关技术指导原则开展研究，提供相应的药学研究资料。

立题目的和依据：应重点说明拟变更前后不同适用人群范围同一功能主治的疾病特点、治疗现状和临床需求，以及中医药理论、现有药品安全性和有效性证据对变更后适用人群可能的安全性和有效性支持情况。对适用人群范围进行限定或删除的，应说明限定或删除该适用人群范围的合理性。

变更适用人群范围者，应开展临床试验。临床试验一般按新药要求；根据增加适用人群范围的情况和已有的药品有效性、安全性证据支持程度，至少应开展针对新适用人群范围且满足安全性评价要求的足够暴露量的确证性临床试验。申请临床试验时，应根据适用人群范围变化情况，提供支持该项变更的药理毒理研究资料，如支持新适用人群范围的毒理学试验资料和/或文献资料；提供拟进行的新适用人群范围的临床试验计划和方案及相关资料。

（二）变更用法用量

变更用法用量是指在功能主治和适用人群范围及给药途径不变的前提下，变更使用剂量、用药方案（变更用法、疗程）等。

该项申请一般应该提供申报资料1-10中除药学研究资料外的全部申报资料，若同时涉及药学问题或变更的，应按照相关技术指导原则开展研究，提供相应的药学研究资料。

立题目的和依据：应重点说明变更用法用量的理由和合理性。

如变更用法用量涉及到使用剂量增加或疗程延长者，申请临床试验时，应提供支持变更的毒理学试验资料和/或文献资料，临床试验按新药要求；用药周期缩短或使用剂量降低者，至少应进行变更前后对照的确证性临床试验，以说明剂量变更的合理性。如变更用法用量缺乏临床使用经验数据支持，应进行剂量探索研究。

其他用法用量的变更（如变更溶媒、滴速、服药时间、服药间隔，明确给药方案等），应进行相关的临床试验和/或提供文献资料以说明变更的合理性。

（三）替代或减去国家药品标准或药品注册标准处方中毒性药味或处于濒危状态的药味

替代或减去国家药品标准或药品注册标准处方中毒性药味或处于濒危状态药味，仅指申请人自行要求进行替代或减去药味的情形。

该项申请一般应该提供申报资料1-10的全部资料。

立题目的和依据：原制剂功能主治的安全性、有效性证据资料；替代或减去处方中涉及毒性药味或处于濒危状态的药味的必要性、可行性；替代或减去处方中处于濒危状态的药味者，应提供中药资源评估报告以及相关的证明性文件等；替代或减去处方中毒性药味者，应提供原制剂不良反应等所有安全性信息和研究资料，并分析与毒性药味可能的关系；替代药味的功能主治、选择依据等。

应根据毒性药味或处于濒危状态的药味以及替代药味的情况，提供相应的药理毒理研究资料和临床试验资料。如替代毒性药味或处于濒危状态的药味，需要提供药效学和毒理学对比试验资料及文献资料；如减去毒性药味或处于濒危状态的药味，需要提供药效学对比试验资料；临床方面应进行对比研究。如果替代药味未被国家药品标准、药品注册标准以及省、自治区、直辖市药材标准收载，还应根据新药材要求进行相关研究。

（四）变更药品说明书中安全性等内容

变更药品说明书中安全性等内容，包括修订警示语、【不良反应】、【禁忌】、【注意事项】、【药理毒理】，及特殊人群用药信息、【药物相互作用】等项目。

如修订警示语、【不良反应】、【禁忌】、【注意事项】、【药理毒理】以及特殊人群用药信息、【药物相互作用】等涉及安全性的项目，应提供申报资料4-10中与变更事项相关的资料，至少应包括立题目的与依据（申报资料4），申请变更的说明书和标签样稿，原批准说明书和标签实样、修订说明、修订前后对比表（申报资料5-6），以及产品安全性相关资料综述（申报资料10）。上市许可持有人需重点评估变更对药品安全性、有效性、临床使用等各方面的潜在影响，并对所有药品不良反应进行评价、分析，将针对性的措施反映在说明书相关项目中。

如修订【药理毒理】项，应根据说明书撰写的相关要求进行修订，并提供相应的支持性资料。

国家药监局关于发布已上市化学药品变更事项及
申报资料要求的通告

2021 年第 15 号

为配合药品注册管理办法实施，国家药品监督管理局组织制定了《已上市化学药品变更事项及申报资料要求》，现予发布。本通告自发布之日起实施。

特此通告。

附件：已上市化学药品变更事项及申报资料要求

国家药监局

2021 年 2 月 3 日

附件

已上市化学药品变更事项及申报资料要求

一、国家药品监管部门审批的补充申请事项

（一）国家药品监管部门发布的已上市化学药品药学变更相关技术指导原则中属于重大变更的事项。

（二）国家药品监管部门发布的已上市化学药品临床变更相关技术指导原则中属于重大变更的事项。

（三）药品上市许可持有人主体变更。

（四）使用药品商品名。

（五）国家药品监管部门规定需要审批的其他事项。

二、国家或省级药品监管部门备案事项（境内生产药品报持有人所在地省级药品监管部门备案，境外生产药品报国家药品监督管理局药品审评中心备案）

（一）国家药品监管部门发布的已上市化学药品药学变更相关技术指导原则中属于中等变更的事项。

（二）国家药品监管部门发布的已上市化学药品临床变更相关技术指导原则中属于中等变更的事项。

（三）改变不涉及技术审评的药品注册证书（含原料药批准通知书）载明事项。

（四）境外生产药品分包装及其变更。

（五）国家药品监管部门规定需要备案的其他事项。

三、年报事项

（一）国家药品监管部门发布的已上市化学药品药学变更相关技术指导原则中属于微小变更的事项。

（二）国家药品监管部门发布的已上市化学药品临床变更相关技术指导原则中属于微小变更的事项。

（三）国家药品监管部门规定的需要年报的其他事项。

四、申报资料要求

药品上市许可持有人应根据所申请事项，按以下编号及顺序提交申报资料，不适用的项目应注明不适用并说明理由。年报事项按照国家药品监管部门公布的有关年报的相关规定执行。

1. 药品批准证明文件及其附件的复印件

包括申报药品历次获得的批准文件，应能够清晰了解该品种完整的历史演变过程和目前状况。如药品注册证书、补充申请批件、药品标准制修订件等。附件包括上述批件的附件，如药品的质量标准、生产工艺信息表、说明书、标签及其他附件。

2. 证明性文件

（1）境内持有人及境内生产企业的《药品生产许可证》及其变更记录页、营业执照复印件。

（2）境外持有人指定中国境内的企业法人办理相关药品注册事项的，应当提供委托文书、公证文书及中文译本，以及注册代理机构的营业执照复印件。

（3）境外已上市药品提交其境外上市国家或者地区药品管理机构出具的允许药品变更证明文件、公证认证文书及中文译文。除涉及上市许可持有人、上市许可持有人注册地址、生产企业、生产地址及药品规格变更外，境外上市国家或地区药品管理机构不能出具有关证明文件的，申请人可以依据当地法律法规的规定做出说明。境外生产的药品注册代理机构发生变更的，应提供境外持有人解除原委托代理注册关系的文书、公证文书及其中文译本。

按照化学药品 1 类、2 类批准的境外生产药品，如申请不涉及技术类变更，应按本项要求提交相关证明性文件。

（4）药品上市许可持有人变更申报资料要求按照《关于发布〈药品上市后变更管理办法（试行）〉的公告》（2021 年第 8 号）的有关规定执行。

3. 检查检验相关信息

包括药品研制情况信息表、药品生产情况信息表、现场主文件清单、药品注册临床试验研究信息表、临床试验信息表以及检验报告。

4. 修订的药品质量标准、生产工艺信息表、说明书、标签样稿，并附详细修订说明。

5. 药学研究资料

按照国家药品监管部门公布的已上市化学药品药学变更等相关技术指导原则开展研究，根据相关技术指导原则对各类变更事项的具体要求，分别提供部分或全部药学研究试验资料和文献资料，以及必要的原注册申请相关资料。

6. 药理毒理研究资料

按照国家药品监管部门公布的药理毒理相关技术指导原则开展研究，根据相关技术指导原则对各类变更事项的具体要求，分别提供部分或全部药理毒理研究的试验资料和必要的国内外文献资料。

7. 临床研究资料

按照国家药品监管部门公布的已上市化学药品临床变更相关技术指导原则开展研究。根据相关技术指导原则对各类变更事项的具体要求，分别提供相关资料。要求进行临床试验的，应当按照有关规定和相关技术指导原则开展临床试验。不要求进行临床试验的，应提供有关临床资料。

8. 国家药品监管部门规定的其他资料。

国家药监局关于发布《已上市生物制品变更事项及申报资料要求》的通告

2021 年第 40 号

为配合药品注册管理办法实施，国家药品监督管理局组织制定了《已上市生物制品变更事项及申报资料要求》，现予发布。本通告自发布之日起实施。

特此通告。

附件：已上市生物制品变更事项及申报资料要求

国家药监局

2021 年 6 月 17 日

附件

已上市生物制品变更事项及申报资料要求

一、国家药品监管部门审批的补充申请事项

（一）国家药品监管部门发布的已上市生物制品药学变更相关技术指导原则中属于重大变更的事项。

（二）国家药品监管部门发布的已上市生物制品临床变更相关技术指导原则中属于重大变更的事项。

（三）药品上市许可持有人主体变更。

（四）使用药品商品名。

（五）国家药品监管部门规定需要审批的其他事项。

二、国家或省级药品监管部门备案事项（境内生产生物制品报持有人所在地省级药品监管部门备案，境外生产生物制品报国家药品监督管理局药品审评中心备案）

（一）国家药品监管部门发布的已上市生物制品药学变更相关技术指导原则中属于中等变更的事项。

（二）国家药品监管部门发布的已上市生物制品临床变更相关技术指导原则中属于中等变更的事项。

（三）改变不涉及技术审评的药品注册证书载明事项。

（四）境外生产药品分包装及其变更。

（五）国家药品监管部门规定需要备案的其他事项。

三、年报事项

（一）国家药品监管部门发布的已上市生物制品药学变更相关技术指导原则中属于微小变更的事项。

（二）国家药品监管部门发布的已上市生物制品临床变更相关技术指导原则中属于微小变更的事项。

（三）国家药品监管部门规定的需要年报的其他事项。

四、申报资料要求

药品上市许可持有人应根据所申请事项，按以下编号及顺序提交申报资料，不适用的项目应注明不适用并说明理由。年报事项按照国家药品监管部门公布的有关年报的相关规定执行。

（一）药品批准证明文件及其附件的复印件

包括申报药品历次获得的批准文件，应能够清晰了解该品种完整的历史演变过程和目前状况。如药品注册证书、补充申请批件、药品标准制修订件等。附件包括上述批件的附件，如药品的质量标准、生产工艺（即制造及检定规程）、说明书、标签及其他附件。

（二）证明性文件

1.境内持有人及境内生产企业的《药品生产许可证》及其变更记录页、营业执照复印件。

2.境外持有人指定中国境内的企业法人办理相关药品注册事项的，应当提供委托文书、公证文书及中文译本，以及注册代理机构的营业执照复印件。

3.境外已上市药品提交其境外上市国家或者地区药品管理机构出具的允许药品变更证明文件、公证认证文书及中文译文。除涉及上市许可持有人、上市许可持有人注册地址、生产企业、生产地址及药品规格变更外，境外上市国家或地区药品管理机构不能出具有关证明文件的，申请人可以依据当地法律法规的规定做出说明。境外生产的药品注册代理机构发生变更的，应提供境外持有人解除原委托代理注册关系的文书、公证文书及其中文译本。

按照创新型和改良型生物制品批准的境外生产药品，如申请不涉及技术类变更，应按本项要求提交相关证明性文件。

4.药品上市许可持有人变更申报资料要求按照《关于发布〈药品上市后变更管理办法（试行）〉的公告》（2021 年 第 8 号）的有关规定执行。

（三）检查检验相关信息

包括药品研制情况信息表、药品生产情况信息表、现场主文件清单、药品注册临床试验研究信息表、临床试验信息表以及检验报告。

（四）修订的药品质量标准、生产工艺、说明书、标签样稿，并附详细修订说明。

（五）药学研究资料

按照国家药品监管部门公布的已上市生物制品药学变更等相关技术指导原则开展研究，根据相关技术指导原则对各类变更事项的具体要求，分别提供药学研究试验资料和文献资料，以及必要的原注册申请相关资料。

（六）药理毒理研究资料

按照国家药品监管部门公布的药理毒理相关技术指导原则开展研究，根据相关技术指导原则对各类变更事项的具体要求，分别提供部分或全部药理毒理研究的试验资料和必要的国内外文献资料。

（七）临床研究资料

按照国家药品监管部门公布的已上市生物制品临床变更相关技术指导原则开展研究。根据相关技术指导原则对各类变更事项的具体要求，分别提供相关资料。要求进行临床试验的，应当按照有关规定和相关技术指导原则开展临床试验。不要求进行临床试验的，应提供有关临床资料。

（八）国家药品监管部门规定的其他资料。

国家药监局关于发布《药品注册审评结论异议解决程序（试行）》的公告

2020 年第 94 号

为配合《药品注册管理办法》实施，国家药品监督管理局组织制定了《药品注册审评结论异议解决程序（试行）》，现予以发布。

本公告自发布之日起施行。

特此公告。

附件：药品注册审评结论异议解决程序（试行）

国家药监局

2020 年 8 月 26 日

附件

药品注册审评结论异议解决程序（试行）

第一条　为规范药品注册审评结论异议处理工作，根据《药品注册管理办法》第九十条规定，制定本程序。

第二条　药品注册申请人（以下简称申请人）对国家药品监督管理局药品审评中心（以下简称药审中心）作出的不予通过的审评结论提出异议，药审中心组织进行异议处理的，适用本程序。

第三条　异议解决是指对完成综合审评且审评结论为不予通过的，药审中心告知申请人后，申请人提出异议，药审中心组织进行综合评估或专家咨询委员会论证，形成最终技术审评结论的过程。

申请人应当针对审评结论中有异议的事项提出并说明理由，其内容仅限于原申请事项及原申报资料。

第四条　异议解决是审评程序的重要环节，药审中心在审评过程中应当加强与申请人之间的沟通交流，有效解决异议问题。

第五条　异议解决工作应当遵循依法、科学、公平、公正的原则。

第六条　药审中心应当在完成综合技术审评后的 5 日内，将不予通过的审评结论、理由以及申请人提起异议的权利、渠道、方式、事项和期限等，通过药审中心网站告知申请人。

　　第七条　申请人可以在收到告知书之日起 15 日内通过药审中心网站提出异议意见，异议意见应当列明理由和依据。

　　第八条　药审中心收到申请人的异议意见后，应当在 15 日内结合异议意见按要求组织进行综合评估。

　　第九条　药审中心经综合评估，认为需要调整审评结论的，应当在 20 日内重新进行技术审评，并将调整结果通过药审中心网站告知申请人。

　　第十条　药审中心经综合评估，认为不符合现行法律法规明确规定、或明显达不到注册技术基本要求、或在审评过程中已经召开过专家咨询委员会且审评结论是依据专家咨询委员会结论作出的，仍维持原审评结论的，应当在 5 日内主动与申请人进行沟通交流。此情形不再召开专家咨询委员会论证。

　　第十一条　药审中心经综合评估，认为现有研究资料或研究数据不足以支持申报事项、属于发布的现行技术标准体系没有覆盖、申请人与审评双方存在技术争议等情况，应当在 5 日内将综合评估结果反馈申请人。申请人对综合评估结果仍有异议的，可以在收到反馈意见后的 15 日内通过药审中心网站提出召开专家咨询委员会论证的申请，同时一并提交会议相关资料。

　　第十二条　药审中心应当自收到申请人召开专家咨询委员会论证的申请之日起 50 日内组织召开，并综合专家论证结果形成最终审评结论。

　　专家咨询委员会论证的程序参照相关规定执行。

　　第十三条　在组织专家咨询委员会论证的过程中，申请人未按时提交会议资料、未按约定的时间参加会议以及撤回召开专家咨询委员会论证申请的，药审中心基于已有申报资料形成审评结论。

　　第十四条　本程序规定的期限以工作日计算。申请人提出异议、药审中心解决异议和专家论证时间不计入审评时限。

　　第十五条　药品注册申请审批结束后，申请人对行政许可决定有异议的，可以依法提起行政复议或者行政诉讼。

　　第十六条　本程序自发布之日起施行。

　　附：1. 不予通过的审评结论告知书

　　　　2. 药品注册审评结论异议申请表

　　　　3. 授权委托书

国家药监局关于发放药品电子注册证的公告

2022 年第 83 号

　　为贯彻落实党中央、国务院关于深化"放管服"改革的重要决策部署,优化营商环境,进一步激发市场主体发展活力,为企业提供更加高效便捷的政务服务,经研究决定,自 2022 年 11 月 1 日起,发放药品电子注册证。现将有关事项公告如下:

　　一、药品电子注册证发放范围为自 2022 年 11 月 1 日起,由国家药监局批准的药物临床试验、药品上市许可、药品再注册、药品补充申请、中药品种保护、进口药材、化学原料药等证书以及药物非临床研究质量管理规范认证证书。

　　二、药品电子注册证与纸质注册证具有同等法律效力。电子证照具有即时送达、短信提醒、证照授权、扫码查询、在线验证、全网共享等功能。

　　三、药品上市许可持有人或申请人须先行在国家药监局网上办事大厅注册并实名认证,进入网上办事大厅"我的证照"栏目,查看下载相应的药品电子注册证。也可登录"中国药监 APP",查看使用电子注册证。

　　四、药品电子注册证不包含药品生产工艺、质量标准、说明书和标签等附件。上述附件以电子文件形式和药品电子注册证同步推送至国家药监局网上办事大厅法人空间"我的证照"栏目,推送成功即送达,药品上市许可持有人或申请人可自行登录下载获取。

　　五、药品上市许可持有人或申请人应妥善保管国家药监局网上办事大厅账号、电子注册证及相关附件电子文件等。

　　六、药品电子注册证使用相关问题可查看国家药监局网上办事大厅"电子证照常见问题解答"栏目。

　　特此公告。

国家药监局

2022 年 10 月 9 日

三、上市后监管

国家药监局关于实施新修订
《药品生产监督管理办法》有关事项的公告

2020 年第 47 号

《药品生产监督管理办法》（国家市场监督管理总局令第 28 号，以下简称《生产办法》）已发布，自 2020 年 7 月 1 日起施行。为进一步做好药品生产监管工作，国家药品监督管理局现将有关事项公告如下：

一、自 2020 年 7 月 1 日起，从事制剂、原料药、中药饮片生产活动的申请人，新申请药品生产许可，应当按照《生产办法》有关规定办理。

在 2020 年 7 月 1 日前，已受理但尚未批准的药品生产许可申请，在《生产办法》施行后，应当按照《生产办法》有关规定进行办理。

生产许可现场检查验收标准应当符合《中华人民共和国药品管理法》及实施条例有关规定和药品生产质量管理规范相关要求。《药品生产许可证》许可范围在正本应当载明剂型，在副本应当载明车间和生产线。

二、现有《药品生产许可证》在有效期内继续有效。《生产办法》施行后，对于药品生产企业申请变更、重新发证、补发等的，应当按照《生产办法》有关要求进行审查，符合规定的，发给新的《药品生产许可证》。变更、补发的原有效期不变，重新发证的有效期自发证之日起计算。

三、已取得《药品生产许可证》的药品上市许可持有人（以下称"持有人"）委托生产制剂的，按照《生产办法》第十六条有关变更生产地址或者生产范围的规定办理，委托双方的企业名称、品种名称、批准文号、有效期等有关变更情况，应当在《药品生产许可证》副本中载明。

委托双方在同一个省的，持有人应当向所在地省级药品监管部门提交相关申请材料，受托方应当配合持有人提供相关材料。省级药品监管部门应当对持有人提交的申请材料进行审查，并对受托方生产药品的车间和生产线开展现场检查，作出持有人变更生产地址或者生产范围的决定。

委托双方不在同一个省的，受托方应当通过所在地省级药品监管部门对受托方生产药品的车间和生产线的现场检查，配合持有人提供相关申请材料。持有人所在地省级药品监管部门应当对持有人提交的申请材料进行审查，并结合受托方所在地省级药品监管部门出具的现场检查结论，作出持有人变更生产地址或者生产范围的决定。

委托生产涉及的车间或者生产线没有经过药品生产质量管理规范符合性检查（以下简称"GMP 符合性检查"），所在地省级药品监管部门应当进行 GMP 符合性检查。

四、原已经办理药品委托生产批件的，在有效期内继续有效。《生产办法》实施后，委托双方任何一方的《药品生产许可证》到期、变更、重新审查发证、补发的，或者药品委托生产批件到期的，原委托生产应当终止，需要继续委托生产的，应当按照《生产办法》有关生产地址和生产范围变更的规定以及本公告的要求办理。药品委托生产不再单独发放药品委托生产批件。

五、2020 年 7 月 1 日前，已依法取得《药品生产许可证》，且其车间或者生产线未进行 GMP 符合性检查的，应当按照《生产办法》规定进行 GMP 符合性检查。

六、持有人委托生产制剂的，应当与符合条件的药品生产企业签订委托协议和质量协议，委托协议和质量协议的内容应当符合有关法律法规规定。国家药监局发布药品委托生产质量协议指南后，委托双方应当按照要求对委托协议和质量协议进行完善和补充签订。

七、持有人试点期间至新修订《药品注册管理办法》实施前，以委托生产形式获得批准上市的，其持有人应在 2020 年 7 月 1 日前向所在地省级药品监管部门申请办理《药品生产许可证》。各级药品监管部门应当按照药品上市许可持有人检查工作程序及检查要点的规定，依职责加强持有人在注册、生产、经营等环节的监督检查。

八、各级药品监督管理部门要加强领导、统筹部署，结合本行政区域的工作实际，做好《生产办法》的宣贯和培训。要全面贯彻药品监管"四个最严"要求，严格落实药品管理法律法规章等规定，按照属地监管原则，加大生产环节的监督力度，加强跨省委托生产监管和信息通报，统筹安排 2020 年《药品生产许可证》重新审查发证工作，确保监管力度不减、标准不降、监管不断，保证药品质量安全。

九、《生产办法》和本公告中涉及的相关表格见附件。工作中遇到的重大问题，应当及时报告国家药监局。

特此公告。

附件：1. 药品生产许可证申请材料清单

2. 药品生产质量管理规范符合性检查申请材料清单

3. 药品生产许可证申请表

4. 药品生产质量管理规范符合性检查申请表

国家药监局

2020 年 3 月 30 日

附件1

药品生产许可证申请材料清单
（药品上市许可持有人自行生产的情形）

1. 药品生产许可证申请表；

2. 基本情况，包括企业名称、生产线、拟生产品种、剂型、工艺及生产能力（含储备产能）；

3. 企业的场地、周边环境、基础设施、设备等条件说明以及投资规模等情况说明；

4. 营业执照（申请人不需要提交，监管部门自行查询）；

5. 组织机构图（注明各部门的职责及相互关系、部门负责人）；

6. 法定代表人、企业负责人、生产负责人、质量负责人、质量受权人及部门负责人简历、学历、职称证书和身份证（护照）复印件；依法经过资格认定的药学及相关专业技术人员、工程技术人员、技术工人登记表，并标明所在部门及岗位；高级、中级、初级技术人员的比例情况表；

7. 周边环境图、总平面布置图、仓储平面布置图、质量检验场所平面布置图；

8. 生产工艺布局平面图（包括更衣室、盥洗间、人流和物流通道、气闸等，并标明人、物流向和空气洁净度等级），空气净化系统的送风、回风、排风平面布置图，工艺设备平面布置图；

9. 拟生产的范围、剂型、品种、质量标准及依据；

10. 拟生产剂型及品种的工艺流程图，并注明主要质量控制点与项目、拟共线生产情况；

11. 空气净化系统、制水系统、主要设备确认或验证概况；生产、检验用仪器、仪表、衡器校验情况；

12. 主要生产设备及检验仪器目录；

13. 生产管理、质量管理主要文件目录；

14. 药品出厂、上市放行规程；

15. 申请材料全部内容真实性承诺书；

16. 凡申请企业申报材料时，申请人不是法定代表人或负责人本人，企业应当提交《授权委托书》；

17. 按申请材料顺序制作目录。

中药饮片等参照自行生产的药品上市许可持有人申请要求提交相关资料。疫苗上市许可持有人还应当提交疫苗的储存、运输管理情况，并明确相关的单位及配送方式。

药品生产许可证申请材料清单
（药品上市许可持有人委托他人生产的情形）

1. 药品生产许可证申请表；

2. 基本情况，包括企业名称、拟生产品种、剂型、工艺及生产能力（含储备产能）；

3. 营业执照（申请人不需要提交，监管部门自行查询）；

4. 组织机构图（注明各部门的职责及相互关系、部门负责人）；

5. 法定代表人、企业负责人、生产负责人、质量负责人、质量受权人及部门负责人简历、学历、职称证书和身份证（护照）复印件；依法经过资格认定的药学及相关专业技术人员登记表，并标明所在部门及岗位；高级、中级、初级技术人员的比例情况表；

6. 拟委托生产的范围、剂型、品种、质量标准及依据；

7. 拟委托生产剂型及品种的工艺流程图，并注明主要质量控制点与项目、受托方共线生产情况；

8. 生产管理、质量管理主要文件目录；

9. 药品上市放行规程；

10. 委托协议和质量协议；

11. 持有人确认受托方具有受托生产条件、技术水平和质量管理能力的评估报告；

12. 受托方相关材料

（1）受托方药品生产许可证正副本复印件；

（2）受托方药品生产企业的场地、周边环境、基础设施、设备等情况说明；

（3）受托方周边环境图、总平面布置图、仓储平面布置图、质量检验场所平面布置图；

（4）受托方生产工艺布局平面图（包括更衣室、盥洗间、人流和物流通道、气闸等，并标明人、物流向和空气洁净度等级），空气净化系统的送风、回风、排风平面布置图，工艺设备平面布置图；

（5）受托方空气净化系统、制水系统、主要设备确认或验证概况；生产、检验仪器、仪表、衡器校验情况；

（6）受托方主要生产设备及检验仪器目录；

（7）受托方药品出厂放行规程；

（8）受托方所在地省级药品监管部门出具的通过药品 GMP 符合性检查告知书以及同意受托生产的意见；

13. 申请材料全部内容真实性承诺书；

14. 凡申请企业申报材料时，申请人不是法定代表人或负责人本人，企业应当提交《授权委托书》；

15. 按申请材料顺序制作目录。

药品生产许可证申请材料清单
（药品生产企业接受委托生产的情形）

1. 药品生产许可证申请表；

2. 基本情况，包括企业名称、拟生产品种、剂型、工艺及生产能力（含储备产能）；

3. 企业的场地、周边环境、基础设施、设备等条件说明以及投资规模等情况说明；

4. 营业执照（申请人不需要提交，监管部门自行查询）；

5. 组织机构图（注明各部门的职责及相互关系、部门负责人）；

6. 法定代表人、企业负责人、生产负责人、质量负责人、质量受权人及部门负责人简历、学历、职称证书和身份证（护照）复印件；依法经过资格认定的药学及相关专业技术人员、工程技术人员、技术工人登记表，并标明所在部门及岗位；高级、中级、初级技术人员的比例情况表；

7. 周边环境图、总平面布置图、仓储平面布置图、质量检.验场所平面布置图；

8. 生产工艺布局平面图（包括更衣室、盥洗间、人流和物流通道、气闸等，并标明人、物流向和空气洁净度等级），空气净化系统的送风、回风、排风平面布置图，工艺设备平面布置图；

9. 拟接受委托生产的范围、剂型、品种、质量标准及依据；

10. 拟接受委托生产剂型及品种的工艺流程图，并注明主要质量控制点与项目、拟共线生产情况；

11. 空气净化系统、制水系统、主要设备确认或验证概况；生产、检验仪器、仪表、衡器校验情况；

12. 主要生产设备及检验仪器目录；

13. 生产管理、质量管理主要文件目录；

14. 药品出厂放行规程；

15. 委托协议和质量协议；

16. 申请材料全部内容真实性承诺书；

17. 凡申请企业申报材料时，申请人不是法定代表人或负责人本人，企业应当提交《授权委托书》；

18. 按申请材料顺序制作目录。

药品生产许可证申请材料清单
（原料药生产企业的情形）

1. 药品生产许可证申请表；

2. 基本情况，包括企业名称、拟生产品种、工艺及生产能力（含储备产能）；

3. 企业的场地、周边环境、基础设施、设备等条件说明以及投资规模等情况说明；

4. 营业执照（申请人不需要提交，监管部门自行查询）；

5. 组织机构图（注明各部门的职责及相互关系、部门负责人）；

6. 法定代表人、企业负责人、生产负责人、质量负责人、质量受权人及部门负责人简历、学历、职称证书和身份证（护照）复印件；依法经过资格认定的药学及相关专业技术人员、工程技术人员、技术工人登记表，并标明所在部门及岗位；高级、中级、初级技术人员的比例情况表；

7. 周边环境图、总平面布置图、仓储平面布置图、质量检验场所平面布置图；

8. 生产工艺布局平面图（包括更衣室、盥洗间、人流和物流通道、气闸等，并标明人、物流向和空气洁净度等级、合成及精干包区），空气净化系统的送风、回风、排风平面布置图，工艺设备平面布置图；

9. 拟生产的品种、质量标准及依据；

10. 拟生产品种的工艺流程图，并注明主要质量控制点与项目、拟共线生产情况；

11. 空气净化系统、制水系统、主要设备确认或验证概况；生产、检验仪器、仪表、衡器校验情况；

12. 主要生产设备及检验仪器目录；

13. 生产管理、质量管理主要文件目录；

14. 药品出厂放行规程；

15. 申请材料全部内容真实性承诺书；

16. 凡申请企业申报材料时，申请人不是法定代表人或负责人本人，企业应当提交《授权委托书》；

17. 按申请材料顺序制作目录。

附件2

药品生产质量管理规范符合性检查申请材料清单

1. 药品生产质量管理规范符合性检查申请表；

2.《药品生产许可证》和《营业执照》（申请人不需要提交，监管部门自行查询）；

3. 药品生产管理和质量管理自查情况（包括企业概况及历史沿革情况、生产和质量管理情况，上次 GMP 符合性检查后关键人员、品种、软件、硬件条件的变化情况，上次 GMP 符合性检查后不合格项目的整改情况）；

4. 药品生产企业组织机构图（注明各部门名称、相互关系、部门负责人等）；

5. 药品生产企业法定代表人、企业负责人、生产负责人、质量负责人、质量受权人及部门负责人简历；依法经过资格认定的药学及相关专业技术人员、工程技术人员、技术工人登记表，并标明所在部门及岗位；高、中、初级技术人员占全体员工的比例情况表；

6. 药品生产企业生产范围全部剂型和品种表；申请检查范围剂型和品种表（注明"近三年批次数、产量"），包括依据标准、药品注册证书等有关文件资料的复印件；中药饮片生产企业需提供加工炮制的全部中药饮片品种表，包括依据标准及质量标准，注明"炮制方法、毒性中药饮片"；生物制品生产企业应提交批准的制造检定规程；

7. 药品生产场地周围环境图、总平面布置图、仓储平面布置图、质量检验场所平面布置图；

8. 车间概况（包括所在建筑物每层用途和车间的平面布局、建筑面积、洁净区、空气净化系统等情况。其中对高活性、高致敏、高毒性药品等的生产区域、空气净化系统及设备情况进行重点描述），设备安装平面布置图（包括更衣室、盥洗间、人流和物流通道、气闸等，并标明人、物流向和空气洁净度等级）；空气净化系统的送风、回风、排风平面布置图（无净化要求的除外）；生产检验设备确认及验证情况，人员培训情况；

9. 申请检查范围的剂型或品种的工艺流程图，并注明主要过程控制点及控制项目；提供关键工序、主要设备清单，包括设备型号，规格；

10. 主要生产及检验设备、制水系统及空气净化系统的确认及验证情况；与药品生产质量相关的关键计算机化管理系统的验证情况；申请检查范围的剂型或品种的三批工艺验证情况，清洁验证情况；

11. 关键检验仪器、仪表、量具、衡器校验情况；

12. 药品生产管理、质量管理文件目录；

13. 申请材料全部内容真实性承诺书；

14. 凡申请企业申报材料时，申请人不是法定代表人或负责人本人，企业应当提交《授权委托书》；

15. 按申请材料顺序制作目录。

国家药监局关于发布《疫苗生产流通管理规定》的公告

2022 年第 55 号

为贯彻落实《中华人民共和国药品管理法》和《中华人民共和国疫苗管理法》等法律法规要求，构建科学、有效的疫苗生产流通监督管理体系，根据疫苗产品特性和疫苗监管要求，依法对疫苗的生产、流通管理活动进行规范，国家药监局组织制订了《疫苗生产流通管理规定》，现予发布，自发布之日起施行。

特此公告。

国家药监局
2022 年 7 月 8 日

疫苗生产流通管理规定

第一章　总　　则

第一条　为加强疫苗生产流通监督管理，规范疫苗生产、流通活动，根据《中华人民共和国药品管理法》《中华人民共和国疫苗管理法》及《药品注册管理办法》《药品生产监督管理办法》等有关法律、法规、规章，制定本规定。

第二条　在中华人民共和国境内从事疫苗生产、流通及其监督管理等活动适用本规定。

第三条　从事疫苗生产、流通活动，应当遵守药品和疫苗的有关法律、法规、规章、标准、规范等，保证全过程信息真实、准确、完整和可追溯。

第二章　持有人主体责任

第四条　国家对疫苗实行上市许可持有人制度。持有人对疫苗的安全性、有效性和质量可控性负主体责任，依法依规开展疫苗上市后生产、流通等环节管理活动，并承担相应责任。

开展委托生产的，持有人对委托生产的疫苗负主体责任，受托疫苗生产企业对受托生产行为负责。

第五条　疫苗生产相关的主要原料、辅料和直接接触药品的包装材料供应商以及疫苗供应过程中储存、运输等相关主体依法承担相应环节的责任。

第六条　持有人应当明确关键岗位人员职责。

法定代表人／主要负责人：负责确立质量方针和质量目标，提供资源保证生产、流通等活动持续符合相关法律法规要求，确保质量管理部门独立履行职责，对疫苗产品生产、流通活动和质量全面负责。

生产管理负责人：负责组织和实施疫苗产品生产活动，确保按照经核准的生产工艺和质量控制标准组织生产，对生产过程的持续合规负责。

质量管理负责人：负责组织建立企业质量管理体系并确保体系能够持续良好运行，对疫苗产品质量管理持续合规负责。

质量受权人：负责疫苗产品放行，确保每批已放行产品的生产、检验均符合经核准的生产工艺和质量控制标准，对产品放行负责。

第七条　持有人的生产管理负责人、质量管理负责人和质量受权人等关键岗位人员应当具有医学、药学、生物学等相关专业本科及以上学历或具备中级以上专业技术职称，具有五年以上从事疫苗领域生产质量管理经验，能够在生产、质量管理中履行职责，并承担相应责任。

负责疫苗流通质量管理的负责人应当具有医学、药学、生物学等相关专业本科及以上学历或具备中级以上专业技术职称，具有三年以上从事疫苗管理或技术工作经验，能够在疫苗流通质量管理中履行职责，并承担相应责任。

持有人的法定代表人、主要负责人、生产管理负责人、质量管理负责人和质量受权人，应当具有良好的信用记录，药品严重失信人员不得担任上述职务。

第八条　持有人应当根据法律、法规、规章、标准、规范等要求，建立完整的疫苗质量管理体系，定期对质量管理体系的运行情况开展自查并持续改进。

持有人应当按照规定，对疫苗生产、流通涉及的原料、辅料、直接接触药品的包装材料、储存配送服务等供应商的质量管理体系进行审核和监督，确保供应商满足疫苗生产、流通的相关要求，不断完善上市后疫苗生产、流通质量管理体系。

第九条　持有人应当对疫苗生产、流通全过程开展质量风险管理，对质量体系运行过程中可能存在的风险进行风险识别、评估、控制、沟通，采取有效预防控制措施，及时开展风险回顾，直至风险得到有效控制。

第三章　疫苗生产管理

第十条　国家对疫苗生产实施严格准入制度，严格控制新开办疫苗生产企业。新开办疫苗生产企业，除符合疫苗生产企业开办条件外，还应当符合国家疫苗行业主管部门的相关政策。

第十一条　持有人自身应当具备疫苗生产能力。从事疫苗生产活动时，应当按照《药品管理法》《疫苗管理法》及《药品生产监督管理办法》等规定的条件，按照药品生产许可管理规定程序，向生产场地所在地省级药品监督管理部门提交药品生产许可申请材料。超出持有人疫苗生产能力确需委托生产的，受托方应当为取得疫苗生产范围的药品生产企业。

疫苗的包装、贴标签、分包装应当在取得疫苗生产范围的药品生产企业开展。

第十二条　满足以下情形之一的疫苗品种，持有人可提出疫苗委托生产申请：

（一）国务院工业和信息化管理部门提出储备需要，且认为持有人现有生产能力无法满足需求的；

（二）国务院卫生健康管理部门提出疾病预防、控制急需，且认为持有人现有生产能力无法满足需求的；

（三）生产多联多价疫苗的。

委托生产的范围应当是疫苗生产的全部工序。必要时，委托生产多联多价疫苗的，经国家药品监督管理局组织论证同意后可以是疫苗原液生产阶段或者制剂生产阶段。

第十三条　申请疫苗委托生产的，委托方和受托方应当按照相关技术指导原则要求进行研究、评估和必要的验证，并在完成相应《药品生产许可证》生产范围变更后，由委托方向国家药品监督管理局受理和举报中心提出申请，申请时应当提交《疫苗委托生产申请表》（附件1），提交申报资料（附件2），及本规定第十二条规定的证明性材料。

第十四条　国家药品监督管理局受理和举报中心接到疫苗委托生产申请后，按照本规定第十三条的要求对申请资料进行形式审查，应当在5个工作日内作出受理、补正或者不予受理的决定，出具书面的《受理通知书》或者《不予受理通知书》，并注明日期。

第十五条　国家药品监督管理局按照本规定的要求对疫苗委托生产申请进行审查，应当在20个工作日内作出决定。申请人补充资料所需时间不计入审批时限。

经审查符合规定予以批准的，由国家药品监督管理局受理和举报中心制作《疫苗委托生产批件》（附件3）并在10个工作日内向委托方发放；不符合规定的，书面通知委托方并说明理由；需要补充材料的，书面通知委托方在规定时间内提交补充材料。

《疫苗委托生产批件》同时抄送委托方和受托方所在地省级药品监督管理部门等。

第十六条　委托方取得《疫苗委托生产批件》后，按照《药品上市后变更管理办法（试行）》相关规定办理生产场地变更涉及的注册管理事项变更。

委托方和受托方所在地省级药品监督管理部门应当按照《药品生产监督管理办法》第五十二条的规定，对委托方和受托方开展药品生产质量管理规范符合性检查。

委托方和受托方在依法完成相应变更，通过药品生产质量管理规范符合性检查，所生产产品自检和批签发合格，符合法定放行条件后，方可上市销售。

第十七条　持有人应当建立完整的生产质量管理体系，严格按照经核准的生产工艺和质量控制标准组织生产，确保产品符合上市放行要求。生产过程中应当持续加强物料供应商管理、变更控制、偏差管理、产品质量回顾分析等工作。采用信息化手段如实记录生产、检验过程中形成的所有数据，确保生产全过程持续符合法定要求。对于无法采用在线采集数据的人工操作步骤，应将该过程形成的数据及时录入相关信息化系统或转化为电子数据，确保相关数据的真实、准确、完整和可追溯，同时按要求保存相关纸质原始记录。

第十八条　持有人因工艺升级、搬迁改造等原因（正常周期性生产除外），计划停产3个月以上的，应当在停产3个月前，向所在地省级药品监督管理部门报告。

持有人常年生产品种因设备故障等突发情况导致无法正常生产，预计需停产1个月以上的，应当在停产3个工作日内向所在地省级药品监督管理部门报告。

第十九条　持有人长期停产（正常周期性生产除外）计划恢复生产的，应当在恢复生产1个月前向所在地省级药品监督管理部门报告。省级药品监督管理部门结合日常监管情况进行风险评估，必要时可对恢复生产的品种开展现场检查。

第二十条　持有人在生产、流通管理过程中，发现可能会影响疫苗产品质量的重大偏差或重大质量问题的，应当立即向所在地省级药品监督管理部门报告。进口疫苗在流通管理过程中，发现可能影响疫苗产品质量的重大偏差或重大质量问题的，由境外疫苗持有人指定的境内代理人向进口口岸所在地省级药品监督管理部门报告。报告至少包括以下内容：

（一）重大偏差或质量问题的详细情况；

（二）涉及产品的名称、批号、规格、数量、流向等信息；

（三）已经或可能产生的不良影响；

（四）已采取的紧急控制或处置措施；

（五）拟进一步采取的措施；

（六）应当说明的其他情况。

第二十一条　持有人应当建立年度报告制度，质量年度报告应当按照相关要求进行撰写。质量年度报告至少应当包括疫苗生产和批签发情况，关键人员变更情况，生产工艺和场地变更情况，原料、辅料变更情况，关键设施设备变更情况，偏差情况，稳定性考察情况，销售配送情况，疑似预防接种异常反应情况，风险管理情况，接受检查和处罚情况等。

持有人应当在每年4月底前通过"国家药品智慧监管平台的药品业务管理系统"上传上年度的质量年度报告。各省级药品监督管理部门及中检院、国家药品监督管理局药审中心、核查中心、评价中心、信息中心等部门，依职责权限，分别查询、审阅、检查、评价等各相关工作开展及风险评估的重要参考。

第四章　疫苗流通管理

第二十二条　持有人应当按照采购合同的约定，向疾病预防控制机构销售疫苗。

境外疫苗持有人原则上应当指定境内一家具备冷链药品质量保证能力的药品批发企业统一销售其同一品种疫苗，履行持有人在销售环节的义务，并承担责任。

第二十三条　持有人在销售疫苗时，应当同时提供加盖其印章的批签发证明复印件或者电子文件；销售进口疫苗的，还应当提供加盖其印章的进口药品通关单复印件或者电子文件。

持有人应当按照规定,建立真实、准确、完整的销售记录,销售记录应当至少包含产品通用名称、批准文号、批号、规格、有效期、购货单位、销售数量、单价、金额、销售日期和持有人信息等,委托储存、运输的,还应当包括受托储存、运输企业信息,并保存至疫苗有效期满后不少于 5 年备查。

第二十四条　持有人、疾病预防控制机构自行配送疫苗,应当具备疫苗冷链储存、运输条件,符合疫苗储存和运输管理规范的有关要求,并对配送的疫苗质量依法承担责任。

持有人与疾病预防控制机构签订的采购合同中应当明确实施配送的单位、配送方式、配送时限和收货地点。

第二十五条　持有人可委托符合药品经营质量管理规范冷藏冷冻药品运输、储存条件的企业配送、区域仓储疫苗。持有人应当对疫苗配送企业的配送能力进行评估,严格控制配送企业数量,保证配送过程持续符合法定要求。持有人在同一省级行政区域内选取疫苗区域配送企业原则上不得超过 2 家。

疾病预防控制机构委托配送企业分发疫苗的,应当对疫苗配送企业的配送能力进行评估,保证疫苗冷链储存、运输条件符合疫苗储存和运输管理规范的有关要求。

第二十六条　持有人委托配送疫苗的,应当及时将委托配送疫苗品种信息及受托储存、运输单位配送条件、配送能力及信息化追溯能力等评估情况分别向持有人所在地和接收疫苗所在地省级药品监督管理部门报告,省级药品监督管理部门应当及时进行公告。疾病预防控制机构委托配送企业配送疫苗的,应当向同级药品监督管理部门和卫生健康主管部门报告。接受委托配送的企业不得再次委托。

第二十七条　持有人、疾病预防控制机构和接种单位、受托储存运输企业相关方应当按照国家疫苗全程电子追溯制度要求,如实记录疫苗销售、储存、运输、使用信息,实现最小包装单位从生产到使用的全过程可追溯。

疫苗配送单位应当按持有人要求,真实、完整地记录储存、运输环节信息。

第二十八条　疫苗非临床研究、临床研究及血液制品生产等特殊情形所需的疫苗,相关使用单位向所在地省级药品监督管理部门报告后,可向疫苗上市许可持有人或者疾病预防控制机构采购。持有人、疾病预防控制机构和相关使用单位应当严格管理,并做好相关记录,确保疫苗销售、使用可追溯。

第五章　疫苗变更管理

第二十九条　持有人应当以持续提升产品的安全性、有效性和质量可控性为原则,对上市产品进行质量跟踪和趋势分析,改进生产工艺,提高生产过程控制能力,持续提升质量控制标准,提升中间产品和成品的质量控制水平。

第三十条　持有人已上市疫苗的生产工艺、生产场地、生产车间及生产线、关键生产设施设备等发生变更的,应当进行研究和验证,充分评估变更对疫苗安全性、有效性和质量可控性的影响，根据《药品上市后变更管理办法（试行）》、《已上市生物制品药学变更研究技术指导原则（试行）》等相关规定确定变更分类，并按照《药品注册管理办法》的规定程序提出补充申请、备案或报告。

第三十一条　持有人应当对相关变更开展评估、论证、研究和必要的验证，需要批准或者备案的，应当按程序经审核批准或者办理备案后方可实施。

第三十二条　持有人发生生产场地变更等情形的，省级药品监督管理部门应当进行药品生产质量管理规范符合性检查；其他变更，由省级药品监督管理部门根据风险管理原则确定是否开展药品生产质量管理规范符合性检查。

报国家药品监督管理局药审中心的补充申请事项，根据《药品生产监督管理办法》第五十二条开展药品生产质量管理规范符合性检查。

第六章　疫苗监督管理

第三十三条　国家药品监督管理局主管全国疫苗生产流通环节质量监督管理工作。制定疫苗生产流通监督管理的规章制度、规范、标准和指南并监督指导实施；组织开展疫苗巡查抽查；督促指导疫苗批签发管理工作，实施委托生产审批工作；会同国务院卫生健康主管部门制定统一的疫苗追溯标准和规范，建立全国疫苗电子追溯体系，实现疫苗全过程信息可追溯。

省级药品监督管理部门负责本行政区域内疫苗生产流通监督管理工作。负责疫苗生产和流通环节相关许可和备案事项；负责制定年度疫苗生产、配送企业监督检查计划并开展监督检查；负责向疫苗生产企业派驻检查员；负责本行政区域内属地药品检验机构的疫苗批签发管理工作；按职责开展疫苗预防接种异常反应监测和调查；负责指导市、县承担药品监督管理职责的部门开展疫苗流通、预防接种环节的疫苗质量监督管理工作。

市、县承担药品监督管理职责的部门负责本行政区域内疫苗流通、预防接种环节的疫苗质量监督管理工作；配合卫生健康主管部门实施疫苗异常反应监测、报告；完善质量信息通报机制和联合处置机制。

第三十四条　省级药品监督管理部门承担本行政区域内疫苗生产流通活动的监督管理职责，对行政区域内接受委托生产和接受委托配送的受托方进行监督管理。

持有人和受托生产企业不在同一省级行政区域内的，由持有人所在地省级药品监督管理部门负责对持有人的监督管理，受托生产企业所在地省级药品监督管理部门负责对受托生产企业的监督管理，持有人和受托企业所在地省级药品监督管理部门应当互相配合开展监督管理工作，必要时可开展联合检查。

第三十五条　药品监督管理部门依法设立或指定的专业技术机构，承担疫苗上市后检查、批签发、疑似预防接种异常反应监测与安全评价等技术工作。

（一）药品检查机构负责组织起草疫苗上市后检查有关规定、检查指南，并依职责开展疫苗检查工作。

（二）药品审评机构负责起草疫苗上市后变更所涉及注册管理的有关规定和指导原则，并依职责开展相关技术审评工作。

（三）药品评价机构负责起草疫苗上市后监测和安全性评价有关规定和指导原则，并依职责开展疫苗上市后监测和安全性评价技术工作。

（四）疫苗批签发机构应当将疫苗批签发过程中发现的重大质量风险及时通报相关药品监督管理部门，接到报告的部门应基于风险启动疫苗检查、稽查或质量安全事件调查。

（五）信息管理机构负责疫苗追溯协同服务平台、疫苗安全信用档案建设和管理，对疫苗生产场地进行统一编码。

上述疫苗监管专业技术机构应当按照法规、规范、规程和标准开展相关技术活动，并对技术监督结果负责。

上级专业技术机构应当对下一级技术机构质量体系建设和业务工作进行指导。

各级药品监督管理部门及其技术机构应当建立上下互通、左右衔接的疫苗沟通协调合作机制。在疫苗现场检查、疑似预防接种异常反应监测及批签发等过程中，及时沟通信息和通报情况；发现重大产品质量风险、严重的疑似预防接种异常反应，应当立即采取有效措施控制风险。

第三十六条　药品监督管理部门实施疫苗上市后监督检查，除遵从《药品生产监督管理办法》《药品检查管理办法（试行）》一般规定外，还应当开展以下方式的检查：

（一）国家药品监督管理局组织国家疫苗检查中心对在产的疫苗生产企业生产和质量管理情况开展巡查，并对省级药品监督管理部门的疫苗生产监督管理工作进行督导。

（二）省级药品监督管理部门应当对本行政区域的疫苗生产企业、配送企业、销售进口疫苗的药品批发企业开展监督检查，并配合国家药品监督管理局做好疫苗巡查和抽查工作；对疫苗配送企业、同级疾病预防控制机构开展监督检查；必要时对疫苗生产、流通等活动提供产品或者服务的单位进行延伸监督检查。

（三）市、县承担药品监督管理职责的部门对疾病预防控制机构、接种单位开展质量监督检查。

第三十七条　各级负责药品监督管理的部门依职责在对持有人、受托生产企业、疫苗配送企业、疾病预防控制机构和接种单位开展监督检查时，应当按照质量风险管理的原则制定检查计划，根据既往现场检查情况、质量年度报告、上市许可变更申报情况、上市后质量抽检情况、批签发情况、疑似预防接种异常反应监测情况、产品召回信息、投诉举报情况等进行风险评估，制定检查计划。制定检查计划应考虑检查频次、检查范围、重点内容、检查时长及检查员的专业背景等。

各级负责药品监督管理的部门可根据检查计划、方案，对持有人的生产场地、经营场所及疫苗配送企业、疾病预防控制机构和接种单位开展现场检查，被检查单位应当予以配合，不得拒绝、逃避或者阻碍。现场检查过程中，可以收集相关证据，依法收集的相关资料、实物等，可以作为行政处罚中认定事实的依据；需要抽取样品进行检验的，可以按照抽样检验相关规定抽样或者通知被检查单位所在地药品监督管理部门按规定抽样，抽取的样品应当由具备资质的技术机构进行检验。

　　第三十八条　省级药品监督管理部门应当向本行政区域内每家疫苗生产企业至少派驻 2 名检查员。派驻检查员应当做好以下检查工作：

　　（一）按要求完成省级药品监督管理部门制定的检查任务，及时向省级药品监督管理部门报告监督检查情况，并提出监管建议；

　　（二）对省级药品监督管理部门检查发现的缺陷项目，督促企业按期整改，对整改情况进行核实；

　　（三）协助批签发机构开展现场核实等工作；

　　（四）发现企业违法违规线索时，立即报告派出部门，并配合监管部门收集证据；

　　（五）完成省级药品监督管理部门交办的其他事项。

　　第三十九条　国家药品监督管理局每年组织国家疫苗检查中心至少对在产疫苗持有人开展 1 次疫苗巡查；省级药品监督管理部门每年至少对在产疫苗持有人及其委托生产企业检查 2 次，其中至少包含 1 次药品生产质量管理规范符合性检查，每年至少对销售进口疫苗的药品批发企业、疫苗配送企业、同级疾病预防控制机构检查 1 次；市、县承担药品监督管理职责的部门每年至少对同级疾病预防控制机构、接种单位检查 1 次。如发现可能对疫苗质量产生重大影响的线索，各级药品监督管理部门可以随时开展有因检查。

　　第四十条　检查组应当根据现场检查情况提出现场检查结论，形成现场检查报告，并及时报送派出药品检查机构。药品检查机构应当对现场检查报告进行评估和审核，结合企业整改情况，形成综合评定结论，并报送药品监督管理部门。药品监督管理部门依据综合评定结论，作出相应处理。

　　检查发现持有人存在缺陷项目的，由所在地省级药品监督管理部门依职责督促持有人开展整改，整改完成后应当核实整改情况。

　　检查发现持有人存在重大质量隐患或风险的，所在地省级药品监督管理部门应当立即依职责采取相应行政处理措施控制风险，并及时报告国家药品监督管理局。

　　检查发现持有人、受托生产企业、疫苗配送企业存在违法违规行为的，由所在地药品监督管理部门依职责开展调查，根据《药品管理法》《疫苗管理法》依法处置。

　　检查发现持有人、疫苗配送企业、疾病预防控制机构、接种单位存在违反疫苗储存、运输管理要求并可能影响疫苗质量情形的，所在地药品监督管理部门应当责令其暂停疫苗销售、配送或分发，并通报同级卫生健康主管部门，督促相关单位进行整改。整改完成后，经所在地药品监督管理部门检查符合要求的，方可恢复疫苗销售、配送或分发。

　　第四十一条　持有人应当根据《药品召回管理办法》的规定，建立完善的药品召回管理制度，收集疫苗安全的相关信息，对存在可能危及人体健康和生命安全的质量问题或者其他安全隐患的疫苗产品进行调查、评估，召回存在缺陷的疫苗。

　　药品监督管理部门经过调查评估，认为疫苗存在可能危及人体健康和生命安全的质量问题或者其他安全隐患的，持有人应当召回疫苗而未主动召回的，应当责令持有人召回疫苗。

第四十二条　疫苗出现疑似预防接种异常反应、群体不良事件，经卫生健康主管部门组织专家调查诊断确认或者怀疑与疫苗质量有关，或者日常监督检查和风险监测中发现的疫苗质量安全信息，以及其他严重影响公众健康的疫苗质量安全事件，应当按照地方人民政府的相关应急预案进行处置。

第四十三条　从事疫苗出口的疫苗生产企业应当按照国际采购要求生产、出口疫苗。疫苗生产企业应当将仅用于出口的疫苗直接销售至境外，不得在中国境内销售。疫苗出口后不得进口至国内。

第七章　附　则

第四十四条　本规定自发布之日起施行。

附件：1. 疫苗委托生产申请表

　　　2. 疫苗委托生产申报资料目录

　　　3. 国家药品监督管理局疫苗委托生产批件

国家药监局关于印发
《药品检查管理办法（试行）》的通知

国药监药管〔2021〕31号

各省、自治区、直辖市药品监督管理局，新疆生产建设兵团药品监督管理局：

为贯彻《药品管理法》《疫苗管理法》，进一步规范药品检查行为，推动药品监管工作尽快适应新形势，国家药监局组织制定了《药品检查管理办法（试行）》（以下简称《办法》），现予印发。现将有关事宜通知如下：

一、各省级药品监督管理部门应当按照本《办法》要求，结合本行政区域实际情况，制定实施细则，细化工作要求，组织做好药品生产经营及使用环节检查，持续加强监督管理，切实履行属地监管责任。

二、各省级药品监督管理部门应当督促本行政区域内药品上市许可持有人等建立和完善药品质量保证体系，强化药品质量管理和风险防控能力，保障药品生产经营持续合法合规，切实履行药品质量主体责任。

三、本《办法》对疫苗、血液制品巡查进行了一般规定，此类药品巡查工作有专门规定的，应当从其规定。

四、本《办法》自发布之日起施行。原国家食品药品监督管理局2003年4月24日发布的《药品经营质量管理规范认证管理办法》和2011年8月2日发布的《药品生产质量管理规范认证管理办法》同时废止。

国家药监局
2021年5月24日

药品检查管理办法（试行）

第一章　总　则

第一条　为规范药品检查行为，根据《中华人民共和国药品管理法》《中华人民共和国疫苗管理法》《药品生产监督管理办法》等有关法律法规规章，制定本办法。

第二条　本办法适用于药品监督管理部门对中华人民共和国境内上市药品的生产、经营、使用环节实施的检查、调查、取证、处置等行为。

境外生产现场的检查按照《药品医疗器械境外检查管理规定》执行。

第三条　本办法所指药品检查是药品监督管理部门对药品生产、经营、使用环节相关单位遵守法律法规、执行相关质量管理规范和药品标准等情况进行检查的行为。

　　第四条　药品检查应当遵循依法、科学、公正的原则，加强源头治理，严格过程管理，围绕上市后药品的安全、有效和质量可控开展。

　　涉及跨区域的药品检查，相关药品监督管理部门应当落实属地监管责任，加强衔接配合和检查信息互相通报，可以采取联合检查等方式，协同处理。

　　第五条　国家药监局主管全国药品检查管理工作，监督指导省、自治区、直辖市药品监督管理部门（以下简称省级药品监督管理部门）开展药品生产、经营现场检查。国家药品监督管理局食品药品审核查验中心负责承担疫苗、血液制品巡查，分析评估检查发现风险、作出检查结论并提出处置建议，负责各省、自治区、直辖市药品检查机构质量管理体系的指导和评估以及承办国家药监局交办的其他事项。

　　省级药品监督管理部门负责组织对本行政区域内药品上市许可持有人、药品生产企业、药品批发企业、药品零售连锁总部、药品网络交易第三方平台等相关检查；指导市县级药品监督管理部门开展药品零售企业、使用单位的检查，组织查处区域内的重大违法违规行为。

　　市县级药品监督管理部门负责开展对本行政区域内药品零售企业、使用单位的检查，配合国家和省级药品监督管理部门组织的检查。

　　第六条　药品监督管理部门依法进行检查时，有关单位及个人应当接受检查，积极予以配合，并提供真实完整准确的记录、票据、数据、信息等相关资料，不得以任何理由拒绝、逃避、拖延或者阻碍检查。

　　第七条　根据检查性质和目的，药品检查分为许可检查、常规检查、有因检查、其他检查。

　　（一）许可检查是药品监督管理部门在开展药品生产经营许可申请审查过程中，对申请人是否具备从事药品生产经营活动条件开展的检查。

　　（二）常规检查是根据药品监督管理部门制定的年度检查计划，对药品上市许可持有人、药品生产企业、药品经营企业、药品使用单位遵守有关法律、法规、规章，执行相关质量管理规范以及有关标准情况开展的监督检查。

　　（三）有因检查是对药品上市许可持有人、药品生产企业、药品经营企业、药品使用单位可能存在的具体问题或者投诉举报等开展的针对性检查。

　　（四）其他检查是除许可检查、常规检查、有因检查外的检查。

　　第八条　上级药品监督管理部门组织实施的药品检查，必要时可以通知被检查单位所在地药品监督管理部门或者省级药品监督管理部门的派出机构派出人员参加检查。

第二章　检查机构和人员

　　第九条　各级药品监督管理部门依法设置或者指定的药品检查机构，依据国家药品监管的法律法规等开展相关的检查工作并出具《药品检查综合评定报告书》，负责职业化专业化检查员队伍的日常管理以及检查计划和任务的具体实施。药品监督管理部门设立或者指定的药品检验、审评、评价、不良反应监测等其他机构为药品检查提供技术支撑。

药品监督管理部门负责制定年度监督检查计划、布置检查任务或者自行组织检查，以及根据《药品检查综合评定报告书》及相关证据材料作出处理。

第十条　药品检查机构应当建立质量管理体系，不断完善和持续改进药品检查工作，保证药品检查质量。

第十一条　药品监督管理部门应当建立职业化专业化药品检查员队伍，实行检查员分级分类管理制度，制定不同层级检查员的岗位职责标准以及综合素质、检查能力要求，确立严格的岗位准入和任职条件。

第十二条　药品监督管理部门或者药品检查机构负责建立检查员库和检查员信息平台，实现国家级和省级、市县级检查员信息共享和检查工作协调联动。

药品监督管理部门根据工作需要统筹调配检查员开展检查工作。上级药品监督管理部门可以调配使用下级药品监督管理部门或者药品检查机构的检查员；下级药品监督管理部门在工作中遇到复杂疑难问题，可以申请上级药品监督管理部门派出检查员现场指导。

第十三条　药品检查有关人员应当严格遵守法律法规、廉洁纪律和工作要求，不得向被检查单位提出与检查无关的要求，不得与被检查单位有利害关系。

第十四条　药品检查有关人员应当严格遵守保密规定，严格管理涉密资料，严防泄密事件发生。不得泄露检查相关信息及被检查单位技术或者商业秘密等信息。

第三章　检查程序

第十五条　派出检查单位负责组建检查组实施检查。检查组一般由2名以上检查员组成，检查员应当具备与被检查品种相应的专业知识、培训经历或者从业经验。检查组实行组长负责制。必要时可以选派相关领域专家参加检查工作。

检查组中执法人员不足2名的，应当由负责该被检查单位监管工作的药品监督管理部门派出2名以上执法人员参与检查工作。

第十六条　派出检查单位在实施检查前，应当根据检查任务制定检查方案，明确检查事项、时间和检查方式等，必要时，参加检查的检查员应当参与检查方案的制定。检查组应当按照检查方案实施现场检查。检查员应当提前熟悉检查资料等内容。

第十七条　检查组到达被检查单位后，应当向被检查单位出示执法证明文件或者药品监督管理部门授权开展检查的证明文件。

第十八条　现场检查开始时，检查组应当召开首次会议，确认检查范围，告知检查纪律、廉政纪律、注意事项以及被检查单位享有陈述申辩的权利和应履行的义务。采取不预先告知检查方式的除外。

第十九条　检查组应当严格按照检查方案实施检查，被检查单位在检查过程中应当及时提供检查所需的相关资料，检查员应当如实做好检查记录。检查方案如需变更的，应当报经派出检查单位同意。检查期间发现被检查单位存在检查任务以外问题的，应当结合该问题对药品整体质量安全风险情况进行综合评估。

第二十条　检查过程中，检查组认为有必要时，可以对被检查单位的产品、中间体、原辅包等按照《药品抽样原则及程序》等要求抽样、送检。

第二十一条　检查中发现被检查单位可能存在药品质量安全风险的，执法人员应当立即固定相关证据，检查组应当将发现的问题和处理建议立即通报负责该被检查单位监管工作的药品监督管理部门和派出检查单位，负责该被检查单位监管工作的药品监督管理部门应当在三日内进行风险评估，并根据评估结果作出是否暂停生产、销售、使用、进口等风险控制措施的决定，同时责令被检查单位对已上市药品的风险进行全面回顾分析，并依法依规采取召回等措施。

被检查单位是受托生产企业的，负责该被检查单位监管工作的药品监督管理部门应当责令该药品上市许可持有人对已上市药品采取相应措施。被检查单位是跨区域受托生产企业的，检查组应当将检查情况通报该药品上市许可持有人所在地省级药品监督管理部门，该药品上市许可持有人所在地省级药品监督管理部门应当在上述规定时限内进行风险评估，作出相关风险控制决定，并责令该药品上市许可持有人采取相应措施。

第二十二条　现场检查结束后，检查组应当对现场检查情况进行分析汇总，客观、公平、公正地对检查中发现的缺陷进行分级，并召开末次会议，向被检查单位通报现场检查情况。

第二十三条　被检查单位对现场检查通报的情况有异议的，可以陈述申辩，检查组应当如实记录，并结合陈述申辩内容确定缺陷项目。

检查组应当综合被检查单位质量管理体系运行情况以及品种特性、适应症或者功能主治、使用人群、市场销售状况等因素，评估缺陷造成危害的严重性及危害发生的可能性，提出采取相应风险控制措施的处理建议。

上述缺陷项目和处理建议应当以书面形式体现，并经检查组成员和被检查单位负责人签字确认，由双方各执一份。

第二十四条　检查组应当根据缺陷内容，按照相应的评定标准进行评定，提出现场检查结论，并将现场检查结论和处理建议列入现场检查报告，检查组应当及时将现场检查报告、检查员记录及相关资料报送派出检查单位。

第二十五条　缺陷分为严重缺陷、主要缺陷和一般缺陷，其风险等级依次降低。

对药品生产企业的检查，依据《药品生产现场检查风险评定指导原则》确定缺陷的风险等级。药品生产企业重复出现前次检查发现缺陷的，风险等级可以升级。

对药品经营企业的检查，依据《药品经营质量管理规范现场检查指导原则》确定缺陷的风险等级。药品经营企业重复出现前次检查发现缺陷的，风险等级可以升级。

第二十六条　现场检查结论和综合评定结论分为符合要求、基本符合要求、不符合要求。

第二十七条 药品生产企业现场检查结论和综合评定结论的评定标准：

（一）未发现缺陷或者缺陷质量安全风险轻微、质量管理体系比较健全的，检查结论为符合要求。

（二）发现缺陷有一定质量安全风险，但质量管理体系基本健全，检查结论为基本符合要求，包含但不限于以下情形：

1. 与《药品生产质量管理规范》（以下简称 GMP）要求有偏离，可能给产品质量带来一定风险；

2. 发现主要缺陷或者多项关联一般缺陷，经综合分析表明质量管理体系中某一系统不完善。

（三）发现缺陷为严重质量安全风险，质量体系不能有效运行，检查结论为不符合要求，包含但不限于以下情形：

1. 对使用者造成危害或者存在健康风险；

2. 与 GMP 要求有严重偏离，给产品质量带来严重风险；

3. 有编造生产、检验记录，药品生产过程控制、质量控制的记录和数据不真实；

4. 发现严重缺陷或者多项关联主要缺陷，经综合分析表明质量管理体系中某一系统不能有效运行。

第二十八条 药品经营企业现场检查结论和综合评定结论的评定标准：

（一）未发现缺陷的，检查结论为符合要求。

（二）发现一般缺陷或者主要缺陷，但不影响整体药品质量管理体系运行，不对药品经营环节药品质量造成影响，检查结论为基本符合要求，包含但不限于以下情形：

1. 与《药品经营质量管理规范》（以下简称 GSP）有偏离，会引发低等级质量安全风险，但不影响药品质量的行为；

2. 计算机系统、质量管理体系文件不完善，结合实际经综合分析判定只对药品质量管理体系运行产生一般影响。

（三）发现严重缺陷，或者发现的主要缺陷和一般缺陷涉及企业质量管理体系运行，可能引发较严重质量安全风险，检查结论为不符合要求，包含但不限于以下情况：

1. 企业质量负责人、质量管理部门负责人未负责药品质量管理工作，不能正常履行职责；

2. 企业一直未按 GSP 要求使用计算机系统；

3. 储存、运输过程中存在对药品质量产生影响的行为。

第二十九条 派出检查单位应当在自收到现场检查报告后规定时限内完成审核，形成综合评定结论。药品检查机构根据综合评定结论出具《药品检查综合评定报告书》报药品监督管理部门。

药品监督管理部门应当及时将综合评定结论告知被检查单位。

第三十条 《药品检查综合评定报告书》应当包括药品上市许可持有人信息、企业名称、地址、实施单位、检查范围、任务来源、检查依据、检查人员、检查时间、问题或者缺陷、综合评定结论等内容。

《药品检查综合评定报告书》的格式由药品检查机构制定。

第三十一条 药品检查机构组织的检查按照本程序执行。

药品监督管理部门自行开展的检查，除本办法第十五条、第十六条、第十七条、第十九条、第二十一条、第二十三条程序外，根据实际需要可以简化其他程序。

第三十二条 现场检查结束后，被检查单位应当在 20 个工作日内针对缺陷项目进行整改；无法按期完成整改的，应当制定切实可行的整改计划，并作为对应缺陷的整改完成情况列入整改报告，整改报告应当提交给派出检查单位。

整改报告应当至少包含缺陷描述、缺陷调查分析、风险评估、风险控制、整改审核、整改效果评价等内容，针对缺陷成因及风险评估情况，逐项描述风险控制措施及实施结果。

被检查单位按照整改计划完成整改后，应当及时将整改情况形成补充整改报告报送派出检查单位，必要时，派出检查单位可以对被检查单位整改落实情况进行现场检查。

第四章　许可检查

第一节　药品生产许可相关检查

第三十三条 药品监督管理部门或者药品检查机构实施现场检查前，应当制定现场检查工作方案，并组织实施现场检查。制定工作方案及实施现场检查工作时限为 30 个工作日。

第三十四条 首次申请《药品生产许可证》的，按照 GMP 有关内容开展现场检查。

申请《药品生产许可证》重新发放的，结合企业遵守药品管理法律法规，GMP 和质量体系运行情况，根据风险管理原则进行审查，必要时可以开展 GMP 符合性检查。

原址或者异地新建、改建、扩建车间或者生产线的，应当开展 GMP 符合性检查。

申请药品上市的，按照《药品生产监督管理办法》第五十二条的规定，根据需要开展上市前的 GMP 符合性检查。

第三十五条 综合评定应当在收到现场检查报告后 20 个工作日内完成。

第二节　药品经营许可相关检查

第三十六条 省级药品监督管理部门或者药品检查机构实施药品批发企业、药品零售连锁总部现场检查前，应当制定现场检查工作方案，并组织实施现场检查。制定工作方案及实施现场检查工作时限为 15 个工作日。

市县级药品监督管理部门实施药品零售企业现场检查前，应当制定现场检查工作方案，并组织实施现场检查。制定工作方案及实施现场检查工作时限为 10 个工作日。

第三十七条 首次申请《药品经营许可证》和申请《药品经营许可证》许可事项变更且需进行现场检查的，依据 GSP 及其现场检查指导原则、许可检查细则等相关标准要求开展现场检查。

申请《药品经营许可证》重新发放的，结合企业遵守药品管理法律法规，GSP 和质量体系运行情况，根据风险管理原则进行审查，必要时可以开展 GSP 符合性检查。

第三十八条　药品零售连锁企业的许可检查，药品零售连锁企业门店数量小于或者等于 30 家的，按照 20% 的比例抽查，但不得少于 3 家；大于 30 家的，按 10% 比例抽查，但不得少于 6 家。门店所在地市县级药品监督管理部门应当配合组织许可检查的省级药品监督管理部门或者药品检查机构开展检查。被抽查的药品零售连锁企业门店如属于跨省（自治区、直辖市）设立的，必要时，组织许可检查的省级药品监督管理部门可以开展联合检查。

第三十九条　药品批发企业、药品零售连锁总部的许可检查综合评定应当在收到现场检查报告后 10 个工作日内完成。

药品零售企业的许可检查综合评定应当在收到现场检查报告报告后 5 个工作日内完成。

第五章　常规检查

第四十条　药品监督管理部门依据风险原则制定药品检查计划，确定被检查单位名单、检查内容、检查重点、检查方式、检查要求等，实施风险分级管理，年度检查计划中应当确定对一定比例的被检查单位开展质量管理规范符合性检查。

风险评估重点考虑以下因素：

（一）药品特性以及药品本身存在的固有风险；

（二）药品上市许可持有人、药品生产企业、药品经营企业、药品使用单位药品抽检情况；

（三）药品上市许可持有人、药品生产企业、药品经营企业、药品使用单位违法违规情况；

（四）药品不良反应监测、探索性研究、投诉举报或者其他线索提示可能存在质量安全风险的。

第四十一条　常规检查包含以下内容：

（一）遵守药品管理法律法规的合法性；

（二）执行相关药品质量管理规范和技术标准的规范性；

（三）药品生产、经营、使用资料和数据的真实性、完整性；

（四）药品上市许可持有人质量管理、风险防控能力；

（五）药品监督管理部门认为需要检查的其他内容。

药品监督管理部门或者药品检查机构进行常规检查时可以采取不预先告知的检查方式，可以对某一环节或者依据检查方案规定的内容进行检查，必要时开展全面检查。

第四十二条　检查频次按照药品生产经营相关规章要求执行。

对麻醉药品、精神药品、药品类易制毒化学品、放射性药品和医疗用毒性药品生产经营企业，还应当对企业保障药品管理安全、防止流入非法渠道等有关规定的执行情况进行检查：

（一）麻醉药品、第一类精神药品和药品类易制毒化学品生产企业每季度检查不少于一次；

（二）第二类精神药品生产企业、麻醉药品和第一类精神药品全国性批发企业、麻醉药品和第一类精神药品区域性批发企业以及药品类易制毒化学品原料药批发企业每半年检查不少于一次；

（三）放射性药品、医疗用毒性药品生产经营企业每年检查不少于一次。

市县级药品监督管理部门结合本行政区域内实际情况制定使用单位的检查频次。

第六章　有因检查

第四十三条　有下列情形之一的，药品监督管理部门经风险评估，可以开展有因检查：

（一）投诉举报或者其他来源的线索表明可能存在质量安全风险的；

（二）检验发现存在质量安全风险的；

（三）药品不良反应监测提示可能存在质量安全风险的；

（四）对申报资料真实性有疑问的；

（五）涉嫌严重违反相关质量管理规范要求的；

（六）企业有严重不守信记录的；

（七）企业频繁变更管理人员登记事项的；

（八）生物制品批签发中发现可能存在安全隐患的；

（九）检查发现存在特殊药品安全管理隐患的；

（十）特殊药品涉嫌流入非法渠道的；

（十一）其他需要开展有因检查的情形。

第四十四条　开展有因检查应当制定检查方案，明确检查事项、时间、人员构成和方式等。必要时，药品监督管理部门可以联合有关部门共同开展有因检查。

检查方案应当针对具体的问题或者线索明确检查内容，必要时开展全面检查。

第四十五条　检查组成员不得事先告知被检查单位检查行程和检查内容。

检查组在指定地点集中后，应当第一时间直接进入检查现场，直接针对可能存在的问题开展检查。

检查组成员不得向被检查单位透露检查过程中的进展情况、发现的违法违规线索等相关信息。

第四十六条　现场检查时间原则上按照检查方案要求执行。检查组根据检查情况，以能够查清查实问题为原则，认为有必要对检查时间进行调整的，报经组织有因检查的药品监督管理部门同意后予以调整。

第四十七条　上级药品监督管理部门组织实施有因检查的，可以适时通知被检查单位所在地药品监督管理部门。被检查单位所在地药品监督管理部门应当派员协助检查，协助检查的人员应当服从检查组的安排。

第四十八条　组织实施有因检查的药品监督管理部门应当加强对检查组的指挥，根据现场检查反馈的情况及时调整检查策略，必要时启动协调机制，并可以派相关人员赴现场协调和指挥。

第四十九条　检查结束后，检查组应当及时撰写现场检查报告，并于 5 个工作日内报送组织有因检查的药品监督管理部门。

现场检查报告的内容包括：检查过程、发现问题、相关证据、检查结论和处理建议等。

第七章　检查与稽查的衔接

第五十条　在违法案件查处过程中，负责案件查办、药品检查、法制部门及检验检测等部门应当各司其职、各负其责，同时加强相互之间的协作衔接。

第五十一条　检查中发现被检查单位涉嫌违法的，执法人员应当立即开展相关调查、取证工作，检查组应当将发现的违法线索和处理建议立即通报负责该被检查单位监管工作的药品监督管理部门和派出检查单位。负责被检查单位监管工作的药品监督管理部门应当立即派出案件查办人员到达检查现场，交接与违法行为相关的实物、资料、票据、数据存储介质等证据材料，全面负责后续案件查办工作；对需要检验的，应当立即组织监督抽检，并将样品及有关资料等寄送至相关药品检验机构检验或者进行补充检验方法和项目研究。

涉嫌违法行为可能存在药品质量安全风险的，负责被检查单位监管工作的药品监督管理部门应当在接收证据材料后，按照本办法第二十一条规定进行风险评估，作出风险控制决定，责令被检查单位或者药品上市许可持有人对已上市药品采取相应风险控制措施。

第五十二条　案件查办过程中发现被检查单位涉嫌犯罪的，药品监督管理部门应当按照相关规定，依法及时移送或通报公安机关。

第八章　跨区域检查的协作

第五十三条　药品上市许可持有人、批发企业、零售连锁总部（以下简称委托方）所在地省级药品监督管理部门对其跨区域委托生产、委托销售、委托储存、委托运输、药物警戒等质量管理责任落实情况可以开展联合检查或者延伸检查。

第五十四条　跨区域受托企业（以下简称受托方）所在地省级药品监督管理部门应当履行属地监管责任，对受托方遵守相关法律法规、规章，执行质量管理规范、技术标准情况开展检查，配合委托方所在地省级药品监督管理部门开展联合检查。

监督检查中发现可能属于委托方问题的，应当函告委托方所在地省级药品监督管理部门，委托方所在地省级药品监督管理部门决定是否开展检查。

第五十五条　委托方和受托方所在地省级药品监督管理部门应当建立工作协调、联合检查、行政执法等工作机制。

第五十六条　开展联合检查的，委托方所在地省级药品监督管理部门应当向受托方所在地省级药品监督管理部门发出书面联系函，成立联合检查组。联合检查组应当由双方各选派不少于2名检查人员组成，联合检查组的组长由委托方所在地省级药品监督管理部门选派。

第五十七条　检查过程中发现责任认定尚不清晰的，联合检查组应当立即先行共同开展调查、取证工作，受托方所在地省级药品监督管理部门应当就近提供行政执法和技术支撑，待责任认定清楚后移送相应省级药品监督管理部门组织处理。对存在管辖权争议的问题，报请国家药监局指定管辖。对跨省检查发现具有系统性、区域性风险等重大问题的，及时报国家药监局。

第五十八条　委托方和受托方所在地省级药品监督管理部门按照有关规定受理及办理药品相关投诉举报。

第五十九条　省级药品监督管理部门应当登录国家药监局建立的监管信息系统，依职责采集被检查单位基本信息和品种信息，以及药品上市许可持有人提交的年度报告信息、药品监督管理部门的监管信息，方便本行政区域内各级药品监督管理部门查询使用。

第六十条　省级药品监督管理部门在依法查处委托方或者受托方的违法违规行为时，需要赴外省市进行调查、取证的，可以会同相关同级药品监督管理部门开展联合检查，也可出具协助调查函请相关同级药品监督管理部门协助调查、取证。协助调查取证时，协助单位应当在接到协助调查函之日起15个工作日内完成协查工作、函复调查结果；紧急情况下，承办单位应当在接到协助调查函之日起7个工作日或者根据办案期限要求，完成协查工作并复函；需要延期完成的，协助单位应当及时告知提出协查请求的部门并说明理由。

第六十一条　市县级药品监督管理部门需要开展跨区域联合检查的，参照上述条款实施。发现重大问题的，及时报上一级药品监督管理部门。

第九章　检查结果的处理

第六十二条　药品监督管理部门根据《药品检查综合评定报告书》或者综合评定结论，作出相应处理。

综合评定结论为符合要求的，药品监督管理部门或者药品检查机构应当将现场检查报告、《药品检查综合评定报告书》及相关证据材料、整改报告等进行整理归档保存。

综合评定结论为基本符合要求的，药品监督管理部门应当按照《中华人民共和国药品管理法》第九十九条的规定采取相应的行政处理和风险控制措施，并将现场检查报告、《药品检查综合评定报告书》及相关证据材料、整改报告、行政处理和风险控制控制措施相关资料等进行整理归档保存。

综合评定结论为不符合要求的，药品监督管理部门应当第一时间采取暂停生产、销售、使用、进口等风险控制措施，消除安全隐患。除首次申请相关许可证的情形外，药品监督管理部门应当按照《中华人民共和国药品管理法》第一百二十六条等相关规定进行处理，并将现场检查报告、《药品检查综合评定报告书》及相关证据材料、行政处理相关案卷资料等进行整理归档保存。

第六十三条　被检查单位拒绝、逃避监督检查，伪造、销毁、隐匿有关证据材料的，视为其产品可能存在安全隐患，药品监督管理部门应当按照《中华人民共和国药品管理法》第九十九条的规定进行处理。

被检查单位有下列情形之一的，应当视为拒绝、逃避监督检查，伪造、销毁、隐匿记录、数据、信息等相关资料：

（一）拒绝、限制检查员进入被检查场所或者区域，限制检查时间，或者检查结束时限制检查员离开的；

（二）无正当理由不如实提供或者延迟提供与检查相关的文件、记录、票据、凭证、电子数据等材料的；

（三）拒绝或者限制拍摄、复印、抽样等取证工作的；

（四）以声称工作人员不在或者冒名顶替应付检查、故意停止生产经营活动等方式欺骗、误导、逃避检查的；

（五）其他不配合检查的情形。

第六十四条　安全隐患排除后，被检查单位可以向作出风险控制措施决定的药品监督管理部门提出解除风险控制措施的申请，并提交整改报告，药品监督管理部门对整改情况组织评估，必要时可以开展现场检查，确认整改符合要求后解除相关风险控制措施，并向社会及时公布结果。

第六十五条　药品监督管理部门发现药品上市许可持有人、药品生产、经营企业和使用单位违反法律、法规情节严重，所生产、经营、使用的产品足以或者已经造成严重危害、或者造成重大影响的，及时向上一级药品监督管理部门和本级地方人民政府报告。上级药品监督管理部门应当监督指导下级药品监督管理部门开展相应的风险处置工作。

第六十六条　派出检查单位和检查人员有下列行为之一的，对直接负责的主管人员、其他直接责任人员、检查人员给予党纪、政纪处分：

（一）检查人员未及时上报发现的重大风险隐患的；

（二）派出检查单位未及时对检查人员上报的重大风险隐患作出相应处置措施的；

（三）检查人员未及时移交涉嫌违法案件线索的；

（四）派出检查单位未及时协调案件查办部门开展收集线索、固定证据、调查和处理相关工作的。

第六十七条　药品监督管理部门应当依法公开监督检查结果。

第六十八条　药品监督管理部门应当按照《国务院办公厅关于进一步完善失信约束制度构建诚信建设长效机制的指导意见》，依法依规做好失信行为的认定、记录、归集、共享、公开、惩戒和信用修复等工作。

第十章　附　则

第六十九条　各省级药品监督管理部门结合各地实际情况，依据本办法制定相应的实施细则。

第七十条　本办法自发布之日起施行。原国家食品药品监督管理局 2003 年 4 月 24 日发布的《药品经营质量管理规范认证管理办法》和 2011 年 8 月 2 日发布的《药品生产质量管理规范认证管理办法》同时废止。

国家药监局关于发布药品医疗器械
境外检查管理规定的公告

2018 年第 101 号

为规范药品医疗器械境外检查工作，保证进口药品医疗器械质量，国家药品监督管理局制定了《药品医疗器械境外检查管理规定》，现予发布，自发布之日起施行。

特此公告。

国家药监局

2018 年 12 月 26 日

药品医疗器械境外检查管理规定

第一章　总　　则

第一条　为规范药品医疗器械境外检查工作，根据《中华人民共和国药品管理法》《医疗器械监督管理条例》等有关法律法规要求，制定本规定。

第二条　本规定适用于已在中华人民共和国境内上市或者拟在境内上市药品、医疗器械的境外研制及生产相关过程的检查。

第三条　药品、医疗器械境外检查是指国家药品监督管理局（以下简称国家局）为确认药品、医疗器械境外研制、生产相关过程的真实性、可靠性和合规性实施的检查。

第四条　国家局负责药品、医疗器械境外检查管理工作，国家药品监督管理局食品药品审核查验中心（以下称核查中心）负责具体组织实施药品、医疗器械境外检查工作。药品、医疗器械的检验、审评、评价等相关部门协助开展境外检查工作。

第五条　国家局按照政府信息公开的要求公开检查的基本情况和处理结果。

第六条　检查员和被检查单位应当严格遵守廉政相关要求。

第七条　检查员应当严格遵守法律法规、检查纪律，保守国家秘密和被检查单位的秘密。

第二章　检查任务

第八条　国家局根据各相关部门提出的拟检查品种及相关研制、生产场地的建议，通过风险评估和随机抽查方式，确定检查任务。根据监管需要确需对检查任务进行变更的，可按照国家局境外检查外事管理有关规定对检查任务进行调整。

必要时，可对原料、辅料、包装材料等生产场地、供应商或者其他合同机构等开展延伸检查。

第九条　检查任务的确定，应当考虑药品、医疗器械的注册审评审批、监督检查、检验、投诉举报、不良反应和不良事件监测等风险因素。重点考虑以下情形：

（一）审评审批中发现潜在风险的；

（二）检验或者批签发不符合规定，提示质量管理体系存在风险的；

（三）不良反应或者不良事件监测提示可能存在产品安全风险的；

（四）投诉举报或者其他线索提示存在违法违规行为的；

（五）药品上市许可持有人、医疗器械注册人或者备案人（以下简称持有人）有不良记录的；

（六）境外监管机构现场检查结果提示持有人质量管理体系存在较大问题的；

（七）整改后需要再次开展检查的；

（八）其他需要开展境外检查的情形。

第十条　根据国家局境外检查任务，核查中心应当将《境外检查告知书》（附件1）发送持有人或者其代理人。持有人应当在《境外检查告知书》送达之日起20个工作日内，向核查中心提交授权书（有关要求见附件2）和《境外检查产品基本情况表》（附件3），40个工作日内按照场地主文件清单（附件4）提交场地主文件和其他检查所需材料。

核查中心根据检查需要可以调取与检查品种相关的技术资料，调取的技术资料应当采取必要的保密措施，检查结束后归入检查档案。

持有人须指定一家中国境内代理人（其中医疗器械应当为医疗器械注册人或者备案人的代理人），并按照有关要求出具授权书。代理人负责药品监管部门与持有人之间的联络、承担药品不良反应或者医疗器械不良事件监测、负责产品追溯召回等工作。代理人应当履行法律法规规定的境内上市药品医疗器械有关责任和义务，协助药品监管部门开展对产品境外研制、生产场地的检查和违法违规行为的查处。

持有人变更代理人的，应当在完成法律法规规定的变更程序后，委托新任代理人向核查中心及时提交新的授权书，授权书应当明确即将卸任的代理人授权终止日期为新任代理人的授权开始日期。

第十一条　核查中心收到《境外检查产品基本情况表》后，根据检查工作总体安排，初步拟定检查时间，并下达《境外检查预通知》（附件5）通知持有人。

持有人无正当理由不得推迟检查，确有特殊情况需要推迟检查的，应当在《境外检查预通知》送达后10个工作日内向核查中心提出书面申请并说明理由，经核查中心结合检查工作实际综合评估，不存在拒绝阻碍检查情形的，再确定最终检查时间。

第十二条　检查组原则上应当由3名以上检查人员组成，检查组实行组长负责制。检查人员应当是依法取得检查员资格的人员。根据检查工作需要，可以请相关领域专家参加检查工作。

检查人员应当签署无利益冲突声明、检查员承诺书和保密承诺书；所从事的检查活动与其个人利益之间可能发生矛盾或者冲突的，应当主动提出回避。

第十三条 持有人应当全面协调配合境外检查工作，确保检查顺利开展，不得拖延、阻碍、逃避或者拒绝检查。

第十四条 持有人应当负责与相关被检查单位（包括境外生产厂、研发机构、原料、辅料、包装材料生产场地，供应商或者其他合同机构等）沟通联系，协调检查相关事宜。

第十五条 境外检查工作语言为中文，持有人提交的申报资料、整改报告等材料应当为中文版本，检查期间应当配备可满足检查需要的翻译人员。

第三章　检　查

第十六条 核查中心负责制定境外检查方案，检查组应当按照检查方案实施现场检查。需要变更检查方案时，检查组应当报告核查中心批准后实施。

核查中心应当在检查组出发前集中组织行前教育，强调廉政纪律和外事纪律。

第十七条 现场检查开始时，检查组应当主持召开首次会议，向被检查单位通报检查人员组成、检查目的和范围、检查日程，声明检查注意事项及检查纪律等。

被检查单位应当向检查组介绍被检查产品注册、生产、质量管理等情况，明确检查现场负责人。

第十八条 检查期间，被检查单位应当保持正常生产状态，向检查组开放相关场所和区域，配合对相关设施设备的检查；根据检查日程，被检查单位安排被检查品种关键生产工序的动态生产，及时提供检查所需的文件、记录、电子数据等，如实回答检查组的询问。

第十九条 根据检查需要，检查组可采取复印、拍照、摄像等方法收集相关证据材料。

第二十条 检查期间需要抽取样品的，检查组应当参照抽样程序抽样、封样并附抽样文件。

封好的样品应当交由持有人凭抽样文件寄回境内或者由检查组带回境内进行检验。持有人应当确保样品的包装和运输条件可以保证样品质量不受影响。

第二十一条 检查组发现有严重质量风险的，应当立即向核查中心报告，并提出初步处置建议。核查中心收到报告后及时进行风险评估，并向国家局报告相关情况。

第二十二条 检查结束前，检查组应当主持召开末次会议，向持有人口头反馈检查情况以及检查发现问题，持有人可以陈述申辩，检查组应当做好记录。

第二十三条 检查组全体人员应当签字确认检查报告，检查组回境之日起10个工作日内向核查中心提交检查报告。

第四章　审核及处理

第二十四条　现场检查结束后，核查中心应当在收到检查组提交的检查报告后 20 个工作日内，向持有人或者代理人书面反馈《境外检查结果告知书》（附件 6）。

需要检验的，检验机构应当在收到样品之日起法定时限内完成检验或者研究，检验或者研究时间不计入反馈《境外检查结果告知书》时限。

持有人对检查结果有异议的，可以在《境外检查结果告知书》送达持有人或者代理人后 10 个工作日内向核查中心书面提出陈述或者说明，超过 10 个工作日未反馈的，视为无异议。持有人的陈述和说明应当一并归入检查档案。

第二十五条　持有人应当在《境外检查结果告知书》送达之日起 50 个工作日内，向核查中心提交对检查发现问题的整改情况，在规定时限内不能完成整改的缺陷，应当提交详细的整改进度和后续计划，并按时提交相应的更新情况直至全部整改落实完毕。

第二十六条　核查中心应当结合持有人整改情况对现场检查报告进行综合评定，综合评定应当在收到整改报告后 20 个工作日内完成。持有人有陈述或者说明的，可在综合评定时一并考虑。必要时，可对整改情况进行再次检查。综合评定过程中需要进行风险会商或者持有人补充资料的，相关时间不计入时限。

第二十七条　综合评定应当采用风险评估的原则，综合考虑缺陷的性质、严重程度以及所评估产品的类别对检查结果进行评定。判定原则如下：

（一）符合要求：现场检查未发现缺陷的。

（二）整改后符合要求：现场检查发现所有主要缺陷和一般缺陷的整改措施，表明持有人能够采取有效措施进行改正，能够按照法律法规及技术规范要求组织生产的。

（三）不符合要求：药品现场检查发现存在真实性问题、影响产品质量的关键要素与注册资料不一致、存在严重缺陷、存在主要缺陷且整改措施不到位、整改计划不可行等不符合法律法规及技术规范要求；医疗器械现场检查发现存在真实性问题、影响产品质量的关键要素与注册资料/备案资料不一致、存在严重缺陷、存在一般缺陷且整改措施不到位、整改计划不可行等不符合法律法规及技术规范要求的。

第二十八条　有下列情形之一的，视为持有人拖延、阻碍、限制或者拒绝检查，直接判定为"不符合要求"：

（一）《境外检查告知书》送达后，逾期不提供符合要求的授权文件的；未在规定时限内提供相关文件、资料的；

（二）持有人阻止或者两次推迟安排检查的；

（三）被检查持有人拒不安排动态生产的；

（四）不配合办理境外检查手续的；

（五）不配合开展延伸检查的；

（六）拖延、阻碍、限制、拒绝检查人员进入被检查场所或者区域的，或者限制检查时间，设定不合理检查条件或者干扰检查的；

（七）拖延、拒绝提供或者故意掩盖关键检查信息的；

（八）拒绝或者限制现场检查收集证据相关资料，拒绝对证据相关资料履行公证认证手续或者提交公证认证文件的；

（九）其他不配合检查的情形。

第二十九条　核查中心应当在做出综合评定后，形成境外检查审核意见报送件，随同有关检查记录、文件等材料一并报送国家局。

核查中心收到检查组现场报告或者经综合评定发现存在重大质量隐患、需采取紧急措施的，应当立即报国家局。

第三十条　对处于注册审评审批阶段的品种或者属于注册审评审批问题，国家局结合综合评定结论，依据《中华人民共和国药品管理法》《医疗器械监督管理条例》《药品注册管理办法》《医疗器械注册管理办法》《体外诊断试剂注册管理办法》等有关规定做出处理。

对已在境内上市的品种，国家局结合综合评定结论，对持有人做出约谈、限期整改、发告诫信、暂停药品进口通关备案、暂停医疗器械进口、暂停销售使用、监督召回产品直至撤销进口批准证明文件等风险控制措施。

对综合判定为不符合要求、检查发现企业存在违法行为或者产品存在安全隐患的，国家局应当及时采取风险控制措施并依法公开。对于存在重大质量隐患、需采取紧急措施的，国家局应当立即采取风险控制措施并依法依规处理。

第三十一条　对发现涉嫌违法的，检查人员应当及时固定证据，国家局组织依法立案调查处理。

第三十二条　持有人应当建立产品追溯体系，确保检查发现问题需要召回产品时，能够高效召回境内流通使用过程中的产品。

第三十三条　风险因素消除或者整改到位后，持有人可向国家局提出申请，经审核，必要时可再次开展现场检查。符合法律法规和技术规范要求的，解除相关风险控制措施。

第五章　附　则

第三十四条　对香港特别行政区、澳门特别行政区和台湾地区持有人的产品研制、生产相关过程进行现场检查的，参照本规定执行。

第三十五条　对国产产品位于境外的原料、辅料、包装材料等生产场地或者供应商进行现场检查的，参照本规定执行。

第三十六条　本规定中场地主文件是质量管理体系文件的一部分，描述企业质量管理方针与活动、在指定场地实施药品、医疗器械生产和/或质量控制、在相邻或者附近建筑里进行相关操作的文件。

第三十七条　本规定由国家局负责解释。

附件：1. 境外检查告知书

　　　　2. 持有人授权境外检查事务代理机构的有关要求

　　　　3. 境外检查产品基本情况表

　　　　4. 场地主文件清单（药品用、医疗器械用）

　　　　5. 境外检查预通知

　　　　6. 境外检查结果告知书

附件 1

境外检查告知书

　　按照国家药品监督管理局工作部署，你单位品种被列入境外研制 / 生产现场检查任务。现将境外检查部分相关要求告知如下：

一、基本信息

公司名称（持有人）：

品种名称：

受理号 / 注册证号 / 备案凭证号：

二、境外检查有关要求

　　1. 纳入检查任务的持有人须指定一家中国境内代理人（其中医疗器械注册人、备案人应当指定其代理人作为检查事务代理机构），并按照有关要求出具授权书。请于本告知书送达之日起 20 个工作日内，将授权书原件寄送至国家药品监督管理局药品核查中心。

　　2. 各受权代理人明确两个固定联系人，包括联系人信息：手机、座机、传真、邮箱等，以保证检查准备工作沟通顺畅。

　　3. 请填写《境外检查产品基本情况表》，于本告知书送达之日起 20 个工作日内，在线提交并将纸质文件 2 套加盖公章寄送至核查中心。请提出可以接受现场检查的时间建议，期间要求安排检查品种动态生产。

　　4. 请于本告知书送达之日起 40 个工作日内向核查中心在线提交场地主文件中英文版及纸质文件 2 套。纸质场地主文件应当打印并加盖公章寄送核查中心。

三、核查中心联系方式

联系人：

传真：

邮箱：

地址：

邮编：

附件 2

持有人授权境外检查事务代理机构的有关要求

为保证国家药品监督管理局与持有人之间就境外现场检查工作和后续措施落实的有效沟通，要求持有人对检查事务设立代理人并进行充分授权。有关要求如下：

一、持有人须指定一家中国境内代理人（其中医疗器械注册人、备案人应当指定其代理人作为检查事务代理机构），并按照要求出具授权书。代理人负责药品监管部门与持有人之间的联络、承担药品不良反应或者医疗器械不良事件监测、负责产品追溯召回等工作。代理人应当履行法律法规所规定的境内上市药品医疗器械有关责任和义务，协助药品监管部门开展对产品境外研制、生产场地的检查和违法违规行为的查处。

二、授权书应当有持有人负责人的签字或者盖公章。授权书内容必须清晰描述授权事项，至少应当包括向中国药品监督管理部门提交检查相关材料的授权、配合支持现场检查、落实后续处理要求等事宜的授权。授权书中还应当明确代理人的法人、具体地址、联系人和联系方式。

三、境外现场检查过程中，涉及延伸检查原料、辅料、包装材料生产场地、供应商或者其他合同机构的，授权书中应当明确代理人同样具有可协助支持延伸检查的授权。

四、授权书须通过持有人所在地的法律机构或者律师的公证及当地中国大使馆或者领事馆的认证，认证文件应当同时有中、外文版本，具有同等授权效力。

五、代理人提交授权书的同时，还应当提交《外国企业常驻中国代表机构登记证》复印件或者代理人的《营业执照》复印件。复印件应当加盖代理人公章。

六、持有人变更代理人的，应当在完成法律法规规定的变更程序后，委托新任代理人向核查中心及时提交新的授权书，授权书应当明确即将卸任的代理人授权终止日期为新任代理人的授权开始日期。

附件 3

药品境外检查产品基本情况表

产品名称		中文： 英文：			受理号或者进口注册证号	
剂型					规格	
目前注册进度		□已上市　□再注册　□申报生产　□申报临床　□补充申请				
公司名称 （持有人）		中文： 英文：				
场地 1*	名称	中文： 英文：				
	生产活动					
场地 1*	生产地址	中文： 英文：				
	国别					
场地 X	名称	中文： 英文：				
	生产活动					
	生产地址	中文： 英文：				
	国别					
代理机构	名称					
	地址			邮编		
联系人 A		联系电话		手机		
电子邮件				传真		
联系人 B		联系电话		手机		
电子邮件				传真		
建议检查时间 1				备注		
建议检查时间 X				备注		
近 5 年进口情况 **	年度	进口批号	进口量	进口检验情况		备注

	受理号	申请内容	审批情况	备注
历次申请情况				
附件	1. 品种生产工艺流程及相关工艺生产周期、对应生产地点 2. 进口药品注册证（如适用）			
声明	上报的电子版材料与提交的纸质材料一致。			
其他	产品近期有无发生变更或者计划变更情况 □ 无 ＿＿＿＿＿＿＿＿＿＿＿＿＿＿＿＿＿＿＿＿＿＿＿＿＿ □ 有 ＿＿＿＿＿＿＿＿＿＿＿＿＿＿＿＿＿＿＿＿＿＿＿＿＿			

公章

年　月　日

填表说明：

* 工厂包括：产品生产、包装、检验、放行等涉及生产行为的所有工厂。

** 近 5 年进口情况，如批次较多可另附文件说明。

医疗器械境外检查产品基本情况表

已获得注册证产品名称	中文： 英文：		注册证号 / 备案凭证号		
正在申请注册产品名称	中文： 英文：		受理号		□首次注册 □变更注册 □延续注册
公司名称	中文： 英文 注册地址：				
工厂 1	名称	中文 英文			
	生产地址	中文 英文			
	主要工序				
工厂 2	名称	中文 英文			
	生产地址	中文 英文			
	主要工序				
研发	名称	中文 英文			
	研发地址	中文 英文			
	国别				
代理人	名称	中文 英文			
	通讯地址				
联系人 A		联系电话		手机	
部门及职务		电子邮件		传真	
联系人 B		联系电话		手机	
部门及职务		电子邮件		传真	
建议检查时间 1					
建议检查时间 2					
建议检查时间 3					

近 3 年产品进口中国的数量	产品名称	注册证号	进口量		备注

续表

附件	产品生产工艺流程及对应生产地点 进口注册证/许字注册证（含附件）复印件
声明	上报的电子版材料与提交的纸质材料一致。
其他	例如：产品近期有无变更和计划变更。

公章
年　月　日

附件4

场地主文件清单（药品用）

1. 企业总体情况

1.1 企业联系信息

– 企业名称、注册地址；

– 企业生产工厂以及工厂内建筑及生产车间名称和地址；

– 企业联系方式以及24小时紧急联系人电话（以备产品发生问题或者出现召回情况）；

– 场地识别号码，例如GPS详细情况，D–U–N–S号码（数据通用编号系统）（一个由Dun& Bradstreet提供的独特识别号码）或者任何其他地理定位系统。

1.2 该场地获得许可的药品生产活动

– 本清单附件1中提供相关监管机构签发的有效生产许可文本复印件，必要时，可参考EudraGMP数据库。如遇监管机构没有签发生产许可情况，应当予以说明。

– 简要描述由相关监管机构许可的生产、进口、出口、分销和其他活动，包括许可文件中没有提及的国外机构许可的剂型/生产活动等。

– 请在清单附件2中列出该场地目前生产的产品清单，上述产品未列入清单附件1或者未收录在EudraGMP数据库中。

– 近5年工厂接受GMP检查情况，包括检查时间和实施检查的监管机构名称及国家。如果有，请在清单附件3中提供当前的GMP证书的复印件或者参考EudraGMP数据库。

1.3 在该场地进行的其他生产活动

– 如工厂有非药品生产活动，请说明。

2. 生产企业质量管理体系

2.1 生产企业质量管理体系

– 简要描述公司质量管理体系运行情况以及参考的标准；

－包括高级管理层在内的质量体系相关职责；

－工厂质量体系获得认证认可的情况，包括认证认可日期、认可内容、认可机构名称等。

2.2 成品放行程序

－详细描述负责批确认与放行程序的受权人的资质要求；

－概述批确认与放行程序；

－质量受权人在待检与放行的职责，以及在评估上市许可合规性中的职责

－当涉及多名受权人时，这些受权人之间的工作安排；

－对过程中是否使用过程分析技术（PAT）和 / 或实时放行或者参数放行的情形进行描述。

2.3 供应商和合同商的管理

－简述公司供应链以及外部审计项目等情况；

－简述合同商、原料药生产企业及其他关键物料供应商的资质确认系统；

－采取哪些措施确保生产品种符合 TSE（动物传染脑海绵状病）指南要求。

－对怀疑或者已经识别的假冒 / 伪劣药品、待包装产品（例如未包装的片剂）、原料药或者辅料所采取的控制措施；

－委托生产和委托检验及其他项目委托情况；

－在清单附件 4 中应当提供合同生产商与实验室的清单，包括地址和联系信息，以及外包生产与质量控制活动的供应链流程图，例如，无菌工艺的内包装材料的灭菌、起始原料检验等；

－简述委托方和受托方在产品放行中的责任（当未涵盖在第 2.2 条时）。

2.4 质量风险管理（QRM）

－简述企业质量风险管理方法。

－质量风险管理的范围和重点，包括公司层面进行的质量风险管理活动，以及在公司内局部进行的风险管理活动。应当对任何运用质量风险管理（QRM）系统评价供应连续性的活动进行描述。

3. 人员

－企业质量管理、生产和质量控制及其负责人的组织机构图，包括高级管理层和授权人等，应当列出职位 / 职务（清单附件 5）；

－从事质量管理、生产、质量控制、储存及分发的员工数量。

4. 厂房和设备

4.1 厂房

－简述生产工厂情况，包括场地面积和各建筑物名称等，如不同建筑物生产的品种面向当地以及欧盟、美国等不同市场，应当在特定市场的建筑物上注明（如未在 1.1 明确）。

－简述生产区域规模情况，附厂区总平面布局图、生产区域的平面布局图和流向图，标明比例（不需要建筑或者工程图纸）。应当标注出房间的洁净级别、相邻房间的压差，

并且能指示房间所进行的生产活动（例如：配料、灌装、储存、包装等）（清单附件6）；仓库和储存区域的平面图，如果有，包括储存和处理高毒性、危险性与敏感物料的特殊区域。

－如有，请简述特殊储存条件情况，但不需在平面图上注明。

4.1.1 简述空调净化（HVAC）系统

－简述空调净化系统设计原则，如送风、温度、湿度、压力差以及换气次数、回风等（%）。

4.1.2 简要描述水系统

－水质设计标准；

－水系统示意图（清单附件7）。

4.1.3. 简要描述其他相关公用设施，例如蒸汽、压缩空气、氮气等系统。

4.2 设备

4.2.1 列出生产和检验用主要仪器、设备清单附件8。

4.2.2 清洁与消毒

－简述与药品直接接触设备、工器具的表面清洗、消毒方法及验证情况（例如：人工清洁、自动在线清洁等）。

4.2.3 与药品生产质量相关的关键计算机化系统

－简述与药品生产质量相关的关键的计算机化系统情况（不包括逻辑编程器（PLCs））。

5. 文件

－描述企业的文件系统（例如电子、纸质）；

－如文件和记录在生产工厂外保存（如有，包括药物警戒数据），请提供外存的文件/记录目录、储存场所的名称和地址以及从厂区外取回文件所需的时间。

6. 生产

6.1 产品类型

（可参考清单附件1或者清单附件2）：

－生产品种类型

•工厂生产剂型一览表（包括人用与兽用产品）

•工厂生产临床试验用药品（IMP）剂型一览表，如生产场所与上市生产品种不同，请提供生产区域和生产人员信息。

－毒性或者危险物质的处理情况（如高活性和/或高致敏药品）；

－如有，请说明专用设备或者阶段生产制造产品情况；

－如有，请说明过程分析技术（PAT）应用情况，并概述相关技术和计算机化系统应用情况。

6.2 工艺验证

－简要描述工艺验证的原则；

– 返工或者重新加工的原则。

6.3 物料管理和仓储

– 起始物料、包装材料、半成品与成品的处理，包括取样、待检、放行与储存；

– 不合格物料和产品的处理。

7. 质量控制

– 描述理化检验、微生物及生物学检验等质量控制活动。

8. 分销、投诉、产品缺陷与召回

分销（属于制造商职责内的部分）

– 分销商类型（包括是否持有经营许可证或者制造许可证等）及其所在地区（欧盟 / 欧洲经济区、美国等）；

– 描述用来确认顾客 / 接受者的系统，以证明顾客有合法资格接收药品；

– 简要描述产品在运输过程中确保其符合贮存条件要求的措施，例如：温度监测 / 监控；

– 产品分销管理以及确保其可追踪的方法；

– 防止产品流入非法供应链的措施。

9. 投诉、产品缺陷与召回

– 简要描述投诉处理、产品缺陷与召回系统。

10. 自检

– 简要描述企业自检系统，重点说明自检计划中涉及范围的选择标准、自检实施以及整改情况。

相关清单附件：

清单附件 1　有效的制造许可文件复印件

清单附件 2　所有生产剂型目录，包括所用原料药的 INN 名称或者通用名（如有）

清单附件 3　有效的 GMP 证书复印件

清单附件 4　合同生产企业和实验室情况一览表，包括地址和联系信息以及外包活动
　　　　　　的供应链流程图。

清单附件 5　组织机构图

清单附件 6　生产区域平面图，包括物料和人员流向图，各类型（剂型）产品生产工
　　　　　　艺流程图

清单附件 7　水系统示意图

清单附件 8　关键生产设备与实验室设备、仪器清单

场地主文件清单（医疗器械用）

1 企业总体情况

1.1 联系信息

企业名称：

注册地址：

联系方式（包括出现产品缺陷或者召回事件时 24 小时联系人电话）：

1.2 企业基本信息

历史沿革简述：

生产工厂地址（如有多个地址应当逐一列明并与其被检查品种生产工艺流程图匹配）：

1.3 企业产品信息

1.3.1 已取得注册证产品名称、注册证号（证书附后）

1.3.2 在审评中的产品名称、受理号

2 企业质量管理体系

2.1 简述企业质量管理体系运行情况及采用的标准

2.2 最高管理者和高层管理者在质量管理体系中的职责

2.3 简述近 2 年工厂接受医疗器械质量体系检查情况：检查时间、检查机构和检查结论等

3 供应商和合同商管理

3.1 简述企业供应商要求及其审核情况

3.2 简述合同商及其控制措施

委托 / 合同生产、委托 / 合同检验及其委托事项，委托方和受托方在产品放行中的责任委托 / 合同生产企业（检验实验室）名录，包括地址、联系方式

4 人员

4.1 工厂组织机构图 / 质量组织机构图

4.2 高层管理者的姓名和职务

4.3 从事质量管理、生产操作、质量检验人员数量

4.4 人员培训与健康管理情况简述

5 厂房与设施

5.1 生产厂区情况

5.1.1 生产厂区面积

5.1.2 各厂房建筑的功能用途以及面积

5.1.3 生产厂区平面图

5.2 生产区域情况

5.2.1 生产区域平面图

5.2.2 明确各个区域涉及的工艺流程

5.2.3 明确各个区域的洁净级别

5.3 仓储区

5.3.1 仓储区功能

5.3.2 仓储区面积

5.3.3 特殊的储存条件

5.4 空调净化系统

5.4.1 送风、回风

5.4.2 温度、湿度、压差

5.5 水系统

5.5.1 纯化水、注射用水

5.5.2 水质标准

5.6 简述其他公用设施，如蒸汽、压缩空气、氮气等

6 设备

6.1 与被检查品种相关主要生产工序及使用设备简述；

6.2 与被检查品种相关主要检验项目及检验设备简述；

6.3 计算机系统

7 文件

简述文件控制系统。（如文件和记录在生产工厂外保存，请提供外存文件 / 记录目录、储存场所名称和地址，以及从工厂外取回文件所需时间。）

8 生产

8.1 被检查品种生产工艺流程图及简要说明（含洁净级别 / 合同生产 / 检验等情况）。

8.2 返工或者重新加工的原则

9 物料仓储管理

9.1 原辅材料、零部件、半成品、成品控制。

9.2 状态标识、区域划分，不合格品管理

10 质量控制

10.1 简述理化、微生物及生物学检验等质量控制活动

10.2 过程检验

10.3 成品检验、放行

10.4 留样

11 销售、投诉、产品缺陷与召回

11.1 简述产品销售方式和售后服务，确保产品可追溯的方法和措施

11.2 简述投诉处理、产品缺陷与召回程序

12 内审

简述企业内审、管理评审和 CAPA 相关情况

13 简述企业产品研发管理情况

14 资料真实性声明

附件 5

境外检查预通知

按照国家药品监督管理局工作部署，你单位品种被列入境外研制 / 生产现场检查任务。经审核你单位提交的《境外检查产品基本情况表》及相关材料，初步拟定现场检查时间，现将有关安排通知如下：

公司名称（持有人）：

品种名称：

受理号 / 注册证号 / 备案凭证号：

现场检查地点：

拟定现场检查时间：

上述时间和地点为初步安排，检查组织过程中可能因检查需要调整检查地点和 / 或检查时间，变更情况另行通知。

你单位无正当理由不得推迟检查，确有特殊情况需要推迟检查的，须在收到本通知之日起 10 个工作日内向核查中心提出书面申请并说明理由，核查中心评估认为不存在拒绝阻碍检查情形的，再确定最终检查时间。

特此通知。

核查中心联系方式

联系人：

传真：

邮箱：

地址：

邮编：

附件 6

境外检查结果告知书

任务编号：

药品持有人 / 医疗器械注册人或者备案人	名称			
	地址			
生产企业	名称			
	生产地址			
检查品种				
注册证号 / 备案凭证号（或者受理号）				
检查类型				
检查依据				
代理机构	名称			
	地址			
	联系人			
	电话		电子邮箱	
检查机构			检查时间	
检查组	检查组长			
	检查员			
	专家			
检查基本情况				
检查结果				
现场检查共发现 XX 项缺陷：				

（以下表述为示例，依据检查情况提出品种风险控制建议及整改要求）

本表中所列出的缺陷，只是本次检查发现的缺陷，不代表企业的全部缺陷。你公司有责任遵循中国现行药品、医疗器械相关法律法规和技术规范进行生产活动，保证出口中国药品、医疗器械的质量。

对于上述缺陷，你公司有责任对其产生的原因进行调查和确认，尽快进行整改。同时应当评估产品风险，对有可能导致安全隐患的，应当按照《药品召回管理办法》《医疗器械召回管理办法》的规定召回相关产品。请在本告知书送达之日起 50 个工作日内，向核查中心提交对检查发现问题的整改情况，在规定时限内不能完成整改的缺陷，应当提交详细的整改进度和后续计划。必要时，中国国家药品监督管理局将组织对你公司整改情况进行复查。

国家药监局关于印发药品质量抽查检验管理办法的通知

国药监药管〔2019〕34 号

各省、自治区、直辖市药品监督管理局，新疆生产建设兵团药品监督管理局，中国食品药品检定研究院：

为加强药品监督管理，规范药品质量抽查检验工作，国家药监局组织修订了《药品质量抽查检验管理办法》，现印发给你们，请遵照执行。

原国家食品药品监督管理局发布的《药品质量抽查检验管理规定》（国食药监市〔2006〕379 号）同时废止。

国家药监局

2019 年 8 月 12 日

药品质量抽查检验管理办法

第一章　总　则

第一条　为规范药品质量抽查检验工作，根据《中华人民共和国药品管理法》和《中华人民共和国药品管理法实施条例》，制定本办法。

第二条　药品监督管理部门对在中华人民共和国境内依批准生产、经营、使用药品开展的质量抽查检验工作，适用本办法。

第三条　药品质量抽查检验是对上市后药品监管的技术手段，应当遵循科学、规范、合法、公正原则。

第四条　国务院药品监督管理部门负责组织实施国家药品质量抽查检验工作，在全国范围内对生产、经营、使用环节的药品质量开展抽查检验，并对地方药品质量抽查检验工作进行指导。

省级药品监督管理部门负责对本行政区域内生产环节以及批发、零售连锁总部和互联网销售第三方平台的药品质量开展抽查检验，组织市县级人民政府负责药品监督管理的部门对行政区域内零售和使用环节的药品质量进行抽查检验，承担上级药品监督管理部门部署的药品质量抽查检验任务。

第五条　药品监督管理部门设置或者确定的药品检验机构，承担药品质量抽查检验所需的检验任务。

第六条　从事药品生产、经营、使用活动的单位和相关人员应当依照本办法接受药品监督管理部门组织实施的药品质量抽查检验，不得干扰、阻挠或拒绝抽查检验工作，不得转移、藏匿药品，不得拒绝提供证明材料或故意提供虚假资料。

第七条　药品质量抽查检验根据监管目的一般可分为监督抽检和评价抽检。监督抽检是指药品监督管理部门根据监管需要对质量可疑药品进行的抽查检验，评价抽检是指药品监督管理部门为评价某类或一定区域药品质量状况而开展的抽查检验。

第二章　计划制定

第八条　国务院药品监督管理部门和省级药品监督管理部门应当制定年度药品质量抽查检验计划，按照目标明确、重点突出、统筹兼顾、有效覆盖的要求对药品质量抽查检验工作进行安排部署。

省级药品监督管理部门制定的药品质量抽查检验计划，应当与国家药品质量抽查检验计划相互衔接，各有侧重，在扩大覆盖面的同时，避免重复。

第九条　市县级人民政府负责药品监督管理的部门应当根据上级药品监督管理部门制定的计划，结合实际情况，制定本行政区域内药品质量抽查检验实施方案，实施方案应当突出属地药品监管工作要求。

第十条　根据监管情况的变化，组织抽查检验的药品监督管理部门可对药品质量抽查检验计划进行调整。

第十一条　药品监督管理部门制定药品质量抽查检验计划，可以将下列药品作为抽查检验重点：

（一）本行政区域内生产企业生产的；

（二）既往抽查检验不符合规定的；

（三）日常监管发现问题的；

（四）不良反应报告较为集中的；

（五）投诉举报较多、舆情关注度高的；

（六）临床用量较大、使用范围较广的；

（七）质量标准发生重大变更的；

（八）储存要求高、效期短、有效成分易变化的；

（九）新批准注册、投入生产的；

（十）其他认为有必要列入抽查检验计划的。

第十二条　药品质量抽查检验所需费用由组织相应任务的药品监督管理部门从财政列支，并严格执行财务管理相关规定要求。

第三章　药品抽样

第十三条　药品监督管理部门可自行完成抽样工作，也可委托具有相应工作能力的药品监管技术机构进行抽样。

第十四条　承担药品抽样工作的单位（抽样单位，下同）应当按照药品监督管理部门下发的药品质量抽查检验计划制定具体的抽样工作实施方案，开展抽样工作应当按照国务院药品监督部门组织制定的《药品抽样原则及程序》进行。

第十五条　抽样单位应当配备具有抽样专业能力的抽样人员，抽样人员应当熟悉药品专业知识和药品管理相关法律法规。

第十六条　抽样人员执行现场抽样任务时不得少于 2 人，抽样时应当向被抽样单位出示相关证明文件，原则上同一人不应当同时承担当次抽样和检验工作。

第十七条　抽样场所应当由抽样人员根据被抽样单位类型确定。从药品生产环节抽样一般为成品仓库和药用原、辅料或包装材料仓库，从药品经营环节抽样一般为经营企业的药品仓库或零售企业的营业场所，从药品使用单位抽样一般为药品库房，从药品互联网交易环节抽样一般为与线上一致的线下药品仓库。

抽取的样品必须为已放行或验收入库的待销售（使用）的药品，对明确标识为待验产品或不符合规定（不合格）产品的，原则上不予抽取。

第十八条　抽样人员在履行抽样任务时，应当对储存条件和温湿度记录等开展必要的现场检查。检查发现影响药品质量的问题或存在其他违法违规行为的，应当固定相关证据，必要时可以继续抽取样品，并将相关证据或样品移交对被抽样单位具有管辖权的药品监督管理部门处置。

第十九条　抽样数量应当按照当次抽查检验计划或抽样工作实施方案执行，取样操作应当规范，不得影响所抽样品和被拆包装药品的质量。样品选择一般应当遵循随机原则；也可根据工作安排，以问题为导向，通过快速筛查等技术手段针对性抽取样品。

抽样人员应当使用专用封签现场签封样品，按要求填写《药品抽样记录及凭证》，并分别由抽样人员和被抽样单位有关人员签字、加盖抽样单位和被抽样单位有效印章；同时可根据需要向被抽样单位索取相应资料和证明性文件复印件，并加盖被抽样单位有效印章。

被抽样单位拒绝签字或盖章时，抽样人员应当在药品抽样记录及凭证上注明并签字。

第二十条　对近效期的药品应当满足检验、结果告知和复验等工作时限，方可抽样；组织抽查检验的药品监督管理部门有特殊要求的除外。

因特殊情况不能在规定时间内完成抽样任务时，抽样单位应当书面报告组织抽查检验工作的药品监督管理部门，并告知承担药品检验任务的药品检验机构。

第二十一条　抽样单位应当按规定时限将样品、药品抽样记录及凭证等相关资料送达或寄送至承担检验任务的药品检验机构。

抽取的样品应当按照其规定的贮藏条件进行储运，特殊管理药品的储运按照药品监督管理部门有关规定执行。

第二十二条　抽样人员在抽样过程中不得有下列行为：

（一）样品签封后擅自拆封或更换样品；

（二）泄露被抽样单位商业秘密；

（三）其他影响抽样公正性的行为。

第四章　药品检验

第二十三条　药品检验机构应当对检验工作负责，按照药品检验技术要求和科学、独立、客观、公正原则开展检验工作，并应符合实验室管理规定。

第二十四条　药品检验机构应当对送检样品的外观、状态、封签等可能影响检验结果的情况进行核对，并对药品抽样记录及凭证内容、药品封签签字盖章等情况进行核对，核对无误后予以签收。对需冷链保存等特殊储运条件的样品，应当检查其储运全过程的温湿度记录符合要求后方可签收。

有下列情形之一的，药品检验机构可拒绝接收：

（一）样品外观发生破损、污染的；

（二）样品封签包装不完整或未在规定签封部位签封、可能影响样品公正性的；

（三）药品抽样记录及凭证填写信息不准确、不完整，或药品抽样记录及凭证标识与样品实物明显不符的；

（四）样品批号或品种混淆的；

（五）包装容器不符合规定、可能影响检验结果的；

（六）有证据证明储运条件不符合规定、可能影响样品质量的；

（七）样品数量明显不符合计划要求的；

（八）品种类别与当次抽查检验工作计划不符的；

（九）超过抽样工作规定时限的；

（十）其他可能影响样品质量和检验结果情形的。

对拒绝接收样品的，药品检验机构应当按照组织抽查检验工作的药品监督管理部门要求，向抽样单位说明理由，退返样品，并向组织抽查检验工作的药品监督管理部门报告。

第二十五条　药品检验机构应当对签收样品逐一登记并加贴标识，分别用于检验或按贮藏要求留存。

除抽查检验计划另有规定外，药品检验机构应当自收到样品之日起25个工作日内出具检验报告书；特殊情况需延期的，应当报组织抽查检验工作的药品监督管理部门批准。

第二十六条　药品检验机构应当妥善留存复验备份样品，符合规定的样品留存期限应当为检验报告书发出之日起一年或者保存至有效期结束，不符合规定的样品应当保存至有效期结束，但最长不超过两年。

第二十七条　除组织抽查检验的药品监督管理部门做出特殊要求外，药品检验机构应当按照国家药品标准规定对抽取的样品进行全项目检验，对结果进行判定并出具检验报告书。必要时，可采用通过验证确认的其他检验方法进行检验，出具检验数据。

药品检验机构对不具备资质的检验项目或其他原因无法按时完成检验任务的，经组织抽查检验工作的药品监督管理部门同意，可委托具有相应资质的其他药品检验机构完成检验任务。

第二十八条　根据监管工作需要，对有掺杂、掺假嫌疑的药品，药品检验机构应当依据国务院药品监督管理部门批准的药品补充检验方法进行检验并出具检验报告书。

鼓励药品检验机构开展药品补充检验方法研究。药品补充检验方法的申报与审批按国务院药品监督管理部门有关规定执行。

第二十九条　药品检验机构应当对出具的药品检验报告书负责，检验报告书应当格式规范、内容真实齐全、数据准确、结论明确。

检验原始记录、检验报告书的保存期限不得少于 5 年。

第三十条　药品检验机构应当具备健全的质量管理体系；应当加强检验人员、仪器设备、实验物料、检测环境等质量要素的管理，强化检验质量过程控制；做到原始记录及时、准确、真实、完整，保证检验结果准确可追溯。

第三十一条　药品检验机构和检验人员在检验过程中，不得有下列行为：

（一）更换样品；

（二）隐瞒、篡改检验数据或出具虚假检验报告书；

（三）泄露当事人技术秘密；

（四）擅自发布抽查检验信息；

（五）其他影响检验结果公正性的行为。

第三十二条　药品检验机构在检验过程中发现下列情形时，应当立即向组织抽查检验工作的药品监督管理部门报告，不得迟报漏报：

（一）药品存在严重质量安全风险（如热原、细菌内毒素、无菌等项目不符合规定）需立即采取控制措施的；

（二）涉嫌存在掺杂、掺假的；

（三）涉嫌违法违规生产行为的；

（四）同一企业多批次产品检验不符合规定，涉嫌质量体系存在问题的；

（五）对既往承担检验任务的药品经后续分析研究发现可能存在严重风险隐患的。

第三十三条　药品检验机构应当按照规定时间上报或寄送检验报告书。除另有规定外，药品检验机构应当在报告书签发后及时将药品检验报告书和药品抽样及记录凭证等材料传递抽样单位，并完成结果上报工作。检验结果为不符合规定的，药品检验机构应当在 2 个工作日内将检验报告书和药品抽样记录及凭证等材料传递被抽样单位所在地省级药品监督管理部门和标示生产企业所在地省级药品监督管理部门，或对涉及的相关单位具有管辖权的药品监督管理部门。

第三十四条　药品检验机构可根据组织抽查检验工作的药品监督管理部门工作安排开展有针对性的探索性研究，开展探索性研究应当按照国务院药品监督管理部门制定的质量分析指导原则进行，鼓励药品检验机构开展提升药品质量的新技术、新方法研究。

第五章　复　验

第三十五条　被抽样单位或标示生产企业对药品检验机构的检验结果有异议的，可以自收到检验报告书之日起 7 个工作日内提出复验申请。逾期提出申请的，药品检验机构不再受理。

复验申请应当向原药品检验机构或者上一级药品监督管理部门设置或者确定的药品检验机构申请，也可以直接向中国食品药品检定研究院申请，其他药品检验机构不得受理复验申请。

第三十六条　申请复验应当提交以下资料：

（一）加盖申请复验单位公章的《复验申请表》；

（二）药品检验机构的药品检验报告书原件；

（三）经办人办理复验申请事宜的法人授权书原件；

（四）经办人身份证明；

（五）有效时限证明。

第三十七条　药品检验机构应当在收到复验申请之日起 7 个工作日内对资料进行审核，并开具《复验申请回执》，告知申请复验单位是否受理复验，并在 2 个工作日内报告组织抽查检验的药品监督管理部门。有下列情形之一的，不得受理复验申请：

（一）国家药品标准中规定不得复试的检验项目；

（二）重量差异、装量差异、无菌、热原、细菌内毒素等不宜复验的检验项目；

（三）未在规定期限内提出复验申请或已申请过复验的；

（四）样品不能满足复验需要量、超过效期或效期内不足以完成复验的；

（五）特殊原因导致留存样品无法实现复验目的等其他不能受理复验的情形。

当检出为明显可见异物时，相关企业或单位可自收到检验报告书之日起 7 个工作日内，前往原药品检验机构对该项目进行现场确认。

第三十八条　确定受理复验的药品检验机构应（复验机构，下同）当自出具复验申请回执之日起 3 个工作日内向原药品检验机构发出调样通知。原药品检验机构应当在收到调样通知后回复留样情况，并在 7 个工作日内提供其检验后的备份样品。所提供样品应符合留样要求，有抽样单位封签且封签完好，并按照规定的贮藏条件储运。

第三十九条　复验机构接到备份样品后，应当对备份样品数量及包装、封签的完整性等进行确认。

第四十条　复验机构应当在收到备份样品之日起 25 个工作日内做出复验结论，并自检验报告书签发之日起 2 个工作日内，将检验报告书传递申请复验单位、原药品检验机构和申请复验单位所在地省级药品监督管理部门，或对申请复验单位具有管辖权的药品监督管理部门。特殊情况需要延期的，应当报请组织抽查检验工作的药品监督管理部门批准。

复验机构出具的复验结论为最终检验结论。

第四十一条　申请复验单位应当按规定向复验机构预先支付药品检验费用。复验结论与原检验结论不一致的，复验费由原药品检验机构承担。

国务院有关部门或者省级人民政府有关部门另有特殊规定的，从其规定。

第六章　监督管理

第四十二条　对涉及的相关单位具有管辖权的药品监督管理部门（药品监督管理部门，下同）应当对抽查检验中发现的不符合规定结果及其他问题进行调查处理。

第四十三条　药品监督管理部门应当自收到不符合规定报告书之日起5个工作日内组织将检验报告书转送被抽样单位和标示生产企业。

第四十四条　被抽样单位和标示生产企业收到不符合规定检验报告书后，应当对抽查检验情况予以确认。

标示生产企业否认为其生产的，应当出具充分准确的证明材料，标示生产企业所在地省级药品监督管理部门应当组织调查核实，调查核实情况应当通报被抽样单位所在地省级药品监督管理部门。对查实确系假药的，两地药品监督管理部门应当相互配合，共同核查问题产品来源。

第四十五条　被抽样单位和标示生产企业收到不符合规定检验报告书后，应当履行以下义务：

（一）召回已销售的不符合规定药品；

（二）立即深入进行自查，开展偏差调查，进行风险评估；

（三）根据调查评估情况采取必要的风险控制措施。

申请复验期间，对不符合规定药品的风险控制继续执行。

第四十六条　药品监督管理部门应当监督有关企业和单位做好问题药品处置、原因分析及内部整改等工作。必要时可组织对被抽样单位和标示生产企业开展检查，对整改情况进行跟踪检查。

第四十七条　药品监督管理部门应当对不符合规定药品涉及的相关企业或单位依法进行调查处理。符合立案条件的要按规定立案查处，并按要求公开查处结果。涉嫌犯罪的，依法移交司法机关处理。

第四十八条　对经检验不符合规定的药品，标示生产企业所在地省级药品监督管理部门应当对企业的排查整改情况进行调查评估。对有证据证明质量问题是由生产环节导致的，应当通知被抽样单位所在地省级药品监督管理部门。对被抽样单位具有管辖权的药品监督管理部门根据通报情况，可酌情减轻或免除对经营、使用环节的处罚。

第四十九条　对药品检验机构根据探索性研究报告的药品质量风险隐患，组织或实施抽查检验工作的药品监督管理部门应当组建技术研判机构或建立技术研判机制，组织开展技术分析和综合研判，并根据分析研判结果采取相应的风险控制和监管措施，必要时应当报告上级药品监督管理部门。

第五十条　药品监督管理部门应当对本部门和下一级药品监督管理部门组织的药品质量抽查检验工作进行督促指导。

国务院药品监督管理部门确定的药品检验机构应当对承担国家药品质量抽查检验工作的药品检验机构进行业务指导。各省级药品检验机构应当对本行政区域内承担药品质量抽查检验工作的下级药品检验机构进行业务指导。

第五十一条　药品生产、经营和使用单位没有正当理由，拒绝接受抽查检验的，国务院药品监督管理部门和省级药品监督管理部门可以宣布停止该单位拒绝抽查检验的药品上市销售和使用。

第七章　信息公开

第五十二条　组织抽查检验的国务院药品监督管理部门和省级药品监督管理部门应当按照有关规定公开药品质量抽查检验结果。

第五十三条　药品质量抽查检验结果公开内容应当包括抽查检验药品的品名、检品来源、标示生产企业、生产批号、药品规格、检验机构、检验依据、检验结果、不符合规定项目等。

有证据证实药品质量不符合规定原因的，可以适当方式备注说明。

药品质量抽查检验结果公开不当的，应当自确认公开内容不当之日起 5 个工作日内，在原公开范围内予以更正。

第五十四条　对可能产生重大影响的药品质量抽查检验信息，组织抽查检验的药品监督管理部门应当进行评估研判，并按照《中华人民共和国政府信息公开条例》等有关规定执行。

第五十五条　鼓励药品监督管理部门建立信息化管理系统，为抽查检验信息传输及查询等提供技术支持。

药品监督管理部门应当充分利用药品质量抽查检验信息系统，掌握本行政区域药品质量抽查检验信息，作为加强药品监督管理的数据支撑。

第八章　附　则

第五十六条　根据药品监管工作的实际需要，药品监督管理部门可适时组织开展专项抽查检验，相关工作内容可参照本办法执行。

第五十七条　因监督检查、监测评价、稽查执法等工作需要开展抽样、检验的，不受抽样数量、地点、样品状态等限制，具体程序可参考本办法。

第五十八条　本办法自发布之日起实施。《国家食品药品监督管理局关于印发药品质量抽查检验管理规定的通知》（国食药监市〔2006〕379 号）自本办法发布之日起废止。

国家药监局综合司关于印发
《药品抽样原则及程序》等文件的通知

药监综药管〔2019〕108号

各省、自治区、直辖市药品监督管理局，新疆生产建设兵团药品监督管理局，中国食品药品检定研究院：

为规范药品质量抽查检验工作，根据《国家药监局关于印发药品质量抽查检验管理办法的通知》（国药监药管〔2019〕34号）要求，国家药监局组织制定了《药品抽样原则及程序》以及《复验申请表》《复验申请回执》，现印发给你们，请遵照执行，省级药品监管部门可结合各自实际制定具体工作细则。

附件：1. 药品抽样原则及程序
2. 复验申请表
3. 复验申请回执

国家药监局综合司
2019年12月26日

附件1

药品抽样原则及程序

1 适用范围

本原则及程序适用于依据《药品质量抽查检验管理办法》实施的抽样工作。国家有关法律法规、《中华人民共和国药典》以及规范性检查、稽查执法等药品监管工作另有规定的，执行相应规定。

2 术语和定义

本原则及程序采用下列定义。

2.1 批号

用于识别一个特定批的具有唯一性的数字和（或）字母的组合。

2.2 抽样批

施行抽样的同一批号药品。

2.3 抽样单元

施行抽样的便于清点、搬运和存放的药品包装单位。

2.4 单元样品

从一个抽样单元中抽取的样品为单元样品。

2.5 最小包装

直接接触药品的最小包装单位，对于 20ml 以下（含 20ml）安瓿、口服液、小瓶固体注射剂等，可将放置此类包装的包装单位（如：盒）视为"最小包装"。

2.6 均质性药品

性质和质量均匀一致的同一批药品。抽样过程的均质性检查主要是检查药品外观性状的均质性。

2.7 非均质性药品

不同部分的性质和质量有所差异的同一批药品。

2.8 正常非均质性药品

正常理化属性可呈现为非均质性但不改变其性质和质量的同一批药品（如：混悬液及低温下可析出部分结晶而复温后能恢复原来状态的液体药品）。

2.9 异常非均质性药品

生产或者贮运过程中因未按正常工作程序操作等因素造成非均质性的同一批药品。

2.10 最终样品

由不同单元样品汇集制成的供检验或查处物证等使用的样品。

3 抽样原则

3.1 科学性，取样操作、贮运过程应科学合理，保证样品质量。

3.2 规范性，抽样程序应规范、有序，不得随意更改。

3.3 合法性，抽样工作应符合《中华人民共和国药品管理法》《中华人民共和国药品管理法实施条例》和《药品质量抽查检验管理办法》等法律法规和规范性文件要求。

3.4 公正性，在抽样过程中，抽样人员应不徇私情、客观公正。

3.5 代表性，抽取的样品应能够较真实地反映抽样时所代表数量的药品实际质量状况。

4 抽样量确定

4.1 编制抽检计划或抽样方案时，应当根据标准检验、补充检验方法和（或）探索性研究的检验需求确定抽样量。

4.2 抽样量一般应为检验需求的 2 倍量，按 1：0.5：0.5 的比例分装为 3 份。

4.3 同一品种存在不同制剂规格和包装规格时，应当以不同规格计算制剂单位，然后分别折算所抽取样品的最小包装数量（如：注射用无菌粉末以克为单位计算后再折算为瓶、液体制剂以毫升为单位计算后再折算为支或瓶等），同时应满足特殊检验项目（如：微生物限度等）对最小独立包装数量的要求。

4.4 应当根据合理套用的原则确定抽样量，不应按单个检验项目简单累加（如：注射液在进行可见异物检查后再进行其他项目的检验）。

5 安全防护

5.1 对放射性、毒性、腐蚀性或者易燃易爆等样品抽样时，抽样人员在实施现场抽样时应配戴必要的防护用具（如：防护衣、防护手套、防护镜或者防护口罩等），并做到轻取轻放，同时应当在样品外包装加注危险品标识，以防止发生意外事故。

5.2 易燃易爆样品应当远离热源。

6 抽样程序

6.1 抽样前准备

6.1.1 人员要求

抽样人员应当熟悉《中华人民共和国药品管理法》《中华人民共和国药品管理法实施条例》《药品生产质量管理规范》《药品经营质量管理规范》和《药品质量抽查检验管理办法》等法律法规和规范性文件，了解《中华人民共和国药典》等药品标准要求，熟悉药品的外观状态、正常标识、贮藏条件等要求，并可对异常情况做出基本判断。

抽样人员应当正确掌握各类抽样方法，熟练使用采样器具。

抽样队伍应当相对稳定，定期接受法律法规和专业技术培训。

6.1.2 人员组织

抽样单位应根据当次抽样工作的目标要求，组建相应数量的抽样工作组，每个抽样工作组的人员应不得少于2人。原则上同一人不应同时承担当次抽样和检验工作。

抽样单位应当围绕抽样任务要求对抽样人员进行专题培训，抽样人员应当认真研究背景资料，对抽检要求做出基本判断，确定现场检查和抽样的具体事项，必要时与承检机构对检验项目、抽样环节和抽样数量等具体事宜进行商定。

6.1.3 取样工具

直接接触药品的取样工具，使用前后应当及时清洁干燥，不与药品发生化学反应，不对抽取样品及剩余药品产生污染。

抽取粉末状固体样品和半固体样品时，一般使用一侧开槽、前端尖锐的不锈钢抽样棒取样，也可使用瓷质或者不锈钢质药匙取样。

抽取低粘度液体样品时，根据不同情形分别使用吸管、烧杯、勺子、漏斗等取样；抽取腐蚀性或者毒性液体样品时，需配用吸管辅助器；抽取高粘度液体样品时，可用玻璃棒蘸取。

抽取无菌样品或者需做微生物检查、细菌内毒素检查等项目的样品时，取样工具须经灭菌或除热原处理。

6.1.4 包装容器

直接接触药品的包装容器材质，应当不与内容物发生化学反应，具有良好阻隔性能，并满足药品的贮藏条件，潜在迁移物质不影响检验结果。抽样前应查看包装容器外包装的完整性。

直接接触药品的包装容器的形状与规格，应当与所抽取样品的形态和数量相适应，液体样品的存放可选用瓶状密闭容器，固体样品可选用袋状容器。

直接接触无菌样品或者需做微生物检查、细菌内毒素检查等项目样品的容器须经灭菌或除热原处理，且具有密封性能。

6.1.5 文件与凭证

抽样人员抽样前，应当查验抽检的工作计划或实施方案、委托书或行政执法证、样品封签（附1）、药品抽样记录及凭证（附2）、药品抽样告知及反馈单（附3）、样品（物证）密封袋等必要的证明凭证。

6.2 抽样现场检查

6.2.1 抽样人员应当查看被抽样单位生产经营使用资质及相关材料，实地查看贮藏场所环境控制措施、运行状态及监控记录、存放标识等情况，现场查验包装标签标示的名称、批准文号、批号、有效期、药品上市许可持有人等内容，查验药品外观包装（如破损、受潮、受污染或假冒迹象等）。

6.2.2 现场检查中发现疑似药品质量问题情形时，可针对性抽样；如发现影响药品质量的潜在问题或存在违法违规生产经营使用行为的，应当固定相关证据，并将相关证据或样品移交对被抽样单位具有管辖权的药品监督管理部门处置。

6.3 抽样

6.3.1 现场抽样方法、抽样单元数（n）和抽样单元的确定

现场抽样方法、抽样单元数（n）和抽样单元的确定，可参照附4进行。

6.3.2 取样方法与最终样品的制作

中药材和中药饮片应当参照《中华人民共和国药典》"药材和饮片取样法"规定的方法取样。除特殊情况外，应从未拆封的完整包装的样品中抽取，并对包装情况留存相关证据。

制剂、原料药的取样方法与最终样品的制作可参照附5进行。

对于特殊样品可由抽样人员随机指定被抽样本，陪同或监督被抽样单位的质量人员现场抽样。

6.4 包装、签封、记录和信息报送

6.4.1 包装

每份样品应分别包装并封口，并按照说明书规定的条件保存。

6.4.2 签封

抽样人员应使用专用封签（见附1）签封样品，完整、准确填写封签内容，由抽样人员和被抽样单位相关人员共同签字，并加盖印章或指模；签封应达到保证无法调换样品的目的。

6.4.3 记录

抽样人员应当完整、准确、规范填写专用的《药品抽样记录及凭证》（附2）及《药品抽样告知及反馈单》（附3），由抽样人员和被抽样单位相关人员签字，并加盖印章或指模。

在抽样过程中，可通过拍照、录像、留存相关票据的方式对抽样过程、样品信息、

抽样环境等信息予以记录

6.4.4 信息报送

抽样人员完成现场抽样后，应当按照有关工作要求通过相应的信息平台，及时报送抽样信息。

6.5 贮藏运输

6.5.1 样品在贮藏运输过程中，应当按照贮藏运输条件的要求，采取相应措施并记录，确保全程符合药品贮藏条件，保证样品不变质、不破损、不污染。

6.5.2 样品一般应由抽样人员寄（送）至承检机构，需要委托他人运输时，应当选择具备相应贮藏运输资质和条件的单位，必要时应签订运输、贮藏条件保障协议，避免样品在运输过程中发生丢失、错递、污染变质等问题。

6.5.3 特殊药品的贮藏运输，应当按照国家有关规定执行。

6.5.4 根据抽检计划或实施方案要求，应将抽样文书及相关资料随样品寄（送）至承检机构。

7 样品购买

药品监督管理部门在制定抽检计划或实施方案时，应明确购买样品的结算方式、结算时限和支付单位（可以是抽检组织部门、抽样单位、检验单位等）。

抽样人员完成抽样并填报购样信息后，收款单位（可以是使用单位、销售单位、生产单位或药品上市许可持有人等）应在规定时限内凭相关票据和《药品抽样记录及凭证》规定的结算方式提请结算，超出结算时限的，作为自愿放弃有关权利处理，视作无偿提供样品。支付单位应在规定时限内审核并结算。

7.1 结算方式

现场结算。抽样人员在抽样时以刷银行卡等方式现场结算购样费用，在《药品抽样记录及凭证》上标明，并由被抽样单位向抽样单位开具票据，支付凭证由抽样单位留存。

非现场结算。完成抽样后，抽样人员填写《药品抽样记录及凭证》，被抽样单位向抽检组织部门指定的支付单位开具票据，支付单位按照《药品抽样记录及凭证》填写的价格，向被抽样单位支付购样费用，支付凭证由支付单位留存。

持有人结算。完成抽样后，抽样人员填写《药品抽样记录及凭证》，被抽样单位凭《药品抽样记录及凭证》向进货单位申请补货，药品上市许可持有人凭补货时传递的《药品抽样记录及凭证》，向抽检组织部门指定的支付单位提请结算，并向支付单位开具相关票据，支付单位按规定向药品上市许可持有人支付样品费用，支付凭证由支付单位留存。

其他结算方式。经组织当次抽检的药品监督管理部门同意，抽样单位和被抽样单位协商一致，可采用其他结算方式及协商的价格完成购样，但必须留存相关的依据和凭证，并在《药品抽样记录及凭证》中予以注明。

7.2 支付价格

向药品经营和使用单位支付的，一般以抽样时的实际销售价格为准；向药品上市许可持有人支付的，一般以该样品的出厂价格为准。支付价格由收款单位如实提供。

7.3 其他事项

抽样完成后，因各种原因造成样品无法检验的，仍应支付购样费用。

收款单位应根据药品抽检任务性质和要求，向支付单位分别开具与《药品抽样记录及凭证》相对应的票据，避免混淆。

7.4 信息填报

抽样人员在填写《药品抽样记录及凭证》中抽样信息或在抽样系统中在线填报时，应准确填写结算方式、样品单价、总价等购样所需信息。

附：1. 样品封签

　　2. 药品抽样记录及凭证

　　3. 药品抽样告知及反馈单

　　4. 现场抽样的有关参考方法

　　5. 取样方法与最终样品的制作

国家药监局 农业农村部 国家林草局 国家中医药局
关于发布《中药材生产质量管理规范》的公告

2022 年第 22 号

为贯彻落实《中共中央 国务院关于促进中医药传承创新发展的意见》，推进中药材规范化生产，加强中药材质量控制，促进中药高质量发展，依据《中华人民共和国药品管理法》《中华人民共和国中医药法》，国家药监局、农业农村部、国家林草局、国家中医药局研究制定了《中药材生产质量管理规范》（以下称本规范），现予发布实施，并将有关事项公告如下：

一、本规范适用于中药材生产企业规范生产中药材的全过程管理，是中药材规范化生产和管理的基本要求。本规范涉及的中药材是指来源于药用植物、药用动物等资源，经规范化的种植（含生态种植、野生抚育和仿野生栽培）、养殖、采收和产地加工后，用于生产中药饮片、中药制剂的药用原料。

本公告所指中药材生产企业包括具有企业性质的种植、养殖专业合作社或联合社。

二、鼓励中药饮片生产企业、中成药上市许可持有人等中药生产企业在中药材产地自建、共建符合本规范的中药材生产企业及生产基地，将药品质量管理体系延伸到中药材产地。

鼓励中药生产企业优先使用符合本规范要求的中药材。药品批准证明文件等有明确要求的，中药生产企业应当按照规定使用符合本规范要求的中药材。相关中药生产企业应当依法开展供应商审核，按照本规范要求进行审核检查，保证符合要求。

三、使用符合本规范要求的中药材，相关中药生产企业可以参照药品标签管理的相关规定，在药品标签中适当位置标示"药材符合 GAP 要求"，可以依法进行宣传。对中药复方制剂，所有处方成份均符合本规范要求，方可标示。

省级药品监督管理部门应当加强监督检查，对应当使用或者标示使用符合本规范中药材的中药生产企业，必要时对相应的中药材生产企业开展延伸检查，重点检查是否符合本规范。发现不符合的，应当依法严厉查处，责令中药生产企业限期改正、取消标示等，并公开相应的中药材生产企业及其中药材品种，通报中药材产地人民政府。

四、各省相关管理部门在省委省政府领导下，配合和协助中药材产地人民政府做好中药材规范化发展工作，如完善中药材产业高质量发展工作机制；制定中药材产业发展规划；细化推进中药材规范化发展的激励政策；建立中药材生产企业及其生产基地台账和信用档案，实施动态监管；建立中药材规范化生产追溯信息化平台等。鼓励中药材规范化、集约化生产基础较好的省份，结合本辖区中药材发展实际，研究制定实施细则，积极探索推进，为本规范的深入推广积累经验。

五、各省相关管理部门依职责对本规范的实施和推进进行检查和技术指导。农业农村部门牵头做好中药材种子种苗及种源提供、田间管理、农药和肥料使用、病虫害防治等指导。林业和草原部门牵头做好中药材生态种植、野生抚育、仿野生栽培，以及属于濒危管理范畴的中药材种植、养殖等指导。中医药管理部门协同做好中药材种子种苗、规范种植、采收加工以及生态种植等指导。药品监督管理部门对相应的中药材生产企业开展延伸检查，做好药用要求、产地加工、质量检验等指导。

六、各省相关管理部门应加强协作，形成合力，共同推进中药材规范化、标准化、集约化发展，按职责强化宣传培训，推动本规范落地实施。加强实施中日常监管，如发现存在重大问题或者有重大政策完善建议的，请及时报告国家相应的管理部门。

特此公告。

附件：中药材生产质量管理规范

国家药监局　农业农村部
国家林草局　国家中医药局
2022 年 3 月 1 日

附件

中药材生产质量管理规范

第一章　总　则

第一条　为落实《中共中央　国务院关于促进中医药传承创新发展的意见》，推进中药材规范化生产，保证中药材质量，促进中药高质量发展，依据《中华人民共和国药品管理法》《中华人民共和国中医药法》，制定本规范。

第二条　本规范是中药材规范化生产和质量管理的基本要求，适用于中药材生产企业（以下简称企业）采用种植（含生态种植、野生抚育和仿野生栽培）、养殖方式规范生产中药材的全过程管理，野生中药材的采收加工可参考本规范。

第三条　实施规范化生产的企业应当按照本规范要求组织中药材生产，保护野生中药材资源和生态环境，促进中药材资源的可持续发展。

第四条　企业应当坚持诚实守信，禁止任何虚假、欺骗行为。

第二章　质量管理

第五条　企业应当根据中药材生产特点，明确影响中药材质量的关键环节，开展质量风险评估，制定有效的生产管理与质量控制、预防措施。

第六条 企业对基地生产单元主体应当建立有效的监督管理机制，实现关键环节的现场指导、监督和记录；统一规划生产基地，统一供应种子种苗或其它繁殖材料，统一肥料、农药或者饲料、兽药等投入品管理措施，统一种植或者养殖技术规程，统一采收与产地加工技术规程，统一包装与贮存技术规程。

第七条 企业应当配备与生产基地规模相适应的人员、设施、设备等，确保生产和质量管理措施顺利实施。

第八条 企业应当明确中药材生产批次，保证每批中药材质量的一致性和可追溯。

第九条 企业应当建立中药材生产质量追溯体系，保证从生产地块、种子种苗或其它繁殖材料、种植养殖、采收和产地加工、包装、储运到发运全过程关键环节可追溯；鼓励企业运用现代信息技术建设追溯体系。

第十条 企业应当按照本规范要求，结合生产实践和科学研究情况，制定如下主要环节的生产技术规程：

（一）生产基地选址；

（二）种子种苗或其它繁殖材料要求；

（三）种植（含生态种植、野生抚育和仿野生栽培）、养殖；

（四）采收与产地加工；

（五）包装、放行与储运。

第十一条 企业应当制定中药材质量标准，标准不能低于现行法定标准。

（一）根据生产实际情况确定质量控制指标，可包括：药材性状、检查项、理化鉴别、浸出物、指纹或者特征图谱、指标或者有效成分的含量；药材农药残留或者兽药残留、重金属及有害元素、真菌毒素等有毒有害物质的控制标准等；

（二）必要时可制定采收、加工、收购等中间环节中药材的质量标准。

第十二条 企业应当制定中药材种子种苗或其它繁殖材料的标准。

第三章 机构与人员

第十三条 企业可采取农场、林场、公司＋农户或者合作社等组织方式建设中药材生产基地。

第十四条 企业应当建立相应的生产和质量管理部门，并配备能够行使质量保证和控制职能的条件。

第十五条 企业负责人对中药材质量负责；企业应当配备足够数量并具有和岗位职责相对应资质的生产和质量管理人员；生产、质量的管理负责人应当有中药学、药学或者农学等相关专业大专及以上学历并有中药材生产、质量管理三年以上实践经验，或者有中药材生产、质量管理五年以上的实践经验，且均须经过本规范的培训。

第十六条 生产管理负责人负责种子种苗或其它繁殖材料繁育、田间管理或者药用动物饲养、农业投入品使用、采收与加工、包装与贮存等生产活动；质量管理负责人负责质量标准与技术规程制定及监督执行、检验和产品放行。

第十七条　企业应当开展人员培训工作，制定培训计划、建立培训档案；对直接从事中药材生产活动的人员应当培训至基本掌握中药材的生长发育习性、对环境条件的要求，以及田间管理或者饲养管理、肥料和农药或者饲料和兽药使用、采收、产地加工、贮存养护等的基本要求。

第十八条　企业应当对管理和生产人员的健康进行管理；患有可能污染药材疾病的人员不得直接从事养殖、产地加工、包装等工作；无关人员不得进入中药材养殖控制区域，如确需进入，应当确认个人健康状况无污染风险。

第四章　设施、设备与工具

第十九条　企业应当建设必要的设施，包括种植或者养殖设施、产地加工设施、中药材贮存仓库、包装设施等。

第二十条　存放农药、肥料和种子种苗，兽药、饲料和饲料添加剂等的设施，能够保持存放物品质量稳定和安全。

第二十一条　分散或者集中加工的产地加工设施均应当卫生、不污染中药材，达到质量控制的基本要求。

第二十二条　贮存中药材的仓库应当符合贮存条件要求；根据需要建设控温、避光、通风、防潮和防虫、防鼠禽畜等设施。

第二十三条　质量检验室功能布局应当满足中药材的检验条件要求，应当设置检验、仪器、标本、留样等工作室（柜）。

第二十四条　生产设备、工具的选用与配置应当符合预定用途，便于操作、清洁、维护，并符合以下要求：

（一）肥料、农药施用的设备、工具使用前应仔细检查，使用后及时清洁；

（二）采收和清洁、干燥及特殊加工等设备不得对中药材质量产生不利影响；

（三）大型生产设备应当有明显的状态标识，应当建立维护保养制度。

第五章　基地选址

第二十五条　生产基地选址和建设应当符合国家和地方生态环境保护要求。

第二十六条　企业应当根据种植或养殖中药材的生长发育习性和对环境条件的要求，制定产地和种植地块或者养殖场所的选址标准。

第二十七条　中药材生产基地一般应当选址于道地产区，在非道地产区选址，应当提供充分文献或者科学数据证明其适宜性。

第二十八条　种植地块应当能满足药用植物对气候、土壤、光照、水分、前茬作物、轮作等要求；养殖场所应当能满足药用动物对环境条件的各项要求。

第二十九条　生产基地周围应当无污染源；生产基地环境应当持续符合国家标准：

（一）空气符合国家《环境空气质量标准》二类区要求；

（二）土壤符合国家《土壤环境质量农用地污染风险管控标准（试行）》的要求；

（三）灌溉水符合国家《农田灌溉水质标准》，产地加工用水和药用动物饮用水符合国家《生活饮用水卫生标准》。

第三十条　基地选址范围内，企业至少完成一个生产周期中药材种植或者养殖，并有两个收获期中药材质量检测数据且符合企业内控质量标准。

第三十一条　企业应当按照生产基地选址标准进行环境评估，确定产地，明确生产基地规模、种植地块或者养殖场所布局；

（一）根据基地周围污染源的情况，确定空气是否需要检测，如不检测，则需提供评估资料；

（二）根据水源情况确定水质是否需要定期检测，没有人工灌溉的基地，可不进行灌溉水检测。

第三十二条　生产基地应当规模化，种植地块或者养殖场所可成片集中或者相对分散，鼓励集约化生产。

第三十三条　产地地址应当明确至乡级行政区划；每一个种植地块或者养殖场所应当有明确记载和边界定位。

第三十四条　种植地块或者养殖场所可在生产基地选址范围内更换、扩大或者缩小规模。

第六章　种子种苗或其它繁殖材料

第一节　种子种苗或其它繁殖材料要求

第三十五条　企业应当明确使用种子种苗或其它繁殖材料的基原及种质，包括种、亚种、变种或者变型、农家品种或者选育品种；使用的种植或者养殖物种的基原应当符合相关标准、法规。使用列入《国家重点保护野生植物名录》的药用野生植物资源的，应当符合相关法律法规规定。

第三十六条　鼓励企业开展中药材优良品种选育，但应当符合以下规定：

（一）禁用人工干预产生的多倍体或者单倍体品种、种间杂交品种和转基因品种；

（二）如需使用非传统习惯使用的种间嫁接材料、诱变品种（包括物理、化学、太空诱变等）和其它生物技术选育品种等，企业应当提供充分的风险评估和实验数据证明新品种安全、有效和质量可控。

第三十七条　中药材种子种苗或其它繁殖材料应当符合国家、行业或者地方标准；没有标准的，鼓励企业制定标准，明确生产基地使用种子种苗或其它繁殖材料的等级，并建立相应检测方法。

第三十八条　企业应当建立中药材种子种苗或其它繁殖材料的良种繁育规程，保证繁殖的种子种苗或其它繁殖材料符合质量标准。

第三十九条　企业应当确定种子种苗或其它繁殖材料运输、长期或者短期保存的适宜条件，保证种子种苗或其它繁殖材料的质量可控。

第二节　种子种苗或其它繁殖材料管理

第四十条　企业在一个中药材生产基地应当只使用一种经鉴定符合要求的物种，防止与其它种质混杂；鼓励企业提纯复壮种质，优先采用经国家有关部门鉴定，性状整齐、稳定、优良的选育新品种。

第四十一条　企业应当鉴定每批种子种苗或其它繁殖材料的基原和种质，确保与种子种苗或其它繁殖材料的要求相一致。

第四十二条　企业应当使用产地明确、固定的种子种苗或其它繁殖材料；鼓励企业建设良种繁育基地，繁殖地块应有相应的隔离措施，防止自然杂交。

第四十三条　种子种苗或其它繁殖材料基地规模应当与中药材生产基地规模相匹配；种子种苗或其它繁殖材料应当由供应商或者企业检测达到质量标准后，方可使用。

第四十四条　从县域之外调运种子种苗或其它繁殖材料，应当按国家要求实施检疫；用作繁殖材料的药用动物应当按国家要求实施检疫，引种后进行一定时间的隔离、观察。

第四十五条　企业应当采用适宜条件进行种子种苗或其它繁殖材料的运输、贮存；禁止使用运输、贮存后质量不合格的种子种苗或其它繁殖材料。

第四十六条　应当按药用动物生长发育习性进行药用动物繁殖材料引进；捕捉和运输时应当遵循国家相关技术规定，减免药用动物机体损伤和应激反应。

第七章　种植与养殖

第一节　种植技术规程

第四十七条　企业应当根据药用植物生长发育习性和对环境条件的要求等制定种植技术规程，主要包括以下环节：

（一）种植制度要求：前茬、间套种、轮作等；

（二）基础设施建设与维护要求：维护结构、灌排水设施、遮阴设施等；

（三）土地整理要求：土地平整、耕地、做畦等；

（四）繁殖方法要求：繁殖方式、种子种苗处理、育苗定植等；

（五）田间管理要求：间苗、中耕除草、灌排水等；

（六）病虫草害等的防治要求：针对主要病虫草害等的种类、危害规律等采取的防治方法；

（七）肥料、农药使用要求。

第四十八条　企业应当根据种植中药材营养需求特性和土壤肥力，科学制定肥料使用技术规程：

（一）合理确定肥料品种、用量、施肥时期和施用方法，避免过量施用化肥造成土壤退化；

（二）以有机肥为主，化学肥料有限度使用，鼓励使用经国家批准的微生物肥料及中药材专用肥；

（三）自积自用的有机肥须经充分腐熟达到无害化标准，避免掺入杂草、有害物质等；

（四）禁止直接施用城市生活垃圾、工业垃圾、医院垃圾和人粪便。

第四十九条 防治病虫害等应当遵循"预防为主、综合防治"原则，优先采用生物、物理等绿色防控技术；应制定突发性病虫害等的防治预案。

第五十条 企业应当根据种植的中药材实际情况，结合基地的管理模式，明确农药使用要求：

（一）农药使用应当符合国家有关规定；优先选用高效、低毒生物农药；尽量减少或避免使用除草剂、杀虫剂和杀菌剂等化学农药。

（二）使用农药品种的剂量、次数、时间等，使用安全间隔期，使用防护措施等，尽可能使用最低剂量、降低使用次数；

（三）禁止使用：国务院农业农村行政主管部门禁止使用的剧毒、高毒、高残留农药，以及限制在中药材上使用的其它农药。

（四）禁止使用壮根灵、膨大素等生长调节剂调节中药材收获器官生长。

第五十一条 按野生抚育和仿野生栽培方式生产中药材，应当制定野生抚育和仿野生栽培技术规程，如年允采收量、种群补种和更新、田间管理、病虫草害等的管理措施。

第二节 种植管理

第五十二条 企业应当按照制定的技术规程有序开展中药材种植，根据气候变化、药用植物生长、病虫草害等情况，及时采取措施。

第五十三条 企业应当配套完善灌溉、排水、遮阴等田间基础设施，及时维护更新。

第五十四条 及时整地、播种、移栽定植；及时做好多年生药材冬季越冬田地清理。

第五十五条 采购农药、肥料等农业投入品应当核验供应商资质和产品质量，接收、贮存、发放、运输应当保证其质量稳定和安全；使用应当符合技术规程要求。

第五十六条 应当避免灌溉水受工业废水、粪便、化学农药或其它有害物质污染。

第五十七条 科学施肥，鼓励测土配方施肥；及时灌溉和排涝，减轻不利天气影响。

第五十八条 根据田间病虫草害等的发生情况，依技术规程及时防治。

第五十九条 企业应当按照技术规程使用农药，做好培训、指导和巡检。

第六十条 企业应当采取措施防范并避免邻近地块使用农药对种植中药材的不良影响。

第六十一条 突发病虫草害等或者异常气象灾害时，根据预案及时采取措施，最大限度降低对中药材生产的不利影响；要做好生长或者质量受严重影响地块的标记，单独管理。

第六十二条　企业应当按技术规程管理野生抚育和仿野生栽培中药材，坚持"保护优先、遵循自然"原则，有计划地做好投入品管控、过程管控和产地环境管控，避免对周边野生植物造成不利影响。

第三节　养殖技术规程

第六十三条　企业应当根据药用动物生长发育习性和对环境条件的要求等制定养殖技术规程，主要包括以下环节：

（一）种群管理要求：种群结构、谱系、种源、周转等；

（二）养殖场地设施要求：养殖功能区划分，饲料、饮用水设施，防疫设施，其它安全防护设施等；

（三）繁育方法要求：选种、配种等；

（四）饲养管理要求：饲料、饲喂、饮水、安全和卫生管理等；

（五）疾病防控要求：主要疾病预防、诊断、治疗等；

（六）药物使用技术规程；

（七）药用动物属于陆生野生动物管理范畴的，还应当遵守国家人工繁育陆生野生动物的相关标准和规范。

第六十四条　按国务院农业农村行政主管部门有关规定使用饲料和饲料添加剂；禁止使用国务院农业农村行政主管部门公布禁用的物质以及对人体具有直接或潜在危害的其它物质；不得使用未经登记的进口饲料和饲料添加剂。

第六十五条　按国家相关标准选择养殖场所使用的消毒剂。

第六十六条　药用动物疾病防治应当以预防为主、治疗为辅，科学使用兽药及生物制品；应当制定各种突发性疫病发生的防治预案。

第六十七条　按国家相关规定、标准和规范制定预防和治疗药物的使用技术规程：

（一）遵守国务院畜牧兽医行政管理部门制定的兽药安全使用规定；

（二）禁止使用国务院畜牧兽医行政管理部门规定禁止使用的药品和其它化合物；

（三）禁止在饲料和药用动物饮用水中添加激素类药品和国务院畜牧兽医行政管理部门规定的其它禁用药品；经批准可以在饲料中添加的兽药，严格按照兽药使用规定及法定兽药质量标准、标签和说明书使用，兽用处方药必须凭执业兽医处方购买使用；禁止将原料药直接添加到饲料及药用动物饮用水中或者直接饲喂药用动物；

（四）禁止将人用药品用于药用动物；

（五）禁止滥用兽用抗菌药。

第六十八条　制定患病药用动物处理技术规程，禁止将中毒、感染疾病的药用动物加工成中药材。

第四节　养殖管理

第六十九条　企业应当按照制定的技术规程，根据药用动物生长、疾病发生等情况，及时实施养殖措施。

第七十条　企业应当及时建设、更新和维护药用动物生长、繁殖的养殖场所，及时调整养殖分区，并确保符合生物安全要求。

第七十一条　应当保持养殖场所及设施清洁卫生，定期清理和消毒，防止外来污染。

第七十二条　强化安全管理措施，避免药用动物逃逸，防止其它禽畜的影响。

第七十三条　定时定点定量饲喂药用动物，未食用的饲料应当及时清理。

第七十四条　按要求接种疫苗；根据药用动物疾病发生情况，依规程及时确定具体防治方案；突发疫病时，根据预案及时、迅速采取措施并做好记录。

第七十五条　发现患病药用动物，应当及时隔离；及时处理患传染病药用动物；患病药用动物尸体按相关要求进行无害化处理。

第七十六条　应当根据养殖计划和育种周期进行种群繁育，及时调整养殖种群的结构和数量，适时周转。

第七十七条　应当按照国家相关规定处理养殖及加工过程中的废弃物。

第八章　采收与产地加工

第一节　技术规程

第七十八条　企业应当制定种植、养殖、野生抚育或仿野生栽培中药材的采收与产地加工技术规程，明确采收的部位、采收过程中需除去的部分、采收规格等质量要求，主要包括以下环节：

（一）采收期要求：采收年限、采收时间等；

（二）采收方法要求：采收器具、具体采收方法等；

（三）采收后中药材临时保存方法要求；

（四）产地加工要求：拣选、清洗、去除非药用部位、干燥或保鲜，以及其它特殊加工的流程和方法。

第七十九条　坚持"质量优先、兼顾产量"原则，参照传统采收经验和现代研究，明确采收年限范围，确定基于物候期的适宜采收时间。

第八十条　采收流程和方法应当科学合理；鼓励采用不影响药材质量和产量的机械化采收方法；避免采收对生态环境造成不良影响。

第八十一条　企业应当在保证中药材质量前提下，借鉴优良的传统方法，确定适宜的中药材干燥方法；晾晒干燥应当有专门的场所或场地，避免污染或混淆的风险；鼓励采用有科学依据的高效干燥技术以及集约化干燥技术。

第八十二条　应当采用适宜方法保存鲜用药材，如冷藏、砂藏、罐贮、生物保鲜等，并明确保存条件和保存时限；原则上不使用保鲜剂和防腐剂，如必须使用应当符合国家相关规定。

第八十三条　涉及特殊加工要求的中药材，如切制、去皮、去心、发汗、蒸、煮等，应根据传统加工方法，结合国家要求，制定相应的加工技术规程。

第八十四条　禁止使用有毒、有害物质用于防霉、防腐、防蛀；禁止染色增重、漂白、掺杂使假等。

第八十五条　毒性、易制毒、按麻醉药品管理中药材的采收和产地加工，应当符合国家有关规定。

第二节　采收管理

第八十六条　根据中药材生长情况、采收时气候情况等，按照技术规程要求，在规定期限内，适时、及时完成采收。

第八十七条　选择合适的天气采收，避免恶劣天气对中药材质量的影响。

第八十八条　应当单独采收、处置受病虫草害等或者气象灾害等影响严重、生长发育不正常的中药材。

第八十九条　采收过程应当除去非药用部位和异物，及时剔除破损、腐烂变质部分。

第九十条　不清洗直接干燥使用的中药材，采收过程中应当保证清洁，不受外源物质的污染或者破坏。

第九十一条　中药材采收后应当及时运输到加工场地，及时清洁装载容器和运输工具；运输和临时存放措施不应当导致中药材品质下降，不产生新污染及杂物混入，严防淋雨、泡水等。

第三节　产地加工管理

第九十二条　应当按照统一的产地加工技术规程开展产地加工管理，保证加工过程方法的一致性，避免品质下降或者外源污染；避免造成生态环境污染。

第九十三条　应当在规定时间内加工完毕，加工过程中的临时存放不得影响中药材品质。

第九十四条　拣选时应当采取措施，保证合格品和不合格品及异物有效区分。

第九十五条　清洗用水应当符合要求，及时、迅速完成中药材清洗，防止长时间浸泡。

第九十六条　应当及时进行中药材晾晒，防止晾晒过程雨水、动物等对中药材的污染，控制环境尘土等污染；应当阴干药材不得暴晒。

第九十七条　采用设施、设备干燥中药材，应当控制好干燥温度、湿度和干燥时间。

第九十八条　应当及时清洁加工场地、容器、设备；保证清洗、晾晒和干燥环境、场地、设施和工具不对药材产生污染；注意防冻、防雨、防潮、防鼠、防虫及防禽畜。

第九十九条　应当按照制定的方法保存鲜用药材，防止生霉变质。

第一百条　有特殊加工要求的中药材，应当严格按照制定的技术规程进行加工，如及时去皮、去心，控制好蒸、煮时间等。

第一百零一条　产地加工过程中品质受到严重影响的，原则上不得作为中药材销售。

第九章 包装、放行与储运

第一节 技术规程

第一百零二条 企业应当制定包装、放行和储运技术规程，主要包括以下环节：

（一）包装材料及包装方法要求：包括采收、加工、贮存各阶段的包装材料要求及包装方法；

（二）标签要求：标签的样式，标识的内容等；

（三）放行制度：放行检查内容，放行程序，放行人等。

（四）贮存场所及要求：包括采收后临时存放、加工过程中存放、成品存放等对环境条件的要求；

（五）运输及装卸要求：车辆、工具、覆盖等的要求及操作要求；

（六）发运要求。

第一百零三条 包装材料应当符合国家相关标准和药材特点，能够保持中药材质量；禁止采用肥料、农药等包装袋包装药材；毒性、易制毒、按麻醉药品管理中药材应当使用有专门标记的特殊包装；鼓励使用绿色循环可追溯周转筐。

第一百零四条 采用可较好保持中药材质量稳定的包装方法，鼓励采用现代包装方法和器具。

第一百零五条 根据中药材对贮存温度、湿度、光照、通风等条件的要求，确定仓储设施条件；鼓励采用有利于中药材质量稳定的冷藏、气调等现代贮存保管新技术、新设备。

第一百零六条 明确贮存的避光、遮光、通风、防潮、防虫、防鼠等养护管理措施；使用的熏蒸剂不能带来质量和安全风险，不得使用国家禁用的高毒性熏蒸剂；禁止贮存过程使用硫磺熏蒸。

第一百零七条 有特殊贮存要求的中药材贮存，应当符合国家相关规定。

第二节 包装管理

第一百零八条 企业应当按照制定的包装技术规程，选用包装材料，进行规范包装。

第一百零九条 包装前确保工作场所和包装材料已处于清洁或者待用状态，无其它异物。

第一百一十条 包装袋应当有清晰标签，不易脱落或者损坏；标示内容包括品名、基原、批号、规格、产地、数量或重量、采收日期、包装日期、保质期、追溯标志、企业名称等信息。

第一百一十一条 确保包装操作不影响中药材质量，防止混淆和差错。

第三节　放行与储运管理

第一百一十二条　应当执行中药材放行制度，对每批药材进行质量评价，审核生产、检验等相关记录；由质量管理负责人签名批准放行，确保每批中药材生产、检验符合标准和技术规程要求；不合格药材应当单独处理，并有记录。

第一百一十三条　应当分区存放中药材，不同品种、不同批中药材不得混乱交叉存放；保证贮存所需要的条件，如洁净度、温度、湿度、光照和通风等。

第一百一十四条　应当建立中药材贮存定期检查制度，防止虫蛀、霉变、腐烂、泛油等的发生。

第一百一十五条　应当按技术规程要求开展养护工作，并由专业人员实施。

第一百一十六条　应当按照技术规程装卸、运输；防止发生混淆、污染、异物混入、包装破损、雨雪淋湿等。

第一百一十七条　应当有产品发运的记录，可追查每批产品销售情况；防止发运过程中的破损、混淆和差错等。

第十章　文　件

第一百一十八条　企业应当建立文件管理系统，全过程关键环节记录完整。

第一百一十九条　文件包括管理制度、标准、技术规程、记录、标准操作规程等。

第一百二十条　应当制定规程，规范文件的起草、修订、变更、审核、批准、替换或撤销、保存和存档、发放和使用。

第一百二十一条　记录应当简单易行、清晰明了；不得撕毁和任意涂改；记录更改应当签注姓名和日期，并保证原信息清晰可辨；记录重新誊写，原记录不得销毁，作为重新誊写记录的附件保存；电子记录应当符合相关规定；记录保存至该批中药材销售后至少三年以上。

第一百二十二条　企业应当根据影响中药材质量的关键环节，结合管理实际，明确生产记录要求：

（一）按生产单元进行记录，覆盖生产过程的主要环节，附必要照片或者图像，保证可追溯；

（二）药用植物种植主要记录：种子种苗来源及鉴定，种子处理，播种或移栽、定植时间及面积；肥料种类、施用时间、施用量、施用方法；重大病虫草害等的发生时间、为害程度，施用农药名称、来源、施用量、施用时间、方法和施用人等；灌溉时间、方法及灌水量；重大气候灾害发生时间、危害情况；主要物候期。

（三）药用动物养殖主要记录：繁殖材料及鉴定；饲养起始时间；疾病预防措施，疾病发生时间、程度及治疗方法；饲料种类及饲喂量。

（四）采收加工主要记录：采收时间及方法；临时存放措施及时间；拣选及去除非药

用部位方式；清洗时间；干燥方法和温度；特殊加工手段等关键因素。

（五）包装及储运记录：包装时间；入库时间；库温度、湿度；除虫除霉时间及方法；出库时间及去向；运输条件等。

第一百二十三条　培训记录包括培训时间、对象、规模、主要培训内容、培训效果评价等。

第一百二十四条　检验记录包括检品信息、检验人、复核人、主要检验仪器、检验时间、检验方法和检验结果等。

第一百二十五条　企业应当根据实际情况，在技术规程基础上，制定标准操作规程用于指导具体生产操作活动，如批的确定、设备操作、维护与清洁、环境控制、贮存养护、取样和检验等。

第十一章　质量检验

第一百二十六条　企业应当建立质量控制系统，包括相应的组织机构、文件系统以及取样、检验等，确保中药材质量符合要求。

第一百二十七条　企业应当制定质量检验规程，对自己繁育并在生产基地使用的种子种苗或其它繁殖材料、生产的中药材实行按批检验。

第一百二十八条　购买的种子种苗、农药、商品肥料、兽药或生物制品、饲料和饲料添加剂等，企业可不检测，但应当向供应商索取合格证或质量检验报告。

第一百二十九条　检验可以自行检验，也可以委托第三方或中药材使用单位检验。

第一百三十条　质量检测实验室人员、设施、设备应当与产品性质和生产规模相适应；用于质量检验的主要设备、仪器，应当按规定要求进行性能确认和校验。

第一百三十一条　用于检验用的中药材、种子种苗或其它繁殖材料，应当按批取样和留样：

（一）保证取样和留样的代表性；

（二）中药材留样包装和存放环境应当与中药材贮存条件一致，并保存至该批中药材保质期届满后三年；

（三）中药材种子留样环境应当能够保持其活力，保存至生产基地中药材收获后三年；种苗或药用动物繁殖材料依实际情况确定留样时间；

（四）检验记录应当保留至该批中药材保质期届满后三年。

第一百三十二条　委托检验时，委托方应当对受托方进行检查或现场质量审计，调阅或者检查记录和样品。

第十二章　内　审

第一百三十三条　企业应当定期组织对本规范实施情况的内审，对影响中药材质量的关键数据定期进行趋势分析和风险评估，确认是否符合本规范要求，采取必要改进措施。

第一百三十四条　企业应当制定内审计划，对质量管理、机构与人员、设施设备与工具、生产基地、种子种苗或其它繁殖材料、种植与养殖、采收与产地加工、包装放行与储运、文件、质量检验等项目进行检查。

第一百三十五条　企业应当指定人员定期进行独立、系统、全面的内审，或者由第三方依据本规范进行独立审核。

第一百三十六条　内审应当有记录和内审报告；针对影响中药材质量的重大偏差，提出必要的纠正和预防措施。

第十三章　投诉、退货与召回

第一百三十七条　企业应当建立投诉处理、退货处理和召回制度。

第一百三十八条　企业应当建立标准操作规程，规定投诉登记、评价、调查和处理的程序；规定因中药材缺陷发生投诉时所采取的措施，包括从市场召回中药材等。

第一百三十九条　投诉调查和处理应当有记录，并注明所调查批次中药材的信息。

第一百四十条　企业应当指定专人负责组织协调召回工作，确保召回工作有效实施。

第一百四十一条　应当有召回记录，并有最终报告；报告应对产品发运数量、已召回数量以及数量平衡情况予以说明。

第一百四十二条　因质量原因退货或者召回的中药材，应当清晰标识，由质量部门评估，记录处理结果；存在质量问题和安全隐患的，不得再作为中药材销售。

第十四章　附　则

第一百四十三条　本规范所用下列术语的含义是：

（一）中药材

指来源于药用植物、药用动物等资源，经规范化的种植（含生态种植、野生抚育和仿野生栽培）、养殖、采收和产地加工后，用于生产中药饮片、中药制剂的药用原料。

（二）生产单元

基地中生产组织相对独立的基本单位，如一家农户，农场中一个相对独立的作业队等。

（三）技术规程

指为实现中药材生产顺利、有序开展，保证中药材质量，对中药材生产的基地选址，种子种苗或其它繁殖材料，种植、养殖、野生抚育或者仿野生栽培，采收与产地加工，包装、放行与储运等所做的技术规定和要求。

（四）道地产区

该产区所产的中药材经过中医临床长期应用优选，与其它地区所产同种中药材相比，品质和疗效更好，且质量稳定，具有较高知名度。

（五）种子种苗

药用植物的种植材料或者繁殖材料，包括籽粒、果实、根、茎、苗、芽、叶、花等，以及菌物的菌丝、子实体等。

（六）其它繁殖材料

除种子种苗之外的繁殖材料，包括药用动物供繁殖用的种物、仔、卵等。

（七）种质

生物体亲代传递给子代的遗传物质。

（八）农业投入品

生产过程中所使用的农业生产物资，包括种子种苗或其它繁殖材料、肥料、农药、农膜、兽药、饲料和饲料添加剂等。

（九）综合防治

指有害生物的科学管理体系，是从农业生态系统的总体出发，根据有害生物和环境之间的关系，充分发挥自然控制因素的作用，因地制宜、协调应用各种必要措施，将有害生物控制在经济允许的水平以下，以获得最佳的经济、生态和社会效益。

（十）产地加工

中药材收获后必须在产地进行连续加工的处理过程，包括拣选、清洗、去除非药用部位、干燥及其它特殊加工等。

（十一）生态种植

应用生态系统的整体、协调、循环、再生原理，结合系统工程方法设计，综合考虑经济、生态和社会效益，应用现代科学技术，充分应用能量的多级利用和物质的循环再生，实现生态与经济良性循环的中药农业种植方式。

（十二）野生抚育

在保持生态系统稳定的基础上，对原生境内自然生长的中药材，主要依靠自然条件、辅以轻微干预措施，提高种群生产力的一种生态培育模式。

（十三）仿野生栽培

在生态条件相对稳定的自然环境中，根据中药材生长发育习性和对环境条件的要求，遵循自然法则和生物规律，模仿中药材野生环境和自然生长状态，再现植物与外界环境的良好生态关系，实现品质优良的中药材生态培育模式。

（十四）批

同一产地且种植地、养殖地、野生抚育或者仿野生栽培地的生态环境条件基本一致，种子种苗或其它繁殖材料来源相同，生产周期相同，生产管理措施基本一致，采收期和产地加工方法基本一致，质量基本均一的中药材。

（十五）放行

对一批物料或产品进行质量评价后，做出批准使用、投放市场或者其它决定的操作。

（十六）储运

包括中药材的贮存、运输等。

（十七）发运

指企业将产品发送到经销商或者用户的一系列操作，包括配货、运输等。

（十八）标准操作规程

也称标准作业程序，是依据技术规程将某一操作的步骤和标准，以统一的格式描述出来，用以指导日常的生产工作。

第一百四十四条　本规范自发布之日起施行。

食品药品监管总局等部门
关于进一步加强中药材管理的通知

食药监〔2013〕208号

各省、自治区、直辖市人民政府：

中药材是中医药的重要组成部分。加强中药材管理、保障中药材质量安全，对于维护公众健康、促进中药材产业持续健康发展、推动中医药事业繁荣壮大，具有重要意义。为进一步加强中药材管理，经国务院同意，现就有关工作通知如下：

一、充分认识加强中药材管理的重要性

近年来，我国中药材管理不断加强，形成了以中药材种植养殖、产地初加工和专业市场为主要环节的中药材产业，呈现出持续发展的良好态势。但受多种因素影响，中药材管理领域仍然存在一些突出问题，主要表现是，标准化种植养殖落实不到位，不科学使用农药化肥造成有害物质残留；中药材产地初加工设备简陋，染色增重、掺杂使假现象时有发生；中药材专业市场以次充好，以假充真，制假售假，违法经营中药饮片和其他药品现象屡禁不止。这些问题严重影响中药材质量安全，危害公众健康，阻碍中药材产业和中医药事业健康发展，社会反映强烈。

地方各级人民政府要深刻认识这项工作的重要意义，以对国家和公众高度负责的态度，采取切实有效措施，加大中药材产业链各环节的管理力度，坚决打击违法犯罪活动，确保中药材质量安全。

二、强化中药材管理措施

（一）加强中药材种植养殖管理。各地要高度重视中药材资源的保护、利用和可持续发展，加强中药材野生资源的采集和抚育管理，采集使用国家保护品种，要严格按规定履行审批手续。严禁非法贩卖野生动物和非法采挖野生中药材资源。要在全国中药材资源普查的基础上结合本地中药材资源分布、自然环境条件、传统种植养殖历史和道地药材特性，加强中药材种植养殖的科学管理，按品种逐一制定并严格实施种植养殖和采集技术规范，统一建立种子种苗繁育基地，合理使用农药和化肥，按年限、季节和药用部位采收中药材，提高中药材种植养殖的科学化、规范化水平。禁止在非适宜区种植养殖中药材，严禁使用高毒、剧毒农药、严禁滥用农药、抗生素、化肥，特别是动物激素类物质、植物生长调节剂和除草剂。加快技术、信息和供应保障服务体系建设，完善中药材质量控制标准以及农药、重金属等有害物质限量控制标准；加强检验检测，防止不合格的中药材流入市场。

（二）加强中药材产地初加工管理。产地初加工是指在中药材产地对地产中药材进行洁净、除去非药用部位、干燥等处理，是防止霉变虫蛀、便于储存运输、保障中药材质量的重要手段。各地要结合地产中药材的特点，加强对中药材产地初加工的管理，逐步实现初加工集中化、规范化、产业化。要对地产中药材逐品种制定产地初加工规范，统一质量控制标准，改进加工工艺，提高中药材产地初加工水平，避免粗制滥造导致中药材有效成分流失、质量下降。严禁滥用硫磺熏蒸等方法，二氧化硫等物质残留必须符合国家规定。严厉打击产地初加工过程中掺杂使假、染色增重、污染霉变、非法提取等违法违规行为。

（三）加强中药材专业市场管理。除现有 17 个中药材专业市场外，各地一律不得开办新的中药材专业市场。中药材专业市场所在地人民政府要按照"谁开办，谁管理"的原则，承担起管理责任，明确市场开办主体及其责任。中药材专业市场要建立健全交易管理部门和质量管理机构，完善市场交易和质量管理的规章制度，逐步建立起公司化的中药材经营模式。要构建中药材电子交易平台和市场信息平台，建设中药材流通追溯系统，配备使用具有药品现代物流水平的仓储设施设备，提高中药材仓储、养护技术水平，切实保障中药材质量。严禁销售假劣中药材，严禁未经批准以任何名义或方式经营中药饮片、中成药和其他药品，严禁销售国家规定的 28 种毒性药材，严禁非法销售国家规定的 42 种濒危药材。

（四）加强中药饮片生产经营管理。中药饮片生产经营必须依法取得许可证照，按照法律法规及有关规定组织开展生产经营活动。严禁未取得合法资质的企业和个人从事中药饮片生产、中药提取。各地要坚决取缔无证生产经营中药饮片的非法窝点，严厉打击私切滥制等非法加工、变相生产中药饮片的行为。要加强对药品生产经营企业的管理，严厉打击药品生产经营企业出租出借许可证照、将中药饮片生产转包给非法窝点或药农、购买非法中药饮片改换包装出售等违法行为。鼓励和引导中药饮片、中成药生产企业逐步使用可追溯的中药材为原料，在传统主产区建立中药材种植养殖和生产加工基地，保证中药材质量稳定。

（五）促进中药材产业健康发展。各地要根据国家中药材产业中长期发展规划，制定切合本地实际的中药材产业发展规划，采取有效措施促进中药材产业健康发展。要建立完善中药材种植养殖、产地初加工和中药材专业市场各项管理制度，开展诚信体系建设，营造促进行业健康发展的政策环境，推动地方特色中药材的集约化、品牌化发展。

三、加强组织保障

（一）明确地方政府责任。各地要切实履行地方政府负总责的要求，加强统一领导和组织协调，落实对中药材种植养殖、产地初加工和专业市场各环节的管理责任。要明确负责中药材管理的机构和人员，保障必要的经费和工作条件；建立中药材管理和服务的专业技术机构，完善中药材产业链中各项技术规范，提高中药材技术服务和质量保障能力；扶持中药材行业协会等社会组织发展，充分发挥其行业管理、行业自律、企业诚信等方面的作用，提高中药材管理的社会化水平。

（二）严惩违法犯罪行为。各地要切实加强对中药材的日常管理，强化中药材产业链各环节的排查，深挖带有行业共性的隐患和问题，坚决清退不符合要求的生产经营者，净化中药材市场环境。要针对社会反映强烈的突出问题，组织开展中药材整治专项行动，严厉打击制假售假等各类违法违规行为，保持打击中药材违法犯罪的高压态势。建立部门、区域联动机制，追根溯源，一查到底，及时查处曝光典型案件，有力震慑违法犯罪分子。

（三）严格监督检查。国务院有关部门要加强协作配合和监督指导，采取抽查、监督检验和明察暗访等方式，对中药材管理情况和中药材质量情况进行监督检查，监督检查结果要及时向社会公布。对问题突出、屡整屡犯、群众反映强烈的中药材专业市场坚决予以关闭；对管理措施不到位、市场秩序混乱、质量问题严重的地方，依纪依法追究相关责任人责任。

国家食品药品监督管理总局 中华人民共和国工业和信息化部
中华人民共和国农业部 中华人民共和国商务部
中华人民共和国国家卫生计划育生委员会 国家工商行政管理总局
国家林业局 国家中医药管理局
2013 年 10 月 9 日

食品药品监管总局关于
加强中药生产中提取和提取物监督管理的通知

食药监药化监〔2014〕135 号

各省、自治区、直辖市食品药品监督管理局：

中药提取和提取物是保证中药质量可控、安全有效的前提和物质基础。近年来，随着中药生产的规模化和集约化发展，中药提取或外购中药提取物环节存在的问题比较突出，给中药的质量安全带来隐患。为加强中药提取和提取物的监督管理，规范中药生产行为，保证中成药质量安全有效，现将有关规定通知如下：

一、中药提取是中成药生产和质量管理的关键环节，生产企业必须具备与其生产品种和规模相适应的提取能力。药品生产企业可以异地设立前处理和提取车间，也可与集团内部具有控股关系的药品生产企业共用前处理和提取车间。

二、中成药生产企业需要异地设立前处理或提取车间的，需经企业所在地省（区、市）食品药品监督管理局批准。跨省（区、市）设立异地车间的，还应经车间所在地省（区、市）食品药品监督管理局审查同意。中成药生产企业《药品生产许可证》上应注明异地车间的生产地址。

三、与集团内部具有控股关系的药品生产企业共用前处理和提取车间的，该车间应归属于集团公司内部一个药品生产企业，并应报经所在地省（区、市）食品药品监督管理局批准。跨省（区、市）设立共用车间的，须经双方所在地省（区、市）食品药品监督管理局审查同意。该集团应加强统一管理，明确双方责任，制定切实可行的生产和质量管理措施，建立严格的质量控制标准。共用提取车间的中成药生产企业《药品生产许可证》上应注明提取车间的归属企业名称和地址。

四、中成药生产企业应对其异地车间或共用车间相关品种的前处理或提取质量负责，将其纳入生产和质量管理体系并对生产的全过程进行管理，提取过程应符合所生产中成药的生产工艺。提取过程与中成药应批批对应，形成完整的批生产记录，并在贮存、包装、运输等方面采取有效的质量控制措施。共用车间所属企业应按照《药品生产质量管理规范》（以下简称药品 GMP）组织生产，严格履行双方质量协议，对提取过程的质量负责。

五、中成药生产企业所在地省（区、市）食品药品监督管理局负责异地车间或共用车间相应品种生产过程的监督管理，对跨省（区、市）的异地车间或共用车间应进行延伸监管，车间所在地省（区、市）食品药品监督管理局负责异地车间或共用车间提取过程的日常监管。

六、自本通知印发之日起，各省（区、市）食品药品监督管理局一律停止中药提取委托加工的审批，已经批准的，可延续至 2015 年 12 月 31 日。在此期间，各省（区、市）食品药品监督管理局应切实加强对已批准委托加工的监督管理，督促委托方按照药品 GMP 的要求切实履行责任，制定可行的质量保证体系和管理措施，建立委托加工提取物的含量测定或指纹图谱等可控的质量标准，对委托加工全过程的生产进行质量监控和技术指导，并在运输过程中采取有效措施，以保证委托加工质量。凡不符合要求的一律撤销其委托加工的审批，并不得另行审批。

自 2016 年 1 月 1 日起，凡不具备中药提取能力的中成药生产企业，一律停止相应品种的生产。

七、对中成药国家药品标准处方项下载明，且具有单独国家药品标准的中药提取物实施备案管理。凡生产或使用上述应备案中药提取物的药品生产企业，均应按照《中药提取物备案管理实施细则》（见附件）进行备案。

八、中成药生产企业应严格按照药品标准投料生产，并对中药提取物的质量负责。对属于备案管理的中药提取物，可自行提取，也可购买使用已备案的中药提取物；对不属于备案管理的中药提取物，应自行提取。自 2016 年 1 月 1 日起，中成药生产企业一律不得购买未备案的中药提取物投料生产。

九、备案的中药提取物生产企业应按照药品 GMP 要求组织生产，保证其产品质量，其日常监管由所在地省（区、市）食品药品监督管理局负责。

自本文印发之日起，对中药提取物生产企业一律不予核发《药品生产许可证》和《药品 GMP 证书》，已核发的，有效期届满后不得再重新审查发证。

十、中成药生产企业使用备案的中药提取物投料生产的，应按照药品 GMP 要求对中药提取物生产企业进行质量评估和供应商审计。中成药生产企业所在地省（区、市）食品药品监督管理局应按照药品 GMP 有关要求和国家药品标准对中药提取物生产企业组织开展延伸检查，并出具检查报告，确认其是否符合药品 GMP 要求。

十一、对中药提取物将不再按批准文号管理，但按新药批准的中药有效成份和有效部位除外。对已取得药品批准文号，按本通知规定应纳入备案管理的中药提取物，在原批准文号有效期届满后，各省（区、市）食品药品监督管理局不再受理其再注册申请。

十二、中药材前处理是中药生产的重要工序，中药生产企业和中药提取物生产企业应当具备与所生产品种相适应的中药材前处理设施、设备，制定相应的前处理工艺规程，对中药材进行炮制和加工。外购中药饮片投料生产的，必须从具备合法资质的中药饮片生产经营企业购买。

十三、中成药生产企业违反本通知第七条规定，使用未备案的中药提取物投料生产的，应依据《中华人民共和国药品管理法》第七十九条进行查处。

十四、中成药生产企业未按药品标准规定投料生产，购买并使用中药提取物代替中药饮片投料生产的，应依据《中华人民共和国药品管理法》第四十八条第三款第二项按假药论处。

十五、本通知自印发之日起执行，此前印发的相关文件与本通知不一致的，以本通知为准。

以上请各省（区、市）食品药品监督管理局通知行政区域内相关药品生产企业并遵照执行。在本文件执行过程中如有问题和建议，请及时向总局反映。

　　附件：中药提取物备案管理实施细则

国家食品药品监督管理总局

2014 年 7 月 29 日

附件

中药提取物备案管理实施细则

第一条　为加强中成药生产监督管理，规范中药提取物备案管理工作，保证使用中药提取物的中成药安全、有效和质量可控，制定本细则。

第二条　本细则所指中药提取物，是中成药国家药品标准的处方项下载明，并具有单独国家药品标准，且用于中成药投料生产的挥发油、油脂、浸膏、流浸膏、干浸膏、有效成份、有效部位等成份。

本细则所指中药提取物不包括：中成药国家药品标准中附有具体制法或标准的提取物；按新药批准的中药有效成份或有效部位；冰片、青黛、阿胶等传统按中药材或中药饮片使用的产品；盐酸小檗碱等按化学原料药管理，并经过化学修饰的产品。

第三条　本细则所指中药提取物备案，是中药提取物生产企业按要求提交中药提取物生产备案资料，以及中药提取物使用企业按要求提交使用备案资料的过程。

第四条　中药提取物生产备案，中药提取物生产企业应通过中药提取物备案信息平台，填写《中药提取物生产备案表》（附 1），向所在地省（区、市）食品药品监督管理局提交完整的资料（PDF 格式电子版），并对资料真实性负责。

第五条　中药提取物生产备案应提交以下资料：

（一）《中药提取物生产备案表》原件。

（二）证明性文件彩色影印件，包括有效的《营业执照》等。

（三）国家药品标准复印件。

（四）生产该提取物用中药材、中药饮片信息。包括产地、基原、执行标准或炮制规范。

（五）关键工艺资料。包括主要工艺路线、设备，关键工艺参数等，关键工艺资料应提供给中药提取物使用企业。

（六）内控质量标准。包括原料、各单元工艺环节物料及过程质量控制指标、提取物成品检验标准，以及完整工艺路线、详细工艺参数等。用于中药注射剂的中药提取物应提交指纹或特征图谱检测方法和指标等质量控制资料。

（七）中药提取物购销合同书彩色影印件。购销合同书应明确质量责任关系。

（八）其他资料。

第六条 中药提取物生产备案信息不得随意变更，如有变更，中药提取物生产企业应及时通知相关中药提取物使用企业，并提交变更相关资料，按上述程序和要求重新备案。

第七条 中药提取物使用备案，中药提取物使用企业应通过中药提取物备案信息平台，填写《中药提取物使用备案表》（附2），向所在地省（区、市）食品药品监督管理局提交完整的资料（PDF格式电子版），并对资料真实性负责。

第八条 中药提取物使用备案应提交以下资料：

（一）《中药提取物使用备案表》原件。

（二）证明性文件彩色影印件。包括有效的《药品生产许可证》、《营业执照》、《药品GMP证书》、使用中药提取物的中成药品种批准证明文件及其变更证明文件等。

（三）使用中药提取物的中成药国家药品标准复印件。

（四）中药提取物购销合同书彩色影印件。购销合同书应明确质量责任关系。

（五）对中药提取物生产企业的质量评估报告。重点包括评估中药提取物生产企业的生产条件、技术水平、质量管理、中药提取物原料、生产过程和提取物质量等方面。

（六）对中药提取物生产企业的供应商审计报告。

（七）中药提取物关键工艺资料。

（八）其他资料。

第九条 中成药国家药品标准处方项下含多种中药提取物的，应填写同一《中药提取物使用备案表》，一同备案。

第十条 中成药生产企业自主生产中药提取物供本企业使用的，应分别对该中药提取物进行生产及使用备案，使用备案时仅提交第八条中的（一）～（二）项资料。

第十一条 中药提取物使用企业应固定中药提取物来源；及时了解其使用的中药提取物生产备案信息变更情况，参照《已上市中药变更研究技术指导原则（一）》的要求，对中药提取物生产备案信息变更可能产生的中成药产品质量变化进行研究和评估，中药提取物生产备案信息变更造成中成药产品质量改变的，应立即停止使用。

中药提取物使用备案信息发生变更，包括使用企业、使用的中成药品种及其使用的提取物生产备案的有关信息变更等，相关使用企业应提交变更相关资料，按上述程序和要求重新备案。

第十二条 国家食品药品监督管理总局负责建立中药提取物备案信息平台。

各省（区、市）食品药品监督管理局负责本行政区域内中药提取物生产或使用备案工作，并负责本行政区域内中药提取物生产或使用的监督检查。

第十三条 各省（区、市）食品药品监督管理局收到中药提取物备案资料后，应在5个工作日内将备案资料传送至中药提取物备案信息平台。中药提取物备案信息平台按备案顺序自动生成中药提取物备案号。

　　中药提取物生产备案号格式为：**ZTCB+4 位年号 +4 位顺序号 + 省份简称**；如有变更，变更后备案顺序号格式：原备案号 +3 位变化顺序号。

　　中药提取物使用备案号格式为：**ZTYB+4 位年号 +4 位顺序号 + 省份简称**；如有变更，变更后备案号格式：原备案号 +3 位变化顺序号。

　　第十四条　中药提取物备案信息平台将自动公开使用备案基本信息，包括：中药提取物名称、生产企业、备案时间、生产备案号，使用该中药提取物的中成药品种名称、批准文号、生产企业、备案时间、使用备案号，备案状态。

　　中药提取物生产备案内容及使用备案中的内控质量标准、生产工艺资料、购买合同书和质量评估报告等资料不予公开。

　　第十五条　中药提取物备案信息供各级食品药品监督管理局监督检查及延伸检查使用；其中，未公开的备案资料仅供国家食品药品监督管理总局、备案所在地省（区、市）食品药品监督管理局监督检查及延伸检查使用。

　　第十六条　各省（区、市）食品药品监督管理局在监督检查中发现存在以下情形的，应采取责令整改、暂停生产使用该中药提取物等措施，并依法予以行政处罚，同时报请国家食品药品监督管理总局在该中药提取物相关备案信息中记载并公示。

　　（一）备案资料与生产实际不一致的；

　　（二）中药提取物的生产不符合《药品生产质量管理规范》（GMP）要求的；

　　（三）中药提取物的生产不符合国家药品标准的；

　　（四）外购中药提取物冒充自主生产产品的；

　　（五）外购中药提取物半成品或成品进行分包装或改换包装的；

　　（六）经查实，中成药出现的质量问题系由其使用的中药提取物引起的；

　　（七）存在其他违法违规行为的。

　　附：1. 中药提取物生产备案表

　　　　2. 中药提取物使用备案表

国家药监局　国家中医药局　国家卫生健康委　国家医保局
关于结束中药配方颗粒试点工作的公告

2021 年第 22 号

　　为加强中药配方颗粒的管理，规范中药配方颗粒的生产，引导产业健康发展，更好满足中医临床需求，经研究决定结束中药配方颗粒试点工作。现将有关事项公告如下：

　　一、中药配方颗粒是由单味中药饮片经水提、分离、浓缩、干燥、制粒而成的颗粒，在中医药理论指导下，按照中医临床处方调配后，供患者冲服使用。中药配方颗粒的质量监管纳入中药饮片管理范畴。

　　二、中药配方颗粒品种实施备案管理，不实施批准文号管理，在上市前由生产企业报所在地省级药品监督管理部门备案。

　　三、生产中药配方颗粒的中药生产企业应当取得《药品生产许可证》，并同时具有中药饮片和颗粒剂生产范围。中药配方颗粒生产企业应当具备中药炮制、提取、分离、浓缩、干燥、制粒等完整的生产能力，并具备与其生产、销售的品种数量相应的生产规模。生产企业应当自行炮制用于中药配方颗粒生产的中药饮片。

　　四、中药配方颗粒生产企业应当履行药品全生命周期的主体责任和相关义务，实施生产全过程管理，建立追溯体系，逐步实现来源可查、去向可追，加强风险管理。中药饮片炮制、水提、分离、浓缩、干燥、制粒等中药配方颗粒的生产过程应当符合药品生产质量管理规范（GMP）相关要求。生产中药配方颗粒所需中药材，能人工种植养殖的，应当优先使用来源于符合中药材生产质量管理规范要求的中药材种植养殖基地的中药材。提倡使用道地药材。

　　五、省级药品监督管理部门会同省级中医药主管部门应当结合国家及地方产业政策的有关规定以及临床实际需求制定相应的管理细则，坚持中药饮片的主体地位，确保辖区内中药配方颗粒的平稳有序发展及合理规范使用。

　　省级药品监督管理部门应当夯实属地监管职责。承担行政区域内中药配方颗粒的备案工作。强化事中事后管理，加强检查、抽检和监测，对中药材规范化种植养殖基地实施延伸检查，对违法违规行为进行处理。

　　六、中药配方颗粒应当按照备案的生产工艺进行生产，并符合国家药品标准。国家药品标准没有规定的，应当符合省级药品监督管理部门制定的标准。省级药品监督管理部门应当在其制定的标准发布后 30 日内将标准批准证明文件、标准文本及编制说明报国家药典委员会备案。不具有国家药品标准或省级药品监督管理部门制定标准的中药配方颗粒不得上市销售。

七、国家药典委员会结合试点工作经验组织审定中药配方颗粒的国家药品标准，分批公布。省级药品监督管理部门制定的标准应当符合《中药配方颗粒质量控制与标准制定技术要求》的规定。中药配方颗粒国家药品标准颁布实施后，省级药品监督管理部门制定的相应标准即行废止。

八、跨省销售使用中药配方颗粒的，生产企业应当报使用地省级药品监督管理部门备案。无国家药品标准的中药配方颗粒跨省使用的，应当符合使用地省级药品监督管理部门制定的标准。

九、中药配方颗粒不得在医疗机构以外销售。医疗机构使用的中药配方颗粒应当通过省级药品集中采购平台阳光采购、网上交易。由生产企业直接配送，或者由生产企业委托具备储存、运输条件的药品经营企业配送。接受配送中药配方颗粒的企业不得委托配送。医疗机构应当与生产企业签订质量保证协议。

十、中药饮片品种已纳入医保支付范围的，各省级医保部门可综合考虑临床需要、基金支付能力和价格等因素，经专家评审后将与中药饮片对应的中药配方颗粒纳入支付范围，并参照乙类管理。

十一、中药配方颗粒调剂设备应当符合中医临床用药习惯，应当有效防止差错、污染及交叉污染，直接接触中药配方颗粒的材料应当符合药用要求。使用的调剂软件应对调剂过程实现可追溯。

十二、直接接触中药配方颗粒包装的标签至少应当标注备案号、名称、中药饮片执行标准、中药配方颗粒执行标准、规格、生产日期、产品批号、保质期、贮藏、生产企业、生产地址、联系方式等内容。

十三、本公告自 2021 年 11 月 1 日起施行。本公告开始施行同时，《关于印发〈中药配方颗粒管理暂行规定〉的通知》（国药监注〔2001〕325 号）废止。中药配方颗粒在临床使用方面政策，由相关部门另行研究制定或明确。

特此公告。

国家药监局 国家中医药局
国家卫生健康委 国家医保局
2021 年 2 月 1 日

国家药监局综合司关于中药配方颗粒
备案工作有关事项的通知

药监综药注〔2021〕94号

各省、自治区、直辖市药品监督管理局，新疆生产建设兵团药品监督管理局：

按照《国家药监局 国家中医药局 国家卫生健康委 国家医保局关于结束中药配方颗粒试点工作的公告》（2021年第22号）（以下简称《公告》）规定，为规范中药配方颗粒的品种备案管理，确保备案工作平稳有序开展，现将有关事项通知如下：

一、自2021年11月1日起，中药配方颗粒品种实施备案管理。在上市销售前，应当按照《公告》有关规定，通过"国家药品监督管理局网上办事大厅"（https://zwfw.nmpa.gov.cn/）"药品业务应用系统–中药配方颗粒备案模块"备案，并获取备案号。用户注册流程参考《国家药监局关于药品注册网上申报的公告》（2020年第145号）。

二、中药配方颗粒在其生产企业所在地取得的备案号格式为：上市备字+2位省级区位代码+2位年号+6位顺序号+3位变更顺序号（首次备案3位变更顺序号为000）；跨省销售使用取得的备案号格式为：跨省备字+2位省级区位代码+2位年号+6位顺序号+3位变更顺序号（首次备案3位变更顺序号为000）。

三、中药配方颗粒的备案资料应当按照中药配方颗粒备案模块中的填报说明提交，并保证备案资料的真实性、完整性、可溯源性。

四、各省级药品监督管理部门应当自备案号生成之日起5日内在国家药品监督管理局网站上统一公布有关信息，供社会公众查询。信息包括：中药配方颗粒名称、生产企业、生产地址、备案号及备案时间、规格、包装规格、保质期、中药配方颗粒执行标准、中药饮片执行标准、不良反应监测信息（若有）等。

中药配方颗粒备案内容中的炮制及生产工艺资料、内控药品标准等资料不予公开。

五、中药配方颗粒的备案信息不得随意变更。已备案的中药配方颗粒，涉及生产工艺（含辅料）、质量标准、包装材料、生产地址等影响中药配方颗粒质量的信息拟发生变更的，应当按上述程序和要求报中药配方颗粒生产企业所在地省级药品监督管理部门备案。备案完成后，中药配方颗粒的备案号自动更新。

其他信息拟发生变更的，可通过中药配方颗粒备案模块自行更新相应的备案信息，备案号不变。

六、年度报告应当自取得备案号后下一年度开始实施，于每年3月31日前应通过中药配方颗粒备案模块提交。

七、各省级药品监督管理部门应当在备案公布后30日内完成对备案品种的审查，必要时组织开展现场核查与检验。中药配方颗粒品种的备案资料可供药品监督管理部门监督检查及延伸检查使用。

八、监督检查中发现存在以下情形之一的，省级药品监督管理部门应当取消备案，并在中药配方颗粒备案模块公开相关信息：

（一）备案资料不真实的；

（二）备案资料与实际生产、销售情况不一致的；

（三）生产企业的生产许可证被依法吊销、撤销、注销的；

（四）备案人申请取消备案的；

（五）备案后审查不通过的；

（六）存在严重质量安全风险的；

（七）依法应当取消备案的其他情形。

九、涉及濒危野生动植物、医疗用毒性药品、麻醉药品、精神药品和药品类易制毒化学品等的中药配方颗粒的备案，除按照本通知的规定办理外，还应当符合国家的其他有关规定。

十、自 2021 年 11 月 1 日起，中药配方颗粒应当按照《公告》规定进行生产。中药配方颗粒试点企业在 2021 年 11 月 1 日前生产的中药配方颗粒，可以在各省级药品监督管理部门备案的医疗机构内按规定使用，各省级药品监督管理部门应当加强监管。

十一、各省级药品监督管理部门在中药配方颗粒备案工作中应当遵循公开、公平、公正的原则，加强和企业沟通交流，指导企业开展备案，提供便民、优质、高效的服务，并督促企业履行药品全生命周期的主体责任和相关义务。

特此通知。

国家药监局综合司

2021 年 10 月 29 日

食品药品监管局关于麻醉药品和精神药品
实验研究管理规定的通知

国食药监安〔2005〕529号

各省、自治区、直辖市食品药品监督管理局（药品监督管理局）：

根据国务院《麻醉药品和精神药品管理条例》，现将麻醉药品和精神药品实验研究管理规定通知如下：

一、申请人开展麻醉药品和精神药品实验研究应当填写麻醉药品和精神药品实验研究立项申请表（附件1），连同有关资料（附件2）报所在地省、自治区、直辖市药品监督管理部门。

二、两个以上单位共同作为实验研究申请人的，有药品生产企业的，应当向拟生产该品种的企业所在地省、自治区、直辖市药品监督管理部门提出申请；申请人均不是药品生产企业的，应当向实验现场所在地省、自治区、直辖市药品监督管理部门提出申请。

三、省、自治区、直辖市药品监督管理部门在收到申报资料后，应当在5日内对申报资料进行审查，符合要求的，予以受理，出具受理通知书；不予受理的，应当书面说明理由。

四、省、自治区、直辖市药品监督管理部门应当自申请受理之日起15日内组织对申请人实验研究条件进行现场检查，出具审查意见，连同申报资料报送国家食品药品监督管理局，并通知申请人。

五、国家食品药品监督管理局收到申报资料后，应当进行全面审查，必要时可以要求申请人补充技术资料，发给《麻醉药品和精神药品实验研究立项补充资料通知件》（附件3），申请人应当于6个月内补齐技术资料。全部资料符合规定的，国家食品药品监督管理局应当在25日内发给《麻醉药品和精神药品实验研究立项批件》（附件4）；不符合规定的，书面说明理由。

国家食品药品监督管理局在审查中，可以组织专家对实验研究立项申报资料进行审查，专家审查工作应当在40日内完成。仿制多家生产的品种还应当征求同品种药品生产企业和使用单位的意见。

六、有下列情况之一的，不得申请麻醉药品、精神药品实验研究：

（一）医疗不得使用的麻醉药品、精神药品（附件5）；

（二）仿制国内监测期内的麻醉药品、精神药品；

（三）仿制国内药品标准试行期内的麻醉药品、精神药品；

（四）含罂粟壳的复方制剂；

（五）不符合麻醉药品、精神药品生产企业数量规定（附件6）；

（六）申请人在药品实验研究或生产中曾有过违反有关禁毒法律、行政法规规定的行为；

（七）其他不符合国家麻醉药品、精神药品有关规定的情况。

七、申请人经批准开展麻醉药品和精神药品实验研究的，应当在3年内完成药物临床前研究，向国家食品药品监督管理局申报药品注册。

因特殊原因，3年内未完成临床前研究的，应当向国家食品药品监督管理局说明情况。国家食品药品监督管理局根据情况决定是否延长该品种《麻醉药品和精神药品实验研究立项批件》的有效期。

八、《麻醉药品和精神药品实验研究立项批件》不得转让。

九、附则：

（一）本规定中申请人是指提出麻醉药品、精神药品实验研究立项申请，承担相应法律责任，并在申请获得批准后持有《麻醉药品和精神药品实验研究立项批件》的机构；

（二）本规定所称实验研究是指为申请药品注册目的而开展的临床前药物研究；

（三）申请含麻醉药品复方制剂、含精神药品复方制剂的实验研究适用本规定；

（四）本规定自发布之日起施行。

附件：1. 麻醉药品和精神药品实验研究立项申请表

　　　　2. 麻醉药品和精神药品实验研究立项申报资料项目

　　　　3. 麻醉药品和精神药品实验研究立项补充资料通知件

　　　　4. 麻醉药品和精神药品实验研究立项批件

　　　　5. 我国医疗不得使用的麻醉药品、精神药品品种目录

　　　　6. 麻醉药品、精神药品生产企业数量规定

国家食品药品监督管理局

二○○五年十一月一日

食品药品监管局关于印发《麻醉药品和精神药品生产管理办法（试行）》的通知

国食药监安〔2005〕528号

各省、自治区、直辖市食品药品监督管理局（药品监督管理局）：

为加强麻醉药品和精神药品生产管理，确保安全，根据《麻醉药品和精神药品管理条例》，我局制定了《麻醉药品和精神药品生产管理办法（试行）》，现印发给你们。请将本办法通知到行政区域内有关麻醉药品药用原植物种植单位以及麻醉药品和精神药品生产企业，并遵照执行。

本办法自发布之日起施行。

本办法施行前已经批准从事麻醉药品和精神药品生产的企业，应当自本办法施行之日起6个月内，依照本办法规定的程序申请办理定点生产手续。

国家食品药品监督管理局

二〇〇五年十月三十一日

麻醉药品和精神药品生产管理办法（试行）

第一章　总　则

第一条　为严格麻醉药品和精神药品生产管理，根据《麻醉药品和精神药品管理条例》，制定本办法。

第二条　申请麻醉药品和精神药品定点生产、生产计划以及麻醉药品和精神药品生产的安全管理、销售管理等活动，适用本办法。

第二章　定点生产

第三条　国家食品药品监督管理局按照合理布局、总量控制的原则，通过公平竞争确定麻醉药品和精神药品定点生产企业。

第四条　申请麻醉药品、第一类精神药品和第二类精神药品原料药定点生产，应当按照品种向所在地省、自治区、直辖市药品监督管理部门提出申请，填写《药品生产企业申报麻醉药品、精神药品定点生产申请表》（附件1），并报送有关资料（附件2）。省、自治区、直辖市药品监督管理部门应当在5日内对资料进行审查，决定是否受理。受理的，应当在 20 日内进行审查，必要时组织现场检查，符合要求的出具审查意见，连同企业申报资料报国家食品药品监督管理局，并通知申请人。国家食品药品监督管理局应当于 20 日内进行审查，做出是否批准的决定。批准的，发给《麻醉药品和精神药品定点生产批件》（附件 3）；不予批准的，应当书面说明理由。

药品生产企业接到《麻醉药品和精神药品定点生产批件》后，应当向省、自治区、直辖市药品监督管理部门提出变更生产范围申请。省、自治区、直辖市药品监督管理部门应当根据《麻醉药品和精神药品定点生产批件》，在《药品生产许可证》正本上标注类别、副本上在类别后括弧内标注药品名称。

第五条　申请第二类精神药品制剂定点生产，应当向所在地省、自治区、直辖市药品监督管理部门提出申请，填写《药品生产企业申报麻醉药品、精神药品定点生产申请表》（附件 1），并报送有关资料（附件 2）。省、自治区、直辖市药品监督管理部门应当在 5 日内对资料进行审查，决定是否受理。受理的，应当在 40 日内进行审查，必要时组织现场检查，做出是否批准的决定。批准的，在《药品生产许可证》正本上标注类别、副本上在类别后括弧内标注药品名称；不予批准的，应当书面说明理由。

第六条　定点生产企业变更生产地址或新建麻醉药品和精神药品生产车间的，应当按照本办法第四条、第五条规定的程序办理。

第七条　经批准定点生产的麻醉药品、第一类精神药品和第二类精神药品原料药不得委托加工。第二类精神药品制剂可以委托加工。具体按照药品委托加工有关规定办理。

第八条　药品生产企业接受境外制药厂商的委托在中国境内加工麻醉药品或精神药品以及含麻醉药品或含精神药品复方制剂的，应当向所在地省、自治区、直辖市药品监督管理部门提出申请，填写《药品生产企业申报麻醉药品、精神药品定点生产申请表》（附件 1），并报送有关资料（附件 4）。

省、自治区、直辖市药品监督管理部门应当在 5 日内对资料进行审查，决定是否受理。受理的，应当在 20 日内进行审查，必要时组织现场检查，出具审查意见，连同企业申报资料报国家食品药品监督管理局。国家食品药品监督管理局应当在 20 日内进行审查，并进行国际核查（不计入审批时限）。批准的，发给批准文件；不予批准的，应当书面说明理由。

所加工的药品不得以任何形式在中国境内销售、使用。

第三章　生产计划

第九条　麻醉药品药用原植物种植企业应当于每年 10 月底前向国家食品药品监督管理局和农业部报送下一年度麻醉药品药用原植物种植计划。国家食品药品监督管理局会同农业部应当于每年 1 月 20 日前下达本年度麻醉药品药用原植物种植计划。

第十条　麻醉药品、第一类精神药品和第二类精神药品原料药定点生产企业以及需要使用麻醉药品、第一类精神药品为原料生产普通药品的药品生产企业，应当于每年 10

月底前向所在地省、自治区、直辖市药品监督管理部门报送下一年度麻醉药品、第一类精神药品和第二类精神药品原料药生产计划和麻醉药品、第一类精神药品需用计划，填写《麻醉药品和精神药品生产（需用）计划申请表》（附件5）。

省、自治区、直辖市药品监督管理部门应当对企业申报的生产、需用计划进行审查，填写《麻醉药品和精神药品生产（需用）计划申请汇总表》（附件6），于每年11月20日前报国家食品药品监督管理局。

国家食品药品监督管理局应当于每年1月20日前根据医疗需求和供应情况，下达本年度麻醉药品、第一类精神药品和第二类精神药品原料药生产计划和麻醉药品、第一类精神药品需用计划。

如需调整本年度生产计划和需用计划，企业应当于每年5月底前向所在地省、自治区、直辖市药品监督管理部门提出申请。省、自治区、直辖市药品监督管理部门应当于每年6月20日前进行审查并汇总上报国家食品药品监督管理局。国家食品药品监督管理局应当于每年7月20日前下达本年度麻醉药品、第一类精神药品和第二类精神药品原料药调整生产计划和麻醉药品、第一类精神药品调整需用计划。

第十一条　因生产需要使用第二类精神药品原料药的企业（非药品生产企业使用咖啡因除外），应当根据市场需求拟定下一年度第二类精神药品原料药需用计划（第二类精神药品制剂生产企业还应当拟定下一年度第二类精神药品制剂生产计划），于每年11月底前报所在地省、自治区、直辖市药品监督管理部门，填写《第二类精神药品原料药需用计划备案表》（附件7）。

省、自治区、直辖市药品监督管理部门应当于每年1月20日前签署备案意见。

如需调整本年度需用计划和生产计划，企业应当于每年5月底前向所在地省、自治区、直辖市药品监督管理部门提出备案申请。省、自治区、直辖市药品监督管理部门应当于每年7月20日前签署备案意见。

第十二条　首次生产麻醉药品和精神药品的，药品生产企业在取得《麻醉药品和精神药品定点生产批件》和药品批准文号后，即可按照本办法第十条或第十一条规定的程序提出申请，办理生产、需用计划。

首次申购麻醉药品和精神药品原料药用于生产普通药品的，药品生产企业在取得药品批准文号后，报送有关资料（附件8），省、自治区、直辖市药品监督管理部门应当在20日内对其进行审查和现场检查，符合规定的，即可按照本办法第十条或第十一条规定的程序办理。

非药品生产企业首次申购第二类精神药品原料药（咖啡因除外）用于生产的，应当报送有关资料（附件8），即可按照第十一条相应程序办理。

第十三条　食品、食品添加剂、化妆品、油漆等非药品生产企业需要使用咖啡因作为原料的，应当向所在地设区的市级药品监督管理机构提出购买申请，填写《咖啡因购用审批表》（附件9），并报送相关资料（附件8）。

设区的市级药品监督管理机构应当在20日内对申报资料进行审查，并按照生产安全管理基本要求组织现场检查，出具审查意见，连同企业申报资料报省、自治区、直辖市药品监督管理部门。省、自治区、直辖市药品监督管理部门应当在 20 日内予以审查，做出是否批准的决定。批准的，发给《咖啡因购用证明》（附件 10）。

第十四条　麻醉药品药用原植物种植企业和麻醉药品、精神药品生产企业应当按照要求建立向药品监督管理部门报送信息的网络终端，及时将麻醉药品和精神药品生产、销售、库存情况通过网络上报。

第四章　安全管理

第十五条　企业法定代表人为麻醉药品、精神药品生产安全管理第一责任人。企业应当层层落实责任制，配备符合规定的生产设施、储存条件和安全管理设施，并制定相应管理制度，确保麻醉药品、精神药品的安全生产和储存。

第十六条　麻醉药品、第一类精神药品专用仓库必须位于库区建筑群之内，不靠外墙，仓库采用无窗建筑形式，整体为钢筋混凝土结构，具有抗撞击能力，入口采用钢制保险库门。第二类精神药品原料药以及制剂应当在药品库中设立独立的专库存放。

储存麻醉药品和精神药品必须建立专用账册，做到账物相符。仓库保管人员凭专用单据办理领发手续，详细记录领发料和出入库日期、规格、数量并有经手人签字。麻醉药品、精神药品出入仓库，必须由双方当场签字、检查验收。专用账册保存期限应当自药品有效期期满之日起不少于 5 年。

第十七条　生产麻醉药品、第一类精神药品以及使用麻醉药品、第一类精神药品生产普通药品的药品生产企业，应当设立电视监控中心（室），统一管理监控系统与防火防盗自动报警设施。企业应当定期检查监控系统和报警设施，保证正常运行。

生产区、生产车间、仓库出入口以及仓库内部等关键部位应当安装摄像装置，监控生产的主要活动并记录。仓库应当安装自动报警系统，并与公安部门报警系统联网。

第十八条　生产麻醉药品、第一类精神药品以及使用麻醉药品、第一类精神药品生产普通药品的药品生产企业，应当建立安全检查制度，对出入麻醉药品、第一类精神药品相关区域的人员、物品与车辆实行安全检查。

第十九条　严格执行库房与车间麻醉药品、精神药品原料药的交接制度。制剂车间应当坚持"领料不停产，停产不领料"的原则，生产过程中应当对麻醉药品、精神药品原料药、中间体、成品严格管理。

麻醉药品和精神药品原料药需要在车间暂存的，要设麻醉药品和精神药品原料药专库（柜）。生产过程中要按需发料，成品及时入库。

麻醉药品和精神药品专库以及生产车间暂存库（柜）要建立专用账册，详细记录领发日期、规格、数量并有经手人签字。必须做到账物相符，专用账册保存期限应当自药品有效期期满之日起不少于 5 年。

第二十条　必须同时两人以上方可进入车间的生产岗位，不允许一人单独上岗操作。

生产工序交接应当实行两人复核制。

第二十一条　专库、生产车间暂存库（柜）以及留样室实行双人双锁管理。

第二十二条　企业应建立麻醉药品和精神药品的取样、留样、退样管理制度。检验部门要严格履行领取登记手续，按需取样，精确称重计数，做好记录，并由检验部门与被取样部门双方签字。

检验部门应当及时检验、妥善保管样品（留样）以及可回收利用的残渣残液。

退回的样品要称重计数，登记消耗和退回的数量，由交接双方签字。

第二十三条　企业对过期、损坏的麻醉药品和精神药品应当登记、造册，及时向所在地县级以上药品监督管理部门申请销毁。药品监督管理部门应当于接到申请后 5 日内到现场监督销毁。生产中产生的具有活性成分的残渣残液，由企业自行销毁并作记录。

第二十四条　企业应当建立能反映安全管理和质量管理要求的批生产记录。批生产记录保存至药品有效期满后 5 年。

第二十五条　麻醉药品和精神药品的标签应当印有专用标志（附件）。

第五章　销售管理

第二十六条　麻醉药品药用原植物种植企业生产的麻醉药品原料（阿片）应当按照计划销售给国家设立的麻醉药品储存单位。

第二十七条　国家设立的麻醉药品储存单位只能将麻醉药品原料按照计划销售给麻醉药品生产企业以及经批准购用的其他单位。

定点生产企业生产的麻醉药品和第一类精神药品原料药只能按照计划销售给制剂生产企业和经批准购用的其他单位，小包装原料药可以销售给全国性批发企业和区域性批发企业。

第二十八条　定点生产企业只能将麻醉药品和第一类精神药品制剂销售给全国性批发企业、区域性批发企业以及经批准购用的其他单位。

区域性批发企业从定点生产企业购进麻醉药品和第一类精神药品制剂，须经所在地省、自治区、直辖市药品监督管理部门批准。

第二十九条　定点生产企业只能将第二类精神药品原料药销售给全国性批发企业、区域性批发企业、专门从事第二类精神药品批发业务的企业、第二类精神药品制剂生产企业以及经备案的其他需用第二类精神药品原料药的企业。

生产企业将第二类精神药品原料药销售给制剂生产企业以及经备案的其他需用第二类精神药品原料药的企业时，应当按照备案的需用计划销售。

第三十条　定点生产企业只能将第二类精神药品制剂销售给全国性批发企业、区域性批发企业、专门从事第二类精神药品批发业务的企业、第二类精神药品零售连锁企业、医疗机构或经批准购用的其他单位。

第三十一条　麻醉药品和精神药品定点生产企业应建立购买方销售档案，内容包括：

（一）购买方合法资质；

（二）购买麻醉药品、精神药品的批准证明文件（生产企业提供）；

（三）企业法定代表人、主管麻醉药品和精神药品负责人、采购人员及其联系方式；

（四）采购人员身份证明及法人委托书。

销售麻醉药品和精神药品时，应当核实企业或单位资质文件、采购人员身份证明，无误后方可销售。

第三十二条　麻醉药品和精神药品定点生产企业销售麻醉药品和精神药品不得使用现金交易。

第六章　附　则

第三十三条　申请人提出本办法中的审批事项申请，应当向受理部门提交本办法规定的相应资料。申请人应当对其申报资料全部内容的真实性负责。

第三十四条　以麻醉药品、精神药品为原料生产普通药品的，其麻醉药品、精神药品原料药的安全管理，按照本办法执行。

第三十五条　罂粟壳的生产管理按照国家食品药品监督管理局另行规定执行。

第三十六条　本办法由国家食品药品监督管理局负责解释。

第三十七条　本办法自发布之日起施行。以往发布的有关麻醉药品、精神药品生产管理规定与本办法不符的，以本办法为准。

附件：1. 药品生产企业申报麻醉药品、精神药品定点生产申请表

2. 麻醉药品和精神药品定点生产申报资料要求

3. 麻醉药品和精神药品定点生产批件

4. 接受境外委托加工麻醉药品和精神药品申报资料要求

5. 麻醉药品和精神药品生产（需用）计划申请表

6. 麻醉药品和精神药品生产（需用）计划申请汇总表

7. 第二类精神药品原料药需用计划备案表

8. 申报麻醉药品和精神药品原料药需求计划报送资料

9. 咖啡因购用审批表

10. 咖啡因购用证明

11. 麻醉药品和精神药品专用标志

食品药品监管局关于印发《麻醉药品和精神药品
经营管理办法（试行）》的通知

国食药监安〔2005〕527号

各省、自治区、直辖市食品药品监督管理局（药品监督管理局）：

　　为加强麻醉药品和精神药品经营管理，根据《麻醉药品和精神药品管理条例》，我局制定了《麻醉药品和精神药品经营管理办法（试行）》，现印发给你们。请将本办法通知到行政区域内有关麻醉药品和精神药品经营企业，并遵照执行。

　　本办法自发布之日起施行。

　　本办法施行前经批准从事麻醉药品、第一类精神药品经营的企业，应当自本办法施行之日起6个月内，依照本办法规定的程序申请办理定点经营手续。原经批准从事第二精神药品批发和零售的企业，应当自本办法施行之日起6个月内，依照本办法规定的程序和要求重新申请有关许可；其中，不符合《麻醉药品和精神药品管理条例》规定条件的药品零售企业，自本办法发布之日起不得再购进第二类精神药品，企业原有库存登记造册报所在地设区的市级药品监督管理机构备案后，按规定售完为止。

国家食品药品监管局

二〇〇五年十月三十一日

麻醉药品和精神药品经营管理办法（试行）

第一章　总　则

　　第一条　为加强麻醉药品和精神药品经营管理，保证合法、安全流通，防止流入非法渠道，根据《麻醉药品和精神药品管理条例》，制定本办法。

　　第二条　国家对麻醉药品和精神药品实行定点经营制度。未经批准的任何单位和个人不得从事麻醉药品和精神药品经营活动。

第二章　定　点

　　第三条　国家食品药品监督管理局根据麻醉药品和第一类精神药品全国需求总量，确定跨省、自治区、直辖市从事麻醉药品和第一类精神药品批发业务的企业（以下称全国性批发企业）的布局、数量；根据各省、自治区、直辖市对麻醉药品和第一类精神药品需求总量，确定在该行政区域内从事麻醉药品和第一类精神药品批发业务的企业（以下称区域性批发企业）的布局、数量。国家食品药品监督管理局根据年度需求总量的变化对全国性批发企业、区域性批发企业布局、数量定期进行调整、公布。

第四条　国家食品药品监督管理局和各省、自治区、直辖市药品监督管理部门在确定、调整定点批发企业时，根据布局的要求和数量的规定，应当事先公告，明确受理截止时限。当申报企业多于规定数量时，按照对企业综合评定结果，择优确定。

第五条　申请成为全国性批发企业，应当向所在地省、自治区、直辖市药品监督管理部门提出申请，填报《申报麻醉药品和精神药品定点经营申请表》（附件1），报送相应资料（附件2）。省、自治区、直辖市药品监督管理部门应当在5日内对资料进行审查，决定是否受理。受理的，5日内将审查意见连同企业申报资料报国家食品药品监督管理局。国家食品药品监督管理局应当在35日内进行审查和现场检查，做出是否批准的决定。批准的，下达批准文件。企业所在地省、自治区、直辖市药品监督管理部门根据批准文件在该企业《药品经营许可证》经营范围中予以注明。药品监督管理部门做出不予受理或不予批准决定的，应当书面说明理由。

第六条　申请成为区域性批发企业的，应当向所在地设区的市级药品监督管理机构提出申请，填报《申报麻醉药品和精神药品定点经营申请表》（附件1），报送相应资料（附件2）。

设区的市级药品监督管理机构应当在5日内对资料进行审查，决定是否受理。受理的，5日内将审查意见连同企业申报资料报省、自治区、直辖市药品监督管理部门。省、自治区、直辖市药品监督管理部门应当在35日内进行审查和现场检查，做出是否批准的决定。批准的，下达批准文件（有效期应当与《药品经营许可证》一致），并在《药品经营许可证》经营范围中予以注明。

药品监督管理部门做出不予受理或不予批准决定的，应当书面说明理由。

第七条　国家食品药品监督管理局在批准全国性批发企业以及省、自治区、直辖市药品监督管理部门在批准区域性批发企业时，应当综合各地区人口数量、交通、经济发展水平、医疗服务情况等因素，确定其所承担供药责任的区域。

第八条　全国性批发企业应当具备经营90%以上品种规格的麻醉药品和第一类精神药品的能力，并保证储备4个月销售量的麻醉药品和第一类精神药品；区域性批发企业应当具备经营60%以上品种规格的麻醉药品和第一类精神药品的能力，并保证储备2个月销售量的麻醉药品和第一类精神药品。

第九条　申请成为专门从事第二类精神药品批发企业，应当向所在地设区的市级药品监督管理机构提出申请，填报《申报麻醉药品和精神药品定点经营申请表》（附件1），报送相应资料（附件3）。药品监督管理部门应当按照第六条规定的程序、时限办理。

第十条　全国性批发企业、区域性批发企业可以从事第二类精神药品批发业务。如需开展此项业务，企业应当向所在地省、自治区、直辖市药品监督管理部门申请变更《药品经营许可证》经营范围，企业所在地省、自治区、直辖市药品监督管理部门应当在其《药品经营许可证》经营范围中加注（第二类精神药品原料药或第二类精神药品制剂）。

第十一条　申请零售第二类精神药品的药品零售连锁企业，应当向所在地设区的市级药品监督管理机构提出申请，填报《申报麻醉药品和精神药品定点经营申请表》（附件1），报送相应资料（附件4）。

设区的市级药品监督管理机构应当在20日内进行审查，做出是否批准的决定。批准的，发证部门应当在企业和相应门店的《药品经营许可证》经营范围中予以注明。不予批准的，应当书面说明理由。

第十二条　除经批准的药品零售连锁企业外，其他药品经营企业不得从事第二类精神药品零售活动。

第十三条　各级药品监督管理部门应当及时将批准的全国性批发企业、区域性批发企业、专门从事第二类精神药品批发的企业和从事第二类精神药品零售的连锁企业（含相应门店）的名单在网上公布。

第三章　购　销

第一节　麻醉药品和第一类精神药品的购销

第十四条　全国性批发企业应当从定点生产企业购进麻醉药品和第一类精神药品。

全国性批发企业应当在每年10月底前将本年度预计完成的麻醉药品和第一类精神药品购进、销售、库存情况报国家食品药品监督管理局。

第十五条　全国性批发企业在确保责任区内区域性批发企业供药的基础上，可以在全国范围内向其他区域性批发企业销售麻醉药品和第一类精神药品。

第十六条　全国性批发企业向医疗机构销售麻醉药品和第一类精神药品，应当向医疗机构所在地省、自治区、直辖市药品监督管理部门提出申请，药品监督管理部门应当在统筹、确定全国性批发企业与区域性批发企业在本行政区域内的供药责任区后，做出是否批准的决定。

第十七条　区域性批发企业可以从全国性批发企业购进麻醉药品和第一类精神药品。

第十八条　为减少迂回运输，区域性批发企业需要从定点生产企业购进麻醉药品和第一类精神药品的，应当向所在地省、自治区、直辖市药品监督管理部门提出申请，并报送以下资料：

（一）与定点生产企业签订的意向合同；

（二）从定点生产企业购进麻醉药品和第一类精神药品的品种和理由；

（三）运输方式、运输安全管理措施。

药品监督管理部门受理后，应当在30日内做出是否批准的决定。予以批准的，应当发给批准文件，注明有效期限（有效期不超过5年），并将有关情况报国家食品药品监督管理局；不予批准的，应当书面说明理由。

区域性批发企业应当在每年 10 月底前将本年度预计完成的直接从生产企业采购的麻醉药品和第一类精神药品购进、销售、库存情况报国家食品药品监督管理局。

区域性批发企业直接从定点生产企业购进麻醉药品和第一类精神药品，在运输过程中连续 12 个月内发生过两次丢失、被盗情况的，所在地省、自治区、直辖市药品监督管理部门应当取消其直接从定点生产企业购进麻醉药品和第一类精神药品资格，并在 3 年内不再受理其此项申请。

第十九条　区域性批发企业在确保责任区内医疗机构供药的基础上，可以在本省行政区域内向其他医疗机构销售麻醉药品和第一类精神药品。

第二十条　因医疗急需、运输困难等特殊情况，区域性批发企业之间可以调剂麻醉药品和第一类精神药品，但仅限具体事件所涉及的品种和数量。企业应当在调剂后 2 日内将调剂情况分别报所在地设区的市级药品监督管理机构和省、自治区、直辖市药品监督管理部门备案。

第二十一条　由于特殊地理位置原因，区域性批发企业需要就近向其他省级行政区内取得麻醉药品和第一类精神药品使用资格的医疗机构销售麻醉药品和第一类精神药品的，应当向所在地省、自治区、直辖市药品监督管理部门提出申请，受理申请的药品监督管理部门认为可行的，应当与医疗机构所在地省、自治区、直辖市药品监督管理部门协调，提出明确的相应区域性批发企业供药责任调整意见，报国家食品药品监督管理局批准后，方可开展相应经营活动。

第二十二条　麻醉药品和第一类精神药品不得零售。

第二节　第二类精神药品的购销

第二十三条　从事第二类精神药品批发业务的企业可以从第二类精神药品定点生产企业、全国性批发企业、区域性批发企业、其他专门从事第二类精神药品批发业务的企业购进第二类精神药品。

第二十四条　从事第二类精神药品批发业务的企业可以将第二类精神药品销售给定点生产企业、全国性批发企业、区域性批发企业、其他专门从事第二类精神药品批发业务的企业、医疗机构和从事第二类精神药品零售的药品零售连锁企业。

第二十五条　药品零售连锁企业总部的《药品经营许可证》经营范围中有第二类精神药品项目的，可以购进第二类精神药品；其所属门店《药品经营许可证》经营范围有第二类精神药品项目的，可以零售第二类精神药品。

第二十六条　药品零售连锁企业对其所属的经营第二类精神药品的门店，应当严格执行统一进货、统一配送和统一管理。药品零售连锁企业门店所零售的第二类精神药品，应当由本企业直接配送，不得委托配送。

第四章　管　理

第二十七条　企业、单位之间购销麻醉药品和精神药品一律禁止使用现金进行交易。

第二十八条　全国性批发企业向区域性批发企业销售麻醉药品和第一类精神药品时，应当建立购买方销售档案，内容包括：

（一）省、自治区、直辖市药品监督管理部门批准其为区域性批发企业的文件；

（二）加盖单位公章的《药品经营许可证》、《企业法人营业执照》、《药品经营质量管理规范认证证书》复印件；

（三）企业法定代表人、主管麻醉药品和第一类精神药品负责人、采购人员及其联系方式；

（四）采购人员身份证明及法人委托书。

第二十九条　全国性批发企业、区域性批发企业向其他企业、单位销售麻醉药品和第一类精神药品时，应当核实企业或单位资质文件、采购人员身份证明，无误后方可销售。

第三十条　全国性批发企业、区域性批发企业向医疗机构销售麻醉药品和第一类精神药品时，应当建立相应医疗机构的供药档案，内容包括《麻醉药品和第一类精神药品购用印鉴卡》、"麻醉药品和第一类精神药品采购明细"等。

第三十一条　医疗机构向全国性批发企业、区域性批发企业采购麻醉药品和第一类精神药品时，应当持《麻醉药品和第一类精神药品购用印鉴卡》，填写"麻醉药品和第一类精神药品采购明细"，办理购买手续。销售人员应当仔细核实内容以及有关印鉴，无误后方可办理销售手续。

第三十二条　药品监督管理部门发现医疗机构违规购买麻醉药品和第一类精神药品时，应当及时将有关情况通报同级卫生主管部门。必要时，药品监督管理部门可以责令全国性批发企业或区域性批发企业暂停向该医疗机构销售麻醉药品和第一类精神药品。

第三十三条　全国性批发企业、区域性批发企业应当确定相对固定人员和运输方式，在办理完相关手续后，将药品送至医疗机构。在医疗机构现场检查验收。

第三十四条　全国性批发企业、区域性批发企业和专门从事第二类精神药品批发业务的企业在向其他企业、单位销售第二类精神药品时，应当核实企业或单位资质文件、采购人员身份证明，无误后方可销售。

第三十五条　零售第二类精神药品时，应当凭执业医师开具的处方，并经执业药师或其他依法经过资格认定的药学技术人员复核。处方保存2年备查。

第三十六条　不得向未成年人销售第二类精神药品。在难以确定购药者是否为未成年人的情况下，可查验购药者身份证明。

第三十七条　全国性批发企业、区域性批发企业、专门从事第二类精神药品批发业务的企业和经批准从事第二类精神药品零售业务的零售连锁企业配备的麻醉药品、精神药品管理人员和直接业务人员，应当相对稳定，并每年接受不少于10学时的麻醉药品和精神药品管理业务培训。

第三十八条　全国性批发企业、区域性批发企业、专门从事第二类精神药品批发业务的企业和经批准从事第二类精神药品零售业务的零售连锁企业应当建立对本单位安全经营的评价机制。定期对安全制度的执行情况进行考核，保证制度的执行，并根据有关管理要求和企业经营实际，及时进行修改、补充和完善；定期对安全设施、设备进行检查、保养和维护，并记录。

第三十九条　全国性批发企业、区域性批发企业、专门从事第二类精神药品批发业务的企业和经批准从事第二类精神药品零售业务的零售连锁企业应当按照要求建立向药品监督管理部门或其指定机构报送麻醉药品和精神药品经营信息的网络终端，及时将有关购进、销售、库存情况通过网络上报。

第四十条　企业对过期、损坏的麻醉药品和精神药品应当登记造册，及时向所在地县级以上药品监督管理部门申请销毁。药品监督管理部门应当自接到申请起5日内到现场监督销毁。

第五章　附　则

第四十一条　申请人提出本办法中的审批事项申请，应当向受理部门提交本办法规定的相应资料。申请人应当对其申报资料全部内容的真实性负责。

第四十二条　罂粟壳的经营管理按照国家食品药品监督管理局另行规定执行。

第四十三条　本办法由国家食品药品监督管理局负责解释。

第四十四条　本办法自发布之日起施行。以往发布的有关麻醉药品、精神药品经营管理规定与本办法不符的，以本办法为准。

附件：1. 申请麻醉药品和精神药品定点经营申请表
　　　2. 申请成为全国性（区域性）批发企业应当报送的资料
　　　3. 申请成为专门从事第二类精神药品批发企业应当报送的资料
　　　4. 申请零售第二类精神药品的零售连锁企业应当报送的资料

食品药品监管局 铁道部 交通部 民航总局关于印发《麻醉药品和精神药品运输管理办法》的通知

国食药监安〔2005〕660号

各省、自治区、直辖市食品药品监督管理局（药品监督管理局），交通厅（局、委），各铁路局，青藏铁路公司，中铁集装箱运输有限责任公司，中铁行包快递有限责任公司，民用航空总局各地区管理局：

为加强麻醉药品和精神药品运输的管理，确保运输安全，根据《麻醉药品和精神药品管理条例》等有关规定，食品药品监管局、铁道部、交通部和民航总局共同制定了《麻醉药品和精神药品运输管理办法》，现印发给你们。请将本办法通知到辖区内有关麻醉药品和精神药品生产、经营、使用和运输单位，并遵照执行。

本办法自发布之日起施行。

国家食品药品监督管理局　中华人民共和国铁道部
中华人民共和国交通部　中国民航总局
二○○五年十一月八日

麻醉药品和精神药品运输管理办法

第一条　为加强麻醉药品和精神药品运输管理，确保运输安全，防止丢失、损毁、被盗，根据《麻醉药品和精神药品管理条例》和其他相关法律、法规规定，制定本办法。

第二条　麻醉药品药用原植物种植企业、麻醉药品和精神药品生产经营企业、麻醉药品储存单位以及医疗教学科研单位等依据本办法的规定运输麻醉药品和精神药品。

铁路、航空、道路、水路等运输承运单位依据本办法履行承运职责。

第三条　本办法所称麻醉药品和精神药品是指列入国务院药品监督管理部门会同国务院公安部门、国务院卫生主管部门公布的麻醉药品、精神药品目录所列的药品和其他物质（附件1）。其中精神药品又分为第一类精神药品和第二类精神药品。

第四条　托运或自行运输麻醉药品和第一类精神药品的单位，应当向所在地省、自治区、直辖市药品监督管理部门申领《麻醉药品、第一类精神药品运输证明》（简称运输证明）。申请领取运输证明须提交以下资料：

（一）麻醉药品、第一类精神药品运输证明申请表（附件2）；

（二）加盖单位公章的《药品生产许可证》或《药品经营许可证》复印件（仅药品生产、经营企业提供）；

（三）加盖单位公章的《企业营业执照》或登记证书复印件；

（四）经办人身份证明复印件、法人委托书；

（五）申请运输药品的情况说明。

省、自治区、直辖市药品监督管理部门对资料审查合格的，应于10日内发给运输证明，同时将发证情况报同级公安机关备案。

第五条　运输证明正本1份，根据实际需要可发给副本若干份，必要时可增领副本。运输证明有效期1年（不跨年度）。运输证明在有效期满前1个月按照上述规定重新办理，过期后3个月内将原运输证明上缴发证机关。

第六条　运输证明应妥善保管，不得涂改、转让、转借。发生遗失的，遗失单位应立即书面告知运输证明持有单位；持有单位应及时向发证机关报告；发证机关应予注销并在政府网站上公告，并通报同级公安机关。

运输证明（附件3）样式由国务院药品监督管理部门制定，省、自治区、直辖市药品监督管理部门印制。

第七条　承运麻醉药品和第一类精神药品时，承运单位要查验、收取运输证明副本。运输证明副本随货同行以备查考。在运输途中承运单位必须妥善保管运输证明副本，不得遗失。货物到达后，承运单位应将运输证明副本递交收货单位。

收货单位应在收到货物后1个月内将运输证明副本交还发货单位。

第八条　铁路运输应当采用集装箱或行李车运输麻醉药品和第一类精神药品。采用集装箱运输时，应确保箱体完好，施封有效。

第九条　道路运输麻醉药品和第一类精神药品必须采用封闭式车辆，有专人押运，中途不应停车过夜。

第十条　水路运输麻醉药品和第一类精神药品时应有专人押运。

第十一条　麻醉药品和第一类精神药品到货后，承运单位应当严格按照有关规定与收货单位办理交货手续，双方对货物进行现场检查验收，确保货物准确交付。

第十二条　定点生产企业、全国性批发企业和区域性批发企业之间发运麻醉药品和第一类精神药品时，跨省运输的，发货单位应事先向所在地及收货单位所在地省、自治区、直辖市药品监督管理机构报送发运货物信息，内容包括发货人、收货人、货物品名、数量。发货单位所在地药品监督管理部门也应按规定向收货单位所在地的同级药品监督管理部门通报。

属于在本省、自治区、直辖市内运输的，发货单位应事先向所在地省、自治区、直辖市药品监督管理部门及收货单位所在地设区的市级药品监督管理机构报送发运货物信息。发货单位所在地药品监督管理部门也应按规定向收货单位所在地设区的市级药品监督管理机构通报。

第十三条　因科研或生产特殊需要，单位需派专人携带少量麻醉药品、第一类精神药品的，应当随货携带运输证明（或批准购买的证明文件）、单位介绍信和本人身份证明以备查验。

第十四条　运输第二类精神药品无需办理运输证明。

第十五条　托运麻醉药品和精神药品的单位应确定托运经办人，选择相对固定的承运单位。

托运经办人在运单货物名称栏内填写"麻醉药品"、"第一类精神药品"或"第二类精神药品"字样，运单上应当加盖托运单位公章或运输专用章。收货人只能为单位，不得为个人。

第十六条　铁路、民航、道路、水路承运单位承运麻醉药品和精神药品时，应当及时办理运输手续，尽量缩短货物在途时间，并采取相应的安全措施，防止麻醉药品、精神药品在装卸和运输过程中被盗、被抢或丢失。

第十七条　承运单位应积极配合托运单位查询货物在途情况。

麻醉药品和精神药品在运输途中出现包装破损时，承运单位要采取相应的保护措施。

发生被盗、被抢、丢失的，承运单位应立即报告当地公安机关，并通知收货单位，收货单位应立即报告当地药品监督管理部门。

第十八条　本办法由食品药品监管局、铁道部、交通部和民航总局负责解释。

第十九条　本办法自发布之日起施行。

国家药监局关于进一步加强放射性药品管理有关事宜的通告

2022 年第 5 号

为进一步加强放射性药品生产管理，保证放射性药品质量安全有效，根据《药品管理法》《放射性药品管理办法》等法律法规，现将有关事宜通告如下：

一、即时标记放射性药品连续三批样品检验调整至生产企业取得放射性药品生产许可证后进行，可结合药品生产质量管理规范符合性检查的动态生产批同步开展。样品检验由符合《放射性药品管理办法》相关规定的药品检验机构承担。

二、医疗机构制备正电子类放射性药品备案时，拟生产品种的连续三批样品检验以及质量标准复核由符合《放射性药品管理办法》相关规定的药品检验机构承担。

三、放射性药品上市许可持有人、放射性药品生产企业以及制备正电子类放射性药品的医疗机构应当配备具有放射性药品相应专业知识的质量控制和检验人员，相关人员须接受与岗位要求相适应的培训并考核合格方可上岗。

四、药品上市许可持有人、药品生产企业以及制备正电子类放射性药品的医疗机构应当切实落实药品质量管理主体责任，严格实行生产全过程的质量控制和检验。质量检验合格的产品方可销售或使用。

五、含有短半衰期放射性核素的药品，可以边检验边出厂。但发现质量不符合国家药品标准时，药品上市许可持有人和药品生产企业应当立即停止生产、销售，通知使用单位停止使用，并采取相应的风险管控措施。

六、各省级药品监管部门应当加强事中事后监管，进一步加强放射性药品生产过程的监督检查，督促放射性药品生产企业和医疗机构落实放射性药品质量安全主体责任，确保药品生产全过程持续符合法定要求。

七、本通告自印发之日起执行，此前国务院药品监管部门发布的规定与本通告不一致的，以本通告为准。

特此通告。

国家药监局

2022 年 1 月 13 日

国家药监局综合司　国家国防科技工业局综合司
关于做好放射性药品生产经营企业
审批和监管工作的通知

药监综药管〔2021〕73 号

各省、自治区、直辖市及新疆生产建设兵团药品监督管理局、国防科技工业管理部门、深圳市国防科技工业办公室：

　　近日，国务院印发《关于深化"证照分离"改革进一步激发市场主体发展活力的通知》（国发〔2021〕7 号），将放射性药品生产经营企业审批权限由国家药品监督管理局和国家国防科技工业局下放至省级药品监督管理部门和省级国防科技工业管理部门。为贯彻落实国务院决定，切实做好放射性药品生产经营企业审批和监管工作，现将有关事宜通知如下：

　　一、自 2021 年 7 月 1 日起，放射性药品生产经营企业审批由所在地省级药品监督管理部门和省级国防科技工业管理部门组织实施。对省级药品监督管理部门已出具审核意见，并于 2021 年 7 月 1 日前报国家药品监督管理局的申请，由国家药品监督管理局和国家国防科技工业局继续按照原程序完成审批；申请人也可以撤回申请，按照本通知规定程序重新向所在地省级药品监督管理部门提出申请。

　　二、申请开办放射性药品生产企业，申请人应当填写《放射性药品生产许可证申请表》（附件 1），向所在地省级药品监督管理部门提出申请，并按照放射性药品生产许可证申报资料要求（附件 2）报送有关材料。申请开办放射性药品经营企业，申请人应当填写《放射性药品经营许可证申请表》（附件 3），向所在地省级药品监督管理部门提出申请，并按照放射性药品经营许可证申报资料要求（附件 4）报送有关材料。

　　三、对申请开办放射性药品生产企业的，由所在地省级药品监督管理部门对企业提交的申报资料进行审查，并会同省级国防科技工业管理部门按照药品生产质量管理规范等有关规定组织开展申报资料技术审查和现场检查。符合条件的，予以批准，由所在地省级药品监督管理部门颁发放射性药品生产许可证；不符合条件的，作出不予批准的书面决定，并说明理由。

　　四、对申请开办放射性药品经营企业的，由所在地省级药品监督管理部门对企业提交的申报资料进行审查，并按照药品经营质量管理规范等有关规定组织开展申报资料技术审查和现场检查，经征求省级国防科技工业管理部门意见，符合条件的，予以批准，由所在地省级药品监督管理部门颁发放射性药品经营许可证；不符合条件的，作出不予批准的书面决定，并说明理由。

五、放射性药品生产许可证和放射性药品经营许可证有效期五年，分为正本和副本。放射性药品生产许可证和放射性药品经营许可证样式（附件 5）由国家药品监督管理局统一制定。

六、各省级药品监督管理部门应当按照放射性药品生产经营许可证载明事项说明（附件 6）的要求对许可证进行编码并填写相关内容。

七、放射性药品生产许可证、放射性药品经营许可证有效期届满，需要继续生产、经营放射性药品的，应当于有效期届满前六个月内、两个月前，向所在地省级药品监督管理部门申请重新发放放射性药品生产许可证、放射性药品经营许可证。

八、药品上市许可持有人应当按照《药品管理法》《放射性药品管理办法》《药品生产监督管理办法》（国家市场监督管理总局第 28 号令）以及本通知要求取得相应类别的放射性药品生产许可证。药品上市许可持有人委托生产放射性药品的，应当委托符合条件的放射性药品生产企业。药品上市许可持有人和受托生产企业应当签订委托协议和质量协议，并严格履行协议约定的义务。

九、药品上市许可持有人自行销售其取得药品注册证书的放射性药品，应当符合《放射性药品管理办法》第十三条规定的放射性药品经营企业具备的条件，无需取得放射性药品经营许可证；委托销售的，接受委托销售的药品经营企业应当取得具有相应经营范围的放射性药品经营许可证。

十、各省级药品监督管理部门和省级国防科技工业管理部门应当加强协作配合，做好放射性药品生产经营企业审批承接工作，要制定相应工作制度，明确审批程序和审批标准，强化人员培训，配备具有相关资质的专业人员承担审批工作，确保审批工作依法依规开展。

十一、各省级药品监督管理部门应当强化放射性药品生产经营企业的监督管理，落实日常监管责任，严守放射性药品质量和安全管理底线，发现违法违规行为，依照《药品管理法》《放射性药品管理办法》等有关规定处理。

自本通知发布之日起，原国家食品药品监督管理局《关于开展换发放射性药品生产经营许可证工作的通知》（国食药监安〔2011〕467 号）、原国家食品药品监督管理总局《关于正电子类放射性药品委托生产监督管理有关事宜的通知》（食药监药化监〔2014〕249 号）、原国家食品药品监督管理总局《关于换发放射性药品生产经营许可证有关工作的通知》（食药监药化管〔2016〕132 号）、国家药监局综合司 国家国防科工局综合司《关于做好放射性药品生产经营企业审批工作的通知》（药监综药管〔2020〕22 号）废止。

在实施过程中如有问题，请及时与国家药品监督管理局和国家国防科技工业局联系。

联系方式：
国家药品监督管理局：010-88331068
国家国防科技工业局：010-88581190

附件：1. 放射性药品生产许可证申请表
　　　2. 放射性药品生产许可证申报资料要求
　　　3. 放射性药品经营许可证申请表
　　　4. 放射性药品经营许可证申报资料要求
　　　5. 放射性药品生产经营许可证样式
　　　6. 放射性药品生产经营许可证载明事项说明

国家药监局综合司　国家国防科技工业局综合司
2021 年 8 月 12 日

国家药监局关于发布《药物警戒质量管理规范》的公告

2021 年第 65 号

根据《中华人民共和国药品管理法》《中华人民共和国疫苗管理法》，为规范和指导药品上市许可持有人和药品注册申请人的药物警戒活动，国家药监局组织制定了《药物警戒质量管理规范》，现予以公布，并就实施《药物警戒质量管理规范》有关事宜公告如下：

一、《药物警戒质量管理规范》自 2021 年 12 月 1 日起正式施行。

二、药品上市许可持有人和药品注册申请人应当积极做好执行《药物警戒质量管理规范》的准备工作，按要求建立并持续完善药物警戒体系，规范开展药物警戒活动。

三、药品上市许可持有人应当自本公告发布之日起 60 日内，在国家药品不良反应监测系统中完成信息注册。

四、各省级药品监督管理部门应当督促本行政区域内的药品上市许可持有人积极做好相关准备工作，配合做好有关宣贯和解读，通过加强日常检查等工作监督和指导药品上市许可持有人按要求执行《药物警戒质量管理规范》，及时收集和反馈相关问题和意见。

五、国家药品不良反应监测中心统一组织和协调《药物警戒质量管理规范》的宣贯培训和技术指导工作，在官方网站开辟《药物警戒质量管理规范》专栏，及时解答相关问题和意见。

特此公告。

附件：药物警戒质量管理规范

国家药监局

2021 年 5 月 7 日

附件

药物警戒质量管理规范

第一章　总　则

第一条　为规范药品全生命周期药物警戒活动，根据《中华人民共和国药品管理法》《中华人民共和国疫苗管理法》等有关规定，制定本规范。

第二条　本规范适用于药品上市许可持有人（以下简称"持有人"）和获准开展药物

临床试验的药品注册申请人（以下简称"申办者"）开展的药物警戒活动。

药物警戒活动是指对药品不良反应及其他与用药有关的有害反应进行监测、识别、评估和控制的活动。

第三条　持有人和申办者应当建立药物警戒体系，通过体系的有效运行和维护，监测、识别、评估和控制药品不良反应及其他与用药有关的有害反应。

第四条　持有人和申办者应当基于药品安全性特征开展药物警戒活动，最大限度地降低药品安全风险，保护和促进公众健康。

第五条　持有人和申办者应当与医疗机构、药品生产企业、药品经营企业、药物临床试验机构等协同开展药物警戒活动。鼓励持有人和申办者与科研院所、行业协会等相关方合作，推动药物警戒活动深入开展。

第二章　质量管理

第一节　基本要求

第六条　药物警戒体系包括与药物警戒活动相关的机构、人员、制度、资源等要素，并应与持有人的类型、规模、持有品种的数量及安全性特征等相适应。

第七条　持有人应当制定药物警戒质量目标，建立质量保证系统，对药物警戒体系及活动进行质量管理，不断提升药物警戒体系运行效能，确保药物警戒活动持续符合相关法律法规要求。

第八条　持有人应当以防控风险为目的，将药物警戒的关键活动纳入质量保证系统中，重点考虑以下内容：

（一）设置合理的组织机构；

（二）配备满足药物警戒活动所需的人员、设备和资源；

（三）制定符合法律法规要求的管理制度；

（四）制定全面、清晰、可操作的操作规程；

（五）建立有效、畅通的疑似药品不良反应信息收集途径；

（六）开展符合法律法规要求的报告与处置活动；

（七）开展有效的风险信号识别和评估活动；

（八）对已识别的风险采取有效的控制措施；

（九）确保药物警戒相关文件和记录可获取、可查阅、可追溯。

第九条　持有人应当制定并适时更新药物警戒质量控制指标，控制指标应当贯穿到药物警戒的关键活动中，并分解落实到具体部门和人员，包括但不限于：

（一）药品不良反应报告合规性；

（二）定期安全性更新报告合规性；

（三）信号检测和评价的及时性；

（四）药物警戒体系主文件更新的及时性；

（五）药物警戒计划的制定和执行情况；

（六）人员培训计划的制定和执行情况。

第十条　持有人应当于取得首个药品批准证明文件后的 30 日内在国家药品不良反应监测系统中完成信息注册。注册的用户信息和产品信息发生变更的，持有人应当自变更之日起 30 日内完成更新。

第二节　内部审核

第十一条　持有人应当定期开展内部审核（以下简称"内审"），审核各项制度、规程及其执行情况，评估药物警戒体系的适宜性、充分性、有效性。当药物警戒体系出现重大变化时，应当及时开展内审。

内审工作可由持有人指定人员独立、系统、全面地进行，也可由外部人员或专家进行。

第十二条　开展内审前应当制订审核方案。方案应当包括内审的目标、范围、方法、标准、审核人员、审核记录和报告要求等。方案的制定应当考虑药物警戒的关键活动、关键岗位以及既往审核结果等。

第十三条　内审应当有记录，包括审核的基本情况、内容和结果等，并形成书面报告。

第十四条　针对内审发现的问题，持有人应当调查问题产生的原因，采取相应的纠正和预防措施，并对纠正和预防措施进行跟踪和评估。

第三节　委托管理

第十五条　持有人是药物警戒的责任主体，根据工作需要委托开展药物警戒相关工作的，相应法律责任由持有人承担。

第十六条　持有人委托开展药物警戒相关工作的，双方应当签订委托协议，保证药物警戒活动全过程信息真实、准确、完整和可追溯，且符合相关法律法规要求。

集团内各持有人之间以及总部和各持有人之间可签订药物警戒委托协议，也可书面约定相应职责与工作机制，相应法律责任由持有人承担。

第十七条　持有人应当考察、遴选具备相应药物警戒条件和能力的受托方。受托方应当是具备保障相关药物警戒工作有效运行的中国境内企业法人，具备相应的工作能力，具有可承担药物警戒受托事项的专业人员、管理制度、设备资源等工作条件，应当配合持有人接受药品监督管理部门的延伸检查。

第十八条　持有人应当定期对受托方进行审计，要求受托方充分了解其药物警戒的质量目标，确保药物警戒活动持续符合要求。

第三章　机构人员与资源

第一节　组织机构

第十九条　持有人应当建立药品安全委员会，设置专门的药物警戒部门，明确药物警戒部门与其他相关部门的职责，建立良好的沟通和协调机制，保障药物警戒活动的顺利开展。

第二十条　药品安全委员会负责重大风险研判、重大或紧急药品事件处置、风险控制决策以及其他与药物警戒有关的重大事项。药品安全委员会一般由持有人的法定代表人或主要负责人、药物警戒负责人、药物警戒部门及相关部门负责人等组成。药品安全委员会应当建立相关的工作机制和工作程序。

第二十一条　药物警戒部门应当履行以下主要职责：

（一）疑似药品不良反应信息的收集、处置与报告；

（二）识别和评估药品风险，提出风险管理建议，组织或参与开展风险控制、风险沟通等活动；

（三）组织撰写药物警戒体系主文件、定期安全性更新报告、药物警戒计划等；

（四）组织或参与开展药品上市后安全性研究；

（五）组织或协助开展药物警戒相关的交流、教育和培训；

（六）其他与药物警戒相关的工作。

第二十二条　持有人应当明确其他相关部门在药物警戒活动中的职责，如药物研发、注册、生产、质量、销售、市场等部门，确保药物警戒活动顺利开展。

第二节　人员与培训

第二十三条　持有人的法定代表人或主要负责人对药物警戒活动全面负责，应当指定药物警戒负责人，配备足够数量且具有适当资质的人员，提供必要的资源并予以合理组织、协调，保证药物警戒体系的有效运行及质量目标的实现。

第二十四条　药物警戒负责人应当是具备一定职务的管理人员，应当具有医学、药学、流行病学或相关专业背景，本科及以上学历或中级及以上专业技术职称，三年以上从事药物警戒相关工作经历，熟悉我国药物警戒相关法律法规和技术指导原则，具备药物警戒管理工作的知识和技能。

药物警戒负责人应当在国家药品不良反应监测系统中登记。相关信息发生变更的，药物警戒负责人应当自变更之日起 30 日内完成更新。

第二十五条　药物警戒负责人负责药物警戒体系的运行和持续改进，确保药物警戒体系符合相关法律法规和本规范的要求，承担以下主要职责：

（一）确保药品不良反应监测与报告的合规性；

（二）监督开展药品安全风险识别、评估与控制，确保风险控制措施的有效执行；

（三）负责药品安全性信息沟通的管理，确保沟通及时有效；

（四）确保持有人内部以及与药品监督管理部门和药品不良反应监测机构沟通渠道顺畅；

（五）负责重要药物警戒文件的审核或签发。

第二十六条　药物警戒部门应当配备足够数量并具备适当资质的专职人员。专职人员应当具有医学、药学、流行病学或相关专业知识，接受过与药物警戒相关的培训，熟悉我国药物警戒相关法律法规和技术指导原则，具备开展药物警戒活动所需知识和技能。

第二十七条　持有人应当开展药物警戒培训，根据岗位需求与人员能力制定适宜的药物警戒培训计划，按计划开展培训并评估培训效果。

第二十八条　参与药物警戒活动的人员均应当接受培训。培训内容应当包括药物警戒基础知识和法规、岗位知识和技能等，其中岗位知识和技能培训应当与其药物警戒职责和要求相适应。

第三节　设备与资源

第二十九条　持有人应当配备满足药物警戒活动所需的设备与资源，包括办公区域和设施、安全稳定的网络环境、纸质和电子资料存储空间和设备、文献资源、医学词典、信息化工具或系统等。

第三十条　持有人使用信息化系统开展药物警戒活动时，应当满足以下要求：

（一）明确信息化系统在设计、安装、配置、验证、测试、培训、使用、维护等环节的管理要求，并规范记录上述过程；

（二）明确信息化系统的安全管理要求，根据不同的级别选取访问控制、权限分配、审计追踪、授权更改、电子签名等控制手段，确保信息化系统及其数据的安全性；

（三）信息化系统应当具备完善的数据安全及保密功能，确保电子数据不损坏、不丢失、不泄露，应当进行适当的验证或确认，以证明其满足预定用途。

第三十一条　持有人应当对设备与资源进行管理和维护，确保其持续满足使用要求。

第四章　监测与报告

第一节　信息的收集

第三十二条　持有人应当主动开展药品上市后监测，建立并不断完善信息收集途径，主动、全面、有效地收集药品使用过程中的疑似药品不良反应信息，包括来源于自发报告、上市后相关研究及其他有组织的数据收集项目、学术文献和相关网站等涉及的信息。

第三十三条　持有人可采用电话、传真、电子邮件等多种方式从医疗机构收集疑似药品不良反应信息。

第三十四条　持有人应当通过药品生产企业、药品经营企业收集疑似药品不良反应信息，保证药品生产、经营企业向其报告药品不良反应的途径畅通。

第三十五条　持有人应当通过药品说明书、包装标签、门户网站公布的联系电话或邮箱等途径收集患者和其他个人报告的疑似药品不良反应信息，保证收集途径畅通。

第三十六条　持有人应当定期对学术文献进行检索，制定合理的检索策略，根据品种安全性特征等确定检索频率，检索的时间范围应当具有连续性。

第三十七条　由持有人发起或资助的上市后相关研究或其他有组织的数据收集项目，持有人应当确保相关合作方知晓并履行药品不良反应报告责任。

第三十八条　对于境内外均上市的药品，持有人应当收集在境外发生的疑似药品不良反应信息。

第三十九条　对于创新药、改良型新药、省级及以上药品监督管理部门或药品不良反应监测机构要求关注的品种，持有人应当根据品种安全性特征加强药品上市后监测，在上市早期通过在药品说明书、包装、标签中进行标识等药物警戒活动，强化医疗机构、药品生产企业、药品经营企业和患者对疑似药品不良反应信息的报告意识。

第二节　报告的评价与处置

第四十条　持有人在首次获知疑似药品不良反应信息时，应当尽可能全面收集患者、报告者、怀疑药品以及不良反应发生情况等。收集过程与内容应当有记录，原始记录应当真实、准确、客观。

持有人应当对药品不良反应监测机构反馈的疑似不良反应报告进行分析评价，并按要求上报。

第四十一条　原始记录传递过程中，应当保持信息的真实、准确、完整、可追溯。为确保个例药品不良反应报告的及时性，持有人应当对传递时限进行要求。

第四十二条　持有人应当对收集到信息的真实性和准确性进行评估。当信息存疑时，应当核实。

持有人应当对严重药品不良反应报告、非预期不良反应报告中缺失的信息进行随访。随访应当在不延误首次报告的前提下尽快完成。如随访信息无法在首次报告时限内获得，可先提交首次报告，再提交跟踪报告。

第四十三条　持有人应当对药品不良反应的预期性进行评价。当药品不良反应的性质、严重程度、特征或结果与持有人药品说明书中的表述不符时，应当判定为非预期不良反应。

第四十四条　持有人应当对药品不良反应的严重性进行评价。符合以下情形之一的应当评价为严重药品不良反应：

（一）导致死亡；

（二）危及生命（指发生药品不良反应的当时，患者存在死亡风险，并不是指药品不良反应进一步恶化才可能出现死亡）；

（三）导致住院或住院时间延长；

（四）导致永久或显著的残疾或功能丧失；

（五）导致先天性异常或出生缺陷；

（六）导致其他重要医学事件，若不进行治疗可能出现上述所列情况的。

第四十五条　持有人应当按照国家药品不良反应监测机构发布的药品不良反应关联性分级评价标准，对药品与疑似不良反应之间的关联性进行科学、客观的评价。

对于自发报告，如果报告者未提供关联性评价意见，应当默认药品与疑似不良反应之间存在关联性。

如果初始报告人进行了关联性评价，若无确凿医学证据，持有人原则上不应降级评价。

第三节　报告的提交

第四十六条　持有人向国家药品不良反应监测系统提交的个例药品不良反应报告，应当至少包含可识别的患者、可识别的报告者、怀疑药品和药品不良反应的相关信息。

第四十七条　持有人应当报告患者使用药品出现的怀疑与药品存在相关性的有害反应，其中包括可能因药品质量问题引起的或可能与超适应症用药、超剂量用药等相关的有害反应。

第四十八条　个例药品不良反应报告的填写应当真实、准确、完整、规范，符合相关填写要求。

第四十九条　个例药品不良反应报告应当按规定时限要求提交。严重不良反应尽快报告，不迟于获知信息后的 15 日，非严重不良反应不迟于获知信息后的 30 日。跟踪报告按照个例药品不良反应报告的时限提交。

报告时限的起始日期为持有人首次获知该个例药品不良反应且符合最低报告要求的日期。

第五十条　文献报道的药品不良反应，可疑药品为本持有人产品的，应当按个例药品不良反应报告。如果不能确定是否为本持有人产品的，应当在定期安全性更新报告中进行分析，可不作为个例药品不良反应报告。

第五十一条　境外发生的严重不良反应，持有人应当按照个例药品不良反应报告的要求提交。

因药品不良反应原因被境外药品监督管理部门要求暂停销售、使用或撤市的，持有人应当在获知相关信息后24小时内报告国家药品监督管理部门和药品不良反应监测机构。

第五十二条　对于药品上市后相关研究或有组织的数据收集项目中的疑似不良反应，持有人应当进行关联性评价。对可能存在关联性的，应当按照个例药品不良反应报告提交。

第五十三条　未按照个例药品不良反应报告提交的疑似药品不良反应信息，持有人应当记录不提交的原因，并保存原始记录，不得随意删除。

第五十四条　持有人不得以任何理由和手段阻碍报告者的报告行为。

第五章　风险识别与评估

第一节　信号检测

第五十五条　持有人应当对各种途径收集的疑似药品不良反应信息开展信号检测，及时发现新的药品安全风险。

第五十六条　持有人应当根据自身情况及产品特点选择适当、科学、有效的信号检测方法。信号检测方法可以是个例药品不良反应报告审阅、病例系列评价、病例报告汇总分析等人工检测方法，也可以是数据挖掘等计算机辅助检测方法。

第五十七条　信号检测频率应当根据药品上市时间、药品特点、风险特征等相关因素合理确定。对于新上市的创新药、改良型新药、省级及以上药品监督管理部门或药品不良反应监测机构要求关注的其他品种等，应当增加信号检测频率。

第五十八条　持有人在开展信号检测时，应当重点关注以下信号：

（一）药品说明书中未提及的药品不良反应，特别是严重的药品不良反应；

（二）药品说明书中已提及的药品不良反应，但发生频率、严重程度等明显增加的；

（三）疑似新的药品与药品、药品与器械、药品与食品间相互作用导致的药品不良反应；

（四）疑似新的特殊人群用药或已知特殊人群用药的变化；

（五）疑似不良反应呈现聚集性特点，不能排除与药品质量存在相关性的。

第五十九条　持有人应当对信号进行优先级判定。对于其中可能会影响产品的获益–风险平衡，或对公众健康产生影响的信号予以优先评价。信号优先级判定可考虑以下因素：

（一）药品不良反应的严重性、严重程度、转归、可逆性及可预防性；

（二）患者暴露情况及药品不良反应的预期发生频率；

（三）高风险人群及不同用药模式人群中的患者暴露情况；

（四）中断治疗对患者的影响，以及其他治疗方案的可及性；

（五）预期可能采取的风险控制措施；

（六）适用于其他同类药品的信号。

第六十条　持有人应当综合汇总相关信息，对检测出的信号开展评价，综合判断信号是否已构成新的药品安全风险。

相关信息包括：个例药品不良反应报告（包括药品不良反应监测机构反馈的报告）、临床研究数据、文献报道、有关药品不良反应或疾病的流行病学信息、非临床研究信息、医药数据库信息、药品监督管理部门或药品不良反应监测机构发布的相关信息等。必要时，持有人可通过开展药品上市后安全性研究等方式获取更多信息。

第六十一条　持有人获知或发现同一批号（或相邻批号）的同一药品在短期内集中出现多例临床表现相似的疑似不良反应，呈现聚集性特点的，应当及时开展病例分析和情况调查。

第二节　风险评估

第六十二条　持有人应当及时对新的药品安全风险开展评估，分析影响因素，描述风险特征，判定风险类型，评估是否需要采取风险控制措施等。评估应当综合考虑药品的获益－风险平衡。

第六十三条　持有人应当分析可能引起药品安全风险、增加风险发生频率或严重程度的原因或影响因素，如患者的生理特征、基础疾病、并用药品，或药物的溶媒、储存条件、使用方式等，为药物警戒计划的制定和更新提供科学依据。

中药、民族药持有人应当根据中医药、民族医药相关理论，分析处方特点（如炮制方式、配伍等）、临床使用（如功能主治、剂量、疗程、禁忌等）、患者机体等影响因素。

第六十四条　对药品风险特征的描述可包括风险发生机制、频率、严重程度、可预防性、可控性、对患者或公众健康的影响范围，以及风险证据的强度和局限性等。

第六十五条　风险类型分为已识别风险和潜在风险。对于可能会影响产品的获益－风险平衡，或对公众健康产生不利影响的风险，应当作为重要风险予以优先评估。

持有人还应当对可能构成风险的重要缺失信息进行评估。

第六十六条　持有人应当根据风险评估结果，对已识别风险、潜在风险等采取适当的风险管理措施。

第六十七条　风险评估应当有记录或报告，其内容一般包括风险概述、原因、过程、结果、风险管理建议等。

第六十八条　在药品风险识别和评估的任何阶段，持有人认为风险可能严重危害患者生命安全或公众健康的，应当立即采取暂停生产、销售及召回产品等风险控制措施，并向所在地省级药品监督管理部门报告。

第三节　药品上市后安全性研究

第六十九条　药品上市后开展的以识别、定性或定量描述药品安全风险，研究药品安全性特征，以及评估风险控制措施实施效果为目的的研究均属于药品上市后安全性研究。

第七十条　药品上市后安全性研究一般是非干预性研究，也可以是干预性研究，一般不涉及非临床研究。干预性研究可参照《药物临床试验质量管理规范》的要求开展。

第七十一条　持有人应当根据药品风险情况主动开展药品上市后安全性研究，或按照省级及以上药品监督管理部门的要求开展。药品上市后安全性研究及其活动不得以产品推广为目的。

第七十二条　开展药品上市后安全性研究的目的包括但不限于：

（一）量化并分析潜在的或已识别的风险及其影响因素（例如描述发生率、严重程度、风险因素等）；

（二）评估药品在安全信息有限或缺失人群中使用的安全性（例如孕妇、特定年龄段、肾功能不全、肝功能不全等人群）；

（三）评估长期用药的安全性；

（四）评估风险控制措施的有效性；

（五）提供药品不存在相关风险的证据；

（六）评估药物使用模式（例如超适应症使用、超剂量使用、合并用药或用药错误）；

（七）评估可能与药品使用有关的其他安全性问题。

第七十三条　持有人应当遵守伦理和受试者保护的相关法律法规和要求，确保受试者的权益。

第七十四条　持有人应当根据研究目的、药品风险特征、临床使用情况等选择适宜的药品上市后安全性研究方法。药品上市后安全性研究可以基于本次研究中从医务人员或患者处直接收集的原始数据，也可以基于本次研究前已经发生并且收集的用于其他研究目的的二手数据。

第七十五条　持有人开展药品上市后安全性研究应当制定书面的研究方案。研究方案应当由具有适当学科背景和实践经验的人员制定，并经药物警戒负责人审核或批准。

研究方案中应当规定研究开展期间疑似药品不良反应信息的收集、评估和报告程序，并在研究报告中进行总结。

研究过程中可根据需要修订或更新研究方案。研究开始后，对研究方案的任何实质性修订（如研究终点和研究人群变更）应当以可追溯和可审查的方式记录在方案中，包括变更原因、变更内容及日期。

第七十六条　对于药品监督管理部门要求开展的药品上市后安全性研究，研究方案和报告应当按照药品监督管理部门的要求提交。

第七十七条　持有人应当监测研究期间的安全性信息，发现任何可能影响药品获益－风险平衡的新信息，应当及时开展评估。

第七十八条　研究中发现可能严重危害患者的生命安全或公众健康的药品安全问题时，持有人应当立即采取暂停生产、销售及召回产品等风险控制措施，并向所在地省级药品监督管理部门报告。

第四节　定期安全性更新报告

第七十九条　定期安全性更新报告应当以持有人在报告期内开展的工作为基础进行撰写，对收集到的安全性信息进行全面深入的回顾、汇总和分析，格式和内容应当符合药品定期安全性更新报告撰写规范的要求。

第八十条　创新药和改良型新药应当自取得批准证明文件之日起每满 1 年提交一次定期安全性更新报告，直至首次再注册，之后每 5 年报告一次。其他类别的药品，一般应当自取得批准证明文件之日起每 5 年报告一次。药品监督管理部门或药品不良反应监测机构另有要求的，应当按照要求提交。

第八十一条　定期安全性更新报告的数据汇总时间以首次取得药品批准证明文件的日期为起点计，也可以该药物全球首个获得上市批准日期（即国际诞生日）为起点计。定期安全性更新报告数据覆盖期应当保持完整性和连续性。

第八十二条　定期安全性更新报告应当由药物警戒负责人批准同意后，通过国家药品不良反应监测系统提交。

第八十三条　对定期安全性更新报告的审核意见，持有人应当及时处理并予以回应；其中针对特定安全性问题的分析评估要求，除按药品监督管理部门或药品不良反应监测机构要求单独提交外，还应当在下一次的定期安全性更新报告中进行分析评价。

第八十四条　持有人可以提交定期获益－风险评估报告代替定期安全性更新报告，其撰写格式和递交要求适用国际人用药品注册技术协调会相关指导原则，其他要求同定期安全性更新报告。

第八十五条　定期安全性更新报告中对于风险的评估应当基于药品的所有用途。

开展获益－风险评估时，对于有效性的评估应当包括临床试验的数据，以及按照批准的适应症在实际使用中获得的数据。获益－风险的综合评估应当以批准的适应症为基础，结合药品实际使用中的风险开展。

第八十六条　除药品监督管理部门另有要求外，以下药品或按药品管理的产品不需要提交定期安全性更新报告：原料药、体外诊断试剂、中药材、中药饮片。

第六章　风险控制

第一节　风险控制措施

第八十七条　对于已识别的安全风险，持有人应当综合考虑药品风险特征、药品的可替代性、社会经济因素等，采取适宜的风险控制措施。

常规风险控制措施包括修订药品说明书、标签、包装，改变药品包装规格，改变药品管理状态等。特殊风险控制措施包括开展医务人员和患者的沟通和教育、药品使用环节的限制、患者登记等。需要紧急控制的，可采取暂停药品生产、销售及召回产品等措施。当评估认为药品风险大于获益的，持有人应当主动申请注销药品注册证书。

第八十八条　持有人采取药品使用环节的限制措施，以及暂停药品生产、销售，召回产品等风险控制措施的，应当向所在地省级药品监督管理部门报告，并告知相关药品经营企业和医疗机构停止销售和使用。

第八十九条　持有人发现或获知药品不良反应聚集性事件的，应当立即组织开展调查和处置，必要时应当采取有效的风险控制措施，并将相关情况向所在地省级药品监督管理部门报告。有重要进展应当跟踪报告，采取暂停生产、销售及召回产品等风险控制措施的应当立即报告。委托生产的，持有人应当同时向生产企业所在地省级药品监督管理部门报告。

第九十条　持有人应当对风险控制措施的执行情况和实施效果进行评估，并根据评估结论决定是否采取进一步行动。

第二节　风险沟通

第九十一条　持有人应当向医务人员、患者、公众传递药品安全性信息，沟通药品风险。

第九十二条　持有人应当根据不同的沟通目的，采用不同的风险沟通方式和渠道，制定有针对性的沟通内容，确保沟通及时、准确、有效。

第九十三条　沟通方式包括发送致医务人员的函、患者安全用药提示以及发布公告、召开发布会等。

致医务人员的函可通过正式信函发送至医务人员，或可通过相关医疗机构、药品生产企业、药品经营企业或行业协会发送，必要时可同时通过医药学专业期刊或报纸、具有互联网医药服务资质的网站等专业媒体发布。

患者安全用药提示可随药品发送至患者，或通过大众媒体进行发布，其内容应当简洁、清晰、通俗易懂。

第九十四条　沟通工作应当符合相关法律法规要求，不得包含任何广告或产品推广性质的内容。一般情况下，沟通内容应当基于当前获批的信息。

第九十五条　出现下列情况的，应当紧急开展沟通工作：

（一）药品存在需要紧急告知医务人员和患者的安全风险，但正在流通的产品不能及时更新说明书的；

（二）存在无法通过修订说明书纠正的不合理用药行为，且可能导致严重后果的；

（三）其他可能对患者或公众健康造成重大影响的情况。

第三节　药物警戒计划

第九十六条　药物警戒计划作为药品上市后风险管理计划的一部分，是描述上市后药品安全性特征以及如何管理药品安全风险的书面文件。

第九十七条　持有人应当根据风险评估结果，对发现存在重要风险的已上市药品，制定并实施药物警戒计划，并根据风险认知的变化及时更新。

第九十八条　药物警戒计划包括药品安全性概述、药物警戒活动，并对拟采取的风险控制措施、实施时间周期等进行描述。

第九十九条　药物警戒计划应当报持有人药品安全委员会审核。

第七章　文件、记录与数据管理

第一节　制度和规程文件

第一百条　持有人应当制定完善的药物警戒制度和规程文件。

可能涉及药物警戒活动的文件应当经药物警戒部门审核。

第一百零一条　制度和规程文件应当按照文件管理操作规程进行起草、修订、审核、批准、分发、替换或撤销、复制、保管和销毁等，并有相应的分发、撤销、复制和销毁记录。制度和规程文件应当分类存放、条理分明，便于查阅。

第一百零二条　制度和规程文件应当标明名称、类别、编号、版本号、审核批准人员及生效日期等，内容描述应当准确、清晰、易懂，附有修订日志。

第一百零三条　持有人应当对制度和规程文件进行定期审查，确保现行文件持续适宜和有效。制度和规程文件应当根据相关法律法规等要求及时更新。

第二节　药物警戒体系主文件

第一百零四条　持有人应当创建并维护药物警戒体系主文件，用以描述药物警戒体系及活动情况。

第一百零五条　持有人应当及时更新药物警戒体系主文件，确保与现行药物警戒体系及活动情况保持一致，并持续满足相关法律法规和实际工作需要。

第一百零六条　药物警戒体系主文件应当至少包括以下内容：

（一）组织机构：描述与药物警戒活动有关的组织架构、职责及相互关系等；

（二）药物警戒负责人的基本信息：包括居住地区、联系方式、简历、职责等；

（三）专职人员配备情况：包括专职人员数量、相关专业背景、职责等；

（四）疑似药品不良反应信息来源：描述疑似药品不良反应信息收集的主要途径、方式等；

（五）信息化工具或系统：描述用于开展药物警戒活动的信息化工具或系统；

（六）管理制度和操作规程：提供药物警戒管理制度的简要描述和药物警戒管理制度及操作规程目录；

（七）药物警戒体系运行情况：描述药品不良反应监测与报告，药品风险的识别、评估和控制等情况；

（八）药物警戒活动委托：列明委托的内容、时限、受托单位等，并提供委托协议清单；

（九）质量管理：描述药物警戒质量管理情况，包括质量目标、质量保证系统、质量控制指标、内审等；

（十）附录：包括制度和操作规程文件、药品清单、委托协议、内审报告、主文件修订日志等。

第三节　记录与数据

第一百零七条　持有人应当规范记录药物警戒活动的过程和结果，妥善管理药物警戒活动产生的记录与数据。记录与数据应当真实、准确、完整，保证药物警戒活动可追溯。关键的药物警戒活动相关记录和数据应当进行确认与复核。

第一百零八条　记录应当及时填写，载体为纸质的，应当字迹清晰、易读、不易擦除；载体为电子的，应当设定录入权限，定期备份，不得随意更改。

第一百零九条 电子记录系统应当具备记录的创建、审核、批准、版本控制，以及数据的采集与处理、记录的生成、复核、报告、存储及检索等功能。

第一百一十条 对电子记录系统应当针对不同的药物警戒活动和操作人员设置不同的权限，保证原始数据的创建、更改和删除可追溯。

第一百一十一条 使用电子记录系统，应当建立业务操作规程，规定系统安装、设置、权限分配、用户管理、变更控制、数据备份、数据恢复、日常维护与定期回顾的要求。

第一百一十二条 在保存和处理药物警戒记录和数据的各个阶段应当采取特定的措施，确保记录和数据的安全性和保密性。

第一百一十三条 药物警戒记录和数据至少保存至药品注册证书注销后十年，并应当采取有效措施防止记录和数据在保存期间损毁、丢失。

第一百一十四条 委托开展药物警戒活动所产生的文件、记录和数据，应当符合本规范要求。

第一百一十五条 持有人转让药品上市许可的，应当同时移交药物警戒的所有相关记录和数据，确保移交过程中记录和数据不被遗失。

第八章 临床试验期间药物警戒

第一节 基本要求

第一百一十六条 与注册相关的药物临床试验期间，申办者应当积极与临床试验机构等相关方合作，严格落实安全风险管理的主体责任。申办者应当建立药物警戒体系，全面收集安全性信息并开展风险监测、识别、评估和控制，及时发现存在的安全性问题，主动采取必要的风险控制措施，并评估风险控制措施的有效性，确保风险最小化，切实保护好受试者安全。

药物警戒体系及质量管理可参考本规范前述上市后相关要求，并可根据临床试验期间药物警戒要求进行适当调整。

第一百一十七条 对于药物临床试验期间出现的安全性问题，申办者应当及时将相关风险及风险控制措施报告国家药品审评机构。鼓励申办者、临床试验机构与国家药品审评机构积极进行沟通交流。

第一百一十八条 申办者应当指定专职人员负责临床试验期间的安全信息监测和严重不良事件报告管理；应当制订临床试验安全信息监测与严重不良事件报告操作规程，并对相关人员进行培训；应当掌握临床试验过程中最新安全性信息，及时进行安全风险评估，向试验相关方通报有关信息，并负责对可疑且非预期严重不良反应和其他潜在的严重安全性风险信息进行快速报告。

第一百一十九条 开展临床试验，申办者可以建立独立的数据监查委员会（数据和安全监查委员会）。数据监查委员会（数据和安全监查委员会）应当有书面的工作流程，定期对临床试验安全性数据进行评估，并向申办者建议是否继续、调整或停止试验。

第一百二十条　临床试验过程中的安全信息报告、风险评估和风险管理及相关处理，应当严格遵守受试者保护原则。申办者和研究者应当在保证受试者安全和利益的前提下，妥善安排相关事宜。

第一百二十一条　临床试验期间药物警戒活动需要结合《药物临床试验质量管理规范》等要求。

第一百二十二条　申办者为临床试验期间药物警戒责任主体，根据工作需要委托受托方开展药物警戒活动的，相应法律责任由申办者承担。

第二节　风险监测、识别、评估与控制

第一百二十三条　临床试验期间，申办者应当在规定时限内及时向国家药品审评机构提交可疑且非预期严重不良反应个例报告。

第一百二十四条　对于致死或危及生命的可疑且非预期严重不良反应，申办者应当在首次获知后尽快报告，但不得超过 7 日，并应在首次报告后的 8 日内提交信息尽可能完善的随访报告。

对于死亡或危及生命之外的其他可疑且非预期严重不良反应，申办者应当在首次获知后尽快报告，但不得超过 15 日。

提交报告后，应当继续跟踪严重不良反应，以随访报告的形式及时报送有关新信息或对前次报告的更改信息等，报告时限为获得新信息起 15 日内。

第一百二十五条　申办者和研究者在不良事件与药物因果关系判断中不能达成一致时，其中任一方判断不能排除与试验药物相关的，都应当进行快速报告。

在临床试验结束或随访结束后至获得审评审批结论前发生的严重不良事件，由研究者报告申办者，若属于可疑且非预期严重不良反应，也应当进行快速报告。

从其他来源获得的与试验药物相关的可疑且非预期严重不良反应也应当进行快速报告。

第一百二十六条　个例安全性报告内容应当完整、规范、准确，符合相关要求。

申办者向国家药品审评机构提交个例安全性报告应当采用电子传输方式。

第一百二十七条　除非预期严重不良反应的个例安全性报告之外，对于其他潜在的严重安全性风险信息，申办者也应当作出科学判断，同时尽快向国家药品审评机构报告。

一般而言，其他潜在的严重安全性风险信息指明显影响药品获益－风险评估的、可能考虑药品用法改变的或影响总体药品研发进程的信息。

第一百二十八条　申办者应当对安全性信息进行分析和评估，识别安全风险。个例评估考虑患者人群、研究药物适应症、疾病自然史、现有治疗方法以及可能的获益－风险等因素。申办者还应当定期对安全性数据进行汇总分析，评估风险。

第一百二十九条　临床试验期间，申办者应当对报告周期内收集到的与药物相关的

安全性信息进行全面深入的年度回顾、汇总和评估，按时提交研发期间安全性更新报告，研发期间安全性更新报告及其附件应当严格按照《研发期间安全性更新报告管理规范》完整撰写，并应包含与所有剂型和规格、所有适应症以及研究中接受试验药物的受试人群相关的数据。

原则上，应当将药物在境内或全球首次获得临床试验许可日期（即国际研发诞生日）作为研发期间安全性更新报告报告周期的起始日期。首次提交研发期间安全性更新报告应当在境内临床试验获准开展后第一个国际研发诞生日后两个月内完成。

当药物在境内外获得上市许可，如申办者需要，可在该药品全球首个获得上市批准日期的基础上准备和提交安全性更新报告。调整后的首次提交，报告周期不应超过一年。

第一百三十条　申办者经评估认为临床试验存在一定安全风险的，应当采取修改临床试验方案、修改研究者手册、修改知情同意书等风险控制措施；评估认为临床试验存在较大安全风险的，应当主动暂停临床试验；评估认为临床试验存在重大安全风险的，应当主动终止临床试验。

修改临床试验方案、主动暂停或终止临床试验等相关信息，应当按照相关要求及时在药物临床试验登记与信息公示平台进行更新。

第一百三十一条　申办者应当对风险控制措施的执行情况和实施效果进行评估，并根据评估结论决定是否采取进一步行动。

第九章　附　则

第一百三十二条　本规范下列术语的含义：

药品不良反应：是指合格药品在正常用法用量下出现的与用药目的无关的有害反应。

信号：是指来自一个或多个来源的，提示药品与事件之间可能存在新的关联性或已知关联性出现变化，且有必要开展进一步评估的信息。

药品不良反应聚集性事件：是指同一批号（或相邻批号）的同一药品在短期内集中出现多例临床表现相似的疑似不良反应，呈现聚集性特点，且怀疑与质量相关或可能存在其他安全风险的事件。

已识别风险：有充分的证据表明与关注药品有关的风险。

潜在风险：有依据怀疑与关注药品有关，但这种相关性尚未得到证实的风险。

第一百三十三条　国务院卫生健康主管部门和国务院药品监督管理部门对疫苗疑似预防接种异常反应监测等药物警戒活动另有规定的，从其规定。

第一百三十四条　本规范自 2021 年 12 月 1 日起施行。

国家药监局关于发布《药品召回管理办法》的公告

2022 年第 92 号

为贯彻落实《中华人民共和国药品管理法》《中华人民共和国疫苗管理法》等法律法规要求，国家药监局组织修订了《药品召回管理办法》，现予发布，自 2022 年 11 月 1 日起施行。

特此公告。

附件：药品召回管理办法

国家药监局

2022 年 10 月 24 日

附件

药品召回管理办法

第一章　总　则

第一条　为加强药品质量监管，保障公众用药安全，根据《中华人民共和国药品管理法》《中华人民共和国疫苗管理法》《中华人民共和国药品管理法实施条例》等法律法规，制定本办法。

第二条　中华人民共和国境内生产和上市药品的召回及其监督管理，适用本办法。

第三条　本办法所称药品召回，是指药品上市许可持有人（以下称持有人）按照规定的程序收回已上市的存在质量问题或者其他安全隐患药品，并采取相应措施，及时控制风险、消除隐患的活动。

第四条　本办法所称质量问题或者其他安全隐患，是指由于研制、生产、储运、标识等原因导致药品不符合法定要求，或者其他可能使药品具有的危及人体健康和生命安全的不合理危险。

第五条　持有人是控制风险和消除隐患的责任主体，应当建立并完善药品召回制度，收集药品质量和安全的相关信息，对可能存在的质量问题或者其他安全隐患进行调查、评估，及时召回存在质量问题或者其他安全隐患的药品。

药品生产企业、药品经营企业、药品使用单位应当积极协助持有人对可能存在质量问题或者其他安全隐患的药品进行调查、评估，主动配合持有人履行召回义务，按照召回计划及时传达、反馈药品召回信息，控制和收回存在质量问题或者其他安全隐患的药品。

第六条 药品生产企业、药品经营企业、药品使用单位发现其生产、销售或者使用的药品可能存在质量问题或者其他安全隐患的，应当及时通知持有人，必要时应当暂停生产、放行、销售、使用，并向所在地省、自治区、直辖市人民政府药品监督管理部门报告，通知和报告的信息应当真实。

第七条 持有人、药品生产企业、药品经营企业、药品使用单位应当按规定建立并实施药品追溯制度，保存完整的购销记录，保证上市药品的可溯源。

第八条 省、自治区、直辖市人民政府药品监督管理部门负责本行政区域内药品召回的监督管理工作。

市县级地方人民政府药品监督管理部门负责配合、协助做好药品召回的有关工作，负责行政区域内药品经营企业、药品使用单位协助召回情况的监督管理工作。

国家药品监督管理局负责指导全国药品召回的管理工作。

第九条 国家药品监督管理局和省、自治区、直辖市人民政府药品监督管理部门应当按照药品信息公开有关制度，采取有效途径向社会公布存在质量问题或者其他安全隐患的药品信息和召回信息，必要时向同级卫生健康主管部门通报相关信息。

持有人应当制定药品召回信息公开制度，依法主动公布药品召回信息。

第二章　调查与评估

第十条 持有人应当主动收集、记录药品的质量问题、药品不良反应／事件、其他安全风险信息，对可能存在的质量问题或者其他安全隐患进行调查和评估。

药品生产企业、药品经营企业、药品使用单位应当配合持有人对有关药品质量问题或者其他安全隐患进行调查，并提供有关资料。

第十一条 对可能存在质量问题或者其他安全隐患的药品进行调查，应当根据实际情况确定调查内容，可以包括：

（一）已发生药品不良反应／事件的种类、范围及原因；

（二）药品处方、生产工艺等是否符合相应药品标准、核准的生产工艺要求。

（三）药品生产过程是否符合药品生产质量管理规范；生产过程中的变更是否符合药品注册管理和相关变更技术指导原则等规定；

（四）药品储存、运输等是否符合药品经营质量管理规范；

（五）药品使用是否符合药品临床应用指导原则、临床诊疗指南和药品说明书、标签规定等；

（六）药品主要使用人群的构成及比例；

（七）可能存在质量问题或者其他安全隐患的药品批次、数量及流通区域和范围；

（八）其他可能影响药品质量和安全的因素。

第十二条　对存在质量问题或者其他安全隐患药品评估的主要内容包括：

（一）该药品引发危害的可能性，以及是否已经对人体健康造成了危害；

（二）对主要使用人群的危害影响；

（三）对特殊人群，尤其是高危人群的危害影响，如老年人、儿童、孕妇、肝肾功能不全者、外科手术病人等；

（四）危害的严重与紧急程度；

（五）危害导致的后果。

第十三条　根据药品质量问题或者其他安全隐患的严重程度，药品召回分为：

（一）一级召回：使用该药品可能或者已经引起严重健康危害的；

（二）二级召回：使用该药品可能或者已经引起暂时或者可逆的健康危害的；

（三）三级召回：使用该药品一般不会引起健康危害，但由于其他原因需要收回的。

第十四条　持有人应当根据调查和评估结果和药品召回等级，形成调查评估报告，科学制定召回计划。

调查评估报告应当包括以下内容：

（一）召回药品的具体情况，包括名称、规格、批次等基本信息；

（二）实施召回的原因；

（三）调查评估结果；

（四）召回等级。

召回计划应当包括以下内容：

（一）药品生产销售情况及拟召回的数量；

（二）召回措施具体内容，包括实施的组织、范围和时限等；

（三）召回信息的公布途径和范围；

（四）召回的预期效果；

（五）药品召回后的处理措施；

（六）联系人的姓名及联系方式。

第三章　主动召回

第十五条　持有人经调查评估后，确定药品存在质量问题或者其他安全隐患的，应当立即决定并实施召回，同时通过企业官方网站或者药品相关行业媒体向社会发布召回信息。召回信息应当包括以下内容：药品名称、规格、批次、持有人、药品生产企业、召回原因、召回等级等。

实施一级、二级召回的，持有人还应当申请在所在地省、自治区、直辖市人民政府药品监督管理部门网站依法发布召回信息。省、自治区、直辖市人民政府药品监督管理部门网站发布的药品召回信息应当与国家药品监督管理局网站链接。

第十六条　持有人作出药品召回决定的，一级召回在 1 日内，二级召回在 3 日内，三级召回在 7 日内，应当发出召回通知，通知到药品生产企业、药品经营企业、药品使用单位等，同时向所在地省、自治区、直辖市人民政府药品监督管理部门备案调查评估报告、召回计划和召回通知。召回通知应当包括以下内容：

（一）召回药品的具体情况，包括名称、规格、批次等基本信息；

（二）召回的原因；

（三）召回等级；

（四）召回要求，如立即暂停生产、放行、销售、使用；转发召回通知等。

（五）召回处理措施，如召回药品外包装标识、隔离存放措施、储运条件、监督销毁等。

第十七条 持有人在实施召回过程中，一级召回每日，二级召回每 3 日，三级召回每 7 日，向所在地省、自治区、直辖市人民政府药品监督管理部门报告药品召回进展情况。

召回过程中，持有人应当及时评估召回效果，发现召回不彻底的，应当变更召回计划，扩大召回范围或者重新召回。变更召回计划的，应当及时向所在地省、自治区、直辖市人民政府药品监督管理部门备案。

第十八条 持有人应当明确召回药品的标识及存放要求，召回药品的外包装标识、隔离存放措施等，应当与正常药品明显区别，防止差错、混淆。对需要特殊储存条件的，在其储存和转运过程中，应当保证储存条件符合规定。

第十九条 召回药品需要销毁的，应当在持有人、药品生产企业或者储存召回药品所在地县级以上人民政府药品监督管理部门或者公证机构监督下销毁。

对通过更换标签、修改并完善说明书、重新外包装等方式能够消除隐患的，或者对不符合药品标准但尚不影响安全性、有效性的中药饮片，且能够通过返工等方式解决该问题的，可以适当处理后再上市。相关处理操作应当符合相应药品质量管理规范等要求，不得延长药品有效期或者保质期。

持有人对召回药品的处理应当有详细的记录，记录应当保存 5 年且不得少于药品有效期后 1 年。

第二十条 持有人应当按照《药品管理法》第八十二条规定，在召回完成后 10 个工作日内，将药品召回和处理情况向所在地省、自治区、直辖市人民政府药品监督管理部门和卫生健康主管部门报告。

持有人应当在药品年度报告中说明报告期内药品召回情况。

第二十一条 境外生产药品涉及在境内实施召回的，境外持有人指定的在中国境内履行持有人义务的企业法人（以下称境内代理人）应当按照本办法组织实施召回，并向其所在地省、自治区、直辖市人民政府药品监督管理部门和卫生健康主管部门报告药品召回和处理情况。

境外持有人在境外实施药品召回，经综合评估认为属于下列情形的，其境内代理人应当于境外召回启动后 10 个工作日内，向所在地省、自治区、直辖市人民政府药品监督管理部门报告召回药品的名称、规格、批次、召回原因等信息：

（一）与境内上市药品为同一品种，但不涉及境内药品规格、批次或者剂型的；

（二）与境内上市药品共用生产线的；

（三）其他需要向药品监督管理部门报告的。

境外持有人应当综合研判境外实施召回情况，如需要在中国境内召回的，应当按照本条第一款规定组织实施召回。

第四章　责令召回

第二十二条　有以下情形之一的，省、自治区、直辖市人民政府药品监督管理部门应当责令持有人召回药品：

（一）药品监督管理部门经过调查评估，认为持有人应当召回药品而未召回的；

（二）药品监督管理部门经对持有人主动召回结果审查，认为持有人召回药品不彻底的。

第二十三条　省、自治区、直辖市人民政府药品监督管理部门责令召回药品的，应当按本办法第九条、第十五条相关规定向社会公布责令召回药品信息，要求持有人、药品生产企业、药品经营企业和药品使用单位停止生产、放行、销售、使用。

持有人应当按照责令召回要求实施召回，并按照本办法第十五条相关规定向社会发布药品召回信息。

第二十四条　省、自治区、直辖市人民政府药品监督管理部门作出责令召回决定，应当将责令召回通知书送达持有人。责令召回通知书应当包括以下内容：

（一）召回药品的具体情况，包括名称、规格、批次等基本信息；

（二）实施召回的原因；

（三）审查评价和 / 或调查评估结果；

（四）召回等级；

（五）召回要求，包括范围和时限等。

第二十五条　持有人在收到责令召回通知书后，应当按照本办法第十四条、第十六条的规定，通知药品生产企业、药品经营企业和药品使用单位，制定、备案召回计划，并组织实施。

第二十六条　持有人在实施召回过程中，应当按照本办法第十七条相关要求向所在地省、自治区、直辖市人民政府药品监督管理部门报告药品召回进展情况。

第二十七条　持有人应当按照本办法第十八条、第十九条规定做好后续处理和记录，并在完成召回和处理后 10 个工作日内向所在地省、自治区、直辖市人民政府药品监督管理部门和卫生健康主管部门提交药品召回的总结报告。

第二十八条　省、自治区、直辖市人民政府药品监督管理部门应当自收到总结报告之日起 10 个工作日内进行审查，并对召回效果进行评价，必要时组织专家进行审查和评价。认为召回尚未有效控制风险或者消除隐患的，应当书面要求持有人重新召回。

第二十九条 对持有人违反本办法规定，在其所在地省、自治区、直辖市人民政府药品监督管理部门责令其召回后而拒不召回的，药品生产企业、药品经营企业、药品使用单位不配合召回的，相应省、自治区、直辖市人民政府药品监督管理部门应当按照《药品管理法》第一百三十五条的规定进行查处。

第五章　附　则

第三十条 在中国境内上市疫苗的召回程序适用本办法。疫苗存在或者疑似存在质量问题的处置要求应当按照《疫苗管理法》的规定执行。

第三十一条 境内持有人发现出口药品存在质量问题或者其他安全隐患的，应当及时通报进口国（地区）药品监管机构和采购方，需要在境外实施召回的，应当按照进口国（地区）有关法律法规及采购合同的规定组织实施召回。

第三十二条 中药饮片、中药配方颗粒的召回，其生产企业按照本办法实施。

第三十三条 本办法自 2022 年 11 月 1 日施行。

国家药监局关于规范药品网络销售备案和
报告工作的公告

2022 年第 112 号

根据《药品网络销售监督管理办法》的要求，为指导各级药品监督管理部门有序开展药品网络交易第三方平台备案和药品网络销售企业报告工作，现将有关事项公告如下：

一、药品网络交易第三方平台备案

（一）办理备案

药品网络交易第三方平台应当按照《药品网络销售监督管理办法》第十八条规定向平台所在地省级药品监督管理部门备案，如实填写药品网络交易第三方平台备案表（附件 1），并提交相关材料（附件 2）。

（二）材料核对

省级药品监督管理部门应当对企业提交材料进行核对，符合要求的予以备案；提交材料不齐全或不符合法定情形的，应当一次性告知需要补充材料的事项。鼓励各地按照国务院"放管服"的总体要求并结合当地实际，运用信息化手段为企业办理备案手续提供便利。

省级药品监督管理部门应当在备案后 7 个工作日内向社会公开备案信息（附件 3）。公开的备案信息应包括：企业名称、法定代表人、网站名称、网络客户端应用程序名、网站域名、网站 IP 地址、电信业务经营许可证和非经营性互联网信息服务备案编号、药品网络交易第三方平台备案编号等。

省级药品监督管理部门应当在药品网络交易第三方平台备案后 3 个月内，组织对药品网络交易第三方平台开展现场检查，并确保每年至少开展 1 次检查，引导企业合法有序开展经营。

（三）变更备案

药品网络交易第三方平台的公示备案信息发生变化的，应当在相关信息变化之日起 10 个工作日内向省级药品监督管理部门办理变更备案；其他备案信息发生变化的，应及时进行更新。省级药品监督管理部门在日常检查中发现药品网络交易第三方平台的备案信息与实际不符的，应督促企业及时更新备案信息。

（四）取消备案

药品网络交易第三方平台不再开展相关业务的，应当提前 20 个工作日在平台首页显著位置持续公示有关信息，主动向所在地省级药品监督管理部门办理取消备案。取消案的材料需加盖单位公章，内容应当包括拟取消的备案信息、未取得备案前不再开展药品网络交易第三方平台服务的承诺声明等。

药品网络交易第三方平台的实际情况与备案信息不符且无法取得联系的，经省级药品监督管理部门公示 10 个工作日后，仍无法取得联系或无法开展现场检查的，予以取消备案。

省级药品监督管理部门发现企业备案提供虚假材料或者在日常监管中发现存在违法违规行为的，应当依法处理。情形严重的，应当向社会公示，并及时向同级通信主管部门通报。

已办理取消备案的企业拟重新开展药品网络交易第三方平台服务的，应当重新向所在地省级药品监督管理部门办理备案。

（五）数据推送

办理备案、变更备案和取消备案信息需同步推送至国家药品监管数据共享平台。

二、药品网络销售企业报告

从事药品网络销售的企业应当按照《药品网络销售监督管理办法》第十一条规定向药品监督管理部门报告，如实填写并提交加盖公章的药品网络销售企业报告信息表（附件 4）。

从事药品网络销售的企业通过多个自建网站、网络客户端应用程序（含小程序）等开展经营活动的，应当在报告内容中逐个列明；入驻同个或多个药品网络交易第三方平台开展经营活动的，应当将第三方平台名称、店铺名称、店铺首页链接在报告内容中逐个列明。药品监督管理部门应当将相关企业的药品网络销售活动纳入日常监管，督促企业持续合法合规开展经营活动。

各级药品监督管理部门可结合本行政区域内监管实际，细化具体内容，完善有关要求，组织企业依法依规履行备案及报告义务，严格按照法定要求对企业的资质能力进行审核把关，强化事中事后监管。省级药品监督管理部门还应当做好备案和报告信息的归集整理，及时掌握本行政区域内药品网络交易第三方平台和药品网络销售企业的情况。

特此公告。

附件：1.药品网络交易第三方平台备案表
　　　2.药品网络交易第三方平台备案材料清单
　　　3.药品网络交易第三方平台备案信息
　　　4.药品网络销售企业报告信息表

国家药监局

2022 年 11 月 30 日

国家药监局关于印发药品出口销售证明管理规定的通知

国药监药管〔2018〕43 号

各省、自治区、直辖市食品药品监督管理局，新疆生产建设兵团食品药品监督管理局：

为进一步规范《药品出口销售证明》的办理，为我国药品出口提供便利和服务，国家药品监督管理局制定了《药品出口销售证明管理规定》，现予发布，请遵照执行。有关事项通知如下：

一、请各省（区、市）局按照《国务院办公厅关于印发进一步深化"互联网＋政务服务"推进政务服务"一网、一门、一次"改革实施方案的通知》（国办发〔2018〕45 号）和本通知要求，完善内部申请办事流程，压缩办理时限，积极推行网上受理和出证，为出口企业提供便利。信息化条件成熟的，可视情况逐步以电子提交代替纸质复印件申报。

二、国家局将建设统一的药品出口销售证明信息管理系统。在该系统正式上线运行前，各省（区、市）局通过药品生产和监管信息直报系统上传出证数据信息，包含证明文件原件（pdf 文件格式）。信息管理系统上线后，按系统要求传送出证数据信息。

三、关于本规定第四条中"与我国有相关协议的国际组织提供的相关品种证明文件"，由国家局提出审核意见。各省（区、市）局可依据国家局审核意见予以办理。

四、请各地对出口药品生产企业加强监管，按照药品生产质量管理规范，严格把握检查标准和尺度，重点关注企业执行供应商审计和落实数据可靠性要求的情况。各地为企业提供出证服务的同时，督促企业持续合规生产；发现不符合要求的，及时采取措施。

五、本规定自发布之日起施行，原国家药品监督管理局《关于印发〈出具"药品销售证明书"若干管理规定〉的通知》（国药监安〔2001〕225 号）同时废止。

国家药监局

2018 年 11 月 9 日

药品出口销售证明管理规定

第一条　为进一步规范《药品出口销售证明》的办理，为我国药品出口提供便利和服务，制定本规定。

第二条　《药品出口销售证明》适用于中华人民共和国境内的药品上市许可持有人、药品生产企业已批准上市药品的出口，国务院有关部门限制或者禁止出口的药品除外。

对于与已批准上市药品的未注册规格（单位剂量），药品上市许可持有人、药品生产企业按照药品生产质量管理规范要求生产的，也可适用本规定。

对于未在我国注册的药品，药品上市许可持有人、药品生产企业按照药品生产质量管理规范要求生产的，且符合与我国有相关协议的国际组织要求的，也可适用本规定。

出具《药品出口销售证明》是根据企业申请，为其药品出口提供便利的服务事项。

第三条　由各省、自治区、直辖市药品监督管理部门负责本行政区域内《药品出口销售证明》出具办理工作（已批准上市的药品的式样见附件1，已批准上市药品的未注册规格的式样见附件2，未在我国注册的药品的式样见附件3）。

第四条　药品上市许可持有人、药品生产企业办理药品出口销售证明的，应当向所在地省级药品监督管理部门提交《药品出口销售证明申请表》（式样见附件4）。

对于已批准上市的药品、已批准上市药品的未注册规格，应当分别提交相应的《药品出口销售证明申请表》，同时提交以下资料：

（一）药品上市许可持有人证明文件或者药品生产企业的《药品生产许可证》正、副本（均为复印件）；

（二）已批准上市药品的药品注册证书（复印件）；

（三）境内监管机构近3年内最近一次相关品种接受监督检查的相关资料（均为复印件）；

（四）《营业执照》（复印件）；

（五）按照批签发管理的生物制品须提交《生物制品批签发合格证》（复印件）；

（六）申请者承诺书；

（七）省级药品监督管理部门另行公示要求提交的其他资料。

对于未在我国注册的药品，提交《药品出口销售证明申请表》的同时，提交以下资料：

（一）药品上市许可持有人证明文件或者药品生产企业的《药品生产许可证》正、副本（均为复印件）；

（二）与我国有相关协议的国际组织提供的相关品种证明文件（原件）；

（三）《营业执照》（复印件）；

（四）境内监管机构近3年内最近一次生产场地接受监督检查的相关资料（复印件）；

（五）申请者承诺书；

（六）省级药品监督管理部门另行公示要求提交的其他资料。

所有以复印件形式提交的材料需加盖申请者的公章，内容应当真实准确。

第五条　药品监督管理部门认为企业提交的资料不能充分证明药品生产质量管理规范合规性的，可以根据需要开展现场检查。不符合药品生产质量管理规范要求的，不予出具《药品出口销售证明》，并依法依规作出处理。

第六条　《药品出口销售证明》编号的编排方式为：省份简称XXXXXXX号，示例："编号：京20180001号""蒙20180001号"。英文编号编排方式为：No.省份英文XXXXXXX。省份英文应当参考证明出具单位的英文译法，略去空格，示例："No.

Beijing 20180001""No. InnerMongolia 20080001"。其中：第一位到第四位 X；代表 4 位数的证明出具年份；第五位到第八位 X 代表 4 位数的证明出具流水号。

第七条　《药品出口销售证明》有效期不超过 2 年，且不应超过申请资料中所有证明文件的有效期，有效期届满前应当重新申请。

第八条　《药品出口销售证明》有效期内，各级药品监督管理部门对于现场检查发现不符合药品生产质量管理规范要求的，所在地省级药品监督管理部门对相应的《药品出口销售证明》予以注销。

《药品出口销售证明》的持有者和生产场地属不同省份的，如生产场地在检查中被发现不符合药品生产质量管理规范要求，持有者应当立即将该情况报告持有者所在地省级药品监督管理部门，对相应的《药品出口销售证明》予以注销。

第九条　凡是提供虚假证明或者采用其他手段骗取《药品出口销售证明》的，或者知悉生产场地不符合药品生产质量管理规范要求未立即报告的，注销其相应《药品出口销售证明》，5 年内不再为其出具《药品出口销售证明》，并将企业名称、法定代表人、社会信用代码等信息通报征信机构进行联合惩戒。

第十条　出口药品上市许可持有人、药品生产企业应当保证所出口的产品符合进口国的各项法律要求，并承担相应法律责任。

出口药品上市许可持有人、药品生产企业应当建立出口药品档案。内容包括《药品出口销售证明》、购货合同、质量要求、检验报告、包装、标签式样、报关单等，以保证药品出口过程的可追溯。

第十一条　各省、自治区、直辖市药品监督管理部门可依照本规定制定具体实施细则，明确工作程序、办理时限和相关要求。

鼓励各省、自治区、直辖市药品监督管理部门推行网上办理，电子申报、出证，方便申请者办理。

第十二条　各省、自治区、直辖市药品监督管理部门应当及时将《药品出口销售证明》的数据信息通过信息系统上报国家药品监督管理局。

国家药品监督管理局在政府网站公示《药品出口销售证明》相关信息，以便公众查证，接受社会监督。

第十三条　本规定自发布之日起施行。此前印发的相关文件与本规定不一致的，以本规定为准。

附件：1. 药品出口销售证明（已在中国批准上市的药品）
　　　2. 药品出口销售证明（已在中国批准上市药品的未注册规格）
　　　3. 药品出口销售证明（未在中国注册药品）
　　　4. 药品出口销售证明申请表

国家药监局　人力资源社会保障部
关于印发执业药师职业资格制度规定和
执业药师职业资格考试实施办法的通知

国药监人〔2019〕12 号

各省、自治区、直辖市药品监督管理局、人力资源社会保障厅（局），新疆生产建设兵团市场监督管理局、人力资源社会保障局：

　　为加强对药学技术人员的职业准入管理，进一步规范执业药师的管理权责，促进执业药师队伍建设和发展，根据《中华人民共和国药品管理法》《国家职业资格目录》等有关规定，国家药监局、人力资源社会保障部在原执业药师资格制度基础上，制定了《执业药师职业资格制度规定》和《执业药师职业资格考试实施办法》。现印发给你们，请遵照执行。为保证制度平稳过渡，现将有关事项通知如下：

　　一、参加 2018 年度执业药师资格考试，报考全部科目且部分科目合格的大专及以上学历（学位）的应试人员，其 2018 年合格科目考试成绩继续有效，并按照四年一个周期顺延至 2021 年。

　　二、符合原人事部、原国家药品监督管理局《关于修订印发〈执业药师资格制度暂行规定〉和〈执业药师资格考试实施办法〉的通知》（人发〔1999〕34 号，以下简称原规定）要求的中专学历人员（含免试部分科目的中药学徒人员），2020 年 12 月 31 日前可报名参加考试，考试成绩有效期按原规定执行，各科目成绩有效期最迟截至 2020 年 12 月 31 日。

国家药监局　人力资源社会保障部

2019 年 3 月 5 日

执业药师职业资格制度规定

第一章　总　则

　　第一条　为加强对药学技术人员的职业准入管理，发挥执业药师指导合理用药与加强药品质量管理的作用，保障和促进公众用药安全有效，根据《中华人民共和国药品管理法》《中华人民共和国药品管理法实施条例》及国家职业资格制度有关规定，制定本规定。

第二条　国家设置执业药师准入类职业资格制度，纳入国家职业资格目录。

第三条　执业药师是指经全国统一考试合格，取得《中华人民共和国执业药师职业资格证书》（以下简称《执业药师职业资格证书》）并经注册，在药品生产、经营、使用和其他需要提供药学服务的单位中执业的药学技术人员。

执业药师英文译为：Licensed Pharmacist。

第四条　从事药品生产、经营、使用和其他需要提供药学服务的单位，应当按规定配备相应的执业药师。国家药监局负责对需由执业药师担任的岗位作出明确规定。

第五条　国家药监局与人力资源社会保障部共同负责全国执业药师资格制度的政策制定，并按照职责分工对该制度的实施进行指导、监督和检查。

各省、自治区、直辖市负责药品监督管理的部门和人力资源社会保障行政主管部门，按照职责分工负责本行政区域内执业药师职业资格制度的实施与监督管理。

第二章　考　试

第六条　执业药师职业资格实行全国统一大纲、统一命题、统一组织的考试制度。原则上每年举行一次。

第七条　国家药监局负责组织拟定考试科目和考试大纲、建立试题库、组织命审题工作，提出考试合格标准建议。

第八条　人力资源社会保障部负责组织审定考试科目、考试大纲，会同国家药监局对考试工作进行监督、指导并确定合格标准。

第九条　凡中华人民共和国公民和获准在我国境内就业的外籍人员，具备以下条件之一者，均可申请参加执业药师职业资格考试：

（一）取得药学类、中药学类专业大专学历，在药学或中药学岗位工作满 5 年；

（二）取得药学类、中药学类专业大学本科学历或学士学位，在药学或中药学岗位工作满 3 年；

（三）取得药学类、中药学类专业第二学士学位、研究生班毕业或硕士学位，在药学或中药学岗位工作满 1 年；

（四）取得药学类、中药学类专业博士学位；

（五）取得药学类、中药学类相关专业相应学历或学位的人员，在药学或中药学岗位工作的年限相应增加 1 年。

第十条　执业药师职业资格考试合格者，由各省、自治区、直辖市人力资源社会保障部门颁发《执业药师职业资格证书》。该证书由人力资源社会保障部统一印制，国家药监局与人力资源社会保障部用印，在全国范围内有效。

第三章　注　册

第十一条　执业药师实行注册制度。国家药监局负责执业药师注册的政策制定和组织实施，指导全国执业药师注册管理工作。各省、自治区、直辖市药品监督管理部门负责本行政区域内的执业药师注册管理工作。

第十二条 取得《执业药师职业资格证书》者，应当通过全国执业药师注册管理信息系统向所在地注册管理机构申请注册。经注册后，方可从事相应的执业活动。未经注册者，不得以执业药师身份执业。

第十三条 申请注册者，必须同时具备下列条件：

（一）取得《执业药师职业资格证书》；

（二）遵纪守法，遵守执业药师职业道德，无不良信息记录；

（三）身体健康，能坚持在执业药师岗位工作；

（四）经所在单位考核同意。

第十四条 经批准注册者，由执业药师注册管理机构核发国家药监局统一样式的《执业药师注册证》。

第十五条 执业药师变更执业单位、执业范围等应当及时办理变更注册手续。

第十六条 执业药师注册有效期为五年。需要延续的，应当在有效期届满三十日前，向所在地注册管理机构提出延续注册申请。

第四章 职 责

第十七条 执业药师应当遵守执业标准和业务规范，以保障和促进公众用药安全有效为基本准则。

第十八条 执业药师必须严格遵守《中华人民共和国药品管理法》及国家有关药品研制、生产、经营、使用的各项法规及政策。执业药师对违反《中华人民共和国药品管理法》及有关法规、规章的行为或决定，有责任提出劝告、制止、拒绝执行，并向当地负责药品监督管理的部门报告。

第十九条 执业药师在执业范围内负责对药品质量的监督和管理，参与制定和实施药品全面质量管理制度，参与单位对内部违反规定行为的处理工作。

第二十条 执业药师负责处方的审核及调配，提供用药咨询与信息，指导合理用药，开展治疗药物监测及药品疗效评价等临床药学工作。

第二十一条 药品零售企业应当在醒目位置公示《执业药师注册证》，并对在岗执业的执业药师挂牌明示。执业药师不在岗时，应当以醒目方式公示，并停止销售处方药和甲类非处方药。

执业药师执业时应当按照有关规定佩戴工作牌。

第二十二条 执业药师应当按照国家专业技术人员继续教育的有关规定接受继续教育，更新专业知识，提高业务水平。国家鼓励执业药师参加实训培养。

第五章　监督管理

第二十三条　负责药品监督管理的部门按照有关法律、法规和规章的规定，对执业药师配备情况及其执业活动实施监督检查。

监督检查时应当查验《执业药师注册证》、处方审核记录、执业药师挂牌明示、执业药师在岗服务等事项。

执业单位和执业药师应当对负责药品监督管理的部门的监督检查予以协助、配合，不得拒绝、阻挠。

第二十四条　执业药师有下列情形之一的，县级以上人力资源社会保障部门与负责药品监督管理的部门按规定对其给予表彰和奖励：

（一）在执业活动中，职业道德高尚，事迹突出的；

（二）对药学工作做出显著贡献的；

（三）向患者提供药学服务表现突出的；

（四）长期在边远贫困地区基层单位工作且表现突出的。

第二十五条　建立执业药师个人诚信记录，对其执业活动实行信用管理。执业药师的违法违规行为、接受表彰奖励及处分等，作为个人诚信信息由负责药品监督管理的部门及时记入全国执业药师注册管理信息系统；执业药师的继续教育学分，由继续教育管理机构及时记入全国执业药师注册管理信息系统。

第二十六条　对未按规定配备执业药师的单位，由所在地县级以上负责药品监督管理的部门责令限期配备，并按照相关法律法规给予处罚。

第二十七条　对以不正当手段取得《执业药师职业资格证书》的，按照国家专业技术人员资格考试违纪违规行为处理规定处理；构成犯罪的，依法追究刑事责任。

第二十八条　以欺骗、贿赂等不正当手段取得《执业药师注册证》的，由发证部门撤销《执业药师注册证》，三年内不予执业药师注册；构成犯罪的，依法追究刑事责任。

严禁《执业药师注册证》挂靠，持证人注册单位与实际工作单位不符的，由发证部门撤销《执业药师注册证》，并作为个人不良信息由负责药品监督管理的部门记入全国执业药师注册管理信息系统。买卖、租借《执业药师注册证》的单位，按照相关法律法规给予处罚。

第二十九条　执业药师违反本规定有关条款的，所在单位应当如实上报，由负责药品监督管理的部门根据情况予以处理。

第三十条　执业药师在执业期间违反《中华人民共和国药品管理法》及其他法律法规构成犯罪的，由司法机关依法追究责任。

第六章　附　则

第三十一条　专业技术人员取得执业药师职业资格，可认定其具备主管药师或主管中药师职称，并可作为申报高一级职称的条件。单位根据工作需要择优聘任。

　　第三十二条　本办法中的相关专业由国家药监局、人力资源社会保障部另行确定。

　　第三十三条　国家药监局、人力资源社会保障部会同相关部门逐步推进民族药执业药师管理相关工作。

　　第三十四条　香港、澳门、台湾地区居民申请国家执业药师资格考试、注册、继续教育、执业等活动，参照本规定办理。

　　第三十五条　本规定自印发之日起施行。原人事部、国家药品监督管理局《关于修订印发〈执业药师资格制度暂行规定〉和〈执业药师资格考试实施办法〉的通知》（人发〔1999〕34号）同时废止。根据该文件取得的《执业药师资格证书》与本规定中《执业药师职业资格证书》效用等同。

执业药师职业资格考试实施办法

　　第一条　国家药监局与人力资源社会保障部共同负责执业药师职业资格考试工作，日常管理工作委托国家药监局执业药师资格认证中心负责，考务工作委托人力资源社会保障部人事考试中心负责。

　　各省、自治区、直辖市人力资源社会保障行政主管部门会同药品监督管理部门负责本地区的考试工作，具体职责分工由各地协商确定。

　　第二条　执业药师职业资格考试日期原则上为每年10月。

　　第三条　执业药师职业资格考试分为药学、中药学两个专业类别。

　　药学类考试科目为：药学专业知识（一）、药学专业知识（二）、药事管理与法规、药学综合知识与技能四个科目。

　　中药学类考试科目为：中药学专业知识（一）、中药学专业知识（二）、药事管理与法规、中药学综合知识与技能四个科目。

　　第四条　符合《执业药师职业资格制度规定》报考条件，按照国家有关规定取得药学或医学专业高级职称并在药学岗位工作的，可免试药学专业知识（一）、药学专业知识（二），只参加药事管理与法规、药学综合知识与技能两个科目的考试；取得中药学或中医学专业高级职称并在中药学岗位工作的，可免试中药学专业知识（一）、中药学专业知识（二），只参加药事管理与法规、中药学综合知识与技能两个科目的考试。

　　第五条　考试以四年为一个周期，参加全部科目考试的人员须在连续四个考试年度内通过全部科目的考试。

　　免试部分科目的人员须在连续两个考试年度内通过应试科目。

　　第六条　符合执业药师职业资格考试报考条件的人员，按照当地人事考试机构规定的程序和要求完成报名。参加考试人员凭准考证和有效身份证件在指定的日期、时间和地点参加考试。

　　中央和国务院各部门及所属单位、中央管理企业的人员，按属地原则报名参加考试。

第七条　考点原则上设在地级以上城市的大、中专院校或者高考定点学校。

第八条　坚持考试与培训分开的原则。凡参与考试工作（包括命题、审题与组织管理等）的人员，不得参加考试，也不得参加或者举办与考试内容相关的培训工作。应考人员参加培训坚持自愿原则。

第九条　考试实施机构及其工作人员，应当严格执行国家人事考试工作人员纪律规定和考试工作的各项规章制度，遵守考试工作纪律，切实做好试卷命制、印刷、发送和保管等各环节的安全保密工作，严防泄密。

第十条　对违反考试工作纪律和有关规定的人员，按照国家专业技术人员资格考试违纪违规行为处理规定处理。

第十一条　本办法自印发之日起施行。

国家药监局关于印发执业药师注册管理办法的通知

国药监人〔2021〕36号

各省、自治区、直辖市药品监督管理局，新疆生产建设兵团药品监督管理局，国家局机关有关司局、有关直属单位：

为进一步规范执业药师注册及其相关监督管理工作，加强执业药师队伍建设，国家药监局组织修订了《执业药师注册管理办法》，现予以印发，请遵照执行。

原国家药品监督管理局《执业药师注册管理暂行办法》（国药管人〔2000〕156号）和原国家食品药品监督管理局《关于〈执业药师注册管理暂行办法〉的补充意见》（国食药监人〔2004〕342号）、《关于〈执业药师注册管理暂行办法〉的补充意见》（食药监人函〔2008〕1号）、《关于取得内地〈执业药师资格证书〉的香港、澳门永久性居民执业注册事项的通知》（国食药监人〔2009〕439号）同时废止。

国家药监局

2021年6月18日

执业药师注册管理办法

第一章 总 则

第一条 为规范执业药师注册工作，加强执业药师管理，根据《中华人民共和国药品管理法》等相关法律法规和《执业药师职业资格制度规定》，制定本办法。

第二条 执业药师注册及其相关监督管理工作，适用本办法。

第三条 持有《中华人民共和国执业药师职业资格证书》（以下简称《执业药师职业资格证书》）的人员，经注册取得《中华人民共和国执业药师注册证》（以下简称《执业药师注册证》）后，方可以执业药师身份执业。

第四条 国家药品监督管理局负责执业药师注册的政策制定和组织实施，指导监督全国执业药师注册管理工作。国家药品监督管理局执业药师资格认证中心承担全国执业药师注册管理工作。

各省、自治区、直辖市药品监督管理部门负责本行政区域内的执业药师注册及其相关监督管理工作。

第五条 法律、行政法规、规章和相关质量管理规范规定需由具备执业药师资格的人员担任的岗位，应当按规定配备执业药师。

　　鼓励药品上市许可持有人、药品生产企业、药品网络销售第三方平台等使用取得执业药师资格的人员。

　　第六条　国家药品监督管理局建立完善全国执业药师注册管理信息系统，国家药品监督管理局执业药师资格认证中心承担全国执业药师注册管理信息系统的建设、管理和维护工作，收集报告相关信息。

　　国家药品监督管理局加快推进执业药师电子注册管理，实现执业药师注册、信用信息资源共享和动态更新。

第二章　注册条件和内容

　　第七条　执业药师注册申请人（以下简称申请人），必须具备下列条件：

　　（一）取得《执业药师职业资格证书》；

　　（二）遵纪守法，遵守执业药师职业道德；

　　（三）身体健康，能坚持在执业药师岗位工作；

　　（四）经执业单位同意；

　　（五）按规定参加继续教育学习。

　　第八条　有下列情形之一的，药品监督管理部门不予注册：

　　（一）不具有完全民事行为能力的；

　　（二）甲类、乙类传染病传染期、精神疾病发病期等健康状况不适宜或者不能胜任相应业务工作的；

　　（三）受到刑事处罚，自刑罚执行完毕之日到申请注册之日不满三年的；

　　（四）未按规定完成继续教育学习的；

　　（五）近三年有新增不良信息记录的；

　　（六）国家规定不宜从事执业药师业务的其他情形。

　　第九条　执业药师注册内容包括：执业地区、执业类别、执业范围、执业单位。

　　执业地区为省、自治区、直辖市；

　　执业类别为药学类、中药学类、药学与中药学类；

　　执业范围为药品生产、药品经营、药品使用；

　　执业单位为药品生产、经营、使用及其他需要提供药学服务的单位。

　　药品监督管理部门根据申请人《执业药师职业资格证书》中注明的专业确定执业类别进行注册。获得药学和中药学两类专业《执业药师职业资格证书》的人员，可申请药学与中药学类执业类别注册。执业药师只能在一个执业单位按照注册的执业类别、执业范围执业。

第三章　注册程序

　　第十条　申请人通过全国执业药师注册管理信息系统向执业所在地省、自治区、直辖市药品监督管理部门申请注册。

第十一条 申请人申请首次注册需要提交以下材料：

（一）执业药师首次注册申请表（附件1）；

（二）执业药师职业资格证书；

（三）身份证明；

（四）执业单位开业证明；

（五）继续教育学分证明。

申请人委托他人办理注册申请的，代理人应当提交授权委托书以及代理人的身份证明文件。

申请人应当按要求在线提交注册申请或者现场递交纸质材料。药品监督管理部门应当公示明确上述材料形式要求。凡是通过法定证照、书面告知承诺、政府部门内部核查或者部门间核查、网络核验等能够办理的，药品监督管理部门不得要求申请人额外提供证明材料。

第十二条 申请人申请注册，应当如实向药品监督管理部门提交有关材料和反映真实情况，并对其申请材料的真实性负责。

第十三条 药品监督管理部门对申请人提交的材料进行形式审查，申请材料不齐全或者不符合规定形式的，应当当场或者在五个工作日内一次性告知申请人需要补正的全部内容；逾期不告知的，自收到注册申请材料之日起即为受理。

第十四条 申请材料齐全、符合规定形式，或者申请人按要求提交全部补正申请材料的，药品监督管理部门应当受理注册申请。

药品监督管理部门受理或者不予受理注册申请，应当向申请人出具加盖药品监督管理部门专用印章和注明日期的凭证。

第十五条 药品监督管理部门应当自受理注册申请之日起二十个工作日内作出注册许可决定。

第十六条 药品监督管理部门依法作出不予注册许可决定的，应当说明理由，并告知申请人享有依法申请行政复议或者提起行政诉讼的权利。

第十七条 药品监督管理部门作出的准予注册许可决定，应当在全国执业药师注册管理信息系统等予以公开。

药品监督管理部门及其工作人员对申请人提交的申请材料负有保密义务。

第十八条 药品监督管理部门作出注册许可决定之日起十个工作日内向申请人核发国家药品监督管理局统一样式（附件2）并加盖药品监督管理部门印章的《执业药师注册证》。

执业药师注册有效期为五年。

第十九条 地方药品监督管理部门应当按照"放管服"改革要求，优化工作流程，提高效率和服务水平，逐步缩短注册工作时限，并向社会公告。

第四章 注册变更和延续

第二十条 申请人要求变更执业地区、执业类别、执业范围、执业单位的，应当向拟申请执业所在地的省、自治区、直辖市药品监督管理部门申请办理变更注册手续。

药品监督管理部门应当自受理变更注册申请之日起七个工作日内作出准予变更注册的决定。

第二十一条 需要延续注册的，申请人应当在注册有效期满之日三十日前，向执业所在地省、自治区、直辖市药品监督管理部门提出延续注册申请。

药品监督管理部门准予延续注册的，注册有效期从期满之日次日起重新计算五年。药品监督管理部门准予变更注册的，注册有效期不变；但在有效期满之日前三十日内申请变更注册，符合要求的，注册有效期自旧证期满之日次日起重新计算五年。

第二十二条 需要变更注册或者延续注册的，申请人提交相应执业药师注册申请表（附件 3 或者附件 4），并提供第十一条第四项和第五项所列材料。

第二十三条 申请人取得《执业药师职业资格证书》，非当年申请注册的，应当提供《执业药师职业资格证书》批准之日起第二年后的历年继续教育学分证明。申请人取得《执业药师职业资格证书》超过五年以上申请注册的，应至少提供近五年的连续继续教育学分证明。

第二十四条 有下列情形之一的，《执业药师注册证》由药品监督管理部门注销，并予以公告：

（一）注册有效期满未延续的；

（二）执业药师注册证被依法撤销或者吊销的；

（三）法律法规规定的应当注销注册的其他情形。

有下列情形之一的，执业药师本人或者其执业单位，应当自知晓或者应当知晓之日起三十个工作日内向药品监督管理部门申请办理注销注册，并填写执业药师注销注册申请表（附件 5）。药品监督管理部门经核实后依法注销注册。

（一）本人主动申请注销注册的；

（二）执业药师身体健康状况不适宜继续执业的；

（三）执业药师无正当理由不在执业单位执业，超过一个月的；

（四）执业药师死亡或者被宣告失踪的；

（五）执业药师丧失完全民事行为能力的；

（六）执业药师受刑事处罚的。

第五章 岗位职责和权利义务

第二十五条 执业药师依法负责药品管理、处方审核和调配、合理用药指导等工作。执业药师在执业范围内应当对执业单位的药品质量和药学服务活动进行监督，保证药品管理过程持续符合法定要求，对执业单位违反有关法律、法规、部门规章和专业技术规范的行为或者决定，提出劝告、制止或者拒绝执行，并向药品监督管理部门报告。

第二十六条　执业药师享有下列权利：

（一）以执业药师的名义从事相关业务，保障公众用药安全和合法权益，保护和促进公众健康；

（二）在执业范围内，开展药品质量管理，制定和实施药品质量管理制度，提供药学服务；

（三）参加执业培训，接受继续教育；

（四）在执业活动中，人格尊严、人身安全不受侵犯；

（五）对执业单位的工作提出意见和建议；

（六）按照有关规定获得表彰和奖励；

（七）法律、法规规定的其他权利。

第二十七条　执业药师应当履行下列义务：

（一）严格遵守《中华人民共和国药品管理法》及国家有关药品生产、经营、使用等各项法律、法规、部门规章及政策；

（二）遵守执业标准和业务规范，恪守职业道德；

（三）廉洁自律，维护执业药师职业荣誉和尊严；

（四）维护国家、公众的利益和执业单位的合法权益；

（五）按要求参加突发重大公共事件的药事管理与药学服务；

（六）法律、法规规定的其他义务。

第六章　监督管理

第二十八条　药品监督管理部门按照有关法律、法规和规章的规定，对执业药师注册、执业药师继续教育实施监督检查。

执业单位、执业药师和实施继续教育的机构应当对药品监督管理部门的监督检查予以协助、配合，不得拒绝、阻挠。

第二十九条　执业药师每年应参加不少于90学时的继续教育培训，每3个学时为1学分，每年累计不少于30学分。其中，专业科目学时一般不少于总学时的三分之二。鼓励执业药师参加实训培养。

承担继续教育管理职责的机构应当将执业药师的继续教育学分记入全国执业药师注册管理信息系统。

第三十条　执业药师应当妥善保管《执业药师注册证》，不得买卖、租借和涂改。如发生损坏，当事人应当及时持损坏证书向原发证部门申请换发。如发生遗失，当事人向原发证部门申请补发。

第三十一条　伪造《执业药师注册证》的，药品监督管理部门发现后应当当场予以收缴并追究责任；构成犯罪的，移送相关部门依法追究刑事责任。

第三十二条　执业药师以欺骗、贿赂等不正当手段取得《执业药师注册证》的，由发证部门撤销《执业药师注册证》，三年内不予注册；构成犯罪的，移送相关部门依法追究刑事责任。

第三十三条　执业药师应当按照注册的执业地区、执业类别、执业范围、执业单位，从事相应的执业活动，不得擅自变更。执业药师未按本办法规定进行执业活动的，药品监督管理部门应当责令限期改正。

第三十四条　严禁《执业药师注册证》挂靠，持证人注册单位与实际工作单位不符的，由发证部门撤销《执业药师注册证》，三年内不予注册；构成犯罪的，移送相关部门依法追究刑事责任。买卖、租借《执业药师注册证》的单位，按照相关法律法规给予处罚。

第三十五条　执业药师在执业期间违反《中华人民共和国药品管理法》及其他法律法规构成犯罪的，由司法机关依法追究责任。

第三十六条　有下列情形之一的，应当作为个人不良信息由药品监督管理部门及时记入全国执业药师注册管理信息系统：

（一）以欺骗、贿赂等不正当手段取得《执业药师注册证》的；

（二）持证人注册单位与实际工作单位不一致或者无工作单位的，符合《执业药师注册证》挂靠情形的；

（三）执业药师注册证被依法撤销或者吊销的；

（四）执业药师受刑事处罚的；

（五）其他违反执业药师资格管理相关规定的。

第三十七条　省、自治区、直辖市药品监督管理部门有下列情形之一的，国家药品监督管理局有权责令其进行调查并依法依规给予处理：

（一）对不符合规定条件的申请人准予注册的；

（二）对符合规定条件的申请人不予注册或者不在法定期限内作出准予注册决定的；

（三）履行执业药师注册、继续教育监督管理职责不力，造成不良影响的。

第三十八条　药品监督管理部门工作人员在执业药师注册及其相关监督管理工作中，弄虚作假、玩忽职守、滥用职权、徇私舞弊的，依法依规给予处理。

第七章　附　　则

第三十九条　已取得内地《执业药师职业资格证书》的香港、澳门、台湾地区居民，申请注册执业依照本办法执行。

第四十条　按照国家有关规定，取得在特定地区有效的《执业药师职业资格证书》的申请人，应依照本办法在特定地区注册执业。

第四十一条　本办法自印发之日起施行。原国家药品监督管理局《执业药师注册管理暂行办法》（国药管人〔2000〕156号）和原国家食品药品监督管理局《关于〈执业药师注册管理暂行办法〉的补充意见》（国食药监人〔2004〕342 号）、《关于〈执业药师注册管理暂行办法〉的补充意见》（食药监人函〔2008〕1 号）、《关于取得内地〈执业药师资格证书〉的香港、澳门永久性居民执业注册事项的通知》（国食药监人〔2009〕439 号）同时废止。

　　附件：1. 执业药师首次注册申请表

　　　　　2. 执业药师注册证书（样式）

　　　　　3. 执业药师变更注册申请表

　　　　　4. 执业药师延续注册申请表

　　　　　5. 执业药师注销注册申请表

国家药监局关于规范药品零售企业配备使用
执业药师的通知

国药监药管〔2020〕25 号

各省、自治区、直辖市药品监督管理局，新疆生产建设兵团药品监督管理局：

执业药师是开展药品质量管理和提供药学服务的专业力量，是合理用药的重要保障。近年来，国家药监局不断加强执业药师制度建设和队伍建设，持续推动执业药师配备使用，积极发挥执业药师在保障公众用药安全有效方面的重要作用。但是，目前执业药师队伍发展不平衡、不充分，部分地区药品零售企业执业药师配备不到位的问题还比较突出。根据新修订的《中华人民共和国药品管理法》（以下简称《药品管理法》）有关规定，为规范执业药师配备使用，现将有关要求通知如下：

一、坚持执业药师配备政策，稳步提高配备水平

药品零售企业按规定配备执业药师是维护公众用药安全的基本要求，也是实现"健康中国"战略、促进行业高质量发展的现实需要。《药品管理法》规定，从事药品经营活动应当有依法经过资格认定的药师或者其他药学技术人员。药品经营领域依法经过资格认定的药师是指执业药师，依法经过资格认定的其他药学技术人员包括卫生（药）系列职称（含药士、药师、主管药师、副主任药师、主任药师）、从业药师等。要坚持和完善执业药师职业资格准入制度，坚持药品经营企业执业药师依法配备使用要求。原则上，经营处方药、甲类非处方药的药品零售企业，应当配备执业药师；只经营乙类非处方药的药品零售企业，应当配备经过药品监督管理部门组织考核合格的业务人员。

针对当前部分地区执业药师不够用、配备难的实际情况，省级药品监督管理部门在不降低现有执业药师整体配备比例前提下，可制定实施差异化配备使用执业药师的政策，并设置过渡期。过渡期内，对于执业药师存在明显缺口的地区，允许药品零售企业配备使用其他药学技术人员承担执业药师职责，过渡期不超过 2025 年。

二、细化落实执业药师配备要求，强化监督检查责任落实

省级药品监督管理部门要根据行政区域内执业药师和药学技术人员队伍实际情况，结合经营品种、经营规模、地域差异以及药品安全风险等因素，制定具体实施方案，分阶段、分区域推进执业药师配备使用，稳步提升药品零售企业执业药师配备使用比例。省级药品监督管理部门制定的差异化配备使用执业药师过渡政策和实施方案应当及时向社会公开，并做好宣传引导工作。

过渡期内，各市县负责药品监管的部门要加强对行政区域内药学技术人员的管理，对药品零售企业按规定配备药学技术人员的情况进行登记，建立相关信息档案。要落实"四个最严"要求，对新开办药品零售企业严格审核把关；加强对执业药师（或药学技术人员）配备和在岗执业情况的监督检查，督促其尽职履责。对于不按规定配备且整改不到位的药品零售企业，应当依法查处，并采取暂停处方药销售等行政处理措施。对查实的"挂证"执业药师要录入全国执业药师注册管理信息系统、撤销其注册证书并坚决予以曝光；还要将"挂证"执业药师纳入信用管理"黑名单"，实施多部门联合惩戒。

三、切实发挥执业药师作用，持续加强队伍建设

药品零售企业执业药师应当负责本企业药品质量管理，督促执行药品管理相关的法律法规及规范；负责处方审核和监督调配，向公众提供合理用药指导和咨询服务；负责收集反馈药品不良反应信息等药学工作。药品零售企业要严格执行《药品管理法》有关规定，在坚持执业药师配备原则的同时，更要充分发挥执业药师的作用。

各地要高度重视执业药师队伍建设，制定相关政策引导药学技术人才积极参加执业药师资格考试，逐年提升本行政区域内执业药师的配备使用比例；要规范执业药师继续教育，促进执业药师持续更新专业知识，更好地发挥作用；要探索建立多部门政策联动机制，促进执业药师配备使用和执业药师队伍健康发展。

本通知自 2021 年 1 月 1 日起实施。此前关于药品零售企业执业药师配备使用要求与本通知不一致的，按本通知执行。

国家药监局

2020 年 11 月 19 日

国家药监局关于发布
医药代表备案管理办法（试行）的公告

2020 年第 105 号

为规范医药代表学术推广行为，促进医药产业健康有序发展，国家药监局组织制定了《医药代表备案管理办法（试行）》，现予发布。

特此公告。

附件：医药代表备案管理办法（试行）

国家药监局
2020 年 9 月 22 日

附件

医药代表备案管理办法（试行）

第一条　为规范医药代表学术推广行为，促进医药产业健康有序发展，根据中共中央办公厅 国务院办公厅印发《关于深化审评审批制度改革鼓励药品医疗器械创新的意见》和国务院办公厅印发《关于进一步改革完善药品生产流通使用政策的若干意见》，制定本办法。

第二条　本办法所称医药代表，是指代表药品上市许可持有人在中华人民共和国境内从事药品信息传递、沟通、反馈的专业人员。

医药代表主要工作任务：

（一）拟订医药产品推广计划和方案；

（二）向医务人员传递医药产品相关信息；

（三）协助医务人员合理使用本企业医药产品；

（四）收集、反馈药品临床使用情况及医院需求信息。

第三条　医药代表可通过下列形式开展学术推广等活动：

（一）在医疗机构当面与医务人员和药事人员沟通；

（二）举办学术会议、讲座；

（三）提供学术资料；

（四）通过互联网或者电话会议沟通；

（五）医疗机构同意的其他形式。

第四条　药品上市许可持有人对医药代表的备案和管理负责；药品上市许可持有人为境外企业的，由其指定的境内代理人履行相应责任。

第五条　药品上市许可持有人应当与医药代表签订劳动合同或者授权书，并在国家药品监督管理局指定的备案平台备案医药代表信息。药品上市许可持有人应当按照本办法规定及时做好医药代表备案信息的维护，按要求录入、变更、确认、删除其医药代表信息。

第六条　备案平台可以查验核对备案的医药代表信息，公示药品上市许可持有人或者医药代表的失信及相关违法违规信息，发布有关工作通知公告、政策法规。

备案平台由国家药品监督管理局委托中国药学会建设和维护。

第七条　药品上市许可持有人应当在备案平台上提交下列备案信息：

（一）药品上市许可持有人的名称、统一社会信用代码；

（二）医药代表的姓名、性别、照片；

（三）身份证件种类及号码，所学专业、学历；

（四）劳动合同或者授权书的起止日期；

（五）医药代表负责推广的药品类别和治疗领域等；

（六）药品上市许可持有人对其备案信息真实性的声明；

提交完备案信息后，备案平台自动生成医药代表备案号。

第八条　药品上市许可持有人应当在本公司网站上公示所聘用或者授权的医药代表信息。如本公司没有网站的，应当在相关行业协会网站上公示。

药品上市许可持有人应当公示下列信息：

（一）医药代表备案号；

（二）药品上市许可持有人的名称、统一社会信用代码；

（三）医药代表的姓名、性别、照片；

（四）医药代表负责推广的药品类别和治疗领域等；

（五）劳动合同或者授权书的起止日期。

第九条　医药代表备案信息有变更的，药品上市许可持有人应当在30个工作日内完成备案信息变更，并同步变更网站上公示的信息。

境外药品上市许可持有人变更境内代理人的，由新指定的境内代理人重新确认其名下已备案的医药代表信息。

对不再从事相关工作或者停止授权的医药代表，药品上市许可持有人应当在30个工作日内删除其备案信息。

第十条　药品上市许可持有人被吊销、撤销或者注销药品批准证明文件或者《药品生产许可证》的，药品上市许可持有人应当在行政机关作出行政处罚或者行政决定后30个工作日内删除其备案的医药代表信息。

第十一条　医药代表在医疗机构开展学术推广等活动应当遵守卫生健康部门的有关规定，并获得医疗机构同意。

第十二条　药品上市许可持有人不得有下列情形：

（一）未按规定备案医药代表信息，不及时变更、删除备案信息；

（二）鼓励、暗示医药代表从事违法违规行为；

（三）向医药代表分配药品销售任务，要求医药代表实施收款和处理购销票据等销售行为；

（四）要求医药代表或者其他人员统计医生个人开具的药品处方数量；

（五）在备案中提供虚假信息。

第十三条　医药代表不得有下列情形：

（一）未经备案开展学术推广等活动；

（二）未经医疗机构同意开展学术推广等活动；

（三）承担药品销售任务，实施收款和处理购销票据等销售行为；

（四）参与统计医生个人开具的药品处方数量；

（五）对医疗机构内设部门和个人直接提供捐赠、资助、赞助；

（六）误导医生使用药品，夸大或者误导疗效，隐匿药品已知的不良反应信息或者隐瞒医生反馈的不良反应信息；

（七）其他干预或者影响临床合理用药的行为。

药品上市许可持有人应当对所聘用或者授权的医药代表严格履行管理责任，严禁医药代表存在上述情形。对存在上述情形的医药代表，药品上市许可持有人应当及时予以纠正；情节严重的，应当暂停授权其开展学术推广等活动，并对其进行岗位培训，考核合格后重新确认授权。

第十四条　药品上市许可持有人或者医药代表给予使用其药品的有关人员财物或者其他不正当利益的，依照《中华人民共和国药品管理法》《中华人民共和国反不正当竞争法》等相关法律法规进行调查处理。

第十五条　医疗机构不得允许未经备案的人员对本医疗机构医务人员或者药事人员开展学术推广等相关活动；医疗机构可在备案平台查验核对医药代表备案信息。

第十六条　行业（学）协会等社会机构应当积极发挥行业监督和自律的作用；鼓励行业（学）协会等社会机构依据本办法制定行业规范及其行为准则，建立监督机制、信用分级管理机制和联合奖惩措施。

第十七条　本办法自 2020 年 12 月 1 日起施行。

附：医药代表备案信息表（样式）